孟子新注新譯
【第二版】

楊逢彬 / 著

北京大學出版社
PEKING UNIVERSITY PRESS

圖書在版編目 (CIP) 數據

孟子新注新譯 / 楊逢彬著 .—2 版 .—北京：北京大學出版社，2023.9
ISBN 978-7-301-34126-1

Ⅰ.①孟… Ⅱ.①楊… Ⅲ.①《孟子》– 注釋 ②《孟子》– 譯文 Ⅳ.① B222.5

中國國家版本館 CIP 數據核字 (2023) 第 107414 號

書　　名	孟子新注新譯（第二版）
	MENGZI XINZHU XINYI（DI-ER BAN）
著作責任者	楊逢彬　著
責 任 編 輯	張弘泓
標 準 書 號	ISBN 978-7-301-34126-1
出 版 發 行	北京大學出版社
地　　址	北京市海淀區成府路 205 號　100871
網　　址	http://www.pup.cn　　新浪微博：@ 北京大學出版社
電 子 郵 箱	dj@pup.cn
電　　話	郵購部 010-62752015　發行部 010-62750672
	編輯部 010-62753027
印 刷 者	三河市博文印刷有限公司
經 銷 者	新華書店
	650 毫米 ×980 毫米　16 開本　37.75 印張　508 千字
	2017 年 12 月第 1 版
	2023 年 9 月第 2 版　2023 年 9 月第 1 次印刷
定　　價	118.00 元

未經許可，不得以任何方式複製或抄襲本書之部分或全部内容。
版權所有，侵權必究
舉報電話：010-62752024　電子郵箱：fd@pup.cn
圖書如有印裝質量問題，請與出版部聯繫，電話：010-62756370

目　録

導言 …………………………………… 1
例言 …………………………………… 1

梁惠王章句上 …………………………………… 1
梁惠王章句下 …………………………………… 38
公孫丑章句上 …………………………………… 78
公孫丑章句下 …………………………………… 123
滕文公章句上 …………………………………… 156
滕文公章句下 …………………………………… 203
離婁章句上 …………………………………… 246
離婁章句下 …………………………………… 285
萬章章句上 …………………………………… 321
萬章章句下 …………………………………… 362
告子章句上 …………………………………… 387
告子章句下 …………………………………… 427
盡心章句上 …………………………………… 469
盡心章句下 …………………………………… 522
《孟子》疑難詞句考證索引 …………………………………… 568

導　言

不知諸位注意没有,最近幾年,過端午節的時候,收到的祝詞多是"端午安康"。據説,端午是爲了驅疫防病護佑健康而設的節日,"在這樣一個祈求平安健康的節日裏,祝願别人安康,自然更應景一些"。這是一個民俗學的問題,與我們要談的語言學問題不同,但也有相通之處。暫且按下不表。

最近有位年輕漂亮且博學的楊老師講古詩詞的視頻很火爆,標題是"那些年被你誤會的詩詞含義"(建議諸位上百度看看)。她的初衷,是"很多的古詩詞到了現在都被亂用",因此"我一定要糾一糾"。她糾正的有三:一是蘇東坡的"但願人長久,千里共嬋娟",二是《詩經·邶風·擊鼓》"執子之手,與子偕老",三是秦觀《鵲橋仙》"兩情若是久長時,又豈在朝朝暮暮"。她說,"但願人長久"本來是講兄弟情的,"執子之手"本來是講戰友情的,"兩情若是久長時"本來是用來分手的;用來表達愛情,可以用李清照《一剪梅》的"才下眉頭,卻上心頭"。她說的很對,前面三例確實是表達兄弟之情、戰友之情和用來分手的,我只是在有無必要"糾一糾"上和她的意見有點不一致。這就牽涉到我們的正題"語言的歷史性和社會性"了。[1]

*　　*　　*　　*　　*

先説語言的歷史性。語言是緩慢而持續地變化的,無論其中的詞彙、語音還是語法,都不是一成不變的。舉個例子來説,《莊子·秋水》"於是焉河伯始旋其面目,望洋向若而歎"的"望洋",一本很著名的《莊子》注本是這樣注的:"'望洋'一詞有多種解釋,舊注作'仰視貌'……然'望洋'作常義解即可。'洋'即海洋,上文云'北海'可證。"

可是,"洋"之有"海洋"的意義,是遲至北宋才見諸載籍的;它出現在漢語裏可能比北宋早，但不可能早到《莊子·秋水》成文的時候。古漢語字典記載得清清楚楚："洋，大海（晚起義）。"孫德宣先生有《釋"望洋"》論證這一點。

這不是"望洋興歎"，而是"望文生義"。當今學者，要完全避免望文生義幾乎不可能，筆者自然不能例外。我們舉這個例子，對事不對人，僅僅是因爲大家熟悉它，用來舉例罷了。

但儘量避免望文生義卻是可以做到的，其中一個法門就是要注意語言的歷史性。經常可以看到這樣的例子，某學者對古書中某個字的解釋不滿意，説，我覺得應該解釋爲什麼什麼。這當然可以，前提之一是，必須證明該字的這個意義在該古書成書的時代已經產生了。

不但詞的意義古今有別，語音、語法也一樣。讀者諸君能夠建立"語言是逐漸變化的"這一概念，思過半矣。

上面所舉的幾例詩詞，是人們在長期使用的過程中，對它們的理解發生了變化；與我們所要談及的詞語本來的意義發生改變，有所不同。但基本原理差不多，都屬於語言的變化。

民俗也是不斷變化的，端午節變成一個嘉年華已經很久了，當然是可以説"快樂"的。2

*　　　*　　　*　　　*　　　*

半個多世紀前，新疆發現了《坎曼爾詩箋》，據説坎曼爾爲中唐時期的回鶻人，與白居易同時代。這詩箋有句爲"李杜詩壇吾欣賞"，可是那一時代的語言中，"詩壇"和"欣賞"兩個詞語都還不見蹤跡。還有"古來漢人爲吾師""東家豺狼惡"這樣的句子，但直到宋代以後，才在傳世文獻中見到兄弟民族用"漢人"來稱呼漢族人；而"東家"一詞之指財主，更是晚近才有的（楊鐮《西域史地研究與〈坎曼爾詩箋〉的真僞》）。

楊鐮先生證明了《坎曼爾詩箋》是僞造的。誠如楊伯峻先生所説："生在某一時代的人，他的思想活動不能不以當日的語言爲基礎，誰也不能擺脱他所處時代的語言的影響。儘管古書的僞造者在竭盡全力地向古人學舌,務使他的僞造品足以亂真,但在搖筆成文的時候,無論如何仍然不可能完全阻止當日的語言的向筆底侵襲。這種侵襲不但是不自覺的,甚至有時是不可能自覺的。"(楊伯峻《從漢語史的角度來鑒定中國古籍寫作年代的一個實例——〈列子〉著述年代考》)

這個例子正是從"漢語史"的角度,也即用"語言是逐漸變化的"這一觀念來鑒定《坎曼爾詩箋》的真僞的。讀者諸君將要看到,我們這部書中,有好多地方也是從漢語史的角度來考證《孟子》中的疑難詞句的。3

* * * * *

李白《静夜思》"牀前明月光"的"牀"指什麼,近幾十年來,除了下榻的卧牀,還有胡牀、井欄等説法。這和我們將要講到的"語言的社會性"以及"分佈"有關。

語言是用來交際的,説的話就要讓别人聽懂。以"執子之手,與子偕老"爲例,假設99％的人理解它是用來表達愛情的,1％的人理解它是用來表達戰友情的,當然要以那99％的人的理解爲準了。它在最初確實是表達戰友情的,但對它的理解在歷史的長河中產生了變化。變化了的語言是没法人爲地糾正的,這叫作"語言符號的强制性"。語言要以説這種語言的人通常的理解爲準,這就是語言的社會性。如果説指鹿爲馬,或者指米老鼠爲唐老鴨,都是行不通的話,蛹化爲蝶,水凍成冰以後,還要叫它們爲蛹、爲水,也都是行不通的——"子在川上曰,逝者如斯夫!"

男生給女生遞條子,上面寫著"執子之手,與子偕老",這頂多是唐突;如果男生給男生遞同樣的條子,可能就會引起誤會了。4

* * * * *

語言的社會性這一原則,怎麽運用於釋讀古書中古今見仁見智的疑難詞句呢?王力先生説:"從前的文字學家有一種很大的毛病是我們所應該極力避免的,就是'遠紹'的猜測。所謂'遠紹',是假定某一種語義曾經於一二千年前出現過一次,以後的史料毫無所見,直至最近的書籍或現代方言裏才再出現。這種神出鬼沒的怪現狀,語言史上是不會有的。"(《訓詁學上的一些問題》)什麼意思呢?語言的社會性制約了説漢語的人只能把雪的顔色叫作"白",把煤球的顔色叫作"黑",而不能顛倒過來;到百度上搜一搜"白"和"黑",會出現數以萬計的"雪白的婚紗""漆黑的夜"之類的對"白"和"黑"的描述。我國古代典籍浩如煙海,一個常用詞,它的某個意義,總會在同時代典籍中留下痕跡,所謂"雪泥鴻爪"是也;它的變化軌跡,也會在不同時代的典籍中草蛇灰線伏延千里。

就拿王力先生所舉的一個例子來説好了。他指出,《曹劌論戰》中"肉食者謀之,又何間焉"的"間",有的書解釋爲"補充或糾正",但《左傳》中"間"出現 81 次,另外 80 處都不當"補充、糾正"講,其他先秦兩漢古書中"間"也從不當"補充、糾正"講,"左丘明在這裏不可能爲'間'字創造一個新義,因爲這樣的'創造'誰也看不懂。作爲一個原則,注釋家不會反對語言的社會性,但是,在實踐的過程中,注釋家卻往往忽略了這個重要的原則。"(同上)

這一"間"當然是參與、廁身其間的意思,也就是我們常説的"摻和",這樣的例子在同時代典籍可是一抓一大把的,這就是"留下痕跡"。5

* * * * *

還是來説説"牀前明月光"吧!我們在《全唐詩》裏搜索"牀前"(爲什麼要搜索"牀前"而非"牀",與下文講到的"分佈"有關),没有找到與胡牀、井欄相關的線索,倒是找到了許多與卧榻相關的線索。

最常見的線索就是睡覺(眠)了:"青蛾不得在牀前,空室焚香獨自眠。"(王建)"霽麗牀前影,飄蕭簾外竹。簟涼朝睡重,夢覺茶香熟。"(元稹)後兩句還出現了蓆子和夢醒。"一年祇有今宵月,盡上江樓獨病眠。寂寞竹窗閒不閉,夜深斜影到牀前。"(熊孺登)這一首還出現了月亮,與

"牀前明月光"相仿佛。"他皆攜酒尋芳去,我獨關門好靜眠。唯有楊花似相覓,因風時復到牀前。"(李建勳)這可是關著門喔,并可都是在室外的。

還有的出現了帳子:"草染文章衣下履,花黏甲乙牀前帳。"(長孫佐輔)這與物質文化史相吻合。還有的出現了鞋子:"牀前雙草履,簷下一紗燈。"(白居易)"壁上塵黏蒲葉扇,牀前苔爛筍皮鞋。"(杜荀鶴)還出現了枕頭和打鼾:"牀前倒秋壑,枕上過春雷。"(齊己)最好笑的,還出現了虱子:"今朝暫到焚香處,只恐牀前有虱聲。"(貫休)

我們舉例,排除了諸如"猶恐愁人暫得睡,聲聲移近臥牀前"(白居易)這類,因爲"臥牀"正如"胡牀","牀"前有特定的修飾性成分,作爲例證,缺乏説服力。同樣,"池上有小舟,舟中有胡牀。牀前有新酒,獨酌還獨嘗"(白居易)這首詩中的"牀前"之可能指胡牀,也是由於上文"舟中有胡牀"的限定,使它成爲"有標的"特例。除開這一首,上面所舉諸例,無不説明在唐詩中,當"牀"與"前"組成"牀前"這一短語時,其中的"牀"一般是指臥榻。

上文説到,語言要以説這種語言的人通常的理解爲準,這是語言的社會性原則。這一原則,運用於閲讀古書,用大白話來表達就是"大家都這樣,我也不例外",即由一般推知個別。以"牀前明月光"的"牀"爲例,既然別處許多"牀前"的"牀"都可以肯定是臥榻,"牀前明月光"的"牀"也就不能例外。

當然,例外是有的,但都是有原因的。如"牀前有新酒",它受上文的制約;"牀前明月光"卻没有這種制約。6

*　　　*　　　*　　　*　　　*

上面,我們談的是語言的歷史性、社會性問題,至少不比歷史性、社會性次要甚至更爲重要的語言的系統性問題,我們會在後頭説到。

説到這裏,要談談"分佈"了,否則好些問題講不清楚。分佈,一是指句法成分在句中所佔據的句法位置,如主語、謂語、賓語、定語、狀語等；二是指句法成分的結合能力，即該成分修飾什麽成分，該成分被什麽成分修飾，等等。通俗地說，就是詞語在特定句子中的上下文條件。比如上文考察"牀前明月光"時，我們不是考察"牀"而是考察"牀前"，就是因爲"牀"和"前"結合在一起的時候，後者會"限定"前者以什麽意義出現。我們並沒有否定"牀"的胡牀義和井欄義，只是想考察"牀前明月光"一句中"牀"的意義。既然該句中"牀前"是一體的，考察時就要把這一"條件"考慮進去。

　　一個詞，它的多義，是呈現在字典詞典裏的；在特定的上下文中，它必定是單義的。也即，上下文鎖定了該詞，讓它只能呈現一個意義。換言之，分佈限定了詞義，分佈就是特定詞義的標誌牌。也即，若要求得在某一上下文中的某詞到底是呈現其甲乙丙丁幾個意義中的哪一個，只要弄清楚甲乙丙丁四種意義各自的分佈特徵（也即上下文特徵），然後按圖索驥，看所考察的詞句的上下文和甲乙丙丁四種上下文中的哪一個相吻合就行了。楊樹達先生把它叫作"審句例"。我曾發表過一篇《以考察分佈爲主軸的訓詁》，文中説："該詞的某一類分佈特徵和某一意義是一對一的，就像身份證號碼對應每個人。這就等於說，以考察分佈爲主軸的訓詁，能使得這一研究具備可重複性、可驗證性——幾位學者分開來研究同一疑難詞語，將得到大致相同的結論。"

　　這就是所謂"經典闡釋的確定性"和"分佈分析可以使意義形式化"（分別見孟琢《論中國訓詁學與經典闡釋的確定性》，載《社會科學戰線》2022年第7期；陳保亞《20世紀中國語言學方法論研究》，商務印書館2015年，第43頁）。7

＊　　＊　　＊　　＊　　＊

　　古代訓詁大師雖然沒有分佈的概念，但他們的經典範例，無一不與分佈理論相吻合。例如高郵王氏父子對《詩經·邶風·終風》"終風且暴"的考證：

> 家大人曰,《終風篇》:"終風且暴。"《毛詩》曰:"終日風爲終風。"《韓詩》曰:"終風,西風也。"此皆緣詞生訓,非經文本義。"終"猶"既"也,言既風且暴也……《燕燕》曰:"終溫且惠,淑慎其身。"《北門》曰:"終窶且貧,莫知我艱。"《小雅·伐木》曰:"神之聽之,終和且平。"(《商頌·那》曰:"既和且平")《甫田》曰:"禾易長畝,終善且有。"《正月》曰:"終其永懷,又窘陰雨。""終"字皆當訓爲"既"。
> ——王引之《經義述聞》卷五,又見《經傳釋詞》

上文證明了,在"終~且~"這一上下文條件下,"終"呈現類似"既"的意義。這很好地說明了"分佈"是如何鎖定意義的。由於"終溫且惠""終窶且貧""終和且平""終善且有"等句中的"終"都呈現類似"既"的意義,同一格式(即同樣的上下文條件)的"終風且暴"的"終"沒有理由不是這一意義。這就符合語言的社會性原則。

利用分佈鎖定意義的原理,利用語言的社會性原則,就能夠在特定條件下,由此及彼,由一般推知個別,綜合歸納分析古書中疑難詞句的意義。

這一例也符合語言的歷史性原則。因爲語言是變化的,所以由一般推知個別時,要用同時代的書證。該例用來證明"終風且暴"意義的"終溫且惠""終窶且貧""終和且平""終善且有"等書證,都與前者是同一時代的。8

* * * * *

下面,我們舉兩個本書的例子,來説明怎樣利用語言的歷史性、社會性原則來解讀《孟子》中見仁見智的疑難詞句。下面這例大家應該不陌生:

> 如使人之所欲莫甚於生,則凡可以得生者,何不用也?使人之所惡莫甚於死者,則凡可以辟患者,何不爲也?由是則生而有不用也,由是則可以辟患而有不爲也。(《告子上》)

《孟子譯注》譯爲：

如果人們所喜歡的沒有超過生命的,那麼,一切可以求得生存的方法,哪有不使用的呢?如果人們所厭惡的沒有超過死亡的,那麼,一切可以避免禍害的事情,哪有不幹的呢?〔然而,有些人〕由此而行,便可以得到生存,卻不去做;由此而行,便可以避免禍害,卻不去幹。

本書關鍵的不同在"何不用也""何不爲也"兩句。包括《孟子譯注》在內的其他注本理解爲"哪有不使用的呢""哪有不幹的呢",我們理解爲"爲什麼不用呢""爲什麼不做呢",意義正好相反。

其理由,一是,先秦典籍中的"何不V",都是"爲什麼不V",未見可理解爲"什麼不V"的。也即,"何"用於任指表周遍義(類似"他啥都好""什麼都新鮮"中的"啥""什麼"),當時語言中未見,是晚起的語言現象。到了漢代,"何"可以表周遍義了,漢末的趙岐也就用後起的語言現象來解釋"何不用也""何不爲也"了。

二是,"由是"意爲"因此",它是順承上文的。如果譯爲"爲什麼不用呢""爲什麼不做呢",下文"由是則生而有不用也,由是則可以辟患而有不爲也"正好順承上文;而譯爲"什麼不使用呢""什麼不幹呢","由是"卻是逆承了,這與它的一貫用法不符。我們的譯文是:

假如人們想要的沒有比生命更寶貴的,一切可以求得生存的手段,爲什麼會有人卻不去用它呢?假如人們所厭惡的沒有比死亡更不堪忍受的,一切可以免除禍患的事情,爲什麼也會有人卻不去做它呢?由此可知,〔有時候分明〕可以活下去,也是會放棄的;由此可知,〔有時候分明〕可以避免禍患,也仍會堅守的。

這是典型的運用語言的歷史性原則進行疑難詞句考釋的例子,也就是楊伯峻先生所謂"從漢語史的角度"來考證疑難詞句。1.3—3"狗彘食人食而不知檢"的考證也是如此。9

＊　　＊　　＊　　＊　　＊

下面這例用以説明語言的社會性原則。

《滕文公下》"井上有李,螬食實者過半矣"(6.10－1)兩句中的"李",楊伯峻先生説:"井上之'李',爲李樹,還是李實,很難肯定。《文選·張景陽雜詩》注引《孟子章句》作'井上有李實',姑從之。"我們認爲,這一"李"指李樹。

一是,先秦典籍中出現的"桃""李""梅""萇楚"等植物,當下文出現"實"(果實)時,都是指桃樹、李樹、梅樹、羊桃樹等,如《詩經·周南·桃夭》:"桃之夭夭,有蕡其實。"(程俊英《詩經譯注》:"茂盛桃樹嫩枝枒,桃子結得肥又大。")

二是,先秦典籍中"有李""有桃""有梅"等"有＋植物名"格式中的"植物名",都指該植物本身,而非指其果實。如《秦風·終南》:"終南何有?有條有梅。"(程譯:"終南山上有什麽來? 又有山楸又有梅。")

三是,若此"李"指李實,則此句當爲"井上有李,螬食之過半矣";也即"有"的賓語,在下句再度出現時,一般要以代詞"之"指代。例如《告子上》:"一心以爲有鴻鵠將至,思援弓繳而射之。"

以上三點,都是基於語言的社會性原則,基於"分佈"的原理,從當時語言中抽繹歸納出規律,再以之解決具體詞語問題的。

由一般推知個別的做法,體現的就是語言的社會性原則。10

＊　　＊　　＊　　＊　　＊

再用兩個例子來説説"分佈"。

《論語·述而》:"默而識之,學而不厭,誨人不倦,何有於我哉?"《子罕》:"出則事公卿,入則事父兄,喪事不敢不勉,不爲酒困,何有於我哉?"這兩處"何有於我哉"歷來有兩個截然相反的解釋,一是"對於我有什麽困難呢",這是自信之辭;一是"〔以上優良品質〕我又具備了哪一點呢",這是自謙之辭。在《論語新注新譯》裏,我們論證其意義爲:"〔如果具備了以上優良品質,〕我又算個什麼呢""〔如果具備了以上優良品質,〕我又算得了什麼呢"。

以下各例可以證明:"雖及胡耈,獲則取之,何有於二毛?"(《左傳·僖公二十二年》,沈玉成《左傳譯文》譯"何有於二毛"爲"管什麼頭髮花白不花白",也即"頭髮花白算什麼呢")

"吉若獲戾,子將行之,何有於諸游?"(《昭公元年》,沈譯"何有於諸游"爲"何必把游氏諸人放在心上",也即"游氏諸人算什麼呢")

"將奪其國,何有於妻,唯秦所命從也。"(《國語·晉語四》,鄔國義、胡果文《國語譯注》譯"何有於妻"爲"娶他的妻子又有什麼呢",也即"娶他的妻子又算什麼呢")

"君若不鑑而長之,君實有國而不愛,臣何有於死,死在司敗矣!惟君圖之!"(《楚語下》,鄔、胡譯"何有於死"爲"我又何惜一死",也即"死又算什麼呢")

楊樹達《中國修辭學·增訂本中國修辭學自序》:"頗聞國人方欲取民族形式之文字改用異民族形式之音標爲之,文字之不保,何有於修辭!"——文字都快保不住了,修辭又算得了什麼呢!

最後一例算是"仿古"的文言,其餘幾例都大致與《論語》時代相同,這就符合語言的歷史性原則。由一般推知個別,符合語言的社會性原則。最爲關鍵的是,不管是一般還是個別,都是放在"何有於……"的格式中來加以考察的,這就是"考察分佈"。11

*　　*　　*　　*　　*

下面這個例子更能說明考察分佈的妙處。

《離婁下》:"天之高也,星辰之遠也,苟求其故,千歲之日至,可坐而致也。"後三句《孟子譯注》譯爲:"只要能推求其所以然,以後一千年的冬至,都可以坐著推算出來。"這是以"緣故"義釋"故"。朱熹《四書集注》:"求其已然之迹,則其運有常;雖千歲之久,其日至之度,可坐而得。"這是以"故事、成例"義釋"故"。

"既克,公問其故。對曰:'夫戰,勇氣也。'"(《左傳·莊公十年》)"故因其懼也,而改其過;因其憂也,而辨其故。"(《荀子·臣道》)"其吏請卜其故。"(《呂氏春秋·季夏紀》)"我已亡矣,而不知其故。"(《季秋紀》)以上各例"其故"前的動詞如"問""辨""卜""知"都是感知動詞。

"若治其故,則王官之邑也,子安得之?"(《左傳·成公十一年》,沈玉成《左傳譯文》:"如果要追查過去的情況,那麼它是周天子屬官的封邑,您怎麼能得到它?")"汝瞳焉如新生之犢而无求其故。"(《莊子·外篇·知北遊》)"欲治其法而難變其故者,民亂不可幾而治也。"(《韓非子·心度》)"是以聖人苟可以強國,不法其故。"(《商君書·更法》)以上各例"其故"前的動詞如"治""求""變""法"都是行爲動詞或狀態動詞,即非感知動詞。

"苟求其故"的"求"與《知北遊》"无求其故"的"求"一樣,都是非感知動詞,所以"故"爲成例義。

因此,這幾句話的意思是:"天極高,星辰極遠,如果能弄清楚它們恒常的軌跡,以後一千年的冬至,都可以坐著推算出來。"

我們對《論語·爲政》"攻乎異端斯害也已"的考證與此相仿。"攻"在先秦漢語中,有"攻擊""進攻"義和"從事某事,進行某項工作"的意義。兩者在分佈上的區別是,前者的賓語是人和地,後者的賓語是人和地之外的事物。"異端"屬於後者。見《論語新注新譯》(簡體版)。12

*　　*　　*　　*　　*

我在《論語新注新譯》(簡體版)的《前言》中寫下了一些話,覺得照錄就可以:

> 著者的具體做法,可以用三句話來概括:1.書證歸納格式,格式凸顯意義。2.一個剝離,一根主軸。3.兩個突出。

> 上引王氏父子之釋"終風且暴",是對"書證歸納格式,格式凸顯意義"的最好說明。

一個剝離，一根主軸，是對爲何要採用以上方法的解釋與説明。剝離，指將語言外部證據如情理、義理、歷史事實等等從主要證據位置上剝離開來。這牽涉到語言是一個系統的原理，這裏不擬展開。我們只要知道，詞的意義，與情理、義理、歷史事實等並無直接關係；也即，情理、義理、歷史事實等並不能限定詞義。因而，僅僅依據這些來判定詞義進而判定句義，是不可靠的。

　　主軸，指以考察分佈爲主軸，其他如形訓、聲訓、義訓以及二重證據法等等方法、手段都圍繞著考察分佈這一主軸來進行。

　　兩個突出（雙突出），一指在語言系統外部證據和語言系統內部證據中突出後者，一指在語言系統內部證據中，突出通過考察分佈，即審句例所得的證據。不難看出，兩個突出，不過是對著者上述做法的較爲精煉的概括罷了。

　　還有一句話，是借用電影名，叫"一個都不能少"。也即，幾乎所有的訓詁方法和手段，著者都"不抛棄，不放棄"，只是通過雙突出，確定了孰輕孰重孰先孰後的順序而已。這樣，當不同證據發生矛盾產生齟齬時，就知道堅持什麽，放棄什麽。

　　這有什麽意義呢？我們看若干訓詁教科書，以上方法手段往往是平列的，都被強調的。當好幾位學者分開來研究同一疑難詞語時，甲主要採用這方法，乙主要採用那方法，丙又主要採用另一方法，自然，結論也就各自不同了。這在以前，是允許的，都"可備一説"，都"新義迭出"，都算好成果。

　　如前所述，上下文（分佈）將"鎖定"某詞的某意義，要瞭解特定上下文中某詞到底是什麽意義，可以通過考察該詞不同意義的分佈特徵來做到。也就是説，該詞的某一類分佈特徵和某一意義是一對一的，就像身份證號碼對應每個人。這就等於説，以考察分佈爲主軸的訓詁，能使得這一研究具備可重複性、可驗證性——幾位學者分開來研究同一疑難詞語，將得到大致相同的結論。13

* * * * *

上面這一段,信息量有點多,讀者可姑且放在一邊。下面來談談語言的系統性問題。語言是一個系統,這是語言學的入門級問題。在語言是系統這一問題裏,又有一個入門級問題,它顯得那樣微不足道,以至於許多人認爲它不值得專門一談,附帶提提就行。王力先生在《訓詁學上的一些問題》一文中説:

> 假定這種研究方法不改變,我們試把十位學者隔離起來,分頭研究同一篇比較難懂的古典文章,可能得到十種不同的結果。可能這十種意見都是新穎可喜的,但是不可能全是正確的。其中可能有一種解釋是正確的,因爲它是從語言出發去研究的。

爲什麽從語言出發去研究,結論就是"正確的"?因爲語言是一個系統。

一般的語言學概論教科書,當然也談語言是系統,一般講的都是語言是符號系統、語言是分層級的、組合關係和聚合關係等等。

系統學無論在世界還是在中國都曾是一門顯學。它有一個基本原理:系統內部各要素之間聯繫是較爲直接的、頻繁的、緊密的,而內部與外部(環境)之間的聯繫是間接的、稀少的、疏鬆的。也即,系統內部各要素之間的關聯性强,系統內部與系統外部之間的關聯性弱。根據關聯性越强,越有可證性的原理,求證系統內部的問題應當主要依賴該系統內部的證據。所以,"從語言出發去研究",就能求得正確結論,似乎是不言而喻的。

語言的各子系統內部,就是語言系統內部;這是語言系統的邊界。14

* * * * *

因爲是不言而喻的,所以不大提它;因爲不大提它,所以常常忽視。

因此，需要重申，在語言系統外部證據和語言系統內部證據中，要以內部證據爲主。語言系統外部的證據不能作爲主要證據，更不能作爲唯一證據。

因此，語言系統內部證據是自足的，是不可替代的；語言系統外部證據是非自足的，不是非有不可的。

在語言系統內部證據中，因爲分佈特徵能夠鎖定詞的意義，所以在考證疑難詞句時，又要以"審句例"即考察分佈爲主。這就是所謂"雙突出"。

語言系統外部證據，雖然在主要證據位置上被"剝離"了，但它還可以作爲次要證據。

分清了主次，遇到矛盾產生齟齬時，就能很好地處理了。比如主要證據支持一個結論，次要證據支持另一個結論，就採納主要證據支持的結論。

例如"牀前明月光"，有的證據支持井欄説、胡牀説，但那多是語言系統之外的證據，遇到語言系統之內的證據支持卧榻説，次要證據就要讓路。這還是因爲分佈能限定詞義，語言外部因素不能限定詞義。

這樣一來，"經典闡釋的確定性"就有了保障，也就落實了"分佈分析使意義形式化"。15

*　　　*　　　*　　　*　　　*

還有幾個問題需要説説。

第一個問題。

如前所述，1. 句法成分（例如詞）在句中所佔據的句法位置，也即它所充任的句法成分，如主語、述語、賓語等；2. 修飾關係（或"結合能力"）：該成分可修飾什麽成分，可被什麽成分所修飾。以上兩點的總和，就是該成分的"分佈"；這個，也叫作"分佈總和"或"分佈特徵集合"。

陳保亞説："每個詞都有自己獨特的分佈特徵集合……每個詞都有它自己特定的分佈總和……没有任何兩個詞的分佈是絶對相同的，每個詞都有它自己的分佈,形成分佈個性。"(《20世紀中國語言學方法論研究》,第33—44頁)也即,每個詞都有一群區別性分佈特徵,把該詞和其他所有的詞區分開來。我們將這個稱爲"大範圍區分"。"大範圍區分"既不具備可行性——見於傳世文獻和出土文獻的古代漢語是無法呈現當時語言中每個詞的每一分佈特徵的,因爲某一時代的文獻不可能囊括當時的整個該語言;也不具備可操作性,因爲這樣做十分繁瑣,事倍功半;而且没有必要,在進行詞語考證時,没有必要將該詞與其他成千上萬的詞區分開來,僅僅需要與其他一兩個詞,或該詞其他義位區分開來。

某詞的某一區别特徵,或它的兩三個區别特徵,足以將該詞與其他一兩個詞,或該詞的其他義位區分開來。我們將之稱爲"小範圍區分"。16

*　　*　　*　　*　　*

例如,《左傳·莊公八年》"袒而視之背",阮元《校勘記》認爲當讀作"袒而示之背"。有些學者贊同阮校,有些認爲應如字讀。著者的學生李瑞在《左傳》和同時代語料中找到"示""視"各幾十例,"示"能帶雙賓語,且近賓語爲"之"的有十餘例,遠賓語是人體某部位的有五六例;而除此之外的"視"只能帶單賓語。由此可知阮校可從。這裏僅考察了關鍵的分佈特徵,便得出了可信的結論。

上文所舉諸例,也可説明這一點。

小範圍區分,具有可操作性。

一般規律,一個詞與其他一兩個詞區分,或與該詞其他義位區分,其間意義差别越大,越容易區分。以人打比方,一男一女,容易區分;兩男一老一少,也容易區分;兩男年齡相仿,一高一矮,也容易區分;年齡身高相仿,一胖一瘦,依然容易區分。但有些雙胞胎小孩,穿一樣的衣服,就不容易區分了,需要在細節上仔細辨認。

"視"和"示",在分佈上是容易區分的。而"故"的"緣故"意義和"故事、成例"意義,以及"攻"的"攻擊、進攻"意義和"從事某事、進行某項工作"意義,就不大好區分了。對於後者,尤其需要仔細地考察分佈上的細微末節。

正因爲這樣,儘管我在撰寫《論語新注新譯》之初,就在思考"攻乎異端",可直到該書出版,歷經十餘年,也沒個結果。網上看到讀者詢問爲什麼遺漏了它,才下決心攻克了這一難題。17

　　　　＊　　　＊　　　＊　　　＊　　　＊

第二個問題。

有些朋友可能會説了,我怎麼覺著,你這兒的所謂語言學,不脱結構主義的藩籬呢？不瞞您説,這個,我也苦惱了好些年呢！至今也拿不出一個滿意的結論。繞不過去,還得説上幾句。

這些年,我也還在繼續讀形式學派、功能學派、類型學派的著作。我多次看到,好些評價別人的人,他自己並沒有鑽進去弄明白。我想儘量避免這個。

就拿和結構主義語言學同屬形式學派的轉換生成語法來説吧。我是講授古代漢語的,無疑,轉換生成語法的許多方法、手段,對於古漢語研究是有幫助的。例如語義特徵分析,例如管轄理論、約束理論以及與二者緊密相關的空語類學説……

轉換生成語法研究母語者的語感,其哲學基礎是理性主義,多採用演繹法。

結構主義的最重要分支描寫主義的興起與研究印第安諸語言有關,其哲學基礎是經驗主義,多採用歸納法。

我們的母語現代漢語雖然是從古代漢語發展而來的,但古漢語特別是上古漢語並非我們的母語,如同印第安諸語言並非布龍菲爾德等人的母語一樣。

我只想説,基於經驗主義多採用歸納法的結構主義語言學,用來研究非母語的古代漢語,並沒有過時。而轉換生成語法能否全面運用於古漢語研究,由於古漢語的非母語性,我是存疑的。希望朋友們參與討論。18

* * * * *

第三個問題。

我們追求可重複、可驗證,追求"經典闡釋的確定性",因爲"分佈分析可以使意義形式化",這都是不錯的。

但我們不應忽視一點,就是上文説到的"某一時代的文獻不可能囊括當時的整個該語言"——有時即使進行了窮盡性歸納,也依然注定是不完全歸納。

因此,即使我們"審句例"是精準的,對有些詞句的釋讀也依然不能保證百分百做到"確定性"。

但是,運用不完全歸納法可以由個別的知識概括爲一般的知識,從而達到對普遍規律的認識,使研究儘可能接近"確定性"。

另外,傳世文獻往往竄入了後世的成分,但這種竄入是零零星星的,貫穿語言中的普遍規律不會因爲它而改變;這雖然會使問題複雜化,但不足以影響普遍規律的歸納與運用,後者還將有助於剥離出這些成分。19

* * * * *

總結一下。

語言的歷史性:語言是逐漸變化的。在釋讀古書疑難詞句時,要以變化的觀點看問題。

語言的社會性:語言要以説這種語言的人通常的理解爲準。在釋讀古書疑難詞句時,要用同時代文獻中的書證來予以證明。強調"同時代",是兼顧語言的歷史性。

語言的系統性:嚴格區分語言系統内、外證據,以語言系統内部證據爲主要證據。

因爲分佈可以鎖定詞的某一意義，用來證明的同時代書證必須與被證格式相同。例如搜羅"終～且～"的句子來證明"終風且暴"的意義進而證明句中"終"的意義。

　　具體做法可歸納爲：1.書證歸納格式，格式凸顯意義。2.一個剝離，一根主軸。3.兩個突出。

　　這樣，當語言內外證據或語言內部不同證據發生矛盾產生齟齬時，就知道主要採納哪些證據。

　　"大範圍區分"和"小範圍區分"的劃分，使分佈理論運用於古書疑難詞句釋讀具有可操作性。20

　　　　2023 年 6—7 月於北京太平湖北之索家墳寓所

例　言

一、本書是2017年年底出版的《孟子新注新譯》的第二版。較之舊版，篇幅增加了50％多。這50％多中的約九成，是加在"考證"這一部分。《導言》篇幅卻大大縮減了。舊版有《卷首的話》，是《導言》的簡要版，也不需要了。也就是説，新版"考證"部分大大增强了。從數目看，原有"考證"108則，新版增加到210則。舊的"考證"，也補充加强了若干則。注釋中，也有做過考證而未詳寫的，如9.7－1注⑪、14.23注③。

二、《孟子》的本文，古今學者作了極爲詳盡的校勘，而爲楊伯峻先生《孟子譯注》所採納。本書一以《孟子譯注》爲準。舉凡章節的分合，均與之同。有些地方句讀雖有所不同，但不是版本的問題。若干單字（如"歸絜其身"的"絜"，《孟子譯注》作"潔"）依據其他版本（如《孟子注疏》《四書章句集注》《孟子正義》）作了改動。

三、古人言辭簡略，翻譯爲現代漢語時，有時不得不加些詞句。這些在原文涵義之外的詞句，外用六角括弧〔〕作標記。此爲仿照《論語譯注》《孟子譯注》者。這自然不是什麽"增字解經"，因爲古代漢語和現代漢語的差别，翻譯時爲了讀者的理解而增加若干文字，是必要的。參見1.7－1"考證"。

四、注釋號放置在句末，依出現先後以阿拉伯數字爲標記。考證文字，共計210篇，每篇末尾依出現先後順序標注阿拉伯數字於圓括弧中。若每一章、節有兩個以上"考證"，則依在原文中出現之先後順序標注漢字數字於圓括弧內。正文末尾有《〈孟子〉疑難詞句考證索引》可供檢索。

五、《〈孟子〉疑難詞句考證索引》中，此次新增的考證，以※號標明之。原有108則考證，有大的修改增删的，以◎號標明之。

六、著者運用電腦軟件蒐集語料，所引用語料不能保證無誤。爲保證質量,所引例句,著者都參照紙質圖書之善本一一覈對過。

　　七、著者仿照《論語譯注》《孟子譯注》,在每一章原文前標注數字。如《梁惠王上》第一章,標以"1.1"。惟《孟子》中的某些章,字數很多;爲免讀者前後翻檢之勞,著者將一些較長的章又分爲若干節,章與節之間標以連接號。例如,將《梁惠王上》第七章分爲八節,分別標以"1.7－1""1.7－2",直至"1.7－8"。

　　八、本書主要參考文獻,除了趙岐《注》、朱熹《四書章句集注》、焦循《正義》、楊伯峻《譯注》之外,還有邵永海《讀古人書之〈孟子〉》(北京大學出版社 2018 年)和白平《楊伯峻〈孟子譯注〉商榷》(北嶽文藝出版社 2013 年),特此鳴謝!

　　九、對在本書的寫作過程中幫助過著者的人們致以最誠摯的謝意!

　　十、本書當有缺失和謬誤,誠懇歡迎批評指正!

梁惠王章句上

凡七章

1.1 孟子見梁惠王①。王曰:"叟不遠千里而來②,亦將有以利吾國乎?"

孟子對曰:"王何必曰利?亦有仁義而已矣③。王曰:'何以利吾國?'大夫曰:'何以利吾家?'士庶人曰④:'何以利吾身?'上下交征利而國危矣⑤。萬乘之國,弒其君者⑥,必千乘之家;千乘之國⑦,弒其君者,必百乘之家⑧。萬取千焉,千取百焉,不爲不多矣。苟爲後義而先利⑨,不奪不饜⑩。未有仁而遺其親者也,未有義而後其君者也⑪。王亦曰仁義而已矣,何必曰利?"

【譯文】孟子與梁惠王見面。惠王說:"老先生不辭千里長途的辛勞而來,是不是將給我國帶來利益呢?"

孟子答道:"王何必非要講利益呢?只要有仁義就行了。如果王只是說:'怎樣才有利於我的國家呢?'大夫也說:'怎樣才有利於我的封地呢?'那士人和老百姓也都會說:'怎樣才有利於我自己呢?'這樣,上上下下都互相追逐私利,國家便危險了!在有一萬輛兵車的國家裏,殺掉它的國君的,一定是有一千輛兵車的大夫;在有一千輛兵車的國家裏,殺掉它的國君的,一定是有一百輛兵車的大夫。在一萬輛裏頭,他就有一千輛;在一千輛裏頭,他就有一百輛,這不能不說是夠多的了。如果他把'義'拋在腦後而事事'利'字當先,那他不把國君的一切都剝奪掉,是不會滿足的。從沒有懷抱仁心的人會遺棄父母的,也沒有懷抱道義的人會慢待君上的。王只要講仁義就可以了,爲什麽非得要講利益呢？"

【注釋】①梁惠王：即魏惠王，名罃，"惠"是他的謚號。公元前362年，魏國都城由安邑遷往大梁（今河南開封），所以又叫梁惠王。他在即位最初二十幾年內，使魏國在戰國諸雄中最爲強大。本篇名爲"梁惠王章句上"，是因爲《孟子》的篇名和《論語》一樣，不過是擇取每篇開頭的一個重要的詞或短語而已。"章句"是漢代經學家常用的術語，即分析古書章節句讀的意思。在這裏，用作訓解古書的題名。這裏"梁惠王章句上"是東漢趙岐所著《孟子章句》的舊題，他把《孟子》七篇各分爲上下兩卷，所以這裏題爲"章句上"。　②叟（sǒu）：老先生。《莊子・外篇・在宥》："叟何人邪？叟何爲此？"　③亦：意義較虛，有"也不過是"的意義；這一意義似乎也可譯爲"祇""只"，但兩者還是有所不同。詳見本章《考證》。另外，"而已"在當時語言中不像後世那樣帶有輕蔑義。詳見《論語新注新譯》（簡體本，北京大學出版社2018年）4.15《考證》（二）。　④庶（shù）人：平民。　⑤上下交征利：交，交互，互相。征，即"徵"，取。按，"交"由"交叉"義引申出交互、互相義，常用爲狀語。而"互相"義是雙方（或多方）同時、一道（做某事），因此，訓作"俱"，也即"都"（古人有這樣訓釋的），也差不離。在"上下交征利"這句中，譯爲"上上下下互相追逐私利"（楊伯峻《孟子譯注》）無疑是較爲準確的，譯爲"上下都追逐私利"也説得過去；但以後者來"糾正"前者，則殊可不必。　⑥弑：以下殺上，以卑殺尊。⑦萬乘（shèng）之國，千乘之國：兵車一輛叫一乘。春秋戰國時以兵車的多少來衡量國家的大小強弱。戰國七雄爲萬乘，宋、衛、中山、東周、西周爲千乘。　⑧千乘之家，百乘之家：古代的執政大夫有一定的封邑，擁有這種封邑的大夫叫家。有封邑即有兵車。公卿的封邑大，可以出兵車千乘；大夫的封邑小，可以出兵車百乘。　⑨苟：假如，假設，如果。　⑩厭（yàn）：飽，滿足。　⑪後其君：把他的君主放在後面，因此意譯"後"爲"慢待"。

【考證】亦有仁義而已矣：

這一"亦"楊伯峻《孟子譯注》注爲"衹也，請參考《詞詮》卷七"。《詞詮》是給"亦"列有"衹也，特也，但也"的義項；"亦"是否有這個意義，其實是可以討論的。"亦"通常是"也""又"的意思，因其意義較虛，有的情況下可理解爲"也不過是"，這時似乎也可譯爲"衹"；但"亦有"連文應該不在此列。看以下"亦有"連文的句子，《左傳·僖公十七年》："雍巫有寵於衛共姬，因寺人貂以薦羞於公，亦有寵。"沈玉成《左傳譯文》（中華書局1981年）："……又受到齊侯的寵倖。"《僖公三十年》："然鄭亡，子亦有不利焉。"沈譯："然而鄭國滅亡，您也有不利啊。"《宣公十一年》："抑人亦有言曰：'牽牛以蹊人之田，而奪之牛。'"沈譯："不過人們也有話說：'……'"《論語·八佾》："邦君爲兩君之好，有反坫，管氏亦有反坫。"楊伯峻《論語譯注》："管氏也有這樣的設備。"《衛靈公》："君子亦有窮乎？"楊譯："君子也有窮得毫無辦法的時候嗎？"《季氏》："子亦有異聞乎？"楊譯："也得著與衆不同的傳授嗎？"《陽貨》："君子亦有惡乎？……賜也亦有惡乎？"楊譯："君子也有憎惡的事嗎？……賜，你也有憎惡的事嗎？"以上"亦有"連文的句子中的"亦"都是"也"的意義。

另外，"亦有仁義而已矣"句中的"而已"就包含著類似"衹"的意義，因此，譯爲"衹要有'仁義'便好了"（《孟子譯注》），也並不能説明句中"亦"就有"衹"的意義。因爲，格式的意義，或者説整個句子形成的意義，不等於某一個詞的意義。（1）

1.2 孟子見梁惠王。王立於沼上①，顧鴻鴈麋鹿②，曰："賢者亦樂此乎？"

孟子對曰："賢者而後樂此③，不賢者雖有此，不樂也。《詩》云④：'經始靈臺，經之營之⑤，庶民攻之⑥，不日成之⑦。經始勿亟⑧，庶民子來⑨。王在靈囿，麀鹿攸伏⑩，麀鹿濯濯⑪，白鳥鶴鶴⑫,王在靈沼,於牣魚躍⑬。'文王以民力爲臺爲沼,而民歡樂之,謂其臺曰'靈臺',謂其沼曰'靈沼',樂其有麋鹿魚鼈⑭。古之人與民偕樂,故能樂也。《湯誓》曰⑮:'時日害喪⑯,予及女偕亡。'民欲與之偕亡,雖有臺池鳥獸,豈能獨樂哉?"

【譯文】孟子與梁惠王見面。王站在池塘邊,一邊轉頭欣賞著鳥獸,一邊說:"賢良的人也享受這種快樂嗎?"

　　孟子答道:"只有成爲賢良的人,才能體會到這種快樂;不賢良的人即使擁有這一切,也没法享受。〔怎麼這樣說呢?我拿周文王和夏桀的史實爲例來說說吧。〕《詩經》說:'開始規劃造靈臺,仔細勘測巧安排。黎民百姓全都上,不設期限慢慢來。建臺本來不著急,百姓都想出把力。大王遊覽靈園中,母鹿伏在深草叢。母鹿肥大毛色潤,白鳥潔淨羽毛豐。大王遊覽到靈沼,啊!滿池魚兒歡跳動。'周文王雖然用了百姓的力量築臺挖池,但百姓樂意這樣做,他們管這臺叫作'靈臺',管這池叫作'靈沼',還樂意那裏有許多麋鹿和魚鼈。古時候的聖君賢王因爲能與老百姓同樂,才能得到真正的快樂。〔夏桀卻恰恰相反,百姓詛咒他死,他卻自比太陽:'太陽什麼時候消滅,我才什麼時候死亡。'〕《湯誓》中便記載著百姓的哀歌:'太陽啊,你什麼時候滅亡呢?我寧肯和你一道去死!'老百姓恨不得與他同歸於盡,即便有高臺深池,珍禽異獸,他又如何能獨自享受呢?"

【注釋】①沼(zhǎo)上:池塘邊。沼,池塘。上,邊。參見《論語新注新譯》6.9"汶上"的《考證》。　②顧鴻鴈麋鹿:顧,轉動脖子看。參見9.7—1《考證》。鴈,就是"雁"字。　③賢者而後樂此:只有成爲賢者,才能體會到這種快樂。我在《論語新注新譯》(北京大學出版社2016年)中論證《爲政》"先行其言而後從之"時歸納,在《論語》時代,表示"然後"意義的"而後"這一詞語,總是處於"(S)V(O)而後 V(O)"(S代表主語,V代表謂語動詞,O代表賓語,括弧中的成分可以有,也可以無)這一結構。因此,這句的"賢者"也是體詞活用爲謂詞;故譯之爲"成爲賢者"。 ④《詩》云:見《詩經·大雅·靈臺》。譯文採自程俊英《詩經譯注》,有改動。 ⑤經之營之:度量測量它。經,勘測,劃界。營,度量,測量。 ⑥攻:做,工作。 ⑦不日成之:不設期限,隨它哪一天完成。趙岐《注》:"衆民並來治作之,而不與之相期日限,自來成之也。"朱熹《注》云:"不日,不終日也。"從《王風·君子于役》"君子于役,不日不月"鄭玄《箋》"行役反(返)無日月"看,應從趙岐《注》。 ⑧經始勿亟:這是文王所說。亟,急。 ⑨子:名詞活用作狀語,像兒子那樣。 ⑩麀(yōu)鹿攸伏:麀,母鹿,母的。麀鹿,母鹿。攸,所。伏,安然不動。 ⑪濯(zhuó)濯:白而無雜質貌。 ⑫鶴鶴:羽毛潔白貌,《詩經》寫作"翯翯"。參見13.13《考證》。 ⑬於牣(wū rèn):於,詞的前綴,無實義。牣,滿。 ⑭鼉:就是"鱉"字。 ⑮《湯誓》:《尚書》中的一篇,爲商湯伐桀誓師詞。 ⑯時日害喪:這個太陽什麼時候滅亡。時,此,這個。害,通"曷",何,何時。

1.3-1 梁惠王曰:"寡人之於國也①,盡心焉耳矣。河內凶②,則移其民於河東③,移其粟於河內④;河東凶亦然。察鄰國之政,無如寡人之用心者。鄰國之民不加少⑤,寡人之民不加多,何也?"

孟子對曰:"王好戰,請以戰喻⑥。填然鼓之⑦,兵刃既接⑧,棄甲曳兵而走⑨。或百步而後止⑩,或五十步而後止。以五十步笑百步,則何如?"曰:"不可;直不百步耳⑪,是亦走也⑫。"

【譯文】梁惠王〔對孟子〕說:"我對於國家,可算是操心到家了。河內地方遭了災,我便把那裏的百姓遷到河東,還把河東的糧食運到河內。河東遭了災也這麼辦。細察鄰國的政治,沒有一個國家能像我這樣費盡心思的。〔儘管這樣,〕鄰國的百姓並不減少,我的百姓並不增多,這是爲什麼呢?"

孟子答道："王喜歡戰爭,就請讓我用戰爭來做比喻吧。戰鼓咚咚一響,雙方刀槍一碰,就扔掉盔甲拖著兵器逃跑。有的一口氣跑了一百步停下,有的一口氣跑了五十步停下。若是跑了五十步的恥笑跑了一百步的戰士〔膽小〕,那又如何?"王説:"這不行,他只不過沒跑到一百步罷了,但這也是逃跑了呀。"

【注釋】①寡人:寡德之人,古代王侯的自謙之辭。寡,少。　②凶:荒年,遭遇荒年。　③河內,河東:河內,魏國的河內地,在今河南濟源一帶。河東,魏國的河東地,在今黄河以東,今夏縣以北地區(實際包括今晉中的南部)。　④粟:禾、黍的籽粒。　⑤加少:更少。　⑥請:這一"請"是"請您允許我"的意思。"請"有這種用法,例如:"欲與大叔,臣請事之。"(《左傳·隱公元年》)　⑦填然鼓之:填然,即"填填地(響)""咚咚地(響)"。鼓,擊鼓。之,這裏指擊鼓的事由,指發動進攻這件事,並不是所謂"湊足一個音節"。詳見郭錫良《漢語第三人稱代詞的起源和發展》第一部分,載《漢語史論集》(增訂本),商務印書館 2005 年。　⑧兵:兵器,武器。　⑨走:上古跑叫"走"。這裏指逃跑。　⑩或:肯定性無指代詞,有的人。　⑪直:特,只是,不過,僅僅。　⑫是:代詞,略同"此",多用於指代抽象事物。

1.3-2 曰:"王如知此,則無望民之多於鄰國也①。不違農時,穀不可勝食也②;數罟不入洿池③,魚鼈不可勝食也;斧斤以時入山林④,材木不可勝用也。穀與魚鼈不可勝食,材木不可勝用,是使民養生喪死無憾也。養生喪死無憾,王道之始也。

【譯文】孟子説:"王如果懂得這個道理,就不要指望老百姓比鄰國多了。如果在農忙時,不去〔徵兵徵工,〕佔用耕作的時間,那糧食便會吃不完了;不用細密的網到池塘去捕魚,那魚和鼈也就吃不完了;砍伐樹木有固定的時間,木材也就用不盡了。糧食和魚、鼈吃不完,木材用不盡,這就是讓老百姓對生養死葬沒有遺憾了。老百姓對生養死葬沒有遺憾,才是王道的基礎哇!

【注釋】①無:通"毋",不要。按,《孟子》中的"毋"都作"無",如下一節"雞豚狗彘之畜,無失其時""王無罪歲"的"無",也通"毋"。　②勝:舊讀shēng,盡。　③數罟(cù gǔ)不入洿(wū)池:數,密。罟,魚網。洿,不流動的水,池塘。數罟就是密網。趙岐《注》:"魚不滿尺不得食。"古制,網眼在四寸(約合9.2釐米)以下的叫作密網,禁止在湖泊內捕魚,以保留魚種。《荀子·王制》:"黿鼉、魚鱉、鰌鱣孕別之時,罔罟毒藥不入澤……汙池、淵沼、川澤謹其時禁,故魚鱉優多而百姓有餘用也。"　④斧斤以時入山林:以時,按一定的時間,按時。《荀子·王制》:"聖王之制也,草木榮華滋碩之時則斧斤不入山林。"《周禮·山虞》:"仲冬斬陽木,仲夏斬陰木。"《禮記·王制》:"草木零落,然後入山林。"可見古人砍伐樹木有固定的時候。

1.3-3 "五畝之宅,樹之以桑,五十者可以衣帛矣①。雞豚狗彘之畜②,無失其時,七十者可以食肉矣。百畝之田,勿奪其時,數口之家可以無飢矣③。謹庠序之教④,申之以孝悌之義⑤,頒白者不負戴於道路矣⑥。七十者衣帛食肉⑦,黎民不飢不寒,然而不王者⑧,未之有也。

"狗彘食人食而不知檢⑨,塗有餓莩而不知發⑩;人死則曰:'非我也,歲也。'是何異於刺人而殺之,曰:'非我也,兵也。'王無罪歲,斯天下之民至焉⑪。"

【譯文】"每家都有五畝地的宅院,院裏種上桑樹,五十歲以上的人就可以穿上絲織品了。雞、狗和豬的蓄養,不要耽誤繁殖的時機,七十歲以上的人就可以有肉吃了。百畝的耕地,不要讓他們失去耕種收割的時機,一家幾口人就可以吃飽了。好好地辦些學校,反復地用孝順父母敬愛兄長的道理教育他們,那麼,鬚髮斑白的老人也就用不著背負、頭頂著重物奔波在道路上了。七十歲以上的人有絲織品穿,有肉吃，平民百姓不受凍餓，這樣做了，還不能使天下歸心的，是從來沒有過的事。

"〔豐收年份〕豬狗能吃上人吃的糧食，卻不曉得及時收購以備荒年；道路上有餓死的人，也沒想到要打開倉庫賑濟災民。老百姓死了，只會説'不怪我呀，怪年成不好'。這種説法和拿刀子殺了人，卻説'不怪我呀，怪兵器吧'有什麼不同呢？王假如不去怪罪年成，〔而切切實實地去改革政治，〕天下的百姓就都會來投奔了。"

【注釋】①衣（yì）：穿，穿衣。　②雞豚狗彘之畜（xù）：雞、豬和狗的蓄養。畜，蓄養，飼養，養育。本篇第七章："俯足以畜妻子。"　③勿奪……無飢矣：《國語·齊語》："無奪民時，則百姓富。"可見在孟子之前已有此説法。　④庠（xiáng）序：古代的地方學校。　⑤申之以孝悌（tì）之義：申，一再，重複。悌，弟對兄的敬愛。　⑥頒白者不負戴於道路：頒白，鬢髮半白，也寫作"斑白"。負，背負。戴，頂在頭上。　⑦衣帛：穿絲織品。衣，舊讀 yì，穿。　⑧然而不王（wàng）者：然，這樣。王，以仁義統一天下。者，助詞，表示提頓。　⑨狗彘食人食而不知檢：這句中"檢"當讀爲"斂"。這句話的意思是，豐年時，穀賤傷農，狗彘都能吃上人的食物，當政者卻不平價收買，儲藏之以備荒年。詳見本節《考證》。　⑩塗有餓莩（piǎo）而不知發：塗，道路，這一意義也作"途""涂"。莩，通"殍"，餓死。餓莩，餓死的人。發，打開，這裏指打開糧倉賑濟。　⑪斯：連詞，這就。

【考證】狗彘食人食而不知檢：

這句有兩種解釋。《漢書·食貨志·贊》："孟子亦非'狗彘食人之食不知斂'。"顏師古注："言歲豐孰，菽粟饒多，狗彘食人之食，此時可斂之也。"《漢書·食貨志》"檢"作"斂"，意謂豐收時，穀賤傷農，狗彘得以食人之食，國家便應平價收買，儲藏之以備荒年。但趙岐《注》云："言人君但養犬彘，使食人食，不知以法度檢斂也。"趙《注》意謂不知以法度約束之也。

清初閻若璩《四書釋地·三續》云："古雖豐穰，未有以人食予狗彘者。'狗彘食人食'即下章'庖有肥肉'意,謂厚斂於民以養禽獸者耳。"按,閻説較晚,且僅僅依據"情理",説服力不強;且以清人之心,度孟子之腹,亦未足採信。趙岐説則值得重視。

按《管子·國蓄》云:"歲適美,則市糶(tiào,賣出糧食)無予,而狗彘食人食。歲適凶,則市糴(dí,買進糧食)釜十繈,而道有餓民。然則豈壤力固不足而食固不贍也哉?夫往歲之糶賤,狗彘食人食,故來歲之民不足也。物適賤,則半力而無予,民事不償其本;物適貴,則什倍而不可得,民失其用。"

《韓非子·五蠹》也有類似説法:"故饑歲之春,幼弟不饟;穰歲之秋,疏客必食。"

《管子·小問》這段話則明確提出了主張:"年穀熟,糶貸賤,禽獸與人聚食民食,民不疾疫。當此時也,民富且驕;牧民者厚收善歲以充倉廩,禁藪澤,……飄風暴雨爲民害,涸旱爲民患,年穀不熟,歲饑,糶貸貴,民疾疫。當此時也,民貧且罷。牧民者發倉廩、山林、藪澤以共其財,……其收之也,不奪民財;其施之也,不失有德。"

《輕重丁》則記録了事實:"桓公曰:'糶賤,寡人恐五穀之歸於諸侯。寡人欲爲百姓萬民藏之,爲此有道乎?'管子曰:'今者夷吾過市,有新成囷京者二家,君請式璧而聘之。'桓公曰:'諾。'行令半歲,萬民聞之,舍其作業而爲囷京以藏菽粟五穀者過半。"

《漢書·食貨志·贊》:"贊曰:《易》稱'哀多益寡,稱物平施',《書》云'楙遷有無',周有泉府之官,而《孟子》亦非'狗彘食人之食不知斂,野有餓莩而弗知發'。故管氏之輕重,李悝之平糶,弘羊均輸,壽昌常平,亦有從徠。"可見,"狗彘食人食"在其時有其固定意義,指豐年糧多,豬狗食人食也。且《孟子》本文之《滕文公上》也有類似記載:"貢者,挍數歲之中以爲常。樂歲,粒米狼戾,多取之而不爲虐,則寡取之;凶年,糞其田而不足,則必取盈焉。爲民父母,使民盻盻然,將終歲勤動,不得以養其父母,又稱貸而益之,使老稚轉乎溝壑,惡在其爲民父母也?""樂歲,粒米狼戾",即"狗彘食人食",楊伯峻先生譯之爲：" 豐收年成，到處都是穀物。"狼戾，趙岐《注》："猶狼藉也。"《漢書·食貨志》也是漢代文獻，其可信度至少不比趙岐《注》差。

最重要的，"檢"之有法度義最早見於《荀子·儒效》："禮者，人主之所以爲群臣寸尺尋丈檢式也。"且用爲名詞。後引申出檢驗義（《漢書·食貨志》："均官有以考檢厥實。"）約束、限制義甚晚出，而首見於《論衡》："案世間能建蹇蹇之節，成三諫之議，令將檢身自勑，不敢邪曲者，率多儒生。"（《程材》）其後文獻漸常見："賓客放縱，類不檢節。"（《後漢書·郅惲傳》）"言善不稱德，論功不據實，虛誕者獲譽，拘檢者離毀。"（《左雄傳》）趙岐《注》顯然是以漢代才有的意義解讀《孟子》這段話了。

相反，"斂"的收藏、收斂義（不是指抽象意義的行爲的"收斂"，即約束），在《孟子》成書的年代則較爲常見："春省耕而補不足，秋省斂而助不給。"（《梁惠王下》，又《告子下》）"農夫春耕夏耘，秋斂冬藏，息於聆缶之樂。"（《墨子·三辯》）"春則廢民耕稼樹藝，秋則廢民穫斂。"（《非攻中》）"春耕種，形足以勞動；秋收斂，身足以休食。"（《莊子·雜篇·讓王》）"斂"的"約束""節制"義卻不早於漢代："秦始皇設刑罰，爲車裂之誅，以斂奸邪。"（《新語·無爲》）

由此可見，"狗彘食人食而不知檢"當讀爲"狗彘食人食而不知斂"，謂豐年糧食多得連豬狗都吃，卻不知收購儲藏以備荒年。（2）

1.4 梁惠王曰："寡人願安承教①。"孟子對曰："殺人以梃與刃②，有以異乎？"曰："無以異也。""以刃與政，有以異乎？"③曰："無以異也。"

曰："庖有肥肉④，廄有肥馬⑤，民有飢色，野有餓莩，此率獸而食人也⑥！獸相食，且人惡之；爲民父母，行政，不免於率獸而食人，惡在其爲民父母也⑦？仲尼曰⑧：'始作俑者，其無後乎！'爲其象人而用之也⑨。如之何其使斯民飢而死也⑩？"

【譯文】梁惠王〔對孟子〕說:"我很樂意接受您的訓導。"孟子答道:"殺人用棍子和用刀子,有什麽不同嗎?"王說:"沒有什麽不同。""用刀子和用政治〔殺人〕,有什麽不同嗎?"王說:"沒有什麽不同。"

孟子又說:"廚房裏有厚實的肉,馬廄裏有壯碩的馬,老百姓卻面有菜色,郊野外也餓殍橫陳,這就是帶領著野獸來吃人!野獸間弱肉強食,人尚且厭惡;身爲老百姓的父母來從政,還不能避免帶領著野獸來吃人,這又算哪門子老百姓的父母呢?孔子曾說:'最開始製作人俑來陪葬的人,該會斷子絶孫吧!'這是因爲人俑是照著大活人做出來的,卻用來陪葬。〔用人俑陪葬,尚且不可,〕又怎能讓老百姓活活餓死呢?"

【注釋】①寡人願安承教:寡人,古代諸侯稱呼自己的謙詞。安,安意,樂意。教,教令,訓導。 ②梃(tǐng):直的竹、木棒。 ③這段省去"曰"的話也是孟子說的,《孟子》一書中這樣的地方很不少。 ④肥肉:厚肉。肥,肉質豐滿。肉,肌肉。可知那時的"肥肉"和現在的"肥肉"意義有所不同,因此漢高祖兒子才叫"劉肥"。下句"肥馬"也當譯爲"壯碩的馬"。 ⑤廄(jiù):馬欄,馬廄。 ⑥率:率領,帶領。 ⑦惡(wū):何。 ⑧仲尼:孔子的字。 ⑨象:模仿,效法。 ⑩斯民:這些老百姓。斯,此。

1.5 梁惠王曰:"晉國①,天下莫强焉②,叟之所知也。及寡人之身③,東敗於齊,長子死焉④;西喪地於秦七百里⑤;南辱於楚⑥。寡人恥之,願比死者壹洒之⑦。如之何則可?"

孟子對曰:"地方百里而可以王⑧。王如施仁政於民,省刑罰,薄稅斂,深耕易耨⑨;壯者以暇日修其孝悌忠信⑩,入以事其父兄,出以事其長上,可使制梃以撻秦楚之堅甲利兵矣⑪。

"彼奪其民時,使不得耕耨以養其父母。父母凍餓,兄弟妻子離散⑫。彼陷溺其民,王往而征之,夫誰與王敵？故曰:'仁者無敵。'王請勿疑！"

【譯文】梁惠王〔對孟子〕說:"魏國的強大,天下沒有比得上的,老先生您是知道的。但到我在位的時候,先是東邊敗給齊國,長子都死在了那裏;西邊割讓了七百里土地給秦國;南邊又被楚國所羞辱〔,被奪去八個城池〕。我為此深感屈辱,希望為死難者報仇雪恨,要怎麽辦才好呢？"

孟子答道:"即使方圓百里的小國也可以行仁政而使天下歸服〔,何況像魏國呢〕。您如果向百姓施行仁政,減免刑罰,減輕賦稅,讓他們能夠深翻土,勤除草;青壯年在閒暇時能講求孝順父母、敬愛兄長、為人忠心、誠實守信的道理,並用來在家裏侍奉父兄,在朝廷服事上級,這樣,就是舉著木棒也足以抗擊披堅執銳的秦楚大軍了。

"那秦國楚國〔卻相反,〕侵奪了老百姓的生產時間,讓他們不能耕種來養活父母,父母因此受凍挨餓,兄弟妻兒東逃西散。那秦王楚王讓他們的百姓陷在痛苦的深淵裏,您去討伐他們,還有誰來與您為敵呢？所以說:'仁人無敵於天下。'請您不要疑慮了吧！"

【注釋】①晉國:這裏指魏國。韓趙魏三國瓜分晉國,魏國最為強大,所以用"晉國"指代魏國。　②天下莫強焉:莫,沒有……。焉,於是,於斯,於此。此句意為"天下沒有哪個國家強於它(魏)"。　③及寡人之身:在寡人當政的時候。詳見本章《考證》(一)。　④東敗於齊,長子死焉:指馬陵(今河南范縣縣城西南)之役。魏伐韓,韓求救於齊,齊軍襲魏,魏軍敗於馬陵,主將龐涓自殺,魏太子申被俘。焉,於此。　⑤西喪地於秦七百里:馬陵之役後,魏又屢敗於秦,割河西之地及上郡之十五城。　⑥南辱於楚:梁惠王後元十一年(前324),楚遣柱國(武官名)昭陽統兵攻魏,破之於襄陵(河南睢縣縣城西),得八邑。　⑦願比(bì)死者壹洒之:比,替。壹,副詞,表示強調。洒,音義均同今之"洗",洗雪,雪恥。洒、洗古音同部,"洒"的本義是洗滌；而"洗"的本義是洗足，與"跣"是同源字。後世假"洗"爲"洒"，不過後漢時這一假借尚未發生，所以趙岐沒有注釋。到了唐代，"洒"字的音與義都變化了，所以丁公《孟子手音》注明了這一點。説詳董洪利《孟子研究》（江蘇古籍出版社1997年，第189頁）。 ⑧地方百里：當理解爲"地，方百里"，"方百里"，意謂長寬各爲百里，即一萬平方里。 ⑨易耨（nòu）：做好除草的事。易，做好。耨，鋤草。詳見本章《考證》（二）。 ⑩悌（tì）：弟弟尊敬兄長。 ⑪制：這裏"制"可能通"揭"，舉起。詳見本章《考證》（三）。 ⑫妻子：妻子和兒女。妻，妻子。子，子女。

【考證】（一）及寡人之身：

"及（至於、至、當）＋諸侯（即將成爲諸侯者，或執政的權臣）＋之身"這一格式，表示"在諸侯（或即將成爲諸侯的世子，或執政的權臣）當政（在位、執政、統治、掌權）的時候"，而"没（終）＋諸侯＋之身"表示"從某諸侯（王）執政開始，到他死的這一期間内"。例如："吾宗國魯先君莫之行，吾先君亦莫之行也，至於子之身而反之，不可。"（《孟子·滕文公上》）"及紂之身，天下又大亂。"（《滕文公下》）"當子（季孫）之身，齊人伐魯而不能戰，子之恥也。"（《左傳·哀公十一年》）"范宣子以公入於襄公之宫，欒盈不克，出奔曲沃。遂刺欒盈，滅欒氏。是以没平公之身無内亂也。"（《國語·晉語八》）"天既降禍於吴國，不在前後，當孤之身，寔失宗廟社稷。"（《吴語》）"昔荆靈王好小要，當靈王之身，荆國之士飯不踰乎一，固據而後興，扶垣而後行。"（《墨子·兼愛下》）"至夫差之身，北而攻齊，舍於汶上，戰於艾陵，大敗齊人而葆之大山。"（《非攻中》）"自太公至于公之身，有數十公矣。"（《晏子春秋·内篇雜下》）"威公……求國之長者，得義蒔、田邑而禮之，得史驎、趙駢以爲諫臣，去苛令三十九物，以告屠黍。對曰：'其尚終君之身乎！'"（《吕氏春秋·先識覽》）（3）

（二）易耨：

易耨，做好除草的事。易，做好。耨，鋤草。趙岐《注》："易耨，芸苗令簡易也。"高郵王氏釋"易"爲"疾"(《經義述聞・左傳・易之亡也》),朱熹《集注》:"易,治也。"

我之傾向於採納朱說,是由於"易"訓"治"的一些句子中,"易"常帶賓語,且該賓語常爲土地田畝之類的事物。如《左傳・襄公三十一年》:"司空時以平易道路。"《國語・晉語一》:"雖獲沃田而勤易之。"《吕氏春秋・士容論》:"農夫知其田之易也。"("田之易"可以變換爲"易田")見於《孟子》的有《滕文公上》:"夫以百畝之不易爲己憂者,農夫也。"《盡心上》:"易其田疇。"前者趙岐說:"農夫以百畝不易治爲己憂。"朱熹說:"易,去聲,治也。"後者趙岐、朱熹都說:"治也。"易、治都是"治理得好"的意思,所以組成同義複詞"易治";讀去聲表明這一"治"爲直吏切,同樣是"治理得好"義。參見5.4－2《考證》(一)。楊伯峻先生也說:"'易'有把事情辦妥的意思。"(《論語譯注》3.5注②)

所以譯"易耨"爲"勤除草";"耨"是"易"的賓語,直譯就是"做好除草"。

可能有人會說,"深耕易耨"的"深耕"是狀中結構,"易耨"也該是狀中結構,我以爲不必一定如此。如《荀子・宥坐》:"君子博學、深謀、脩身、端行以俟其時。"其中"脩身"就不是狀中結構。參見《論語新注新譯》19.6"篤志"的《考證》。

我們不傾向採納高郵王氏的解釋,是由於王引之所援引"家大人曰:'易,疾也'"的書證《史記・天官書》"其居久,其國福厚;易,福薄"、《漢書・天文志》"所居久,其國利;易,其鄉凶",其中的"易"並不帶賓語。王氏又援引《管子・度地》"大暑至,萬物榮華,利以疾耨殺草薉"、《國語・齊語》"及耕,深耕而疾耰之,以待時雨",以證明"易耨"即"疾耨","易"有"疾"義。這一論證也是不夠堅強的。

我們不傾向於採納趙岐《注》,也是因爲"易"訓"簡易"的極少書證中,"易"都不帶賓語。如《國語・晉語八》:"居處恭,不敢安易。"《論語・八佾》:"與其易也,寧戚。"(4)

(三)制梃以撻秦楚之堅甲利兵：

楊伯峻《孟子譯注》：“當讀如《詩·東山》'制彼裳衣'之'制'，製作、製造之意。焦循謂讀爲'掣'，恐誤。”按，趙岐《注》：“制，作也。王如此行政，可使國人作杖以捶敵國堅甲利兵。”焦循説：“按劉熙《釋名·釋姿容》云：'掣，制也。制頓之使順己也。'制，宜讀爲'掣'，謂可使提掣木梃，以撻其堅甲利兵。”焦循所釋似不可從，因爲“掣”意爲拉牽，詞義上解釋不通。如：“宓子賤令吏二人書。吏方將書，宓子賤從旁時掣搖其肘，吏書之不善，則宓子賤爲之怒。吏甚患之，辭而請歸。宓子賤曰：'子之書甚不善，子勉歸矣！'二吏歸報於君，曰：'宓子不可爲書。'君曰：'何故？'吏對曰：'宓子使臣書，而時掣搖臣之肘，書惡而有甚怒，吏皆笑宓子。此臣所以辭而去也。'”（《吕氏春秋·審應覽》）現代漢語“掣肘”一詞即從此而來。

但《孟子》時代的語言，持兵器所用動詞爲“執”、爲“持”、爲“撫”，從不用“掣”。例如：“今日我疾作，不可以執弓。”（《孟子·離婁下》）“富而可求也，雖執鞭之士，吾亦爲之。”（《論語·述而》）“若不獲命，其左執鞭弭，右屬櫜鞬，以與君周旋。”（《左傳·僖公二十三年》）“能執干戈以衛社稷，可無殤也。”（《哀公十一年》）“子之持戟之士，一日而三失伍，則去之否乎？”（《孟子·公孫丑下》）“蒯聵不敢自佚，備持矛焉。”（《左傳·哀公二年》）“夫撫劍疾視曰：'彼惡敢當我哉！'此匹夫之勇，敵一人者也。”（《孟子·梁惠王下》）“遂超乘，右撫劍，左援帶，命驅之出。”（《左傳·襄公二十三年》）

如此，趙岐《注》似較爲可從，但也有兩點疑問：

1. 制，本義是裁衣（《左傳·襄公三十一年》“子有美錦，不使人學製焉”），後引申爲制禮、制法度等，在此基礎上產生了制度、法度等名詞義。終先秦之世，未見以“梃”或其他兵器、農具或其他器具作賓語者（《國語·周語下》之“故先王之制鍾也，大不出鈞，重不過石”指爲鍾規定形制，不在此列），故趙岐釋“制”爲製作、製造（制、製古今字），終嫌勉強。

2. 當時語言中,在"動詞+兵器+以+謂語"結構中,"兵器"之前的動詞多爲手持武器(或器具)的動作,未見"造作武器(或器具)來幹什麽"之例。如:"執鞭以出,僕析父從。"(《左傳·昭公十二年》)"能執干戈以衛社稷,可無殤也。"(《哀公十一年》)"凡誓,執鞭以趨於前,且命之。"(《周禮·秋官司寇》)上文所引《左傳·僖公二十三年》也屬此類。"制"字若按趙岐《注》理解,則與這一規律不符。

總之,以上兩說都不太圓滿。

我們認爲,此處的"制",可能與"揭"相通。制梃,即"揭竿"。《字林》:"竿,木梃。"揭,舉也。制、揭古音都在月部。《莊子·雜篇·庚桑楚》:"揭竿而求諸海。"《戰國策·齊四》:"乘其車,揭其劍,過其友曰:'孟嘗君客我。'"制梃,謂手舉木棒。《史記·秦始皇本紀》:"斬木爲兵,揭竿爲旗,天下雲集響應,贏糧而景從,山東豪俊遂並起而亡秦族矣。"(5)

1.6 孟子見梁襄王①,出,語人曰②:"望之不似人君,就之而不見所畏焉。卒然問曰③:'天下惡乎定④?'吾對曰:'定於一。''孰能一之⑤?'對曰:'不嗜殺人者能一之。''孰能與之⑥?'對曰:'天下莫不與也⑦。王知夫苗乎？七八月之間旱⑧,則苗槁矣。天油然作雲⑨,沛然下雨,則苗浡然興之矣⑩。其如是,孰能禦之？今夫天下之人牧⑪,未有不嗜殺人者也。如有不嗜殺人者,則天下之民皆引領而望之矣⑫。誠如是也,民歸之,由水之就下⑬,沛然誰能禦之？'"

【譯文】孟子謁見了梁襄王,出來後告訴別人說:"遠遠望去,不像個國君的樣子;挨近他,也看不出哪一點值得敬畏。猛一開口就問:'天下如何才安定？'我答道:'天下一統,才會安定。'他又問:'誰能一統天下？'我又答:'不好殺人的國君,就能一統天下。'他又問:'那有誰來跟隨他呢？'我又答:'普天之下沒有不跟隨他的。您熟悉那禾苗嗎？

七八月間天旱,禾苗就乾枯了。過了些時候,天上慢慢捲起了烏雲,接著嘩啦嘩啦下起了大雨,禾苗又苗壯茂盛地生長起來。在這種情勢下,誰能阻擋得住那苗壯生長呢?當今那各國的君主,没有不好殺人的。如果有一位不好殺人的,那麽,天下的老百姓都會伸長脖子來盼望他了。真這樣的話,百姓歸附他跟隨他,就好像水向下奔流一般,洶湧澎湃,誰能阻擋得了它?'"

【注釋】①梁襄王:梁惠王之子,名嗣。 ②語(yù):告訴。 ③卒然:同"猝然"。 ④惡(wū)乎:怎樣。 ⑤孰:誰,多用於在兩個或多個中表選擇。 ⑥與:跟隨,親附。 ⑦莫:否定性無指代詞,没有誰。 ⑧七八月:這是用的周代曆法,相當於夏曆的五六月,正是禾苗需要雨水的時候。 ⑨油然:舒緩貌;慢悠悠地,自然而然地。參見10.1-2《考證》。 ⑩浡(bó)然興之:浡然,興起貌。興之,這裏的"之"類似於1.3-1"填然鼓之"的"之"的用法。 ⑪人牧:治理人民的人,人民的管理者,指國君。"牧"由"牧牛""牧羊"引申出了"治理"義。 ⑫引領:伸長脖子。 ⑬由:通"猶",好比。按,《孟子》中"猶"多作"由",如3.1-2"以齊王,由反手也"、3.7"人役而恥爲役,由弓人而恥爲弓"、4.12"王由足用爲善"、10.1-3"由射於百步之外也"。

1.7-1 齊宣王問曰①:"齊桓、晉文之事可得聞乎②?"孟子對曰:"仲尼之徒,無道桓文之事者,是以後世無傳焉,臣未之聞也③。無以④,則王乎?"

曰:"德何如則可以王矣?"曰:"保民而王⑤,莫之能禦也。"

曰:"若寡人者,可以保民乎哉?"曰:"可。"曰:"何由知吾可也?"

曰:"臣聞之胡齕曰⑥,王坐於堂上,有牽牛而過堂下者,王見之,曰:'牛何之⑦?'對曰:'將以釁鐘⑧。'王曰:'舍之⑨!

吾不忍其觳觫,若無罪而就死地⑩。'對曰:'然則廢釁鐘與?'曰:'何可廢也,以羊易之!'不識有諸⑪?"曰:"有之。"

【譯文】齊宣王問孟子說:"齊桓公、晉文公的事蹟,我能請您講給我聽嗎?"孟子答道:"孔子的門徒們沒有談到齊桓公、晉文公的事蹟的,所以後世沒有流傳,我也沒聽說過。王如果非要我說,就說說'王道'吧!"

宣王問道:"要多高的道德才能夠實行王道呢?"孟子說:"通過保養百姓去實現王道,便沒有人能夠阻擋。"

宣王說:"像我這樣的人,可以保養百姓嗎?"孟子說:"能夠。"宣王說:"根據什麽曉得我能夠做到呢?"

孟子說:"我聽胡齕說,王坐在殿堂上,有人牽著牛從殿下走過,王看見了,便問:'牽牛到哪裏去?'那人答道:'準備殺牠來釁鐘。'王便說:'放了牠吧!我實在不忍心看到牠那哆哆嗦嗦的樣子,好像沒罪的人,卻被押送刑場!'那人說:'那麽,就不釁鐘了嗎?'王又說:'這怎麽可以廢棄呢?用只羊來代替吧!'——有這麽回事嗎?"宣王說:"有的。"

【注釋】①齊宣王:威王之子,名辟彊。孟子大約在見了梁襄王之後便離魏來齊,這時齊宣王即位也僅兩年。 ②齊桓、晉文:齊桓公名小白,晉文公名重耳,在春秋時代先後稱霸。 ③臣未之聞:我没有聽說這個。當時語言,如果是否定句,代詞作賓語一般要放在謂語動詞之前。其他篇章的"未之有""未之見""未之學""未之盡""未之知"等等也是如此。 ④無以:以,通"已"。無以,就是"不得已""定要如此的話"。《梁惠王下》:"無已,則有一焉。"《論語·雍也》:"毋以,與爾鄰里鄉黨乎!"《莊子·雜篇·徐無鬼》:"勿已,則隰朋可。" ⑤保:保養,保安。 ⑥胡齕(hé):齊宣王左右近臣。 ⑦之:往,到……去。 ⑧釁(xìn):祭禮名,宰殺一件活物來祭某種新器物或宗廟。 ⑨舍(shě):放棄,後來寫作"捨"(宿舍的"舍"依然爲"舍",音 shè),簡化後又寫作"舍"。　⑩吾不忍……就死地：觳觫(hú sù)，驚恐戰抖貌。無罪，無罪之人。詳見本節《考證》。　⑪諸："之乎"的合音字——2.1—1、2.2、2.8、4.8、4.9、9.5—1、9.6—1、9.7—1、9.8、12.2"有諸"的"諸"、2.5—1"毀諸"的"諸"、4.12"王如改諸"的"諸"、6.6"使齊人傅諸？使楚人傅諸"的"諸"、8.31"寇至，盍去諸"的"諸"也是。

【考證】吾不忍其觳觫若無罪而就死地：

　　傳統的斷句爲"吾不忍其觳觫，若無罪而就死地"(下文"即不忍其觳觫，若無罪而就死地"與此相同)。俞樾《孟子平議》在"若"字後斷句。楊樹達《古書句讀釋例》(中華書局1954年)："舊讀以'即不忍其觳觫'六字爲句，'若無罪而就死地'爲句。樹達按如此讀，'若'字義不可通，此當以'即不忍其觳觫若無罪而就死地'十三字作一句讀。'觳觫若'猶言'觳觫然'也。"楊先生的看法實際上與俞樾是一樣的。

　　我們認爲，讀爲"吾不忍其觳觫若，無罪而就死地"，是不對的。因爲：

　　1. 表示"……的樣子"，《孟子》用"然"而不用"若"："爲民父母，使民盻盻然。"(《滕文公上》)"觀其色赧赧然。"(《滕文公下》)先秦文獻中只有《詩經》偶用"若"表示"……的樣子"，如："桑之未落，其葉沃若。"

　　鄭子瑜從吳昌瑩、王引之説，認爲"若"訓"其"，指代"牛"，也講不通。因爲與代詞"其"類似的"若"，是指代第三人稱的指示代詞，它與"其"一樣，也處於領位(定語位置)，絕不處於主位(主語位置)。

　　2. "若"在此句中，當然是"好比""好像"的意思。楊樹達先生説"'若'字義不可通"，意謂牛本無罪，何須"若"字(祖父的學生易祖洛先生曾爲我轉述祖父當年對他如是説)。但在《孟子》成書年代的語言中，"有罪""無罪"一定是指人或指人的社會單位如"國"："(樂正子)曰：'克有罪。'"(《孟子·離婁上》)"無罪而殺士，則大夫可以去。無罪而戮民，則士可以徙。"(《離婁下》)"周諺有之：'匹夫無罪，懷璧其罪。'"(《左傳·桓公十年》)"景公畋于梧丘。夜猶早,公姑坐睡,而夢有五丈夫,北面韋廬,稱無罪焉。公覺,召晏子而告其所夢。公曰:'我其嘗殺不辜,誅無罪邪?'"(《晏子春秋·內篇雜下》)因此"若無罪而就死地"意謂好比無罪之人走向死地(語言學術語謂之"轉指")。

或謂釋"無罪"爲"無罪之人",乃是"增字解經",這也不對。如果在原文基礎上增字而釋之,在大多數情況下當然不可;而不論是古今兩種語言或中外兩種語言的對譯,由於該兩種語言結構不同,所謂增字有時是完全必須的——就如同楊伯峻先生在《論語譯注》《孟子譯注》中常做的。有人因此非難楊伯峻先生"增字解經",未免知其常而不知其變。古文簡略,有些表轉折表銜接的虛詞經常闕如,而譯爲現代漢語,這些虛詞必須出現,這時增字就不但可以,而且是必須的了。又古文中廣泛存在"轉指"(現代漢語中也存在,例如"那個賣燒餅的","賣燒餅的"指"賣燒餅的人"),其中有些是楊樹達先生在《古書疑義舉例續補》(《古書疑義舉例五種》,中華書局1956年)中列出的"以製物之質表物例"。"若無罪而就死地"的"無罪"就是轉指,指無罪之人。當時語言中,"有罪""無罪"既然本來就是專指人的,如加上"之人",反而蛇足。後世這一轉指的意義湮滅了,解釋或今譯就須加上"之人"了。這就如同"洗"先秦一定指洗腳,故"洗"不必帶賓語一樣。由於"洗"詞義的擴大,今譯必須增加"足"或"腳"(《史記·黥布列傳》:"淮南王至,上方踞牀洗,召布入見,布大怒,悔來,欲自殺。"——"洗"猶同先秦,不帶賓語。而《高祖本紀》:"沛公方踞牀,使兩女子洗足。"——已經帶了賓語)。"無罪"用現代漢語解釋或譯爲現代漢語,也須補出"之人"。類似者如《孟子·盡心上》:"殺一無罪非仁也。"參見1.5注⑦。(6)

1.7-2 曰:"是心足以王矣。百姓皆以王爲愛也①,臣固知王之不忍也。"王曰:"然;誠有百姓者。齊國雖褊小②,吾何愛一牛？即不忍其觳觫,若無罪而就死地,故以羊易之也。"

曰:"王無異於百姓之以王爲愛也③。以小易大,彼惡知之？王若隱其無罪而就死地④,則牛羊何擇焉？"王笑曰:"是誠何心哉？我非愛其財而易之以羊也。宜乎百姓之謂我愛也。"

【譯文】孟子說:"有這樣的想法足够實行王道了。老百姓都以爲王是捨不得,我早就知道王是不忍心哪!"宣王說:"對呀,確實有這樣想的百姓。齊國雖狹小,我又何至於捨不得一頭牛？我只是不忍心看到牠不停地哆嗦,就像沒犯罪的人,卻被押去斬決,所以才用羊來替换牠。"

孟子說:"百姓以爲王捨不得,王也不必奇怪。您用小的來换取大的,那些人怎麽會清楚王的想法呢？如果說可憐牠'像沒犯罪的人卻被押去斬決',那麽牛和羊又有什麽好選擇的呢？"宣王笑著說:"這到底是一種什麽心理呀？我確實不是吝惜錢財才用羊來代替牛。〔您這麽一說,似乎〕確實就該百姓說我是捨不得的。"

【注釋】①愛:吝嗇,捨不得。　②褊(biǎn):小。　③異:驚異,奇怪。　④隱:惻隱,憐憫。

1.7-3 曰:"無傷也①,是乃仁術也,見牛未見羊也。君子之於禽獸也,見其生,不忍見其死;聞其聲,不忍食其肉。是以君子遠庖廚也②。"王說,曰③:"《詩》云④:'他人有心,予忖度之⑤。'夫子之謂也。夫我乃行之,反而求之,不得吾心。夫子言之,於我心有戚戚焉⑥。此心之所以合於王者,何也？"

曰:"有復於王者曰:'吾力足以舉百鈞⑦,而不足以舉一羽;明足以察秋毫之末⑧,而不見輿薪⑨。'則王許之乎⑩？"曰:"否。"

【譯文】孟子說:"這也沒什麽關係。這種憐憫心正是仁愛呀。因爲王只看見了牛可憐,卻没有看見羊可憐。君子對於飛禽走獸,看見牠們活著的可愛,便不再忍心看到牠們死去;聽到牠們的啼叫,便不再忍心吃牠們的肉。君子總是遠離廚房,就是這個道理。"宣王很高興,説:"有兩句詩説:'別人想的啥,我能猜到它。'原來就是説的您哪!我只是這樣做了,再反躬自問,卻想不出個所以然來。經您老這麼一説,我的心裏便豁然敞亮了。但我的這種想法合於王道,又是爲什麼呢?"

　　孟子説:"假如有個人向王報告説:'我的臂力能夠舉起三千斤,卻拿不起一根羽毛;我的眼力能把鳥兒秋天生的毫毛的末端看得一清二楚,卻看不見眼前的一車柴火。'您會同意這話嗎?"宣王説:"不會。"

【注釋】①無傷也:没有關係。《盡心下》:"貉稽曰:'稽大不理於口。'孟子曰:'無傷也。士憎兹多口。'" ②君子遠庖廚:君子,有時指有德之人,有時指有位(官職)之人,參見《論語新注新譯》2.14《考證》。這裏的"君子"大約指有德者。遠,使動用法,使……離得遠,遠離。 ③説:"悦"的古字。 ④《詩》云:見《詩經·小雅·巧言》。 ⑤忖度(cǔn duó):揣測。 ⑥戚戚:心動的樣子。 ⑦鈞:三十斤。 ⑧秋毫之末:鳥尾上細毛的末端,形容極爲細小的東西。 ⑨輿薪:一車薪柴。 ⑩許:同意。

1.7-4 "今恩足以及禽獸,而功不至於百姓者,獨何與?然則一羽之不舉,爲不用力焉;輿薪之不見,爲不用明焉;百姓之不見保①,爲不用恩焉。故王之不王,不爲也,非不能也。"

　　曰:"不爲者與不能者之形何以異?"曰:"挾太山以超北海②,語人曰:'我不能。'是誠不能也。爲長者折枝③,語人曰:'我不能。'是不爲也,非不能也。故王之不王,非挾太山以超北海之類也;王之不王,是折枝之類也。

【譯文】孟子馬上接著說:"如今王的好心好意足以推廣到禽獸,卻不能推廣到百姓,這是爲什麼呢?這樣看來,一根羽毛都拿不起,只是不肯下力氣的緣故;一車子柴火都看不見,只是不肯用眼睛的緣故;老百姓不被保養,只是不肯施恩的緣故。所以,王的未曾實行王道,只是不肯幹,不是幹不了。"

宣王說:"不肯幹和幹不了的樣子有什麼不同呢?"孟子說:"把泰山夾在胳膊下跳過北海,告訴別人說:'這個我辦不到。'這是真幹不了。爲老年人按摩肢體,告訴別人說:'這個我辦不到。'這是不肯幹,不是幹不了。王的不行仁政不是屬於把泰山夾在胳膊下跳過北海一類的,而是屬於爲老年人按摩肢體一類的。

【注釋】①見:表被動的助動詞。 ②挾太山以超北海:太山即泰山,北海即渤海。《墨子·兼愛下》:"夫挈泰山以超江河,自古之及今,生民而來未嘗有也。"可見這在當時是常用譬喻。 ③折枝:按摩肢體。枝,同"肢"。詳見本節《考證》。

【考證】爲長者折枝:

楊伯峻先生注此句云:"古來有三種解釋:甲、折取樹枝,乙、彎腰行禮,丙、按摩搔癢。譯文取第一義。"按,丙義最早,趙岐《注》云:"折枝,案摩折手節解罷枝也。"甲、乙義均晚起。焦循《孟子正義》:"《音義》引陸善經云:'折枝,折草樹枝。'趙氏佑《溫故錄》云:'《文獻通考》載陸筠解爲"磬折腰枝",蓋猶今拜揖也。'"我們認爲丙義即趙岐說可取,甲、乙兩義均誤。

先看甲說:折取樹枝。如爲此義,"折"即爲"折斷"義。周秦文獻中的"折",固然有"折斷"的義位,但是,當其賓語或受事主語爲樹木或人、獸或人、獸身體一部分以及弓等物體時,該義位特徵有二:a.賓語或受事主語爲人、獸或人、獸身體一部分時,該"折斷"帶有傷害性。b.賓語或受事主語爲樹木或物體時,該"折斷"不是人類的自主行爲,例如爲風所摧折——往往隱含言說者也認爲是傷害之意(也即,"折"是馬慶株先生所謂"非自主動詞")。例如:

"吾聞致師者，右入壘，折馘，執俘而還。"(《左傳·宣公十二年》)"子於鄭國，棟也。棟折榱崩，僑將厭焉，敢不盡言？"(《襄公三十一年》)"末大必折，尾大不掉，君所知也。"(《昭公十一年》)"張匄抽殳而下，射之，折股……又射之，死。"(《昭公二十一年》)"敢告無絶筋，無折骨，無面傷。"(《哀公二年》)"日中，杜伯……追周宣王，射之車上，中心折脊，殪車中，伏弢而死。"(《墨子·明鬼下》)"羊起而觸之，折其脚。"(同上)"夫柤、梨、橘、柚、果、蓏之屬，實熟則剥，剥則辱；大枝折，小枝泄。此以其能苦其生者也，故不終其天年而中道夭。"(《莊子·内篇·人間世》)"風曰：'……夫折大木，蜚大屋者，唯我能也。'"(《外篇·秋水》)"忌也出走，然後抶其背，折其脊。"(《雜篇·則陽》)"四者俱犯，則陰陽不和，風雨不時，大水漂州流邑，大風漂屋折樹，火暴焚地燋草。"(《管子·七臣七主》)"南方有鳥焉，名曰蒙鳩，以羽爲巢而編之以髮，繫之葦苕，風至苕折，卵破子死。"(《荀子·勸學》)"鍥而舍之，朽木不折；鍥而不舍，金石可鏤。"(同上)"夫驥一日而千里，駑馬十駕則亦及之矣。……其折骨絶筋，終身不可以相及也。"(《修身》)"或折其骨，或絶其筋，爭術存也。"(《呂氏春秋·離俗覽》)"宓子賤、西門豹不鬭而死人手；董安于死而陳於市；宰予不免於田常；范雎折脅於魏。此十數人者，皆世之仁賢忠良有道術之士也，不幸而遇悖亂闇惑之主而死。"(《韓非子·難言》)"木之折也必通蠹，牆之壞也必通隙。然木雖蠹，無疾風不折。"(《亡徵》)"夫楊，横樹之即生，倒樹之即生，折而樹之又生。"(《説林上》)"不得施其技巧，故屋壞弓折。"(《外儲説左上》)"宋人有耕田者，田中有株，兔走觸株，折頸而死，因釋其耒而守株。"(《五蠹》)

因"折"的該義位意義上有此特點，故後來産生"折傷""毁折""夭折""挫折"等短語，有的進而發展成爲詞。例如："善者……與時遷徙，與世偃仰，緩急羸絀，府然若渠匽檃栝之於己也，曲得所謂焉，然而不折傷。"(《荀子·非相》)"兵革器械者，彼將日日暴露毁折之中原。"(《王制》)"樂易者常壽長，憂險者常夭折。"(《榮辱》)"控弦之民，

斾裘之長,莫不沮膽,挫折遠邇,遂乃振旅。"(《鹽鐵論‧誅秦》)

馬慶株先生在其《自主動詞和非自主動詞》一文中指出,現代漢語中,非自主動詞不能受"甭"修飾。上引例句中,有幾處"折"受"不"修飾的例子,但遍搜周秦典籍,未見一例"折斷"義的"折"受"勿""毋"修飾的,這也可旁證當時語言中的"折"是非自主動詞。

"爲長者折枝"之"折枝"如爲折取樹枝(給長者作拐杖),顯然是人的自主行爲;雖然事實上對樹枝有傷害,但體會不出言說者(孟子)隱含這層意思。這就與上舉各例不符,故不取。

乙説爲"磬折腰枝,蓋猶今拜揖也"。"腰枝"若爲定中結構,指腰,其意義則甚晚起,《孟子》時代無此義也;若爲並列結構,則原文明爲"折枝",並無"腰"或其古字"要",且當時"枝"也無"腰肢"義。可知此説有以今律古之嫌。其不可信,已不必贅言。

丙説甚早,且古人多理解"折枝"爲按摩,其中"折"的意義自然不是非自主的"折斷",而是另一義位。劉孝標《廣絶交論》:"雖共工之搜慝,驩兜之掩義,南荆之跋扈,東陵之巨猾,皆爲匍匐逶迤,折枝舐痔。"《太平廣記‧諂妄二》:"唐太子少保薛稷、雍州長史李晉、中書令崔湜、蕭至忠、岑羲等,皆外飾忠鯁,内藏諂媚,脅肩屏氣,而舐痔折肢,阿附太平公主。"二文皆以"折枝"(折肢)——按摩與"舐痔"並列,以形容諂媚醜態。這些書證雖晚出,卻也自有其源頭。(7)

1.7－5 "老吾老,以及人之老;幼吾幼,以及人之幼①。天下可運於掌。《詩》云:'刑于寡妻②,至于兄弟③,以御于家邦④。'言舉斯心加諸彼而已。故推恩足以保四海,不推恩無以保妻子。古之人所以大過人者,無他焉⑤,善推其所爲而已矣。今恩足以及禽獸,而功不至於百姓者,獨何與?

"權,然後知輕重;度,然後知長短。物皆然,心爲甚。王請度之!

"抑王興甲兵⑥,危士臣⑦,構怨於諸侯,然後快於心與?"

【譯文】"敬重我家裏的長輩,並把這敬重推廣到別人家的長輩;呵護我家裏的兒女,並把這呵護推廣到別人家的兒女。〔如果一切施政措施都基於這一點,〕治理好這天下簡直易如反掌。《詩經》上說:'文王以禮待正妻,對待兄弟也相同,以此治國事事通。'就是說把這樣的好想法推廣到其他方面就行了。所以由近及遠地把恩惠推廣開,便足以保有天下;不這樣,甚至連自己的妻子兒女都保護不了。古代的聖賢之所以遠遠地超過一般人,沒有別的訣竅,只是他們善於推廣他們的好行爲罷了。如今您的恩情足以推廣到動物,百姓卻得不到好處,這是爲什麼呢?

　　"稱一稱,才曉得輕重;量一量,才知道短長。什麼事物都如此,人的心更是這樣。王考慮一下吧!

　　"或者說,動員全國軍隊,讓戰士、臣子冒著危險,去和別國結仇構怨,這樣做您心裏才痛快嗎?"

【注釋】①老吾老,以及人之老:尊敬自己的長輩,並把這尊敬延及他人的長輩。第一個"老"活用爲動詞,尊敬的意思。及,推及,延及,推廣。人,別人,他人。下句第一個"幼"也是活用,慈愛,愛護之意。　②刑于寡妻:"《詩》云"以下三句見《大雅·思齊》。譯文採自程俊英《詩經譯注》。刑,同"型",示範。寡妻,嫡妻。　③至于:擴展到,推廣到。詳見《論語新注新譯》(簡體版)2.7《考證》。　④家:指卿大夫之有采(cài)邑者。　⑤他:別的,其他的。　⑥抑:還是。表示選擇。　⑦士臣:戰士與臣子。朱熹《集注》:"士,戰士也。"《墨子·兼愛下》:"昔者越王句踐好勇,教其士臣三年,以其知爲未足以知之也。焚舟失火,鼓而進之。其士偃前列,伏水火而死,有不可勝數也。當此之時,不鼓而退也,越國之士可謂顫矣。""教其士臣三年",是合而言之;"其士偃前列""越國之士",是分而言之。"焚舟失火,鼓而進之",宜試於士不宜試於臣。

1.7-6 王曰:"否,吾何快於是?將以求吾所大欲也。"曰:"王之所大欲可得聞與?"王笑而不言。

曰:"爲肥甘不足於口與?輕煖不足於體與①?抑爲采色不足視於目與②?聲音不足聽於耳與?便嬖不足使令於前與③?王之諸臣皆足以供之,而王豈爲是哉?"曰:"否,吾不爲是也。"

曰:"然則王之所大欲可知已④,欲辟土地⑤,朝秦楚⑥,莅中國而撫四夷也⑦。以若所爲,求若所欲⑧,猶緣木而求魚也。"王曰:"若是其甚與⑨?"

曰:"殆有甚焉⑩。緣木求魚,雖不得魚,無後災。以若所爲,求若所欲,盡心力而爲之,後必有災。"

【譯文】宣王說:"不,我爲什麼非要這樣做才快活呢?這樣做,不過是追求滿足我的最大願望啊。"孟子說:"我可以聽聽王的最大願望嗎?"宣王只是笑,不作聲。

孟子接著說:"是爲了肥美的食物不夠吃嗎?是爲了輕便暖和的衣服不夠穿嗎?或者是爲了鮮豔的色彩不夠看嗎?是爲了曼妙的音樂不夠聽嗎?是爲了貼身的小臣不夠您使喚嗎?這些,您的臣下都能儘量供給,但是王真的是爲了這些嗎?"宣王說:"不,我不是爲了這些。"

孟子說:"那麼,您的最大願望可以知道了。您是想要廣辟疆土,您是想要秦楚來朝,您是想要治理華夏而據有四夷;不過,以您這樣的作爲來滿足您這樣的願望,就好比爬到樹上去抓魚一樣。"宣王說:"難道有這樣嚴重嗎?"

孟子說:"恐怕比這還更嚴重呢!爬上樹去抓魚,雖然抓不到,卻沒有災禍。以這樣的作爲去追求滿足這樣的慾望,費盡心機幹了,〔不但達不到目的,〕還定有災禍在後頭。"

【注釋】①輕煖:又輕又暖和的衣服。這是古漢語的修辭方法,以事物的質地或性狀代表事物本身。見楊樹達《古書疑義舉例續補》和徐仁甫《廣古書疑義舉例》(中華書局1990年)。煖,同"暖"。　②采色:即"彩色"。　③便嬖(pián bì):得到王的寵倖且朝夕相伴者。④已:語氣詞,略同於"矣"。　⑤辟:開闢。　⑥朝:使其朝覲。⑦蒞(lì)、撫:蒞,蒞臨,親臨。撫,安撫,據有。　⑧若:如此,這樣,後來寫作"偌"。王引之《經義述聞·〈禮記〉中》:"若,亦'此'也。"⑨若是其甚與:竟然這樣嚴重嗎。甚,過分,嚴重。參見3.1-1注⑪、14.30《考證》(一)。　　⑩殆:大概,恐怕,可能。

【考證】殆有甚焉:

　　焦循《孟子正義》:"王氏引之《經傳釋詞》云:'有,猶"又"也。'言殆又甚焉。"楊伯峻先生注此句也說:"有,同'又'。"似乎不確。

　　1.周秦典籍中未見"殆又",而其他"殆有"之"有"均本字。如:"吾聞勝也好復言,而求死士,殆有私乎?"(《左傳·哀公十六年》)"公子居則下之,動則諮焉,成幼而不倦,殆有禮矣。"(《國語·晉語四》)"古者不爲,殆有爲也。"(《晏子春秋·內篇雜上》)"夫祈福於三塗,而受禮於天子,此柔嘉之事也,而客武色,殆有他事,願公備之也。"(《呂氏春秋·審應覽》)

　　2.此句爲孟子回答王所言"若是其甚與"所說,"有甚"作謂語。當時語言中,"有甚"常見,且常作謂語,如:"今又有甚於此。"(《左傳·襄公二十六年》)"上有好者,下必有甚焉者矣。"(《孟子·滕文公上》)"生亦我所欲,所欲有甚於生者,故不爲苟得也;死亦我所惡,所惡有甚於死者,故患有所不辟也。如使人之所欲莫甚於生,則凡可以得生者,何不用也? 使人之所惡莫甚於死者,則凡可以辟患者,何不爲也? 由是則生而有不用也,由是則可以辟患而有不爲也,是故所欲有甚於生者,所惡有甚於死者。"(《告子上》)

　　3.如果分析上引"上有好者,下必有甚焉者矣"句之"有"爲謂語動詞,"甚焉者"爲其賓語,而與"殆有甚焉"之"有甚"爲一個整體有所不同的話,那麼"殆有甚焉"的"有"就是王力先生所說的"類似於詞頭的前附成分"(《漢語史稿》第三章第三十二節),它除了位於單音名詞之前外,還常位於單音形容詞、動詞之前。如"大舜有大焉"(《公孫丑上》)"耳有聞,目有見"(《滕文公下》)。如此,它也不同"又"。

還有人説"殆有甚焉"的"殆"訓"必",引《吕氏春秋・不苟論》"臣聞忠臣畢其忠,而不敢遠其死。座殆尚在於門"之高誘注"殆,猶'必'也"爲證。"殆"之不可訓"必",幾乎可成定論;即使其有"必"義,"殆有甚焉"的"殆"也不能訓"必"。上引4例含有"殆有"的書證,足以説明這一點。(8)

1.7-7 曰:"可得聞與?"曰:"鄒人與楚人戰①,則王以爲孰勝?"曰:"楚人勝。"

曰:"然則小固不可以敵大,寡固不可以敵衆,弱固不可以敵强。海内之地,方千里者九,齊集有其一②。以一服八,何以異於鄒敵楚哉?蓋亦反其本矣③。今王發政施仁,使天下仕者皆欲立於王之朝,耕者皆欲耕於王之野,商賈皆欲藏於王之市,行旅皆欲出於王之塗,天下之欲疾其君者皆欲赴愬於王④。其若是,孰能禦之?"

王曰:"吾惛⑤,不能進於是矣。願夫子輔吾志⑥,明以教我。我雖不敏,請嘗試之。"

【譯文】宣王説:"〔這是什麽道理呢?〕可以讓我聽聽嗎?"孟子説:"假如鄒國和楚國打仗,王以爲誰會勝利呢?"宣王説:"楚國會勝。"

孟子説:"這樣看來,小國本來就不可以抗拒大國,人少的國家也不可以抗拒人多的國家,弱國不可以抗拒强國。現在天下的土地,有九個縱橫各一千里那麽大,齊國不過佔有它的九分之一。憑九分之一想叫九分之八歸服,這跟鄒國抗拒楚國有什麽不同呢?〔既然這條路根本行不通,那麽,〕爲什麽不從根基著手呢?現在王如果能發佈政令,廣施仁德,使天下的士大夫都想站立在齊國的朝廷,莊稼漢都想耕種在齊國的田野，行商坐賈都想把貨物囤積在齊國的市場，來往旅客都想奔走在齊國的路途，各國痛恨本國君主的人也都想到王這兒來一吐苦水。若能做到這樣，又有誰能抵擋得住呢？"

宣王説："我頭腦昏亂，不能達到這樣的高度了；但希望您老人家協助我實現我的想法，明明白白地訓導我。我雖不聰明，也不妨試它一試。"

【注釋】①鄒：國名，就是邾國，國土極小；今山東有鄒城市，即其故地。②集：會集。　③蓋：通"盍"，"何不"的合音字。詳見本節《考證》。④愬(sù)：告訴，訴説。　⑤惛：同"惽""昏"，昏亂，糊塗。　⑥輔吾志：輔，輔佐，協助。吾志，我的想法，我的心意。《左傳・文公十七年》："今大國曰：'爾未逞吾志。'"沈玉成《左傳譯文》："現在大國説：'你没有能讓我快意。'"《定公元年》："子家子亟言於我，未嘗不中吾志也。"沈譯："子家子屢次和我談話，未嘗不合我的心意。"參見《論語新注新譯》14.36《考證》。

【考證】蓋亦反其本矣：

趙岐《注》："王欲服之以道，蓋當反（返）王道之本。"朱熹《集注》："蓋，發語辭。"可見趙岐、朱熹都將"蓋"處理爲"如字讀"。焦循《正義》則採納王引之的説法。

王引之《經傳釋詞》"盍蓋闔"字下："盍，何不也，常語也。字亦作'蓋'。""亦"字下："凡言'盍亦'者，亦以'亦'爲語助。'盍亦求之'（《左傳・僖二十四年》），盍求之也。'子盍亦遠績禹功而大庇民乎'（《昭元年》），盍遠績禹功而大庇民也。'王其盍亦鑒於人'（《國語・吳語》），盍鑒於人也。'蓋亦反其本矣'（《孟子・梁惠王》），盍反其本也。"

白平《楊伯峻〈孟子譯注〉商榷》："從語勢範型看，'蓋亦反其本矣'其實是對上文的結收，不是對下文的發端。正確的理解是，'（以若所爲，求若所欲）確實也背離其根本了。''反'非'返'義，而是'違背'義……'蓋'亦非'盍'義，而應理解爲'的確'義。《史記・伯夷列傳》:'太史公曰:"余登箕山,其上蓋有許由冢云。"'此例之'蓋有許由冢'意即'確有許由之冢'。過去人們將其理解爲'大概有許由之冢'的意思,殊違語理……"(北嶽文藝出版社2013年,第24—25頁)

按,王氏之説,當無可疑。先秦典籍中還有"蓋亦",也讀爲"盍亦"。《詩經·魏風·園有桃》:"其誰知之,蓋亦勿思。"馬瑞辰《毛詩傳箋通釋》:"蓋者,'盍'之假借。亦者,語詞。"陳子展《詩經直解》:"這個誰知道它,何不也不想它!"程俊英《詩經譯注》:"既然無人了解我,何不把它全忘掉!"

漢代文獻中有"蓋亦","蓋"如字讀,是因爲"蓋"和"亦"不在一個層次上。如:"自古受命帝王及繼體守文之君,非獨内德茂也,蓋亦有外戚之助焉。"(《史記·外戚世家》)"今遊俠……不愛其軀,赴士之阸困,既已存亡死生矣,而不矜其能,羞伐其德,蓋亦有足多者焉。"(《游俠列傳》)此二"蓋亦",均應讀爲"蓋·亦有……"。

"蓋亦反其本矣"的"反"應讀爲"返"。《楊伯峻〈孟子譯注〉商榷》固然舉有《國語》《荀子》"反"訓"違背"的書證,但先秦及西漢文獻中"反本""反其本"的"反",都讀爲"返"(反、返古今字)。例如:

"君子處仁以義,然後仁也;行義以禮,然後義也;制禮反本成末,然後禮也。三者皆通,然後道也。"(《荀子·大略》)"萬民敦慤,反本而儉力。"(《管子·正世》)"禮也者,反本脩古,不忘其初者也。"(《禮記·禮器》)"欲民之去末反本,是由發其原而壅其流也。"(《淮南子·齊俗訓》)"凡學……得之無矜,失之無憝,必反其本。"(《吕氏春秋·孟夏紀》)"知失諸民,退而脩諸己,反其本也。所求於己者多,故德行立。所求於人者少,故民輕給之。"(《管子·君臣下》)"欲得之,各反其本,復諸古而已。"(《鹽鐵論·執務》)

《史記·伯夷列傳》:"太史公曰:'余登箕山,其上蓋有許由冢云。'"其中的"蓋",並没有什麽確切證據説明它是"確實"義。"蓋"解作"確實",缺乏故訓,而解爲"疑辭"表不確定者則極多。共時文獻中,"蓋……云"表不能確定,"……"以謂詞性者居多:"陛下肅衹郊祀,上帝報享,錫一角獸,蓋麟云。……上有所幸王夫人,夫人卒,少翁以方術蓋夜致王夫人及竈鬼之貌云。"(《史記·孝武本紀》)"田乞及常所以比犯二君,專齊國之政,非必事勢之漸然也,蓋若遵厭兆祥云。"(《田敬仲完世家》)"君與之一乘車,兩馬,一豎子俱,適周問禮,蓋見老子云。"(《孔子世家》)"〔奄蔡〕臨大澤,無崖,蓋乃北海云。"(《大宛列傳》)

吳樹平《史記全譯》出自衆人之首,我們看以上各例是如何譯的吧:"大概是麒麟啊!……少翁用方術在夜間招致王夫人及竈鬼的容貌。"(《孝武本紀》,王熙華譯)"倒好像是在遵照著卜兆,實現預言啊。"(《田敬仲完世家》,趙超譯)"據說見到了老子。"(《孔子世家》,李解民譯)"大概就是所謂北海吧。"(《大宛列傳》,余太山譯)以上,除"少翁用方術……"1例外(當譯爲"少翁用方術大約在夜間招來了王夫人和竈鬼的容貌"),其餘4例各譯者均以"大概""好像""據說""所謂"來表示不確定,卻無1例用"確實"或其他詞語表示肯定的。(9)

1.7-8 曰:"無恒産而有恒心者①,惟士爲能。若民②,則無恒産,因無恒心。苟無恒心,放辟邪侈③,無不爲已。及陷於罪,然後從而刑之,是罔民也④。焉有仁人在位罔民而可爲也?是故明君制民之産⑤,必使仰足以事父母,俯足以畜妻子,樂歲終身飽⑥,凶年免於死亡⑦;然後驅而之善,故民之從之也輕⑧。今也制民之産,仰不足以事父母,俯不足以畜妻子;樂歲終身苦,凶年不免於死亡。此惟救死而恐不贍⑨,奚暇治禮義哉⑩?

【譯文】孟子說:"沒有固定的產業而有恒定的操守,只有士人才能夠做到。如果是一般人,沒有固定的產業,因而也沒有恒定的操守。若沒有恒定的操守,就會胡作非爲違法亂紀,什麼事都幹得出來。等到他犯了法,然後再處以刑罰,這等於陷害。哪有仁愛的人坐了朝廷卻做出陷害老百姓的事呢？所以賢明的君主規劃人們的產業，一定要使他們上足以贍養父母，下足以撫養妻兒；好年成，總能吃飽肚子；即便是壞年成，也不至於餓死或逃亡；然後督促他們往善良的路上走，這樣老百姓要聽從教導也就容易了。現在呢，規定人民的產業，上不足以贍養父母，下不足以撫養妻兒；即使遇到好年成，也總是困苦；遇到壞年成，要麼死要麼逃。這樣，每個人要活一口氣都怕做不到，哪有閒工夫學習禮義呢？

【注釋】①恒心：趙岐《注》："人所常有之善心也。"故我們譯爲"恒定的操守"。其實"操守"本身就包含"恒定的"，我們這樣譯，只是強調"恒定"而已。　②若：至於，言及。　③放辟邪侈：放，放逸，放蕩。辟邪，邪僻，不走正路。侈，過分。　④罔：同"網"，網羅，陷害。　⑤制：規劃……制度，制定……法令。《盡心上》："制其田里。"　⑥終身：總是，長久的(地)，參見將出版的《論語新注新譯》(第二版)9.27《考證》。　⑦死亡：死去和逃亡。詳見本節《考證》(二)。　⑧輕：輕易，容易。從"無恒產而有恒心"到"故民之從之也輕"，類似表述又見5.3—1。　⑨贍(shàn)：足夠。　⑩奚暇：哪有空閒。奚，何。暇，有空閒。

【考證】(一)若民則無恒產因無恒心：

楊伯峻先生注云："則，假設連詞，假若。"似爲千慮之失。此句的"若"，釋爲連詞，義爲"至於""言及"(《王力古漢語字典》，《古代漢語虛詞詞典》的解釋與之類似)。如此"則"完全不必隨文釋義解爲"假若"。

類似句子多見於《孟子》，《左傳》《論語》《荀子》等書中也有："若是，則弟子之惑滋甚。"(《孟子·公孫丑上》，楊伯峻《孟子譯注》："照您這樣講來，我便更加不懂了。")"若是，則夫子過孟賁遠矣。"(同上，楊譯："這麼看來，老師比孟賁強多了。")"若於齊，則未有處也。"(《公孫丑下》，楊譯："至於在齊國，就沒有什麼理由。")"由堯舜至於湯，五百有餘歲。若禹、皋陶，則見而知之；若湯，則聞而知之。由湯至於文王，五百有餘歲。若伊尹、萊朱，則見而知之；若文王，則聞而知之。

由文王至於孔子,五百有餘歲。若太公望、散宜生,則見而知之;若孔子,則聞而知之。"(《盡心下》,楊譯:"從堯、舜到湯,經歷了五百多年。像禹、皋陶那些人,便是親身看見堯、舜之道而知道的;像湯,便是只聽到堯、舜之道而知道的。從湯到文王,又有五百多年,像伊尹、萊朱那些人,便是親自看見而知道的;像文王,便只是聽到而知道的。從文王到孔子,又有五百多年,像太公望、散宜生那些人,便是親自看見而知道的;像孔子,便只是聽到而知道的。")"若君身,則亦出入、飲食、哀樂之事也。"(《左傳·昭公元年》,沈玉成《左傳譯文》:"至於疾病在您身上,也就是由於勞逸、飲食、哀樂這些事情的緣故。")"若臣,則不可以入矣。"(《哀公十四年》,沈譯:"像我,那是不能再回來了。")"若聖與仁,則吾豈敢?"(《論語·述而》,《論語譯注》:"講到聖和仁,我怎麼敢當?")"若其義,則不可須臾舍也。"(《荀子·勸學》)

考察以上書證可知,緊接"若"後的,以體詞性成分居多,接謂詞性成分的,只有《孟子·公孫丑下》一例。至於"若",有些譯文譯爲"像",有些則譯爲"至於",其實都不錯。其實"像"是"若"的較早的意義,進一步虛化後則爲"至於";在《論語》《孟子》成書時代,大約"若"還處在由"像"向"至於"虛化而尚未完成的階段。

但無論如何,從以上"若……則……"的譯文來看,"則"當無"假若"的意義;不能因爲下文有一"因"字,就說"則"是"假若"的意思。"則"在這段話中上承"若……",而非下承"因……";"因"乃是上承"若無恒產"的,是"因而"的意思。

《詞詮》也説"則"爲"假設連詞"。"則"是否有此意義,另當別論;但《詞詮》所舉例句並無本例。(10)

(二)死亡:

《孟子譯注》譯本節"凶年免於死亡""凶年不免於死亡"爲"壞年成,也不致餓死""壞年成,只有死路一條",恐有未安。《論語》《左傳》《孟子》時代,"死亡"似爲一短語,死去與逃亡的意思。例如:"魯、衛諫曰:'齊疾我矣!其死亡者,皆親暱也。'"(《左傳·成公二年》,沈玉成《左傳譯文》:"他們死去和潰散的,都是宗族親戚。")"婦人曰:'鳥獸猶不失儷,子將若何?'曰:'吾不能死亡。'婦人遂行,生二子於郤氏。"(《成公十一年》,沈譯:"我不能够〔因此〕死去或者逃亡。")"民死亡者,非其父兄,即其子弟。"(《襄公八年》,沈譯:"百姓死去和逃亡的,不是父兄,就是子弟。")"叔向曰:'與其死亡若何?'"(《襄公二十一年》,沈譯:"比起死和逃亡來怎麼樣?")"君民者,豈以陵民?社稷是主。臣君者,豈爲其口實,社稷是養。故君爲社稷死,則死之;爲社稷亡,則亡之。"(《襄公二十五年》,沈譯後四句:"所以君主爲國家而死,那麼也就爲他而死;爲國家而逃亡,那麼也就爲他而逃亡。")"二三子若能死亡,則如違之。"(《昭公十三年》,沈譯:"您幾位如果想爲楚王而死去或者逃亡,那就應當不聽蔡公的。")"司馬以吾故,亡其良子。死亡有命,吾不可以再亡之。"(《昭公二十一年》,沈譯:"司馬由於我的緣故,使他的好兒子逃亡。死和逃亡都是命中注定,我不能再讓他的兒子逃亡。")

　　沈玉成的翻譯是準確的,觀《左傳·昭公二十一年》可知:"宋華費遂生華貙、華多僚、華登。貙爲少司馬,多僚爲御士,與貙相惡,乃譖諸公曰:'貙將納亡人。'亟言之。公曰:'司馬以吾故,亡其良子。死亡有命,吾不可以再亡之。'對曰:'君若愛司馬,則如亡。死如可逃,何遠之有?'"沈玉成譯爲:"宋國的華費遂生了華貙、華多僚、華登。華貙做少司馬;華多僚做御士,和華貙互相討厭,就在宋公面前誣陷說:'貙打算接納逃亡的人。'屢次說這些話。宋公說:'司馬由於我的緣故,使他的好兒子(按,指華登)逃亡。死和逃亡都是命中注定,我不能再讓他的兒子逃亡。'華多僚回答說:'君主如果愛惜司馬(指華費遂),就應當逃亡。死如果可以逃避,哪有什麼遠不遠?'"宋公聽了這話感到害怕,便讓宜僚轉告華費遂商量驅逐華貙。華費遂雖料定是多僚幹的,也只好與宋公商量讓華貙在孟諸打獵然後打發他走。先灌華貙酒,然後給他和跟隨他的人厚禮。這使得張匄感到奇怪,就對華貙說了。華貙把劍架在宜僚脖子上讓他吐露實情。宜僚一五一十説了。張匄打算殺了多僚，但華貙説："司馬老矣，登之謂甚，吾又重之，不如亡也。"沈譯："司馬老了，登的逃亡已經很傷了他的心，我又加重了它，不如逃亡。"

這段故事中除"死亡有命"句，其餘部分都是"死""亡"分開説，譯爲"死""逃亡"，是準確的。

即使成書遠較《孟子》爲晚的《吕氏春秋》，下面這段文字的"死亡"，依然可以肯定是"死去和逃亡"："鄭君問於被瞻曰：'聞先生之義，不死君，不亡君，信有之乎？'被瞻對曰：'有之。夫言不聽，道不行，則固不事君也。若言聽道行，又何死亡哉？'故被瞻之不死亡也，賢乎其死亡者也。"（《士容論》）

漢代，"亡"依然多用爲"逃亡"義："孔子卒，原憲遂亡在草澤中。子貢相衛……過謝原憲，憲攝敝衣冠見子貢。"（《史記·仲尼弟子列傳》）

《孟子·梁惠王下》《公孫丑下》："凶年饑歲，君之民老弱轉乎溝壑，壯者散而之四方者，幾千人矣。""轉乎溝壑"即《墨子·兼愛下》《非攻下》"轉死溝壑中"；"散而之四方"，即"亡"。這也可旁證《孟子》一書中的"死亡"也是死去和逃亡。(11)

1.7-9 "王欲行之，則盍反其本矣①：五畝之宅，樹之以桑，五十者可以衣帛矣。雞豚狗彘之畜，無失其時，七十者可以食肉矣。百畝之田，勿奪其時，八口之家可以無飢矣。謹庠序之教，申之以孝悌之義②，頒白者不負戴於道路矣③。老者衣帛食肉，黎民不飢不寒，然而不王者，未之有也。"

【譯文】"王如果要施行仁政，那爲什麼不從根基著手呢？每家都有五畝地的宅院，院裏種上桑樹，五十歲以上的人就可以穿上絲織品了。雞、狗和豬的蓄養，不要耽誤繁殖的時機，七十歲以上的人就可以有肉吃了。每家都有百畝的耕地，不要讓他們失去耕種收割的時機，八口之家就可以吃飽肚子了。好好地辦些學校,反復地用孝順父母敬愛兄長的道理教育他們,那麽,鬚髮斑白的老人也就用不著背負、頭頂著重物奔波在道路上了。老人有絲織品穿,有肉吃,平民百姓不受凍餓,這樣做了,還不能使天下歸服的,是從來沒有過的事。"

【注釋】①盍:"何不"的合音。　②申:重申,一再地說。　③頒白者不負戴於道路:頒白者,鬚髮花白的老者。負戴,背負和用頭頂著物體。按,至今朝鮮、韓國及中國吉林延邊的農村地區仍有婦女頭頂物體習俗。

梁惠王章句下

凡十六章

2.1-1 莊暴見孟子,曰:"暴見於王①,王語暴以好樂②,暴未有以對也。"曰③:"好樂何如?"

孟子曰:"王之好樂甚,則齊國其庶幾乎④!"他日,見於王曰:"王嘗語莊子以好樂,有諸?"

王變乎色⑤,曰:"寡人未能好先王之樂也,直好世俗之樂耳⑥。"曰:"王之好樂甚,則齊其庶幾乎!今之樂由古之樂也。"

曰:"可得聞與?"曰:"獨樂樂,與人樂樂⑦,孰樂?"曰:"不若與人⑧。"

曰:"與少樂樂,與衆樂樂,孰樂?"曰:"不若與衆。"

【譯文】〔齊國的大臣〕莊暴來見孟子,說:"我去朝見王,王告訴我,他愛好音樂,我不知道該怎樣回答。"又說:"愛好音樂好不好?"

孟子說:"王如果愛好音樂很投入,那齊國便會不錯了。"過了些時候,孟子謁見齊王,問道:"您曾經告訴莊先生,說您愛好音樂,有這回事嗎?"

齊王變得嚴肅起來,說:"我沒能愛好先王的雅樂,只是愛好當今世上流行的音樂罷了。"孟子說:"只要您愛好音樂很投入,那齊國便會不錯了。當今的音樂和古代的音樂其實是一樣的。"

齊王說:"這道理我可以聽聽嗎?"孟子說:"一個人欣賞音樂快樂,和別人一道欣賞音樂也快樂,哪一種更快樂呢?"齊王說:"跟別人一道欣賞更快樂。"

孟子説:"跟少數人欣賞音樂快樂,跟多數人欣賞音樂也快樂,哪一種更快樂呢?"齊王説:"跟多數人一起欣賞更快樂。"

【注釋】①暴見於王:莊暴被王接見。介詞"於"表被動,句式同"勞力者治於人"(《滕文公上》)。　②好樂(hào yuè):愛好音樂。　③曰:一個人的話中間又加一"曰"字,表示講話人有所停頓後又説。　④庶幾:不錯,較好。　⑤王變乎色:齊王(臉上)變得嚴肅起來。詳見本節《考證》。　⑥直:只不過。　⑦獨樂(yuè)樂(lè),與人樂(yuè)樂(lè):獨自欣賞音樂快樂,和别人一道欣賞音樂也快樂。下文"與少樂樂,與衆樂樂"類似。　⑧不若與人:這句承前省略了謂語"樂樂",下文"不若與衆"也是這樣。

【考證】王變乎色:

趙岐《注》:"變乎色,愠恚莊子道其好樂也。"朱熹《集注》:"變色者,慚其好之不正也。"楊伯峻先生譯"王變乎色"爲"齊王很不好意思",是從朱注。我們以爲趙説近之。在先秦古籍中找到若干"變色"(變乎色、色變)如下:

"齊侯與蔡姬乘舟于囿,蕩公。公懼,變色;禁之,不可。公怒,歸之。"(《左傳·僖公三年》)"有盛饌,必變色而作。迅雷風烈必變。"(《論語·鄉黨》)"(孟子)曰:'君有大過則諫;反覆之而不聽,則易位。'王勃然變乎色。曰:'王勿異也。王問臣,臣不敢不以正對。'王色定,然後請問異姓之卿。"(《萬章下》)"公出,晏子不起;公入,不起;交舉則先飲。公怒,色變。"(《晏子春秋·内篇諫上》)"是時景公繁於刑,晏子對曰:'踊貴而屨賤。'景公曰:'何故?'對曰:'刑多也。'景公造然變色曰:'寡人其暴乎!'於是損刑五。"(《韓非子·難二》)"范雎至秦。……敬執賓主之禮,范雎辭讓。是日見范雎,見者無不變色易容者。"(《戰國策·秦三》)

由以上各例不難歸納,變色(變乎色、色變)的共同特點是表情變得嚴肅,笑容消失,臉上的肉由堆起變爲平整,變得僵硬。如果以上歸納尚不足採信,至少,其中未見一例是慚愧之色的。

與"色變"相反的是"色不變":"喜怒以物其色不變。"(《逸周書·官人解》)更多的是"顏色不變":"彼何人者邪?修行無有,而外其形骸,臨尸而歌,顏色不變,無以命之。彼何人者邪?"(《莊子·内篇·大宗師》)"臣與其使者言,三辱其君,顏色不變。"(《管子·小問》)"以鼎生烹文摯,爨之三日三夜,顏色不變。"(《吕氏春秋·仲冬紀》)"色不變"與"顏色不變"都指臉上表情不改變,自然而然而不僵硬。

當時語言中,形容各種表情的有怨色、憂色、愠色、喜色、不豫色、惡色、令色等等。如:"伊尹放大甲而相之,卒無怨色。"(《左傳·襄公二十一年》)"君淹恤在外十二年矣,而無憂色。"(《襄公二十六年》)"巧言令色,鮮矣仁!"(《論語·學而》)"令尹子文三仕爲令尹,無喜色;三已之,無愠色。"(《公冶長》)"庖有肥肉,廄有肥馬,民有飢色,野有餓莩。"(《梁惠王上》)"百姓聞王鐘鼓之聲,管籥之音,舉欣欣然有喜色而相告。"(《孟子·梁惠王下》)"夫子若有不豫色然。"(《公孫丑下》)"伯夷,目不視惡色,耳不聽惡聲。"(《萬章下》)

當然,表示慚愧的,也有愧色、慚(憨)色、怍色等:"子貢逡巡而有愧色。"(《莊子·雜篇·讓王》)"昔者桀、紂貴爲天子,富有天下;今謂臧聚曰'汝行如桀、紂',則有怍色,有不服之心者。"(《雜篇·盗跖》)"管仲曰:'君之揖朝也恭,而言也徐,見臣而有憨色,臣是以知之。'"(《吕氏春秋·審應覽》)"未同而言,觀其色赧赧然。"(《孟子·滕文公下》)

也即,當時語言中,表示慚愧之色的,有其他形式,不用"變色"來表示。故趙岐、朱熹兩説中,趙説近之。但我們也没把握"王變乎色"非得是由於"愠恚莊子道其好樂也",故譯之爲"齊王變得嚴肅起來",庶幾近似。(12)

2.1-2 "臣請爲王言樂①。今王鼓樂於此,百姓聞王鐘鼓之聲,管籥之音②,舉疾首蹙頞而相告曰③:'吾王之好鼓樂,夫何使我至於此極也——父子不相見,兄弟妻子離散。'今王田獵於此④,百姓聞王車馬之音,見羽旄之美⑤,舉疾首蹙頞而相告曰:'吾王之好田獵,夫何使我至於此極也——父子不相見,兄弟妻子離散。'此無他,不與民同樂也。

"今王鼓樂於此,百姓聞王鐘鼓之聲,管籥之音,舉欣欣然有喜色而相告曰:'吾王庶幾無疾病與?何以能鼓樂也?'今王田獵於此,百姓聞王車馬之音,見羽旄之美,舉欣欣然有喜色而相告曰:'吾王庶幾無疾病與?何以能田獵也?'此無他,與民同樂也。今王與百姓同樂,則王矣。"

【譯文】〔孟子馬上說:〕"請讓我爲王談談音樂。如果王在這裏奏樂,老百姓聽到敲鐘打鼓的聲音,聽到吹奏簫管的聲音,大家全都頭痛地皺著眉頭奔走相告:'我們的王這樣愛好音樂,那爲什麼使我困苦到這步田地呢——父子不能相見,兄弟妻兒東逃西散?'如果王在這裏打獵,老百姓聽到車馬的聲音,看到旗幟的鮮麗,大家全都頭痛地皺著眉頭奔走相告:'我們的王這樣愛好打獵,爲什麼使我困苦到這步田地呢——父子不能相見,兄弟妻兒東逃西散?'這沒有別的原因,就因爲王〔只圖自己快活而〕不和大家一道娛樂的緣故。

"如果王在這裏奏樂,老百姓聽到敲鐘打鼓的聲音,聽到吹奏簫管的聲音,全都眉開眼笑奔走相告:'我們的王大概很健康吧?要不怎麼能够奏樂呢?'如果王在這裏打獵,老百姓聽到車馬的聲音,看到旗幟的鮮麗,全都眉開眼笑奔走相告:'我們的王大概很健康吧?要不怎麼能够打獵呢?'這沒有別的原因,只是因爲王和百姓一道娛樂罷了。如果王和百姓一道娛樂,就可以使天下歸服了。"

【注釋】①樂:《孟子譯注》譯此"樂"爲"音樂和娛樂",則此"樂"爲雙關;但上古"音樂"的"樂"和"娛樂"的"樂"並不同音,不能雙關,故我們只以"音樂"譯之。 ②管籥(yuè):古代吹奏樂器,類似今之簫笙。 ③舉疾首蹙(cù)頞(è):舉,全都,其後多接謂詞性成分。蹙,皺著。頞,鼻樑。 ④田獵:打獵。田,後作"畋",打獵。 ⑤羽旄:旗幟。

羽,鳥的羽毛。旄,犛牛尾。古代旗幟常以鳥羽和犛牛尾裝飾,故以羽、旄來指代旗幟。

2.2 齊宣王問曰:"文王之囿方七十里①,有諸?"孟子對曰:"於傳有之②。"

曰:"若是其大乎?"曰:"民猶以爲小也。"曰:"寡人之囿方四十里,民猶以爲大,何也?"

曰:"文王之囿方七十里,芻蕘者往焉③,雉兔者往焉④,與民同之。民以爲小,不亦宜乎?臣始至於境⑤,問國之大禁⑥,然後敢入。臣聞郊關之内有囿方四十里⑦,殺其麋鹿者如殺人之罪,則是方四十里爲阱於國中⑧。民以爲大,不亦宜乎?"

【譯文】齊宣王〔問孟子〕說:"聽說周文王有一處獵場,橫直各七十里,有這回事嗎?"孟子答道:"史書上記載著呢。"

宣王說:"竟然這麼大嗎?"孟子說:"老百姓還嫌小呢。"宣王說:"我的獵場橫直只有四十里,老百姓還嫌大了,爲什麼呢?"

孟子說:"文王的獵場橫直各七十里,割草打柴的去,打鳥捕獸的也去,和老百姓一道用。老百姓以爲太小,不理所當然嗎?〔而您恰恰相反。〕我剛到邊界,就打聽齊國的大禁忌,然後才敢入境。我聽說首都四關之内的郊區有一處獵場,橫直各四十里,誰要宰了裏頭的麋鹿,就如同犯了殺人之罪。那麼,這就相當於在國都裏面挖了一個橫直各四十里的大陷阱。百姓們覺得太大了,不理所當然嗎?"

【注釋】①囿(yòu):没圍牆的獵場叫"囿"。　②傳(zhuàn):典籍文獻。　③芻蕘(chú ráo):芻,草。蕘,柴。這裏指打草砍柴。　④雉(zhì)兔:雉,野雞。雉兔,名詞活用爲動詞,狩獵之意。　⑤境:疆界,國境線。　⑥大禁:嚴厲禁止的,大禁忌。詳見本章《考證》(一)。　⑦郊關:四郊之門——古代城邑四郊起拱衛防禦作用的關門。《白虎通》:"近郊五十里,遠郊百里。"即有的郊關距離都城五十里,有的郊關距離都城百里。郊關之内即稱"郊",也即東西南北四郊。《孟子正義》的作者焦循認爲:"《孟子》'郊關'之'郊',自屬遠郊,苟近郊何能容四十里之囿?" ⑧是方四十里爲阱於國中:這是個判斷句(例如"陳勝,陽城人"):是,方四十里爲阱於國中。國中,這裏指國都(包括四郊)之中,但古書中許多"國中"僅指都城之中,不包括四郊。詳見本章《考證》(二)。

【考證】(一)國之大禁:

《孟子譯注》將"國之大禁"譯爲"齊國最嚴重的禁令",我們認爲"大禁"義爲"嚴厲禁止"或"大禁忌"。例如:"凡言而不可復,行而不可再者,有國者之大禁也。"(《管子·形勢》)"鬭者……君上之所惡也,刑法之所大禁也,然且爲之,是忘其君也。"(《荀子·榮辱》)"行辟而堅,飾非而好,玩姦而澤,言辯而逆,古之大禁也。"(《非十二子》)以上"大禁"的,都是某種行爲;這些行爲是應當嚴厲禁止的,或者説幹這些事是個大禁忌,大忌諱;這些行爲本身,卻不是大禁令。所以譯"國之大禁"爲"齊國的大禁忌"。(13)

(二)國中:

焦循《孟子正義》説:"此'國中'指郊之内;囿在郊關之内,故爲阱於國中也。"《孟子譯注》則將"則是方四十里爲阱於國中"譯爲"那麽,這爲方四十里的地面,對百姓來説,是在國内佈置一個陷阱"。我們以爲焦説可從,因爲當時典籍中的"國中"一般都指都城之内,而非國境之内。例如:

"小司徒之職,掌建邦之教灋,以稽國中及四郊都鄙之夫家九比之數。"(《周禮·地官司徒》)"國中自七尺以及六十,野自六尺以及六十有五,皆征之。"(同上)"徙于國中及郊,則從而授之。"(同上)"以廛里任國中之地,以場圃任園地,以宅田、士田、賈田任近郊之地,以官田、牛田、賞田、牧田任遠郊之地。"(同上)"閭師掌國中及四郊之人民、六畜之數。"(同上)"凡歲時有天患民病,則以節巡國中及郊野,而以王命施惠。"(同上)"凡治質劑者,國中一旬,郊二旬,野三旬,都三月,邦國蜇。"(同上)"四曰糾,用諸國中;五曰憲,用諸都鄙。"(《秋官司寇》)"匠人營國,方九里,旁三門。國中九經九緯,經涂九軌,左祖右社,面朝後市。"(《冬官考工記》)"君,國中射,則皮樹中,以翿旌獲……於郊,則閭中,以旌獲。"(《儀禮·鄉射禮》)"天子崩,三日,祝先服;五日,官長服;七日,國中男女服;三月,天下服。"(《禮記·檀弓下》)"逮至遠鄙郊外之臣、門庭庶子、國中之衆、四鄙之萌人聞之,皆競爲義。"(《墨子·尚賢上》)"惠子相梁,莊子往見之。或謂惠子曰:'莊子來,欲代子相。'於是惠子恐,搜於國中三日三夜。"(《莊子·外篇·秋水》)"子不聞夫越之流人乎？去國數日,見其所知而喜;去國旬月,見所嘗見於國中者喜。"(《雜篇·徐無鬼》)"齊桓公好服紫,一國盡服紫。當是時也,五素不得一紫。桓公患之,謂管仲曰:'寡人好服紫,紫貴甚,一國百姓好服紫不已,寡人奈何？'管仲曰:'君欲止之,何不試勿衣紫也？謂左右曰"吾甚惡紫之臭"。於是左右適有衣紫而進者,公必曰"少卻,吾惡紫臭"。'公曰:'諾。'於是日,郎中莫衣紫;其明日,國中莫衣紫;三日,境内莫衣紫也。"(《韓非子·外儲說左上》)

《孟子》其餘三處"國中"也指都城之内:"請野九一而助,國中什一使自賦。"(《滕文公上》)"從許子之道,則市賈不貳,國中無僞。雖使五尺之童適市,莫之或欺。"(同上)"蚤起,施從良人之所之,徧國中無與立談者。"(《離婁下》)

"國"本指國都,後指國家。"國中"本指國都之内;漢以後漸指"國内"。例如:"子圉之立,畏秦之伐也,乃令國中諸從重耳亡者與期,期盡不到者盡滅其家。"(《史記·晉世家》)"於是齊王以馴鈞爲相,魏勃爲將軍,祝午爲内史,悉發國中兵。"(《齊悼惠王世家》)那麽,它的引申途徑是由國都之内,到包括四郊,到指整個國家。也就是説,《孟子》本章"國中"看似偶然的包括四郊,是符合該短語的引申途徑的。

當然,避諱"劉邦"的"邦"也是促成這一變化的因素之一。

而且,當時語言中表達"國内"這一概念的,有"邦域之中""四封

"四封之内",而以後者爲多見:"夫顓臾,昔者先王以爲東蒙主,且在邦域之中矣,是社稷之臣也。"(《論語·季氏》)"今四封之民,皆君之臣也……四封之貨,皆君之有也。"(《晏子春秋·内篇諫下》)"越四封之内,親吾君也,猶父母也。"(《國語·越語上》)"四封之内,百姓之事,蠡不如種也;四封之外,敵國之制,立斷之事,種亦不如蠡也。"(《越語下》)"此劍一用,如雷霆之震也,四封之内,無不賓服而聽從君命者矣。此諸侯之劍也。"(《莊子·雜篇·説劍》)"近有德而遠有色,則四封之内視君其猶父母邪!四方之外歸君其猶流水乎!"(《管子·戒》)"先愛四封之内,然後可以惡竟外之不善者。"(《小問》)

表達"天下"這一概念的,除"天下"外,還有"四海之内""海内":"四海之内,皆兄弟也。"(《論語·顏淵》)"苟行王政,四海之内皆舉首而望之。"(《孟子·滕文公下》)"夫苟好善,則四海之内皆將輕千里而來告之以善。"(《告子下》)"四海之内,共利之之謂悦,共給之之謂安。"(《莊子·外篇·天地》)"海内之地,方千里者九,齊集有其一。"(《孟子·梁惠王上》)"堯治天下之民,平海内之政。"(《莊子·逍遥遊》)

也即,"國中"表達都城内(有時包括四郊,如本章),"邦域之中""四封之内"表達國内,"天下""四海之内""海内"表達古人知識範圍内的世界;分工明確,迥不相混。(14)

2.3-1 齊宣王問曰:"交鄰國有道乎?"

孟子對曰:"有。惟仁者爲能以大事小,是故湯事葛①,文王事昆夷②。惟智者爲能以小事大,故太王事獯鬻③,句踐事吳④。以大事小者,樂天者也;以小事大者,畏天者也。樂天者保天下,畏天者保其國。《詩》云:'畏天之威,于時保之⑤。'"

王曰:"大哉言矣⑥!寡人有疾,寡人好勇。"對曰:"王請無好小勇。夫撫劍疾視曰:'彼惡敢當我哉!'此匹夫之勇⑦,

敵一人者也。王請大之!

【譯文】齊宣王問道:"和鄰國打交道有什麼方法途徑嗎?"

孟子答道:"有的。只有仁愛的人才能夠以大國的身份服事小國,所以商湯服事葛伯,文王服事昆夷。只有聰明的人才能夠以小國的身份服事大國,所以太王服事獯鬻,勾踐服事夫差。以大國身份服事小國的,是樂行天命的人;以小國身份服事大國的,是敬畏天命的人。樂行天命者能保有天下,敬畏天命者能保有本國。《詩經》說得好:'敬畏老天大威靈,保衛國家長太平。'"

宣王說:"這話真偉大!不過,我有個小毛病,就是太喜愛勇武。"孟子答道:"那麼,請王不要喜好這小勇。有種人,只會手按著劍柄圓睜怒眼說:'那人怎麼敢抵擋我呢!'這只是凡夫俗子的勇武,只能對付一個人。希望王能把它擴大。

【注釋】①湯事葛:《滕文公下》第五章論之較詳,可參。 ②昆夷:亦作"混夷",周代前後的西戎國名。 ③太王事獯鬻(xūn yù):"太王"即古公亶父(dǎn fǔ)。獯鬻即獫狁(xiǎn yǔn),也即本篇第十五章之狄人,當時北方的少數民族。十五章"太王居邠狄人侵之",或指"太王事獯鬻"。 ④句踐事吳:句,同"勾"。越王勾踐慘敗於吳,卑辭厚禮求和,勾踐替吳王當馬前卒。後返國,十年生聚,十年教訓,終於興國滅吳。 ⑤"畏天"兩句:見《詩經·周頌·我將》。譯文採自向熹先生《詩經譯注》。保,安定。 ⑥大哉言矣:這話真偉大呀!詳見本節《考證》。 ⑦匹夫:平民,一般人,凡夫俗子。

【考證】大哉言矣:

趙岐《注》:"王謂孟子之言大,不合於其意。"焦循《正義》:"王問交鄰,孟子比以古聖賢之所履,故以爲誇大也。"其實這是一句讚美的話,意謂,這話真偉大呀;而不是說這話太誇大其辭了(《孟子譯注》譯作"您的話真高明呀",近之)。許多書證可以證明這點:"林放問禮之本。子曰:'大哉問!'"(《論語·八佾》)"大哉堯之爲君也!"(《泰伯》)"大哉孔子!博學而無所成名!"(《子罕》)"居移氣,養移體,大哉居乎！"(《孟子·盡心上》)"大哉乾元！萬物資始，乃統天。"(《周易·乾》)"大哉死乎！君子息焉，小人休焉。"(《荀子·大略》)

先秦未見"大言"表示誇大其詞者，漢時產生了"誇大其詞之言"的意義。如《莊子·外篇·知北遊》："至道若是，大言亦然。"(陳鼓應《莊子今注今譯》譯後一句爲"最偉大的言論也是這樣")漢初"大言"也並非一定指誇大其言："不觀大義者，不知生之不足貪也；不聞大言者，不知天下之不足利也。"(《淮南子·精神訓》)但這時"大言"已經有誇大其詞之例了："蕭何曰：'劉季固多大言，少成事。'"(《史記·高祖本紀》)"(欒)大爲人長美，言多方略，而敢爲大言，處之不疑。大言曰：'臣嘗往來海中，見安期、羨門之屬。……'"(《孝武本紀》)"父母怒，子不改過，瞋目大言，父母肯貰之乎？"(《論衡·感虛篇》)

但"言大"和"大言"義有不同："故見不遠者，不可與言大；知不博者，不可與論至。"(《文子·自然》)"察一曲者，不可與言化；審一時者，不可與言大。"(《淮南子·繆稱訓》)"(賈復)說嘉曰：'臣聞圖堯、舜之事而不能至者，湯、武是也；圖湯、武之事而不能至者，桓、文是也；圖桓、文之事而不能至者，六國是也；定六國之規，欲安守之而不能至者，亡六國是也。今漢室中興，大王以親戚爲藩輔，天下未定而安守所保，所保得無不可保乎？'嘉曰：'卿言大，非吾任也。大司馬劉公在河北，必能相施，第持我書往。'"(《後漢書·賈復傳》)前兩例"言"是動詞，與"孟子之言大"和第三例不同，但核心意義相近。故趙岐"孟子之言大"意謂"孟子說的是宏圖大略"，與"大哉言矣"相去並不遠，不是焦循理解的"誇大"。(15)

2.3-2"《詩》云：'王赫斯怒①，爰整其旅②，以遏徂莒③，以篤周祜④，以對于天下。'此文王之勇也。文王一怒而安天下之民。

"《書》曰⑤：'天降下民，作之君，作之師⑥，惟曰其助上帝寵之⑦。四方有罪無罪惟我在⑧，天下曷敢有越厥志⑨？'一人衡行於天下⑩，武王恥之。此武王之勇也。而武王亦一怒而安天下之民。今王亦一怒而安天下之民，民惟恐王之不好勇也。"

【譯文】"《詩經》說：'文王勃然大震怒，整頓軍隊去抵抗，阻止敵人向莒闖。周族福氣才鞏固，民心安穩定四方。'這便是文王的勇武。文王一發怒便使天下的百姓生活安定。

"《書經》說：'天降生了芸芸衆民，也爲他們降生了君主，也爲他們降生了師傅，這些君主和師傅的唯一職責，就是幫助上帝來愛護人民。因此，四面八方之人無論有罪或無罪，都由我一人來承擔責任；普天之下有誰敢忽略這一想法呢？'當時有個人在世上橫行霸道，武王便認爲是奇恥大辱。這便是武王的勇。武王也一發怒而使天下的百姓生活安定。如今王若是也一怒而安定天下的百姓；那麼，百姓還生怕王不喜愛勇武呢。"

【注釋】①赫斯：勃然大怒的樣子。此詩見《詩經·大雅·皇矣》。今本《詩經》第三句作"以按徂旅"。譯文採自程俊英《詩經譯注》。②爰：句首語氣詞，可譯爲"於是"。 ③以遏(è)徂(cú)莒(jǔ)：趙岐《注》："以遏止往伐莒者。"遏，止。徂，往。莒，國名。 ④以篤周祜(hù)：篤，增厚，增加。祜，福。 ⑤《書》曰：以下爲《尚書》逸文，《僞古文尚書》採入《泰誓》上篇。 ⑥作之君，作之師：爲他們造作君主，爲他們造作師長。 ⑦上帝：天，天帝。 ⑧惟我在：意謂惟我在此，則我一人承擔之。《左傳·成公五年》："嬰曰：'我在，故欒氏不作。我亡，吾二昆其憂哉！'"《論語·堯曰》："朕躬有罪，無以萬方；萬方有罪，罪在朕躬。"至於本章這幾句斷句的歧異，詳見本節《考證》。⑨惟曰其助……越厥志：朱熹《四書集注》斷句與此不同。詳見本節《考證》。厥，略同"其"。 ⑩衡：同"橫"。一人，指商紂王。

【考證】惟曰其助……惟我在：

這段話頗長："《書》曰：'天降下民，作之君，作之師，惟曰其助上帝寵之。四方有罪無罪惟我在,天下曷敢有越厥志?'"關鍵的歧異在"惟曰其助上帝寵之。四方有罪無罪惟我在"兩句。趙岐《注》:"言天生下民,爲作君,爲作師,以助天光寵之也。四方善惡皆在己,所謂在予一人,天下何敢有越其志者也?"然則從趙《注》,則當如上文標點。然朱熹《集注》云:"《書·周書·大誓》之篇也。然所引與今《書》文稍異,今且依此解之。寵之四方,寵異之於四方也。有罪者我得而誅之,無罪者我得而安之。我既在此,則天下何敢有過越其心志而作亂者乎?"按,僞古文《尚書·泰誓》:"天佑下民,作之君,作之師,惟其克相上帝,寵綏四方。有罪無罪,予曷敢有越厥志?"然則,上兩句當爲:"惟曰其助上帝,寵之四方,有罪無罪惟我在。"也即,關鍵是"四方"屬上句還是屬下句。我們以爲趙《注》可從。理由如下:

1. 按趙岐《注》點斷,這是一段韻文,應非偶然。而按朱熹《集注》點斷,則不押韻。"天降下民,作之君,作之師","師"爲古韻脂部字;"惟曰其助上帝寵之"的"之"、"天下曷敢有越厥志"的"志"均爲古韻之部字;之、脂通押。

2. "四方有罪無罪惟我在"在先秦典籍中頗多類似説法:"萬方有罪,罪在朕躬。"(《論語·堯曰》)"今天大旱,即當朕身履,未知得罪於上下。有善不敢蔽,有罪不敢赦,簡在帝心。萬方有罪,即當朕身;朕身有罪,無及萬方。"(《墨子·兼愛上》)"傳曰:'……雖有周親,不若仁人。萬方有罪,維予一人。'"(《兼愛中》)也即,當時有類似説法,文字互有參差;這在先秦文獻中是常見的現象。

3. 朱熹之將這幾句斷爲"惟曰其助上帝,寵之四方,有罪無罪惟我在",也許是受了僞古文《尚書·泰誓》"惟其克相上帝,寵綏四方。有罪無罪,予曷敢有越厥志"的影響。但以今天的眼光看,《泰誓》的真僞尚且成問題,又如何可以依據?(16)

2.4－1 齊宣王見孟子於雪宮①。王曰:"賢者亦有此樂乎②?"

孟子對曰:"有。人不得,則非其上矣。不得而非其上者,非也；爲民上而不與民同樂者，亦非也。樂民之樂者，民亦樂其樂；憂民之憂者，民亦憂其憂。樂以天下，憂以天下③，然而不王者，未之有也。

【譯文】齊宣王在他的別墅雪宮裏接見孟子。宣王問道："賢人也有這種快樂嗎？"

孟子答道："有的。老百姓要是得不到這種快樂，就會非議他們的頭兒。得不到快樂就講頭兒的壞話，固然不對；作爲老百姓的頭兒有快樂而不與老百姓分享，也是不對的。把老百姓的快樂當做他自己的快樂的，老百姓也會把他的快樂當做自己的快樂；把老百姓的憂愁當做他自己的憂愁的，老百姓也會把他的憂愁當做自己的憂愁。以天下萬民之樂爲樂，以天下萬民之憂爲憂，這樣做了，還不能讓天下歸服的，是從來沒有的事。

【注釋】①雪宮：齊宣王的離宮（別墅）。　②此樂：這種快樂。這處的"樂"只能釋爲"快樂"，不能釋爲"愛好"。因爲後者一定要作謂語，且要帶賓語。字和詞的各個意義都有不同的上下文特徵，弄清楚這些特徵，按圖索驥即可。不能僅僅從所謂"事理"來推求。因爲，事理與詞義沒有直接聯繫；今人的事理未必合於古人的事理。度今人之腹尚且難有定準，何況度古人之腹？　③樂以天下，憂以天下：樂，以天下（民之樂）憂，以天下（民之憂）。也即，以天下民之樂爲樂，以天下民之憂爲憂。

2.4－2"昔者齊景公問於晏子曰①：'吾欲觀於轉附朝儛②，遵海而南③，放於琅邪④，吾何修而可以比於先王觀也？'晏子對曰：'善哉問也！天子適諸侯曰"巡狩"。巡狩者，巡所守也。諸侯朝於天子曰"述職"。述職者，述所職也。無非事者。春省耕而補不足，秋省斂而助不給。夏諺曰："吾王不遊，吾何以休？吾王不豫⑤，吾何以助？一遊一豫，爲諸侯度。"今也不然:師行而糧食⑥,飢者弗食⑦,勞者弗息。睊睊胥讒⑧,民乃作慝⑨。方命虐民⑩,飲食若流。流連荒亡,爲諸侯憂。從流下而忘反謂之"流",從流上而忘反謂之"連",從獸無厭謂之"荒",樂酒無厭謂之"亡"。先王無流連之樂,荒亡之行。惟君所行也。'⑪

【譯文】"當年齊景公問晏子說:'我想到轉附山和朝儛山去視察,然後沿著海岸南行,一直到琅邪山,我該如何修爲才能够比得上過往聖王賢君的視察呢?'晏子答道:'問得好哇! 天子到諸侯國去叫作"巡狩"。巡狩,就是巡視諸侯職守的意思。諸侯去朝見天子叫作"述職"。述職就是報告份内工作的意思。這一切都是工作。春天巡視耕種,補助貧窮農户;秋天考察收穫,補助缺糧農户。夏朝的歌謠唱道:"我王不出來巡遊,我就勞作不休;我王不下來走走,我的補助哪有? 我王不歇脚步,給諸侯設立法度。"如今就不同了:國王儀仗還没動,官吏四處籌糧米。餓漢越發没飯吃,苦力累死難休息。大家切齒又駡娘,鋌而走險揭竿起。既違天命又害民,成天大擺流水席。流連荒亡無節制,諸侯如何不著急!〔流連荒亡是什麼意思呢?〕順流而下地遊玩,樂而忘返叫作"流";溯流而上地遊玩,樂而忘返叫作"連";打獵從不厭倦叫作"荒";喝酒不知節制叫作"亡"。過去的聖王賢君没有這種流連的樂趣、荒亡的行爲。〔視察工作的出巡和只知自己快樂的流連荒亡,〕您從事哪一種,您自己選擇吧!'

【注釋】①昔者齊景公問於晏子曰:齊景公,春秋時齊國之君,姓姜名杵曰。晏子,齊國賢臣,名嬰。 ②觀於轉附朝儛(cháo wǔ):轉附疑即今之芝罘(fú)山(即芝罘島,在今山東煙臺市區北部的海面上)。朝儛,疑即今山東榮城東之召石山。 ③遵海而南:沿著海岸往南行。遵,循,沿著。 ④放(fǎng)於琅邪(láng yá):放,至,到達。琅邪,山名,在今山東諸城市區東南。 ⑤豫:意義略同"遊"。 ⑥糧食:這裏是籌措糧食的意思。 ⑦飢者弗食:受餓者吃不上飯。弗,不；但"弗"修飾的及物動詞一般不帶賓語。　⑧睊(juàn)睊胥讒：睊睊，因忿恨側目而視的樣子。胥，都。讒，譭謗。　⑨慝(tè)：邪惡。　⑩方命：抗命。方，違抗，違反。命，指上帝意旨。　⑪晏子所言，見《晏子春秋·內篇問下》篇首，文字有所不同。

2.4－3 "景公悅，大戒於國①，出舍於郊。於是始興發補不足②。召大師曰③：'爲我作君臣相說之樂！'蓋《徵招》《角招》是也④。其詩曰：'畜君何尤⑤？'畜君者，好君也⑥。"

【譯文】"景公聽了，大爲高興。先在都城發佈命令，然後駐紮郊外。這時便發佈補助貧戶的命令，並付諸實施。景公又把樂官長叫來，對他說：'給我創作君臣同樂的樂曲！'這樂曲就是《徵招》《角招》。歌詞說：'畜君有什麼不對呢？'畜君，就是喜愛國君的意思。"

【注釋】①大戒於國：謂將更始決心遍告國中。詳見本節《考證》（一）。　②興發：即《墨子》所謂"發令興事"。詳見本節《考證》（二）。　③大師：即"太師"，古代樂官之長。　④《徵招》《角招》：徵(zhǐ)和角是古代五音（宮、商、角、徵、羽）中的兩個；招，通"韶"；韶，古樂的通稱。　⑤尤：錯誤，過失。　⑥畜君者好君也："畜"，本字爲"慉"，又作"嬌"，喜好。詳見楊樹達《積微居小學述林·〈詩〉"不我能慉"解》；又見《楊樹達日記（1948—1954）》（中華書局 2021 年）1954.10.13 和 1954.11.4 日記。

【考證】（一）大戒於國：

趙岐《注》："戒，備也。大修戒備於國。"朱熹《集注》："戒，告命也。"按，朱注得之。戒，告誡也，發佈命令也。大戒於國，謂將更始決心遍告於國都。《滕文公上》："五月居廬，未有命戒。"即沒有發號施令。《儀禮·聘禮》："戒上介亦如之。"鄭玄注："戒，猶'命'也。"或作"戒令"。《周禮·秋官司寇》："遂士掌四郊，各掌其遂之民數而糾其戒令。"《逸周書·職方解》："王將巡狩，則戒于四方，曰各脩平乃守，考乃職事,無敢不敬戒。"此段承上"齊景公問於晏子曰:'吾欲觀於轉附朝儛,遵海而南,放於琅邪,吾何修而可以比於先王觀也?'晏子對曰:'善哉問也!天子適諸侯曰"巡狩"。巡狩者,巡所守也。諸侯朝於天子曰"述職"。述職者,述所職也。無非事者,春省耕而補不足,秋省斂而助不給'"而言,正所謂巡守述職也,於是"大戒於國"。《逸周書・周書序》:"周公陳武王之言以贊己言,戒乎成王,作《大戒》。"《國語・吳語》:"吳王夫差既許越成,乃大戒師徒,將以伐齊。""越王曰:'善哉!'乃大戒師,將伐吳。""戒乎成王",謂告誡成王;"大戒師徒""大戒師",猶今之所謂誓師也。(17)

(二)興發:

趙岐《注》:"始興惠政,發倉廩以振貧困不足者也。"朱熹《集注》:"興發,發倉廩也。"焦循則言:"'興'與'發'義同,並言則有別。《周禮・地官・遂大夫》'則帥其吏而興甿',注云:'興,舉也。'故謂舉行惠政。《廣雅・釋詁》云:'發,開也。'《月令》'雷乃發聲',注云:'發,出也。'故謂開發倉廩以出其粟。"

我們考察後認爲:

1. "興"和"發"是同義詞。《漢語大字典》"興"下列有"發動""奮發"兩個義項,其例句及注文爲:《周禮・考工記・弓人》"下柎之弓,末應將興"鄭玄《注》:"興,猶動也,發也。"《左傳・哀公二十六年》"大尹興空澤之士千甲"陸德明《釋文》:"興,發也。"《逸周書・武順解》"均佐和敬而無留,留則無成。均右肅恭而無羞,羞則不興"朱右曾《集訓校釋》:"興,奮發也。"而《漢語大字典》"發"下也列有"啓動""興起"兩個義項,其例句爲:《老子・三十九章》:"天無以清,將恐裂;地無以寧,將恐發。"《孟子・告子下》:"舜發於畎畝之中。"

再看共時文獻中其他兩詞互訓之例(《故訓匯纂》所載):《左傳・哀公十六年》"使興國人以攻白公"陸德明《釋文》:"興,謂興發也。"《孟子・盡心上》"待文王而後興者,凡民也"朱熹《集注》:"興者,感動奮發之意。"此外,"興"訓"起也"的有《詩經・衛風・氓》"夙興夜寐"

朱熹《集傳》、《小雅・沔水》"讒言其興"陳奐《傳疏》、《小明》"興言出宿"鄭玄《箋》、《大雅・大明》"維予侯興"毛亨《傳》等十數例；而"發"訓"起也"的則有《國語・周語上》"士氣震發"韋昭《注》、《吕氏春秋・音律》"無發大事"高誘《注》、《楚辭・九章・思美人》"陷滯而不發"蔣驥《注》等七八例。

由此可見，"興"和"發"是同義詞，是不成問題的。《孟子》一書中，同義詞連用是普遍現象。參見 7.13、14.21《考證》。

2. 焦循所言"'興'與'發'義同，並言則有别"，有所未逮。焦循看出"興""發"義同，是可貴的，但是他囿於"疏不破注"的藩籬，不能對趙《注》有所質疑，而曲爲之説"並言則有别"，則有未逮。訓詁學的常識是"渾言不别，析言則異"；而兩詞連言如"興發""興起"者，除極少數特殊情況外（如《論語・述而》《子罕》"子疾病"，"病"是"疾"的補語，加深、加重的意思；又如《三國志・華佗傳》"普施行之，年九十餘，耳目聰明"，此《古書疑義舉例續補》所謂"兩詞分承上文例"，謂耳聰而目明也），一般都是"渾言"，也即"不别"的。

綜上，"興發"是同義詞連用，似無疑義；但"興發"是否一定是朱熹所謂"發倉廩"，我們以爲並無確證。《墨子・節用上》："聖王爲政，其發令興事，使民用財也。"《戰國策・燕一》："今趙之攻燕也，發興號令，不至十日，而數十萬之衆，軍於東垣矣。"我們更傾向於認爲，所謂"興發"，即《墨子》所謂"發令興事"。鑒於以上《墨子》《戰國策》"發""興""發興"都帶賓語，我們將"補不足"視爲"興發"的賓語。（18）

2.5－1 齊宣王問曰："人皆謂我毁明堂①，毁諸？已乎②？"孟子對曰："夫明堂者，王者之堂也。王欲行王政，則勿毁之矣。"

王曰："王政可得聞與？"對曰："昔者文王之治岐也③，耕者九一④，仕者世禄，關市譏而不征⑤，澤梁無禁⑥，罪人不孥⑦。老而無妻曰鰥，老而無夫曰寡，老而無子曰獨，幼而無父曰孤。此四者,天下之窮民而無告者⑧。文王發政施仁,必先斯四者。《詩》云:'哿矣富人,哀此煢獨⑨。'"

王曰:"善哉言乎!"曰:"王如善之,則何爲不行?"

【譯文】齊宣王問道:"別人都勸我拆掉明堂,到底是拆了它呢,還是不拆?"孟子答道:"那明堂呢,是有志於天下大同的王者的殿堂。您如果要實行王政,就不要把它給拆了。"

王説:"實行王政的事,我可以聽聽嗎?"答道:"從前周文王治理岐地,對農夫九分抽一徵税;做官的人能世襲俸禄;關卡和市場只稽查,不徵税;湖泊任意捕魚,没有禁令;罪犯只懲罰本人,不株連家屬。老了没妻子的叫鰥夫,老了没丈夫的叫寡婦,没有兒女的老人叫孤獨者,死了父親的兒童叫孤兒——這四種人是世上最窮苦無依的人。周文王發佈政令,施行仁德,一定最先照顧這四種人。《詩經》説:'那有錢人生活真美好,可憐這些人無依無靠!'"

宣王説:"這話説得真好!"孟子説:"您如果認爲這話好,那爲什麼不實行呢?"

【注釋】①明堂:明堂是天子召見諸侯的處所,此處之明堂在齊國境內,可能是準備天子東巡召見諸侯時用的。　②已:停止。"已"非强調不必帶賓語,故先秦典籍中多"已乎"而無"已之乎""已諸"。《列子·仲尼》有"奚方能已之乎",適證其僞。　③岐:在今陝西岐山一帶,那一帶名勝古跡星羅棋布,還有經濟重鎮蔡家坡,號稱"世界的新加坡,中國的蔡家坡"。　④耕者九一:這話可能是指孟子理想的土地制度井田制而言。在每方里中畫一"井"字,分爲九塊,每塊百畝。八家各一百畝,叫作私田。當中一百畝,叫作公田,八家共同耕種。詳見《滕文公上》。　⑤譏:同"稽",查。　⑥澤梁:在流水中攔魚的一種裝置。　⑦孥(nú):妻室兒女。這裏指不株連妻室兒女。　⑧窮民無告者:走投無路無可哀告之民。《莊子·外篇·天道》:"堯曰:'吾不敖(傲)無告,不廢窮民,苦死者,嘉孺子而哀婦人。'"《晏子春秋·内篇諫上》："使民飢餓窮約而無告。"《墨子·明鬼下》："庶舊鰥寡號咷無告也。" ⑨哿（gě）矣富人，哀此煢（qióng）獨：哿，可。煢，單獨。這兩句詩見《小雅·正月》。

2.5-2 王曰："寡人有疾，寡人好貨。"

對曰："昔者公劉好貨①，《詩》云②：'乃積乃倉③，乃裹餱糧④，于橐于囊⑤。思戢用光⑥。弓矢斯張，干戈戚揚⑦，爰方啓行⑧。'故居者有積倉，行者有裹糧也⑨。然後可以'爰方啓行'。王如好貨，與百姓同之，於王何有？"

王曰："寡人有疾，寡人好色。"

對曰："昔者太王好色，愛厥妃。《詩》云⑩：'古公亶甫⑪，來朝走馬，率西水滸⑫，至于岐下，爰及姜女⑬，聿來胥宇⑭。'當是時也，內無怨女，外無曠夫⑮。王如好色，與百姓同之，於王何有⑯？"

【譯文】宣王說："我有個毛病，我喜愛財物〔，實行王政怕有困難〕。"

孟子說："從前公劉也喜愛財物，《詩經》說：'積好穀物修好倉，準備乾糧細細裹，盛滿小袋和大囊。百姓團結國有光。張弓上箭武裝好，干戈斧鉞都帶上，開始出發向前方。'留在家裏的人都有存糧，行軍的人都有乾糧，這樣才能'開始出發向前方'。王如果喜愛財物，能跟百姓一道，對您實行王政有什麼困難呢？"

王又說："我有個毛病，我喜愛女色〔，實行王政怕有困難〕。"

孟子答道："從前太王也喜愛女色，嬌寵他那個妃子。《詩經》說：'古公亶父遷居忙，清早快馬離豳鄉。沿著渭水嚮西走，岐山腳下土地廣。他與妻子名太姜，勘察地址好建房。'這一時代，家中沒有老處女，野外也找不到單身漢。王如果喜愛女人，能跟老百姓一道，對您實行王政有什麼困難呢？"

【注釋】①公劉：后稷的後代，周朝創業的始祖。 ②《詩》云：以下引詩見《大雅·公劉》。譯文採自向熹先生《詩經譯注》。　③倉:裝滿倉。　④餱(hóu)糧:餱和糧都是乾糧的意思,這裏是同義詞連用。　⑤橐(tuó)囊:兩種口袋。橐兩端有底,旁邊開口。囊則無底,物件盛於其中,捆紮兩頭。　⑥思戢(jí)用光:思,想要。戢,和,安,這裏指百姓安居樂業。用,因而。光,發揚光大,這裏指國家威名遠揚。　⑦干、戈、戚、揚:都是兵器。其中"干"一般釋爲盾牌,楊樹達《積微居小學述林》釋爲一種頂部叉開的進攻性武器。　⑧爰(yuán):句首語氣詞。　⑨行者有裹糧:有的注本從焦循《孟子正義》之説將這句改爲"行者有裹囊",我們不從。詳見本節《考證》。　⑩《詩》云:以下見《大雅·綿》。譯文採自程俊英《詩經譯注》。　⑪古公亶甫:即古公亶父,周文王的祖父。　⑫率西水滸:率,沿著。滸,水涯,指漆水沿岸。小説《水滸》之名,典出於此。　⑬爰及姜女:爰,句首語氣詞,無實義。姜女,即太姜,太王之妃。　⑭聿(yù)來胥(xū)宇:聿,語氣助詞。胥,省視,視察。宇,屋宇。　⑮內無怨女,外無曠夫:古代女子居內,男子居外。　⑯何有:"何難之有"的意思。

【考證】居者有積倉,行者有裹糧:

　　焦循《正義》云:"阮氏元《校勘記》云:'宋本、孔本同。石經,閩、監、毛三本,韓本"囊"作"糧"。'按《鹽鐵論》:'公劉好貨,居者有積,行者有囊。'與'裹囊'合。臧氏琳《經義雜記》云:'孟子以"積"與"裹"對,"倉"與"囊"對,謂積穀於倉,裹糧於囊也。《詩》云:"乃積乃倉,乃裹餱糧,于橐于囊。"有三"乃"字,二"于"字;曰"餱"又曰"糧",曰"橐"又曰"囊",皆重文以助句。至孟子釋《詩》,止"積倉""裹囊"四言也。俗本改"裹囊"爲"裹糧",則《詩》"于橐于囊"句似贅矣。舊疏釋孟子之言云:"故居者有穀積于倉,行者有糧裹于囊。"則北宋作疏時,尚作"行者有裹囊"。'"

　　我們認爲,焦循、臧琳所云未足採信,還是從石經、閩監毛三本、韓本作"裹糧"較爲妥當。理由如下:

　　1.除此例有爭議外,"裹囊"作爲一個短語,晚出於宋代,且只有

3例,其中《容齋隨筆》《鶴林玉露》2例是引用《孟子》原文:"其稱《公劉》之詩……但云:'故居者有積倉,行者有裹囊也,然後可以爰方啓行。'"(《容齋隨筆·解釋經旨》)"《孟子》釋《公劉》之詩曰:'故居者有積倉,行者有裹囊也,然後可以爰方啓行。'"(《鶴林玉露·甲編·卷一》)"胡只聞得一句,便歸叫僕羅數斗米,造飯裹囊,夜出候城門。"(《朱子語類·本朝一·高宗朝》)以上3例與宋本所出現的時期高度一致,恐怕不是偶然的。

王力先生曾指出舊時代的經生有一"遠紹"的毛病,就是假定某一語言現象,在周秦兩漢出現過一次,然後沉寂數百年再次出現,"這種神出鬼没的怪現狀,語言史上是不會有的。"《孟子》該例如果是"裹囊",則是一千四五百年後才再次出現,難道不奇怪嗎?

但"裹糧"卻在典籍中綿延不絶,且最早見於《左傳》,其餘諸例也遠較宋代爲早:"裹糧坐甲,固敵是求,敵至不擊,將何俟焉?"(《左傳·文公十二年》)"蝨與驥致千里而不飛,無裹糧之資而不飢。"(《文子·上德》)"人有濱河而居者,習於水,勇於泅,操舟鬻渡,利供百口。裹糧就學者成徒,而溺死者幾半。"(《列子·説符》)"數百里中,裹糧潛進,方出平地,攻賊堅城。"(《宋書·劉勔傳》)"晞雖不武,首啓戎行,秣馬裹糧,以俟方鎮。"(《晉書·苟晞傳》)"乃焚輜重,裹糧卷甲,渡沔,寇江夏。"(《石勒傳》)"裹糧擐甲,仍躡飛走。"(《陳書·周迪傳》)"今三臺令子,六郡良家,蓄鋭須時,裹糧待詔。"(《北齊書·樊遜傳》)

2.焦循《正義》主張爲"裹囊"的理由有三:a.《鹽鐵論》:"公劉好貨,居者有積,行者有囊。"與"裹囊"合。b.舊疏釋孟子之言云:"故居者有穀積于倉,行者有糧裹于囊。"c.文氣。

即使不認同王力先生的否定"遠紹"之説,而認爲該詞雖缺乏綿延不絶的語言事實,典籍中的某些記載引述也可作爲旁證;但《鹽鐵論》之"公劉好貨,居者有積,行者有囊"作爲證據,尚嫌薄弱。因爲《孟子》原文爲"居者有積倉,行者有裹糧(囊)",《鹽鐵論》卻進行了改寫,一旦改寫就不知伊於胡底了。試比較《三國志·魏書·辛毗傳》:"連年戰伐,而介胄生蟣蝨,加以旱蝗,饑饉並臻,國無困倉,行無裹糧,天災應於上,人事困於下,民無愚智,皆知土崩瓦解,此乃天亡尚之時也。"可知,"國無困倉,行無裹糧"更可能直接出典於"居者有積倉,行者有裹糧"。

舊疏"故居者有穀積於倉,行者有糧裹於囊",更不能説明"北宋作疏時,尚作'行者有裹囊'"。因爲舊疏第二句"行者有糧裹於囊",與其説它可證"行者有裹囊",不如説它可證"行者有裹糧",它作爲證據對雙方都是較爲薄弱的。

至於臧琳《經義雜記》所謂"孟子以'積'與'裹'對,'倉'與'囊'對"云云,乃以駢文興起後"務尚工整"的"排偶之文"範圍古人——清末姚永概早已指陳其弊(參見 11.4《考證》);且支離繳繞,何如説"居者有積倉,行者有裹糧"對應"乃積乃倉,乃裹餱糧"來得直截了當?

總之,焦循《正義》所列理由,均不堅強;而短語"裹糧"之綿延不絶,"裹囊"之晚出於宋代,更能證明"行者有裹糧"是較爲可信的。(19)

2.6 孟子謂齊宣王曰:"王之臣有託其妻子於其友而之楚遊者①,比其反也②,則凍餒其妻子③,則如之何?"王曰:"棄之。"

曰:"士師不能治士④,則如之何?"王曰:"已之。"

曰:"四境之内不治⑤,則如之何?"王顧左右而言他⑥。

【譯文】孟子對齊宣王説:"您有一個臣子把老婆孩子託付給朋友照顧,自己前往楚國了。等他回來的時候,他的老婆孩子卻在挨餓受凍。這樣的朋友,該拿他怎麽辦?"王説:"和他一刀兩段。"

孟子説:"司法長官不能約束他的下級,該拿他怎麽辦?"王説:"撤他的職!"

孟子説:"整個國内不太平,那該怎麽辦?"齊王一邊扭頭東張西望,一邊東拉西扯講些不著邊際的話。

【注釋】①之:到……去。 ②比(bì)其反也:比,及,至,等到。反,同"返"。 ③餒(něi):飢餓。 ④士師:古代的司法官。 ⑤不治:治理得不好,不太平。見5.4—2《考證》(一)。 ⑥顧左右而言他:往左看看,往右看看,說些別的話。他,其他的,別的。

2.7 孟子見齊宣王,曰:"所謂故國者,非謂有喬木之謂也①,有世臣之謂也。王無親臣矣,昔者所進,今日不知其亡也②。"王曰:"吾何以識其不才而舍之?"

曰:"國君進賢,如不得已,將使卑踰尊③,疏踰戚,可不慎與?左右皆曰賢,未可也;諸大夫皆曰賢,未可也;國人皆曰賢,然後察之;見賢焉,然後用之。左右皆曰不可,勿聽;諸大夫皆曰不可,勿聽;國人皆曰不可,然後察之;見不可焉,然後去之④。左右皆曰可殺,勿聽;諸大夫皆曰可殺,勿聽;國人皆曰可殺,然後察之;見可殺焉,然後殺之。故曰,國人殺之也。如此,然後可以爲民父母。"

【譯文】孟子謁見齊宣王,說:"我們所說的'故國',並不是説那兒有高大的樹木〔年頭久了〕的意思,而是說那兒有世代功勳的老臣的意思。您現在沒有親信的臣子了,過去所進用的,今天都不知逃哪兒去了。"王問:"我怎樣去識別那些沒用的人好放棄他呢?"

孟子答道:"國君選拔賢人,如不得已要起用新人,就不得不把卑賤者提拔到尊貴者之上,把疏遠的人提拔到親近者之上,這種事能不慎重嗎?因此,周圍親近的人都說某人好,還不行;各位大夫都說某人好,還不行;全國的人都說某人好,然後考察他;發現他真的不錯,然後起用他。周圍親近的人都說某人不可用,不要聽信;各位大夫都說某人不可用,也不要聽信;全國的人都說某人不可用,然後考察他;發現他真的不可用,再罷免他。周圍親近的人都說某人該殺,不要聽信;各位大夫都說某人該殺,也不要聽信;全國的人都說某人該殺,然後審查他；發現他真的該殺，再殺他。所以說，他是全國人殺的。這樣，才能做百姓的父母。"

【注釋】①喬木：大樹。喬，高。　②亡：流亡，逃亡。參見1.7—8《考證》(二)。　③踰：同"逾"，逾越，超過。　④去之：使之離去，也即開除他，罷免他。去，離開，這裏是使動用法。2.11的"去之"不是使動用法，是"離開那裏"的意思。

2.8 齊宣王問曰："湯放桀①，武王伐紂②，有諸？"孟子對曰："於傳有之。"曰："臣弒其君③，可乎？"曰："賊仁者謂之'賊'，賊義者謂之'殘'。殘賊之人謂之'一夫④'。聞誅一夫紂矣⑤，未聞弒君也。"

【譯文】齊宣王問道："商湯放逐夏桀，周武王討伐商紂王，有這回事吧？"孟子答道："史書上有這樣的記載。"宣王說："做臣子的殺害他的君主，可以嗎？"孟子說："破壞仁愛的人叫作'賊'，破壞道義的人叫作'殘'。殘賊俱全的人，叫作'一夫'。我只聽說過武王誅殺了一夫殷紂，沒有聽說過他是以臣弒君的。"

【注釋】①湯放桀：湯，商代開國君主。夏桀暴虐，湯興兵討伐他，把桀流放到南巢（今安徽巢湖）。　②武王伐紂：商紂王無道，周武王伐之。紂王兵敗，自焚而死。　③弒：臣下無理地殺死君主，兒女殺死父母都叫作"弒"。　④一夫："獨夫"的意思。　⑤誅：合乎正義地殺掉罪犯叫作"誅"。

2.9 孟子見齊宣王，曰："爲巨室，則必使工師求大木①，工師得大木，則王喜，以爲能勝其任也。匠人斲而小之②，則王怒，以爲不勝其任矣。夫人幼而學之，壯而欲行之，王曰：'姑舍女所學而從我。'則何如？今有璞玉於此③，雖萬鎰④，必使玉人彫琢之。至於治國家，則曰：'姑舍女所學而從我。'則何以異於教玉人彫琢玉哉？"

【譯文】孟子謁見齊宣王，說："比如建築一幢大屋，一定要派工師去尋找大樹。工師物色到了大樹，王就高興，認爲他能够盡職盡責。可是當木匠把木料加工成形的時候，王卻生氣了，認爲他勝任不了他的工作。某人從小學習一門手藝，長大了便想要運用它。可是王卻對他說：'暫時放下你所學的，照我說的幹吧！'那將如何呢？假如這裏有一塊没雕琢過的玉石，即使它非常值錢，也一定要請玉工來雕琢它。可是一到了治國理政，您卻〔對政治家〕說：'暫時放下你所學的，照我說的幹吧！'這跟您要教導玉工雕琢玉石，又有什麽不同呢？"

【注釋】①工師求大木：工師，古代官名，主管各種工匠。大木，大樹。不能理解爲大木料。詳見本章《考證》。 ②斲（zhuó）：又作"斫""斵"，砍削。 ③璞（pú）玉：玉之在石中者。 ④萬鎰（yì）：表示極爲貴重。二十兩爲一鎰。

【考證】大木：

《孟子譯注》將這章的"大木"譯爲"大的木料"，一些古漢語字典在列出"木"的"木材、木料"義時，也將本章"工師得大木"作爲書證。我們當然不否定周秦時代語言中"木"有"木材、木料"義，但是，凡"大木"連言者，該"大木"均指大樹。

"天大雷電以風，禾盡偃，大木斯拔，邦人大恐。"（《尚書·金縢》）"山林之畏佳，大木百圍之竅穴，似鼻，似口，似耳，似枅，似圈，似臼，似窪者，似汙者。"（《莊子·齊物論》）"南伯子綦遊乎商之丘，見大木焉有異，結駟千乘，隱將芘其所藾。"（《人間世》）"風曰：'……夫折大木，蜚大屋者，唯我能也。'"（《外篇·秋水》）"莊子行於山中，見大木，枝葉盛茂，伐木者止其旁而不取也。"（《山木》）"大木不可獨伐也，大木不可獨舉也，大木不可獨運也，大木不可加之薄牆之上。"（《管子·八觀》）"春無殺伐，無割大陵，倮大衍，伐大木，斬大山，行大火，誅大臣，收穀賦。"（《七臣七主》）"毋聚大衆，毋行大火，毋斷大木，誅大臣，毋斬大山，毋戮大衍。"（《輕重己》）"焚林而獵，燒燎大木。"（《淮南子·本經訓》）"伐大木,非斧不克。"(《説山訓》)"大木茂枝,非爲飛鳥也。"(《泰族訓》)"或伐薪於山,輕小之木,合能束之。至於大木十圍以上,引之不能動,推之不能移,則委之於山林。"(《論衡·效力》)"雨止風反,禾、大木復起。"(《順鼓》)"吳楚之國有大木焉,其名爲櫾,碧樹而冬生,實丹而味酸。"(《列子·湯問》）

以上諸句中,《管子·八觀》"大木不可加之薄牆之上"的"大木",似乎可以理解爲"大木料",譯作"大木料"也未嘗不可;但從整段理解,它依然是指大樹。

"工師求大木"也與那時的歷史事實吻合。當時木匠與今之木匠不同,其第一道工序,是到山林中物色大樹。古書中此類記載甚多,例如《莊子·人間世》："匠石之齊,至乎曲轅,見櫟社樹。其大蔽數千牛,絜之百圍,其高臨山十仞而後有枝,其可以爲舟者旁十數。觀者如市,匠伯不顧,遂行不輟。弟子厭觀之,走及匠石,曰:'自吾執斧斤以隨夫子,未嘗見材如此其美也。先生不肯視,行不輟,何邪?'曰:'已矣,勿言之矣!散木也。以爲舟則沈,以爲棺槨則速腐,以爲器則速毀,以爲門户則液樠,以爲柱則蠹。是不材之木也,無所可用,故能若是之壽。'"

這段引文有一點值得注意,就是"不材之木"。金立鑫《語言類型學探索》(商務印書館 2017 年,第 15 頁)指出:"古漢語又是另一種概念分類,'樹'稱之爲'木'(如:木秀於林,風必摧之),木頭稱之爲'材'(如:"無所取材"〔論語〕"此木以不材成其天年"〔莊子〕)。木材下面分兩個小類:'薪'和'柴'(大者可析謂之'薪',小者合束謂之'柴'),樹林和森林都用'林'概而言之。"

因此,我們譯此章的"大木"爲"大樹"。(20)

2.10 齊人伐燕,勝之[①]。宣王問曰:"或謂寡人勿取,或謂寡人取之。以萬乘之國伐萬乘之國,五旬而舉之,人力不至於此。

不取,必有天殃②。取之,何如?"

孟子對曰:"取之而燕民悅,則取之——古之人有行之者,武王是也。取之而燕民不悅,則勿取——古之人有行之者,文王是也③。以萬乘之國伐萬乘之國,簞食壺漿以迎王師④,豈有他哉?避水火也。如水益深,如火益熱⑤,亦運而已矣⑥。"

【譯文】齊國攻打燕國,戰勝了它。齊宣王問道:"有些人勸我別兼併燕國,也有人勸我兼併它。〔我想,〕以一個萬乘之國去討伐另一個萬乘之國,五十天便打下來了,光靠人力達不到這一目的〔,一定是天意如此〕。如果不去兼併,上天會〔認為我們違反了他的旨意而〕降下災害來。兼併它,怎麼樣?"

孟子答道:"如果兼併它,燕國百姓高興,就兼併它——古人有這樣做的,周武王就是個例子。如果兼併它,燕國百姓不高興,就不要兼併它——古人有這樣做的,周文王就是個例子。以齊國這個萬乘之國去討伐燕國這個萬乘之國,燕國的百姓卻用筐盛著飯食,用壺盛著酸汁來歡迎王的軍隊,難道會有別的意思嗎?只不過想躲開那水深火熱之苦罷了。假如反而是像水越深,像火越大,燕國百姓也會奔逃一空的。"

【注釋】①齊人伐燕,勝之:事在齊宣王五年(前315),燕王噲把燕國讓給他的相國子之,國人不服,將軍市被、太子平攻子之;子之反攻,殺市被、太子平。齊宣王派匡章乘機攻打燕國。燕士卒不戰,城門不閉,燕君噲死,齊速勝。　②不取,必有天殃:類似文字常見於先秦古籍,應是當時流行的觀念。　③文王是也:《論語·泰伯》說周文王三分天下有其二,仍服事殷商。　④簞(dān)食壺漿:簞,古代盛飯的竹筐。食,飯。漿,用米熬成的酸汁,古人用以代酒。　⑤如水益深,如火益熱:這兩句的"如",是"好像……那樣"的意思,不是"如果"的意思。詳見本章《考證》。　⑥運:趙岐《注》:"則亦運行犇(奔)走而去矣。"

【考證】如水益深,如火益熱:

這兩句的"如",是"好像……那樣"的意思,不是"如果"的意思(《孟子譯注》譯此兩句爲"如果他們的災難更加深了")。

表示"好像……那樣"的"如",其後通常接名詞或名詞短語,如:"如金如錫,如圭如璧。"(《詩經·衛風·淇奧》)"手如柔荑,膚如凝脂,領如蝤蠐,齒如瓠犀。"(《衛風·碩人》)"邦有道,如矢;邦無道,如矢。"(《論語·衛靈公》)"君之視臣如手足,則臣視君如腹心;君之視臣如犬馬,則臣視君如國人;君之視臣如土芥,則臣視君如寇讎。"(《孟子·離婁下》)

當這樣的"如"後面所接的是一主謂結構時,主謂之間常有一"之"字(也即通常所說的"取消句子的獨立性"):"如川之流,緜緜翼翼。"(《詩經·大雅·常武》)"孟施舍之守氣,又不如曾子之守約也。"(《孟子·公孫丑上》)"中心悅而誠服也,如七十子之服孔子也。"(同上)無"之"字者也較常見:"誅其君,弔其民,如時雨降。"(《滕文公下》)"爲不順於父母,如窮人無所歸。"(《萬章上》)

由此,可以總結這些句子的共同特徵爲"如+主謂結構"。這一意義的"如",還常出現在有兩個以上"如"的排比句中。如:"如月之恒,如日之升。如南山之壽,不騫不崩。"(《詩經·小雅·天保》)"如水益深,如火益熱"就是如此。

若"如"表示"如果",則爲"如+(非主謂結構的)謂詞性成分";而且,這種意義的"如"還位於假設複句的第一個分句,也可歸納爲"(S)如……,(則)……。"(S,指主語)例如:"富而可求也,雖執鞭之士,吾亦爲之。如不可求,從吾所好。"(《論語·述而》)"王如知此,則無望民之多於鄰國也。"(《孟子·梁惠王上》)"如有不嗜殺人者,則天下之民皆引領而望之矣。"(同上)"王如好色,與百姓同之,於王何有?"(《梁惠王下》)"如恥之,莫若師文王。"(《離婁上》)

指出這種"如"必須出現在假設複句中,是爲了與另一種"如+(非主謂結構的)謂詞性成分"相區別;後者表示對情況的模擬、揣測、估計,意爲"好像""彷彿""似乎"。例如:"戰戰兢兢,如臨深淵,如履薄冰。"(《詩經·小雅·小旻》)"祭如在,祭神如神在。子曰:'吾不與祭,如不祭。'"(《論語·八佾》)"從之者如歸市。"(《孟子·梁惠王下》)"立於惡人之朝,與惡人言,如以朝衣朝冠坐於塗炭。"(《公孫丑上》)"今之與楊、墨辯者,如追放豚。"(《盡心下》)。(21)

2.11 齊人伐燕,取之。諸侯將謀救燕。宣王曰:"諸侯多謀伐寡人者,何以待之?"

孟子對曰:"臣聞七十里爲政於天下者,湯是也。未聞以千里畏人者也。《書》曰:'湯一征,自葛始①。'天下信之,東面而征,西夷怨;南面而征,北狄怨,曰:'奚爲後我?'民望之,若大旱之望雲霓也②。歸市者不止,耕者不變,誅其君而弔其民③,若時雨降。民大悅。《書》曰:'徯我后④,后來其蘇⑤。'

"今燕虐其民,王往而征之,民以爲將拯己於水火之中也,簞食壺漿以迎王師。若殺其父兄,係累其子弟⑥,毀其宗廟,遷其重器⑦,如之何其可也?天下固畏齊之彊也⑧,今又倍地而不行仁政,是動天下之兵也。王速出令,反其旄倪⑨,止其重器,謀於燕衆,置君而後去之,則猶可及止也。"

【譯文】齊國討伐燕國,佔領了它。別的國家在謀劃救助燕國。宣王問道:"許多國家正在謀劃要討伐我,要怎樣對待呢?"

孟子答道:"我聽說過,憑著方圓七十里土地最終號令天下的,商湯就是,還沒聽說過擁有方圓一千里土地而害怕別國的。《書經》說過:'商湯首次出征,是從葛國開始的。'天下人都相信他,因此,往東出征,西夷埋怨;往南出征,北狄埋怨。都說:'爲什麼把我們排到後邊呢?'人們盼望他,就好像久旱以後盼望烏雲和虹霓似的。〔湯征伐時,〕做買賣的依然熙來攘往,種莊稼的照樣埋頭耕耘,因爲他們知道這軍隊是來誅殺那暴虐的國君,是來撫慰那被殘害的百姓的。真像

下了場及時雨呀,百姓們高興極了。《書經》又說:'盼望我的主上,他來了,我們才重獲新生!'

"如今燕國的君主虐待百姓,王去征伐他,那裏的百姓認爲您是要把他們從水深火熱中拯救出來,因此都用筐提著飯食、用壺盛著酸湯來歡迎王的軍隊。如果您卻殺掉他們的父兄,擄掠他們的子弟,毀壞他們的宗廟祠堂,搬走他們的傳世寶器,那又怎麼能行呢?天下各國本來就害怕齊國的強大,如今它的土地又擴大了一倍,而且還暴虐無道,這等於引發各國興兵動武。您趕快發佈命令,遣送回俘虜中的老幼者,停止搬運燕國的寶器,再與燕國人士商量,擇立一位君主,然後撤離那兒。這樣做了,要讓各國停止興兵,還是來得及的。"

【注釋】①湯一征,自葛始:《滕文公下》引作"湯始征,自葛載"。載,也是'始'的意思。　②霓:虹。雨後虹霓始現,是望虹霓猶望雨至也。　③弔:撫恤,慰問。　④徯(xī)我后:徯,等待。后,君主。這一"后"不能寫成"後"。　⑤蘇:同"穌""甦"。甦醒,復活。　⑥係累:係,同"繫"。累,同"纍"。束縛,捆綁。　⑦重器:寶器,鼎鼐。　⑧彊:即"強"字。　⑨旄倪(mào ní):旄,通"耄",八九十歲的老人。倪,與"兒"義同,小孩。

2.12 鄒與魯鬨①。穆公問曰②:"吾有司死者三十三人③,而民莫之死也④。誅之,則不可勝誅;不誅,則疾視其長上之死而不救⑤,如之何則可也?"

孟子對曰:"凶年饑歲,君之民老弱轉乎溝壑⑥,壯者散而之四方者,幾千人矣⑦;而君之倉廩實⑧,府庫充,有司莫以告⑨,是上慢而殘下也⑩。曾子曰⑪:'戒之戒之⑫!出乎爾者,反乎爾者也。'夫民今而後得反之也⑬。君無尤焉⑭!君行仁政,斯民親其上,死其長矣。"

【譯文】鄒國和魯國發生了爭鬥。鄒穆公問孟子說:"我的官員死難了三十三人，老百姓卻没有一人爲這事兒而死的。責罰他們吧，又法不責衆；不責罰吧，又憎恨他們瞪著兩眼看著長官被殺卻不去救。該怎麼辦才好呢？"

　　孟子答道："災荒年歲，您的百姓，年老的死在溝壑中，年輕力壯的四處逃難，這樣的幾乎有一千人了。而您的穀倉裏堆滿了糧食，庫房裏裝滿了財寶。這種情形，您的官員們誰也不來報告，這就是在上位的人對百姓漠然視之，甚至還殘害他們。曾子說過：'當心哪當心！你做了什麼，報應隨時會上身！'那百姓今兒個可逮著報復的機會了。您不要責備他們吧！您如果實行仁政，您的百姓自然就會愛護他們的上級，情願爲他們的長官犧牲了。"

【注釋】①鬨（hòng）：爭鬥。　②穆公：當是鄒穆公。孟子是鄒人，所以穆公問他。　③有司：有關部門。　④莫之死：可理解爲"莫死之"。意爲"沒有人爲他們犧牲"。因爲這是個否定句，所以作賓語的代詞，要放置在謂語動詞前邊。漢代以後，以前在前邊的代詞就逐漸在後面了。　⑤疾視其長上之死而不救："疾"是主要動詞，痛恨的意思。其他都是"疾"的賓語。　⑥轉乎溝壑：轉於溝壑，轉死於溝壑。參見5.5－2《考證》（二）。　⑦幾：近，幾乎。　⑧倉廩（lǐn）：糧倉。"倉"和"廩"都是糧倉。　⑨有司莫以告：有司莫以之告，有關部門沒有誰把以上情況告訴（給您）。介詞"以"的賓語經常省略，這裏省略的賓語"之"指"凶年饑歲，君之民老弱轉乎溝壑，壯者散而之四方者，幾千人矣；而君之倉廩實，府庫充"等情形。　⑩是上慢殘下也：這是在上者怠慢於政事使得下民遭到殘害。《周易·繫辭上》："上慢下暴，盜思伐之矣。"是，此。慢，驕慢，怠慢，輕慢。殘，殘害。　⑪曾子：孔子弟子曾參。　⑫戒之戒之：警惕呀警惕，當心哪當心。詳見本章《考證》（一）。　⑬今而後：今天，現在，從今往後。　⑭君無尤焉：無，同毋，不要。尤，責備，怪罪。詳見本章《考證》（二）。

【考證】（一）戒之戒之：

　　趙岐《注》："曾子有言，上所出善惡之命，下終反（返）之，不可不戒也。"這句似乎也可理解爲"告誡你告誡你",下面兩句是告誡的內容。如《滕文公下》:"女子之嫁也,母命之,往送之門,戒之曰:'往之女家,必敬必戒,無違夫子!'"(楊伯峻《孟子譯注》:"……告誡她說:……")《左傳·成公十五年》:"伯宗每朝,其妻必戒之曰:'盜憎主人,民惡其上。'子好直言,必及於難。"(沈玉成《左傳譯文》:"……他的妻子一定勸誡他說:……")《襄公二十四年》:"子大叔戒之曰:'大國之人,不可與也。'"(沈譯:"子太叔告誡宛射犬說:……")《哀公六年》:"公子曰:'事未可知,反,與壬也處。'戒之,遂行。"(沈譯:"公子陽生說:'……回去,和壬在一起。'告誡了闞止,就動身了。")

但祈使句的"戒之"都是警惕戒備的意思。《成公十六年》:"君幼,諸臣不佞,何以及此?君其戒之!"(沈譯末句:"君王還是要警惕啊!")《昭公五年》:"大叔謂叔向曰:'楚王汰侈已甚,子其戒之!'"(沈譯末句:"您還是要警惕一點。")《國語·晉語六》:"吾聞之,'天道無親,唯德是授。'吾庸知天之不授晉且以勸楚乎?君與二三臣其戒之!"(鄔國義、胡果文《國語譯注》譯末句:"國君和各位將士應當警惕啊!")《墨子·天志下》:"戒之!慎之!處人之國者,不可不戒慎也。"(張永祥《墨子譯注》:"小心謹慎啊!置身於別人的國中不能不小心謹慎啊!")

重疊形式也可表達祈使語氣。類似者如《詩經·周頌·敬之》"敬之敬之,天維顯思,命不易哉!"鄭玄《箋》:"群臣見王謀即政之事,故因時戒之曰:'敬之哉,敬之哉!天乃光明,去惡與善,其命吉凶,不變易也。'"鄭《箋》"敬之哉,敬之哉"很好地將祈使語氣傳達出來了。"戒之戒之"與之類似,故趙岐注以"不可不戒也"——與《墨子·天志下》"不可不戒慎也"相彷彿。《孟子譯注》譯爲"提高警惕,提高警惕",得之。(22)

(二)君無尤焉:

楊伯峻先生注云:"尤,動詞,責備,歸罪之意。"他在此句後標以驚歎號,譯爲:"您不要責備他們吧!"如此,則此句"無"通"毋"。

但中華書局焦循《孟子正義》沈文倬先生點校本此句作:"君無尤焉?"——標爲問號。然則,此句當譯爲"您難道沒有過錯嗎?""無"意爲"沒有"。

我們以爲楊譯得之,因爲句末語氣詞"焉"並不表疑問語氣。誠然,有些句末爲"焉"的句子是疑問句,但該句的疑問語氣是句中的"何""奚"等疑問代詞來表達的,與"焉"恐怕無涉。退一步説,句末語氣詞"焉"之出現於疑問句,須有"何""奚"等疑問代詞伴隨出現。例如:"王若隱其無罪而就死地,則牛羊何擇焉?"(《孟子·梁惠王上》)"於禽獸又何難焉?"(《離婁下》)"萬鍾於我何加焉?"(《告子上》)"既庶矣,又何加焉?⋯⋯既富矣,又何加焉?"(《論語·子路》)"子如不言,則小子何述焉?"(《陽貨》)以上爲伴隨出現"何"者,以下爲伴隨出現"奚"的:"孔子奚取焉?取非其招不往也。"(《滕文公下》,又《萬章下》)"有庳之人奚罪焉?"(《萬章上》)

也有例外:"善鄭以勸來者,猶懼不蔇,況不禮焉?"(《左傳·隱公六年》)這句是用"況"來表反問。以上條件,"君無尤焉"都不具備。本篇中,還有一句嬖人臧倉對魯平公説的"君無見焉",楊伯峻先生爲之標驚歎號,譯爲:"您不要去看他!"沈文倬先生則爲之標句號。其實,"君無尤焉"與"君無見焉"是極爲類似的。(23)

2.13 滕文公問曰①:"滕,小國也,間於齊、楚②。事齊乎?事楚乎?"

孟子對曰:"是謀非吾所能及也。無已,則有一焉:鑿斯池也③,築斯城也④,與民守之。效死而民弗去⑤,則是可爲也⑥。"

【譯文】滕文公問道:"滕國是一個弱小的國家,夾在齊、楚兩大國中間。是服事齊國呢,還是服事楚國呢?"

孟子答道:"這個問題不是我的能力所能回答的。如您定要我説,就只有一個主意:把護城河挖深,把城牆築牢,與百姓一道來保衛它。

如果百姓寧願死，也不離去，這樣，還是可以試一試的。"

【注釋】①滕文公：滕，周朝一小國，故城在今山東滕州市區西南。②間(jiàn)於齊、楚：夾在齊國、楚國中間。　③池：護城河。④城：城牆；"長城"的"城"就是"城牆"的意思。　⑤效：獻。　⑥則是可為也。是，代詞。可為，還可以有所作為，還可以試一試。不可為，不可有所作為。前者如："且《志》曰：'枉尺而直尋。'宜若可為也。"(《孟子·滕文公下》)"令尹子西喜曰：'乃今可為矣。'"(《左傳·定公六年》)後者如："醫至，曰：'疾不可為也。在肓之上，膏之下，攻之不可，達之不及，藥不至焉，不可為也。'"(《左傳·成公十年》)"國多寵而王弱，國不可為也。"(《襄公二十一年》)"國小而偪，族大寵多，不可為也。"(《襄公三十年》)

2.14 滕文公問曰："齊人將築薛①，吾甚恐，如之何則可？"

孟子對曰："昔者大王居邠②，狄人侵之③，去之岐山之下居焉④。非擇而取之，不得已也。苟為善，後世子孫必有王者矣。君子創業垂統⑤，為可繼也。若夫成功，則天也，君如彼何哉？彊為善而已矣。"

【譯文】滕文公問道："齊國人準備修築薛邑的城郭，我很害怕，怎麼辦才好呢？"

孟子答道："從前太王住在邠地，狄人來侵犯，他便搬遷到岐山下定居。他並不是主動選取了這個地方，完全是出於不得已。要是一個君主能實行仁政，後代子孫一定會有成為帝王的。有德君子創立功業，並將其傳統流傳下去，正是為了能讓後世有所繼承。至於成不成功，自有天命。您奈何得了齊人嗎？只有努力實行仁政罷了。"

【注釋】①築薛：薛，周初一小國，姓任，故城在今山東滕州市區東南，後為齊所滅，以之封田嬰。　②邠(bīn)：同"豳"，在今陝西旬邑縣城西。　③狄：即獫狁，參見 2.3-1 注③。　④岐山：即今陝西岐山縣城鳳鳴鎮東北六十里之箭括山。　⑤垂統：將傳統流傳下去。垂，流傳後代。統，（政治文化等方面的）一脈相傳的系統。

2.15 滕文公問曰："滕，小國也；竭力以事大國，則不得免焉①，如之何則可？"

孟子對曰："昔者大王居邠，狄人侵之。事之以皮幣②，不得免焉；事之以犬馬，不得免焉；事之以珠玉，不得免焉。乃屬其耆老而告之曰③：'狄人之所欲者，吾土地也。吾聞之也："君子不以其所以養人者害人④。"二三子何患乎無君？我將去之⑤。'去邠，踰梁山⑥，邑于岐山之下居焉⑦。邠人曰：'仁人也，不可失也。'從之者如歸市⑧。

"或曰：'世守也，非身之所能爲也⑨。效死勿去。'君請擇於斯二者。"

【譯文】滕文公問道："滕是個小國，盡心竭力服事大國，仍然難免於禍害，怎麼辦才好呢？"

孟子答道："從前太王住在邠地，狄人來侵犯他。用皮裘和布帛去討好，不能倖免；用好狗名馬去討好，不能倖免；用珍珠寶玉去討好，仍然不能倖免。太王便召集邠地德高望重的老年人，向他們宣佈：'狄人所要的，乃是我們的土地。我聽說過這個：有德行的人不讓本來用以養人的東西成爲禍害。你們何必害怕沒有君主呢？我得離開了。'於是離開邠地，翻過梁山，在岐山之下重新蓋了個莊子住了下來。邠地的老百姓說：'仁德之人哪，我們不能失去他。'追隨而去的人像趕集似的絡繹不絕。

"也有人說：'土地是祖宗傳下世世代代必須守住的基業，不是我本人能擅自把它丟棄的，毋寧死，不離開。'以上兩條道路，您可以從中選擇。"

【注釋】①免：倖免。　②皮幣：皮，裘皮衣。幣，繒帛。　③屬（zǔ）其耆

(qí)老:屬,集合,匯合。耆老,一地之年長者。　④君子不以其所以養人者害人:這是當時習語,類似的話又見《莊子·雜篇·讓王》《吕氏春秋·開春論》《淮南子·道應訓》。　⑤去之:離開我們的土地。去,離開。　⑥梁山:在今陝西乾縣縣城西北五里。由邠至岐,梁山是必經之地。　⑦邑:這裏活用爲建築村落、城邑。　⑧歸市:歸,歸向,趨向。市,集市。　⑨身:本身,本人。

2.16-1 魯平公將出①,嬖人臧倉請曰②:"他日君出,則必命有司所之③。今乘輿已駕矣④,有司未知所之,敢請⑤。"

公曰:"將見孟子。"曰:"何哉,君所爲輕身以先於匹夫者⑥?以爲賢乎?禮義由賢者出;而孟子之後喪踰前喪⑦。君無見焉!"公曰:"諾。"

樂正子入見⑧,曰:"君奚爲不見孟軻也?"曰:"或告寡人曰:'孟子之後喪踰前喪。'是以不往見也。"

【譯文】魯平公準備外出,他所寵倖的小臣臧倉來請示說:"平日您外出,一定要告訴管事的人您到哪兒去。現在車馬都預備好了,管事的人還不知道您要去的地方,因此我才冒昧來請示。"

平公說:"我要去拜訪孟子。"臧倉說:"您紆尊降貴先去拜訪一介平民,是爲了什麽呢?您以爲他是賢德之人嗎?禮義都是以賢者爲標桿的,而孟子辦他母親喪事的規格超過他從前辦父親喪事的規格,〔這是賢德之人所應有的行爲嗎?〕您不要去看他!"平公說:"好吧。"

樂正子入宫見平公,問道:"您爲什麽不去看孟軻呀?"平公說:"有人告訴我,'孟子辦他母親喪事的規格超過他以前辦父親喪事的規格。'所以不去看他了。"

【注釋】①魯平公:景公之子,名叔。　②嬖人:被寵倖的人。有時指姬妾,此處則指親信的小臣。　③命:上對下的命令式的告知。　④乘輿:天子及諸侯的車馬。賈誼《新書·等齊》:"天子車曰乘輿,諸侯車曰乘輿。"乘,舊讀shèng。　⑤敢:謙敬副詞,無實義。　⑥何哉,君所爲輕身以先於匹夫者:倒裝句,下文之"何哉,君所謂'踰'者"與此同。不倒裝,則爲:"君所爲輕身以先於匹夫者何哉?"　⑦後喪踰前喪:後喪指其母喪,前喪指其父喪。　⑧樂(yuè)正子:孟子的學生,姓樂正,名克。就是孟子在《盡心下》二十五章所說的"善人""信人"。

2.16-2 曰:"何哉,君所謂'踰'者?前以士,後以大夫;前以三鼎,而後以五鼎與①?"曰:"否;謂棺椁衣衾之美也②。"曰:"非所謂踰也,貧富不同也。"

樂正子見孟子,曰:"克告於君,君爲來見也③。嬖人有臧倉者沮君④,君是以不果來也⑤。"曰:"行,或使之;止,或尼之⑥。行止,非人所能也。吾之不遇魯侯,天也。臧氏之子焉能使予不遇哉?"

【譯文】樂正子說:"是什麼意思呢,您所說的'超過'?是指父喪用士禮,母喪用大夫禮嗎?是指父喪用三隻鼎擺放祭品,而母喪用五隻鼎擺放祭品嗎?"平公說:"不,我指的是棺椁衣衾的精美。"樂正子說:"那便不能叫'超過',只是前後貧富不同罷了。"

樂正子去見孟子,說:"我跟魯君說了您的事,魯君爲此要來看您,可是有一個受寵的小臣名叫臧倉的阻止了他,所以他沒有來成。"孟子說:"某人要幹件事情,會有種力量在推動他;要想不幹,也有種力量在阻止他。幹與不幹,不是單憑人力所能做到的。我和魯君之不能遇合,是由於天命。臧家那小子,怎能阻止我見不到魯君呢?"

【注釋】①三鼎、五鼎:鼎是古代的一種器皿,祭祀時用以盛祭品者。祭禮,天子九鼎,諸侯七,卿大夫五,元士三。三鼎五鼎體現了士禮和卿大夫禮的差別。　②棺椁(guǒ)衣衾:椁,即"槨"字;內棺曰棺,外棺曰椁(古代士以上的人常用兩層以上的棺木)。衣衾,死者裝殮的衣被。　③爲(wèi):這一"爲"後面的賓語省略了。詳見本節

《考證》。　④沮：一本作"阻"，阻止。　⑤不果來：沒有來成。《詞詮》："凡事與預期相合者曰'果'，不合者曰'不果'。"　⑥尼（nì）：即今之所謂"扯後腿"。

【考證】君爲來見也：

王引之《經傳釋詞》說："爲，猶'將'也。《孟子·梁惠王篇》曰：'克告於君，君爲來見也。'趙《注》曰：'君將欲來。'是也。《史記·盧綰列傳》曰：'盧綰妻子亡降漢，會高后病，不能見。舍燕邸，爲欲置酒見之。高后竟崩，不得見。'言高后將欲置酒見之，會高后崩，不得見也。《衛將軍驃騎傳》曰：'驃騎始爲出定襄，當單于，捕虜，虜言單于東，乃更令驃騎出代郡。'言始將出定襄，後更出代郡也。"楊伯峻《孟子譯注》注"君爲來見也"："爲，去聲，將也。"蓋本於此。

上古漢語，介詞"以""與"及使令動詞"使"，其賓語常不出現，尤其是當賓語所指的事物在前文出現過時。例如："王見之，曰：'牛何之？'對曰：'將以釁鐘。'"（《孟子·梁惠王上》）"可與言而不與之言，失人；不可與言而與之言，失言。"（《論語·衛靈公》）"是故明君制民之產，必使仰足以事父母，俯足以畜妻子。"（《梁惠王上》）

介詞"爲"也是如此。例如："王曰：'禮，爲舊君有服，何如斯可爲服矣？'曰：'諫行言聽，膏澤下於民……如此，則爲之服矣。'"（《孟子·離婁下》）"有事君人者，事是君則爲容悅者也。"（《盡心上》）"可爲動者爲之動，可爲謀者爲之謀。"（《國語·齊語》）"每至於族，吾見其難爲，怵然爲戒，視爲止，行爲遲。"（《莊子·內篇·養生主》）"禹之時十年九潦，而水弗爲加益；湯之時八年七旱，而崖不爲加損。"（《外篇·秋水》）"（人）力不若牛，走不若馬，而牛馬爲用，何也？"（《荀子·王制》）"使之雖病也，任之雖重也，君子不能爲謀也，士弗能死也，不可！"（《禮記·檀弓下》）"吳廣素愛人，士卒多爲用者。"（《史記·陳涉世家》）"孫子爲師，居輜車中，坐爲計謀。"（《孫子列傳》）"是女子不好，煩大巫嫗爲入報河伯。"（《滑稽列傳》）

王引之所舉"爲，猶'將'也"的三例，"爲"都是介詞，都省略了賓語。"君爲來見也","爲"後省略的"之",指"克告於君"這事。"爲欲置酒見之","爲"後省略的"之",指"盧綰妻子亡降漢"。"驃騎始爲出定襄","爲"後省略的"之",指前文的"上令大將軍青、驃騎將軍去病將各五萬騎,步兵轉者踵軍數十萬,而敢力戰深入之士皆屬驃騎"。其共同特點,是"爲"後省略的"之",指代的是一至幾個句子。

但是,第一,介詞"爲"賓語的省略,其出現頻率,與介詞"以""與"及使令動詞"使"相比,並不是很高,尤其在先秦時期。例如,《論語》中未見一例這種省略。上舉《孟子·離婁下》一例,其中"何如斯可爲服矣"的"爲服"這種類型較少見,下文"如此則爲之服矣"的"爲之服"這種類型較常見。第二,"君爲來見也"這類句子中"之"所指代的,比較特殊——不是指某人,而是指某事;這"某事"一般是一個或幾個句子。這類句子的誤讀,大約與此兩點有關。

但"爲之 VP"(VP, verb phrase 的縮寫,動詞性詞語)的"之"指事而由一個或幾個句子充當者,其實並不罕見。以下是在與《孟子》大約處於同一時代的《左傳》《國語》《莊子·內篇》《墨子》中找到的書證:"冬,京師來告饑。公爲之請糴於宋、衛、齊、鄭。"(《左傳·隱公六年》)公爲"京師來告饑"事請糴於宋、衛、齊、鄭也。"楚人滅江,秦伯爲之降服、出次、不舉、過數。"(《文公四年》)秦伯爲楚人滅江事而降服、出次、不舉、過數也。"反自召陵,鄭子大叔未至而卒。晉趙簡子爲之臨,甚哀。"(《定公四年》)趙簡子爲鄭子大叔未至而卒臨喪哀哭且甚悲哀也。"敬王十年,劉文公與萇弘欲城周,爲之告晉。"(《國語·周語下》)欲以城周之事告晉國也。"周詩有之曰:'天之所支,不可壞也。其所壞,亦不可支也。'昔武王克殷,而作此詩也,以爲飫歌,名之曰'支',以遺後之人,使永監焉。夫禮之立成者爲飫,昭明大節而已,少典與焉。是以爲之日惕,其欲教民戒也。"(同上)"以爲飫歌",以之爲飫歌也。"爲之日惕",爲"作此詩也……少典與焉"而日日警惕也。"夫國主山川,故川涸山崩,君爲之降服出次,乘縵不舉。"(《晉語五》)君爲川涸山崩而降服出次乘縵不舉也。"每至於族,吾見其難爲,怵然爲戒,視爲止,行爲遲,動刀甚微,謋然已解,如土委地。提刀而立,爲之四顧,爲之躊躇滿志,善刀而藏之。"(《莊子·養生主》)爲之四顧,爲之躊躇滿志者,即爲"動刀甚微,謋然已解,如土委地"而四顧,而躊躇滿志也。"今有大國即攻小國,有大家即伐小家,強劫弱,衆暴寡,詐欺愚,貴傲賤,寇亂盜賊並興,不可禁止也。然即當爲之撞巨鍾、擊鳴鼓、彈琴瑟、吹竽笙而揚干戚。"(《墨子·非樂上》)按,爲"大國即攻小國……不可禁止"而"撞巨鍾、擊鳴鼓、彈琴瑟、吹竽笙而揚干戚"也。

因此,把《經傳釋詞》所舉《孟子》《史記》等 3 例"爲 VP"句解爲"爲 eVP"(e 指未出現的"之")格式句,e 指代前文一至幾個句子,這比解"爲"爲沒來由的"將",其解釋力無疑要強得多。

第五屆出土文獻與上古漢語研究暨漢語史研究學術研討會上,徐正考教授建議著者爲"君爲來見也"屬"爲(之)VP"格式之説補充"爲之 VP"的書證;這些書證的補充,將使這一論證得以極大加強。上一段即應徐教授之請而補充者。特此鳴謝!

參見 11.9《考證》(一)。(24)

公孫丑章句上

凡九章

3.1-1 公孫丑問曰①:"夫子當路於齊②,管仲、晏子之功③,可復許乎④?"

孟子曰:"子誠齊人也,知管仲、晏子而已矣。或問乎曾西曰⑤:'吾子與子路孰賢⑥?'曾西蹵然曰⑦:'吾先子之所畏也⑧。'曰:'然則吾子與管仲孰賢?'曾西艴然不悦⑨,曰:'爾何曾比予於管仲⑩?管仲得君如彼其專也,行乎國政如彼其久也,功烈如彼其卑也⑪;爾何曾比予於是?'"

曰⑫:"管仲,曾西之所不爲也,而子爲我願之乎⑬?"

【譯文】公孫丑問道:"您如果在齊國當權,管仲、晏子的功業,您會期許它再現嗎?"

孟子説:"你真是個齊國人,僅僅知道管仲、晏子而已。曾經有人問曾西:'您和子路相比,誰强些?'曾西不安地説:'他是先父所敬畏的人。'那人又問:'那麽,您和管仲相比,誰强些?'曾西馬上變了臉色,不高興地説:'你爲什麽竟把我和管仲相比?管仲得到君上的信賴是那樣的專一,操持國家的大政是那樣地長久,而功績卻那樣地卑微。你爲什麽竟把我和他相比?'"

停了一會兒,孟子又説:"管仲,曾西都不願做他這樣的人,你以爲我願意嗎?"

【注釋】①公孫丑:孟子弟子。　②當路:當權,當政。《鹽鐵論·孝養》:"夫以家人言之,有賢子當路於世者,高堂邃宇,安車大馬,衣輕暖,食甘毳。無者,褐衣皮冠,窮居陋巷,有旦無暮,食蔬糲菫茹,腰臘而後見肉。" ③管仲、晏子：管仲,齊桓公之相。晏子即晏嬰,齊景公之相。二人都以賢能聞名。 ④可復許乎：能夠期許它再現嗎。復,再次。許,期許。 ⑤曾西：曾申,字子西,魯人,曾參次子。 ⑥吾子與子路孰賢：吾子,對對方表親密的稱謂詞。子路,孔子弟子,即仲由。 ⑦蹙（cù）然：不安貌。蹙,即"蹵"字。 ⑧先子：古人用以稱其已逝世的長輩。此處指曾參（孔子弟子,與子路爲同學,年輩晚於子路）。 ⑨艴（bó）然：就是"勃然",憤怒貌。 ⑩曾（zēng）：竟然。 ⑪管仲得君……如彼其卑也：我在《論語新注新譯》13.15 爲"言不可以若是其幾也"所作的《考證》中説："'若是其'爲當時習語,其後通常接形容詞（以單音節形容詞爲常見）,表示'如此……''像這樣地……'。"並説："與'若是其'類似的,還有'如是其''若此其''如此其''如彼其'",並舉了《孟子》中的幾處例子,包括本例。當然,"如彼其"當譯爲"像那樣地……"。參見 14.30《考證》（一）。 ⑫曰：仍是孟子所説,重複"曰"字,表示孟子説話有停頓。 ⑬爲：以爲。

【考證】管仲晏子之功可復許乎：

趙岐《注》："許,猶'興'也。"朱熹《集注》"許,猶'期'也。"我們以爲朱熹之説近之,趙岐之説缺乏文例的支撐。

當時文獻中,"許"的"許可""許諾""答應""允許""期許"義是最常見的,《左傳》中,"許之"出現 99 次,"不許"出現 39 次,"弗許"出現 20 次,共 158 次。其中的"許"都是上述意義,如："（荀息）曰：'……敢請假道以請罪于虢。'虞公許之。"（《僖公二年》）"楚子厚賂之,使反其言,不許,三而許之。"（《宣公十五年》）"（武姜）愛共叔段,欲立之。亟請於武公,公弗許。"（《隱公元年》）

"可復許乎"的"許"應該也是上述意義。以下 2 例書證其實與"可復許乎"類似,可證前者的"許"也是這種意義："'明足以察秋毫之末,而不見輿薪。'則王許之乎？"（《梁惠王上》）"公曰：'削人之居,殘人之墓,凌人之喪而禁其葬,是於生者無施,於死者無禮也。詩云："穀則異室,死則同穴。"吾敢不許乎？'"（《晏子春秋·內篇諫下》）但是,"可復許乎"的"許"之前既無否定副詞,何以也不帶賓語呢(參見《論語新注新譯》17.15《考證》〔二〕)? 因爲受"可"修飾的動詞一般是不帶賓語的:"左右皆曰可殺,勿聽;諸大夫皆曰可殺,勿聽;國人皆曰可殺,然後察之;見可殺焉,然後殺之。故曰,國人殺之也。"(《梁惠王下》)(25)

3.1-2 曰:"管仲以其君霸,晏子以其君顯①。管仲、晏子猶不足爲與?"曰:"以齊王②,由反手也。"

曰:"若是,則弟子之惑滋甚③。且以文王之德④,百年而後崩,猶未洽於天下⑤;武王、周公繼之⑥,然後大行。今言王若易然⑦,則文王不足法與?"

曰:"文王何可當也? 由湯至於武丁,賢聖之君六七作⑧,天下歸殷久矣,久則難變也。武丁朝諸侯,有天下,猶運之掌也。紂之去武丁未久也⑨,其故家遺俗,流風善政,猶有存者;又有微子、微仲、王子比干、箕子、膠鬲——皆賢人也⑩——相與輔相之⑪,故久而後失之也。

【譯文】公孫丑說:"管仲憑藉桓公而令齊國稱霸天下;晏子憑藉景公而讓自己名揚諸侯。管仲、晏子難道還不值得學習嗎?"孟子說:"以齊國來統一天下,易如反掌。"

公孫丑說:"像您這樣說,我的疑惑便更深了。何況像文王那樣的德行,活了百年才崩殂,他推行的德政,還沒有霑溉於天下;武王、周公繼承了他的事業,然後才大大地推行了王道〔,統一了天下〕。現在你把統一天下說得那麼容易,那麼,文王也不值得效法了嗎?"

孟子說:"文王誰又能比得上呢? 從湯而到武丁,賢明之君興起多達六七次,天下的人歸服殷朝已經很久了,時間一久便很難轉變。武丁使諸侯來朝並治理這天下,就好像在手掌中運轉它一樣。紂王的年代距武丁時並不太久,當時的世家耆老、善良習俗、先王遺風、仁惠政教還有倖存的,又有微子、微仲、王子比干、箕子、膠鬲——都是賢德的人——共同輔佐他,所以歷久經年才亡國。

【注釋】①以:憑藉。 ②以齊王:"以齊王王(wàng)"之省——據前文"管仲以其君霸,晏子以其君顯"可知。趙岐《注》:"孟子言以齊國之大而行王道,其易若反手耳。" ③滋甚:更厲害。滋,愈加,更加。 ④且:況且。 ⑤洽:霑潤、霑溉。 ⑥周公:姓姬,名旦,武王之弟。助武王伐紂,一統天下。後又輔助成王安定天下。他是魯國的始祖。 ⑦王若易然:統一天下這樣容易似的。若,如此,這樣。然,……的樣子,……似的。 ⑧作:興起。 ⑨紂之去武丁未久也:由武丁至紂,共九王,但時間並不長。 ⑩皆賢人也:這屬於楊樹達先生《古書疑義舉例續補》中所謂"文中自注例"。姑錄其書中較短一例,供讀者參考:"《史記·梁孝王世家》云:'自山以東,游說之士莫不畢至。齊人羊勝、公孫詭、鄒陽之屬,公孫詭多奇邪計'云云,直讀之,語氣不貫。吳汝綸遂疑'齊人'句有脫字,不知此句乃所以申明上句'自山以東,游說之士莫不畢至'者。若以新標點法表之,當爲'自山以東,游說之士莫不畢至——齊人羊勝、公孫詭、鄒陽之屬——公孫詭多奇邪計。'斯無不貫之嫌矣。"《孟子》中類似之處如:"陽貨欲見孔子而惡無禮——大夫有賜於士,不得受於其家,則往拜其門——陽貨矙孔子之亡也,而饋孔子蒸豚。"(《滕文公下》)"水逆行謂之'洚水'——'洚水'者,洪水也——仁人之所惡也。"(《告子下》) ⑪又有……相與輔相(xiàng)之:微子名啓,紂的庶兄。微仲,微子之弟,名衍。王子比干,紂的叔父,屢次向紂進諫,紂說:"吾聞聖人心有七竅。"於是剖之以觀。箕(jī)子也是紂的叔父,比干被殺,箕子裝瘋爲奴,又被囚。武王滅商後,他被釋放。膠鬲(gé),紂王之臣。相與,共同。輔相,輔佐。

3.1-3 "尺地,莫非其有也①;一民,莫非其臣也;然而文王猶方百里起,是以難也。齊人有言曰:'雖有智慧,不如乘勢;雖有鎡基,不如待時②。'今時則易然也:夏后、殷、周之盛③,地未有過千里者也,而齊有其地矣;雞鳴狗吠相聞,而達乎四境,而齊有其民矣。地不改辟矣,民不改聚矣④,行仁政而王,莫之能禦也。

【譯文】"當時,沒有哪一尺土地不是紂王所擁有,沒有哪一個百姓不是紂王的臣僕,即便這樣,文王還能憑著方圓一百里的土地而興旺發達,所以這是非常困難的。齊國有句俗話:'即使很聰明,還須趁勢而起;即使有鋤頭,還得等待農時。'當今之世要推行王政,就容易了:即便在夏、商、周最興旺發達的時候,也沒有哪個國家的土地超過方圓一千里的,現在齊國有這麼遼闊的國土了;雞鳴狗叫的聲音,此起彼伏,處處相聞,一直傳到四方邊境,齊國有這樣稠密的人口了。國土不必再開拓了,百姓也不必再增加了,只要實行仁政來統一天下,就沒誰能夠阻擋得了。

【注釋】①尺地莫非其有也:即使一尺的土地,也沒有哪一塊不是他(商紂王)所擁有的。非其有也,不能擁有,不能佔有,不是他所擁有的。如:"小人無兼年之食,遇天饑,妻子非其有也。大夫無兼年之食,遇天饑,臣妾輿馬非其有也。"(《逸周書·文傳解》)"國非其有也,而欲有之,可謂至貪矣。"(《呂氏春秋·似順論》) ②雖有鎡(zī)基,不如待時:鎡基,鋤頭。時,農時。 ③夏后:夏代的君主。后,君主。 ④改辟、改聚:改,更,再。辟,開闢。聚,人會合,人眾多。

3.1-4 "且王者之不作,未有疏於此時者也;民之憔悴於虐政,未有甚於此時者也。飢者易爲食,渴者易爲飲①。孔子曰:'德之流行,速於置郵而傳命②。'當今之時,萬乘之國行仁政,民之悅之,猶解倒懸也。故事半古之人,功必倍之,惟此時爲然。"

【譯文】"而且一統天下的賢明君主的不興起,從來沒有像如今這樣間隔久長；老百姓被暴虐的政治所摧殘所折磨，也從來沒有像如今這樣變本加厲。肚子飢餓的人容易爲他置辦食品，口乾舌燥的人容易爲他置辦飲料。孔子說過：'德政的流行，比設置驛站傳達政令還要快。'如今這個時代，擁有萬輛兵車的大國實行仁政，老百姓歡迎它，就如同倒掛著的人被解救了一般。所以，用古人一半的事功，必將完成兩倍於他們的偉業，這也只有現如今才做得到。"

【注釋】①爲食，爲飲：置辦吃的，置辦喝的。爲，做，置辦。　②置郵而傳命：設置驛站來傳達政令。詳見本節《考證》。

【考證】置郵而傳命：

趙岐《注》："德之流行，疾於置郵傳書命也。"注文與原文無大差別。朱熹《集注》："置，驛也；郵，馹(rì)也；所以傳命也。"焦循《正義》更廣徵博引，證明"馬遞曰置，步遞曰郵"。因而楊伯峻《譯注》總結說："'置'和'郵'都是名詞，相當於後代的驛站傳遞，因之古代的驛站也叫'置'或者'郵'。'命'，國家的政令。"遍查《左傳》《國語》《逸周書》《論語》《孟子》《荀子》《韓非子》等書，除此一例外，未見其他"置"爲驛站的書證；而僅此一例，也是遲至《廣雅》才有此說；蓋後起義也。

《史記·曹相國世家》："取碭、狐父、祁善置。"裴駰《集解》引孫檢曰："漢謂'驛'曰'置'。"《後漢書·郭太傳》："知范特祖郵置之役。"李賢注引《風俗通》曰："漢改郵爲置。'置'者，度其遠近之閒置之也。"

《漢書·劉屈氂傳》："丞相、長史乘疾置以聞。"《馮奉世傳》："燔燒置亭。"《文帝紀》："餘皆以給傳置。"顏師古分別注之："置謂所置驛也。""置謂置驛之所也。""置者，置傳驛之所，因名'置'也。"可見，《後漢書》雖有"郵置之役"連文似乎與《孟子》"置郵而傳命"類似者，但"置"與"郵"同爲傳命機構，則爲漢代以後才有的。

先秦文獻中，"置"爲"設置"義者多見（"寘"表具象的"放置"，"置"表抽象的"設置"），"置郵"當爲謂賓結構，"置郵而傳命"也即所謂"以郵傳命"（《呂氏春秋·離俗覽》："故曰德之速，疾乎以郵傳命。"）。"置"爲"設置"義書證極多：

"王速出令，反其旄倪，止其重器，謀於燕衆，置君而後去之，則猶可及止也。"(《孟子·梁惠王上》)"諸侯危社稷，則變置。犧牲既成，粢盛既絜，祭祀以時，然而旱乾水溢，則變置社稷。"(《盡心下》)"故天子建國，諸侯立家，卿置側室，大夫有貳宗，士有隸子弟，庶人、工、商，各有分親，皆有等衰。"(《左傳·桓公二年》)"於是秦始征晉河東，置官司焉。"(《僖公十五年》)"主晉祀者，非君而誰？天實置之，而二三子以爲己力，不亦誣乎？"(《僖公二十四年》)"天之所置，其可廢乎？"(《僖公二十八年》)"且廢置在君，蔡無他矣。"(《昭公二十一年》)

另外，"而"的功能是連接兩個謂詞性成分。如"置郵"是謂賓結構，則"而"在此文從字順；如"置郵"爲同義短語，就必須用名詞活用才能解釋了。

至於"置"如何由"設置"義引申出"郵置"義，顏師古注解《漢書·文帝紀》"餘皆以給傳置"給出了解答："置者，置傳驛之所，因名'置'也。"不管顏師古給出的引申途徑是否可信，至少他不認爲"置"一開始就有"郵置"義，這一認識是很可貴的。(26)

3.2-1 公孫丑問曰："夫子加齊之卿相①，得行道焉，雖由此霸王②，不異矣③。如此，則動心否乎？"孟子曰："否，我四十不動心。"

曰："若是，則夫子過孟賁遠矣④。"曰："是不難，告子先我不動心⑤。"

【譯文】公孫丑問道："老師若被任命爲齊國的卿相，能夠實現自己的主張，即使從此而成就霸業、王業，也是不足爲奇的。果然能這樣，您是不是〔有所惶恐〕而心有所動呢？"孟子説："不，我四十歲以後就不再心有所動了。"

公孫丑説："像這樣看來，老師比孟賁强多了。"孟子説："這個不難，告子能做到不心有所動比我還早呢。"

【注釋】①加:加官。　②霸王(wàng):成就霸業王業。　③異:以爲奇異。　④孟賁:古代勇士,衛國人,另一説爲齊國人。　⑤告子:墨子的弟子,較孟子年長三四十歲。

3.2-2 曰:"不動心有道乎?"

曰:"有。北宫黝之養勇也①:不膚撓②,不目逃;思以一豪挫於人③,若撻之於市朝④;不受於褐寬博⑤,亦不受於萬乘之君;視刺萬乘之君若刺褐夫;無嚴諸侯⑥,惡聲至,必反之。孟施舍之所養勇也⑦,曰:'視不勝猶勝也;量敵而後進,慮勝而後會⑧,是畏三軍者也。舍豈能爲必勝哉?能無懼而已矣。'孟施舍似曾子,北宫黝似子夏⑨。夫二子之勇,未知其孰賢,然而孟施舍守約也⑩。昔者曾子謂子襄曰⑪:'子好勇乎?吾嘗聞大勇於夫子矣⑫:自反而不縮⑬,雖褐寬博,吾不惴焉⑭;自反而縮,雖千萬人,吾往矣。'孟施舍之守氣,又不如曾子之守約也。"

【譯文】公孫丑説:"不動心有方法嗎?"

孟子説:"有。北宫黝培養勇氣,肌膚被刺不屈從,眼睛被刺也不眨。想著輸給對手一毫毛,也像在大庭廣衆中遭鞭撻。既不能忍受卑賤之人的侮辱,也不能忍受大國君主的侮辱;他看待刺殺大國君主如同刺殺卑賤之人一樣;對各國的君主毫不敬畏,挨了罵,一定回敬。孟施舍培養勇氣的方法〔又有所不同〕,他説:'我看待不能戰勝的敵人,跟看待足以戰勝的敵人一樣〔無所畏懼〕。如果先估量敵人的力量才進攻,先考慮勝敗才交鋒,是害怕強敵大軍的人。我豈能做到遇敵必勝呢?能做到無所畏懼罷了。'——孟施舍像曾子,北宫黝像子夏。這兩個人的勇氣,我不知道誰更勝一等;即便如此,孟施舍所奉行的主張卻是簡易可行的。從前曾子對子襄説:'你喜歡勇敢嗎?我曾經從我的先生那裏聽到過什麽叫"大勇":反躬自問,自己不佔理,對方即便是最下賤的人，我不去恐嚇他；反躬自問，自己佔了理，即便有千軍萬馬，我也勇往直前。'孟施舍堅守勇氣的方法，又不如曾子所奉行的主張簡易可行。"

【注釋】①北宮黝（yǒu）：其人已不可考。焦循以爲，或許是齊國人，後人稱之爲漆雕子，即儒分爲八，其中之一的"漆雕氏之儒"。《韓非子·顯學》："漆雕之議，不色撓，不目逃。"　②撓（náo）：屈服。詳見本節《考證》（一）。　③豪：毫毛。　④市朝：市，買賣之所。朝，朝廷。此處"市朝"只有"市"義。顧炎武、閻若璩言之甚詳，見焦循《孟子正義》。　⑤褐（hè）寬博：也就是下文的"褐夫"，地位低下的人。褐，地位低下者所穿的粗衣。　⑥嚴：尊敬；此處譯爲"敬畏"。　⑦孟施舍：已無可考。趙岐《注》："孟，姓。舍，名。施，發音也。"所謂"發音"，就是楊樹達《古書疑義舉例續補》"人姓名之間加助字例"的"助字"。參見8.24—2注①。　⑧會：會戰，交戰。　⑨孟施舍似曾子，北宮黝似子夏：趙岐解釋說，曾子在孝行上做得好，而百善孝爲先；子夏跟孔子學，門門都學到了。所以，孟子把處處顯出英勇的北宮黝比作"全面發展"的子夏，把堅守無所畏懼這一點的孟施舍比作在孝行這一點上特別突出的曾子。子夏，孔子弟子卜商。　⑩約：簡約。　⑪子襄：曾子弟子。　⑫夫子：指孔子。　⑬縮：理直，佔理。詳見本節《考證》（二）。　⑭惴（zhuì）：使……驚懼。

【考證】（一）不膚撓：

撓，又作"撓"。趙岐《注》："人刺其肌膚，不爲撓卻。"朱熹《集注》："撓，肌膚被刺而撓屈也。"焦循《正義》則力圖證明趙《注》"撓卻"之"撓"爲屈服義："成公二年《左傳》云'師徒撓敗'，注云：'撓，曲也。'曲，猶屈也。卻同却，《廣雅·釋言》云：'卻，退也。'黝不畏其刺，是不因膚被刺而屈，不因目被刺而屈也。"楊伯峻《譯注》："或本作撓，卻也。卻，退也。"

綜上，諸家解"撓"爲屈服，爲退避。我們取前一義。

《説文》："撓，曲木。"引申爲彎曲："棟撓，凶。"（《周易·大過》），再引申爲屈從、屈服:"重死持義而不橈,是士君子之勇也。"(《荀子·榮辱》)撓,亦爲彎曲義:"棟橈,本末弱也。"(《周易·大過》)引申爲屈從、屈服:"秦王色撓,長跪而謝之。"(《戰國策·魏四》)橈、撓當爲同源字。

遍查先秦典籍,多見"橈"(撓)爲屈曲、屈服義的,未見它爲退避義的:"撓志以從君,爲廢人以自利也,利方以求成人,吾不能。"(《國語·晉語二》)"貞而不撓,説在勝。"(《墨子·經下》)"折而不撓,勇也。"(《法行》,又見《管子·水地》)"法不阿貴,繩不撓曲。"(《韓非子·有度》)"賤爵禄,不撓上者,謂之傑。"(《詭使》)"乃命有司申嚴百刑,斬殺必當,毋或枉橈;枉橈不當,反受其殃。"(《禮記·月令》,又見《逸周書·月令解》)

我們找到了3例似乎可理解其中"橈""撓"爲"退避"義的句子,但理解爲屈服義似也無不可:"畏君之震,師徒橈敗。"(《左傳·成公二年》)"死命爲上,多殺次之,身傷者爲下。又況失列北橈乎哉?罪死無赦!"(《墨子·非攻下》)"若此人也,有勢則必不自私矣,處官則必不爲汙矣,將衆則必不撓北矣。忠臣亦然。"(《吕氏春秋·仲冬紀》)由此可見趙、焦之釋較爲可信。(27)

(二)自反而不縮:

趙岐《注》:"縮,義也。"《積微翁回憶録》1933年10月6日:"《孟子》'自反而縮','縮'訓'直'。《禮記》云:'古者冠縮縫,今也衡縫。''縮'與'衡'對言,可證《孟子》義。"又見《四書章句集注》《孟子譯注》。對此我們有兩點疑惑:

1."縮"的"直"義,是與"衡"(橫)相對而言,並不是像"直"那樣與"枉""邪"相對而言;"直"因而可以產生"正直""佔理"的引申義,但不見得"縮"也會如此。

2.與前一點相關,除本例外,我們並未見到"縮"有"理直氣壯""佔理"的用例。

但這一"縮"解作"直"進而引申出"正直""佔理"也並非完全没有

證據。一、《詩經·大雅·緜》："其繩則直,縮版以載。"陳子展《詩經直解》譯爲："那些施工用的繩尺就該要直,築墙用的兩邊直版因而樹立。"馬瑞辰《毛詩傳箋通釋》："蓋古者築墙,短版用於兩尚,爲橫版;長版用於兩邊,爲直版。古以'直'爲'縮',《禮記》'古者冠縮縫'、《孟子》'自反而縮',皆謂'直'也。"

二、《韓非子·顯學》："漆雕之議,不色撓,不目逃,行曲則違於臧獲,行直則怒於諸侯,世主以爲廉而禮之。"漆雕即本節的北宮黝,而曾子的"自反而不縮,雖褐寬博,吾不惴焉;自反而縮,雖千萬人,吾往矣"顯然和北宮黝的"不膚橈,不目逃;思以一豪挫於人,若撻之於市朝;不受於褐寬博,亦不受於萬乘之君"是一脈相承的。可見,"行曲則違於臧獲,行直則怒於諸侯"是"自反而不縮,雖褐寬博,吾不惴焉;自反而縮,雖千萬人,吾往矣"這一理念的另一種表述。這種表述上的差異,便可爲我們考證詞語的意義提供旁證。違,避開。臧獲,奴婢,對應"褐寬博"。然則"自反而縮"對應"行直";"縮"也即"直",也就是趙岐所謂"義"了。

"直"由平直義引申出正直義,與"縮"由平直義引申出正直義,是所謂平行的詞義發展,這種發展是常見的。

井玉貴先生對這一考證有所獻替,我們據此做了改動。謝謝井先生!(28)

3.2－3 曰:"敢問夫子之不動心與告子之不動心,可得聞與?"

"告子曰:'不得於言,勿求於心;不得於心,勿求於氣①。'不得於心,勿求於氣,可;不得於言,勿求於心,不可。夫志,氣之帥也;氣,體之充也。夫志至焉,氣次焉②;故曰:'持其志③,無暴其氣④。'"

"既曰'志至焉,氣次焉',又曰'持其志,無暴其氣'者,何也?"曰:"志壹則動氣⑤,氣壹則動志也,今夫蹶者趨者⑥,是氣也,而反動其心。"

【譯文】公孫丑説:"我冒昧地問問,老師您的不動心和告子的不動心,可以讓我聽聽嗎?"

　　孟子説:"告子曾説:'言語上表達不順暢,就不表達了,而不要在心裏頭再梳理一遍;心裏頭還没想明白,就應該克制自己,而不要求助於意氣情感。'〔我認爲:〕心裏頭還没想明白,就克制自己,而不求助於意氣情感,這是對的;言語上表達不順暢,就不表達了,而不在心裏頭再梳理一遍,這不對。因爲心中的意志統帥著意氣情感,意氣情感充斥體內〔並表現在外〕。心中意志到了哪裏,意氣情感也跟著洋溢在哪裏。所以我説:'要堅定心中意志,也不要任意宣洩意氣情感。'"

　　公孫丑説:"您既然説'心中意志到了哪裏,意氣情感也跟著洋溢在那裏',可是您又説'要堅定心中意志,也不要任意宣洩意氣情感',這是爲什麽呢?"孟子説:"心志專一,就會影響意氣情感;意氣情感專一,心中意志也必然受到影響。比如跌倒與奔跑,這是意氣情感波動導致的,但必然影響到思想,引起心志的波動。"

【注釋】①不得於言,勿求於心。不得於心,勿求於氣:譯文根據的是朱熹的解釋。他説:"告子謂於言有所不達,則當舍置其言,而不必反求其理於心。於心有所不安,則當力制其心,而不必更求其助於氣。"氣,意氣,情感。詳見本節《考證》(一)。　②至、次:至,到。次,止,停留。詳見本節《考證》(二)。　③持:保持。　④暴其氣:亂用其氣。暴,亂。　⑤壹:專一。詳見本節《考證》(三)。　⑥蹶(jué):跌倒。

【考證】(一)不得於心,勿求於氣:

　　趙岐《注》:"告子知人之有惡心,雖以善辭氣來加己,亦直怒之矣;孟子以爲是則可,言人當以心爲正也。"然則趙岐解"心"爲他人之心,解"氣"爲"辭氣"。朱熹《集注》:"於心有所不安,則當力制其心,而不必更求其助於氣。"是朱熹解"心"爲己心,而他對"氣"則未有所解釋。

先看"心"是指己心，還是他人之心。

"抑王興甲兵，危士臣，構怨於諸侯，然後快於心與？"(《梁惠王上》，這裏指王自己的"心")"行有不慊於心，則餒矣。"(《公孫丑上》，這裏指"行"者之心)"昔者孟子嘗與我言於宋，於心終不忘。"(《滕文公上》，這裏指"我心")"人恆過，然後能改；困於心，衡於慮，而後作。"(《告子下》，這裏指"人"之心)"君子所性，仁義禮智根於心，其生色也，睟然見於面。"(《盡心上》，這裏指君子之心)"夫民慮之於心而宣之於口。"(《國語·周語上》，這裏指民之心)"四人相視而笑，莫逆於心，遂相與爲友。"(《莊子·内篇·大宗師》，這裏指四人之心)"寡人之德子無所寵，若此而不受，寡人不得於心。"(《管子·輕重丁》，這裏是説寡人不得於自己之心)以此例彼，"不得於心"是説話者謂不得於自己之心。至於他人之心，又是另外的表達法："他人有心，予忖度之。"(《詩經·小雅·巧言》)"古者大事，必乘其産，生其水土而知其人心。"(《左傳·僖公十五年》)

再看"氣"何所指。

氣，無疑是上古漢語中意義最爲紛繁複雜的單詞之一。我們這裏只想弄清楚兩點：1."勿求於氣"的"氣"是否趙岐所謂"辭氣"？2.這一"氣"以及下文的好幾個"氣"到底應作何解？我們先試著解答後一問題。"勿求於氣"的"氣"，我們以爲《漢語大字典》"氣"的諸義項中"意氣，情感"最爲貼切。《左傳·昭公十年》："凡有血氣，皆有爭心。"《荀子·勸學》："有爭氣者，勿與辯也。"趙岐注下文"氣，體之充也"："氣，所以充滿形體爲喜怒也。"這3例中的"氣"都應釋爲"意氣，情感"；而釋爲"意氣，情感"，也頗能一氣貫穿下文的好幾個"氣"字。

到此，第一點似乎也迎刃而解了。我們不採"辭氣"之説，還因爲先秦文獻中，除趙岐所注此例外，找不到可釋爲"辭氣"的"氣"；要表達"辭氣"的概念，一般都直接用這兩個字："出辭氣，斯遠鄙倍矣。"(《論語·泰伯》)"志色辭氣，其人甚偷，進退多巧，就人甚數，辭不至,少其所不足,謀而不已,曰僞詐者也。"(《逸周書·官人解》)"曹子以一劍之任劫桓公壇位之上,顔色不變,辭氣不悖。"(《鶡冠子·世兵》)(29)

(二)志至焉,氣次焉:

這兩句,東漢趙岐和清人毛奇齡有不同説法。

趙岐説:"'志'爲至要之本,'氣'爲其次。"是趙岐以"首要""其次"義解釋"至"和"次",應該譯爲:"'志'是首要的,'氣'是次要的。"但清人焦循《孟子正義》説:"趙氏以'至'爲'至極','次'爲《説文》'不前'之義,謂'次於志'也。毛氏奇齡《逸講箋》云:'此"次"字……言"舍止"也。'若然,則'至'爲'來至'之'至';志之所至,氣即隨之而止,正與趙氏下注'志向義隨'之意合。"按焦循(也部分包括毛奇齡)的意思,"夫志至焉,氣次焉"應該譯爲"'志'到了哪裏,'氣'也跟著停留在哪裏"。

楊柳岸認爲(《〈孟子〉詞語考證四則》,《人文論叢》2020 年第 1 輯),焦、毛之説可從。因爲:

第一,"焉"相當於"於此",而《孟子》時代的語言中,"至於(于)PO"(PO 指處所賓語)"次於(于)PO"極多,其中的"至"都是"到達"義,"次"都是"臨時駐紮""停留"義(參見《王力古漢語字典》)。例如:"大叔又收貳以爲己邑,至于廩延。"(《左傳·隱公元年》)"賜我先君履,東至于海,西至于河,南至于穆陵,北至于無棣。"(《僖公四年》)"夫子至於是邦也,必聞其政。"(《論語·學而》)當然,"至於"(至于)有從表空間距離延伸到表時間者:"自十月不雨至于五月,不曰旱,不爲災也。"(《左傳·僖公三年》)它也已經虛化出了"一直到""擴展到""甚至於""以至於"的意義(楊逢彬、孫鵬程《再論〈論語〉"至於犬馬皆能有養"》,《陝西師範大學學報(哲學社會科學版)》2018 年第 6 期),這裏僅舉 1 例:"《詩》云:'刑于寡妻,至于兄弟,以御于家邦。'"以上是"至於"(至于)的例子,以下是"次於"(次于)的例子:"三年春,曲沃武公伐翼,次于陘庭。"(《左傳·桓公三年》)"冬,公次于滑,將會鄭伯,謀紀故也。"(《莊公三年經》)"夏六月,齊師、宋師次于郎。"(《莊公十年》)"秦伯使公子縶如師,師退,次於郩。"(《國語·晉語四》)

第二,雖然"次焉"周秦文獻僅見於《孟子》1例,但"至焉"(即"至於此")多見,且其中的"至"都是"到達"的意思;而在"夫志至焉,氣次焉"這兩句中,"至焉"如果是"到了這裏","次焉"的"次"也就只能是"臨時駐紮""停留"義。例如:"疾不可爲也。在肓之上,膏之下,攻之不可,達之不及,藥不至焉,不可爲也。"(《左傳·成公十年》)"秦、晉爲成,將會于令狐。晉侯先至焉,秦伯不肯涉河,次于王城。"(《成公十一年》)這一例很有説服力。"晉侯先至焉"(晉侯先至於此),秦伯便"次于王城"(臨時駐紮在王城)。"季子將入,遇子羔將出,曰:'門已閉矣。'季子曰:'吾姑至焉。'子羔曰:'弗及,不踐其難。'"(《哀公十五年》)"回也,其心三月不違仁,其餘則日月至焉而已矣。"(《論語·雍也》)"王無罪歲,斯天下之民至焉。"(《孟子·梁惠王上》)"苟中心圖民,智雖弗及,必將至焉。"(《國語·魯語上》)按,最後一例"至焉"意義已趨於抽象。

第三,表示"到達了極點""極點"的"至",其書證如:"至矣哉!直而不倨,曲而不屈……德至矣哉!大矣!如天之無不幬也!如地之無不載也!"(《左傳·襄公二十九年》)表示"次序在後的""差一等的"的"次"(參見《王力古漢語字典》),可以出現的體詞的位置上,如:"多見而識之;知之次也。"(《論語·述而》)"曰:'敢問其次。'曰:'宗族稱孝焉,鄉黨稱弟焉。'曰:'敢問其次。'曰:'言必信,行必果,硜硜然小人哉!抑亦可以爲次矣。'"(《子路》)

也可以出現在謂詞的位置上:"生而知之者上也;學而知之者次也;困而學之,又其次也。"(《論語·季氏》)"故善戰者服上刑,連諸侯者次之,辟草萊、任土地者次之。"(《孟子·離婁上》)"次國地方七十里。"(《萬章下》)"民爲貴,社稷次之,君爲輕。"(《盡心下》)

綜上,表示"到達了極點""極點"的"至",以及表示"次序在後的""差一等的"的"次",其後從不出現"焉",以及"於""自"等介詞;即,這些意義的"至""次",其後從不帶介賓結構。故趙岐之説不可從。

以上三點,可證"夫志至焉,氣次焉"的"至"和"次"不是趙岐所謂"至要之本""其次"的意思,而是焦循所表達的"到達"和"停留"的意思。(30)

(三)志壹則動氣:

趙岐《注》:"孟子言'壹'者,志氣閉而爲壹也。"楊伯峻《譯注》:"趙岐讀'壹'爲'噎',解爲'閉塞',恐與孟子原意不合。朱熹云:'壹,專一也。孟子言志之所向專一,則氣固從之;然氣之所在專一,則志亦反爲之動。如人顛躓趨走,則氣專在是而反動其心焉。'可從,譯文本之。"我們也從朱熹《集注》,理由如下:

《孟子》時代的"壹",固然常帶賓語或介賓結構,表示"使……專一""使……統一"。如:"壹其性,養其氣,合其德。"(《莊子·外篇·達生》)"君子壹教,弟子壹學。"(《荀子·大略》)"諸用事之人,壹心同辭,以語其美。"(《韓非子·三守》)"故君子壹於道而以贊稽物。壹於道則正。"(《荀子·解蔽》)

但"壹"也可不帶賓語:"神,聰明正直而壹者也。"(《左傳·莊公三十二年》)此謂"神壹"。孔穎達《疏》:"言其一心不二意也。""夫神壹,不遠徙遷。"(《國語·周語上》)"鎮靜者修之,則壹。"(《晉語七》)"志壹"者,謂心志專一也。

上古漢語中有這麼個語言現象:當廣義的受事賓語轉爲廣義的受事主語時,表示一種"已然"的狀態,該"已然的狀態"常常是假設的。如:"苟利於民,孤之利也。天生民而樹之君,以利之也。民既利矣,孤必與焉。"(《左傳·文公十三年》)上文的"利之"是"利民",下文的"民既利"是假設的已然。結合《孫子·九地》"是故散地,吾將一其志","志壹"也可視爲假設的已然。

我們之不從趙《注》,乃由於未見"噎"(也包括讀爲"噎"的"壹")有與"神""志"這類意義比較抽象的詞語共現的書證。(31)

3.2-4"敢問夫子惡乎長?"曰:"我知言①,我善養吾浩然之氣。""敢問何謂浩然之氣?"

曰:"難言也。其爲氣也,至大至剛,以直養而無害②,則塞於天地之間。其爲氣也,配義與道③;無是,餒也。是集義所生者,非義襲而取之也。行有不慊於心④,則餒矣。我故曰,告子未嘗知義,以其外之也⑤。必有事焉,而勿正⑥;心勿忘⑦,勿助長也,無若宋人然。宋人有閔其苗之不長而揠之者⑧,芒芒然歸⑨,謂其人曰⑩:'今日病矣⑪!予助苗長矣!'其子趨而往視之,苗則槁矣⑫。天下之不助苗長者寡矣。以爲無益而舍之者,不耘苗者也⑬;助之長者,揠苗者也——非徒無益,而又害之。"

【譯文】公孫丑問道:"請問,老師擅長哪一方面?"孟子說:"我說話得體,還善於培養我的浩然之氣。""請問,什麼叫作'浩然之氣'呢?"

孟子說:"很難講清楚。它作爲一種氣呀,最浩大,最堅強。用正直去培養它,讓它沒有損害,就會充沛洋溢在天地之間。這種氣呀,必須配合輔助道和義;而缺乏它,道和義就沒有力量了。這種氣是由正義彙聚而產生的,不是由正義繼承並取代它而產生的。只要做一次問心有愧的事,它就疲軟了。所以我說,告子是不懂義的,因爲他把它看做心外之物。〔其實義是心內固有的。〕一定要慎重對待它,卻不刻意扶持它;時刻惦記它,卻不刻意助它成長——不要學那個宋國人的樣。宋國有一個擔心禾苗生長不快而去把它拔高的人,傻乎乎地回到家中,對家人說:'今天累壞了!我幫助禾苗生長了!'他兒子趕快跑去一看,禾苗都枯槁了。其實天下不幫助禾苗生長的人是很少的。認爲〔鋤草〕沒好處而放棄不幹的,就是種莊稼不鋤草的懶漢;'幫助'它生長的,就是拔苗的人——非但沒有好處,反而傷害了它。"

【注釋】①知言:說話得體。參見《論語新注新譯》20.3《考證》(二)。

②無害:沒有損害,沒有危害。詳見本節《考證》(一)。　③配義與

道:配合輔助義和道。配,配合。詳見本節《考證》(二)。 ④慊(qiè):同"愜",滿足,暢快。 ⑤外之:把它看做外在的。 ⑥必有事焉而勿正:必有事焉,一定要慎重對待它。正,使正,扶正它。詳見本節《考證》(三)。 ⑦心勿忘:焦循《孟子正義》說:"'忘'通'妄',即《易》'無妄'之'妄'。"不確。詳見本節《考證》(四)。 ⑧閔其苗之不長而揠(yà)之:閔,今作"憫",憂慮。揠,拔。 ⑨芒芒然:茫然若失的樣子,傻乎乎的樣子。詳見本節《考證》(五)。 ⑩其人:其家人。 ⑪病:疲倦。 ⑫苗則槁矣:這句"則"字所連接的兩項中,第二件事情的出現,不是第一件事情的施事者所預料的。類似者如:"使子路反見之,至則行矣。" ⑬耘:又作"芸",除草。

【考證】(一)無害:

"以直養而無害",趙岐《注》:"養之以義,不以邪事干害之。"楊伯峻先生譯爲:"用正義去培養它,一點不加傷害。"這似乎容易使人理解這一"無害"的"無"讀爲"毋"("無"常常讀爲"毋","不要"的意思;《孟子》書中"毋"全作"無")。我們以爲這裏的"無"如字讀較爲妥當。因爲"害"是及物動詞,由"毋"(無)來否定它,是要帶賓語的。例如:"無害我田稺。"(《詩經·小雅·大田》)"是月也,驅獸無害五穀,無大田獵。"(《呂氏春秋·孟夏紀》,《禮記·月令》作"是月也,驅獸毋害五穀,毋大田獵。")

當"無害"不帶賓語時,"無"一般都如字讀。例如:"不拆不副,無菑無害。"(《詩經·大雅·生民》)"表裏山河,必無害也。"(《左傳·僖公二十八年》,沈玉成《左傳譯文》:"我國外有大河,內有高山,一定沒有什麼害處。")"秦師克還無害,則是我有大造于西也。"(《成公十三年》,沈譯:"秦軍得以回去而沒有受到損害……")"不可,收師而退,可以無害,君亦無辱。"(《襄公十八年》,沈譯:"如果不行,收兵而退回去,可以沒有損害,君主也不會受到羞辱。")"奉君以走固宮,必無害也。"(《襄公二十三年》,沈譯:"奉事國君逃到固宮,一定沒有危害。")"史鰌曰:'無害。子臣,可以免。'"(《定公十三年》,沈譯:"沒有妨害。

您謹守臣道,可以免禍。")

鑒於這一"無害"並未帶賓語,我們以爲這裏的"無"應如字讀。(32)

(二)其爲氣也,配義與道:

周秦時代的"配"字,其賓語所指往往爲主要的,而主語(或未出現的主語)所指則爲次要的,用來配合賓語,或與賓語"配得上"的某些事物。所以,該"配"字應譯爲"配合""輔助",而不能單純譯爲"和……相配"。例如:"山嶽則配天,物莫能兩大。"(《左傳·莊公二十二年》)"日月之會是謂辰,故以配日。"(《昭公七年》)"思文后稷,克配彼天。"(《國語·周語上》)"堯問於許由曰:'齧缺可以配天乎?'"(《莊子·外篇·天地》)"帝王之德配天地。"(《天道》)"明主配天地者也。"(《管子·形勢解》)"以修身自名則配堯、禹。"(《荀子·修身》)"德厚行廣,配天象時,然後爲帝王之君,神明之主。"(《晏子春秋·內篇諫上》)(33)

(三)必有事焉而勿正:

楊伯峻《譯注》説:"朱熹《集注》引《公羊》僖公二十六年《傳》'戰不正勝',云:'正,預期也。'按《公羊傳》之'正',當依王引之《經義述聞》之言'正之言定也,必也',《穀梁傳》正作'戰不必勝',尤可證。朱熹之論證既落空,則此義訓不足取矣。王夫之《孟子稗疏》謂'正'讀如《士昏禮》'必有正焉'之'正','正者,徵也,的也,指物以爲徵準使必然也。'譯文依此説。或云:《毛詩·終風·序》箋云:'正猶止也','而勿正'即'而勿止',亦通。"

今按,"必有事焉"意謂"必須慎重對待它"。《淮南子·主術訓》:"得失之道,權要在主。是繩正於上,木直於下,非有事焉,所緣以修者然也。"後兩句謂,其直也,非有心於此,繩墨使之然也。《説林訓》:"城成於土,木直於下,非有事焉,所緣使然。"謂非有心於此,土與繩墨使城與木如此也。以此例彼,"必有事焉"謂必須用心於此。

"而勿正"的"正",由其受"勿"修飾可知,它在句中作謂語。《孟子》時代語言中"正"作謂語者,絕大多數都是"使正"的意思。我們窮盡考察《論語》《孟子》中"正"作謂語者共17例,除去《論語》中"恭己正南面而已矣"(《衛靈公》)"其猶正牆面而立也與"(《陽貨》)兩例意爲"正面向"以外,其餘15例均爲"使正"。列舉如下:

"仁者如射,射者正己而後發。"(《孟子·公孫丑上》)"我亦欲正人心,息邪說,距詖行,放淫辭。"(《滕文公下》)"師曠之聰,不以六律,不能正五音……既竭耳力焉,繼之以六律正五音,不可勝用也。"(《離婁上》)"吾未聞枉己而正人者也,況辱己以正天下者乎?"(《萬章上》)"有大人者,正己而物正者也。"(《盡心上》)"'征'之爲言'正'也,各欲正己也。"(《盡心下》)"正顏色,斯近信矣。"(《論語·泰伯》)"君賜食,必正席先嘗之。"(《鄉黨》)"必也正名乎!"(《子路》)"苟正其身矣,於從政乎何有?不能正其身,如正人何?"(同上)"君子正其衣冠,尊其瞻視。"(《堯曰》)

"就多數上古史料看來,特別是就多數的先秦史料看來,'弗'和'勿'後面的動詞不帶賓語是無可爭辯的事實。"(王力《漢語史稿》第三十八節)所以,這一"正"後沒有像上引各例一樣帶賓語。下文"心勿忘"之不帶賓語,道理也是這樣。

"必有事焉而勿正"的"正",解作"使正"也無問題。"必有事焉,而勿正;心勿忘,勿助長也。"意謂,對於"義",一定要慎重對待它,卻不刻意扶持它;時刻惦記它,卻不刻意助它成長。然後以"揠苗助長"故事爲比喻,可謂一氣貫通。(34)

(四)心勿忘:

焦循《正義》:"'忘'通'妄',即《易》'無妄'之'妄'。"但"勿"爲表意志的否定副詞,不能修飾"妄"這種不受意志控制的性質形容詞;修飾"忘"是可以的,因爲"忘"是及物動詞,可帶賓語,在某種程度上可由意志控制。故而先秦文獻中未見"勿妄"連文,而"勿忘"連文則較爲常見。《國語·晉語三》:"志道者勿忘,將及矣。"《管子·禁藏》:"近之不能勿欲,遠之不能勿忘,人情皆然。"《桓公問》:"齊桓公問管子曰：'吾念有而勿失,得而勿忘,爲之有道乎?'對曰：'……此古聖帝明王所以有而勿失,得而勿忘者也。'"因此,這裏"勿忘"的"忘",當然是其本字而非"妄"的借字。這再一次警示我們,對於清儒與漢儒不同的解説,除非有堅强的書證,可不必採信。(35)

(五)芒芒然:

趙岐《注》："芒芒,罷倦之貌。"朱熹《集注》："芒芒,無知之貌。"我們以爲朱熹説近之。因爲趙岐之説缺乏書證,而朱熹之説多有書證的支持。"芒"或作"汒""茫""萌""蒙""矇""懵""罔""惘""望",例如:

"民,衆萌也。"(《説文解字·民部》)"與鄉人立,其冠不正,望望然去之,若將浼焉。"(本篇第九章)"人之生也,固若是芒乎? 其我獨芒,而人亦有不芒者乎?"(《莊子·内篇·齊物論》)"今吾聞莊子之言,汒焉異之。"(《外篇·秋水》)"文吏自謂知官事,曉簿書。問之曰:'曉知其事,當能究達其義,通見其意否?'文吏必將罔然。"(《論衡·謝短》)

"芒芒然"的類似書證如:"芒芒昧昧,因天之威,與元同氣。"(《淮南子·泰族訓》)"彼方且與造物者爲人,而遊乎天地之一氣……忘其肝膽,遺其耳目;反覆終始,不知端倪;芒然彷徨乎塵垢之外,逍遥乎無爲之業。"(《莊子·内篇·大宗師》)"孔子再拜趨走,出門上車,執轡三失,目芒然無見,色若死灰,據軾低頭,不能出氣。"(《雜篇·盗跖》)"文王芒然自失。"(《雜篇·説劍》)

朱熹説"芒芒"爲"無知",也就是所謂"腦子瞬間短路"。譯爲"茫然若失",近之。(36)

3.2-5 "何謂知言?"曰:"詖辭知其所蔽[①],淫辭知其所陷[②],邪辭知其所離[③],遁辭知其所窮[④]——生於其心,害於其政;發於其政,害於其事。聖人復起,必從吾言矣[⑤]。"

"宰我、子貢善爲説辭[⑥],冉牛、閔子、顔淵善言德行[⑦]。孔子兼之,曰:'我於辭命,則不能也。'然則夫子既聖矣乎?"

曰:"惡⑧!是何言也⑨?昔者子貢問於孔子曰:'夫子聖矣乎?'孔子曰:'聖則吾不能,我學不厭而教不倦也。'子貢曰:'學不厭,智也;教不倦,仁也。仁且智,夫子既聖矣。'夫聖,孔子不居——是何言也?"

【譯文】公孫丑問:"什麼叫作'說話得體'?"孟子答道:"說得不全面的話我知道它哪裏有偏頗;說得過頭的話我知道它哪裏有缺陷;不合正道的話我知道它哪裏有偏離;躲躲閃閃的話我知道它哪裏有阻礙。這四種話,從思想中產生,必然會危害政事;如果由執政者說出,一定會危害具體工作。如果聖人重現世間,也一定認同我這話。"

公孫丑說:"宰我、子貢善於講話,冉牛、閔子、顏淵善於闡述德行,孔子兼而有之,但他依然說:'我對於辭令,太不擅長。'〔而您既說話得體,又善於養浩然之氣,言語道德兼而有之,〕那麼,您已經是位聖人了嗎?"

孟子說:"哎呀!這叫什麼話!從前子貢問孔子說:'老師已經進入"聖"的境界了嗎?'孔子說:'超凡入聖,我做不到;我不過學習不知滿足,教人不知疲倦罷了。'子貢便說:'學習不知滿足,這是智;教人不知疲倦,這是仁。仁而且智,老師已經進入"聖"的境界了。'聖人,孔子都不自居,〔你卻說我是,〕這叫什麼話呢!"

【注釋】①詖(bì)辭知其所蔽:詖,偏頗。蔽,蒙蔽,局限。 ②淫辭知其所陷:淫,過度,過分。陷,失陷,犯錯誤。 ③邪辭知其所離:離於正則爲邪。 ④遁辭知其所窮:遁,逃,躲避。遁辭猶今之所謂"閃爍其辭"。窮,不通,梗阻。 ⑤從:聽從。 ⑥宰我、子貢:孔子弟子宰予、端木賜。 ⑦冉牛、閔子、顏淵:孔子弟子冉耕(字伯牛)、閔損(字子騫)、顏回(字子淵)。 ⑧惡(wū):歎詞,表驚訝不安。 ⑨是何言也:這叫什麼話。當時習語,是輕微而友好地反駁。

3.2－6 "昔者竊聞之①：子夏、子游、子張皆有聖人之一體②，冉牛、閔子、顏淵則具體而微③，敢問所安④？"

曰："姑舍是⑤。"

曰："伯夷、伊尹何如⑥？"

曰："不同道。非其君不事，非其民不使；治則進，亂則退，伯夷也。何事非君？何使非民⑦？治亦進，亂亦進，伊尹也。可以仕則仕，可以止則止⑧，可以久則久，可以速則速，孔子也。皆古聖人也。吾未能有行焉，乃所願⑨，則學孔子也。"

【譯文】公孫丑說："從前我曾聽說過，子夏、子游、子張都各有孔子的一些長處；冉牛、閔子、顏淵大體近於孔子，卻不如他那樣博大精深。請問老師，您以其中哪一位自命？"

孟子說："暫且不談他們。"

公孫丑又問："伯夷和伊尹怎麼樣？"

孟子答道："他倆人生態度不同。不是他所理想的君主，他不去服事；不是他所理想的百姓，他不去使喚；天下太平就出仕，天下昏亂就隱居，伯夷就是這樣。服事誰不是服事君主？使喚誰不是使喚百姓？天下太平也出仕，天下昏亂也出仕，伊尹就是這樣。能夠出仕就出仕，能夠辭職就辭職，能夠繼續幹就繼續幹，能夠馬上走就馬上走，孔子就是這樣。他們都是古代的聖人。〔這樣的偉業，〕我都沒有創造過。至於我所希望的，是學習孔子。"

【注釋】①竊：私下，用以表謙虛。　②子夏、子游、子張皆有聖人之一體：子游、子張，孔子弟子言偃、顓孫師。一體，四肢叫作"四體"，一體就是一條胳膊或一條腿。"皆有聖人之一體"是比喻的說法。　③具體而微：具備四體，但小一些。這也是比喻的說法。　④所安：以之安身立命。這裏譯為"自命"。參見《論語新注新譯》2.10《考證》。　⑤姑舍是：姑，暫且。是，此。孟子自負，於子夏等，有不屑之意，故避而不談。下文云"乃所願，則學孔子也"，則似乎以當代孔子自居。

⑥伯夷、伊尹：伯夷，與其弟叔齊爲孤竹國君之二子，互相讓位，終於逃去。周武王伐紂，兩人叩馬而諫。周既一統，不食其粟，餓死於首陽山。伊尹，商湯之相。　⑦何事非君，何使非民：這兩句我們譯爲："服事誰不是服事君主？使喚誰不是使喚百姓？"近乎直譯。楊伯峻先生譯爲："任何君主都可以去服事，任何百姓可以去使喚。"近乎意譯。詳見本節《考證》。　⑧止：居處，住家裏；即辭職不幹。　⑨乃："至於"的意思。

【考證】何事非君，何使非民：

這兩句《孟子譯注》譯爲："任何君主都可以去服事，任何百姓可以去使喚。"近乎意譯。我們譯爲："服事誰不是服事君主？使喚誰不是使喚百姓？"則近乎直譯。白平《楊伯峻〈孟子譯注〉商榷》説，"何"是"可"的借字，"非君"爲"不好的君主"，"非民"爲"不好的百姓"（第68頁）。此説可商。"非"在先秦時代，未見這一用法；"非"是否定名詞的副詞，"非君""非臣"正是其常見用法。

"何事非君，何使非民"文從字順，也不必另作他解。《詩經·邶風·雄雉》："不忮不求，何用不臧？"《小雅·何草不黃》："何草不黃？何日不行？何人不將？經營四方。何草不玄？何人不矜？哀我征夫，獨爲匪民。""封疆之削，何國蔑有？"（《左傳·昭公元年》，沈玉成《左傳譯文》："邊境被侵削，哪個國家沒有？"）"何用不臧""何草不黃""何國蔑有"因其否定副詞爲"不"爲"蔑"，所以其後接形容詞和存在動詞；"何事非君，何使非民"因其否定副詞爲"非"，故其後接名詞。

《逸周書》卷三中有多達20多組"何~非~"："汝夜何脩非躬？何慎非言？何擇非德？……汝謀斯何嚮非翼？……汝何敬非時？何擇非德？……汝何異非義？何畏非世？何勸非樂？……嗚呼！汝何監非時？何務非德？何興非因？何用非極？"（《逸周書·小開解》）"民何嚮非利？……信何嚮非私？……汝何慎非遂？……汝何葆非監？"（《文儆解》）"何畏非道？何惡非是？不敬，殆哉！"（《大開武解》）"朕聞曰：何脩非躬？……何擇非人？……何慎非言？"（《寶典解》）

其他典籍中也有類似句子。如："何敬不刑？何度不及？"（《墨子·尚賢下》引《尚書·呂刑》，僞古文《尚書·呂刑》作"何敬非刑？何度非及？"）"莫赤匪狐，莫黑匪烏。"（《詩經·邶風·北風》）"無始而非卒也，人與天一也。"（《莊子·外篇·山木》）

以上各例都和"何事非君，何使非民"的結構類似，因而意思相通。例如潘振《周書解義》解讀《小開解》"何脩非躬？何慎非言？何擇非德"爲："曰'何'曰'非'，設爲問答以發其意，見三者不可不盡心也。"潘振解讀同篇"何畏非世"爲："言當畏服世禄之心志也。"他又解讀同篇文字："何監非時，言當視天時也；何務非德，言當專力於德也。"唐大沛《逸周書分編句釋》解讀《文儆解》："何嚮非私者，意向所在，何者非私？"也即"朝哪個方向想，不是爲了自己"。所以我們將"何事非君，何使非民"譯爲："服事誰不是服事君主？使唤誰不是使唤百姓？"（37）

3.2－7 "伯夷、伊尹於孔子，若是班乎①？"曰："否，自有生民以來，未有孔子也。"

曰："然則有同與？"曰："有。得百里之地而君之②，皆能以朝諸侯，有天下；行一不義，殺一不辜，而得天下，皆不爲也。是則同。"

【譯文】公孫丑問："伯夷、伊尹相較於孔子，竟是這樣地相似嗎？"孟子答道："不；自有人類以來，没有比得上孔子的。"

公孫丑又問："那麽，他們三人有相同的地方嗎？"孟子答道："有。如果得到方圓一百里的土地而君臨它，他們都能夠令諸侯來朝並一統天下；即使叫他們做一件不義之事，殺一個無辜之人，便能得到天下，他們也都不會幹的。這就是他們相同的地方。"

【注釋】①若是班乎：若是，像這樣地。班，班配，一樣。這句話可以直譯爲："伯夷、伊尹相較於孔子，竟是這樣地相似嗎？"詳見本節《考證》。

②君：成爲君主的意思。

【考證】若是班乎：

《孟子譯注》譯"伯夷、伊尹於孔子，若是班乎"爲"伯夷、伊尹與孔子他們不是一樣的嗎"，我們以爲一間未達。這句話直譯應爲："伯夷、伊尹相較於孔子，竟然如此相似嗎？"

類似句子爲："齊宣王問曰：'文王之囿方七十里，有諸？'孟子對曰：'於傳有之。'曰：'若是其大乎？'"（《孟子·梁惠王下》）楊伯峻《孟子譯注》譯爲："真有這麼大嗎？""予豈若是小丈夫然哉？"（《公孫丑下》）楊譯："我難道像這樣的小氣人一樣嗎？""以孝子之心爲不若是恝。"（《萬章上》）楊譯："以爲孝子的心理是不能像這樣地滿不在乎的。""人之生也，固若是芒乎？"（《莊子·齊物論》）參見《論語新注新譯》13.15《考證》。(38)

3.2-8 曰："敢問其所以異？"

曰："宰我、子貢、有若①，智足以知聖人，汙不至阿其所好②。宰我曰：'以予觀於夫子③，賢於堯、舜遠矣④。'子貢曰：'見其禮而知其政，聞其樂而知其德，由百世之後，等百世之王⑤，莫之能違也。自生民以來，未有夫子也。'有若曰：'豈惟民哉？麒麟之於走獸，鳳凰之於飛鳥，太山之於丘垤⑥，河海之於行潦⑦，類也。聖人之於民，亦類也。出於其類⑧，拔乎其萃⑨——自生民以來，未有盛於孔子也。'"

【譯文】公孫丑說："請問，他們不同的地方又在哪裏呢？"

孟子說："宰我、子貢、有若三人，他們的聰明才智足以瞭解聖人，〔即使〕他們再不好，也不致偏袒他們所愛好的人。〔但他們都不約而同地稱頌孔子。〕宰我說：'以我來看老師，比堯、舜都強多了。'子貢說：'看見一國的禮制，就瞭解它的政治；聽到一國的音樂，就知道它的德教。從現在到百代以後，衡量這百代君王的高下，其標準都不能背離孔子之道。自有人類以來，沒有人能够比得上他老人家的。'有若說：'難道只有百姓如此嗎？麒麟相比於走獸，鳳凰相比於飛鳥，泰山相比於土堆，河海相比於溪澗，何嘗不是同類？聖人相比於百姓，也是同類；雖然他來自民間，卻遠遠超出大衆——自有人類以來，還沒有比孔子更偉大的。'"

【注釋】①有若：孔子弟子，魯人。　②汙（wū）：即"污"字，卑劣，不好。　③予：宰我之名，古人常自稱其名以示謙。　④賢於堯、舜：賢於，勝過，強過。堯、舜，古代傳說中上古的兩位聖君。　⑤等百世之王：等，確定……的高下，確定……的級別，釐定……的位階。此句意謂衡量此百代君王之高下。詳見本節《考證》（一）。　⑥垤（dié）：小土堆，小山頭。　⑦行潦（xíng lǎo）：小水流。　⑧出於其類：出自他的同類。詳見本節《考證》（二）。　⑨萃：群，聚。

【考證】（一）等百世之王：

楊伯峻先生說："朱熹解爲'差等'，是也。譯文是意譯。趙岐解爲'等同'，誤。"趙岐原文爲："從孔子後百世，上推等其德於前百世之聖王，無能違離孔子道者。"朱熹原文爲："是以我從百世之後，差等百世之王，無有能遁其情者。"楊伯峻先生譯爲："即使從百代以後去評價百代以來的君王，任何一個君王都不能違離孔子之道。"從《孟子》時代典籍中"等"作及物動詞的情況來看，它的意義爲"確定……的高下""確定……的級別""釐定……的位階"的意思。《王力古漢語字典》給出的義項爲"衡量"（其例句包括"等百世之王"），是準確的。

例如："霸王之形，象天則地，化人易代，創制天下，等列諸侯，賓屬四海，時匡天下。"（《管子·霸言》）"故尚賢使能，等貴賤，分親疏，序長幼。"（《荀子·君子》）"是故聖人等之以禮，立之以義，行之以順。"（《大戴禮記·主言》）"大行人，掌諸侯之儀，以等其爵。故貴賤有別，尊卑有序，上下有差也。"（《朝事》）"等列諸侯"謂確定諸侯的等第，"等貴賤，分親疏"謂使貴和賤有等第，使親和疏有分別。所以譯之爲："從現在到百代以後，衡量這百代君王的高下，其標準都不能違

離孔子之道。"(39)

（二）出於其類：

趙岐對本節末尾有若所説"豈惟民哉……未有盛於孔子也"一段作注云："有若以爲萬類之中，各有殊異；至於人類卓絶，未有盛美過於孔子者也。"其於"出於其類"未置一詞。朱熹《集注》云："出，高出也。拔，特起也。"楊伯峻《孟子譯注》因而譯"聖人之於民，亦類也。出於其類，拔乎其萃"爲"聖人對於百姓，亦是同類；但遠遠超出了他那一類，大大高出了他那一群"。

出，在《孟子》時代語言中，已有"超出"義："祭肉不出三日。"（《論語·鄉黨》）但是，凡言"出於"（出于）者，都是"出自"的意思。如："行旅皆欲出於王之塗。"（《孟子·梁惠王上》）"吾聞出於幽谷遷于喬木者。"（《滕文公上》）"夫子教我以正，夫子未出於正也。"（《離婁上》）除開"出於其類"待考外，我們調查了《左傳》《國語》《論語》《孟子》《墨子》《莊子》《晏子春秋》《荀子》《吕氏春秋》等書中的數百例，未見例外。故"出於其類"意謂出自同類。

那時語言中，如要用"出於"表示"超出"而非單純表示"出自"，要在"出於"前加上別的詞。如："於子之屬，有拳勇股肱之力秀出於衆者，有則以告。"（《國語·齊語》，又見《管子·小匡》）"宙合之意，上通於天之上，下泉於地之下，外出於四海之外，合絡天地，以爲一裹。"（《管子·宙合》）

即使從"文氣"上看，有若先説："麒麟之於走獸，鳳凰之於飛鳥，太山之於丘垤，河海之於行潦，類也。聖人之於民，亦類也。"緊接著如果是説"但遠遠超出了他那一類，大大高出了他那一群"，則顯得突兀。而如果是"（雖然）出自他那一類，卻高出了他那一群"，因爲有"出於其類"來做鋪墊過渡，就從容了許多。

至於成語"出類拔萃"的"出"爲"超出"義，那是經過"重新分析"之後的意義了，不能反證《孟子》原文"出於其類"的"出於"也是"超出"。（40）

3.3 孟子曰："以力假仁者霸,霸必有大國;以德行仁者王,王不待大——湯以七十里,文王以百里①。以力服人者,非心服也,力不贍也②;以德服人者,中心悅而誠服也,如七十子之服孔子也③。《詩》云④:'自西自東,自南自北,無思不服⑤。'此之謂也。"

【譯文】孟子說："仗著實力假借仁義征伐天下,可以稱霸諸侯,稱霸者一定要是大國家;依靠道德來實行仁義的,可以使天下歸心,這樣做的卻不必是個大國——湯就僅僅用他方圓七十里的土地,文王也就僅僅用他方圓百里的土地〔實行了仁政,而使人心歸服〕。仗著實力來使人服從的,人家不會心悅誠服,只是因為人家本身實力不夠;依靠道德來使人服從的,人家才會心悅誠服,就好像七十多位弟子歸服孔子一樣。《詩經》說過:'四方諸侯來瞻仰,無論東西或南北,誰人敢不服周邦?'正是這個意思。"

【注釋】①湯以七十里,文王以百里:兩句都承上省略了主要動詞"王"(wàng)字。如不省略,則為"湯以七十里王,文王以百里王"。 ②贍:足夠。 ③七十子:《史記·孔子世家》:"孔子以詩書禮樂教弟子,蓋三千焉。身通六藝者七十有二人。"通稱為"七十子"。 ④《詩》云:所引詩在今《大雅·文王有聲》。譯文採自向熹先生《詩經譯注》。 ⑤無思不服:沒有哪種想法不心悅誠服。詳見本章《考證》。

【考證】無思不服:

此句趙岐《注》云:"無思不服武王之德,此亦心服之謂也。"《毛詩》鄭箋也說:"心無不歸服者。"他們以"心"對譯"思"。但《古代漢語虛詞詞典》(中國社會科學院語言所古代漢語研究室編,商務印書館1999年)卻在"用於句中謂語動詞之前,起加強語氣作用的助詞"項下列舉了此句,楊伯峻《孟子譯注》注此句時也說:"助詞,無義;如《周南·關雎》的'寤寐思服',《小雅·桑扈》的'旨酒思柔'的諸'思'字。"

"寤寐思服""旨酒思柔"的"思"是否助詞姑置不論,這句的"思"

由於處於"無～不～"格式中,也從未見類似成分橫插於兩個否定副詞中間者,則大約不是助詞。"無～不～"是一常見格式,這樣的句子很多。如:"無草不死,無木不萎。"(《詩經·小雅·谷風》)"無言不讎,無德不報。"(《大雅·抑》)"無禮不樂,所由叛也。"(《左傳·文公七年》)"無平不陂,無往不復。"(《周易·上經·泰》)"無禮不樂"沈玉成譯爲"沒有禮就不快樂"。"無思不服"和"無往不復"類似,意謂沒有哪種想法是不心服的。參見 3.9《考證》(一)。

　　錢大昕説:"詁訓必依漢儒,以其去古未遠,家法相承,七十子之大義猶有存者,異於後人之不知而作也。"(《潛研堂文集》卷二十四《臧玉林〈經義雜識〉序》)王力先生也説:"訓詁學的主要價值,正是在於把故訓傳授下來。漢儒去古未遠,經生們所説的故訓往往是口口相傳的,可信的程度較高……我們應該相信漢代的人對先秦古籍的語言比我們懂得多些。"(《訓詁學上的一些問題》,載《王力語言學論文集》,商務印書館 2000 年)(41)

3.4－1 孟子曰:"仁則榮,不仁則辱;今惡辱而居不仁,是猶惡濕而居下也。如惡之,莫如貴德而尊士,賢者在位,能者在職①;國家閒暇,及是時,明其政刑②。雖大國,必畏之矣。《詩》云③:'迨天之未陰雨,徹彼桑土④,綢繆牖户⑤。今此下民⑥,或敢侮予?'孔子曰:'爲此詩者,其知道乎! 能治其國家,誰敢侮之?'

【譯文】孟子説:"如果實行仁政,就會無上榮光;如果不行仁政,就會招致屈辱。假設現在有個人,害怕受屈辱,卻依然處在不仁的境地;這正好比害怕潮濕,卻依然處在低窪之地一樣。若真害怕受屈辱,最好是崇尚道德而尊敬士人,讓賢人居於高位,讓能人擔任要職。國家既無内憂外患,趁著這時修明政治、刑罰,這樣即便是大國也敬畏它了。《詩經》説:'趁雨没下來雲没起,桑樹根上剥些皮,窗子房門都修理。

下面的人們，何人豈敢把我欺！'孔子説：'這詩的作者真懂道理呀！能治理好他的國家，誰敢侮辱他？'

【注釋】①賢者在位，能者在職：讓賢人居於高位，讓能人擔任要職；並非互文見義。詳見本節《考證》（一）。　②明其政刑：明，顯明，彰明，修明。政，政治、政事、政令。刑，刑罰、刑獄。詳見本節《考證》（二）。　③《詩》云：以下詩句見《豳風・鴟鴞》。　④徹彼桑土：徹，取。桑土，桑根。《方言》："東齊謂根曰杜。"桑土，即桑杜；這裏指桑根之皮，可作繩索用。　⑤綢繆（móu）：纏結。　⑥下民：百姓，人民。站在天的角度，故稱下民。

【考證】（一）賢者在位，能者在職：

楊伯峻《譯注》説："趙岐和朱熹都以爲'賢'和'能'，'位'和'職'都有所區別。但饒魯以爲'天下豈有無能之賢，無職之位；只是并合説，於'賢''能''位''職'四字尚未分曉。'譯文仍取趙、朱之説。"此説至塙。典籍中固然有互文見義者，如："君賢者其國治，君不能者其國亂。"（《荀子・議兵》）但當"賢者""能者"併列時，二者是有區別的。例如："上以無法使，下以無度行，知者不得慮，能者不得治，賢者不得使。若是，則上失天性，下失地利，中失人和，故百事廢，財物詘而禍亂起。"（《荀子・正論》）"當是時也，知者不得慮，能者不得治，賢者不得使，故君上蔽而無視，賢人距而不受。"（《堯問》）"其舍者，國中貴者、賢者、能者、服公事者、老者、疾者皆舍，以歲時入其書。"（《周禮・地官司徒・鄉大夫》）(42)

（二）明其政刑：

趙岐《注》："以是閒暇之時，明修其政教，審其刑罰。"朱熹《集注》："有才者使之在職，則足以修政而立事。"我們以爲趙岐之説可從。請看以下書證：

"君子謂：'鄭莊公失政刑矣。政以治民，刑以正邪，既無德政，又無威刑，是以及邪。'"（《左傳・隱公十一年》，沈玉成《左傳譯文》："君子認爲鄭莊公'失掉了政和刑。政用來治理百姓，刑用來糾正邪惡。既缺乏有道德的政治，又缺乏有威信的刑罰，所以才發生邪惡'。）"敝邑以政刑之不修，寇盜充斥，無若諸侯之屬辱在寡君者何？"（《襄公三十一年》，沈譯："敝邑因爲政事、刑罰不能修明，盜賊到處都是，無奈諸侯的屬官來向寡君朝聘。"）"夫君政刑，是以治民。不聞命而擅進退，犯政也；快意而喪君，犯刑也。"（《國語·晉語三》）"菽粟藏深，而怨積于百姓。君臣交惡，而政刑無常。臣恐國之危失，而公不得享也。"（《晏子春秋·內篇問上》）

《周禮·地官司徒·司市》："司市掌市之治教、政刑、量度禁令。……以政令禁物靡而均市……以刑罰禁虣而去盜"賈公彥《疏》："政者，即下文云'以政令禁物靡'等是也。刑者，即下文云'以刑罰禁虣'是也。"

由"政以治民，刑以正邪，既無德政，又無威刑""夫君政刑，是以治民。不聞命而擅進退，犯政也；快意而喪君，犯刑也"及賈公彥《疏》可知，"政"指政治、政事、政令（包括軍事、軍令），"刑"指刑罰、刑獄。（43）

3.4-2"今國家閒暇，及是時，般樂怠敖①，是自求禍也。禍福無不自己求之者②。《詩》云③：'永言配命④，自求多福。'《太甲》曰⑤：'天作孽，猶可違⑥；自作孽，不可活⑦。'此之謂也。"

【譯文】"如今國家沒有內憂外患，趁這時候，追求享樂，懶惰遊玩，這等於自己找禍上身。禍害和幸福沒有不是從自己那兒找來的。《詩經》說：'天命永遠須配合，自己多多求福氣。'《太甲》也說：'天造作的罪孽，還可以逃掉；自己造作的罪孽，卻無處可逃。'正是這個意思。"

【注釋】①般(pán)樂怠敖：般樂，快活。長沙下學宮街有小巷叫"般樂園"。怠，怠惰。敖，同"遨"，出遊。　②自己求之者：從自己那兒獲得的。自，從。己，自己。　③《詩》云：以下詩句見《大雅·文王》。譯文採自向熹先生《詩經譯注》。　④永言配命：永，長。配命，說我周朝之命與天命相配。言，詞綴，無實義。　⑤《太甲》：《尚書》篇名，今已亡佚。　⑥違：避。　⑦活：《禮記·緇衣》引作"逭(huàn)"。逭，逃。"《太甲》曰……此之謂也"這段話又見《離婁上》。

3.5 孟子曰："尊賢使能，俊傑在位①，則天下之士皆悅，而願立於其朝矣；市，廛而不征②，法而不廛③，則天下之商皆悅，而願藏於其市矣；關，譏而不征④，則天下之旅皆悅⑤，而願出於其路矣；耕者，助而不稅⑥，則天下之農皆悅，而願耕於其野矣；廛⑦，無夫里之布⑧，則天下之民皆悅，而願為之氓矣⑨。信能行此五者⑩，則鄰國之民仰之若父母矣⑪。率其子弟，攻其父母，自生民以來未有能濟者也⑫。如此，則無敵於天下。無敵於天下者，天吏也⑬。然而不王者，未之有也。"

【譯文】孟子說："尊重賢人，使用能人，傑出的人物都有官位，那麼天下的士人都會高興，都願意到這個朝廷來效力了。在市場，撥出房屋儲藏貨物，卻不徵稅；如果滯銷，依法收購，不讓它長久積壓；那麼天下的商人都會高興，願意把貨物存放在這個市場了。關卡，只稽查而不收稅，那麼天下的旅客都會高興，願意經過這裏的道路了。對種田人實行井田制，只助耕公田，不再收稅，那麼天下的農夫都會高興，願意到這裏的田野來耕種了。空宅空地，不徵空置稅；無業者，也不派發勞役，那麼天下的百姓都會高興，願意到這裏來定居了。確實能夠做到這五項，那麼鄰近國家的百姓都會像仰望父母一樣舉頭仰望他了。〔如果鄰國之君要率領人民來攻打他，就好比〕率領兒女去攻打他們的父母；從有人類以來，這種事沒有能夠成功的。真要這樣，就會天下無敵。天下無敵的人叫作'天吏'。這樣做了，還不能一統天下，是從來沒有過的事情。"

【注釋】①俊傑：才能、德行出眾者。　②廛(chán)而不征：廛，指市中公家所建儲藏、堆積貨物的棧房，這裏指用棧房儲藏。征，徵稅。　③法而不廛：依法收購，使不積壓於廛。　④譏：通"稽"，稽查，稽覈。

⑤旅：行旅，旅客。　⑥助：上古九百畝爲一井，狀如囲，八家各有一百畝，中爲公田，公事畢然後敢治私事，這種制度叫"助"。　⑦廛：一家所居的宅地，這是"廛"的另一意義。　⑧夫里之布：即夫布、里布。布，幣，錢。不能助耕公田，以錢相抵，就是"夫布"。里布，即土地稅。　⑨氓(méng)：外來之民。段玉裁《說文解字注》："自他歸往之民則謂之'氓'，故字從'民''亡'。"可見"氓"爲別處遷來之民。　⑩信：真的，的確；表假設。　⑪仰：仰望。引申爲愛戴，依賴。　⑫自生民以來未有能濟者也：有的本子作"自有生民以來未有能濟者也"，"自"後多出一"有"字。我們認爲《孟子》原本或許無此"有"字。詳見本章《考證》。　⑬天吏：上天授權或派遣的王者。

【考證】自生民以來未有能濟者也：

這句話版本有歧異。楊伯峻《譯注》："朱熹《集注》本無'有'字。阮元《校勘記》云：'閩、監、毛三本，韓本同（無"有"字），孔本、考文古本"自"下有"有"字。按石經此文漫漶，然細審之，此句是六字，當亦有"有"字也。'此從石經。"然則，這句應爲"自有生民以來未有能濟者也"。我們傾向於無"有"字，但不能給出十分肯定的答案。理由如下：

1. 爲何不能得出十分肯定的答案？《孟子·公孫丑上》第二章："（孟子）曰：'否！自有生民以來，未有孔子也。'……子貢曰："……自生民以來，未有夫子也。"有若曰："……出於其類，拔乎其萃——自生民以來，未有盛於孔子也。""這裏既有一處"自有生民以來"，又有兩處"自生民以來"。在當時語言中，"自……以來"句式，既可以爲"自NP以來"，也可以爲"自VP以來"。例如，"自顓頊以來"（《左傳·昭公十七年》）爲前者；而"楚自克庸以來"爲後者。所以，"自有生民以來"和"自生民以來"之出現於《孟子》時代語言中，都是文從字順的。

2. 爲何傾向於此句沒有"有"字？

a. 3.2"自有生民以來未有孔子也"，趙岐《注》："從有生民以來，非純聖人,則未有與孔子齊德也。"而同章之"自生民以來,未有夫子也""自生民以來,未有盛於孔子也",趙岐《注》云:"自從生民以來,未有備若孔子也""云生民以來無有者,此三子皆孔子弟子……"。可見,當《孟子》原文有"有"字,趙岐《注》第一句也有"有"字;當《孟子》原文無"有"字者,趙岐《注》也無"有"字。再看本章"自(有)生民以來未有能濟者也"之趙岐《注》:"生民以來,何能以此濟成其所欲者也",沒有"有"字。趙《注》與以上閩本、監本、毛本、韓本、孔本、考文古本乃至宋石經本相比,無疑早了許多,參考意義也更大。

　　b. 從對《孟子》時代"自……以來"句窮盡考察來看,類似"自生民以來"的句子更爲常見。下面是所能找到的在"自"後爲雙音節以上短語的句子:

　　"楚自克庸以來,其君無日不討國人而訓之于民生之不易,禍至之無日。"(《左傳・宣公十二年》)"自顓頊以來,不能紀遠,乃紀於近。"(《昭公十七年》)"自踐土以來,宋何役之不會,而何盟之不同?"(《昭公二十五年》)"吾自方城以來,楚未可以得志。"(《定公四年》)"自燧人以來,其大會可得而聞乎?"(《管子・揆度》)"自理國虙戲以來,未有不以輕重而能成其王者也。"(《輕重戊》)"自魏襄以來,野戰不勝,守城必拔。"(《商君書・徠民》)"自上世以來,天下亡國多矣。"(《呂氏春秋・恃君覽》)"自顓頊以來""自踐土以來""自方城以來""自燧人以來""自魏襄以來""自上世以來"與"自生民以來"類似;與"自有生民以來"有些類似的只有"自理國虙戲以來"("自"後三音節以上,謂詞性結構)一例。

　　《墨子》中,有兩處三例類似書證:"自古以及今,生民以來者,亦有嘗見鬼神之物,聞鬼神之聲,則鬼神何謂無乎?"(《明鬼下》)"自古以及今,生民以來者,亦嘗見命之物、聞命之聲者乎?……自古以及今,生民以來者,亦嘗有聞命之聲、見命之體者乎?"(《非命中》)這三例中,"生民"前也無"有"字。

　　因此,我們認爲,3.2"自有生民以來"爲特例("有"在此可能表強

調），其餘"自生民以來"爲常例。本章的"自（有）生民以來"，依據趙岐《注》之無"有"字來看，更可能屬於常例。(44)

3.6 孟子曰："人皆有不忍人之心。先王有不忍人之心，斯有不忍人之政矣。以不忍人之心，行不忍人之政，治天下可運之掌上。所以謂人皆有不忍人之心者，今人乍見孺子將入於井①，皆有怵惕惻隱之心②——非所以內交於孺子之父母也③，非所以要譽於鄉黨朋友也④，非惡其聲而然也⑤。由是觀之，無惻隱之心，非人也；無羞惡之心⑥，非人也；無辭讓之心，非人也；無是非之心，非人也。惻隱之心，仁之端也⑦；羞惡之心，義之端也；辭讓之心，禮之端也；是非之心，智之端也。人之有是四端也，猶其有四體也。有是四端而自謂不能者，自賊者也；謂其君不能者，賊其君者也。凡有四端於我者，知皆擴而充之矣，若火之始然⑧，泉之始達。苟能充之，足以保四海⑨；苟不充之，不足以事父母。"

【譯文】孟子說："人人都有同情心。先王因爲有同情心，於是就有同情他人的政治了。憑著同情心來貫徹實行同情他人的政治，治理好這天下就好像在手掌裏轉動它一樣。我之所以說人人都有同情心，道理就在於：現在忽然看見一個小孩子將要掉到井裏去了，每個人都會產生驚駭同情的心情——不是要用這義舉來和小孩的爹媽攀上交情，不是要用這義舉在鄉里朋友間博得聲譽，也不是因爲厭惡那幼兒的哭鬧聲才這樣的。從這一點來看，沒有同情心，不是人；沒有羞惡心，不是人；沒有推讓心，不是人；沒有是非心，不是人。同情之心是仁的起點，羞惡之心是義的起點，推讓之心是禮的起點，是非之心是智的起點。人具備了這四種善心的起點，就好比他有手足四肢一般自然。擁有這四種善心的起點卻認爲自己不行的人，是自暴自棄的人。認爲他的君主不行的人，是殘害那君主的人。凡是具有這四種善心起點的人,若明白把它們都擴充起來,就會像火苗剛開始燃燒,〔終成燎原之勢;〕就會像泉水剛開始流動〔,終必匯成江河〕。真的能夠擴充,足以安定天下;如果不肯擴充,〔讓它自生自滅,〕最終連贍養爹媽都辦不到。"

【注釋】①乍:忽然。　②怵惕(chù tì)惻隱:怵惕,驚懼。惻隱,哀痛。　③非所以內交於孺子之父母:所以內交,以此內交;"所"是介詞"以"的前置賓語。內,同"納"。納交,即結交。　④要(yāo):要求,求取。　⑤非惡其聲而然也:也不是因爲厭惡那幼兒的哭鬧聲才這樣的。詳見本章《考證》。　⑥羞惡(wù)之心:對錯誤感到羞愧和厭惡的心情。　⑦端:發端,開始,起點。　⑧然:"燃"的本字。　⑨保:安定。

【考證】非惡其聲而然也:

　　趙岐《注》:"非惡有不仁之聲名。"朱熹《集注》於此無説。楊伯峻《孟子譯注》譯爲"也不是厭惡那小孩的哭聲而如此的"。白平《楊伯峻〈孟子譯注〉商榷》認同趙注,以爲楊伯峻先生爲誤譯(第 77 頁)。楊柳岸認爲(《〈孟子〉詞語考證四則》),趙注恐誤。

　　第一,看周秦時代"聲"表"名聲"意義的例子:"故聲聞過情,君子恥之。"(《孟子·離婁下》)"是故戰勝而不報,取地而不反,兵勝於外,福生於內,用力甚少而名聲章明,種亦不如蠡也。"(《國語·越語下》)"心和而出,且爲聲爲名,爲妖爲孽。"(《莊子·內篇·人間世》)"枝於仁者,擢德塞性,以收名聲。"(《外篇·駢拇》)"故此數子者,事業不同,名聲異號,其於傷性以身爲殉,一也。"(同上)"子非夫博學以擬聖,於于以蓋衆,獨弦哀歌以賣名聲於天下者乎?"(《外篇·天地》)通過以上例子,可以歸納,"聲"表"名聲"義必須和"聞""名"等詞組成同義詞短語。以上各例中,只有《莊子·內篇·人間世》一例例外,但"爲聲""爲名"並列,卻可以互訓。

　　第二,"非惡其聲而然也"的"其",是個代詞,意爲"……的",它常常回指前面已經出現過的某一名詞或代詞。此類例證極多,我們僅舉"其聲"連文的:"彼何人斯?胡逝我陳?我聞其聲,不見其身。"(《詩經・小雅・何人斯》)這裏"其聲"指"何人"之聲。"伯石始生,子容之母走謁諸姑,曰:'長叔姒生男。'姑視之,及堂,聞其聲而還。"(《左傳・昭公二十八年》)這裏"其聲"指"伯石"之聲。"君子之於禽獸也,見其生,不忍見其死;聞其聲,不忍食其肉。"(《孟子・梁惠王上》)這裏"其聲"指"禽獸"之聲。"守者曰:'此非吾君也,何其聲之似我君也?'"(《盡心下》)這裏"其聲"指"此"説話的聲音。"昧明,王乃秉枹,親就鳴鍾鼓、丁寧、錞于,振鐸,勇怯盡應,三軍皆嘩釦以振旅,其聲動天地。"(《國語・吳語》)這裏"其聲"指"鍾鼓""丁寧""錞于"和"鐸"鳴響發出的聲音。因此,本章的"其聲",當然是"孺子"發出的聲音,即哭聲。

但爲什麼趙岐會認爲"非惡其聲而然也"的"聲"是名聲義呢?因爲到了東漢,當時語言中的"聲"表名聲義時,已經可以單獨出現而無需與"聞""名"等詞組成同義詞短語了。如:"此人皆身至王侯將相,聲聞鄰國,及罪至罔加,不能引决自財。"(《漢書・司馬遷傳》)這裏雖然"聲""聞"相連,但"聲聞鄰國"是"聲聞於鄰國",即名聲爲鄰國所聞知的意思。"聲"在這句中單用表名聲義。趙岐大概是用他那時語言的語感來理解《孟子》的"非惡其聲而然"了(這種做法至今都很常見,自不能苛責古人,如《論語・衛靈公》"小不忍則亂大謀","忍"爲忍心義,但今人多理解爲忍耐義)。(45)

3.7 孟子曰:"矢人豈不仁於函人哉①?矢人唯恐不傷人,函人唯恐傷人。巫匠亦然②。故術不可不慎也。孔子曰:'里仁爲美。擇不處仁,焉得智③?'夫仁,天之尊爵也,人之安宅也。莫之禦而不仁④,是不智也。不仁、不智、無禮、無義,人役也。人役而恥爲役,由弓人而恥爲弓,矢人而恥爲矢也。如恥之,莫如爲仁。仁者如射:射者正己而後發;發而不中,不怨勝己者,反求諸己而已矣⑤。"

【譯文】孟子說:"製箭師難道比造甲師要殘忍嗎?——製箭師生怕他的箭傷不了人,而造甲師生怕箭射穿他造的甲而傷人。巫師和棺材匠也是這樣。可見一個人選擇安身立命的技能不能不慎重。孔子說:'居住,仁字大院最美好。若不住在仁字院裏,怎麼能算聰明呢?'仁,是天最尊貴的爵位,是人最安逸的住宅。沒有人來阻攔你,你卻不仁,這是不明智的。不仁、不智、無禮、無義,這種人只能做僕役。作爲僕役而自以爲恥,就好比造弓師以造弓爲恥,製箭師以製箭爲恥。如果真的以它爲恥,不如好好去踐行仁義。行仁者如同弓箭手:弓箭手必先端正姿式然後開弓;開弓沒有射中,不埋怨那些勝過自己的人,只是反躬自問罷了。"

【注釋】①函人:製造鎧甲的工匠。函,鎧甲。 ②巫匠:巫,巫師。匠,木匠。這裏特指造棺材的木匠。《論語·子路》有"巫醫",同"巫匠"一樣,也是短語,而非詞,指巫者和醫師。參見《論語新注新譯》13.22《考證》(一)。 ③焉得智:引語見《論語·里仁》。 ④莫之禦:可理解爲"莫禦之"。莫,沒有人。禦,抵禦,抗拒。上古漢語的否定句,當賓語爲代詞時,一般要放置在謂語動詞之前。 ⑤諸:"之於"的合音字——3.8"取諸人以爲善"、4.4"則反諸其人乎"、5.4-2"舍皆取諸其宮中而用之"、5.4-3"瀹濟漯而注諸海"、7.4"行有不得者皆反求諸己"、7.11"道在邇而求諸遠,事在易而求諸難"、8.22"予私淑諸人也"、9.7-1"一介不以取諸人"、10.4-1"其取諸民之不義也"、10.6-2"摽使者出諸大門之外""後舉而加諸上位"、11.2"決諸東方則東流,決諸西方則西流"、12.6-2"有諸内,必形諸外"、12.8"徒取諸彼以與此"、14.25"有諸己之謂信"的"諸",都是"之於"的合音字。

3.8 孟子曰:"子路,人告之以有過,則喜。禹聞善言①,則拜。大舜有大焉②,善與人同,舍己從人,樂取於人以爲善。自耕稼、陶、漁以至爲帝③，無非取於人者。取諸人以爲善，是與人爲善者也。故君子莫大乎與人爲善④。"

【譯文】孟子說："子路，別人指出他的錯誤，他便高興。禹聽到了有益處有價值的話，就給人下拜。大舜的偉大有超過這兩人的地方——他善於和別人偕同〔行善〕；即放棄自己的觀點，而聽從別人有益的話，樂於從別人那兒吸取優點來行善。他從幹農活、製陶器、打漁直到做天子，沒有哪一優點不是取自於人。優點取自於人而用來行善，就是和別人一道行善。君子最高的德行就是和別人一道行善。"

【注釋】①禹：古代歷史傳說中開創夏朝的天子，也是中國第一位治理洪水的偉大人物。　②焉：於此。此，指前文的"子路"和"禹"。　③耕稼、陶、漁：《史記・五帝本紀》云："舜耕歷山，歷山之人皆讓畔；漁雷澤，雷澤上人皆讓居；陶河濱，河濱器皆不苦窳。一年而所居成聚，二年成邑，三年成都。"　④故君子莫大乎與人爲善：故，這句的"故"不表示"因此""所以""於是"，而與"夫"類似，可以不譯。與，偕同。楊伯峻《譯注》說"與，偕同之意。"詳見本章《考證》。

【考證】與人爲善：

趙岐《注》只說"故曰莫大乎與人爲善"，沒有對"與人爲善"作出解釋。楊伯峻《譯注》說："與，偕同之意。朱熹《集注》云：'與，猶許也，助也。取彼之善而爲之於我，則彼益勸於爲善矣，是我助其爲善也。'亦通。"我們理解楊伯峻先生所謂"偕同"，是將"與"理解爲介詞。與人爲善，和別人一道行善；而朱熹所謂"許也，助也"，是動詞。我們以爲，朱說未能"亦通"，"與"在這裏只能是介詞。

首先，在《論語新注新譯》一書中，考證"吾與女弗如也"的"與"到底是連詞還是朱熹《集注》所說"與，許也"時，我寫道："在《論語》時代以迄後來很長一段時間，'與'爲動詞表'贊同'義時，它後面的賓語都很簡單，如'與其進也，不與其退也……與其潔也'（《述而》）'吾與點也'（《先進》），從未見'女弗如也'這樣結構複雜的賓語。"然則，"人爲善"這一謂詞性賓語似不能出現在動詞"與"之後。

與此相反,如理解這一"與"爲楊伯峻先生所謂表"偕同"的介詞,則類似文例不勝枚舉。僅舉《孟子·滕文公下》以上的若干例:"與民偕樂""與之皆亡"(《梁惠王上》)"與民同樂""與百姓同樂""與民守之"(《梁惠王下》)"與民並耕而食""與百工交易"(《滕文公上》)"與民由之"(《滕文公下》)。

《滕文公下》:"在於王所者,長幼卑尊皆薛居州也,王誰與爲不善? 在王所者,長幼卑尊皆非薛居州也,王誰與爲善?""誰與爲善""誰與爲不善"和"與人爲善"結構類似,僅僅因爲"誰"是疑問代詞而置於"與"之前。這一段中兩個"與"顯然是表"偕同"的介詞。由於語境也即分佈所限定,不可能是王"贊同"或"幫助"誰"爲善",而只能是王和誰一道"爲善"。這也能説明"與人爲善"的"與"是介詞。(46)

3.9 孟子曰:"伯夷,非其君,不事;非其友,不友。不立於惡人之朝①,不與惡人言;立於惡人之朝,與惡人言,如以朝衣朝冠坐於塗炭。推惡惡之心②,思與鄉人立③,其冠不正,望望然去之④,若將浼焉⑤。是故諸侯雖有善其辭命而至者,不受也。不受也者,是亦不屑就已。柳下惠不羞汙君⑥,不卑小官;進不隱賢⑦,必以其道;遺佚而不怨⑧,阨窮而不憫⑨。故曰:'爾爲爾,我爲我,雖袒裼裸裎於我側⑩,爾焉能浼我哉?'故由由然與之偕而不自失焉⑪。援而止之而止⑫。援而止之而止者,是亦不屑去已。"孟子曰:"伯夷隘,柳下惠不恭。隘與不恭,君子不由也⑬。"

【譯文】孟子説:"伯夷,不是他理想的君主,不去服事;不是他理想的朋友,不去結交。不站在壞人的朝堂上,不和壞人交談;站在壞人的朝堂上,和壞人交談,就好比穿戴著禮服禮帽坐在淤泥和炭灰裏。把這種厭惡壞人壞事的心情推廣開來,他便覺得即便和世俗之人站在一塊,若那人的帽子沒有戴正,他也會悵然若有所失地走開,好像自己會被弄髒似的。所以當時諸侯即便有用好言好語來招致他的,他也不接受。他之所以不接受,就是因爲他不屑於去就職。柳下惠卻不以爲侍奉壞君主爲恥,不以自己官職小爲卑下;在朝做官,不隱蔽賢人,但薦舉他人一定要按自己的原則來辦;不被起用,也不怨尤;艱難困苦,也不憤懣。他心裏說:'你是你,我是我,你就是赤身裸體在我身邊晃,又怎能玷污我呢?'所以什麼人他都輕鬆自然地與之相處,從來不失常態。牽住他,叫他留住,他就留住。叫他留住就留住,也是因爲他不屑於離開的緣故。"孟子又說:"伯夷太狹隘,柳下惠不大嚴肅,狹隘和不嚴肅,都是君子所不取的。"

【注釋】①不立於惡人之朝:不在壞人的朝廷做官。惡人,既指身材、相貌醜陋的人,又指壞人;這裏是指後者。 ②惡(wù)惡(è):厭惡惡人,討厭壞人。 ③思與鄉人立:趙岐《注》:"思,念也。"楊伯峻先生譯爲:"他便這樣想,同鄉下佬一塊站著……"焦循卻說"思"是"語辭"。焦說不確。詳見本章《考證》(一)。 ④望望然:悵然若失的樣子。詳見本章《考證》(二)。 ⑤浼(měi):弄髒。 ⑥柳下惠:魯大夫展獲,其采邑曰柳下,謚曰惠,後世因稱柳下惠。 ⑦進不隱賢:見賢人不隱蔽而進用。詳見本章《考證》(三)。 ⑧遺佚:即遺逸,不被用。 ⑨阨(è)窮而不憫:阨,困厄。憫,憂憤。 ⑩袒裼裸裎(tǎn xī luǒ chéng):露臂,裸體。 ⑪由由然與之偕而不自失:(柳下惠)輕鬆自然地與袒裼裸裎之人一道而不失常態。由由然,自然而然的樣子。之,指袒裼裸裎之人。詳見10.1-2《考證》。偕,一道。 ⑫援而止之:扯住他不讓走。援,牽引,扯。止,使動用法,使……停止不動。 ⑬由:憑,依靠。

【考證】(一)思與鄉人立:

趙岐《注》:"思,念也。"楊伯峻先生將此句譯爲:"他便這樣想,同鄉下佬一塊站著……"但焦循卻說:"按《毛詩·大雅》'思皇多士',《傳》云:'思,辭也。'此'思與鄉人立','思'當亦語辭,非有義也。"按,焦説不確。

首先，"思與鄉人立"與"思皇多士"結構不一樣，前者"思"後是謂詞性成分，後者"思"後是體詞性成分。

其次，"思"用爲助詞也即焦循所謂"語辭"，多見於《詩經》《尚書》等早期文獻；通觀《孟子》全書，除引文或有例外，其正文部分的"思"沒有此種用法。

最後，如前所述，"思與鄉人立"爲"思"接謂詞性成分，這種文例《孟子》中最爲常見，都是"想要""想著"的意思；下引各句中之"思"，焦循均不認爲是"語辭"："北宮黝之養勇也：不膚橈，不目逃；思以一豪挫於人，若撻之於市朝。"（《公孫丑上》）"夷子思以易天下，豈以爲非是而不貴也？"（《滕文公上》）"思誠者，人之道也。"（《離婁上》）"逢蒙學射於羿，盡羿之道，思天下惟羿爲愈己，於是殺羿。"（《離婁下》）"禹思天下有溺者，由己溺之也；稷思天下有飢者，由己飢之也。"（同上）"思天下之民匹夫匹婦有不被堯舜之澤者，若己推而內之溝中。"（《萬章上》，又見《萬章下》）"一人雖聽之，一心以爲有鴻鵠將至，思援弓繳而射之，雖與之俱學，弗若之矣。"（《告子上》）其中，"思以一豪挫於人""夷子思以易天下"均爲"思＋介賓結構＋ V(O)"（"夷子思以易天下"句中"以"的賓語未出現；趙岐《注》："夷子思欲以此道易天下之化使從己"，焦循無異議）。對於這兩句的"思"，焦循也未説它是"語辭"。參見 3.3《考證》。(47)

（二）望望然：

趙岐《注》："望望然，慚愧之貌也。"焦循《正義》説："《禮記·問喪》云：'其送往也，望望然，汲汲然，如有追而弗及也。'注云：'望望，瞻望之貌也。'此云'慚愧'，趙氏蓋讀爲'惘惘'。'惘惘'即'罔罔'。《文選·西征賦》注云：'惘，猶罔。罔，失志之貌。'失志，故慚愧也。"楊伯峻《譯注》云："望望然，怨望之貌。"如按焦循所説"趙氏蓋讀爲'惘惘'，'惘惘'即'罔罔'"，則"望望"應爲疊音形容詞。疊音形容詞，不是字形與音義對應的，可以有多種寫法；因此，"望望"即"惘惘"，也即"罔罔",是没有問題的;趙岐解"望望然"爲"慚愧之貌",但古書中釋爲"怨"的"望"都是動詞,未見疊用。如:"財匱而民望"(《韓非子·飾邪》)王先慎《集解》:"怨也。"要之,"望望然"即本篇第二章的"芒芒然",也即"茫然""罔然"。故譯之爲"悵然若有所失"。参見3.2—4《考證》(五)。(48)

(三)進不隱賢:

這幾句又見《萬章下》。楊伯峻《譯注》説:"《韓非子·難三》云:'故群臣公正而無私,不隱賢,不進不肖。'則'不隱賢'爲見賢人而不隱蔽之意。但趙《注》以爲'進不隱己之賢才,必欲行其道也',此説甚是。"從對《孟子》《論語》中作主語、賓語的"賢"所作全面考察來看,我們不認同趙《注》,而擬將"不隱賢"理解爲"見賢人而不隱蔽"。

因爲,如按趙《注》,"賢"在此句中爲自指,指一種好品德;而如果《孟子》"不隱賢"義同《韓非子》的"不隱賢","賢"則爲轉指,指賢人、賢者。自指單純是詞性的轉化——由謂詞性轉化爲體詞性,語義則保持不變;轉指則不僅詞性轉化,語義也發生變化,尤指行爲動作或性質本身轉化爲指與行爲動作或性質相關的事物。例如:"教書的來了",這裏"教書的"是轉指,轉指教書者。又如:"教書的時候要認真",這裏"教書的"語義没變,是自指。而在《論語》《孟子》中,我們找到作主語、賓語的"賢"21例,其中20例爲轉指,僅1例爲自指。列舉如下:

"國君進賢,如不得已,將使卑踰尊,疏踰戚,可不慎與?"(《孟子·梁惠王下》)"尊賢使能,俊傑在位。"(《公孫丑上》)"天下有道,小德役大德,小賢役大賢。"(《離婁上》)"至於禹而德衰,不傳於賢,而傳於子。……天與賢,則與賢;天與子,則與子。"(《萬章上》)"用上敬下,謂之'尊賢'。"(《萬章下》)"悦賢不能舉,又不能養也,可謂悦賢乎?"(同上)"虞不用百里奚而亡,秦繆公用之而霸。不用賢則亡。"(《告子下》)"養老尊賢,俊傑在位,則有慶……遺老失賢,掊克在位,則有讓……尊賢育才,以彰有德。"(同上)"仁者無不愛也,急親賢之爲務。……堯舜之仁不徧愛人,急親賢也。"(《盡心上》)"見賢思齊焉,見不賢而内自省也。"(《論語·里仁》)"君子尊賢而容衆,嘉善而矜不能。"(《子張》)以上 20 例"賢"均爲轉指,指賢人、賢者。

僅以下 1 例"賢"爲自指,指品德:"挾貴而問,挾賢而問,挾長而問,挾有勳勞而問,挾故而問,皆所不答也。"(《孟子·盡心上》)這裏的"賢"受諸多"挾……而問"句的制約,顯然是有標的特例。

《韓非子·難三》"不隱賢,不進不肖","不肖"轉指"不肖之人","賢"顯然也如此。張覺譯"不隱賢"爲"不埋没賢人"(《韓非子譯注》,上海古籍出版社 2007 年,第 567 頁),當然是對的。依據語言的社會性原則,本章"不隱賢"也應如此譯,否則必須解釋例外形成的原因。(49)

公孫丑章句下

凡十四章

4.1 孟子曰:"天時不如地利①,地利不如人和。三里之城,七里之郭②,環而攻之而不勝③。夫環而攻之,必有得天時者矣;然而不勝者,是天時不如地利也④。城非不高也,池非不深也,兵革非不堅利也⑤,米粟非不多也;委而去之⑥,是地利不如人和也。故曰:域民不以封疆之界⑦,固國不以山谿之險,威天下不以兵革之利⑧。得道者多助,失道者寡助。寡助之至,親戚畔之⑨;多助之至,天下順之。以天下之所順,攻親戚之所畔;故君子有不戰,戰必勝矣⑩。"

【譯文】孟子說:"天時比不上地利,地利比不上人和。比如有一座城池,它的每一邊有三里長,外郭每邊有七里。敵人圍攻它,卻不能取勝。能夠圍而攻之,一定是得到了天時,既如此,而不能取勝,這就說明得天時不如佔地利。〔有時,〕城牆不是不高,護城河不是不深,兵器甲冑不是不牢固便利,糧食不是不多;最終卻放棄這些而逃走,這就說明佔地利不如得人和。所以說,限制人民不光靠國家的疆界,鞏固國家不光靠山川的險阻,威懾天下不光靠兵器的便利。行仁政的人,大家都來幫助他;不行仁政的人,很少有人幫助他。幫助的人少到了頂點,就連親戚都背叛他;幫助的人多到了頂點,普天之下都順從他。用普天之下順從的力量去攻打連親戚都背叛的人,那麼,君子要麼不戰,若要一戰,就必定勝利。"

【注釋】①天時、地利、人和:當時常用短語,多見於《逸周書》《管子》《荀子》等書,亦有不作"地利"而作"地宜""地形"者。天時,從文獻中看,大約指天之陰晴寒暑雨雪是否宜於攻戰。如:"不亂民功,不逆天時,五穀睦熟,民乃蕃滋。"(《國語・越語下》)"天時不祥,則有水旱;地道不宜,則有飢饉。"(《管子・五輔》)"非天時,雖十堯不能冬生一穗。"(《韓非子・功名》) ②郭:外城。 ③環:圍繞。 ④是天時不如地利:略同"此天時不如地利"。是,代詞,意義近於"此"。 ⑤革:皮革,指甲冑。 ⑥委:丟棄,放棄。 ⑦域:界限,限定。 ⑧利:該"利"字恐不能以"銳利"譯之,否則,兵固然可銳利,革又如何銳利?《墨子・節用中》:"曰帶劍,爲刺則入,擊則斷,旁擊而不折,此劍之利也。甲爲衣則輕且利,動則兵且從,此甲之利也。車爲服重致遠,乘之則安,引之則利,安以不傷人,利以速至,此車之利也。古者聖王爲大川廣谷之不可濟,於是利爲舟楫,足以將之則止。雖上者三公諸侯至,舟楫不易,津人不飾,此舟之利也。"《老子・十九章》"絕巧棄利"王弼注:"用之善也。"近之。 ⑨畔:通"叛"。 ⑩君子有不戰,戰必勝矣:類似句子如:"有弗學,學之弗能,弗措也。"(《禮記・中庸》)故可理解爲:"君子有不戰,戰,則必勝矣。"

4.2-1 孟子將朝王,王使人來曰:"寡人如就見者也①,有寒疾,不可以風。朝,將視朝,不識可使寡人得見乎?"對曰:"不幸而有疾,不能造朝。"明日,出弔於東郭氏②。公孫丑曰:"昔者辭以病③,今日弔,或者不可乎④?"曰:"昔者疾,今日愈,如之何不弔?"

　　王使人問疾,醫來。孟仲子對曰⑤:"昔者有王命,有采薪之憂⑥,不能造朝。今病小愈,趨造於朝,我不識能至否乎?"使數人要於路⑦,曰:"請必無歸,而造於朝!"不得已而之景丑氏宿焉⑧。

【譯文】孟子正要去朝見齊王,這時王派了個人來傳話:"我本來應該去你那兒看你,但是得了風寒,不能吹風。明天早晨,我也會臨朝辦公,不知道能讓我見見您嗎？"孟子答道："很不幸，我也有病，不能上朝。"第二天，孟子到東郭大夫家去弔喪。公孫丑説："昨天假託有病辭掉了王的召見，今天又去弔喪，大概不行吧？"孟子説："昨天有病，今天好了，憑什麽不去弔喪呢？"

齊王派人來探病，醫生也來了。孟仲子對來人説："昨天王有命令來，他得了小病，不能奉命上朝。今天剛好一點，就急忙上朝去了，但我不曉得他能否走到？"然後孟仲子派了好幾個人分別在路上攔截孟子，説："您一定不要回家，要趕快上朝去。"孟子没有辦法，就去景丑家住一宿。

【注釋】①如就見：應該上門去拜見您。如，宜，應當。就，往……去，這裏指去孟子處。　②東郭氏：齊國大夫東郭牙家。　③昔者：以前。不過古人的"昔者"和現代漢語的"以前"稍有不同，前者指昨天以前，包括昨天；後者指較長一段時間以前。這裏的"昔者"可譯爲"昨天"。詳見楊樹達《積微居小學述林·〈孟子〉"昔者"説》　④或者：大概。　⑤孟仲子：大約是孟子的堂兄弟。　⑥采薪之憂：疾病的委婉説法，爲當時交際上的習慣用語。采，"採"的本字。　⑦要（yāo）：遮攔。　⑧景丑氏：其人已不可考。《漢書·藝文志》有《景子》三篇，列在儒家，翟灝《四書考異》認爲或即此人所著。

【考證】朝，將視朝：

趙岐《注》云："儻可來朝，欲力疾臨視朝，因得見孟子也。"而朱熹《集注》以第一"朝"字讀爲"朝暮"之"朝"（zhāo）。

古代朝見均在早晨，故朝見的"朝"已經隱含了早晨義，如非強調，不必再説出朝見的時間。例如："冬，公如齊，朝。"（《左傳·僖公三十三年》，沈玉成《左傳譯文》："冬，僖公到齊國朝見"）"冬，公如晉，朝。"（《文公十三年》，沈譯："冬，文公到晉國朝見"）"八年春，公如晉，朝。"（《襄公八年》，沈譯："八年春，襄公去到晉國，朝聘"）"朝，禮使者事畢，客出。"（《吕氏春秋·審應覽》）

但强調時間時例外："諸侯……朝服以日視朝於内朝。朝，辨色始入。君日出而視之,退適路寢,聽政。"(《禮記·玉藻》)這一例從"辨色始入"看,"朝"應爲黎明義。未見"朝"有趙岐《注》"儻可來朝"的用例,而此例下文既爲"將視朝",則"朝"當爲今音爲 zhāo 的時間詞。既然是與孟子約定,當然是强調了。(50)

4.2-2 景子曰:"內則父子,外則君臣,人之大倫也。父子主恩,君臣主敬。丑見王之敬子也,未見所以敬王也。"曰:"惡①!是何言也!齊人無以仁義與王言者,豈以仁義爲不美也?其心曰'是何足與言仁義也'云爾,則不敬莫大乎是。我非堯舜之道,不敢以陳於王前;故齊人莫如我敬王也。"

　　景子曰:"否,非此之謂也。《禮》曰:'父召,無諾②;君命召,不俟駕③。'固將朝也,聞王命而遂不果④,宜與夫《禮》若不相似然⑤。"

【譯文】景丑説:"在家父子,出門君臣,這是人際間最重大的倫常。父子之間以德惠爲主,君臣之間以恭敬爲主。我只看見了王對您的尊敬,卻沒見到您拿什麽去敬王的。"孟子説:"哎,這算什麽話呀!齊國人中,沒有一個跟王講求仁義的,他們難道以爲仁義不好嗎?〔不是的。〕他們心裏不過是想著'這人哪值得和他談仁義呢'罷了。那麽,對王不敬,沒有比這更厲害的。我呢,除非堯舜之道,不敢拿來在王面前陳述。所以説,齊國人中間沒有誰比我更崇敬王的。"

　　景丑説:"不,我説的不是這個。《禮經》上説,父親召唤,'唯'一聲就起身,不會説'諾';君主召唤,不等車馬駕好就先走。你卻本來準備朝見王,一聽到王召見你,反而不去了。這該是和那《禮經》所説有點不相合吧?"

【注釋】①惡(wū):歎詞。　②父召,無諾:應答時一般用"諾",十分恭敬則用"唯"。　③君命召,不俟(sì)駕:這是當時大家都遵守的禮節。俟,等待。　④不果:事情不合於預期的叫作"不果"。　⑤宜與夫《禮》若不相似然：這事應該和那《禮經》所説好像合不上吧？宜，應該。夫，那。若，好像。詳見本節《考證》。

【考證】宜與夫《禮》若不相似然：

這句趙岐説得明明白白："事宜與夫《禮》若不相似然乎？"但翟灝《孟子考異》記載："《書齋夜話》曰，'宜與'之'與'音'歟'。古者'歟'字皆作'與'字，'宜歟'即'可乎'之謂，當以'與'字絶句，不當連下文。"這樣，連著上文就應讀作"固將朝也，聞王命而遂不果，宜與？夫《禮》若不相似然。"我們以爲這種説法欠妥。

先秦時代要用"宜"來表示"可乎"或類似意思，從不用句末語氣助詞"與"或"歟"，自然不會有什麼"宜與""宜歟"。常用的是"乎"，但也不會直接説"宜乎"，而是：表示贊成常用"不亦宜乎"，如："與民同之，民以爲小，不亦宜乎？"（《孟子·梁惠王下》）"則是方四十里爲阱於國中，民以爲大，不亦宜乎？"（同上）"夫子之云，不亦宜乎！"（《論語·子張》）"犯五不韙而以伐人，其喪師也，不亦宜乎？"（《左傳·隱公十一年》）

表不贊同的較爲少見："辭尊居卑，辭富居貧，惡乎宜乎？"（《孟子·萬章下》）

而像"宜與夫《禮》若不相似然"這樣的"宜"後接一謂詞性成分的句子則比比皆是："沐則心覆，心覆則圖反，宜吾不得見也。"（《左傳·僖公二十四年》）"德以柔中國，刑以威四夷，宜吾不敢服也。"（《僖公二十五年》）"宜君王之欲殺女而立職也。"（《文公元年》）"失禮違命，宜其爲禽也。"（《宣公二年》）"宜乎百姓之謂我愛也。"（《孟子·梁惠王上》）

所以"宜與夫禮若不相似然"在當時語言中是文從字順而不必懷疑的。

趙岐釋爲："事宜與夫禮若不相似然乎？"我們理解爲，"這事應該和那《禮經》所説好像合不上吧？"但焦循卻説："《爾雅·釋詁》云：'事，宜也。'（趙岐）故以'事'釋'宜'。'宜與夫禮'，謂夫子之事，與

《禮》所云若不相似。"如此，焦循是將趙岐所說"事宜"理解爲同義短語了，類似今日文書中常說的"未盡事宜"。這也是不對的。王引之說虛詞訓釋必須"揆之本文而協，驗之他卷而通"，"宜"在這句的意思還是由它的本義"合適"產生的直接引申義"應該""應當"。"宜與夫《禮》若不相似然"——應該與《禮經》所載好像合不上。"失禮違命，宜其爲禽也。"——失禮違命，我被逮起來，是應該的。"宜乎百姓之謂我愛也"——老百姓說我捨不得，是應該的。

明白了這點，再來看高郵王氏父子的解釋。王引之《經傳釋詞》："家大人曰，宜，猶'殆'也。成二年《左傳》曰：'宜將竊妻以逃者也。'六年《傳》曰：'不安其位，宜不能久。'《孟子·公孫丑篇》曰：'宜與夫《禮》若不相似然。'《滕文公篇》曰：'不見諸侯，宜若小然。'又曰：'枉尺而直尋，宜若可爲也。'《離婁篇》曰：'宜若無罪焉。'《盡心篇》曰：'宜若登天然。'《齊策》曰：'救趙之務，宜若奉漏瓮，沃燋釜。''宜'字並與'殆'同義。"

王引之給出的8例書證，"宜將竊妻以逃者也""不安其位，宜不能久"2例之"宜"，結合上下文看，釋爲"應當""應該"也毫無問題。

第一例："申叔跪從其父將適郢，遇之，曰：'異哉！夫子有三軍之懼，而又有《桑中》之喜，宜將竊妻以逃者也。'及鄭，使介反幣，而以夏姬行。"先預言"宜將竊妻以逃者也"，後來果然"以夏姬行"。前句譯爲"應該會帶著老婆逃跑"有何不可？

第二例："鄭伯其死乎？自棄也已！視流而行速，不安其位，宜不能久。"先預言"鄭伯其死乎"，後指出原因"不安其位，宜不能久"。那麼譯爲"不安於其位，應該不能長久"有何不可？剩下6例，有5例是"宜若"連言。"若"意謂"好像"，表不定，表推測，這一點和"殆"類似。剩下就是"宜與夫《禮》若不相似然"，這一句的"若"也表不定和推測，和"殆"類似，但這不是"宜"的意義。郭錫良、胡明揚、陸儉明等先生一再強調不要將整個句子或格式的意義當作該句中某一個詞的意義，就是這個意思。

要之,《經傳釋詞》以及各字典、詞典給"宜"所列的"大概""好像"義項似乎是值得斟酌的。(51)

4.2-3 曰:"豈謂是與？曾子曰:'晉楚之富,不可及也;彼以其富,我以吾仁;彼以其爵,我以吾義,吾何慊乎哉①?'夫豈不義而曾子言之？是或一道也②。天下有達尊三:爵一,齒一,德一。朝廷莫如爵,鄉黨莫如齒,輔世長民莫如德③。惡得有其一以慢其二哉？故將大有爲之君,必有所不召之臣;欲有謀焉,則就之。其尊德樂道,不如是,不足與有爲也。故湯之於伊尹,學焉,而後臣之,故不勞而王;桓公之於管仲,學焉,而後臣之,故不勞而霸。今天下地醜德齊④,莫能相尚,無他,好臣其所教⑤,而不好臣其所受教。湯之於伊尹,桓公之於管仲,則不敢召。管仲且猶不可召,而況不爲管仲者乎？"

【譯文】孟子說:"難道是說的這個嗎！曾子說過:'晉國和楚國的財富,我們是趕不上的。但他憑他的財富,我憑我的仁;他憑他的爵位,我憑我的義,我有什麼想不開的呢？'難道不義的話曾子能說嗎？我的不去見王,或許〔和曾子說的〕是一個道理。天下公認尊貴的有三件:爵位是一個,年齡是一個,道德是一個。在朝堂上,沒什麼比得上爵位;在鄉黨中,沒什麼比得上年齡;至於輔助君主統治百姓自然是沒什麼比得上道德。他憑什麼拿他擁有的一種來輕慢我所擁有的兩種呢？所以,將有大作爲的君主必定有他不能召見的臣子;如有什麼要商量,就到臣那兒去。這君主要崇尚道德,追求真理,如果他不這樣做,〔臣子〕便不足以和他一道有所作爲。因此,商湯對於伊尹,先向他學習,然後以他爲臣,所以不費大力氣便一統天下;桓公對於管仲,也是先向他學習,然後以他爲臣,所以不費大力氣而稱霸諸侯。當今天下各大國土地大小相當,行爲作風也差不多,沒有誰能夠超過許多,這沒有其他原因,就因爲這些國家的君主喜歡用聽他說教的人爲臣,不喜歡能教導他的人爲臣。商湯對於伊尹,桓公對於管仲,就不敢召見。管仲尚且不可以召見,何況不屑於做管仲的我呢?"

【注釋】①慊(qiǎn):遺憾,不滿足。 ②一道:一種方法,一個道理或真理。詳見本節《考證》。 ③天下有達尊三……莫如德:《莊子‧外篇‧天道》:"夫天地至神,而有尊卑先後之序,而況人道乎!宗廟尚親,朝廷尚尊,鄉黨尚齒,行事尚賢,大道之序也。"可見孟子所言,爲當時一般觀念,非孟子所杜撰。另外,在一個社會中,當對年齡和道德的尊崇衰退時,對"爵"的尊崇就相對凸顯了,"官本位"或許與此有關。可參 11.16。 ④醜:相同。 ⑤好(hào)臣其所教:好,喜好。臣,以……爲臣。

【考證】是或一道也:

趙岐《注》云:"曾子豈嘗言不義之事邪?是或者自得道之一義,欲以喻王猶晉楚,我猶曾子,我豈輕於王乎?"朱熹《集注》則云:"云夫此豈是不義,而曾子肯以爲言,是或別有一種道理也。"

我們認爲,是或一道,是說:這或許〔和曾子的不慊於晉、楚〕是一個道理。是,與上文"豈謂是與"的"是"所指相同,指孟子的不去見王。

一道,一種方法,一個道理或真理。其例如:"故樂者……合奏以成文者也,足以率一道,足以治萬變。"(《荀子‧樂論》)"利民豈一道哉!當其時而已矣。"(《吕氏春秋‧開春論》)"夫死敗,人之所惡也,而反以爲安,豈一道哉?"(《似順論》)"道爲之命,……死生同理,萬物變化,合於一道,簡生忘死,何往不壽?"(《文子‧自然》)"順善意,防其邪心,與民同出一道,則民可善,風俗可美。"(《下德》)"治世不一道,便國不必法古。"(《商君書‧更法》)"有百技而無一道,雖得之弗能守。"(《淮南子‧詮言訓》)"誠決其善志,防其邪心,啓其善道,塞其姦路,與同出一道,則民性可善,而風俗可美也。"(《泰族訓》)(52)

4.3 陳臻問曰①:"前日於齊,王餽兼金一百而不受②;於宋,餽七十鎰而受;於薛③,餽五十鎰而受。前日之不受是④,則今日之受非也;今日之受是,則前日之不受非也;夫子必居一於此矣。"

孟子曰:"皆是也。當在宋也,予將有遠行,行者必以贐⑤;辭曰:'餽贐。'予何爲不受?當在薛也,予有戒心,辭曰:'聞戒,故爲兵餽之⑥。'予何爲不受?若於齊,則未有處也⑦。無處而餽之,是貨之也⑧。焉有君子而可以貨取乎⑨?"

【譯文】陳臻問道:"過去在齊國,齊王餽贈上等金一百鎰,您不接受;後來在宋國,宋君餽贈七十鎰,您受了;在薛,田家餽贈五十鎰,您也受了。如果過去不接受是對的,那今天接受就錯了;如果今天接受是對的,那過去不接受就錯了。這裏的對與錯,老師必居其一。"

孟子說:"都是對的。當在宋國的時候,我正要遠行,遠行之人一定要用些盤纏,他說:'奉上些盤纏。'我爲什麼不接受?在薛的時候,我聽說路上有危險要戒備,他說:'聽說您要戒備,奉上些錢買兵器吧。'我爲什麼不接受?至於在齊國,卻没什麼理由。没什麼理由卻奉送錢財,這是賄賂我。哪裏有正人君子會被賄賂收買呢?"

【注釋】①陳臻:孟子弟子。 ②餽(kuì)兼金一百:餽,又作"饋",贈送。兼金,好金,其價兩倍於一般者。古之所謂金,實際上是銅。一百,一百鎰。二十兩爲一鎰。 ③薛:在今蘇北睢寧縣北,齊靖郭君田嬰封邑;薛本來是春秋時代的薛國,後亡於齊。 ④是:對,正確。 ⑤以贐(jìn):贐,送行者贈給別離者的禮物。這句話省略了謂語中心成分"餽",因爲"餽"字在前後文都出現了。參見何樂士《左傳虛詞研究》之《兩種與介詞"以"有關的省略式》,見該書第183—184頁。 ⑥爲兵餽之:爲了(購買)兵器而餽贈兼金。爲,讀去聲。 ⑦處(chù):由"處所"引申出的"理由"義。 ⑧貨:賄賂。 ⑨可以貨取:讀作"可·以貨取",能夠被賄賂收買。

4.4 孟子之平陸①,謂其大夫曰②:"子之持戟之士③,一日而三失伍④,則去之否乎⑤?"曰:"不待三。"

"然則子之失伍也亦多矣。凶年饑歲,子之民,老羸轉於溝壑,壯者散而之四方者,幾千人矣⑥。"曰:"此非距心之所得爲也⑦。"曰:"今有受人之牛羊而爲之牧之者,則必爲之求牧與芻矣⑧。求牧與芻而不得,則反諸其人乎?抑亦立而視其死與?"曰:"此則距心之罪也。"

他日,見於王曰:"王之爲都者⑨,臣知五人焉。知其罪者,惟孔距心。"爲王誦之⑩。王曰:"此則寡人之罪也。"

【譯文】孟子到了平陸,對當地長官說:"如果你的戰士一天幾次擅離職守,你去掉他嗎?"答道:"用不著幾次〔,我就去掉他了〕。"

孟子說:"那麼,你自己的失職也很多了。災荒之年,你的百姓,年老體弱者到溝壑中去等死的,青壯年到四面八方去流浪的,將近一千人了。"答道:"〔賑災之事,是王掌管的,〕這不是距心力所能及的。"孟子說:"比如有人接受別人的牛羊而替人放牧,那一定要替牛羊尋找牧場和草料了。找牧場和草料沒找到,是把牛羊退還原主呢,還是站在那兒看著牠們一個個餓死呢?"答道:"這就是距心的罪過了。"

過了些時候,孟子朝見齊王,說:"王的地方長官,我認識了五位。明白自己的罪過的,只有孔距心。"並將和孔距心的談話對王複述一遍。王說:"這個也是我的罪過呢!"

【注釋】①平陸:齊邊境城邑名,在今山東汶上縣城之北。 ②大夫:戰國時的地方首長亦稱大夫,相當現在的縣長。當時平陸大夫爲孔距心。 ③持戟(jǐ)之士:戰士。戟,古代兵器的一種。 ④失伍:落伍,掉隊。 ⑤去之:趙岐《注》及朱熹《集注》都注"殺之也",《左傳》類似文例沈玉成譯爲"去掉",從之。 ⑥幾千人:幾乎有一千人。幾,幾乎。 ⑦此非距心之所得爲也:直譯爲"這事兒不是我孔距心能夠做得到的。"類似句子爲:"非小人之所得知也。"(《左傳·成公九年》)"老而無子者,有所得終其壽。"(《墨子·兼愛中》) ⑧牧:牧地。 ⑨都:凡邑,有宗廟先君牌位者爲都,無曰邑。但都、邑多通稱。 ⑩誦:背誦,複述。

4.5 孟子謂蚳䵷曰①:"子之辭靈丘而請士師②,似也③,爲其可以言也。今既數月矣,未可以言與?"蚳䵷諫於王而不用,致爲臣而去④。齊人曰:"所以爲蚳䵷則善矣;所以自爲,則吾不知也。"

公都子以告⑤。曰:"吾聞之也:有官守者,不得其職則去;有言責者,不得其言則去。我無官守,我無言責也,則吾進退豈不綽綽然有餘裕哉⑥?"

【譯文】孟子對蚳䵷說:"你辭去靈丘縣長,要去做司法官,這是不錯,因爲可以向王進言。現在,已經好幾個月了,你還不能向王進言嗎?"蚳䵷向王進諫不被採納,因此辭職離去。齊國有人說:"孟子替蚳䵷打主意打得不錯;但是他如何替自己打主意,那我還不知道。"

公都子把這話轉告孟子。孟子說:"我聽說過這樣的話:有官職的,不能盡其職責,便應該離去;有進言責任的,進諫不被採納,也應該離去。我既無官職,又無言責,那麼我是留下還是離去,不是有很大的迴旋餘地嗎?"

【注釋】①蚳(chí)䵷:齊大夫。䵷,即"蛙"字。 ②靈丘:齊國邊境邑名。 ③似也:像那麼回事,是對的,是不錯的。《莊子·外篇·秋水》:"蛇謂風曰:'予動吾脊脅而行,則有似也。今子蓬蓬然起於北海,蓬蓬然入於南海,而似無有,何也?'"《禮記·哀公問》:"公曰:'寡人雖無似也,願聞所以行三言之道,可得聞乎?'"鄭玄《注》:"無似,猶言'不肖'。"《論衡·自然》:"不肖者,不似也。""寡人雖無似也",意謂"我雖然沒什麼出息"。"有似也",意謂"像是那麼回事"。 ④致:放棄。　⑤公都子:孟子弟子。　⑥綽綽:寬鬆的樣子。

4.6 孟子爲卿於齊,出弔於滕①,王使蓋大夫王驩爲輔行②。王驩朝暮見③,反齊滕之路,未嘗與之言行事也。

公孫丑曰:"齊卿之位,不爲小矣;齊滕之路,不爲近矣,反之而未嘗與言行事,何也?"曰:"夫既或治之,予何言哉?"

【譯文】孟子在齊國作卿,奉命到滕國去弔喪,齊王還派蓋邑長官王驩當副使同行。王驩和孟子朝夕相處,但在齊滕兩國來回的旅途中,孟子沒和他談過公事。

公孫丑說:"齊國卿的官位,也不算小了;齊滕間的路途,也不算近了;但來回一趟,卻沒和他談過公事,爲什麽呢?"孟子答道:"那事兒大約已經有人管著,我還用說什麽呢?"

【注釋】①出弔於滕:弔滕文公之喪。　②蓋(gě)大夫王驩爲輔行:蓋,齊國邑名,故城在山東沂水縣城西北八十里。王驩,齊國的諂媚之臣,有寵於齊王,後官至右師。孟子甚厭其人,不願與之過多交流。輔行,副使。　③王驩朝暮見:王驩白天夜晚總在孟子跟前晃來晃去。見,同"現"。

4.7 孟子自齊葬於魯,反於齊,止於嬴①。充虞請曰②:"前日不知虞之不肖③,使虞敦匠④。事嚴⑤,虞不敢請。今願竊有請也:木若以美然⑥。"

曰:"古者棺椁無度,中古棺七寸⑦,椁稱之。自天子達於庶人,非直爲觀美也,然後盡於人心。不得⑧,不可以爲悅;無財,不可以爲悅。得之爲有財,古之人皆用之,吾何爲獨不然?且比化者無使土親膚⑨,於人心獨無恔乎⑩?吾聞之也:'君子不以天下儉其親⑪。'"

【譯文】孟子從齊國到魯國料理喪事,然後返回齊國,停在了嬴縣。充虞請問道:"承您看得起我,讓我總管棺椁的製造工作。事情很急迫,我便不敢請教。今天才敢來請教:我覺得棺木似乎豪華了些。"

孟子答道:"上古棺椁的尺寸,並沒有什麽規範;到了中古,才規定棺厚七寸,椁的厚度與棺相稱。從天子一直到老百姓,講究棺椁,不單單爲了美觀,而是必須這樣,才算盡了孝子之心。好材料不能得到,當然不稱心;没有財力買那好材料,還是不稱心。好材料最終到手了,當然就是有財力;古人又都這樣做了,我爲什麽單單不這樣做呢?而且,僅僅做到不讓死者的遺體挨著泥土,對孝子來說,難道就稱心如意了嗎?我聽說過:君子不會將普天之下能找到的喪葬用品,儉省在父母身上。"

【注釋】①嬴:在今山東萊蕪西北。　②充虞:孟子弟子。　③不知虞之不肖(xiào):這是客氣話。不肖,不行,不好。肖,類似;"不肖"本來是不像父親的意思(《説文解字》:"肖,骨肉相似也"),引申爲"不好"的意思,經常與"賢"相對而言(如 8.7、9.6－1、12.6－1)。　④敦匠:敦,治。匠,指木工。　⑤事嚴:事情急迫。詳見本章《考證》(一)。　⑥木若以美然:棺木似乎感覺太豪華了。若,似乎。以,以爲,認爲,覺得。詳見 6.3－1《考證》。譯文將"覺得"挪到句首。⑦中古:謂周公制禮以來。　⑧不得:得不到上文所説的七寸之棺及與之相稱的椁。詳見本章《考證》(二)。　⑨且比(bì)化者無使土親膚:比,爲了。化,死。無,毋。親,挨著。此句意謂,況且爲了死者不要讓泥土挨著身體。詳見本章《考證》(四)。　⑩佽(xiào):快意。⑪吾聞之也君子不以天下儉其親:《十三經注疏》之《孟子注疏》無"也"字,北大簡體標點本標作:"吾聞之,君子不以天下儉其親。"中華書局朱熹《四書章句集注》標作:"吾聞之君子:不以天下儉其親。"詳見本章《考證》(五)。

【考證】(一)使虞敦匠事嚴:

趙岐《注》:"敦匠,厚作棺也。事嚴,喪事急。"可見趙岐是在"敦匠"後點斷。閻若璩、周廣業均讀作:"敦匠事,嚴,虞不敢請。"(見焦循《孟子正義》)楊伯峻《孟子譯注》從之。

我們以爲趙岐《注》較爲可從。因爲：

1. 趙岐《注》較早，且閻、周均未對其説提出反駁意見。

2. 百工，包括梓、匠、輪、輿等。如："子何尊梓匠輪輿而輕爲仁義者哉？"(《孟子·滕文公下》)"梓匠輪輿能與人規矩，不能使人巧。"(《盡心下》)周秦時代文獻中，除《周禮》《管子》《慎子》中有"工事"外，未見"梓事""輪事""輿事"；當然，也未見"匠事"(本例除外)。

3. 周秦文獻中，未見"嚴"單獨爲句者；而與"事嚴"這種"抽象名詞＋嚴"結構類似者卻並不鮮見："不然，則賞明可信而罰嚴足畏也。"(《墨子·備城門》)"不然，則罰嚴而可畏也。"(《管子·九變》)"吾賞厚而信，罰嚴而必。"(《韓非子·内儲説上》)"簡公在上位，罰重而誅嚴，厚賦斂而殺戮民。"(《外儲説右下》)"故罰薄不爲慈，誅嚴不爲戾，稱俗而行也。"(《五蠹》)

《説文》訓"嚴"爲"教命急"，詞義擴大爲"緊急"，"事嚴"即此義，趙岐已説得很明白；而"罰嚴""誅嚴"的"嚴"的"嚴重"義乃"緊急"義的引申，故其分佈(上下文條件)與前者相似。

可見，趙岐《注》較爲可信。(53)

(二)不得不可以爲悦：

趙岐《注》："王制所禁，不得用之，不可以悦心也。"朱熹《集注》説："不得，謂法制所不當得。"楊伯峻先生總結説："舊注皆以'不得''謂法制所不當得'，譯文所本。"我們以爲，"不得"，謂得不到上文所説的七寸之棺及與之相稱的槨。

考察同時期文獻中的"不得"以及常與之同時出現的"得之"，發現它們要麽泛指得到或得不到某種東西，要麽指得到或得不到前文所出現的那種事物。例如：

"是故君子……卑己而尊人，小心而畏義，求以事君。得之自是，不得自是，以聽天命。"(《禮記·表記》，"得之"泛指能夠得到某種東西，"不得"泛指不能夠得到某種東西；以下 2 例類似。)"心之官則思，思則得之,不思則不得也。"(《孟子·告子上》)"求則得之,舍則失之,是求有益於得也,求在我者也。求之有道,得之有命,是求無益於得也,求在外者也。"(《盡心上》)

也許有讀者認爲"得之"的"之"只是"湊足一個音節的小品詞",我們不這麼認爲。關於這點,可參郭錫良《漢語第三人稱代詞的起源和發展》。

以下各例爲"得之""不得"的"之"指上文所出現的事物:"求牧與芻而不得。"(《公孫丑下》,不得,謂不得牧與芻)"君子深造之以道,欲其自得之也。"(《離婁下》,自得之,謂得道)"周公思兼三王,以施四事;其有不合者,仰而思之,夜以繼日;幸而得之,坐以待旦。"(《離婁下》,得之,謂得"合之"者)"故説詩者,不以文害辭,不以辭害志。以意逆志,是爲得之。"(《萬章上》,得之,謂得詩之旨意)"仁義禮智,非由外鑠我也,我固有之也,弗思耳矣。故曰:'求則得之,舍則失之。'"(《告子上》,得之、失之,謂得到、失去"仁義禮智")"今夫弈之爲數,小數也;不專心致志,則不得也。"(《告子上》,不得,謂不得弈之數)"一簞食,一豆羹,得之則生,弗得則死。"(同上)"求崔杼之尸,將戮之,不得。叔孫穆子曰:'必得之……'既,崔氏之臣曰:'與我其拱璧,吾獻其柩。'於是得之。"(《左傳·襄公二十八年》,得之、不得,指得到、得不到崔杼之尸)"聞守卞者將叛,臣帥徒以討之,既得之矣,敢告。"(《襄公二十九年》,得之,指抓獲"守卞者")"追而得之,囚於齊。"(《定公九年》,得之,指俘獲陽虎)"市南有熊宜僚者,若得之,可以當五百人矣。"(《哀公十六年》,得之,指得到熊宜僚)"衛侯占夢,嬖人求酒於大叔僖子,不得。"(同上,不得,謂不得酒也)

"不得,謂法制所不當得",即"不應得",我們未見"不得"有此用法者。而上文明言"古者棺椁無度,中古棺七寸,椁稱之",則此處"不得",依據上引各例,當謂得不到七寸之棺以及與之相稱的椁。(54)

(三)得之爲有財:

王引之《經傳釋詞》:

"家大人曰:爲,猶'與'也。《管子·戒篇》曰:'自妾之身之不爲人持接也。'尹知章《注》曰:'爲,猶"與"也。'《孟子·公孫丑篇》曰:'不得,不可以爲悅;無財,不可以爲悅。得之爲有財,古之人皆用之。'言得之與有財也。《齊策》曰:'犀首以梁爲齊戰於承匡而不勝。'言以梁與齊戰也。《韓策》曰:'嚴仲子辟人,因爲聶政語。'言與聶政語也。《韓詩外傳》曰:'寡人獨爲仲父言,而國人以知之,何也?'言獨與仲父言也。《史記·淳于髡傳》曰:'豈寡人不足爲言邪?'言不足與言也。《李斯傳》曰:'斯其猶人哉,安足爲謀!'言安足與謀也。"

我們不能同意將"得之爲有財"理解爲"得之與有財"。試論證如下:

1.《管子》中婦諸子所說"自妾之身之不爲人持接也,未嘗得人之布織也"云云,"持接"這一短語於周秦文獻中僅此一見,故此例"爲"讀爲"與"無文獻佐證,是尹知章的臆測。共時文獻中諸如"飄風暴雨不爲人害"(《管子·小問》)"夫直議者,不爲人所容"(《韓非子·外儲說左下》)"馬爲人用而鹿不爲人用"(《外儲說右上》)這種"不爲人＋謂詞性結構"常見,故"妾之身之不爲人持接"殆與《戰國策·韓二》"妾事先王也,先王以其髀加妾之身"相彷彿。"不爲人"即"不被他人"之意,意謂自妾一入深宮,不爲他人所御,他人所賜布匹亦不可得矣。《史記》兩例當讀爲"豈寡人不足爲(之)言邪""斯其猶人哉,安足爲(之)謀"。《張耳列傳》"張耳雅遊,人多爲之言"、《刺客列傳》"雖有管、晏,不能爲之謀也"可證。王解爲"不足與言""不足與謀",實爲"不足與之言""不足與之謀"。"爲之"解爲"與之",略近之。

2.誠然王念孫並未說"爲"通"與"或讀爲"與",而只是說"'爲''與'二字聲相轉而義亦相通也。"(《讀書雜志·戰國策第一·西周·秦與天下俱罷》)我們仍不憚其煩考察一下《孟子》成書時期"與"的連詞用法。我們知道連詞"與"大約是由介詞"與"進一步虛化而來的。在《左傳》《國語》《論語》《孟子》等戰國早、中期文獻中,連詞"與"所佔數量大約不到介詞"與"的十分之一。當"與"爲連詞時,在這四部文獻中,固然可見少量連接謂詞者,如"富與貴,是人之所欲也……貧與賤,是人之所惡也。"(《論語·里仁》)"懷與安,實敗名。"(《左傳·僖公二十三年》)但連接謂詞性短語者則更罕見。

雖有"唯上知與下愚不移"(《論語·陽貨》)這樣的"與"連接兩個謂詞性短語者,但"上智"和"下愚"都是轉指,而非自指,我們未見有"與"連接兩個自指的謂詞性短語者。也即,和"得之與有財"類似的句子難以出現在《孟子》一書中。

實際上,在當時語言的連詞系統中,與連詞"而"用於連接並列的謂詞性成分相反,連詞"與"則一般連接並列的體詞性成分。"連詞'與'一般用來連接並列的名詞、代詞或名詞性詞組。"(郭錫良等《古代漢語》,商務印書館 1999 年,第 340 頁)

3. 考察上引《經傳釋詞》說"爲"猶"與"的所有書證,可發現除"得之爲有財"理解爲"得之與有財"之"與"爲連詞外,其餘書證中的"爲"均爲介詞(《淳于髡列傳》《李斯列傳》2 例,"爲"的賓語"之"未出現),王氏也拿介詞"與"來解釋它;因此,即便這些書證中的"爲"都應該理解爲介詞"與",也不能佐證"得之爲有財"之"爲"應該理解爲連詞"與"——此"與"非彼"與"。也即,說"得之爲有財"的"爲"義近連詞"與",實際上是單文孤證,自然難以採信。

4. "得之爲有財"的"爲","略等於'是'"(《王力古漢語字典》),是當時"爲"最常見意義之一。例如:"爾爲爾,我爲我"(《孟子·公孫丑上》《萬章下》)"下者爲巢,上者爲營窟。"(《滕文公下》)"民爲貴,社稷次之,君爲輕。"(《盡心下》)"克己復禮爲仁。"(《顏淵》)"長沮曰:'夫執輿者爲誰?'子路曰:'爲孔丘。'"(《微子》)這一意義的"爲"也常連接兩個謂詞性短語:"知之爲知之,不知爲不知。"(《論語·爲政》)"卻之卻之爲不恭。"(《孟子·萬章下》)可見,"得之爲有財"文從字順,其中的"爲"不必理解爲"與"。

綜上,"不得,不可以爲悅;無財,不可以爲悅。得之爲有財,古之人皆用之。"大意是,(即使有財力卻)得不到上等棺槨(即所謂"有錢無貨"），不能稱心如意；（有上等棺槨卻）無財力獲得，也不能稱心如意。最終得到它了，當然就是有財力，古人都會用它。（55）

（四）且比化者無使土親膚：

趙岐《注》："棺椁敦厚，比親體之變化。"意謂棺槨的厚度，要比照父母遺體骨化所需時間而定。焦循《正義》與趙説近之："比，猶'至'也。"意謂棺槨的木材，要厚到（至）父母遺體能在其中骨化爲止。朱熹《集注》："比，猶'爲'也。"楊伯峻《譯注》從之。

趙岐認爲此句之"比"爲"比照"義，問題是，先秦兩漢文獻中"比"的"比照"義出現較晚，且其賓語多爲結構較簡單的體詞性成分："人之救火者死，比死敵之賞。"（《韓非子·内儲説上》）"食之，比門下之客。"（《戰國策·齊四》）"爲之駕，比門下之車客。"（同上）未見以"化者無使土親膚"這樣長的謂詞性成分作賓語者。焦循説隨文釋義，未見類似文例。

我們以爲朱熹説較爲可據。《梁惠王上》："寡人恥之，願比死者壹洒之。"趙岐未出注，朱熹亦無説。焦循則説："比，代也。""代"與介詞"爲"意義接近。楊伯峻《譯注》："比，bì，介詞，替、代、給的意思。""替""代""給"和介詞"爲"意思接近。以上兩句的"比"後面的成分都是較爲複雜的謂詞性成分。

"且比化者無使土親膚，於人心獨無恔乎"，楊伯峻先生譯爲"而且，爲了不使死者的屍體和泥土相挨，對孝子説來，難道就足以稱心了嗎？"我們譯作"爲了做到不讓死者的遺體挨著泥土，對孝子來説，難道就不能痛痛快快隨心所欲〔操辦〕一回嗎？"都將"比"理解爲"爲了"。而"寡人恥之，願比死者壹洒之"，也如同楊先生所譯，"我實在認爲這是奇恥大辱，希望能夠替我國所有的戰死者報仇雪恨。"

另外，《晏子春秋·内篇諫上》："比死者勉爲樂乎！吾安能爲仁而愈黥民耳矣。"這裏的"比"也與上引2例相同。"比死者勉爲樂乎"意謂"替早死者努力行樂吧"。

只是，此例的"比"，較之《梁惠王上》及《晏子春秋》2例的"比"，意義更爲空靈一些。

《孟子》和《晏子春秋》記録的都是齊魯一帶的語言,且都成書於戰國時期(前者大致成書於戰國中期,至於後者,姚振武《晏子春秋詞類研究》認爲"該書成書大約不會晚於戰國中期"),時代上相差不大。可以推測,表"爲""代""替""給"的"比"大約是齊魯一代的方言詞。(56)

(五)吾聞之也君子不以天下儉其親:

這兩句《十三經注疏》之《孟子注疏》作"吾聞之君子不以天下儉其親",北大簡體標點本標作"吾聞之,君子不以天下儉其親"。中華書局朱熹《四書章句集注》標作"吾聞之君子:不以天下儉其親",焦循《孟子正義》及楊伯峻《孟子譯注》標作"吾聞之也:君子不以天下儉其親",多出了一個"也"字。但我們未能明瞭這一"也"字的來龍去脈。

趙岐《注》:"我聞君子之道,不以天下人所得用之物,儉約於其親。"《四書章句集注》的點校者是否體會"我聞君子之道"而標點爲"吾聞之君子",不可知也。

我們以爲,焦循《正義》及楊伯峻《譯注》如此處理,自有其道理。《左傳》《論語》《孟子》等書中,"吾聞之也"後面緊跟著所聞的内容,是常見的:"吾聞之也:'辯而不德,必加於戮。'"(《左傳·襄公二十九年》)"吾聞之也,君子周急不繼富。"(《論語·雍也》)"吾聞之也:'君子不以其所以養人者害人。'"(《孟子·梁惠王下》)"吾聞之也:'有官守者,不得其職則去……'"(《公孫丑下》)"吾聞之也:'夫誅暴禁非,而赦無罪者,必有戰勝之器……'"(《管子·小問》)"吾聞之也:'處官久者士妒之,禄厚者民怨之,位尊者君恨之。'"(《荀子·堯問》)

其中見於《論語》《孟子》的2例爲"吾聞之也:君子……",尤其具有説服力。而《四書章句集注》的標點"吾聞之君子:不以天下儉其親",相比之下,證據則薄弱一些。遍搜先秦典籍,"吾聞之君子""我聞之君子",未之一見。可見"君子"屬下文,較爲妥當。但《莊子·外篇·天地》:"吾聞之吾師:'有機械者必有機事,有機事者必有機心。'""吾聞之夫子:'事求可,功求成。'"《呂氏春秋·孝行覽》:"吾聞之曾子,曾子聞之仲尼,父母全而生之,子全而歸之,不虧其身,不損其形,可謂孝矣。"但這幾例中"吾聞之夫子""吾聞之曾子""曾子聞之仲尼"的後面所接句子均有主語,而"不以天下儉其親"則沒有主語。而且較之"吾聞之也:'君子不以天下儉其親'",因爲它有來自《孟子》本文的證據,前者的證據就更顯得薄弱了。

"吾聞之:'君子不以天下儉其親。'"是没有問題的。如:"虢其亡乎!吾聞之:'國將興,聽於民;將亡,聽於神。'"(《左傳·莊公三十二年》)"吾聞之:'一日縱敵,數世之患也。'"(《僖公三十三年》)"吾聞之:'禹稱善人,不善人遠。'"(《宣公十六年》)"吾聞之,民受天地之中以生,所謂命也。"(《成公十三年》)《左傳》《國語》中"吾聞之"後面緊跟著所聞內容者,不下近百例,未見"吾聞之:君子……"的文例。

所以,我們認爲,焦循《正義》"吾聞之也:君子不以天下儉其親",如果不考慮版本因素而純從文例上考慮,在以上兩種不同的文字(有無"也"字)和三種不同的標點中,應該是最爲可信的。(57)

4.8 沈同以其私問曰①:"燕可伐與?"孟子曰:"可;子噲不得與人燕,子之不得受燕於子噲。有仕於此②,而子悅之,不告於王而私與之吾子之祿爵;夫士也,亦無王命而私受之於子,則可乎?——何以異於是?"

齊人伐燕。或問曰:"勸齊伐燕,有諸?"曰:"未也;沈同問燕可伐與,吾應之曰:'可。'彼然而伐之也③。彼如曰:'孰可以伐之?'則將應之曰:'爲天吏,則可以伐之。'今有殺人者,或問之曰:'人可殺與?'則將應之曰:'可。'彼如曰:'孰可以殺之?'則將應之曰:'爲士師,則可以殺之。'今以燕伐燕,何爲勸之哉?"

【譯文】沈同憑著他與孟子的私交問道:"燕國可以討伐嗎?"孟子答道:

"可以；子噲不可以把燕國讓給別人；子之也不可以從子噲那兒接受燕國。比如有個士人，你很喜歡他，便不跟王説一聲就把你的俸祿官位都送給他；那士人呢，也没得到王的任命就從你那兒接受了俸祿官位，這樣可以嗎？——子噲、子之私相授受的事和這件事有什麽不同呢？"

齊國討伐了燕國。有人問孟子説："你曾勸齊國伐燕國，有這回事嗎？"孟子答道："没有；沈同問過我，説'燕國可以討伐嗎'，我答應説：'可以。'他們覺得我説得對，就去討伐燕國了。他如果問誰可以去討伐它，那我會回答説：'是天吏，才可以討伐它。'比如現在有個殺人犯，有人問道：'這犯人該殺嗎？'那我會説：'該殺。'如果他再問：'誰可以殺他？'那我會回答：'司法官才可以殺他。'如今卻是如同另一個燕國去討伐燕國，我爲什麽去勸他呢？"

【注釋】①沈同：齊國大臣。　②仕：通"士"。　③彼然而伐之也：即"彼然之而伐之也"，也就是他們認爲説得對，就去攻伐燕國了。然，以爲然。詳見本章《考證》。

【考證】彼然而伐之也：

趙岐《注》："同問可伐乎，吾曰：'可。'彼然而伐之。"照録而未解釋。朱熹《集注》、焦循《正義》無説。楊伯峻《孟子譯注》亦無説，但譯之爲："他們就這樣地去打燕國了。"《孟子譯注》所附《孟子詞典》説"然而"是"轉折連詞"，意爲"如此而、但是"，雖未舉本例，卻是將本例算入"14例"的總數的。白平《楊伯峻〈孟子譯注〉商榷》説："'彼然而伐之也'當譯爲'他認爲我説得對，就討伐了燕國'。原文的'然'不能理解爲'就這樣地'，而是'認爲……合理'的意思。"（第98—99頁）

經過全面考察後，我們讚同白平的説法。

首先，複合虛詞"然而"是個連接句與句的連詞，它總是位於分句之首。如："吾友張也爲難能也，然而未仁。"（《論語·子張》）"七十者衣帛食肉，黎民不飢不寒，然而不王者，未之有也。"（《孟子·梁惠王上》）我們調查了《左傳》《國語》《論語》《孟子》《墨子》《老子》《莊子》

《晏子春秋》《吕氏春秋》《荀子》《韓非子》《管子》等 12 部古籍的全部數百例"然而",未見例外。所以,"彼然而伐之也"的"然而"不可能是這種連詞。

在以下各例中,"然"作爲代詞,位於名詞、代詞之後,是"如此""這樣"的意思,在句中充當述語:"宋殤公立,十年十一戰,民不堪命。孔父嘉爲司馬,督爲大宰,故因民之不堪命,先宣言曰:'司馬則然。'"(《左傳·桓公二年》)"華元逃歸,立于門外,告而入。見叔牂,曰:'子之馬然也?'"(《宣公二年》)"晉禦其上,戎亢其下,秦師不復,我諸戎實然。"(《襄公十四年》)"(聲子)對曰:'……楚師大敗,王夷師熸,子反死之。鄭叛吳興,楚失諸侯,則苗賁皇之爲也。'子木曰:'是皆然矣。'"(《襄公二十六年》)"子產曰:'……男女辨姓,禮之大司也。今君內實有四姬焉,其無乃是也乎?若由是二者,弗可爲也已。四姬有省猶可,無則必生疾矣。'叔向曰:'善哉!肸未之聞也。此皆然矣。'"(《昭公元年》)"子張曰:'《書》云,高宗"諒陰,三年不言"。何謂也?'子曰:'何必高宗,古之人皆然。'"(《論語·憲問》)"權,然後知輕重;度,然後知長短。物皆然,心爲甚。"(《孟子·梁惠王上》)

"彼然而伐之也"的"然"正位於代詞之後,楊伯峻先生將這句譯爲"他們就這樣地去打燕國了",大約正是考慮到這一點。

但是,以上這些"然"的出現,都是有一定條件的:要麽主語述語之間有連詞"則",要麽"然"後有語氣詞"也",要麽"然"之前有"實""皆"等充當狀語。我們所見到的這種意義的"然"基本上都要滿足這些條件。而"彼然而伐之也"卻不具備其中任何一個條件。故"彼然而伐之也"的"然"恐不能以此意義釋之。

"然"又表示"是的""對的",如:"雍之言然"。在"是的""對的"意義的基礎上,"然"又產生了"認爲……是對的"的意義;但"然"的這一意義,必須帶賓語。如:"閔子馬見之,曰:'子無然!禍福無門,唯人所召。爲人子者,患不孝,不患無所……'公鉏然之。"(《左傳·襄公二十三年》)"居鄛人范增……往說項梁曰:'……今君起江東,楚蠭午之將皆爭附君者,以君世世楚將,爲能復立楚之後也。'於是項梁然其言,乃求楚懷王孫心民間。"(《史記·項羽本紀》)"或説沛公曰:'……可急使兵守函谷關,無内諸侯軍,稍徵關中兵以自益,距之。'沛公然其計,從之。"(《高祖本紀》)

《論語新注新譯》5.19《考證》(二)解釋"棄而違之"時,我説:"其實當時類似句子,兩個動詞共用賓語的固然多,但不共用的也不少。"在近日的研究中我們發現,葛全德三十多年前就論述過這一問題了,但他只分析了《史記·孫子吳起列傳》中"乃斫大樹白而書之曰'龐涓死于此樹之下'"一例(《文言共賓結構及其演變》,《上海師範大學學報(哲學社會科學版)》1990 年 3 期)。其後楊尚貴的《古漢語共賓關係的語義表達特點》(《雁北師範學院學報》2001 年 4 期)則舉了 6 例(包括《孫子吳起列傳》那例),這 6 例中,共用的賓語既包括名詞,也包括代詞(我們以爲共用的代詞賓語分指兩個名詞,而共用的名詞賓語兼指兩個概念,兩者的語義關係是不同的,不宜混同),6 個例句的時代也跨越先秦兩漢。

我們在 5.19《考證》(二)所舉若干先秦時期"V 而 V 之"且"之"分指兩個名詞的若干例證如下:

"崔子弑齊君,陳文子有馬十乘,棄而違之。"(《論語·公冶長》)棄而違之——捨棄馬並離開它齊國。"楚師方壯,若萃於我,吾師必盡,不如收而去之。"(《左傳·宣公十二年》)收而去之——收兵離開這裏。"子山處令尹之宫,夫概王欲攻之,懼而去之。"(《定公四年》)懼而去之——害怕夫概王而離開這裏。"楚之邊邑曰卑梁,其處女與吴之邊邑處女桑於境上,戲而傷卑梁之處女。卑梁人操其傷子以讓吴人,吴人應之不恭,怒,殺而去之。"(《吕氏春秋·先識覽》)殺而去之——殺吴人然後離開這裏。"齊人甚好轂擊,相犯以爲樂,禁之不止。晏子患之,乃爲新車良馬,出與人相犯也,曰:'轂擊者不祥,臣其祭祀不順,居處不敬乎!'下車棄而去之。然後國人乃不爲。"(《晏子春秋·内篇雜下》)下車棄而去之——下車丢棄新車良馬而離開。

但以上各例的第二個動詞,限於"殺""去"兩詞,都具有"移動"的義素。其實,先秦漢語中"V而V之"且"之"分指兩個名詞的例證,並不局限於此。例如以下5例,其第二個動詞,都不具有"移動"的義素:

"齊侯陳諸侯之師,與屈完乘而觀之。"(《左傳·僖公四年》)"白圭曰:'惠子之遇我尚新,其説我有大甚者。'惠子聞而誹之。"(《吕氏春秋·審應覽·不屈》)"晏子對曰:'……(靈公)並斷其頭而葬之,命曰五丈夫之丘,此其地邪?'公令人掘而求之,則五頭同穴而存焉。"(《晏子春秋·内篇雜下》)"彌子瑕母病,人聞,有夜告彌子,彌子矯駕君車以出。君聞而賢之。"(《韓非子·説難》)"今輕刑罰,民必易之。犯而不誅,是驅國而棄之也;犯而誅之,是爲民設陷也。"(《六反》)

以上5例,其第一個動詞都是及物動詞,都常以代詞"之"作賓語。第1例"乘而觀之",意爲"與屈完坐一輛戰車觀看(戰陣)"(沈玉成《左傳譯文》)。第2例"聞而誹之",意爲"惠子聽到這話以後就責難他"(張雙棣等《吕氏春秋譯注》,吉林文史出版社1987年)。第3例"掘而求之",意爲掘地而求五丈夫遺骸。第4例"聞而賢之",意爲聽聞這事而認爲彌子瑕賢良。第5例"犯而誅之",意爲民犯刑則誅該人。

上文説,"在'是的''對的'意義的基礎上,'然'又產生了'認爲……是對的'的意義。但'然'的這一意義,必須帶賓語。"這種賓語,也常以代詞"之"充當:"閔子馬見之,曰:'……爲人子者,患不孝,不患無所……'公鉏然之。"(《左傳·襄公二十三年》)"世俗之所謂然而然之。"(《莊子·外篇·天地》)"以趣觀之,因其所然而然之,則萬物莫不然。"(《外篇·秋水》)"因然而然之。"(《吕氏春秋·有始覽》)"性者,萬物之本也,不可長,不可短,因其固然而然之,此天地之數也。"(《不苟論》)

"彼然而伐之也"就屬於共賓的"V而V之"式,即"彼然之而伐之",意爲"彼以我之言爲然而伐燕"。(58)

4.9 燕人畔①。王曰:"吾甚慙於孟子②。"陳賈曰③:"王無患焉。王自以爲與周公孰仁且智?"王曰:"惡!是何言也!"曰:"周公使管叔監殷④,管叔以殷畔⑤;知而使之,是不仁也;不知而使之,是不智也。仁智,周公未之盡也,而況於王乎?賈請見而解之。"

見孟子,問曰:"周公何人也⑥?"曰:"古聖人也。"曰:"使管叔監殷,管叔以殷畔也,有諸?"曰:"然。"曰:"周公知其將畔而使之與?"曰:"不知也。""然則聖人且有過與?"曰:"周公,弟也;管叔,兄也。周公之過,不亦宜乎?且古之君子,過則改之;今之君子,過則順之。古之君子,其過也,如日月之食,民皆見之;及其更也,民皆仰之⑦。今之君子,豈徒順之,又從爲之辭。"

【譯文】燕國人反叛齊國。齊王説:"對孟子,我感到很慚愧。"陳賈説:"王不要憂慮。王自己想想,您和周公比比,誰更仁更智呢?"齊王説:"哎!這算什麼話呀!〔我怎敢和周公相比?〕"陳賈説:"周公派管叔監督殷國遺民,管叔卻率領他們叛亂;如果周公事先知道而派管叔去,那便是不仁;如果周公没能預知而派他去,那便是不智。仁和智,連周公都没有完全做到,何況您呢?我請求您讓我去見見孟子,以便解釋解釋。"

陳賈來見孟子,問道:"周公是何等人物呢?"答道:"他是古代的聖人。"陳賈説:"他派管叔監督殷朝遺民,管叔卻率領他們叛亂,有這回事嗎?"答道:"有的。"問道:"周公是料到他會叛亂而派他去的嗎?"答道:"没有料到的。"陳賈説:"如此説來,聖人也會犯錯嗎?"孟子答道:"周公是弟弟,管叔是哥哥,〔難道弟弟會疑心哥哥嗎?〕周公的錯誤,不是合情合理的嗎?而且,古代的君子,有了錯誤,隨時改正;今天的君子,有了錯誤,還將錯就錯。古代的君子,他的過錯,就像日食月食一般,老百姓人人都看得到;當他改正時,人人都心存敬仰。今天的君子,又何止將錯就錯,還要緊跟著爲這錯誤振振有詞説他一大通呢!"

【注釋】①燕人畔:齊破燕,燕王噲死,子之亡。趙召燕公子職,遣樂池護送入燕而立爲王。齊宣王志在吞併燕國,故云"畔"(叛)。 ②吾甚慙於孟子:孟子曾勸齊王"速出令,反其旄倪,止其重器,謀於燕衆,置君然後去之"(見2.11)。齊宣王不聽。慙,即"慚"字。 ③陳賈:齊國大夫。 ④周公使管叔監殷:武王既克紂,乃封叔鮮於管,是爲管叔。封叔度於蔡,是爲蔡叔。使二人監紂子武庚,治殷遺民。 ⑤管叔以殷畔:《史記·管蔡世家》:"武王既崩,成王少,周公旦專王室,管叔、蔡叔疑周公之爲不利於成王,乃挾武庚以作亂。周公旦承成王命伐誅武庚,殺管叔而放蔡叔,遷之。" ⑥周公何人也:周公是何等人物呢?周公有多了不起呢?詳見5.1《考證》。 ⑦仰:抬頭望;這裏語義雙關,翻譯卻無能爲力。《荀子·議兵》:"上足卬(仰),則下可用也;上不卬(仰),則下不可用也。"謂在上位者值得敬仰,在下位者才會出力;否則不出力。所以譯爲"敬仰"。

4.10-1 孟子致爲臣而歸①。王就見孟子,曰:"前日願見而不可得,得侍同朝,甚喜②;今又棄寡人而歸,不識可以繼此而得見乎?"對曰:"不敢請耳,固所願也。"

他日,王謂時子曰③:"我欲中國而授孟子室④,養弟子以萬鍾⑤,使諸大夫國人皆有所矜式⑥。子盍爲我言之!"

【譯文】孟子辭去官職準備回老家,齊王到孟子家中相見,説:"過去希望看到您,未能如願;後來能夠同朝共事,我真高興;現在您又扔下我回去了,不曉得一別之後還可以見面不?"答道:"這個,我只是不敢請求罷了,本來是很希望的。"

過了些時候,齊王對時子説:"我想在國都中央給孟子一幢房屋,用萬鍾之粟來養育他的學生,使各位大夫和百姓都有個榜樣。你何不爲我去和孟子説説這事呢？"

【注釋】①孟子致爲臣而歸：致，送出，獻出。爲臣，做官。致爲臣，辭官，指辭去齊卿職位。歸，返回家鄉。　②得侍同朝甚喜：有的《孟子》注本標點爲"得侍，同朝甚喜"，不可從。詳見本節《考證》。　③時子：齊國大臣。　④我欲中國：我要在國都之中……欲，想要；作狀語。中，方位名詞作謂語（當時語言中，方位名詞作謂語是其固有功能，並非"活用"。據任荷研究，現代漢語中，名詞動用佔比最高的是表示空間的名詞，動用率高達46.7%[任荷《名詞動用與上古漢語名詞和動詞的語義屬性》，中國社會科學出版社2020年]，這絶非偶然）。國，國都，作"中"的賓語。　⑤鍾：古容量單位。　⑥矜式：尊重並效法。矜，尊重。式，效法，以爲榜樣。

【考證】得侍同朝甚喜：

中華書局朱熹《四書章句集注》標點爲："得侍，同朝甚喜。"焦循《孟子正義》及楊伯峻《孟子譯注》標點爲"得侍同朝，甚喜。"我們以爲後者得之。因爲，當"侍"表"陪從於尊長之側"及"侍候"意義時，"得侍，同朝甚喜"不管是"得侍"抑或"同朝甚喜"都文不成義；而由於這一意義的"侍"能帶處所賓語，故"得侍同朝，甚喜"是文從字順的。

"侍"與被侍者之間必須用介詞"於"連接，如："師曠侍於晉侯。"（《左傳·襄公十四年》）"侍飲酒於景公。"（《昭公十四年》）"侍食於君，君祭，先飯。"（《論語·鄉黨》）"侍於君子有三愆。"（《季氏》）由此可見，"侍"的事由（如"飲酒""食"），不必用介詞"於"連接，但被侍者不能直接連接於"侍"之後，須用介詞"於"連接。

與事由類似，"侍"的處所也可直接連接於"侍"之後。如："開之操拔篲以侍門庭，亦何聞於夫子！"（《莊子·外篇·達生》）"吏卒侍大門中者，曹無過二人。"（《墨子·號令》）"吏侍守所者，財足、廉信，父母、昆弟、妻子有在葆宫中者，乃得爲侍吏。"（《雜守》）"執薦者百人侍西房。"（《荀子·正論》）

故"得侍同朝"文從字順，即"得侍於同朝"也；而承之以"甚喜"，也同樣文從字順。類似文例如:"王子應之曰:'吾聞太師將來,甚喜。'"(《逸周書·太子晉解》)"初,上年二十九乃得太子,甚喜。"(《漢書·戾太子據傳》)

當然,"甚喜"前可有主語。如:"候者載匎者,與見章子。章子甚喜。"(《呂氏春秋·似順論》)"臣之始得魚也,臣甚喜,後得又益大,今臣直欲棄臣前之所得矣。"(《戰國策·魏四》)"有羆來,我又射之,中羆,羆死。帝甚喜,賜我二笥,皆有副。"(《論衡·紀妖》)但"甚喜"前緊接一表示處所的成分類似"同朝"者,則從未之見。(59)

4.10-2 時子因陳子而以告孟子,陳子以時子之言告孟子。孟子曰:"然;夫時子惡知其不可也?如使予欲富,辭十萬而受萬,是爲欲富乎?季孫曰:'異哉子叔疑①!使己爲政,不用,則亦已矣,又使其子弟爲卿。人亦孰不欲富貴?而獨於富貴之中有私龍斷焉②。'古之爲市也,以其所有易其所無者,有司者治之耳。有賤丈夫焉③,必求龍斷而登之,以左右望,而罔市利。人皆以爲賤,故從而征之。征商自此賤丈夫始矣。"

【譯文】時子便託陳臻把齊王的話轉告孟子;陳臻也就把時子託付的話告訴了孟子。孟子説:"就是,那時子哪曉得這事是做不得的呢?假如我想發財,辭去十萬鍾的俸祿來接受這一萬鍾的贈予,有這種發財法嗎?季孫説過:'奇怪呀子叔疑!自己要執政,別人不用,也就算了,卻還要讓他的兒子兄弟來做卿大夫。是人嘛,誰不想又富又貴?而偏偏有人想把富貴的事兒都壟斷起來。'〔什麼叫'壟斷'呢?〕古代設立市場,是拿自己有的去換自己沒有的,有關部門只是管理管理罷了。卻有那麼個賤男人,一定要找個小山頭登上去,左邊望望,右邊望望,想把整個市場的利潤一口獨吞。別人都覺得這傢伙卑劣,因此徵他的税。向商人徵税就是從這個賤男人開始的。"

【注釋】①季孫、子叔疑:不知何許人。　②龍斷:壟斷。下文"必求龍斷而登之"的"龍斷",指小山頭。《列子·湯問》:"自此,冀之南,漢之陰,無隴斷焉。"　③丈夫:成年男子的通稱。

4.11 孟子去齊,宿於晝①。有欲爲王留行者,坐而言。不應,隱几而臥②。客不悦曰:"弟子齊宿而後敢言③,夫子臥而不聽,請勿復敢見矣。"

曰:"坐!我明語子。昔者魯繆公無人乎子思之側,則不能安子思④;泄柳、申詳無人乎繆公之側,則不能安其身⑤。子爲長者慮⑥,而不及子思;子絕長者乎?長者絕子乎⑦?"

【譯文】孟子離開齊國,在晝地過夜。有一位想爲齊王挽留孟子的人坐著對孟子談話,孟子不理睬他,伏在坐几上打瞌睡。來人不高興地説:"爲了和您談話,我昨天就整潔身心,想不到您竟打瞌睡,不聽我説,請允許我今後再不敢和您見面了。"〔説著,起身要走。〕

孟子説:"坐下來!我明明白白地告訴你。過去,〔魯繆公是如何對待賢者的呢?〕他如果没有人在子思身邊,就不能使子思安心;如果泄柳、申詳不在魯繆公身邊,也就不能使繆公安心。你爲我這老人家考慮,比不上繆公爲子思考慮周詳,〔你不去勸齊王改變態度,卻來挽留我,〕那麼,是你在跟我這老人家絕交呢?還是我這老人家在跟你絕交呢?"

【注釋】①晝:齊都臨淄西南地名。　②隱几(jī)而臥:隱,靠著,伏著。几,即居几、坐几,爲老年人坐時所倚靠的一種傢俱。臥,伏身休息。　③齊宿:先一日齋戒。齊,通"齋"。　④昔者魯繆公句:繆,通"穆"。魯繆公,名顯,在位三十三年。子思,孔子之孫,名伋(jí)。繆公尊敬子思,經常派人向子思表達他的誠意,子思於是能安心地留下來。　⑤泄柳、申詳句:泄柳即《告子下》第六章之子柳,魯繆公時賢人。申詳,孔子學生子張之子,子游之婿。　⑥長者:孟子年老,故自稱長者。　⑦子絕長者乎?長者絕子乎:這兩句是承上段"夫子臥而不聽,請勿復敢見矣"而說的。意思是,你說從此不再相見的話來跟我絕交,好像是因我"卧而不聽"對不起你似的;但是你的爲我考慮,比不上繆公爲子思考慮周詳;因爲你不去勸齊王改變態度,卻來挽留我。那麼,是你先在用行動跟我絕交,我只好跟著用"卧而不聽"來跟你絕交了。

4.12 孟子去齊。尹士語人曰①:"不識王之不可以爲湯武,則是不明也;識其不可,然且至,則是干澤也②。千里而見王,不遇故去,三宿而後出晝,是何濡滯也③?士則茲不悅④!"

高子以告⑤。曰:"夫尹士惡知予哉?千里而見王,是予所欲也;不遇故去,豈予所欲哉?予不得已也。予三宿而出晝,於予心猶以爲速。王庶幾改之⑥!王如改諸,則必反予。夫出晝,而王不予追也⑦,予然後浩然有歸志⑧。予雖然,豈舍王哉!王由足用爲善;王如用予,則豈徒齊民安,天下之民舉安。王庶幾改之!予日望之!予豈若是小丈夫然哉⑨?諫於其君而不受,則怒,悻悻然見於其面⑩,去則窮日之力而後宿哉?"

尹士聞之曰:"士誠小人也!"

【譯文】孟子離開了齊國,尹士對別人說:"不曉得齊王不能夠做商湯、周武,那就是他孟子糊塗;曉得齊王做不到,還要跑來,那就是來求取富貴的。大老遠跑來,話不投機而離開,在晝地住了三晚才走,爲什麼這樣拖拖拉拉呢?這樣子我可不喜歡!"

高子把這話告訴了孟子。孟子說:"那尹士哪能瞭解我呢?大老遠跑來和齊王見面,是我所希望的;話不投機而離去,難道是我希望所願意的嗎?我只是不得已罷了。我在晝地住了三晚才離開,我心裏覺得還是太快了。我總是希望王或許會改變態度的;王如果改變態度,就一定會讓我返回。我出了晝地,王還沒有追回我,我才鐵定了回鄉的念頭。即便這樣，我難道肯拋棄王嗎？王仍然足以行仁政；王如果用我，又何止齊國的百姓得享太平，天下的百姓都將得享太平。王或許會改變態度的！我天天盼哪盼哪！我難道非要像那小肚雞腸男人一般：向王進諫，王不接受，便生悶氣，失望不滿在臉上一覽無餘；一旦離開，就跑得精疲力竭才肯歇腳嗎？"

尹士聽了這話後說："我尹士真是個小人哪！"

【注釋】①尹士：齊國人。　②然且至，則是干（gān）澤也：然，這樣。且，而且。參見12.8《考證》。則是，那這就是。參見2.13注⑥。干澤，求祿位。干，求。澤，祿位。　③濡（rú）滯：停留，遲滯。　④茲不悅：茲，此。"茲不悅"即"不悅此"。　⑤高子：孟子弟子。　⑥庶幾：或許。　⑦不予追：不追回我。予，我。　⑧浩然：水流洶湧的樣子，這裏表示去意已決。　⑨是：此，這。　⑩悻悻然見於其面：悻悻然，猥瑣器量狹小的樣子。見，同"現"。

4.13 孟子去齊，充虞路問曰："夫子若有不豫色然①。前日虞聞諸夫子曰：'君子不怨天，不尤人②。'"

曰："彼一時，此一時也。五百年必有王者興，其間必有名世者③。由周而來，七百有餘歲矣④。以其數，則過矣；以其時考之，則可矣。夫天未欲平治天下也；如欲平治天下，當今之世，舍我其誰也！吾何為不豫哉？"

【譯文】孟子離開齊國，在路上，充虞問道："您的臉色好像不太高興似的。可從前我聽您講過，'君子不抱怨天，不責怪人'。"

孟子說："那是一個時候，現在又是一個時候，〔情況不同了。從歷史上看來，〕每過五百年一定有位聖君興起，這期間還會有聞名於一世的賢人產生。從周武王以來，已經七百多年了。論年數，已過了五百，論時勢，也該有聖君賢臣出來了。除非上蒼還沒想到要讓天下太平，如果他想要讓天下太平，當今這個時代，除了我，又有誰呢！我爲什麼要不高興呢？"

【注釋】①豫：喜悦，快活。　②不怨天，不尤人：這是孟子向他的學生轉述孔子的話，見於《論語·憲問》。　③名世者：名於一世（三十年）的德業聞望皆隆的賢人，如皋陶、后稷、伊尹、太公望等人。"名世"大約就是《墨子·尚同上》之"垂名於後世"，或《漢書·鮑宣傳》之"顯名於世"。　④七百有餘歲：從武王克商至孟子説這話時，隔了大約七百二三十年。

4.14 孟子去齊，居休①。公孫丑問曰："仕而不受禄，古之道乎？"曰："非也；於崇②，吾得見王，退而有去志；不欲變③，故不受也。繼而有師命④，不可以請。久於齊，非我志也。"

【譯文】孟子離開齊國，住在休地。公孫丑問道："做官卻不受俸禄，合乎古道嗎？"孟子説："不；在崇地，我見到了齊王，回來便有離開的想法；不想改變，所以不接受俸禄。不久，齊國有戰事，這時不宜請求離開。然而長久淹留在齊國，並不是我的心意。"

【注釋】①休：故城在今山東滕州市區北十五里，距孟子家約百里。②崇：地名，今不可考。　③不欲變：改變離去的想法。詳見本章《考證》。　④師命：師旅之命。

【考證】不欲變：

　　趙岐《注》："吾始見齊王，知其不能納善，退出，志欲去矣；不欲即去，若爲變詭，見非泰甚，故且宿留。"楊伯峻《譯注》："以'變詭'釋'變'，意思是以爲孟子之欲走而不馬上走者，乃是不想作詭異之行，被別人責駡得太甚。此説恐非。朱熹《集注》云：'變，謂變其去志。'是也。"兩説孰是孰非？不能遽從；因二説皆未提供證據，必須加以考察。

　　《孟子》成書時代，當"變"獨用時，不管帶不帶賓語，一般都是改變的意思，有時特指改變儀容。

　　先看《孟子》本文："歸市者不止，耕者不變，誅其君而弔其民，若時雨降。"(《梁惠王下》,又《滕文公下》)"天下歸殷久矣,久則難變也。"(《公孫丑上》)"吾聞用夏變夷者,未聞變於夷者也。"(《滕文公上》)"周公方且膺之,子是之學,亦爲不善變矣。"(同上)"華周、杞梁之妻善哭其夫而變國俗。"(《告子下》)"由今之道,無變今之俗。"(同上)"大匠不爲拙工改廢繩墨,羿不爲拙射變其彀率。"(《盡心上》)

再看《論語》《左傳》《國語》等書:"齊一變,至於魯;魯一變,至於道。"(《論語·雍也》)"齊,必變食;居,必遷坐。"(《鄉黨》)"見齊衰者,雖狎,必變。"(同上,變,謂變其儀容)"有盛饌,必變色而作。迅雷風烈必變。"(同上,變,謂變其儀容)"君子有三變:望之儼然,即之也温,聽其言也厲。"(《子張》)"今乘異産,以從戎事,及懼而變,將與人易。"(《左傳·僖公十五年》)"衛侯其不得入矣!其言糞土也。亡而不變,何以復國?"(《襄公十四年》)"民不遷,農不移,工賈不變。"(《昭公二十六年》)"惜也!不如曰不信以疏之,亦固太子以攜之,多爲之故,以變其志。"(《國語·晉語二》)"天地成而不變。"(《楚語下》)

簡言之,以上四部古籍中未見"變"有"變詭"義之例,大約此義晚出。故我們依據《孟子·公孫丑上》之"天下歸殷久矣,久則難變也"(時久則難變歸殷之事實)與《國語·楚語下》之"天地成而不變"(不變天地之成),認爲"不欲變"爲"不欲變其去志",朱熹説是對的。(60)

滕文公章句上

凡五章

5.1 滕文公爲世子①,將之楚,過宋而見孟子。孟子道性善,言必稱堯舜。世子自楚反,復見孟子。

孟子曰:"世子疑吾言乎?夫道,一而已矣。成覸謂齊景公曰②:'彼③,丈夫也;我,丈夫也;吾何畏彼哉?'顔淵曰:'舜,何人也?予,何人也④?有爲者亦若是。'公明儀曰⑤:'文王,我師也;周公豈欺我哉?'今滕,絶長補短,將五十里也,猶可以爲善國。《書》曰:'若藥不瞑眩,厥疾不瘳⑥。'"

【譯文】滕文公做太子的時候,要到楚國去,經過宋國,會見了孟子。孟子和他講人性本是善良的道理,開口不離堯舜。太子從楚國回來,又來見孟子。

孟子説:"太子懷疑我的話嗎?天下的道理是一樣的!成覸對齊景公説:'那人是個男子漢,我也是個男子漢,我憑什麽怕那人呢?'顔淵説:'舜是何等人物呢?我又是何等人物呢?有大作爲的人也該像他那樣。'公明儀説:'文王是我的老師,周公難道會騙我嗎?'現在的滕國,截長補短,還有將近方圓五十里的土地,還可以治理成一個好國家。《書經》説:'如果那藥吃了卻不暈頭漲腦,那種病是好不了的。'"

【注釋】①滕文公爲世子:滕文公,滕國國君。滕國在今山東滕州。世子,即"太子"。 ②成覸(jiàn):齊之勇臣。 ③彼:那人,設想的某人。"彼"是遠指代詞,不是第三人稱代詞。 ④舜何人也?予何人也:這兩句又見《論衡·案書》《鹽鐵論·執務》《新書·勸學》,意謂舜是多了不起的人呢？我又是多了不起的人呢？詳見本章《考證》。
⑤公明儀：曾子弟子。　⑥若藥不瞑眩（miàn xuàn）厥疾不瘳（chōu）：這是古《尚書》佚文，又見《國語·楚語上》；僞《古文尚書》收入《説命上》。瞑眩，就是眼花。瘳，病癒。

【考證】舜何人也予何人也：

趙岐《注》："言欲有所爲，當若顔淵。"朱熹《集注》無説。楊伯峻《孟子譯注》譯爲："舜是什麽樣的人，我也是什麽樣的人。"

我們注意到，戰國時期語言中的"何人也（邪、哉）"，其所問的，一般不會是説話者所認爲的"反面人物"，也不會是芸芸衆生中的一員，而是説話者認爲的傑出人物、偉大人物。例如：

"（子貢）入，曰：'伯夷、叔齊何人也？'曰：'古之賢人也。'"（《論語·述而》）"（陳賈）見孟子，問曰：'周公何人也？'曰：'古聖人也。'"（《孟子·公孫丑下》）"浩生不害問曰：'樂正子何人也？'孟子曰：'善人也，信人也。'"（《盡心下》）"公文軒見右師而驚曰：'是何人也，惡乎介也？天與，其人與？'曰：'天也，非人也。'"（《莊子·内篇·養生主》）"常季問於仲尼曰：'王駘，兀者也，從之遊者與夫子中分魯。立不教，坐不議，虛而往，實而歸。固有不言之教，無形而心成者邪？是何人也？'仲尼曰：'夫子，聖人也，丘也直後而未往耳。丘將以爲師，而況不若丘者乎！奚假魯國！丘將引天下而與從之。'"（《内篇·德充符》）"子貢反，以告孔子，曰：'彼何人者邪？……彼何人者邪？'孔子曰：'彼，遊方之外者也；而丘，遊方之内者也。外内不相及，而丘使女往弔之，丘則陋矣。彼方且與造物者爲人，而遊乎天地之一氣……'"（《内篇·大宗師》）"雲將東遊，過扶搖之枝而適遭鴻蒙。鴻蒙方將拊髀雀躍而遊。雲將見之，倘然止，贄然立，曰：'叟何人邪？叟何爲此？'"（《外篇·在宥》）"齧缺問道乎被衣……言未卒，齧缺睡寐。被衣大説，行歌而去之，曰：'形若槁骸，心若死灰，真其實知，不以故自持。媒媒晦晦，無心而不可與謀。彼何人哉！'"（《外篇·知北遊》）

可見，那一時期語言中的"何人也（邪、哉）"並非單純問某人（或感歎某人)"是什麼人",而是問某人(或感歎某人)"是多了不起的人""是何等人物"。

在周秦典籍中,只見到兩處例外:"悠悠蒼天,此何人哉?"(《詩經・王風・黍離》)"燕人李季好遠出,其妻私有通於士,季突至,士在內中,妻患之。其室婦曰:'令公子裸而解髮,直出門,吾屬佯不見也。'於是公子從其計,疾走出門。季曰:'是何人也?'家室皆曰:'無有。'季曰:'吾見鬼乎?'婦人曰:'然。''爲之奈何?'曰:'取五牲之矢(屎)浴之。'季曰:'諾。'乃浴以矢。"(《韓非子・內儲說下》)但《王風》年代早至東周,而《韓非子》成書於戰國晚期的晚期。下文將要談到,到了漢代,當問到說話者所認爲的一般人時,也說"何人也"了;語言的變化不是一蹴而就的,故而在年代接近漢代的《韓非子》中出現問一般人"何人也",也不足爲奇。但不排除另一種情況:"裸而解髮直出門"之人,對李季來說,充滿神秘感,顯然不是一般人物;韓非子假李季之口用"何等人物"描述他,這種調侃,讓故事更充滿了幽默感。

至於問到一般人怎麼樣,則用"何如"。如:"子貢問曰:'賜也何如?'子曰:'女,器也。'"(《論語・公冶長》)"'求也何如?'……'赤也何如?'"(同上)"(子貢)曰:'今之從政者何如?'子曰:'噫!斗筲之人,何足算也?'"(《子路》)"公行子之之燕,遇曾元於塗,曰:'燕君何如?'曾元曰:'志卑。'"(《荀子・大略》)

但"何如"不是排他性的。有時問到說話者所認爲的傑出人物時,尤其是當問到該傑出人物的某一具體問題或某一具體方面時,也可用"何如"。如:

"(公孫丑)曰:'伯夷、伊尹何如?'曰:'不同道。非其君不事,非其民不使;治則進,亂則退,伯夷也。'"(《孟子・公孫丑上》)

"齊景公問晏子曰:'孔子爲人何如?'晏子不對。公又復問,不對。景公曰:'以孔某語寡人者衆矣,俱以"賢人"也。今寡人問之,而子不對,何也?'晏子對曰:'嬰不肖,不足以知賢人。……今孔某深慮同謀以奉賊,勞思盡知以行邪,勸下亂上,教臣殺君,非賢人之行也。'"(《墨子·非儒下》)墨家不認可孔子,而且是問到具體的"爲人",雖然齊景公傾向於認爲孔子是"賢人",依然不用"何人也"而用了"何如"。

"哀公曰:'善!敢問何如斯可謂大聖矣?'孔子對曰:'所謂大聖者,知通乎大道,應變而不窮,辨乎萬物之情性者也。'"(《荀子·哀公》)這也是問要具體怎樣才"可謂大聖"。

可能有這樣的疑問,即"何人也(邪)"的例證並不多,而且還多集中於《莊子》。但是,相較於傑出人物偉大人物(説話人所認爲的,下同),不那麼傑出偉大的人物當然千百倍於前者;與此相對應,儘管傑出人物偉大人物在典籍中的"出鏡率"大大高於不那麼傑出的人物,但"何如"的書證(這裏僅指某某人物"何如",如"秦君何如?"——《左傳·昭公元年》)依然比"何人"多得多。

隨著時間的推移,"何人也(邪)"逐漸變成單純問"是什麼人"了。如上引《論語·公冶長》:"子貢問曰:'賜也何如?'子曰:'女,器也。'"《史記·仲尼弟子列傳》改寫爲:"子貢既已受業,問曰:'賜何人也?'孔子曰:'汝,器也。'"這一變化也可旁證戰國時"何人也"與"何如"是有區別的。

對這一問題的探討,也可與僞書的研究結合起來。《列子·天瑞》:"有人去鄉土、離六親、廢家業、遊於四方而不歸者,何人哉?世必謂之爲狂蕩之人矣。又有人鍾賢世,矜巧能,修名譽,誇張於世而不知己者,亦何人哉?世必以爲智謀之士。此二者,胥失者也。"這兩類人既然"胥失者也",當然不是説話者所認爲的賢人、偉人、傑出之士了,而作者兩用"何人哉",則誠如楊伯峻先生所説:"僞造者……無論如何仍然不可能完全阻止當日的語言的向筆底侵襲。"(《〈列子〉著述年代考》,見《列子集釋》之《附錄三》,第 323 頁,中華書局 1979 年)

顏淵説"舜何人也?予何人也?有爲者亦若是",這表現了他的自負。類似者如《荀子·成相》:"周幽、厲,所以敗,不聽規諫忠是害。

嗟我何人,獨不遇時當亂世! 欲衷對,言不從,恐爲子胥身離凶。進諫不聽,刳而獨鹿棄之江。……"從"嗟我何人"的下文看,作者至少是以伍子胥自許的,則"嗟我何人"多少是帶有自負感的。(61)

5.2-1 滕定公薨①,世子謂然友曰②:"昔者孟子嘗與我言於宋,於心終不忘。今也不幸至於大故③,吾欲使子問於孟子,然後行事。"然友之鄒問於孟子④。

孟子曰:"不亦善乎! 親喪,固所自盡也⑤。曾子曰:'生,事之以禮;死,葬之以禮,祭之以禮,可謂孝矣⑥。'諸侯之禮,吾未之學也;雖然,吾嘗聞之矣:三年之喪,齊疏之服⑦,飦粥之食⑧,自天子達於庶人,三代共之。"

【譯文】滕定公去世,太子對他的師傅然友說:"過去在宋國,孟子曾和我談話,我一直難以忘懷。現在不幸父親去世,我想請您到孟子那裏問問,然後再辦喪事。"然友便到鄒國去問孟子。

孟子說:"這不是很對嗎! 父母去世,本來就應該盡心竭力去操辦喪事的。曾子說:'父母健在時,依禮去奉侍;他們去世了,依禮去埋葬,依禮去祭祀。這才可算是盡到孝心了。'諸侯的禮節,我沒有學過它;即便如此,卻也聽說過:從天子直到老百姓,實行三年的喪禮,穿著粗布縫邊的孝服,吃著稀粥——夏、商、周三代都是這樣的。"

【注釋】①滕定公:文公的父親。 ②然友:世子的師傅。 ③大故:重大的不幸,此處指父喪。詳見本節《考證》(一)。 ④然友之鄒問於孟子:鄒,即今山東濟寧鄒城,孟子故里,距今山東滕州(滕國故地)北稍偏西約四十公里,京滬高鐵在此經過。 ⑤親喪,固所自盡也:父母親去世,本來就應該盡心竭力辦好這件事(喪事)。詳見本節《考證》(二)。 ⑥曾子曰諸句:據《論語・爲政》,乃孔子對孟孫所言。孟子或另有所本——《大戴禮記・曾子本孝》:"曾子曰:'……故孝之於親也,生則有義以輔之,死則哀以蒞焉,祭祀則蒞之以敬。如此,而成於孝子也。" ⑦齊(zī)疏之服：齊，縫邊。疏，粗，這裏指粗布。⑧飦(zhān)：同"饘"，粥。《禮記·檀弓上》孔穎達疏云："厚曰饘，希曰粥。"即黏粥爲饘，稀粥爲粥。

【考證】（一）大故：

《論語·微子》："故舊無大故，則不棄也。"孔安國注："大故，謂惡逆之事也。"我們同意此説。《微子》此章的"大故"，確實"指"的是"惡逆之事"。現在我們進一步認爲，這是一種委婉的説法，它可以指惡逆之事，也可以指某些不便直説的大變故。《孟子·盡心上》："父母俱存，兄弟無故，一樂也。"顯然，此處的"故"指疾病等不好的事。

又如："女子許嫁，纓，非有大故，不入其門。"（《禮記·曲禮上》）鄭玄注："宮中有災變若疾病，乃後入也。""是故君子非有大故，不宿於外。"（《檀弓上》）鄭玄注："大故，謂有喪。""七十者，不有大故不入朝。若有大故而入，君必與之揖讓，而後及爵者。"（《祭義》）孫希旦曰："大故，謂兵寇。""故朋友之交，主人不在，不有大故，則不入其門。"（《坊記》）鄭玄注："大故，喪、病。"按：上古小病謂"疾"，大病謂"病"。

《曲禮上》之鄭玄注"宮中有災變若疾病，乃後入也。"按：若，或也；天裁（災）不在"大故"之列。《周禮·春官宗伯第三·大祝》："掌國事，國有大故、天裁，彌祀社稷，禱祠。"鄭玄注："大故，兵寇也；天裁，疫癘水旱也。"但"凶災"屬於"大故"："國有大故，則旅上帝及四望。"鄭玄注："大故，謂凶災。"《禮記·月令》："雷將發聲，有不戒其容止者，生子不備，必有凶災。"孔穎達疏："言此時夫婦交接，生子支節性情必不備，其父母必有凶災也。"可見，"凶災"並非天災。（62）

（二）親喪，固所自盡也：

趙岐於此無説。朱熹《集注》注《論語》"人未有自致者也"云："致，盡其極也。蓋人之真情所不能自已者。"楊伯峻《孟子譯注》："《論語·子張篇》：'曾子曰，吾聞諸夫子：人未有自致者也，必也親喪乎！'此孟子所本。'自致'即'自盡'。"並譯這兩句爲："父母的喪事，本應該自動地盡情竭心的。"趙岐之無説,或許是在東漢語言中,這兩句太過通俗,無須解釋。

"自致",將出版的《論語新注新譯》(第二版)中考證爲"竭盡自我""竭盡全力""盡心竭力",本章的"自盡"也是這個意思。例如:

"唯祭祀之禮,主人自盡焉爾,豈知神之所饗,亦以主人有齊敬之心也。"(《禮記·檀弓下》)自盡焉,竭盡全力於此(指祭祀之禮)。"腥肆爓腍祭,豈知神之所饗也?主人自盡其敬而已矣。"(《郊特牲》)自盡其敬,將敬做到極致。"既内自盡,又外求助,昏禮是也。"(《祭統》)婚禮,既要自己竭盡全力,又要向外求助。"來年復攻,又割其力之所不能取而媾也,此自盡之術也,不如無媾。"(《戰國策·趙三》)自盡之術,竭盡自我之術,自我窮竭之術。"奉陽君妬而君不任事,是以賓客游士莫敢自盡於前者。今奉陽君捐館舍,君乃今復與士民相親也,臣故敢進其愚慮。"(《史記·蘇秦列傳》)賓客游士莫敢自盡於前,賓客游士中没人敢在趙肅侯面前竭盡自我而言,即暢所欲言。"方春農桑興,百姓戮力自盡之時也,故是月勞農勸民,無使後時。"(《漢書·元帝紀》)戮力自盡者,竭盡全力也。"開道而求諫,和顏色而受之,用其言而顯其身,士猶恐懼而不敢自盡,又乃況於縱欲恣行暴虐,惡聞其過乎!"(《賈山傳》)不敢自盡,不敢暢所欲言。"萬年廉平,内行修,然善事人。賂遺外戚許、史,傾家自盡,尤事樂陵侯史高。"(《陳萬年傳》)傾家自盡,竭盡家財。"實者,祭祀之意,主人自盡恩懃而已,鬼神未必歆享之也。"(《論衡·祀義》)自盡恩懃,將獻給鬼神的恩勤做到極致。

自盡,《管子·立政》作"自盡竭",尤能説明問題:"未之令而爲,未之使而往,上不加勉,而民自盡竭,俗之所期也。"謂在上者即使未加勸勉,而百姓猶竭盡全力。

"親喪,固所自盡"的"所"指"親喪",此兩句可改寫爲:"親喪,固當自盡於此。""自盡"已歸納於上,則此兩句意謂,父母親去世,本來就應該盡自己的心力去操辦這件事。這件事,自然是喪事,也即下文

"恐其不能盡其大事"的"大事"。"恐其不能盡其大事"正和"親喪,固所自盡"相呼應。

本《考證》可與將出版的《論語新注新譯》(第二版)19.17《考證》互參。(63)

5.2-2 然友反命,定爲三年之喪。父兄百官皆不欲,曰:"吾宗國魯先君莫之行①,吾先君亦莫之行也,至於子之身而反之,不可。且《志》曰②:'喪祭從先祖。'曰吾有所受之也。"

謂然友曰:"吾他日未嘗學問,好馳馬試劍③。今也父兄百官不我足也④,恐其不能盡於大事⑤,子爲我問孟子!"

然友復之鄒問孟子。

【譯文】然友回國傳達了孟子的話,太子便決定行三年的喪禮。父老官吏都不願意,說:"我們宗主國魯國的歷代君主沒有實行過,我國的歷代君主也沒有實行過,到您即將執政的時候卻返回到那種古禮,這不可行。而且《志》說過:'喪禮祭禮一律依照祖宗成法。'這叫作我們有成法可依。"

太子又對然友說:"我過去不曾好好學習,只喜歡跑馬舞劍。現在,父老們官吏們都對我的主張不滿,恐怕這一喪禮不能夠讓我盡心竭力做去,您再爲我去問問孟子吧!"

於是,然友又到鄒國去問孟子。

【注釋】①宗國:周朝重宗法,魯、滕諸國的始封祖都是周文王之子。其中周公封魯,行輩較長,因之其餘姬姓諸國均以魯爲宗國。②《志》:記錄國家大事的書。 ③劒:即"劍"字,又作"劎"。 ④不我足:不足我,不滿我。足,滿。 ⑤恐其不能盡於大事:其,回指上句的"我"。大事,指定公的喪事(參見將出版的《論語新注新譯》〔第二版〕13.17 對"大事"的考證)。《禮記·檀弓上》:"夏后氏尚黑,大事斂用昏……殷人尚白,大事斂用日中……周人尚赤,大事斂用日出。"鄭玄注:"此'大事',謂喪事也。"

【考證】曰吾有所受之也:

趙岐《注》:"曰喪祭之事,各從其先祖之法,言我轉有所承受之,不可於己身獨改更也。一説'吾有所受之',世子言我受之於孟子也。"這説明即使在當時,趙岐也是舉棋不定的。楊伯峻先生《孟子譯注》:"後一説不可信。"並據此標點:"且《志》曰:'喪祭從先祖。'曰:'吾有所受之也。'"這是將"吾有所受之也"理解爲父兄百官説的話。但中華書局的《四書章句集注》《孟子正義》均從"後一説"標點,而作:"'且《志》曰:"喪祭從先祖。"'曰:'吾有所受之也。'"這是將"吾有所受之也"理解成對《志》所説話的解釋。

我們傾向於認同趙岐的前説。因爲,先秦典籍中引遠古典籍之後,往往有一段與引文有關的文字者。例如:

"其《詩》曰:'畜君何尤?'畜君者,好君也。"(《孟子·梁惠王下》)"《太甲》曰:'天作孽,猶可違;自作孽,不可活。'此之謂也。"(《公孫丑上》《離婁上》)"《書》曰:'葛伯仇餉。'此之謂也。"(《滕文公下》)"《書》曰:'洚水警余。'洚水者,洪水也。"(同上)"《詩》曰:'天之方蹶,無然泄泄。''泄泄'猶'沓沓'也。"(《離婁上》)"《康誥》曰:'殺越人于貨,閔不畏死,凡民罔不譈。'是不待教而誅者也。"(《萬章下》)"《詩》曰:'有覺德行,四國順之。'夫子覺者也。"(《左傳·襄公二十一年》)"《詩》曰:'人之云亡,邦國殄瘁。'無善人之謂也。故《夏書》曰:'與其殺不辜,寧失不經。'懼失善也。《商頌》有之曰:'不僭不濫,不敢怠皇,命于下國,封建厥福。'此湯所以獲天福也。"(《襄公二十六年》)"《詩》云:'誰能執熱,逝不以濯。'禮之於政,如熱之有濯也。濯以救熱,何患之有?"(《襄公三十一年》)"《詩》曰:'人而無禮,胡不遄死?'其是之謂乎!"(《昭公三年》)"《詩》曰:'哀哉不能言,匪舌是出,唯躬是瘁。哿矣能言,巧言如流,俾躬處休。'其是之謂乎?"(《昭公八年》)

還有一些是遠古某書引文之後又有人説些什麼,或再一次引該書,則是下面這種形式:

"《傳》曰:'孔子三月無君,則皇皇如也,出疆必載質。'公明儀曰:'古之人三月無君,則弔。'"(《孟子·滕文公下》)"《堯典》曰:'二十有八載,放勳乃徂落,百姓如喪考妣三年,四海遏密八音。'孔子曰:'天無二日,民無二王。'"(《萬章上》)"《詩》曰:'儀式刑文王之德,日靖四方。'又曰:'儀刑文王,萬邦作孚。'"(《左傳·昭公六年》)

總之,先秦典籍中,說話人在引了一段遠古典籍之後,大多數情況下都會有所評述。我們調查了《左傳》《孟子》全書的約500例,有所評述者佔到90%;而且,引自《志》的,幾乎全部後面有評述文字:

"《軍志》曰:'允當則歸。'又曰:'知難而退。'又曰:'有德不可敵。'此三志者,晉之謂矣。"(《左傳·僖公二十八年》)"《周志》有之,'勇則害上,不登於明堂。'死而不義,非勇也。"(《文公二年》)"《軍志》曰:'先人有奪人之心'。薄之也。"(《宣公十二年》)"《史佚之志》有之曰:'非我族類,其心必異。'楚雖大,非吾族也,其肯字我乎?"(《成公四年》)"《前志》有之曰:'聖達節,次守節,下失節。'爲君非吾節也。雖不能聖,敢失守乎?"(《成公十五年》)"君子曰:'《志》所謂"多行無禮,必自及也",其是之謂乎!'"(《襄公四年》)"《志》有之:'言以足志,文以足言。'不言,誰知其志?"(《襄公二十五年》)"《仲虺之志》云:'亂者取之,亡者侮之。推亡、固存,國之利也。'罕、駟、豐同生,伯有汏侈,故不免。"(《襄公三十年》)"故《志》曰:'買妾不知其姓,則卜之。'違此二者,古之所慎也。"(《昭公元年》)"《軍志》有之:'先人有奪人之心,後人有待其衰。'盍及其勞且未定也伐諸?"(《昭公二十一年》)"《志》曰:'聖人不煩卜筮。'惠王其有焉!"(《哀公十八年》)"《禮志》有之曰:'將有請於人,必先有入焉。欲人之愛己也,必先愛人。欲人之從己也,必先從人。無德於人,而求用於人,罪也。'今將婚媾以從秦,受好以愛之,聽從以德之,懼其未可也,又何疑焉?"(《國語·晉語四》)"不見諸侯,宜若小然。今一見之,大則以王,小則以霸。且《志》曰:'枉尺而直尋,'宜若可爲也。"(《孟子·滕文公下》)

未有評述者,只見到2例:"小邾穆公來朝。季武子欲卑之,穆叔曰:'不可。曹、滕、二邾,實不忘我好,敬以逆之,猶懼其貳,又卑一睦,焉逆群好也?其如舊而加敬焉!《志》曰:"能敬無災。"又曰:"敬逆來者,天所福也。"'季孫從之。"(《左傳·昭公三年》)"《志》曰:'驕惑之事,不亡奚待?'"(《呂氏春秋·不苟論》)但前者前頭已經説了一大通,且引了《志》兩段話,而後者是戰國末期的文獻,而與本章有所不同。

　　總之,在上述幾百例中,説話人在引了一段遠古典籍之後,都是直截了當加以評述;從未見加上個"曰"字再引出直接引文的,因此我們認爲,這一"曰"大約是"叫作""是説"的意思,與《墨子·公孟》"夫好美者,豈曰吾族人莫之好,故不好哉"類似。(64)

5.2-3 孟子曰:"然,不可以他求者也。孔子曰:'君薨,聽於冢宰①,歠粥②,面深墨,即位而哭,百官有司莫敢不哀③,先之也。'上有好者,下必有甚焉者矣。君子之德,風也;小人之德,草也。草尚之風,必偃④。是在世子。"

　　然友反命。世子曰:"然,是誠在我。"

　　五月居廬⑤,未有命戒⑥。百官族人可謂曰"知"⑦。及至葬,四方來觀之;顏色之戚,哭泣之哀,弔者大悦。

【譯文】孟子説:"你説得對!這種事不能再依據别的什麼。孔子説過,'君主去世,政務任由首相處理,世子喝著粥,面色墨黑,走近孝子之位便哭,大小官吏沒有人敢不悲哀,這是因爲世子帶了頭。'上位者有所愛好,下位者一定愛好得更厲害。君子的德行好像風,小人的德行好像草,風向哪邊吹,草就向哪邊倒。這件事完全取決於太子。"

　　然友回來向太子轉達。太子説:"對,這事真的取決於我。"

　　於是太子居於喪廬中五月,不曾發佈過任何命令。官吏同族可説是都明白了孝子是懂禮的。等到舉行葬禮的時候,四方人都來觀禮,世子容貌的憔悴,表情的悲戚,哭泣的哀痛,使來弔喪的人都很滿意。

【注釋】①孔子曰君薨聽於冢宰：《論語・憲問》："子張曰：'《書》云，高宗"諒陰，三年不言"。何謂也？'子曰：'何必高宗，古之人皆然。君薨，百官總已以聽於冢宰三年。'"冢宰，約相當於後之相國、宰相。②歠（chuò）：飲，喝。 ③有司：有關部門，下級官吏。 ④君子之德等數句：《論語・顏淵》孔子曰："子欲善而民善矣。君子之德風，小人之德草。草上之風，必偃。"尚，同"上"。草上之風，謂草上之以風，即草加以風。 ⑤五月居廬：諸侯薨五月乃葬，未葬前，孝子必居凶廬——土磚砌成，覆之以草。 ⑥未有命戒：沒有發號施令。《儀禮・聘禮》："戒上介亦如之。"鄭玄注："戒，猶'命'也。"或作"戒命"。《周禮・秋官司寇》："遂士掌四郊，各掌其遂之民數而糾其戒令。"⑦百官族人可謂曰知：官吏同族可說是都明白了孝子是懂禮的。詳見本節《考證》。

【考證】百官族人可謂曰知：

楊伯峻先生《孟子譯注》："朱熹《集注》云：'可謂曰知，疑有闕誤。'可見他也不甚瞭解，趙岐《注》也沒說明白，暫且以我們的意思譯出。"按，趙岐《注》云："異姓同姓之臣可謂曰知世子之能行禮也。"朱熹在"疑有闕誤"後說："或曰：'皆謂世子之知禮也。'"我們認爲，趙岐《注》和朱熹的"或曰"都是對的。理由如下：

1. 先看"百官族人可謂……"。"可謂"這一詞語前常有人物主語，其後接一謂詞性結構："宋宣公可謂知人矣。"（《左傳・隱公三年》）"鬻拳可謂愛君矣。"（《莊公十九年》）"欲戰者可謂衆矣。"（《成公六年》）"甯子可謂不恤其後矣。"（《襄公二十五年》）"魯叔孫豹可謂能矣。"（《昭公元年》）"季氏之婦可謂知禮矣。"（《國語・魯語下》）"泰伯，其可謂至德也已矣。"（《論語・泰伯》）"周之德，其可謂至德也已矣。"（同上）"仲由、冉求可謂大臣與。……今由與求也，可謂具臣矣。"（《先進》）據以上書證，可總結爲"人物賓語＋可謂＋謂詞性結構（或體詞性結構）"，"百官族人可謂曰知"與上舉各句應屬同一類型。

2. 再看"……曰知"。據前所述,"曰知"爲可以成立的謂詞性結構,是"百官族人可謂曰知"句可以成立的前提。

動詞"知"在非否定式中常帶賓語,在否定式中常不帶賓語。如:"知之爲知之,不知爲不知。"(《論語·爲政》)"知"常常讀爲"智",如:"君子一言以爲知,一言以爲不知。"(《論語·子張》)但有時,在非否定式中的"知"(不讀作"智"的)也可不帶賓語,如:"齊也取貨。先君若有知也,不尚取之……且先君而有知也,毋寧夫人,而焉用老臣?"(《左傳·襄公二十九年》)"吾聞之,蟲莫知於龍,以其不生得也。謂之知,信乎?"(《昭公二十九年》)"君子不可小知,而可大受也;小人不可大受,而可小知也。"(《論語·衛靈公》)(以上"有知""謂之知""小知"的"知",《經典釋文》均未注"音智")"天之生此民也,使先知覺後知,使先覺覺後覺也。"(《孟子·萬章上》)不難看出,以上諸未帶賓語的"知",與許多讀作"智"的"知"一樣,均具有名物化特徵(我們並不十分贊同"名物化"的説法,用這一術語只是取其易於理解而已)。據宋亞云研究,上古漢語及物動詞做主賓語常不能帶賓語(《漢語作格動詞的歷史演變研究》,北京大學出版社 2014 年,第 42 頁)。這是因爲,主賓語位置是及物動詞的"非典型位置",因而處在這一位置上的及物動詞是受限的,有標的。參見萬群《〈國語〉名動關係研究》,北京大學博士論文 2015 年,第 26 頁。

《逸周書·大匡解》:"昭明九則,九醜自齊。齊則曰知,悖則死勇。"孔晁注曰:"明此九法則所醜義成;九法威則苟死於勇,(爲)不知節。"如此,"齊則曰知"之"知"是"知節"的意思。《謚法解》:"致戮無辜曰厲。官人應實曰知。凶年無穀曰糠。"朱右曾曰:"量才授官,'知'之要務。"(孔、朱之説均見黃懷信等《逸周書彙校集注》〔修訂本〕)是"官人應實曰知"之"知"爲"知量才授官"也。"曰"在此爲"叫作""稱爲"義。

據 1、2 兩點可知,a."曰知"是謂詞性結構,有可能是一固定結構;"知"也可加引號爲"曰'知'"。b."百官族人可謂曰知"應讀作"百官族人・可謂・曰'知'"或"百官族人・可謂・曰'知'";"曰'知'"是"叫作'知'""稱爲'知'"的意思。c.這一"知"具有名物化特徵。d.這裏的"知",指趙岐所謂"知世子之能行禮也"、朱熹所謂"謂世子之知禮也"。e.由於"曰知"並不多見,非否定式中的"知"常帶賓語,不帶賓語的又常讀作"智",所以朱熹説"疑有闕誤",楊伯峻先生感到困惑,都是有道理的。但在趙岐那裏,這句是文從字順的。不過,朱熹所説"疑有闕誤"至今仍有意義。例如,上舉多例"人物賓語＋可謂＋謂詞性結構"的句子都以"矣"或"也已矣"煞尾,"百官族人可謂曰知"則無之,何故? 很可能是這種"曰"字句的特點。f."百官族人可謂曰知"可譯爲"官吏同族可說是都明白了孝子是懂禮的"。(65)

5.3－1 滕文公問爲國。孟子曰:"民事不可緩也①。《詩》云②:'晝爾于茅③,宵爾索綯④;亟其乘屋⑤,其始播百穀。'民之爲道也,有恒産者有恒心,無恒産者無恒心。苟無恒心,放辟邪侈,無不爲已。及陷乎罪,然後從而刑之,是罔民也。焉有仁人在位罔民而可爲也? 是故賢君必恭儉禮下,取於民有制⑥。陽虎曰⑦:'爲富不仁矣,爲仁不富矣。'

【譯文】滕文公請教怎樣治理國家。孟子説:"老百姓的大事是拖延不起的。《詩經》上説:'白天出外割茅草,晚上搓繩長又長;急急忙忙蓋屋頂,開春要播各種糧。'老百姓的規律是:有固定産業的人才有恒定的操守,没有固定産業的人便不會有恒定的操守。没有恒定操守的人,就會胡作非爲違法亂紀,什麽事都做得出來。等到他們犯了罪,然後加以處罰,這等於陷害。哪有仁人在位卻做出陷害老百姓的事呢? 所以賢明的君主一定要謙恭,節制,禮遇臣下,取之於民要依照一定的制度。陽虎曾經説過:'要想發財就不能仁愛,要想仁愛就不能發財。'

【注釋】①民事：當時的常見詞語，指老百姓的大事，主要指農事。②《詩》云：引自《豳風·七月》。譯文採自程俊英《詩經譯注》。③于茅：于，往。茅，取茅草。④索綯(táo)：索，搓。綯，繩索。⑤亟其乘屋：亟，急。乘，登上。⑥有制：有制度，不是有節制。《荀子·王霸》："貫日而治平，權物而稱用，使衣服有制，宮室有度，人徒有數。"《禮論》："師旅有制，刑法有等。"類似表達已見1.7—8。⑦陽虎：就是陽貨，是魯國正卿季氏的總管，事蹟多見於《論語》《左傳》。

5.3-2 "夏后氏五十而貢，殷人七十而助，周人百畝而徹，其實皆什一也。徹者，徹也①；助者，藉也②。龍子曰③：'治地莫善於助，莫不善於貢。'貢者，挍數歲之中以為常④。樂歲，粒米狼戾⑤，多取之而不為虐，則寡取之；凶年，糞其田而不足⑥，則必取盈焉。為民父母，使民盻盻然⑦，將終歲勤動，不得以養其父母，又稱貸而益之⑧，使老稚轉乎溝壑，惡在其為民父母也？夫世祿，滕固行之矣。《詩》云：'雨我公田，遂及我私⑨。'惟助為有公田。由此觀之，雖周亦助也。

【譯文】"古代的稅收制度：夏朝每家五十畝地而行'貢'法，商朝每家七十畝地而行'助'法，周朝每家一百畝地而行'徹'法。這三法的實質都是十分抽一。'徹'是'拿'的意思，'助'是借助的意思。龍子說過：'田稅最好的是助法，最不好的是貢法。'貢法是綜合若干年的收成得一個平均數。豐年，穀米撒得遍地都是，多徵收一點也不算暴虐，卻並不多收。災年，即使努力施肥，尚且不能糊口，卻非收足那個平均數不可。作為百姓父母的君主，卻讓他們一年到頭辛苦勞頓，結果連自己的父母都養不活，還不得不靠借貸來交足賦稅，最終使老的小的只能到溝壑中去等死，這怎麼能算是'為民父母'呢？大官的子弟享受世襲的田租收入，滕國早就實行了。〔為什麼老百姓卻不能有一定的田地收入呢？〕有首詩說：'雨點落在公田裏，同時灑到我私田。'只有助法才有公田也有私田〔,而能兼顧官員和百姓〕。這樣看來,即使周朝,也是實行助法的。

【注釋】①徹:徹取,拿去一些。趙岐注"周人百畝而徹":"耕百畝者,徹取十畝以爲賦。"注"徹者,徹也"則云:"徹,猶人徹取物也。" ②藉(jí):借,借助。趙岐《注》"殷人七十而助":"耕七十畝者,以七畝助公家。"注"助者,藉也"則云:"藉者,借也,猶人相借力助之也。" ③龍子:上古之賢人。 ④挍(jiào):校,較。 ⑤粒米狼戾:粒米,即米粒。狼戾,狼藉。 ⑥糞其田而不足:在努力施肥的情況下(吃的都)不夠。詳見本節《考證》。 ⑦盻(xì)盻然:勤苦勞頓的樣子。 ⑧稱:舉借。 ⑨雨我公田兩句:引自《小雅‧大田》。譯文採自程俊英《詩經譯注》。

【考證】糞其田而不足:

趙岐《注》:"至於凶年飢歲,民人糞治其田尚無所得,不足以食,而公家取其稅,必滿其常數焉。"趙岐的意思是,災荒年即使好好施肥,吃的也不夠,公家卻還要把稅收足。楊伯峻《孟子譯注》:"災荒年成,每家的收穫量甚至還不夠第二年肥田的用費,也非收滿那一定數不可。""糞其田而不足"究爲何意?且看下面兩組例句:

"年饑,用不足,如之何?"(《論語‧顏淵》)"無政事,則財用不足。"(《孟子‧盡心下》)"下不從事,衣食之財必不足。"(《墨子‧節葬下》)"賤人不強從事,即財用不足。"(《非樂上》)"備廢,則事謀不足。"(《逸周書‧武紀解》)"田荒室露,衣食不足。"(《莊子‧雜篇‧漁父》)"古之賢人,賤爲布衣,貧爲匹夫,食則饘粥不足。"(《荀子‧大略》)"國貧而用不足,則兵弱而士不厲。"(《管子‧七法》)

"卒之東郭墦間,之祭者,乞其餘不足,又顧而之他。"(《孟子‧離婁下》)"舉天下以賞其善者不足。"(《莊子‧外篇‧在宥》)"有爲也,則爲天下用而不足。"(《外篇‧天道》)"今吾日計之而不足,歲計之而有餘。"(《雜篇‧庚桑楚》)"故君明人則有過,養人則不足。"(《禮記‧禮運》)

上面兩組例句的前一段先秦典籍中較多，這裏羅列的只是其中一小部分而已。後一段例句很少，這5例是我們費力找到的。它們的差別是前者在"不足"前接體詞性成分，後者"不足"前接謂詞性成分；前者可歸納爲"……不夠"，後者也可以歸納爲"在……情況下不夠"（但似乎也可理解爲"用來……不夠"，如"舉天下以賞其善者不足"）。"糞其田而不足"如果是前者，就該譯爲"用來肥田都不夠"；如果是後者，可以譯爲"在努力施肥的情況下（吃的）不夠"。因爲後一組例句很少，且也可理解爲"用來……不夠"，在没有檢索工具的情況下，楊伯峻先生根據其語感來理解"糞其田而不足"爲"用來肥田（尚且）不夠"，似乎並没有錯。而我們之從趙岐，一則因爲一些"不足"前接謂詞性成分的句子更傾向於理解爲"在……情況下不夠"（如"之祭者乞其餘不足"），二則因爲趙岐《注》是較早的故訓。（66）

5.3－3"設爲庠序學校以敎之①。庠者，養也；校者，敎也；序者，射也。夏曰'校'，殷曰'序'，周曰'庠'；'學'則三代共之，皆所以明人倫也。人倫明於上，小民親於下。有王者起，必來取法，是爲王者師也。《詩》云：'周雖舊邦，其命惟新②。'文王之謂也。子力行之，亦以新子之國！"

【譯文】"要興辦'庠''序''學''校'來教育人民。'庠'是教養的意思，'校'是教導的意思，'序'是教射箭的意思。夏代叫'校'，商代叫'序'，周代叫'庠'；'學'這個名稱，三代都這麼叫。學習的目的都是爲了讓人明白人間的倫常。貴族都明白了人間的倫常，小老百姓自然會一團和氣親密無間了。這時如有聖王興起，也一定會來學習效法，這等於做了聖王的老師。《詩經》說：'岐周雖是舊邦國，接受天命氣象新。'這是讚美文王的詩。你努力實行吧，也來讓你的國家氣象一新！"

【注釋】①設爲庠序學校以教之：庠、序、校等見於《左傳》《儀禮》《周禮》

《禮記》等書,都是地方上的學校。　②周雖舊邦兩句:見《大雅・文王》。譯文採自程俊英《詩經譯注》,有改動。

5.3－4 使畢戰問井地①。孟子曰:"子之君將行仁政,選擇而使子,子必勉之!夫仁政,必自經界始②。經界不正,井地不鈞③,穀禄不平④,是故暴君汙吏必慢其經界。經界既正,分田制禄可坐而定也。夫滕,壤地褊小,將爲君子焉,將爲野人焉⑤。無君子,莫治野人;無野人,莫養君子。請野九一而助,國中什一使自賦。卿以下必有圭田⑥,圭田五十畝;餘夫二十五畝。死徙無出鄉,鄉田同井,出入相友,守望相助,疾病相扶持,則百姓親睦。方里而井,井九百畝⑦,其中爲公田。八家皆私百畝,同養公田;公事畢,然後敢治私事,所以別野人也。此其大略也;若夫潤澤之⑧,則在君與子矣。"

【譯文】滕文公派畢戰來問井田制。孟子說:"你的國君準備實行仁政,選中你來問我,你一定要好好幹哪!實行仁政,一定要從劃分整理田界開始。田界劃分得不正確,井田的大小就不均勻,作爲俸禄的田租收入也就不會公平合理,所以暴虐的君主和貪官污吏總是輕視田間界限的劃分。田間界限正確了,人民土地的分配,官吏俸禄的釐定,都可以毫不費力地決定了。〔儘管〕滕國土地狹小,也會〔有人〕作爲貴族,也會〔有人〕作爲農夫。沒有貴族,便沒人治理農民;沒有農民,也沒人養活貴族。郊野用九分抽一的助法,請實行它;都城用十分抽一的貢法,也實行它。公卿以下的官吏一定有圭田,每家五十畝;如有剩餘的勞動力,每人再給二十五畝。無論埋葬或搬家,都不必離開本鄉本土而四處奔波。一井田中的各家,平日出出進進,互相友愛;防禦盜賊,互相幫助;罹患疾病,互相照顧。如此一來,百姓便親愛和睦了。每一平方里劃爲一個井田,每一井田劃爲九百畝,當中一百畝是公田,八家都有私田百畝。這八家共同耕種公田,先把公田料理完畢，才敢去幹私田的農活，這是區別官員和農夫的辦法。這不過是一個大略，至於如何去充實完善它，那就在於你的國君和你本人了。"

【注釋】①畢戰問井地：畢戰，滕國大夫。井地，即井田。　②經界：丈量土地的意思。　③鈞：同"均"。　④穀祿：相當於"俸祿"。　⑤爲：意義同"其爲人也"（《論語·學而》《述而》《孟子·告子下》《盡心下》）的"爲"，"作爲"的意思；不必如《經傳釋詞》所釋"猶'有'也"。詳見本節《考證》（一）。　⑥圭田：供祭祀用的田地。　⑦井九百畝：今一方里爲375畝，因此古之一畝較今爲小。　⑧潤澤之：指使之豐滿，使之充實，使之成熟，使之經看。之，指上文的"大略"。詳見本節《考證》（二）。

【考證】（一）將爲君子焉，將爲野人焉：

這兩句楊伯峻先生《孟子譯注》譯爲"滕國的土地狹小，卻也得有官吏和勞動人民"。並出注："爲，趙岐《注》云：'爲，有也。'"但似乎楊先生對趙說也不甚滿意，故直接引述而未作評價。王引之《經傳釋詞》對"將"有"有"義有專門論證，具引於下：

"家大人曰，爲，猶'有'也。《孟子·滕文公篇》曰：'夫滕，壤地褊小，將爲君子焉，將爲野人焉。'趙《注》曰：'爲，有也。雖小國，亦有君子，亦有小人也。'又曰：'夷子憮然爲間。'《注》曰：'爲間，有頃之間也。'《盡心篇》曰：'爲間不用，則茅塞之矣。'《注》曰：'爲間，有間也。'《晏子·外篇》曰：'孔子之不逮舜爲間矣。'爲間，亦'有間'也。故《莊子·大宗師篇》曰：'莫然有間。'《釋文》曰：'本亦作"爲間"。'又僖三十三年《左傳》曰：'秦則無理，何施之爲？'言何施之有也。（《漢書·張湯傳》曰：'何厚葬爲？'）成二年《傳》曰：'臣，治煩去惑者也，是以伏死而爭。今二子者，君生則縱其惑，死又益其侈，是棄君于惡也。何臣之爲？'言何臣之有也。（杜《注》曰：'若言何用爲臣。'失之。）十二年《傳》曰：'若讓之以一矢，禍之大者，其何福之爲？'言何福之有也。（桓六年《左傳》曰：'其何福之有？'）昭元年《傳》曰：'諸侯之會，衛社稷也。我以貨免，魯必受師，是禍之也，何衛之爲？'言何衛之有也。

十三年《傳》曰:'國不競亦陵,何國之爲?'言何國之有也。又曰:'若曰無罪而惠免之,諸侯不聞,是逃命也,何免之爲?'言何免之有也。《周語》曰:'余敢以私勞變前之大章,以忝天下,其若先王與百姓何?何政令之爲也?'言何政令之有也。(韋《注》曰:'何以復臨百姓而爲政令乎?'失之。)《晉語》曰:'若有違質,教將不入,其何善之爲?'言何善之有也。(韋《注》:'言不能使善。'失之。)又曰:'今范、中行氏之臣,不能匡相其君,使至于難;君出在外,又不能定而棄之,則何良之爲?'言何良之有也。《楚語》曰:'若于目觀則美,縮于財用則匱,是聚民利以自封而瘠民也,胡美之爲?'言胡美之有也。又曰:'君而討臣,何讎之爲?'言何讎之有也。又曰:'若夫白珩,先王之玩也,何寶之爲?'言何寶之有也。《孟子·滕文公篇》曰:'夫夷子信以爲人之親其兄之子爲若親其鄰之赤子乎?'言有若親其鄰之赤子也。《盡心篇》曰:'何不使彼爲可幾及而日孶孶也?'言使彼有可幾及也。"

以上論述的第一條書證,即"將爲君子焉,將爲野人焉。"趙岐採用的辦法是,先翻譯或理解這段話爲"雖小國,亦有君子,亦有小人",在此基礎上得出"爲,有也"的結論。王力先生説:"我常對我的研究生説,研究古代語法,不能用翻譯的方法去研究,不能先把它翻譯成現代漢語,再根據你翻譯的現代漢語去確定古代漢語的結構。我們不能用翻譯的方法去研究古代漢語的語法,就跟不能用翻譯的方法去研究外語語法一樣。用翻譯的方法去研究古代漢語是很危險,很容易産生錯誤的。"(《漫談古漢語的語音、語法和詞彙》,載《王力文集》第16卷,第189—190頁)簡言之,即使翻譯和理解是對的,也不能將原文和譯文的具體詞語一一對應,而説某詞有某義。下文的幾則"爲間""有間"也是如此。正如"白薯"就是"紅薯""番薯","白"和"紅""番"卻並非同義詞一樣,"爲間""有間"意義相近,也不能得出"爲"有"有"義。

緊接著列出的十幾例"何(胡)某之爲",説即"何(胡)某之有",看上去是十分具有説服力的。但仔細考察就會發現,"何某之爲"和"何某之有"其實不是對立而是互補的,也就是說,"何某之爲"與"何某之有"中的"某"其實並不重疊,也即並不相同。

"何某之爲"的"某",王氏列出了"施""臣""福""衛""國""免""政令""善""良""美""讎""寶"等12個詞語。如果在文獻中能找到諸如"何施之有""何臣之有""何福之有""何衛之有""何國之有"等等與"何施之爲""何臣之爲""何福之爲""何衛之爲""何國之爲"等等並存,則王氏此一論證的說服力或許將得以加強(但仍不能在此基礎上得出"爲"有"有"義的結論)。但我們只見到1例"何福之有"(《左傳·桓公六年》);而且,尚有"何福之求"(《墨子·公孟》)。正如我們不能據此得出"爲"有"求"義一樣,也不能據此得出"爲"有"有"義。

"何某之有"的"某",僅《左傳》中即有"厭"(隱公元年、僖公三十年)、福(桓公六年)、繼(僖公十一年)、後(僖公二十三年、二十七年、定公八年)、震(文公六年)、彊(文公十年)、治(宣公四年)、利(宣公十七年、哀公十三年)、力(成公二年、襄公十一年)、榮(成公六年)、盟(成公十五年)、時(襄公八年)、貳(襄公二十三年)、常(襄公二十三年、二十九年、昭公元年、二十六年)、長(襄公二十三年)、與政令(襄公二十八年;"女何與政令之有?")、世(襄公二十九年)、患(襄公三十一年、昭公元年)、日(昭公三年、哀公元年、宣公十二年)、敵(昭公四年、十三年)、上(昭公四年)、不可(昭公五年)、辟(昭公六年)、厲(昭公七年)、邇封(昭公九年)、齊(昭公十三年)、遠(昭公二十一年)、遲(定公八年)、賤(哀公十七年)、戎(哀公十七年)等29個詞語。上文已經說過,只有"福"既可以出現在"何福之爲",也可以出現在"何福之有"中;但它也可出現在"何福之求"中。其餘的28個,都未見出現在"何某之爲"中。

但是,"何某之爲"卻大多有"爲某"與之對立,即,既有"何施之爲",又有"爲施",既有"何臣之爲",又有"爲臣"。在"施""臣""福""衛""國""免""政令""善""良""美""讎""寶"等12個詞語中,存在"何某之爲"與"爲某"對應關係的,有10個詞語,只有"衛""免"未見

"爲衛""爲免"與"何衛之爲""何免之爲"對應。例如:"爲君不君,爲臣不臣,亂之本也。"(《國語·齊語》)"夫兵事者危物也,不時而勝,不義而得,未爲福也。"(《管子·問》)"善爲國者,賞不僭而刑不濫。"(《左傳·襄公二十六年》)"是故王者謹於日至,故知虛滿之所在,以爲政令。"(《管子·侈靡》)"苟爲善,後世子孫必有王者矣。"(《孟子·梁惠王下》)"天有時,地有氣,材有美,工有巧,合此四者,然後可以爲良。"(《周禮·考工記》)"牛山之木嘗美矣。以其郊於大國也,斧斤伐之,可以爲美乎?"(《孟子·告子上》)"誅既不當,而以盡爲心,是與天下爲讎也。"(《韓非子·難四》)"王孫圉聘於晉,定公饗之,趙簡子鳴玉以相,問於王孫圉曰:'楚之白珩猶在乎?'對曰:'然。'簡子曰:'其爲寶也,幾何矣。'曰:'未嘗爲寶。楚之所寶者,曰觀射父,能作訓辭,以行事於諸侯,使無以寡君爲口實。……此楚國之寶也。若夫白珩,先王之玩也,何寶之爲?'"(《國語·楚語下》,末句今本多作"何寶之焉")

特別是最後一例(《國語·楚語下》),"爲寶"與"何寶之爲"出現在同一上下文中;事實上,"何寶之爲"即"何爲寶"的強調式,意謂"這算什麼寶貝呢?"同樣,"何施之爲"即"何爲施"的強調式,意謂"這算什麼施恩呢";"何臣之爲"即"何爲臣"的強調式,意謂"這算什麼臣子呢";"何福之爲"即"何爲福"的強調式,意謂"這算什麼福氣呢",這是對上文"如天之福"的反駁;"何國之爲"即"何爲國"的強調式,意謂"這還算是什麼國家呢",觀其上文"國不競亦陵"可知;"何政令之爲"即"何爲政令"的強調式,意謂"這還能實行什麼政令呢"(韋《注》"何以復臨百姓而爲政令乎"是對的,並未"失之");"何善之爲"即"何爲善"的強調式,意謂"這還怎麼去把他教好呢"(韋《注》"言不能使善"是對的,並未"失之");餘不贅。

至於《漢書·張湯傳》"何厚葬爲",《漢紀》作"何厚葬之有",説得過去,但並不十分貼切。《漢書·張湯傳》:"湯死,家産直不過五百金,皆所得奉賜,無它贏。昆弟諸子欲厚葬湯,湯母曰:'湯爲天子大臣,被惡言而死,何厚葬爲!'載以牛車,有棺而無椁。"顯然,"何厚葬爲"即"何爲厚葬",也即"爲什麼要厚葬"。楊樹達先生説:"荀悦《漢紀》與《漢書》文字不同的地方,一定是《漢書》對,《漢紀》不對。後來偶讀顧亭林先生的《日知録》,先生説了一句話,恰恰是這個意思……我現在可以大膽地説:荀悦這個人雖然是一個漢朝人,但是他對於《漢書》文字的瞭解力,實在是低能到萬分。不過他雖然低能,膽子卻又極大。他對於《漢書》的文句有不了解的處所,便毫不客氣地大改特改起來,往往因此弄得牛頭不對馬嘴,將班固原文的意思喪失得乾乾淨淨……最奇怪的,是清朝一代大師以'最博最精'著稱的王念孫,他校《漢書》,屢次信了荀悦的話去改《漢書》。他據荀悦改一次,便要錯一次。大家知道,王氏校書精細萬分,絶不容易錯誤的。但他對於荀悦的《漢紀》恍若有嗜痂之癖,屢次上當而不辭,這在我的《漢書窺管》中揭發出多少條……"(楊樹達《積微居小學述林·〈離騷傳〉與〈離騷賦〉》,中華書局 1983 年)

按,顧炎武語見《日知録》卷二十六:"荀悦《漢紀》改紀、表、志、傳爲編年,其叙事處索然無復意味,間或首尾不備;其小有不同,皆以班書爲長,惟一二條可采者。"

總之,"何某之爲"中的"某"一般不與"何某之有"中的"某"重疊,而恰恰"何某之爲"中的"某"一般都和"爲某"這一形式中的"某"相重疊;這説明"何某之爲"的"爲"和"何某之有"的"有"是"兩股道上跑的車",並不是一回事兒。也即,哪怕找到"何施之有",也絶不能因此就説"爲"有"有"義(道理上文已經説過);既然遍搜共時文獻,都找不到"何施之有",即"何施之有"的句子能否存在於那時的語言中都是個問題,那憑什麼説"何施之爲"就是"何施之有"呢?

至於《孟子·滕文公上》《盡心上》的"夫夷子信以爲人之親其兄之子爲若親其鄰之赤子乎""何不使彼爲可幾及而日孳孳也",可理解爲"有若親其鄰之赤子也""使彼有可幾及也",也是翻譯的問題,不足以據此得出"爲"有"有"這一義位的結論。

"爲"是個泛義動詞,根據不同搭配,翻譯是很靈活的。也許,王引之說"爲,猶'有'也",較之我們現在從詞彙學角度理解的"爲"有著"有"這一義位,要寬泛得多;他這樣說,只是爲了幫助讀者大致讀懂古書。從這一角度看,也許王是對的。我們這裏所做的,只是試圖從詞彙學角度證明當時語言中的"爲"從嚴格意義上看並沒有"有"這一義位;也即,今人不能因爲王引之說"爲,猶'有'也",就認定"爲"有"有"這一義位。

那麼,"將爲君子焉,將爲野人焉"中的"爲",其意義究竟是什麼呢?"爲"有"作爲"的意義,其後常接"人"及表示人身份的"君子""小人""君",例如:"其爲人也孝弟,而好犯上者,鮮矣。"(《論語·學而》)"其爲人也,發憤忘食,樂以忘憂,不知老之將至云爾。"(《述而》)"不得乎親,不可以爲人。"(《孟子·離婁上》)"鈞是人也,或爲大人,或爲小人,何也?"(《告子上》)"其爲人也好善。"(《告子下》)"天或啓之,必將爲君。"(《左傳·宣公三年》)"溺人必笑,吾將有問也,史黯何以得爲君子?"(《哀公二十年》)"女爲君子儒,無爲小人儒!"(《論語·雍也》)"不知命,無以爲君子也。"(《堯曰》)"仲尼至,曰:'丘,去汝躬矜與汝容知,斯爲君子矣。'"(《莊子·雜篇·外物》)"反聖王之務,則非所以爲君子之道也。"(《墨子·明鬼下》)

因此,"將爲君子焉,將爲野人焉"中的"爲"也沒有理由不是這一意義。至於"將",一般字典、詞典都記載著它有"會""當"的意義。那麼,"將爲君子焉,將爲野人焉"意謂"也會有人作爲君子,也會有人作爲農夫",大約是沒有什麼問題的。參見 5.4－4《考證》(一)。(67)

(二)潤澤之:

趙岐注"若夫潤澤之,則在君與子矣":"其井田之大要如是,而加慈惠潤澤之,則在滕君與子。"朱熹《集注》:"潤澤,謂因時制宜,使合於人情,宜於土俗,而不失乎先王之意也。"楊伯峻先生《孟子譯注》譯這兩句爲"至於怎樣去修飾調度,那就在於你的君和你本人了",近似於朱熹說。他們都是理解"之"是指上文的"大略"的。而趙岐《注》爲

"加慈惠潤澤之"，則有可能使得讀者理解"之"指上文的"百姓""八家"了（其實趙岐所理解"之"大約也指"大略"）。我們讚同朱熹和楊伯峻先生之説，因爲，"之"若指百姓與當時文例不合。僅以《梁惠王上》爲例：

"是何異於刺人而殺之。"（"之"指"人"）"及寡人之身，東敗於齊，長子死焉；西喪地於秦七百里；南辱於楚。寡人恥之。"（"之"指上文的種種屈辱）"彼陷溺其民，王往而征之。"（"之"指"彼"）"如有不嗜殺人者，則天下之民皆引領而望之矣。誠如是也，民歸之，由水之就下，沛然誰能禦之？"（"歸之""望之"的"之"，均指"不嗜殺人者"）"王坐於堂上，有牽牛而過堂下者，王見之。"（"之"指"牽牛而過堂下"）然則，"此其大略也，若夫潤澤之"的"之"，當然是指"大略"，而不會指隔著好多句的"百姓"。

"潤澤"何謂？二字連文的書證不多："夫玉者，君子比德焉。溫潤而澤，仁也；栗而理，知也。"（《荀子·法行》）"是以德之流，潤澤均加于萬物。"（《管子·宙合》）"此則陰德歸陛下，害除而姦謀塞，群臣莫不被潤澤，蒙厚德。"（《史記·李斯列傳》）

不妨看以下各例："諫行言聽，膏澤下於民。"（《孟子·離婁下》）"舜之相堯、禹之相舜也，歷年多，施澤於民久。啓賢，能敬承繼禹之道。益之相禹也，歷年少，施澤於民未久。"（《萬章上》）"思天下之民匹夫匹婦有不被堯舜之澤者，若己推而内之溝中。"（《同上》）"古之人，得志，澤加於民。"（《盡心上》）"潤萬物者莫潤乎水。"（《周易·説卦》）"是其日夜之所息，雨露之所潤，非無萌蘖之生焉。"（《告子上》）"河潤九里，澤及三族。"（《莊子·雜篇·列禦寇》）"玉在山而草木潤，淵生珠而崖不枯。"（《荀子·勸學》）

以下是"潤""澤"帶賓語者："是故剛柔相摩，八卦相蕩，鼓之以雷霆，潤之以風雨。"（《周易·繫辭上》）"雷以動之，風以散之，雨以潤之。"（《説卦》）"重耳之仰君也，若黍苗之仰陰雨也。若君實庇廕膏澤之，使能成嘉穀，薦在宗廟。"（《國語·晉語四》）"澤之身則榮，去之身

則辱。"(《管子·小稱》)

綜上,"潤澤"與《論語·憲問》"東里子產潤色之"的"潤色"意義有些類似,"潤澤之"指使之豐滿,使之充實,使之成熟,使之經看。(68)

5.4-1 有爲神農之言者許行①,自楚之滕,踵門而告文公曰②:"遠方之人聞君行仁政,願受一廛而爲氓。"文公與之處。其徒數十人,皆衣褐③,捆屨織席以爲食④。

陳良之徒陳相與其弟辛負耒耜而自宋之滕⑤,曰:"聞君行聖人之政,是亦聖人也,願爲聖人氓。"

陳相見許行而大悅,盡棄其學而學焉。

【譯文】有一位研習神農氏學說叫許行的人,從楚國到滕國,登門謁見滕文公,告訴他說:"我這遠方之人聽說您實行仁政,希望得到一處宅地,做您的編外之民。"文公給了他住處。他的門徒好幾十人,都穿著粗麻編成的衣服,以打草鞋織席子爲生。

陳良的門徒陳相和他弟弟陳辛背著農具,從宋國到滕國,也對文公說:"聽說您實行聖人的政治,那您也是聖人了。我願意做聖人的編外之民。"

陳相見了許行,非常高興,完全拋棄了以前所學的而向許行學習。

【注釋】①有爲……許行:神農,上古傳説中的人物,三皇之一,重農學派託神農以自重。許行,不見於他書。 ②踵:至,到。 ③褐:以未績之麻製成的短衣。 ④捆屨(jù):捆,敲擊使牢固("捆綁"義是晚起的)。屨,草鞋。 ⑤耒耜(lěi sì):耜是古代一種類似鍬的農具,當"耜"和"耒"在上下文中一道用的時候,耜則分指該農具下端鏟土的部分,耒則分指耜柄。耒耜合指鏟土的農具,甚至泛指農具。

5.4-2 陳相見孟子,道許行之言曰:"滕君則誠賢君也;雖然,未聞道也。賢者與民並耕而食,饔飧而治①。今也滕有倉廩府庫,則是厲民而以自養也②,惡得賢?"

孟子曰:"許子必種粟而後食乎?"曰:"然。""許子必織布而後衣乎?"曰:"否,許子衣褐。"

"許子冠乎③?"曰:"冠。"曰:"奚冠?"曰:"冠素。"曰:"自織之與?"曰:"否,以粟易之。"曰:"許子奚為不自織?"曰:"害於耕。"

曰:"許子以釜甑爨④,以鐵耕乎⑤?"曰:"然。""自為之與?"曰:"否,以粟易之。"

"以粟易械器者,不為厲陶冶;陶冶亦以其械器易粟者,豈為厲農夫哉?且許子何不為陶冶,舍皆取諸其宮中而用之⑥?何為紛紛然與百工交易?何許子之不憚煩?"

【譯文】陳相來看孟子,轉述許行的話說:"滕君確實是個賢明的君主,就算這樣,還沒有聞知真正的大道。賢人要和人民一道種地來糊口,而且自己做飯,通過這種方式做到境內大治。如今滕國有穀倉,有存財物的府庫,那這就是損害百姓來奉養自己,怎麼能叫作賢明呢?"

孟子說:"許子一定要自己種糧食才吃飯嗎?"陳良說:"對。""許子一定要自己織布才穿衣嗎?""不,許子只穿粗麻編織的衣。"

"許子戴帽子嗎?"答道:"要戴的。""戴什麼帽子?"答道:"戴白綢帽子。""是自己織的嗎?"答道:"不,用粟米換來的。""許子為什麼不自己織呢?"答道:"因為妨礙幹農活。"

"許子也用鐵鍋瓦罐做飯,用鐵器耕種嗎?"答道:"是這樣的。""自己做的嗎?"答道:"不,用粟米換來的。"

"農夫用粟米換取鍋碗瓢盆和農具,不能說損害了瓦匠鐵匠;那瓦匠鐵匠用他們的產品來換取粟米,又難道損害了農夫嗎?況且許子為什麼不親自幹瓦匠活鐵匠活?而放棄把各種器物儲備在家裏隨時取用的生活方式呢？爲什麽許子要一件一件地和各種工匠做買賣？爲什麽許子這樣不怕麻煩？"

【注釋】①饔飧（yōngsūn）而治：饔飧，熟食。這裏指自己做飯。治，治理得好，太平。詳見本節《考證》（一）。　②則是厲民而以自養也：是，此。厲，使病，摧殘，折磨，損害。以，後面省略了指代"厲民"的賓語"之"。　③冠（guàn）：戴帽。　④以釜甑（zèng）爨（cuàn）：釜，金屬鍋。甑，蒸飯的瓦製炊具。爨，燒火做飯。　⑤鐵：這裏指農具。楊樹達《古書疑義舉例續補》卷首即爲《以製物之質表物例》，其第一條例句即爲本例。以某物的製造材料做某物的代稱，是古代一種常用的修辭手段。　⑥舍皆取諸其宫中句：舍，放棄，後來寫作"捨"；謂許子何以放棄"皆取諸（之於）其宫中而用之"的做法。詳見本節《考證》（二）。宫，上古無論貴賤，住所都叫作宫。

【考證】（一）饔飧而治：

這句的"治"是指"大治""治理得好"的意思，即《王力古漢語字典》"治"的第二個義項"治理得好，太平"；故《孟子譯注》譯"饔飧而治"爲"自己做飯，而且也要替百姓辦事"，恐未達一間。類似句子爲："無爲而治者，其舜也與？"（《論語·衛靈公》，楊伯峻《論語譯注》："自己從容安靜而使天下太平的人大概只有舜罷？"）"是故盜賊衆而治者寡。"（《墨子·節葬下》）"天下之亂也，將安可得而治與？"（《非樂上》）"且以爲若此，則天下之亂也，將屬可得而治也。"（《非命下》）"上古結繩而治，後世聖人易之以書契，百官以治，萬民以察。"（《周易·繫辭下》）"聖人南面而聽天下，嚮明而治。"（《説卦》）"居下位而不獲於上，民不可得而治也。"（《孟子·離婁上》，楊伯峻《孟子譯注》："是不能夠把百姓治理好的。"）"聖人之教不肅而成，其政不嚴而治。"（《孝經·聖治》）

《孟子》成書時代，"治"用爲"治理"義時，一般要帶賓語："昔者文王之治岐也，耕者九一，仕者世禄。"（《孟子·梁惠王下》）"曰：'士師不能治士，則如之何？'王曰：'已之。'曰：'四境之內不治，則如之何？'

王顧左右而言他。"(同上)"至於治國家,則曰:'姑舍女所學而從我。'則何以異於教玉人彫琢玉哉?"(同上)

上引第二則書證"治士"之"治"爲"治理""管理"義,帶賓語;"不治"意爲治理得不好,不太平,不帶賓語。二者的分佈特徵是有區別的。二者古音也有區別:治理義,帶賓語的"治"爲直之切,平聲;治理得好義,不帶賓語的"治"爲直吏切,去聲(詳見孫玉文《漢語變調構詞考辨》,商務印書館 2015 年,第 7—13 頁)。(69)

(二)舍皆取諸其宮中而用之:

舍,放棄。此句承上句,謂何不放棄皆取之於其宮中而用之的做法。宮,上古無論貴賤,住所都叫作宮。章太炎説,這一句的"舍"當讀爲"僋",相當於後世的"啥";"舍皆"就是"啥都"。不確。"疑問代詞+都"表周遍意義如"誰都不信""什麽東西都買"的格式産生甚晚,《孟子》成書時代不可能有這種表達方式。

趙岐《注》:"舍,止也。止不肯皆自取之其宮宅中而用之。"朱熹《集注》:"舍,去聲。……舍者,止也;或讀屬上句——舍,謂作陶冶之處也。"或讀爲"許子何不爲陶冶舍,皆取諸其宮中而用之"。後一説不可通,因爲"舍"是客舍,泛指人所居之地,而不指工場。顯然,"陶冶舍"的説法,是後世人對上古"舍"的意義已經隔膜所致,以爲它只是房舍義而已。

趙岐、朱熹認爲"舍"是"舍止"義,去聲;由客舍義、居止義引申而來。但這意義的"舍",我們未能找到帶較爲複雜的謂詞性賓語的書證。而後來寫作"捨",義爲"捨棄""廢止",讀上聲的"舍",其後帶一較爲複雜的謂詞性賓語卻不是罕見的。如:"君子疾夫舍曰欲之而必爲之辭。"(《論語·季氏》)"夫不能行聖人之術,則舍爲天下役何事哉?"(《史記·李斯列傳》)"若居君子之位,當君子之行,則舍公儀休之相魯,亡可爲者矣。"(《漢書·董仲舒傳》)所以譯"舍"爲"放棄"。(70)

5.4-3 曰:"百工之事固不可耕且爲也。"

"然則治天下獨可耕且爲與？有大人之事①,有小人之事。且一人之身,而百工之所爲備；如必自爲而後用之,是率天下而路也②。故曰,或勞心,或勞力；勞心者治人,勞力者治於人；治於人者食人③,治人者食於人,天下之通義也。

"當堯之時,天下猶未平,洪水橫流,氾濫於天下,草木暢茂,禽獸繁殖,五穀不登,禽獸偪人④,獸蹄鳥跡之道交於中國。堯獨憂之,舉舜而敷治焉⑤。舜使益掌火,益烈山澤而焚之⑥,禽獸逃匿。禹疏九河⑦,瀹濟漯而注諸海⑧,決汝漢,排淮泗而注之江⑨,然後中國可得而食也。當是時也,禹八年於外,三過其門而不入,雖欲耕,得乎？

【譯文】陳相答道:"各種工匠的活計本來就不可能一邊種地一邊又來幹的。"

"難道治理天下的活計就獨獨能够一邊種地一邊來幹的嗎？有道德君子的工作,有芸芸衆生的工作。一個人活在世上,各種工匠生產的産品對他來説是必備的；如果每件東西都要自己製造才去用它,那是帶領天下的人疲於奔命而羸弱不堪。所以我説,有的人勞動腦力,有的人勞動體力；腦力勞動者管理人,體力勞動者被人管理；被管理者向別人提供吃穿用度,管理者的吃穿用度仰仗於別人,這是普天之下的通則。

"當堯的時候,天下還是一片洪荒,大水亂流,氾濫全天下,草木茂密地生長,鳥獸快速地繁殖,穀物卻没有收成,飛禽走獸威逼人類,華夏大地遍佈牠們的足跡。只有堯一個人爲這事憂慮,於是選拔舜來總管治理工作。舜命令伯益主持放火工作,伯益便將山野沼澤分割成塊逐片焚燒,迫使鳥獸逃跑隱匿。禹又疏浚九河,把濟水漯水疏導入海,挖掘汝水漢水,疏通淮水泗水,引導衆水流入長江,華夏的人民才可以種地吃上飯。在這一時期,禹八年奔波在外,好幾次經過自己家門都忙得不能進去,即使他想種地,做得到嗎?

【注釋】①大人:道德品行超過一般"君子"的人。參見 13.19《考證》(二)。　②路:同"露""潞",羸弱疲憊。王念孫《讀書雜志·讀荀子雜志》:"《孟子·滕文公篇》'是率天下而路也',趙注云:'是率導天下之人以羸路也。'《管子·五輔篇》云:'匡貧竄,振罷露,資乏絶。'《韓子·亡徵篇》云:'好罷露百姓。'《吕氏春秋·審應覽》云:'士民罷潞。'路、露、潞並通,是'路'爲羸憊也。"　③食(sì)人:提供給別人吃。食,給……吃。　④偪:即"逼"字。　⑤敷:同"溥""普",普遍。　⑥益烈山澤而焚之:伯益將山野沼澤分割成塊而焚燒之。烈,通"裂",分割。詳見本節《考證》。　⑦九河:分別爲徒駭、大史、馬頰、覆釜、胡蘇、簡、絜、鉤盤、鬲津。　⑧瀹(yuè)濟漯(tà)而注諸海:瀹,疏導。濟、漯,都是水名。　⑨決汝漢,排淮泗而注之江:除漢水外,汝與淮、泗都不入江。其實孟子這裏不過申述禹治水之功。

【考證】益烈山澤而焚之:

這句話頗不好理解。趙岐《注》:"烈,熾也。益視山澤草木熾盛者而焚燒之。"然則,"烈"在這裏是表示"茂盛"的形容詞的意動用法,即認爲哪處山澤茂盛即焚燒哪處。舊題孫奭《疏》(下文稱"僞孫奭《疏》"或"僞疏")無説;朱熹《集注》只有三字:"烈,熾也。"焦循僅申説趙岐《注》,文冗長,不贅引。楊伯峻《譯注》於此句未出注,今譯爲"益便將山野沼澤地帶的草木用烈火焚燒"。《王力古漢語字典》:"火猛。《左傳·昭公二十年》:'夫火烈,民望而畏之。'又爲動詞,放火燒。《孟子·滕文公上》:'益烈山澤而焚之。'"

但無論趙岐説,還是《字典》所説,都缺乏書證支持。趙岐《注》"烈,熾也"雖不乏其例,但未見意動用法者。在先秦文獻中,"烈"的"火猛"義、"猛烈"義、"光明""顯赫"義、"功烈"義、"節操"義(如"烈士")以及疊音形容詞"烈烈"均各有多例,唯獨動詞"放火燒"這一義項僅此一例書證。況且,這僅有的一例書證,還與趙岐所説相左,也與後面的"焚"相重複——應當譯爲"伯益放火焚燒山澤而焚燒山澤",或者"伯益放火點燃山澤而焚燒之"。

楊樹達先生説:"義有不合,則活用其字形,借助於文法,乞靈於聲韻,以假讀通之。"(《積微居金文説·自序》)既然"益烈山澤而焚之"的既有解釋已明顯"義有不合",那便只能"以假讀通之"了。我們以爲,此句的"烈"或當讀爲"裂"。

1. 兩字先秦多有相通者。《説文·衣部》《玉篇·衣部》:"裂,繒餘也。"即繒帛的殘餘。段玉裁注:"引申爲凡分散殘餘之稱,或假'烈'爲之。"段注"隋"字時又説:"'裂'訓'繒餘',引申之,凡'餘'皆曰'裂'。"《國語·齊語》:"戎車待遊車之裂。"韋昭注:"裂,殘也。"《詩經·大雅·雲漢序》:"承厲王之烈。"鄭玄箋:"烈,餘也。"《爾雅·釋詁》《玉篇·火部》:"烈,餘也。"《方言》卷一:"烈,餘也。晉、鄭之間曰'烈'。"《爾雅·釋詁下》:"烈、枿,餘也。"郝懿行《義疏》:"'烈'者,'裂'之假音也。"

2. 更爲重要的是,"裂"的文例與"益烈山澤而焚之"相合。"裂"常出現在"V_1O+而$(以)+V_2O$"格式中的V_1的位置上,這一點與"益烈山澤而焚之"句中"烈"所處的語法位置相同;而且,"裂"也以"地""田""故吳之地方五百里"等爲賓語,和"益烈山澤而焚之"句以"山澤"爲"烈"的賓語類似。

例如:"召使者,裂裳帛而與之。"(《左傳·昭公元年》)"將裂田以與蠻子而城之。"(《哀公四年》)"般爵以貴之,裂地以封之,終身不厭。"(《墨子·尚賢中》)"請裂故吳之地方五百里以封子墨子。"(《魯問》)"大敗越人,裂地而封之。"(《莊子·内篇·逍遥遊》)"君裂地而封之,疏爵而貴之。"(《晏子春秋·内篇問上》)

"裂"的意義:《爾雅·釋言》:"蓋、割,裂也。"《王力古漢語字典》:"剪裁,撕破。《左傳·昭公元年》:'召使者,裂裳帛而與之。'引申爲'割','分'。《晏子春秋·内篇問上》一九:'裂地而封之,疏爵而貴之。'"

然則,"益烈山澤而焚之"意爲"伯益將山野沼澤分割成塊而焚燒之",或"伯益將山野沼澤劃分區塊,令各部落分別焚燒之"。這裏將"烈"讀爲"裂",也即我們曾經説過的"詞語置換"。《論語新注新譯·導言》:"'詞的不自由'是指,無論是現代漢語還是古代漢語,也無論是動詞還是其他詞類,由於上下文各語法成分的限制,進入某一語法位置都是不自由的,能進入該語法位置的詞往往是封閉的而非開放的(例如,能與"民可使由之"的"由"進行字詞置換的字詞是有數的,而非任意的)。……當原句經共時語言的考察并非文從字順也即所謂'不詞'時,在進行詞語置換之後原句經共時語言的全面考察能夠確定滯礙頓消因而文從字順之後,同樣由於'詞的不自由'對字詞置換的語法位置的詞的數量有著極大限制,也同樣由於研究者進行詞語置換的詞必須與誤字形近或音近等因而其數量也受到極大限制(也即研究者尋找正字的範圍可局限於與誤字形近、音近者),於是在大大縮小尋找正字範圍因而給研究帶來便利的同時還可證明置換之後的字詞就是這兩條綫(該語法位置上可以出現的詞、與被置換字詞形近或音近的字詞)交叉點上的那一字詞,因而其正確性也因此更加得以確立。"我們經考察認定"益烈山澤而焚之"不能文從字順,而將"烈"讀爲"裂"之後卻能窒礙頓消——後者的類似書證不少。

　　近現代的燒山依循的正是"裂山澤而焚之"的原理;當然,如果能找到史書的相關記載就更好了。(71)

5.4－4 "后稷教民稼穡①,樹藝五穀②;五穀熟而民人育。人之有道也③——飽食、煖衣、逸居而無教,則近於禽獸。聖人有憂之④,使契爲司徒⑤,教以人倫——父子有親,君臣有義,夫婦有別,長幼有叙,朋友有信。放勳曰⑥:'勞之來之⑦,匡之直之,輔之翼之,使自得之,又從而振德之。'聖人之憂民如此,而暇耕乎?

【譯文】"后稷教導百姓種莊稼,栽培穀物。穀物成熟了,老百姓便得到了養育。人類的規律是這樣的:光是吃得飽,穿得暖,住得安逸,卻沒有教育,那也和禽獸差不多。聖人爲這事憂慮深重,便讓契做了司徒,教育人民明白人際的倫常關係——父子間的骨肉之親,君臣間的禮義之道,夫妻間的內外之別,老少間的尊卑之序,朋友間的誠信之德。堯説道:'慰勞勉勵他們,引導糾正他們,幫扶保護他們,使他們各得其所,然後再賑濟困窮施以恩惠。'聖人爲百姓考慮達到這樣的程度,還擠得出時間來種地嗎?

【注釋】①后稷:名棄,周朝的始祖,帝堯時爲農師。　②五穀:稻(水稻)、黍(小米之黏者)、稷(小米)、麥(小麥)、菽(豆類)。　③有道:有規律。詳見本節《考證》(一)。　④有:動詞詞頭(動詞前綴),可不譯。　⑤契:殷之祖先。　⑥放勳:堯之名。　⑦勞(lào)之來(lài)之:即慰勞勉勵之。詳見本節《考證》(三)。有人譯英國著名汽車品牌 Rolls-Royce(勞斯萊斯)爲"勞之來之"。

【考證】(一)人之有道也:

《孟子譯注》:"句意和'民之爲道也'(5.3)相同,則'有'猶'爲'也。"恐怕未必。《公孫丑上》:"人之有是四端也,猶其有四體也。"《盡心上》:"人之有德慧術知者,恒存乎疢疾。"《國語·周語上》:"民之有口也,猶土之有山川也。"《晉語九》:"人之有學也,猶木之有枝葉也。"只不過"人之有道"指的是下文的"飽食、煖衣、逸居而無教,則近於禽獸"。這幾句的"有"如字讀文從字順,讀"爲"則彆扭。參見5.3－4《考證》(一)。(72)

(二)放勳曰……:

有的古本作:"放勳曰勞之來之……"臧琳《經義雜記》與焦循《孟子正義》力主讀作"放勳曰……"。我們主張從衆讀作"放勳曰:'……'"因爲,像"勞""來"這樣的同義詞後各接"之"且並列的結構一般見於以《詩經》爲代表的詩歌體裁。如:

"燕燕于飛,頡之頏之。"(《邶風·燕燕》)"就其深矣,方之舟之。就其淺矣,泳之游之。"(《北風·谷風》)"顛之倒之,自公召之……倒之顛之,自公令之。"(《齊風·東方未明》)"縶之維之,以永今朝。"(《小雅·白駒》)"鴛鴦于飛,畢之羅之……乘馬在廄,摧之秣之……乘馬在廄,秣之摧之。"(《小雅·鴛鴦》)"采菽采菽,筐之筥之。"(《小雅·采菽》)"飲之食之,教之誨之。"(《小雅·緜蠻》)"芃芃棫樸,薪之槱之。"(《大雅·棫樸》)

而當時人說話(特別是在較爲重大的場合)也常引韻文,以《孟子》爲例:

"齊人有言曰:'雖有智慧,不如乘勢;雖有鎡基,不如待時。'"(《公孫丑上》)"曾子曰:'不可,江漢以濯之,秋陽以暴之,皓皓乎不可尚已。'"(《滕文公上》)"《魯頌》曰:'戎狄是膺,荆舒是懲。'"(同上)"《太誓》曰:'我武惟揚,侵于之疆,則取于殘,殺伐用張,于湯有光。'"(《滕文公下》)"《書》曰:'丕顯哉,文王謨!丕承哉,武王烈!佑啟我後人,咸以正無缺。'"(同上)"孔子曰:'操則存,舍則亡;出入無時,莫知其鄉。'"(《告子上》)

所以,讀作"放勳曰:'……'"在當時語言中(特別是在《孟子》一書中)是沒有問題的。而讀作"放勳日勞之來之……",即在這樣的一段韻文前加上主語和狀語,則未見其例。(73)

(三)勞之來之:

趙岐《注》:"放勳,堯號也。遭水災,恐其小民放辟邪侈,故勞來之,匡正直其曲心……"朱熹《集注》:"勞、來,皆去聲。"

楊伯峻《孟子譯注》先引王念孫《廣雅疏證》:"《説文》:'勑,勞也。'《爾雅》:'勞、來,勤也。'《大雅·下武篇》'昭茲來許'《鄭箋》:'勞、來,皆謂勤也。'《史記·周紀》:'日夜勞來,定我西土。'《墨子·尚賢篇》:'垂其股肱之力,而不相勞來。'皆謂勤也。《孟子·滕文公篇》'放勳曰"勞之來之",亦謂聖人之勤民也。'"接著又説:"王棻《柔橋文鈔·"勞之來之"解》謂'來'當作'勑',實即'敕'字。與下文'直''翼''得''德'叶韻。案此言實誤。下文'匡''直'同義,'輔''翼'同義,則'勞''來'不當分爲二義。即以韻而論,'來'與'直''翼'諸字亦平入相通，何必改字而後叶哉？"

我們讚同"'勞''來'不當分爲二義"，一是典籍中"勞來""勞勑"常見，故訓極多，爲同義詞連用；二是"下文'匡''直'同義，'輔''翼'同義"，則"勞來"無理由分立。但《孟子譯注》譯"勞之來之"爲"督促他們"，則似有未逮。

勞、來（勑）連用，爲慰勞、勸勉之意，故訓具在，字典明載，不煩贅引。即便《爾雅》"勞、來，勤也"之"勤"，亦可以"慰勞、勸勉"釋之。《尚書·康誥》"侯甸男邦采衛，百工播民和，見士于周，周公咸勤"孔《傳》："周公皆勞勉五服之人。"《左傳·僖公三年》"楚人伐鄭，鄭伯欲成。孔叔不可，曰：'齊方勤我，棄德不祥'"杜預《注》："勤，恤鄭難。"類似者還有《左傳·成公二年》之"五伯之霸也，勤而撫之，以役王命"。至於同義詞"勞""來"的細微差別，《正字通》的解釋可爲參考："勑，勑勞也。答其勤曰'勞'，撫其至曰'勑'。"謂酬答民人之勤於王事爲"勞"，而撫慰其不遠千里而至爲"勑"。"勞、來，勤也"之"勤"如作他釋，則無文例以爲支撑。然則王念孫之所謂"放勳曰'勞之來之'，亦謂聖人之勤民"，非謂聖人之勤於民事，而謂其恤民之勞也。

勞、勤均由"辛勞"義發展出"慰勞勸勉"義，這一現象，並不罕見，而是所謂"平行的詞義發展"；而"來"則另由"使到來"義發展出"對別人的辛勞報以恩惠以使其來歸附"的意義（詳見《漢語變調構詞考辨》，第295－298頁、第16－20頁）。換言之，只有當"勞"爲"慰勞勸勉"義而"來"爲"對別人的辛勞報以恩惠以使其來歸附"義時，"勞""來"才從兩條線上交匯而成爲近義詞，從而得以連用，也才能用同樣爲"慰勞勸勉"義的"勤"來解釋它們。反之，它們便是"兩股道上跑的車"。

按，《爾雅·釋詁》原文爲："勞、來、強、事、謂、翦、篲，勤也。"依《爾雅》體例，"勤也"之前的幾個字，有的對應"勤"的甲義，有的對應它的乙義，是允許的。但"勞""來"無疑對應的都是"勤"的"慰勞勸勉"義。郝懿行《義疏》："'勞'者，謂叙其勤苦以慰勉之，故《詩序》云

'《出車》以勞還,《杕杜》以勤歸',是其義也。《旱麓》云'神所勞矣',《孔子閒居》云'奉三無私以勞天下',毛、鄭並云:'勞,勞來。'皆與《爾雅》合。"《義疏》又云:"'來'者,'勑'之假音也。《説文》'勑'訓'勞',此'勑'訓'勤','勤、勞'一耳。《孟子》引'放勳曰勞之來之',此蓋古《尚書》文……"郝懿行的意思很明顯:"勞"是"叙其勤苦以慰勉之","勤"也是這個意思,"來"(勑)同樣是這個意思;《孟子》"放勳曰勞之來之"的"勞""來"當然也不例外。

　　古人訓詁,對同義詞大多喜求其同而忽視其異,《爾雅》和郝懿行之忽視"勞、來、勤"的差異,自不能苛責。而且,渾言析言有別,我們以爲,"勞之來之"和下文"匡之直之""輔之翼之"一樣,翻譯時,爲了不顯得過於拖沓,處理爲渾言較爲妥當。(74)

5.4－5 "堯以不得舜爲己憂,舜以不得禹、皋陶爲己憂①。夫以百畝之不易爲己憂者②,農夫也。分人以財謂之'惠',教人以善謂之'忠',爲天下得人者謂之'仁'。是故以天下與人易③,爲天下得人難。孔子曰:'大哉堯之爲君!惟天爲大,惟堯則之,蕩蕩乎民無能名焉!君哉舜也!巍巍乎有天下而不與焉④!'堯舜之治天下,豈無所用其心哉?亦不用於耕耳⑤。

【譯文】"堯爲得不到舜而憂慮,舜爲得不到禹和皋陶而憂慮。爲了自己百畝的田地種得不好而憂慮的,那是農夫。把財物分給別人,叫作惠;教導大家都學好,叫作忠;爲天下找到好人才,叫作仁。因此,把天下禪讓給人家容易,爲天下找到好的當家人很難。所以孔子説:'堯作爲君主真是偉大!只有天最偉大,也只有堯能效法天。堯的聖德浩蕩無邊,老百姓日日受其恩惠習焉不察都不知有這人存在了!舜真是個好君主!天下坐得穩如泰山,卻不去享受它,佔有它!'堯舜的治理天下,難道不用心思嗎?只是不把這心思用在如何種地上罷了。

【注釋】①皋陶(gāo yáo)：虞舜時的司法官。　②易：治理得好。　③與人：給予別人。　④孔子曰等句：見《論語·泰伯》。與，即"參與"之"與"，含"私有""享受"之意。　⑤亦不用於耕：也不把這種心思用在耕作上。"用之"的否定式是"不用"，"不用"就是"不用之"，"之"指上文的"其心"。

5.4-6 "吾聞用夏變夷者，未聞變於夷者也。陳良，楚産也，悦周公、仲尼之道，北學於中國。北方之學者，未能或之先也①。彼所謂豪傑之士也。子之兄弟事之數十年，師死而遂倍之②！
【譯文】"我只聽說用中國的方式來改變四夷的，没有聽說過用四夷的方式來改變中國的。陳良土生土長在楚國，卻喜歡周公和孔子的學說，北上中國來求學。北方的學者，還没有誰能超過他的，那真是所謂豪傑之士啊！你們兄弟向他學習了幾十年，老師一死，竟然背棄了他！
【注釋】①未能或之先：未能有人領先於他。或，有人。之先，先之，領先於他。　②倍：這裏是由其本義"背向"義引申出的"背棄"義。

5.4-7 "昔者孔子没①，三年之外，門人治任將歸②，入揖於子貢，相嚮而哭，皆失聲，然後歸。子貢反，築室於場，獨居三年，然後歸。子夏、子張、子游以有若似聖人，欲以所事孔子事之，彊曾子③。曾子曰：'不可；江漢以濯之，秋陽以暴之④，皜皜乎不可尚已⑤。'今也南蠻鴃舌之人⑥，非先王之道，子倍子之師而學之，亦異於曾子矣。吾聞出於幽谷遷于喬木者，未聞下喬木而入於幽谷者。《魯頌》曰：'戎狄是膺⑦，荆舒是懲⑧。'周公方且膺之，子是之學，亦爲不善變矣。"
【譯文】"從前，孔子死了，守孝三年之後，門徒們在收拾行李準備回去前，走進子貢住處作揖告別，相對而哭，都泣不成聲，這才回去。子貢又回到墓地重新築屋，獨自住了三年，這才回去。過了些時候，子夏、子張、子游覺得有若有些像聖人，便想像服事孔子那樣服事他，勉強曾子同意。曾子說：'不行；比如曾經用江漢之水洗滌過，曾經在夏日之下暴曬過，真是白得不能再白了。〔誰還能與孔子相比呢？〕'如今許行這南蠻子，說話就像鳥叫，也敢來非議我們祖先聖王之道，而你倆卻違背師道去向他學，那就和曾子大不相同了。我只聽說過鳥兒飛出幽暗的山谷遷往高大的樹木，沒聽說過離開高大的樹木再飛進幽暗山谷的。《魯頌》說過，'戎和狄，要抵抗它們；荆和舒，要懲罰它們'。〔荆和舒這樣的國家，〕周公還要抗擊它，你卻向它學，真是變得每況愈下了。"

【注釋】①没(mò)：死；後來寫作"歿"。　②任：包袱、行李。　③彊：一般寫作"強"，勉強。　④秋陽以暴(pù)之：周曆正月相當於夏曆的十一月，所以周曆的秋陽，實爲夏日之陽。暴，同"曝"(pù)，曬(晒)。　⑤皜(hào)皜：很白的樣子。　⑥鴃(jué)：即伯勞鳥。　⑦戎狄是膺(yīng)：也即"膺戎狄""戎狄膺之"，抵抗戎狄的意思。這兩句詩見《魯頌·閟宫》。膺，抵抗，抗擊。　⑧荆舒是懲：即"懲荆舒""荆舒懲之"，懲罰荆國、舒國的意思。荆，楚國的别名。舒，楚國的僕從國，在今安徽廬江。

5.4-8 "從許子之道，則市賈不貳①，國中無僞；雖使五尺之童適市②，莫之或欺③。布帛長短同，則賈相若；麻縷絲絮輕重同，則賈相若；五穀多寡同，則賈相若；屨大小同，則賈相若。"

曰："夫物之不齊，物之情也；或相倍蓰④，或相什百，或相千萬。子比而同之⑤，是亂天下也。巨屨小屨同賈⑥，人豈爲之哉？從許子之道，相率而爲僞者也，惡能治國家？"

【譯文】陳相說："如果遵從許子的學說，市場上的物價就能一致，都城之中沒有欺詐，即使讓一個小孩子上市場，也没有人會欺騙他。布匹絲綢的長短相同，價錢便一樣；麻線絲棉的輕重相同，價錢便一樣；穀米的多少相同,價錢便一樣;鞋的大小相同,價錢也一樣。"

　　孟子説:"各種物品的品質不一樣,是物品的真實情形——有的相差一倍五倍,有的相差十倍百倍,有的相差千倍萬倍;你將它們等量齊觀而讓它們價錢一致,只會擾亂天下罷了。大鞋小鞋一樣的價錢,人們肯幹嗎?〔同理,材料上乘做工精緻的鞋和材料窳劣做工粗糙的鞋價錢一樣,人們也是不會幹的。〕按許子説的辦,是帶領大家去弄虚作假;這樣幹,哪能够治理國家呢?"

【注釋】①賈:同"價"。　②五尺之童:古人尺短,五尺只合今之三尺半。　③莫之或欺:莫或欺之,没有人會欺騙他。莫,没有人。或,句中語氣詞,和否定性的無指代詞"莫"一道用時,起加强語氣的作用。　④倍蓰(xǐ):兩倍和五倍。是原先的兩倍,就是比原先的多出一倍,或原先的比後來的相差一倍。不能説"是原先的一倍",這是病句。蓰,五倍。　⑤比(bì):並列,放在一道。　⑥巨屨小屨:大鞋小鞋。

5.5-1 墨者夷之因徐辟而求見孟子①。孟子曰:"吾固願見,今吾尚病,病癒,我且往見。"夷子不來②。

　　他日,又求見孟子。孟子曰:"吾今則可以見矣。不直,則道不見③;我且直之④。吾聞夷子墨者,墨之治喪也,以薄爲其道也;夷子思以易天下⑤,豈以爲非是而不貴也?然而夷子葬其親厚,則是以所賤事親也。"

【譯文】墨家信徒夷之憑著徐辟的關係要求見孟子。孟子説:"我本來願意見他,不過我現在正病著;病好了,我打算去看他。"夷子便没有來。

　　過了一段時間,他又要求見孟子。孟子説:"我現在可以見他了。但不直截了當地説,真理不能大白於天下。我就把它直接説出來吧!我聽説夷子是墨家信徒,墨家的辦理喪事,以薄葬爲合理;夷子也想用這一套來改革天下,難道不會認爲薄葬很對而推崇這一套嗎?這樣一來,夷子埋葬父母親很豐厚,就是拿他所看不上的那一套來對待父母親了。"

【注釋】①墨者夷之因徐辟句:墨者,信奉墨子學說的人。夷之,已無可考。徐辟,孟子弟子。 ②夷子不來:有的注本將此四字放在引號内,譯爲孟子對夷之的使者說讓夷子別來,不確。這句話當從趙岐《注》,置於引號之外。詳見本節《考證》。 ③見:同"現"。 ④直之:把道直接說出來。之,指上一句的"道"。 ⑤夷子思以易天下:夷子思以之治天下。之,指薄葬。

【考證】夷子不來:

《孟子》的今注本多將這句話緊接"我且往見",當作孟子所說,而將其置於引號内。這樣做的源頭,不是來自趙岐——觀他在"吾固願見,今吾尚病,病愈,我且往見"後作注"我常願見之,今值我病,不能見也。病愈,將自往見。以辭卻之"可知;而是來自焦循:"趙氏以'夷子不來'是記其實事,近時通解謂亦孟子言。謂我病愈,往見夷子,夷子不必來。王氏引之《經傳釋詞》云:'不,毋也,勿也。'言我將往見夷子,夷子勿來也。"

意味深長的是,《孟子正義》的點校者沈文倬先生在"夷子不來"之前標引回號,而署名"中華書局編輯部"點校的《四書章句集注》卻是在"夷子不來"之後標引回號。

如果這句話是孟子所說,讓夷子別來,就該是祈使句,否定副詞應該是表禁止或勸阻可譯爲"不要"的"勿",而非"不"。"不"和"勿"在《孟子》中是井然有別的:"楚王不悦。"(《告子下》)"君子不亮,惡乎執?"(同上)"王請勿疑!"(《梁惠王上》)"王勿異也。"(《萬章下》)

除"夷子不來"一例外,《孟子》中"不"出現 1083 次,沒有表禁止、勸阻的(有若干"不可"——如《梁惠王上》之"不可;直不百步耳,是亦走也"——可理解爲表禁止,但不能理解爲其中的"不"表禁止);"勿"出現 25 次,全部是表禁止、勸阻的。

以下是幾例"S不來"的書證,全都是敘述事實的:"尾生與女子期於梁下,女子不來,水至不去,抱梁柱而死。"(《莊子・雜篇・盜跖》)"今鳳皇麒麟不來,嘉穀不生,而蓬蒿藜莠茂,鴟梟數至。"(《管子·封禪》)"故人至暮不來,吳起至暮不食而待之。"(《韓非子·外儲說左上》)

"夷子不來"與"女子不來"類似,意爲"夷子没有來",是叙述句而非祈使句,應該置於引號之外。

可見:1.較早的趙岐《注》並没有錯,"近時通解"往往不大可信。2.《經傳釋詞》的:"不,毋也,勿也"表明,傳統訓詁學,尤其是其中的虚詞書,對同義詞往往喜言其同,而忽視辨其異,像段玉裁《説文解字注》那樣較爲注重辨異的著作並不多見,這種喜同輕異的做法用在虚詞研究上尤其危險,因爲虚詞或一些半虚詞如介詞、連詞、否定代詞、人稱代詞都是較爲封閉的系統,其中成員往往"一個蘿蔔一個坑",各司其職,各個詞的差異往往使得其用法井然有别。關於"不""弗"與"勿""毋"的區别,可參王力《漢語史稿》《漢語語法史》相關部分。

又,《左傳·哀公十五年》:"季子將入,遇子羔將出,曰:'門已閉矣。'季子曰:'吾姑至焉。'子羔曰:'弗及,不踐其難。'季子曰:'食焉,不辟其難。'"楊伯峻先生《春秋左傳注》云:"'不'作'勿'用,禁止之詞。《史記·衛世家》叙此多用此傳文字,惟此作'不及,莫踐其難',乃以'莫'譯'不',可證。《詩·小雅·甫田》云:'曾孫不怒,農夫克敏。'此田畯向曾孫之報告,勸曾孫勿怒也;《孟子·滕文公上》'我且往見,夷子不來',謂夷子勿來也,皆佐證。"

按,所謂"此田畯向曾孫之報告,勸曾孫勿怒也",爲這兩句詩諸多解釋中的一種,遠未成定論,姑置不論。"夷子不來"已論證如上。"弗及,不踐其難",謂若不及此,則不踐其難。類似例證不勝枚舉:《論語·泰伯》(又《憲問》):"不在其位,不謀其政。"《鄉黨》:"不時,不食。割不正,不食。不得其醬,不食。"《衛靈公》:"道不同,不相爲謀。"《左傳·隱公元年》:"不義不昵。"《莊公六年》:"不知其本,不謀。"《莊公二十五年》:"非日月之眚,不鼓。"《僖公二十二年》:"寡人雖亡國之餘,不鼓不成列。"《孟子·公孫丑上》:"非其君不事,非其民不使。"《公孫丑下》："我非堯舜之道，不敢以陳於王前。""不得，不可以爲悅；無財，不可以爲悅。"《滕文公下》"犧牲不成，粢盛不絜，衣服不備，不敢以祭。"《離婁上》："不以規矩，不能成方員……不以六律，不能正五音……不以仁政，不能平治天下。""天子不仁，不保四海；諸侯不仁，不保社稷；卿大夫不仁，不保宗廟；士庶人不仁，不保四體。"

《史記·衛世家》作"不及，莫踐其難"者，正謂若不及之，則無人踐其難也；它不但不能用以證"'不'作'勿'用，禁止之詞"，反而可用以證"不"是叙述未能發生的事實。知者，"莫"之作否定副詞表"不要""别"的意義晚起，漢初尚無之，《世說新語》中才較多出現，且均見於對話的口語中："莫得淫祀！"（《世說新語·德行》）"卿莫作強口馬，我當穿卿鼻！"（《文學》）"當今乏才，以爾爲柱石之用，莫傾人棟梁。"（《規箴》）"諸君莫輕道！仁祖企腳北窗下彈琵琶，故自有天際真人想。"（《容止》）"我以第一理期卿，卿莫負我！"（《寵禮》）（75）

5.5-2 徐子以告夷子。夷子曰："儒者之道，古之人'若保赤子①'，此言何謂也？之則以爲愛無差等，施由親始②。"

徐子以告孟子。孟子曰："夫夷子信以爲人之親其兄之子爲若親其鄰之赤子乎？彼有取爾也。赤子匍匐將入井，非赤子之罪也。且天之生物也，使之一本，而夷子二本故也③。蓋上世嘗有不葬其親者，其親死，則舉而委之於壑④。他日過之，狐狸食之⑤，蠅蚋姑嘬之⑥。其顙有泚⑦，睨而不視⑧。夫泚也，非爲人泚，中心達於面目。蓋歸反蘽梩而掩之⑨。掩之誠是也，則孝子仁人之掩其親，亦必有道矣。"

徐子以告夷子，夷子憮然爲閒曰⑩："命之矣⑪。"

【譯文】徐子把這話轉達給夷子。夷子說："儒家的學說認爲，古代君主愛護百姓就好像愛護嬰兒一般。這話是什麽意思呢？我以爲便是，人們之間的愛没有親疏厚薄的區别，只是由雙親開始實行罷了。〔這樣看來,墨家的兼愛之説和儒家學説並不矛盾,而我厚葬父母,也没有什麽説不過去了。〕"

徐子又把這話告訴了孟子。孟子説:"夷子真正以爲人們愛他的侄兒和愛他鄰居家的嬰兒一樣的嗎?夷子只不過抓住了一點:嬰兒在地上爬行,快要跌到井裏去了,這不是嬰兒的過錯。〔這時候,無論是誰的孩子,無論誰看見了,都會去救的,夷子以爲這就是愛無等差。其實,這是人的惻隱之心。〕況且天生某物,只讓它有一個本源〔,所以愛有等差〕。夷子卻〔以爲愛無等差,那就等於〕認爲每一物有兩個本源。大概上古曾經有不埋葬父母的人,父母死了,就托舉著扔到山溝裏。過了些時候,再經過那裏,就發現狐狸、狸貓在撕咬著,蒼蠅、蚊子在咀吮著那遺體。那個人不禁額頭上冒出了汗,斜著眼睛,不敢正視。這一種汗,不是流給別人看的,而是心中的悔恨在面目上的流露。大概後來他回家取了籠筐鏟子把遺體埋了。埋葬遺體誠然是對的,那麽,孝子仁人埋葬他的父母,這其中也定然藴含著一定的道理。"

徐子把這話又轉達給夷子,夷子惆悵地想了一會兒説:"我懂得了。"

【注釋】①古之人若保赤子:《尚書·康誥》:"若保赤子,惟民其康乂。"赤子,初生的嬰兒。　②施由親始:施,實行。親,父母。詳見本節《考證》(一)。　③天之生物也,使之一本,而夷子二本:天生萬物,每物只有一個本源(人的那個本源就是他的父母)。而夷子以爲愛無等差,把別人的父母,和自己的父母同等看待;那對於每個人來説,就是有兩個以上本源了。　④舉而委之於壑:舉,執持,托舉。委,抛棄。壑,溝壑。詳見本節《考證》(二)。　⑤狐狸:狐狸和狸貓。狐,狐狸。狸,狸貓。詳見 7.17《考證》。　⑥蠅蚋(ruì)姑嘬(chuài)之:蚋,蚊類昆蟲。姑,應讀爲"盬(gǔ)",咀吮。嘬,凑在一起吃。　⑦泚(cǐ):出汗的樣子。　⑧睨(nì)而不視:斜著眼睛,不敢正視。睨,斜視。視,正視。　⑨虆梩(léi lí):虆,土筐。梩,類似鏟子的工具。　⑩憮(wǔ)然爲間:憮然,茫然自失的樣子。爲間,一會兒。　⑪命之:懂了。命，教。之，夷子自指。

【考證】(一) 施由親始：

焦循《孟子正義》："《毛詩・豳風・鴟鴞篇》云'恩斯勤斯'，傳云：'恩，愛也。'是'愛'即'恩'也……《國語・晉語》'夫齊侯好示務施'注云：'施，惠也。'《周書・謚法解》云：'惠，愛也。'《爾雅・釋詁》同。故趙氏以'愛'釋'施'，恩、施、愛三字義通。'愛無差等'即'施無差等'，'施由親始'即'愛由親始'。"

按，所謂"趙氏以'愛'釋'施'"，是指趙岐解釋"施由親始"說"施愛之事，先從己親屬始耳"。可見，"愛"是"施"的賓語（或"愛""施"是並列成分），趙氏並未"以'愛'釋'施'"。

焦循如何將"施"和"愛"掛上鉤的呢？是通過"惠"把這兩字聯繫起來。問題是，所謂'惠，愛也'，是"惠"的"仁慈、仁愛"義（《王力古漢語字典》），而'施，惠也'，是"惠"的"惠及"義（也即"惠"用爲動詞的意義）。焦循這裏用的辦法叫作"遞訓"，比如說張三和李四是同學，李四和王五是同學，張三和王五因此也是同學。問題是，張三和李四可能小學同學，他和王五可能大學同學，李四和王五不一定是同學。因此，遞訓是很危險的。不過，趙岐說"施愛之事，先從己親屬始耳"卻也差不離。（76）

(二) 蓋上世嘗有不葬其親者，其親死，則舉而委之於壑：

人類文化學的研究表明，早期人類確實有不葬父母者。父母將死或已死，則由兒子背往山中拋棄。近世南美、非洲仍有此遺風；日本亦有之——有故事片《楢山節考》（松竹映畫）講述以此爲背景的故事。

上古典籍不乏記載之者，例如："小人老而無子，知擠于溝壑矣。"（《左傳・昭公十三年》）"今宮室無量，民人日駭，勞罷死轉，忘寢與食。"（《昭公十九年》，杜預注："遷徙也。"）"子爲我死，子之父母將轉於溝壑。"（《國語・吳語》）"凶年饑歲，君之民老弱轉乎溝壑，壯者散而之四方者，幾千人矣。"（《梁惠王下》《公孫丑下》）"使老稚轉乎溝壑,惡在其爲民父母也?"(《滕文公上》)"志士不忘在溝壑,勇士不忘喪其元。"(《滕文公下》《萬章下》)"今歲有癘疫,萬民多有勤苦凍餒,轉死溝壑中者,既已衆矣。"(《墨子·兼愛下》)"以此飢寒凍餒疾病,而轉死溝壑中者,不可勝計也。"(《非攻下》)"是其所以不免於凍餓,操瓢囊爲溝壑中瘠者也。"(《荀子·榮辱》)"所重所愛,死而棄之溝壑,人之情不忍爲也,故有葬死之義。"(《吕氏春秋·孟冬紀》)"十五歲矣,雖少,願及未填溝壑而託之。"(《戰國策·趙四》)"既死,豈在我哉?焚之亦可,沈之亦可,瘞之亦可,露之亦可,衣薪而棄諸溝壑亦可,袞衣繡裳而納諸石椁亦可,唯所遇焉。"(《列子·楊朱》)

趙岐注《公孫丑下》"老羸轉於溝壑":"轉尸於溝壑也。"按:"轉尸"見於《淮南子·主術訓》:"春伐枯槁,夏取果蓏,秋畜疏食,冬伐薪蒸,以爲民資。是故生無乏用,死無轉尸。"《墨子·兼愛下》"轉死溝壑中",孫詒讓《墨子閒詁》以爲"轉死"即《淮南子》之"轉尸"。高誘注:"轉,棄也。""舉而委之於壑"朱熹注:"委,棄也。"又謂之"傳尸":"因其土宜,以爲民資,則生無乏用,死無傳尸。此謂仁德。"(《逸周書·大聚解》)"春伐枯槁,夏收百果,秋蓄蔬食,冬取薪蒸,以爲民資。生无乏用,死无傳尸。"(《文子·上仁》)

綜上,《墨子》"轉死"即《淮南子》"轉尸""傳尸",也即"棄尸"(高誘注、朱熹注);"轉乎溝壑""轉於溝壑"(《孟子》)即"轉死溝壑"(《墨子》),也即趙岐《注》之"轉尸於溝壑也",也即"死而棄之溝壑"(《吕氏春秋》)"棄諸溝壑"(《列子》),也即"舉而委之於壑"(《孟子》)。是則"上世嘗有不葬其親者",其遠古遺俗之載記歟?

可知,"擠於溝壑""轉於溝壑""填溝壑"既是戰國時"死"的另一種説法,也特指流離失所,死於野外而無人埋葬;故《淮南子·主術訓》在列舉一系列"以爲民資"的措施後,歸納其好處爲"生無乏用,死無轉尸"——活著不缺用度,死了不至於没人埋葬。

《左傳·昭公十九年》:"今宫室無量,民人日駭,勞罷死轉,忘寢與食,非撫之也。"杜預注"轉":"遷徙也。"楊伯峻先生《春秋左傳注》:

"轉,即《孟子·梁惠王下》'老弱轉乎溝壑'之'轉',尸體拋棄也;亦作'轉尸',《淮南子·主術訓》云:'死無轉尸。'死轉,即死而轉尸也。"按,楊説至確。

又《荀子·榮辱》"溝壑中瘠者",王念孫曰:"瘠,讀爲'掩骼埋胔'之'胔'。露骨曰'骼',有肉曰'胔'。"故而"狐狸食之,蠅蚋姑嘬之"。

又《周易·繫辭下》:"古之葬者,厚衣之以薪,葬之中野,不封不樹。"《説文》在引用這段文字之前説:"葬,藏也。從死在茻中。"這可與《列子》"衣薪而棄諸溝壑"互證。

高誘注"轉,棄也"很關鍵,它能證明不是死者彌留前自己去死在溝壑的,而是他於彌留之際或已死之後被拋棄在溝壑的,這樣才能與"舉而委之於壑"掛起鉤來;《吕氏春秋》《列子》"死而棄之溝壑""棄諸溝壑"更可爲證。不過,"轉"的意義當是"移動",而"轉尸""轉死"的意義是移動將死或已死者而拋棄之。

我關注這一問題雖斷斷續續三十多年,但收集資料有限,論證很不完全;姑匯集於此,以待賢者。(77)

滕文公章句下

凡十章

6.1－1 陳代曰①："不見諸侯,宜若小然②。今一見之,大則以王,小則以霸③。且《志》曰:'枉尺而直尋④。'宜若可爲也。"

孟子曰:"昔齊景公田,招虞人以旌⑤,不至,將殺之。志士不忘在溝壑,勇士不忘喪其元⑥。孔子奚取焉?取非其招不往也。如不待其招而往,何哉⑦?且夫枉尺而直尋者,以利言也。如以利,則枉尋直尺而利,亦可爲與?

【譯文】陳代說:"不去謁見諸侯,似乎只是小事一樁;可如今見一次諸侯,大則可以憑它在天下實行仁政,小則可以憑它統領諸侯。〔可見,現如今見不見諸侯,可不是小事了。〕而且《志》上說:'通過彎曲一尺,便能伸直一尋。'好像應該試一試。"

孟子說:"從前齊景公田獵,用旌去召喚掌管山澤田獵的小吏,小吏不去,景公便準備殺他——志士堅守氣節,不怕死在溝壑;勇士見義勇爲,不怕拋卻頭顱。孔子到底看重這小吏哪一點呢?就是看重他不是自己所應接受的召喚之禮,硬是不去。如果不等諸侯的召喚便去,究竟要幹什麼呢?而且所謂通過彎曲一尺,便能伸直一尋,完全是從利的方面說的。如果唯利是圖,那麼就是彎曲一尋去伸直一尺,也有小利可圖,不也可以幹幹嗎?

【注釋】①陳代:孟子弟子。　②不見諸侯,宜若小然:不去謁見諸侯,似乎並不是什麼大了不起的事兒。宜若,似乎,大概。詳見本節《考證》(一)。　③以王、以霸:以之王,以之霸;憑它實行王政,憑它統領諸侯。之,指前文"見諸侯"。　④尋:合當時的八尺。　⑤招虞(yú)

人以旌（jīng）：虞人，掌管山澤田獵的官名。旌，用五色羽毛裝飾的旗幟。《左傳·昭公二十年》："齊侯田于沛，招虞人以弓，不進。公使執之。辭曰：'昔我先君之田也，旃以招大夫，弓以招士，皮冠以招虞人。臣不見皮冠，故不敢進。'乃舍之。仲尼曰：'守道不如守官。'君子韙之。"要之，召喚虞人，只能用皮冠。　⑥勇士不忘喪其元：勇士要時刻不忘準備掉腦袋。元，首，頭顱。　⑦何哉：想要幹什麽呢，意欲何爲。詳見本節《考證》（二）。

【考證】（一）不見諸侯，宜若小然：

趙岐《注》："代見諸侯有來聘請孟子，孟子有所不見，以爲孟子欲以是爲介，故言此介得無爲狹小乎。"朱熹《集注》："小，謂小節也……枉尺直尋，猶屈己一見諸侯，而可以致王霸，所屈者小，所伸者大也。"楊伯峻《孟子譯注》從之，譯之爲"不去謁見諸侯，似乎只是拘泥於小節吧"；本書初版也曾譯爲"不去謁見諸侯，似乎太小氣了吧"。

遍察周秦文獻，未見"小"單用有表達"小節"這一意義的，而趙岐之説又頗不好懂。所以本書初版所譯的"小氣"也有未逮。

根據下列例句，主語表示抽象意義的，如"管仲之器""罪""德之休明""事"等，也可使用"小"作謂語來描寫：

"管仲之器小哉！"（《論語·八佾》）"長君之惡其罪小，逢君之惡其罪大。"（《孟子·告子下》）"陳小而遠，無援，將何安焉？"（《左傳·文公六年》）"德之休明，雖小，重也。"（《宣公三年》）"利之中取大，非不可得已也。害之中取小，不得已也。"（《墨子·大取》）"城小人衆，葆離鄉老弱國中及也大城。"（《備城門》）"道雖邇，不行不至；事雖小，不爲不成。"（《荀子·修身》）"公量小，私量大，以施于民。"（《晏子春秋·内篇問上》）"事大則利厚，事小則利薄。"（同上）

《論語·八佾》一例，是説"管仲之器""小"，《孟子·告子下》一例是説，若"長君之惡"，其過錯尚"小"，《荀子·修身》一例，是説"事小"。以此例彼，"不見諸侯，宜若小然"，是説"不見諸侯"這事"小"。

再看下列包含"宜若"的句子：

"且《志》曰:'枉尺而直尋。'宜若可爲也。"(《滕文公下》)"孟子曰:'是亦羿有罪焉。'公明儀曰:'宜若無罪焉。'"(《離婁下》)"道則高矣,美矣,宜若登天然。"(《盡心上》)"且夫救趙之務,宜若奉漏甕沃燋釜。"(《戰國策·齊二》)"諸生對册,殊路同歸,……然未盡可亶用,宜若有可行者焉。"(《鹽鐵論·利議》)

《古代漢語虛詞詞典》解釋"宜若"爲用作副詞的複合虛詞,"用在謂語前,表示對所述事實的推測。可譯爲'似乎''大概'等。"

"不見諸侯,宜若小然"的下文"'枉尺而直尋',宜若可爲也"是說,彎曲一尺來使一尋伸直,大約這事兒是值得做的。"道則高矣,美矣,宜若登天然"是說,真理很高深,很美好,〔追求它,〕似乎像登天一樣難。

綜合以上兩組例句,不難看出,"不見諸侯,宜若小然"是說,不去謁見諸侯這事兒,大概只是小事一椿。回過頭來看趙岐《注》,"此介得無爲狹小乎"不也是說,介紹孟子和諸侯見面這事,難道不是小事一椿嗎？朱熹"小節"說似也可作此理解。

另外,時間副詞"今"常用以表示前後兩種事實、行爲或結果是相反的。如"先王之制:大都不過參國之一;中五之一;小九之一。今京不度,非制也,君將不堪。"(《左傳·隱公元年》)"上思利民,忠也;祝史正辭,信也。今民餒而君逞欲,祝史矯舉以祭,臣不知其可也。"(《桓公六年》)"有顏回者好學,不遷怒,不貳過。不幸短命死矣,今也則亡,未聞好學者也。"(《論語·雍也》)"遠人不服,則修文德以來之。既來之,則安之。今由與求也,相夫子,遠人不服,而不能來也。"(《季氏》)"夫君子之居喪,食旨不甘,聞樂不樂,居處不安,故不爲也。今女安,則爲之!"(《陽貨》)"明君制民之産,必使仰足以事父母,俯足以畜妻子,樂歲終身飽,凶年免於死亡……今也制民之産,仰不足以事父母,俯不足以畜妻子;樂歲終身苦,凶年不免於死亡。"(《孟子·梁惠王上》)"他日君出,則必命有司所之。今乘輿已駕矣,有司未知所之。"(《梁惠王下》)"賢者與民並耕而食,饔飧而治。今也滕有倉廩府

庫,則是厲民而以自養也,惡得賢?"(《滕文公上》)

由此可知,"不見諸侯,宜若小然。今一見之,大則以王,小則以霸"是説,(過去)不去謁見諸侯,似乎只是小事一樁;可如今見一次諸侯,大則可以憑它實行仁政於天下;小則可以憑它統領諸侯。〔可見,如今見不見諸侯,可不是什麽小事了。〕(78)

(二)何哉:

趙岐《注》:"言虞人不得其招尚不往,如何君子而不待其招,直事妄見諸侯者,何爲也?"朱熹《集注》:"夫虞人招之不以其物,尚守死而不往,況君子豈可不待其招而自往見之邪?"楊伯峻《孟子譯注》譯爲"假定我竟不等待諸侯的招致便去,那又是怎樣的呢?"也即,趙岐認爲"何哉"是"何爲""爲什麽",而楊伯峻先生認爲它意爲"是什麽呢""是怎樣的呢"。

我們注意到,"何哉"所搭配的句子分爲兩類,一類較少,句中含有"所謂",這一類句子所搭配的"何哉"是問"這是什麽";一類較多,這一類句子搭配的"何哉"是問"這是爲什麽"。例如:

"何哉,爾所謂達者?"(《論語·顔淵》)"何哉,君所謂'踰'者?"(《孟子·梁惠王下》)

"何哉,君所爲輕身以先於匹夫者!"(《梁惠王下》)"萬章問曰:'敢問交際何心也?'孟子曰:'恭也。'曰:'卻之卻之爲不恭。'何哉?"(《萬章下》)"一鄉皆稱原人焉,無所往而不爲原人,孔子以爲德之賊,何哉?"(《盡心下》)"若不釋然,何哉?"(《莊子·内篇·齊物論》)"君子不爲盗,賢人不爲竊。吾若取之,何哉?"(《外篇·山木》)"晏子對曰:'不亦急也! 雖然,嬰願有復也。國人皆以君爲安野而不安國,好獸而惡民,毋乃不可乎?'公曰:'何哉? 吾爲夫婦獄訟之不正乎? 則泰士子牛存矣。'"(《晏子春秋·内篇諫上》)

《莊子·山木》一例,"何哉"前一句有表假設的"若"(《齊物論》"若不釋然"的"若"多訓爲"汝"),與"如不待其招而往"句類似,陳鼓應《莊子今注今譯》譯這幾句爲:"君子不做盜劫的事,賢人不做偷竊的事,我要去求取,爲什麼呢?"由此及彼,"如不待其招而往,何哉"也可譯爲"如果不等待諸侯的招致便去,爲什麼呢?"故而趙岐釋"何哉"爲"何爲也",可從;而我們理解爲"意欲何爲",譯之爲"究竟要幹什麼呢"。

白平《楊伯峻〈孟子譯注〉商榷》言"如不待其招而往何哉"屬於"如……何"結構(第138頁),與下列各例類似:"不能正其身,如正人何?"(《論語·子路》)"君如彼何哉?"(《梁惠王下》)"言人之不善,當如後患何?"(《離婁下》)"吾如有萌焉何哉?"(《告子上》)但"不待其招而往"屬於短句,而《孟子》中"如……何"結構中位於"如"與"何"之間的結構最複雜的也不過是《告子上》的"有萌焉",其他共時文獻中也未見"如……何"之間有短句者,故不從其説。(79)

6.1-2 "昔者趙簡子使王良與嬖奚乘①,終日而不獲一禽。嬖奚反命曰:'天下之賤工也。'或以告王良。良曰:'請復之。'彊而後可,一朝而獲十禽。嬖奚反命曰:'天下之良工也。'

"簡子曰:'我使掌與女乘②。'謂王良。良不可,曰:'吾爲之範我馳驅③,終日不獲一;爲之詭遇④,一朝而獲十。《詩》云:"不失其馳,舍矢如破⑤。"我不貫與小人乘⑥,請辭。'御者且羞與射者比⑦;比而得禽獸雖若丘陵,弗爲也。如枉道而從彼,何也?且子過矣;枉己者,未有能直人者也。"

【譯文】"從前,趙簡子讓王良替他的寵倖小臣叫'奚'的駕車打獵,一整天也没打到一隻獵物。奚向簡子彙報説:'王良是天底下最没本事的駕車人。'有人把這話告訴了王良。王良説:'請求再來一次。'反復勸説,奚才答應去,結果一早上就打中十隻獵物。奚又彙報説:'王良是天底下最有本事的駕車人。'

"趙簡子便説:'我讓他專門給你駕車好了。'又把這話告訴王良,王良不肯,説:'我幫他按照規矩駕車,整天打不著一隻;而幫他違背規矩駕車,一早上就打中了十隻。可是《詩經》上説:"往來馳驅有章法，一箭射出就殺傷。"我不習慣爲小人駕車，請允許我辭掉這差事。'駕車者尚且羞於與壞的射手爲伍；與他爲伍，即便獲得的禽獸堆積如山，也不肯幹。如果先委屈自己的理想與主張而追隨諸侯，究竟是爲了什麽呢？況且你錯了；容忍自己不正直的人，從來就不能讓別人正直。"

【注釋】①昔者趙簡子使王良與嬖(bì)奚乘：趙簡子，晉國正卿趙鞅。王良，春秋末年的駕車能手。嬖，受寵倖的小人。奚，嬖人名。 ②我使掌與女乘：我使之掌與汝乘，我讓他負責給你駕車。"使"的賓語常常不出現。掌，掌管。 ③範我馳驅：規範我的奔馳。 ④詭遇：不依法駕御。 ⑤《詩》云等句：見《小雅・車攻》。譯文採自程俊英《詩經譯注》。如破，而破。 ⑥貫：即今之"慣"字。 ⑦御者且羞與射者比(bì)：射者，語義雙關：明指嬖奚，暗指射利之徒與射利之事，如四處求見諸侯以干祿之蘇秦、張儀輩，亦表明自己不願主動謁見諸侯之志。比，並立，並列。

6.2 景春曰①："公孫衍、張儀豈不誠大丈夫哉②？一怒而諸侯懼，安居而天下熄③。"

孟子曰："是焉得爲'大丈夫'乎④？子未學禮乎？丈夫之冠也，父命之⑤；女子之嫁也，母命之，往送之門，戒之曰：'往之女家，必敬必戒，無違夫子！'以順爲正者，妾婦之道也⑥。居天下之廣居，立天下之正位，行天下之大道⑦；得志，與民由之；不得志，獨行其道；富貴不能淫，貧賤不能移，威武不能屈⑧，此之謂'大丈夫'。"

【譯文】景春說："公孫衍和張儀難道不算'大丈夫'嗎？他們一生氣，諸侯都心驚膽戰；安居度日時，天下便戰火全熄。"

孟子說："就這樣，怎麽算作大丈夫呢？你沒有學過禮嗎？男子行加冠禮時，父親要叮囑他；女子出嫁的時候，母親要叮囑她，把她送到門口，告誡她説：'到了你的夫家，一定要嚴肅認真，一定要時刻上心，不要違背丈夫！'以順從爲原則的，是做婦人的道理。居住在天下這麼廣闊的空間，站立在天下最正確的位置，走著天下最寬廣的仁義之路；得志之日，帶領百姓一同走這條路；不得志之時，一個人也要堅持走下去。富貴不能放縱他，貧賤不能改變他，威武不能壓服他，這樣的人，才真正算是'大丈夫'！"

【注釋】①景春：縱橫家，與孟子同時。　②公孫衍、張儀：公孫衍，即魏人犀首，當時著名的説客。張儀，魏人，遊説六國連橫去服從秦國的大政客。　③熄：烽火熄滅。　④是焉得爲大丈夫乎：僅僅這樣，又怎能叫作"大丈夫"呢？因爲"是"是指代前文景春説的那段話的。詳見本章《考證》（一）。　⑤丈夫之冠也，父命之：古時男子到了二十歲，便可算作成年人，行加冠禮。命，教誨。　⑥妾婦之道：朱熹認爲這句是指公孫衍、張儀的，恐非。實際上是説，妾婦尚能"以順爲正"，能遵守"父母之命、媒妁之言"而"由其道"，而公孫衍、張儀卻以邪謟遊説諸侯，是"不由其道""不待其招而往"的"鑽穴隙"之徒，自不如妾婦遠矣。詳見本章《考證》（二）。　⑦廣居、正位、大道：楊伯峻《孟子譯注》："朱熹《集注》云：'廣居，仁也。正位，禮也。大道，義也。'按之《論語》'立於禮'、《孟子》'居仁由義'（13.33）、'仁，人之安宅也'（3.7又7.11）、'義，人路也'（11.11）諸語，《集注》所釋，最能探得孟子本旨。"　⑧富貴不能淫三句：《莊子·外篇·田子方》："古之真人，知者不得説，美人不得濫，盜人不得劫，伏戲、黃帝不得友。"陳鼓應《莊子今注今譯》："古時的真人，智者不能遊説他，美人不能淫亂他，强盜不能劫持他，伏戲、黃帝不能和他交遊。"《禮記·儒行》亦有類似表述。

【考證】（一）是焉得爲"大丈夫"乎：

此句《孟子譯注》譯爲："這個怎能叫做大丈夫呢？"這也不算錯。但如仔細推求的話，這句話最好譯作："如果僅僅這樣，又怎麼能算大丈夫呢？"

因爲，"焉得"經常處於因果、條件複句的後一分句。我們在《論語》《左傳》《國語》《孟子》《管子》《吕氏春秋》《韓非子》7部古籍中找到33例"焉得",除《孟子·滕文公下》此例外,其餘32例"焉得"全部處於因果、條件複句的後一分句。例如:"管仲有三歸,官事不攝,焉得儉?"(《論語·八佾》——因果)"里仁爲美。擇不處仁,焉得知?"(《里仁》——條件)"晉、楚無信,我焉得有信。"(《左傳·宣公十一年》——條件)"猶有晉在,焉得定功?"(《宣公十二年》——因果)"書退! 國有大任,焉得專之?"(《成公十六年》——因果)"若弗棄,則主焉得之?"(《國語·晉語九》——條件)"君子平其政,行辟人可也,焉得人人而濟之?"(《孟子·離婁下》——條件)

再仔細推求本例:"景春曰:'公孫衍、張儀豈不誠大丈夫哉?一怒而諸侯懼,安居而天下熄。'孟子曰:'是焉得爲大丈夫乎?'""是焉得爲大丈夫乎"可以視爲一個緊縮了的條件複句;其中"是"因爲是復指前面景春所說的話,故不必贅言,而濃縮爲一個字。參見《論語新注新譯》5.19《考證》(一)。(80)

(二)以順爲正者妾婦之道也:

這兩句,朱熹《集注》認爲是暗指公孫衍、張儀不過是"婦人女子":"女子從人,以順爲正道也。蓋言二子阿諛苟容,竊取權勢,乃妾婦順從之道耳,非丈夫之事也。"細讀趙岐《注》,此意似已隱約其中:"孟子以禮言之,男子之道,當以義匡君,女子則當婉順從人耳。男子之冠,則命曰就爾成德。今此二子,從君順指,行權合從,無輔弼之義,安得爲大丈夫也?"前言"女子當婉順從人",後言"今此二子,從君順指",二"順"字,似乎能將兩者聯繫在一起,而此似又爲朱熹說所本。但不能肯定趙岐就是這個意思。朱熹這一說法影響很大,如人民教育出版社網站提供給中學語文教師參考的答案也取此說。楊伯峻《孟子譯注》則未採此說,從其未給這兩句出注可知。我們以爲這並非楊伯峻先生的疏忽;而是他並不認同,一時未便詳證罷了。

1."丈夫之冠也,父命之;女子之嫁也,母命之,往送之門,戒之曰:'往之女家,必敬必戒,無違夫子'",這都是符合"禮"的,所以孟子以"子未學禮乎"引出這段話;並總結説:"以順爲正者,妾婦之道也"。《孟子》一書,常引《禮經》以證其説,如下一章;又如《公孫丑下》第二章,景丑氏即舉《禮經》以相詰難。

2.《孟子》一書的行文,喜歡鋪墊。如上一章"昔者趙簡子使王良與嬖奚乘",下一章"丈夫生而願爲之有室,女子生而願爲之有家";又如《盡心上》:"孟子自范之齊,望見齊王之子,喟然歎曰:'居移氣,養移體,大哉居乎!夫非盡人之子與?'孟子曰:'王子宮室、車馬、衣服多與人同,而王子若彼者,其居使之然也,況居天下之廣居者乎?'"以彼例此,孟子此處,不過是其説理的鋪墊。

3.同樣,《孟子》一書行文,駁斥對方都是直截了當酣暢淋漓的,從不以隱晦形式出之。例如:當景丑氏以"内則父子,外則君臣,人之大倫也。父子主恩,君臣主敬。丑見王之敬子也,未見所以敬王也"(《公孫丑下》)責難孟子時,孟子首先説:"惡!是何言也!"最後説:"故齊人莫如我敬王也。"孟子回答充虞的"君子不以天下儉其親"(同上),也是直截了當的。陳賈下了個套讓孟子鑽,孟子直截了當地回擊他:"周公,弟也;管叔,兄也。周公之過,不亦宜乎?且古之君子,過則改之;今之君子,過則順之。古之君子,其過也,如日月之食,民皆見之,及其更也,民皆仰之;今之君子,豈徒順之,又從爲之辭。"(同上)孟子離開齊國時,面對"欲爲王留行者"的抱怨,孟子依然説:"子爲長者慮,而不及子思;子絶長者乎?長者絶子乎?"

4.結合下章看,就更加顯豁了:"丈夫,生而願爲之有室;女子,生而願爲之有家;父母之心,人皆有之。不待父母之命、媒妁之言,鑽穴隙相窺,踰牆相從,則父母國人皆賤之。古之人未嘗不欲仕也,又惡不由其道。不由其道而往者,與鑽穴隙之類也。"顯然,"丈夫之冠也,父命之;女子之嫁也,母命之",與"父母之命、媒妁之言"是一脈相承的,那麼,公孫衍、張儀之所爲,在孟子看來,豈不就是"鑽穴隙之類"了嗎?

5.孟子説:"古之人未嘗不欲仕也,又惡不由其道。"這才是問題的實質。"以順爲正者,妾婦之道也",在孟子看來,顯然是"由其道",符合禮的。而公孫衍、張儀之所爲,才是"不由其道"。但這"不由其道",主要不是指的形式,而主要是指的内容。如果主要是指形式,那孟子本人也"後車數十乘,從者數百人,以傳食於諸侯"(6.4)。"不由其道"的内容,是指不以仁義遊説諸侯。所以當宋牼將以"言其不利"勸説秦楚罷兵時,孟子才説"先生之志則大矣,先生之號則不可"(《告子下》);所以,孟子才説"善戰者服上刑,連諸侯者次之,辟草萊、任土地者次之"(《離婁上》)。"連諸侯者",就是公孫衍、張儀一流。

6. 即使形式上,孟子之説諸侯,也較公孫衍、張儀之流合乎"禮"。結合本篇第一章:"孟子曰:'昔齊景公田,招虞人以旌,不至,將殺之。志士不忘在溝壑,勇士不忘喪其元。孔子奚取焉? 取非其招不往也。如不待其招而往,何哉?'"孟子雖然也"傳食於諸侯",但他是被諸侯請去的,不是如公孫衍、張儀一般"不待其招而往"的。正如女子出嫁是通過"父母之命、媒妁之言",而又"母命之,往送之門,戒之曰:'往之女家,必敬必戒,無違夫子'",因而是"以順爲正"的,合乎禮的;則公孫衍、張儀之所爲,是不順的,不正的,不合乎禮的,乃是"鑽穴隙之類"的。

7. 綜上,孟子並未將公孫衍、張儀比作"妾婦",而是説妾婦尚能"以順爲正",公孫衍、張儀之流卻以邪慝遊説諸侯;妾婦尚且能遵守"父母之命、媒妁之言"而"由其道",公孫衍、張儀之流卻是"不由其道""不待其招而往"的"鑽穴隙"之徒,自不如妾婦遠矣。

另外,本篇第七章,也是講必須諸侯的禮節到了,孟子這樣的高士才能去拜見諸侯,這才是"君子之所養"。

我的朋友 Britain Xu(許英國)和我討論這一章,他不認同孟子是以"妾婦之道"指公孫衍、張儀,並説:"因爲孟子提'妾婦之道'的出發點在'禮'。"受他的啟發,我寫了這一《考證》。特此鳴謝!(81)

6.3-1 周霄問曰①:"古之君子仕乎?"孟子曰:"仕。《傳》曰:'孔子三月無君,則皇皇如也②,出疆必載質③。'公明儀曰:'古之人三月無君,則弔。'"

"三月無君則弔,不以急乎④?"曰:"士之失位也,猶諸侯之失國家也。《禮》曰:'諸侯耕助,以供粢盛⑤;夫人蠶繅⑥,以爲衣服⑦。犧牲不成⑧,粢盛不絜⑨,衣服不備,不敢以祭。惟士無田,則亦不祭。'牲殺、器皿、衣服不備,不敢以祭,則不敢以宴,亦不足弔乎?"

【譯文】周霄問道:"古代的君子做官嗎?"孟子答道:"做官。《傳》上說:'孔子要是一連幾個月沒有君主任用他,就焦急不安;離開一個國家,一定要帶著見面禮〔,以便和別國國君見面〕。'公明儀也說:'古代的人一連幾個月沒有君主任用,就要去安慰他。'"

周霄便說:"一連幾個月沒君主任用就去安慰他,不覺著急了些嗎?"孟子答道:"士失掉官位,就好像諸侯失去國家。《禮》說過:'諸侯親自參加耕種,是爲了供給祭品;夫人親自養蠶繅絲,是爲了供給祭服。牛羊不肥壯,祭品不潔淨,祭服不齊備,不敢用來祭祀。士若沒有〔供祭祀用的〕田地,那也不能祭祀。'牛羊、祭具、祭服不齊備,也就不敢用這些來祭祀,也就不敢用這些來請客吃飯,這難道不應該安慰他嗎?"

【注釋】①周霄:魏國人。 ②皇皇:後世作"惶惶",不安的樣子。《三國志·蜀書·先主傳》:"今上無天子,海內惶惶,靡所式仰。" ③質:通"贄""摯(zhì)"。古代初相見,須攜禮物以示誠意,謂之"贄",士人一般用雉。 ④不以急乎:(您)不覺得急切了些嗎? 以,以爲,認爲,覺得。詳見本節《考證》。 ⑤諸侯助耕以供粢盛(zīchéng):"助"即"藉",借助的意思。古代天子於每年孟春,率三公九卿諸侯大夫躬耕。因仍須假借他人之手才得以收穫,故謂之"藉田"。粢盛,就是六穀(黍、稷、稻、粱、麥、苽)。 ⑥夫人蠶繅(sāo):"夫人"指諸侯正妻。繅,抽繭出絲。　⑦衣服:專指祭祀穿用的衣服。　⑧犧牲不成:祭祀所殺的牛羊豬等都叫"犧牲",也叫"牲殺"。成,肥壯。⑨絜:同"潔",清潔,潔淨。

【考證】不以急乎:

趙岐《注》:"周宵怪乃弔於三月無君,何其急也。"朱熹《集注》:"以、已通,太也。後章放(仿)此。"楊伯峻《孟子譯注》因而譯"三月無君則弔,不以急乎"爲:"三個月沒有找到君主便去安慰他,不也太急了些嗎?"

既然朱熹説"後章放此",我們不妨看看下一章:"彭更問曰:'後車數十乘,從者數百人,以傳食於諸侯,不以泰乎?'孟子曰:'非其道,則一簞食不可受於人。如其道,則舜受堯之天下,不以爲泰——子以爲泰乎?'"前文言"不以泰乎",後文言"不以爲泰",可知此"以"即"以爲""認爲""覺得"義。"不以急乎"和"不以泰乎"都是"不+介詞'以'+形容詞+乎"格式,"不以急乎"的"以"也應該是"以爲"的意義。

那麼,介詞"以"是如何逐步變化出動詞義認爲、以爲、覺得的意義的呢?

其原始形式爲上古漢語中常見的"以……爲……"格式:"天將以夫子爲木鐸。"(《論語·八佾》)"二三子以我爲隱乎?"(《述而》)"吾以女爲死矣!"(《先進》)"吾以子爲異之問,曾由與求之問。"(同上)"賜也,女以予爲多學而識之者與?"(《衛靈公》)

第二步,當"以"的賓語在緊接著的上一句出現過時,很自然地,下文便應爲"以之爲":"是以先王爲天下設教,因人所有,以之爲訓;道人之情,以之爲真。"(《新書·六術》)由於在上古漢語中,"以"的賓語經常省略,所以,先秦文獻中很難找到"以之爲"的例子,直到漢代文獻,才可零星見到。大量出現的,是"以爲……"格式:

"爲大子城曲沃,賜趙夙耿,賜畢萬魏,以爲大夫。"(《左傳·閔公元年》)"公子安之,從者以爲不可。"(《僖公二十三年》)"於是晉侯不見鄭伯,以爲貳於楚也。"(《文公十七年》)"小臣有晨夢負公以登天,及日中,負晉侯出諸廁,遂以爲殉。"(《成公十年》)"子展曰:'得罪於二大國,必亡。病不猶愈於亡乎?'諸大夫皆以爲然。"(《襄公九年》)"齊莊公朝,指殖綽、郭最曰:'是寡人之雄也。'州綽曰:'君以爲雄,誰敢不雄?'"(《襄公二十一年》)"公子荆之母嬖,將以爲夫人。"(《哀公二十四年》)

第三步,如上所述,當"以"的賓語在緊接著的上一句出現過時,下文常出現"以爲……";尤其當"以爲……"格式中"爲"的賓語爲形容詞時,可以省去"爲",變化出"以……"格式。如果這一變式的句子能夠逐漸增加而固定,"以"便會演變出認爲、以爲、覺得的動詞意義。這一類型的變化,有人稱之爲"逆演化",這是針對"語法化"而言的(姚振武《上古漢語語法史》,上海古籍出版社2015年,第39—41頁)。不過,據我們的窮盡性考察,這一進程遠沒有完成。僅僅找到一組共5例含有認爲、以爲、覺得的動詞意義的"以"後接形容詞的句子:

"公以告臧孫,臧孫以難。告郈孫,郈孫以可。"(《昭公二十五年》)"三月無君則弔,不以急乎?"(《滕文公下》)"後車數十乘,從者數百人,以傳食於諸侯,不以泰乎?"(同上)"主王姬者則曷爲必爲之改築?於路寢則不可,小寢則嫌,群公子之舍,則以卑矣。"(《公羊傳·莊公元年》)"臣誠知不如徐公美,臣之妻私臣,臣之妾畏臣,臣之客欲有求於臣,皆以美於徐公。"(《戰國策·齊一》)

"群公子之舍則以卑矣",何休注"以卑":"以爲太卑。"則此"以"即"以爲"。這句是說,讓她住在各位女公子的房舍,就覺得寒酸了些。

除了以上5例,未能找到其他能夠肯定屬於這一格式的其他句子。也就是說,"以"所具有的以爲、認爲、覺得的意義仍然是臨時性的、語用層面的,尚未得以固化而進入語義層面;也即,介詞"以"變化爲動詞"以"的"逆演化"並未完成。正由於這一格式的句子在語言史上蜻蜓點水,曇花一現,才使得其中的"以"被理解爲其他的意義(包括"太"的意義)。參見楊柳岸、楊逢彬《"以"表"認爲"義的一組例子——兼論"以"的"太"意義不可靠》(《中國語言學報》2022年3期)(82)

6.3－2 "出疆必載質,何也?"曰:"士之仕也,猶農夫之耕也;農夫豈爲出疆舍其耒耜哉?"曰:"晉國亦仕國也①,未嘗聞仕如此其急。仕如此其急也,君子之難仕,何也?"

曰:"丈夫,生而願爲之有室;女子,生而願爲之有家②;父母之心,人皆有之。不待父母之命、媒妁之言,鑽穴隙相窺,踰牆相從,則父母國人皆賤之。古之人未嘗不欲仕也,又惡不由其道。不由其道而往者,與鑽穴隙之類也③。"

【譯文】周霄又問:"離開國界一定要帶上見面禮,爲什麼呢?"孟子答道:"士的做官,就好像農民的耕田;農民難道會因爲越過國境線便放棄他的農具嗎?"周霄説:"魏國也是一個可以做官的國家,我卻没聽説過找官位竟是這樣迫不及待的。找官位既這樣迫不及待,君子卻不輕易做官,這又是爲什麼呢?"

孟子説:"男人一生下來,父母便惟願他早有妻室;女人一生下來,父母便惟願她早有婆家。做父母的,人人都有這樣的心願。但是,不等待爸媽開口,不經過媒人介紹,自己便挖牆洞扒門縫來互相窺望,翻過牆去私會,那麼,爸媽和舉國之人都會輕視他。古代的人不是不想做官,但是又討厭不經由合乎禮義的道路去求官。不經合乎禮義的道路而奔向仕途的,正和挖牆洞扒門縫〔翻牆去私會〕的人一樣。"

【注釋】①晉國:此處指魏國。　②丈夫,生而願爲之有室;女子,生而願爲之有家:當理解爲:丈夫生,而〔父母〕願爲之有室;女子生,而〔父母〕願爲之有家。"父母"二字,蒙後文"父母之心,人皆有之"而省。

兩"之"字,分別指"丈夫"和"女子"。生,出身,誕生。詳見本節《考證》(一)。　③與鑽穴隙之類也:此句與當時句法不合,"之"或許是"者"字之訛,或許"與"當讀爲"舉"。詳見本節《考證》(二)。

【考證】(一)丈夫生而願爲之有室,女子生而願爲之有家:

趙岐、朱熹、焦循均未詳爲之解。楊伯峻先生譯這兩句爲:"男孩子一生下來,父母便希望給他找妻室;女孩子一生下來,父母便希望給她找婆家。"白平《楊伯峻〈孟子譯注〉商榷》卻說:"楊氏譯文的表述不合事理,哪有男女'一生下來'就爲他們考慮婚配的?這則原文當譯爲:'男子活在世上,父母希望讓他有妻室;女子活在世上,父母希望讓她有婆家。'"(第143頁)但類似書證不支持這一説法,因爲,"表示人物的名詞或代詞＋生而＋VP",其中的"生"表示"出生""誕生""出自母腹"。例如:

"宋武公生仲子,仲子生而有文在其手。"(《左傳·隱公元年》沈玉成《左傳譯文》:"宋武公生了仲子,仲子生下來就有字在手掌上。")"至于靈王,生而有頿。"(《昭公二十六年》沈譯:"到了靈王,生下來就有鬍子。")"子曰:'我非生而知之者,好古,敏以求之者也。'"(《論語·述而》)"孔子曰:'生而知之者上也,學而知之者次也。'"(《季氏》)"魯酒薄而邯鄲圍,聖人生而大盜起。"(《莊子·外篇·胠篋》)"干、越、夷、貉之子,生而同聲,長而異俗,教使之然也。"(《荀子·勸學》)"堯、禹者,非生而具者也,夫起於變故,成乎修修之爲,待盡而後備者也。"(《榮辱》)"人生而有知,知而有志。"(《解蔽》)

也有例外:"比干生而惡於商,死而見説乎周。"(《呂氏春秋·不苟論》)但這例是"生""死"對文,正反對文語義是受限的,因而是有標的;"丈夫生而願爲之有室,女子生而願爲之有家"不具備這樣的條件。

所以,楊伯峻先生的譯文是没什麼問題的。這個例子再次説明語言系統内部的證據是主要的,所謂"事理"則往往不可靠。(83)

(二)與鑽穴隙之類也：

此句與《盡心下》"是皆穿踰之類也"有些類似。楊伯峻先生說："這句不合語法，孔廣森《經學卮言》以爲'與'讀爲'歟'，當屬上句，作表停頓的語氣詞用。但《孟子》全書不見相同的句例，故難以相信。焦循《正義》以爲'之類'的'之'字是衍文，本作'與鑽穴隙類也'；俞樾《孟子平議》則謂'與'當讀爲'如'，亦俱無確證。我們只能存疑。"

孔廣森說確實不可信。《孟子》中"與"作句末語氣詞均表疑問。比較而言，焦循之說可信度大些。

我們以爲，一種可能是，"之"或爲"者"字之訛，戰國文字"者"字上半部與"之"類似。如此，"不由其道而往者，與鑽穴隙者類也"似無不順。"鑽穴隙者"與"弒其君者""遺其親者"(《梁惠王上》)結構相同。"與……類"結構那一時代也有："今且有言於此，不知其與是類乎？其與是不類乎？"(《莊子·內篇·齊物論》)

還有另一種可能：此句"與"當讀爲"舉"，"舉"譯爲"都是"，似乎還可與《盡心下》"是皆穿踰之類也"互爲印證。

1. "與"讀爲"舉"之例極多。如《荀子·王制》"制與在此"、《正論》"與無益於人"，王念孫《讀書雜志》均謂："與，讀爲'舉'。"又《禮記·禮運》："大道之行也，天下爲公。選賢與能，講信脩睦。"王引之《經義述聞·禮記中》："引之謹案，'與'當讀爲'舉'。《大戴禮·王言篇》'選賢舉能'，是也——'舉''與'古字通。《(易)無妄·象傳》'物與無妄'虞翻注曰：'與，謂"舉"也。'《(周禮·)地官·師氏》'王舉則從'，故書'舉'爲'與'。《楚辭·九章》'與前世而皆然兮'，言舉前世而皆然也。《七諫》'與世皆然兮'，王逸注曰：'與，舉也。'《墨子·天志篇》'天下之君子，與謂之不祥'，言舉謂之不祥也。"還可補充2例：《管子·侈靡》："選賢舉能不可得，惡得伐不服用？"《商君書·修權》："論賢舉能而傳焉，非疏父子親越人也。"

2. 誠然，周秦時代，表"都"的"舉"，其後所接多爲謂詞性成分，少見接體詞性成分者："舉疾首蹙頞而相告曰……舉欣欣然有喜色而相告曰。"(《孟子·梁惠王下》)"故凡同類者,舉相似也。"(《告子上》)"危削滅亡之情舉積此矣。"(《荀子·君道》)"聲則凡非雅聲者舉廢,色則凡非舊文者舉息,械用則凡非舊器者舉毀,夫是之謂復古。"(《王制》)"治天下之大器舉在此……豈不至尊至富至重至嚴之情舉積此哉!"(《儒效》)而此句若爲"舉鑽穴隙之類也","鑽穴隙之類"爲體詞性成分,則與上舉各例不合。

但《荀子》一書中,也有"舉"後接體詞性成分的,如:"立身則從傭俗,事行則遵傭故,進退貴賤則舉傭士,……如是者則安存。(《王制》)"之所與爲之者之人,則舉義士也;之所以爲布陳於國家刑法者,則舉義法也;主之所極然帥群臣而首鄉之者,則舉義志也。"(《王霸》)"舉鑽穴隙之類也",與這幾例類似。(84)

6.4 彭更問曰①:"後車數十乘,從者數百人,以傳食於諸侯②,不以泰乎③?"孟子曰:"非其道,則一簞食不可受於人;如其道,則舜受堯之天下,不以爲泰——子以爲泰乎?"

曰:"否,士無事而食,不可也。"曰:"子不通功易事,以羨補不足④,則農有餘粟,女有餘布;子如通之,則梓匠輪輿皆得食於子⑤。於此有人焉,入則孝,出則悌,守先王之道,以待後之學者,而不得食於子;子何尊梓匠輪輿而輕爲仁義者哉?"

曰:"梓匠輪輿,其志將以求食也⑥;君子之爲道也,其志亦將以求食與?"曰:"子何以其志爲哉?其有功於子⑦,可食而食之矣⑧。且子食志乎?食功乎?"曰:"食志。"

曰:"有人於此,毀瓦畫墁⑨,其志將以求食也,則子食之乎?"曰:"否。"曰:"然則子非食志也,食功也。"

【譯文】彭更問道:"跟隨的車幾十輛,跟從的人好幾百,從這一國吃到那一國,您不覺得誇張了些嗎?"孟子答道:"如果不符合大道,就是一籃子飯也不從別人那兒接受;如果符合大道,舜甚至接受了堯的天下,也不覺得誇張——你以爲誇張了嗎？"

彭更説："不是這意思。但讀書人不幹事，白吃飯，是不可以的。"孟子説："你如果不在各行各業互通有無，用多餘的來彌補不夠的，農民就會有多餘的米，婦女就會有多餘的布；如果能互通有無，那麽木匠車工都能夠從你那兒得到吃的。假如這裏有個人，在家孝順父母，出外尊敬兄長，嚴守著先王的禮法道義，等待著後起的學者來繼承，卻不能從你那兒得到吃的；那麽，你爲什麽尊貴木匠車工而輕視踐行仁義之士呢？"

彭更説："木匠車工，他們的想法不過是爲了謀碗飯吃；君子踐行仁義，他的想法也是爲了謀碗飯吃嗎？"孟子説："你爲什麽非要追究想法呢？他們對你有用處，可以給他們吃的，就給他們吃好了。況且，你是憑想法給吃的呢？還是憑用處呢？"彭更説："憑想法。"

孟子説："比方這裏有個泥瓦工，打碎屋瓦，在新刷的牆上亂畫，他的想法也是爲了弄到吃的，你給他吃的嗎？"彭更説："不。"孟子説："那麽，你並不是憑想法，而是憑用處了。"

【注釋】①彭更：孟子弟子。　②傳（zhuàn）食：猶言轉食。　③不以泰乎：以，認爲，以爲，覺得。泰，錢物排場上場面過大，奢侈，誇張。詳見本章《考證》（一）。　④羨：多餘。　⑤梓匠輪輿：《周禮·考工記》有梓人、匠人爲木工，有輪人（製車輪）、輿人（製車箱），爲製車之工。　⑥志：想法。參見《論語新注新譯》14.36《考證》；又見《中國語文》2016年4期楊逢彬等《論語"夫子固有惑志於公伯寮"解》。　⑦其：相當上文的"君子之"。　⑧可食（sì）而食（sì）之矣：食，給……吃。之，指君子。　⑨墁（màn）：本義指粉刷牆壁的工具，此處指新粉刷的牆壁。

【考證】（一）不以泰乎：

趙岐《注》："泰，甚也。"朱熹《集注》："泰，侈也。"焦循《正義》："《荀子·王霸篇》云：'縣樂奢泰，游抏之修。'注云：'泰與汰同。'奢、泰連文，是'泰'亦'奢'也。"楊伯峻《孟子譯注》未注，其譯文："不也太過分了嗎？"綜上，趙《注》、楊譯理解該"泰"爲"甚"，爲"過分"，朱熹《集注》、焦循《正義》理解其爲"奢侈"。

泰，又寫作"汰""汰""大"（太），在戰國早、中期文獻中，它作謂語、賓語（偶爾包括主語）用時，有驕縱、奢侈義："亡而爲有，虛而爲盈，約而爲泰，難乎有恒矣。"（《論語·述而》）"拜下，禮也；今拜乎上，泰也。"（《子罕》）"伯有汰侈，故不免。"（《左傳·襄公三十年》）"泰侈者，因而斃之。"（同上）"楚王汰侈而自説其事，必合諸侯。吾往無日矣。"（《昭公元年》）"然則戴、桓也，汰侈、無禮已甚，亂所在也。"（《昭公二十年》）"君驕泰而有烈，夫以德勝者猶懼失之，而況驕泰乎？"（《國語·晉語六》）"及桓子驕泰奢侈，貪欲無藝，略則行志，假貸居賄，宜及於難，而賴武之德，以没其身。"（《晉語八》）"聖人去甚，去奢，去泰。"（《老子·二十九章》）"驕泰奢侈，上無以親下。"（《晏子春秋·内篇諫上》）"今公家驕汰，而田氏慈惠，國澤是將焉歸？"（《晏子春秋·外篇上》）

《論語·述而》"約而爲泰"，該"泰"爲奢侈義。《子罕》"今拜乎上，泰也"，該"泰"爲驕縱、倨傲義。《左傳·襄公三十年》"伯有汰侈"，該"汰"爲奢侈義。《國語·晉語八》"桓子驕泰奢侈"，該"泰"爲驕縱義。《老子·二十九章》"聖人去甚，去奢，去泰"，該"泰"與"甚"（過分）"奢"（奢侈）並列，應爲驕縱義。餘不難類推。參見《論語新注新譯》13.26《考證》。

同時期文獻中，第一，除此例有爭議外，在謂語、賓語位置上，未見能釋爲"甚"的"泰"。《詩經·小雅·巧言》"昊天已威，予慎無罪。昊天大（泰、太）幠，予慎無辜"鄭玄《箋》："已、泰皆言'甚'也。昊天乎，王甚可畏！王甚敖慢，我誠無罪而罪我！"但這一"大"作狀語，且較早，而與本章"泰"作"以"（認爲、以爲、覺得）的賓語不同。《論語·雍也》"居簡而行簡，無乃大簡乎"以及《莊子·逍遥遊》"吾驚怖其言，猶河漢而無極也；大有逕庭，不近人情焉"的"大"與之類似。也即，在狀語位置上的"大"，理解爲"甚"，完全没有問題；但在謂語、賓語位置上，又是另一回事兒。第二，除此例有爭議外，未見"泰"的本字有能釋爲"甚"的用例；而本字、通假字並不見得所有的意義都相通。

而且，釋爲"奢侈"，與前文"後車數十乘，從者數百人，以傳食於諸侯"也能很好地呼應。但慮及下文"如其道，則舜受堯之天下，不以爲泰——子以爲泰乎"，我們不譯"泰"爲"奢侈"，而譯之爲"誇張"（這是因爲，漢語古今對譯和漢英對譯一樣，每個詞都一一對應且讀來毫無扞格的，難以存在）。應該指出，趙岐之釋作"甚"，楊伯峻先生之譯爲"過分"，在不摳字眼的情況下，也說得過去。因爲，奢侈、誇張，就是用度或行爲上過分（甚）了。（85）

（二）守先王之道以待後之學者：

楊伯峻《孟子譯注》說："焦循《正義》說：趙岐大概是讀'待'爲'持'，謂扶持後之學者。"按《正義》原文爲："蓋趙氏讀'待'爲'持'，謂扶持後之學者，使不廢古先之教，惟守先道以扶持後學。"按趙岐《注》原文爲："守先王之道，上德之士，可以化俗者。若此不得食子之祿，子何尊彼而賤此也？"從中似乎看不出讀"待"爲"持"的意思。而且，考察同時同地文獻，"以待"後接一體詞性成分者十分常見。

例如本篇："請輕之，以待來年……請損之，月攘一雞，以待來年。"又如："敬共幣帛，以待來者，小國之道也。"（《左傳·襄公十三年》）"國有大故，則令民各守其閭，以待政令。"（《周禮·地官司徒》）"故天毀埊，凶旱水泆，民無入於溝壑乞請者也；此守時以待天權之道也。"（《管子·山權數》）

以上句子中的"以待"，都是"用來等待……"的意思。因此，這句是上承"守先王之道"，來等待後來學者（繼承）的意思；而勉強符合"謂詞性成分＋以持＋體詞性成分"條件的，先秦典籍中僅見一例："楚不在諸侯矣，其僅自完也，以持其世而已。"（《左傳·昭公十九年》）這一例的"以持"前的謂詞性成分以"也"煞尾，其後的體詞性成分後面還有"而已"，與本例並不太相符。

總之，"以待"如字讀，較之讀爲"以持"更爲可信。（86）

6.5-1 萬章問曰①："宋,小國也;今將行王政,齊楚惡而伐之,則如之何?"

孟子曰："湯居亳②,與葛爲鄰③,葛伯放而不祀④。湯使人問之,曰⑤：'何爲不祀?'曰：'無以供犧牲也。'湯使遺之牛羊⑥。葛伯食之,又不以祀。湯又使人問之曰：'何爲不祀?'曰：'無以供粢盛也。'湯使亳衆往爲之耕,老弱餽食。葛伯率其民,要其有酒食黍稻者奪之,不授者殺之。有童子以黍肉餉⑦,殺而奪之。《書》曰：'葛伯仇餉⑧。'此之謂也。

【譯文】萬章問道："宋國是個小國,現在想要推行仁政,齊楚兩國卻厭惡這樣,要出兵討伐它,該怎麼辦呢?"

孟子説："湯住在亳地,和葛國挨著;葛伯放縱無道,不祭祀祖先。湯派人去質問這事：'爲什麼不祭祀?'答道：'没有牛羊做祭品。'湯便派人送給他牛羊。葛伯把牛羊吃了,卻不用來祭祀。湯又派人去質問這事：'爲什麼不祭祀?'答道：'没有穀物做祭品。'湯便派亳地的民衆去爲他們種地。老弱者給種地的人去送飯,葛伯卻領著他的百姓攔住那些提著酒菜好飯的人來搶劫,誰要不給就殺掉。有個少年去送飯和肉,葛伯殺了他,奪了飯和肉。《書經》上説：'葛伯仇視送飯者。'就是説的這事。

【注釋】①萬章:孟子的高足。楊伯峻《孟子譯注》："案此人當是孟子高足弟子,一則問難最多,一則《史記·孟子列傳》說孟子'退而與萬章之徒作《孟子》七篇'。" ②亳(bó):亳地屢遷,發生此事時約在今河南商丘市區之北,爲漢時之薄縣。説詳王國維《觀堂集林·説亳》。 ③葛:古國名,嬴姓,在今河南寧陵縣城之北。 ④放:放縱,放肆。 ⑤湯使人問之,曰:"之"指"葛伯放而不祀"這件事,而不是指葛伯。類似者如:"今有殺人者,或問之曰：'人可殺與?'則將應之曰：'可。'"(《公孫丑下》)"問"的對象,則要用介詞"於"引出："然友之鄒問於孟子。"(《滕文公上》)這一規律在《論語》中很嚴整,在《孟子》中則有例外。如上引"然友之鄒問於孟子"的下文卻是"然友復之鄒問孟子。孟子曰……" ⑥湯使遺(wèi)之牛羊：湯派人送給他牛羊。使，派人；"使"的賓語未出現。遺，給予，贈送。之，葛伯。 ⑦餉(xiǎng)：送食物給人。 ⑧葛伯仇餉：此四字爲《尚書》逸篇之文。仇餉，仇視送飯者。焦循說"仇餉"是"使餉者仇怨之"，不確。詳見本節《考證》。

【考證】葛伯仇餉：

焦循說："葛伯不當怨餉者。云'仇餉'，是謂其殺童子，使餉者仇怨之。不云'餉者仇葛伯'，而云'葛伯仇餉'，古人屬文，每如是也。"焦循的意思是這裏的"仇"是使動用法，葛伯使餉者仇視他、葛伯激起餉者仇視他的意思。既然說"古人屬文，每如是也"，就該舉例，拿出令人信服的證據。我們未見"仇"(或"讎")有此用法者。仇餉，仇視送飯者。類似例證甚多："國君而讎匹夫，懼者甚衆矣。"(《左傳·僖公二十四年》，沈玉成《左傳譯文》："國君而仇視普通人，害怕的人就多了。")"子若不許，讎我必甚。"(《成公二年》，沈譯："您如果不肯答應，必然更加仇恨我們。")"苟立羯，請讎臧氏。"(《襄公二十三年》，沈譯："如果立了羯，就請他仇恨臧氏。")"君討臣，誰敢讎之？君命，天也，若死天命，將誰讎？"(《定公四年》，沈譯："國君討伐臣下，誰敢仇恨他？國君的命令，是上天的意志。如果死於上天的意志，你打算仇恨誰？")"誰讎"的"誰"是疑問代詞作前置賓語。(87)

6.5－2 "爲其殺是童子而征之，四海之內皆曰：'非富天下也，爲匹夫匹婦復讎也①。''湯始征，自葛載②'，十一征而無敵於天下。東面而征，西夷怨；南面而征，北狄怨，曰：'奚爲後我？'民之望之，若大旱之望雨也。歸市者弗止，芸者不變，誅其君，弔其民，如時雨降。民大悅。

"《書》曰：'徯我后③，后來其無罰！''有攸不惟臣④，東征，綏厥士女⑤，匪厥玄黃⑥，紹我周王見休⑦，惟臣附于大邑周。'

其君子實玄黃于匪以迎其君子,其小人箪食壺漿以迎其小人;救民於水火之中,取其殘而已矣⑧。《太誓》曰⑨:'我武惟揚,侵于之疆,則取于殘⑩,殺伐用張⑪,于湯有光。'不行王政云爾,苟行王政,四海之内皆擧首而望之,欲以爲君;齊楚雖大,何畏焉?"

【譯文】"因爲殺了這少年,湯便去征討葛伯,天下的人都説:'湯不是貪圖富有天下,而是爲老百姓報仇雪恨哪!'湯開始征戰,就是從伐葛開始。十一次征戰,無往而不勝,天下没人能與之抗衡。往東出征,西夷埋怨;往南出征,北狄埋怨,都説:'爲什麽把我們排後邊?'老百姓盼望他,就和大旱之年盼望下雨一樣。〔大軍征戰時,〕做買賣的照常營業,幹農活的照樣耘田,殺掉那個君主,撫慰那些百姓,正像及時雨落下呀,老百姓非常高興。

"《書經》上説:'等待我王,王來了我們不會再遭罪!'又説:'誰敢不服從,周王便東行討伐,來安定這地方的男男女女;他們在筐中放上黄色黑色的束帛,請求介紹和周王相見,以得到榮光,作爲大周國的臣民。'官員們把黑色黄色的束帛裝滿筐子來迎接官員,老百姓都提著飯食筐和酸汁壺來迎接士兵。這次出征只是要把老百姓從水深火熱中拯救出來,抓住那殘暴的君主罷了。《泰誓》上説:'我們的威武要發揚,攻到邢國的疆土上,擒住那兇狠的豺狼,把該死的砍個精光,這功績比湯還輝煌。'不實行王政便罷了,如果實行王政,天下的人都要抬起頭來盼望,要擁護他來做君主;齊國楚國縱然是龐然大物,又怕他什麽呢?"

【注釋】①復讎(chóu):復仇。　②載,開始。　③徯我后:徯(xī),等待。后,王。　④有攸不惟臣:有攸,有所。攸,所。惟,爲。不惟臣,不念守臣之禮,也即不服從。詳見本節《考證》(一)。　⑤綏厥士女:綏,安撫,安定。厥,其。　⑥匪厥玄黃:匪,同"筐"(fěi),一種竹編容器。此處是用筐盛物的意思。玄黃,束帛之色,這裏指布帛。

⑦紹我周王見休：紹我周王以見休，介紹我與周王相見，以見休美。紹，介紹。休，美。　⑧取其殘：取，捕取。殘，兇殘的人。《尚書‧泰誓》："取彼凶殘。"　⑨《太誓》：即《泰誓》，《尚書》篇名，今已亡佚。⑩侵于之疆，則取于殘：攻進邢國的疆土，抓住邢國殘民以逞之人。詳見本節《考證》（二）。　⑪殺伐用張：用，因而。張，展開。僞《古文尚書》引這句作"我伐用張"。

【考證】（一）有攸不惟臣：

趙岐《注》："攸，所也。"朱熹《集注》："有所不惟臣，謂助紂爲惡，而不爲周臣者。"楊伯峻《譯注》說："舊注把'攸'字當'所'字解，恐不確。根據甲文和晚商金文都有攸國之名，故譯文作攸國。"

楊伯峻先生爲何說趙岐、朱熹所釋"恐不確"呢？僅僅因爲"甲文和晚商金文都有攸國之名"嗎？恐怕不那麼簡單。"所"是特殊代詞，它總是前置於謂語動詞的，所以其後的謂語動詞不能再帶賓語。"攸"字與"所"類似，其後的謂語動詞未見帶有賓語者，例如："爾不從誓言，予則孥戮汝，罔有攸赦。"（《尚書‧湯誓》）"君子有攸往。"（《周易‧上經》）"民有寢廟，獸有茂草，各有攸處，德用不擾。"（《左傳‧襄公四年》引《虞人之箴》）"茲不穀震盪播越，竄在荆蠻，未有攸厎。"（《昭公二十六年》厎，至也。）以上"攸"都訓"所"。

"攸"金文、石鼓文作"卣"："亡卣違。"（《班簋》）"朋友卣攝。（《郭店簡‧緇衣》）"君子卣樂"（《石鼓文‧田車》）"卣"後的謂語動詞也沒有賓語。

"有攸不惟臣"卻是個例外，"有攸不惟臣"的"惟"，焦循引《爾雅‧釋詁》《經典釋文》訓作"思"和"念"，然則"臣"是"惟"的賓語。"有攸不惟臣"即"不惟念執臣子之節"。大約楊伯峻先生正是看到了這一點，才說趙、朱之釋"不可信"的。

我們注意到，先秦典籍中多有"不臣"："華元、樂舉，於是乎不臣。臣治煩去惑者也，是以伏死而爭。今二子者，君生則縱其惑，死又益其侈，是棄君於惡也。何臣之爲？"（《左傳‧成公二年》）"辛巳，朝于武宮,逐不臣者七人。"(《成公十八年》)如果"有攸不惟臣"中的"惟"僅僅是個助詞,似乎可以説"不惟臣"即"不臣",可惜那時文獻中的"不惟""不唯"未見此種用法。

"有攸不惟臣"究作何解,仍有待大雅方家。只得暫從舊注。(88)

(二)侵于之疆,則取于殘:

陳夢家先生説:

"二'于'字是國名……《尚書正義》卷十一疏馬融《書序》引《孟子》作:'我武惟揚,侵于之疆,取彼凶殘,我伐用張,于湯有光。''彼'即指'于',可證'于'爲國名。《詩·文王有聲》曰:'文王受命,有此武功。既伐于崇,作邑于豐。文王烝哉!'舊釋'于'爲介詞,但'伐于崇'是被伐于崇,於理不合。俞樾《古書疑義舉例》即據《史記》讀'于'爲'邘'。《通鑑外紀》卷二引《尚書大傳》曰:'文王一年質虞、芮,二年伐于,三年伐密須,四年伐畎夷,五年伐耆,六年伐崇,七年而崩。''于'各本作'邘',《周本紀》曰'西伯蓋受命之君……明年伐邘,明年伐崇侯虎而作豐邑',亦作'邘'……'邘'亦作'盂',《韓非子·難二》曰:'昔者文王侵盂克莒舉酆,三舉事而紂惡之。'商末周初的的'于',當是卜辭'盂方',詳我所著《殷墟卜辭綜述·方國章》。《殷本紀》紂'以西伯昌、九侯、鄂侯爲三公',《集解》引'徐廣曰:一作邘,音于,野王縣有邘城'。太原郡有盂縣。《史記·樗里子傳正義》引《括地志》云:'并州盂縣外城,俗名原仇山,亦名"仇猶",夷狄之國也。'"(《尚書通論》,中華書局1985年,第57—58頁。)

楊伯峻先生《孟子譯注》:"這兩個'于'字都是國名,陳夢家《尚書通論》云:'于'即是'邘'。案《通鑑前編》:'紂十有八祀,西伯伐邘。'《注》引徐廣曰'大傳作于',于,疑即卜辭之盂方伯。"

我們本來不傾向於採用陳説,因其多從語言外部取證;他所提供的語言内部證據有的似又不足採信,如以下二例:

一引馬融《書序》引《孟子》作:"'我武惟揚,侵于之疆,取彼凶殘,我伐用張,于湯有光。''彼'即指'于',可證'于'爲國名。"按,"彼"爲遠指代詞，它可不用於回指："采采卷耳，不盈頃筐。嗟我懷人，置彼周行。陟彼崔嵬，我馬虺隤。我姑酌彼金罍，維以不永懷。"這裏的3個"彼"均未用於回指，也即，"彼"不必回指前文之"于"。

一引《詩·文王有聲》："既伐于、崇，作邑于豐"，謂"舊釋'于'爲介詞，但'伐于崇'是被伐于崇，於理不合"。按，先秦典籍中固然有"薄伐獫狁"（《詩經·小雅·六月》）"奮伐荆楚"（《商頌·殷武》）這種"伐"後帶賓語者，但也有"惟大艱人誕鄰胥伐于厥室"（《尚書·大誥》）、"公子慶父帥師伐於餘丘"（《左傳·莊公二年·經》，《穀梁傳》同）、"昔者先君莊公之伐于晉也，其役殺兵四人"（《晏子春秋·内篇諫下》）這種"伐"後接"于"（於）字介賓結構者。《公羊傳·莊公二年·經》作"公子慶父帥師伐餘丘"，無"於"字，可證"伐於餘丘"即"伐餘丘"。以上3例，均不表被動；則"既伐于崇"不必理解爲"被伐于崇"。又，"既伐于崇，作邑于豐"，兩"于"字相對爲文，似無不通，又何必另做他釋？

但是，傳統的讀法確實有難以讀通的地方。趙岐《注》："侵于之疆，侵紂之疆界。則取于殘賊者，以張殺伐之功也。"如果說，"侵"作"侵于"，雖然《尚書》《詩經》等早期文獻未見"侵于"用例，尚可用"《尚書》中動詞後多用一'于'字"來解釋的話，那"侵于之疆"的"之"怎麽解釋呢？將它解釋爲類似"厥""此""兹"的指示代詞吧，先秦典籍中只有《詩經》《莊子》等少數書中的"之"有此用法，如："之子于歸，宜其室家。"（《詩經·周南·桃夭》）"之二蟲又何知？"（《莊子·内篇·逍遙遊》）而《尚書》中的"之"未見這一用法。

又"則取于殘"，《尚書》《詩經》也未見別的"取于"用例，而戰國文獻中"取于（於）……"都是"從……中取得……"的意思。如："楚圍宋之役，師還，子重請取於申、呂以爲賞田。"（《左傳·成公七年》）"是故賢君必恭儉禮下，取於民有制。"（《孟子·滕文公上》）

與傳統讀法難以讀通不同，陳夢家先生之釋則大致可以讀通。據《左傳·莊公二十八年》《國語·晉語一》"蒲與二屈，君之疆也"、

《戰國策·秦五》"雍天下之國,徙兩周之疆","于(邗)之疆"可以讀通。又據《左傳·桓公十七年》:"於是齊人侵魯疆。"則"侵"與"國名＋疆"可以組合。至於"之",則是詩韻的需要。

再看"則取于殘"。雖然,讀"于"爲"邗",也缺乏"國名＋殘"的用例以佐證之,但《尚書》《詩經》中用爲名詞的"殘"本來就少,未出現"國名＋殘"用例也不足爲怪。儘管如此,我們還是可以從異文對應的角度尋找線索:今本《孟子》中,"則取于殘",在馬融《書序》所引《孟子》中作"取彼凶殘",並爲《僞古文尚書·泰誓》所採。又,"侵于之疆,則取于殘"的上文有"救民於水火之中,取其殘而已矣",如讀爲"侵邗之疆,則取邗殘",則以"彼""其"對應"邗殘"之"邗",似無不妥;如"于殘"之"于"爲介詞,則"彼""其"無所對應。

雖然,是否對應,其作爲證據,並非關鍵性的,但綜合考慮"侵于之疆""則取于殘"兩句,考慮陳夢家先生梳理的文王伐于(邗、盂)的較爲可信的史實,我們以爲,陳先生之説,於義爲長。(89)

6.6 孟子謂戴不勝曰①:"子欲子之王之善與②？我明告子。有楚大夫於此,欲其子之齊語也,則使齊人傅諸？使楚人傅諸？"曰:"使齊人傅之。"

曰:"一齊人傅之,衆楚人咻之③,雖日撻而求其齊也,不可得矣;引而置之莊、嶽之間數年④,雖日撻而求其楚,亦不可得矣。子謂薛居州,善士也,使之居於王所。在於王所者,長幼卑尊皆薛居州也,王誰與爲不善⑤？在王所者,長幼卑尊皆非薛居州也,王誰與爲善？一薛居州,獨如宋王何⑥？"

【譯文】孟子對戴不勝説:"你想你的君王學好嗎？我明白告訴您。這裏有位楚國的大臣,希望他兒子會説齊國話,那麽,找齊國人來教呢？還是找楚國人來教呢？"答道:"找齊國人來教。"

孟子説:"一個齊國人教他,卻有許多楚國人在邊上大吼大叫,就算你每天用鞭子抽他，逼他說齊國話，也做不到；但假如把他帶到臨淄城裏的莊街、嶽里住上幾年，就算你每天用鞭子抽他，逼他再說楚國話，那也做不到了。你說薛居州是個好人，要他住在王宮裏〔影響王，使王學好〕。假如住在王宮裏的人，不論大的小的，賤的貴的，都是薛居州那樣的好人，那王跟誰去幹壞事呢？假如住在王宮裏的人，不論大的小的，賤的貴的，都是和薛居州相反的人，那王又跟誰去幹好事呢？一個薛居州，又能把宋王怎麼樣呢？"

【注釋】①戴不勝：宋國大臣。　②之善：走向善道。之，走向，到……去。　③咻（xiū）：吼。　④引而置之莊嶽之間：引，引導，帶領。莊嶽，莊，街名；嶽，里名；皆在臨淄。　⑤王誰與爲不善：王與誰爲不善，王和誰一道幹不好的事。疑問代詞"誰"充當介詞"與"的前置賓語。　⑥獨：豈，難道。詳見本章《考證》。

【考證】一薛居州，獨如宋王何：

王引之《經傳釋詞》云："獨猶將也。"此說恐不確。王引之所引書證有三，除《孟子》此例外，其餘2例爲："棄君之命，獨誰受之？"（《左傳·宣公四年》）"其獨何力以待之？"（《國語·楚語下》）

"獨"由"孤獨""單獨"義引申出"獨自""唯獨""僅僅"義："雖有池臺鳥獸，豈能獨樂哉？"（《梁惠王上》）"人亦孰不欲富貴？而獨於富貴之中有私龍斷焉。"（《公孫丑下》）"'百工之事固不可耕且爲也。''然則治天下獨可耕且爲與？'"（《滕文公上》）"諸君子皆與驩言，孟子獨不與驩言，是簡驩也。"（《離婁下》）

在此基礎上，進一步引申出"豈""難道"義："且比化者無使土親膚，於人心獨無恔乎？""口之於味也，有同耆焉；耳之於聲也，有同聽焉；目之於色也，有同美焉。至於心，獨無所同然乎？"（《告子上》）其引申途徑是清晰的，一以貫之的。

《左傳·宣公四年》"棄君之命，獨誰受之"，是說，若廢棄國君的命令，難道誰會接受我？《國語·楚語下》："'子常爲政，而無禮不顧甚於成、靈，其獨何力以待之！'期年，乃有柏舉之戰，子常奔鄭。""其獨何力以待之"，意謂，僅僅靠他，有何力量來對待它（指前文所言大川之堤防崩潰）。

同樣，"一薛居州，獨如宋王何"，意謂，一個薛居州，難道能奈何得了宋王（不學好）嗎？

王引之《經傳釋詞》往往說某字有某義，至於它的引申途徑，則往往不加考慮。在這一點上，段玉裁《說文解字注》做得較好。（90）

6.7 公孫丑問曰："不見諸侯何義？"

孟子曰："古者不爲臣不見。段干木踰垣而辟之①，泄柳閉門而不內②，是皆已甚；迫，斯可以見矣。陽貨欲見孔子而惡無禮③——大夫有賜於士④，不得受於其家，則往拜其門——陽貨矙孔子之亡也⑤，而饋孔子蒸豚；孔子亦矙其亡也，而往拜之。當是時，陽貨先，豈得不見？曾子曰：'脅肩諂笑⑥，病于夏畦⑦。'子路曰：'未同而言⑧，觀其色赧赧然⑨，非由之所知也⑩。'由是觀之，則君子之所養，可知已矣。"

【譯文】公孫丑問道："不去謁見諸侯，是什麼道理？"

孟子說："古代，一個人如果不是諸侯的臣屬，就不去謁見。〔從前魏文侯去看段干木，〕段干木卻跳過牆去躲開他，〔魯繆公去看泄柳，〕泄柳卻緊閉大門而不見他，這些都做得太過分；迫不得已，也就可以相見了。陽貨想要孔子來看望他，又不願自己失禮，〔逕自召喚，便利用了〕大夫對士有所賞賜，當時士如果不在家，不能親自接受並拜謝，便要親自去大夫家答謝〔這一禮節〕。陽貨打探到孔子外出的時候，給他送去一隻蒸小豬；孔子也打探到陽貨不在家，才去答謝。在那時候，陽貨若是〔不玩花樣，〕先去看望孔子，孔子哪會不去看望他？曾子說：'肩膀一聳獻媚一笑，就像大熱天澆糞哪，讓人吃不消。'子路說：'想法不同，話不投機，卻勉強應付幾句，臉上又顯出慚愧的表情，我可弄不懂這些。'從這一點來看，君子如何養成自己，就可以曉得了。"

【注釋】①段干木：姓段，名干木，魏文侯時賢者。皇甫謐《高士傳》："段干木少貧賤，心志不遂，乃師事卜子夏與田子方。李克、翟璜、吳起等居於魏，皆爲將，惟干木守道不仕。"　②内：同"納"，容納。　③陽貨欲見(xiàn)孔子：事見《論語·陽貨》。見，使動用法，陽貨欲令孔子來見的意思。　④大夫：陽貨爲魯正卿季氏之宰（總管），爲"大夫級"。其時孔子在野，故稱"士"。　⑤瞯(kàn)：窺視。　⑥脅肩諂笑：脅肩，即竦體抬肩，故作恭敬之狀。諂笑，獻媚地笑。　⑦病于夏畦(qí)：難受超過夏天在菜園澆水。病，難受。畦，灌園，澆水。　⑧未同：趙岐《注》："志未合也。"志，想法。　⑨赧(nǎn)赧然：因慚愧而臉紅的樣子。　⑩非由之所知：這是一句表示很厭惡的婉轉語。由，子路姓仲名由，字子路；自稱稱名以示謙。

6.8 戴盈之曰①："什一②，去關市之征，今兹未能③；請輕之，以待來年，然後已。何如？"

孟子曰："今有人日攘其鄰之雞者④，或告之曰：'是非君子之道⑤。'曰：'請損之⑥，月攘一雞，以待來年，然後已。'——如知其非義，斯速已矣，何待來年？"

【譯文】戴盈之説："税率定爲十分之一，撤除關卡和市場的賦税，目前還不能完全做到；想先減輕一些，等到明年，再完全實行。怎麽樣？"

孟子説："如今有個人每天偷鄰居一隻雞，有人告訴他説：'這不是正人君子所該做的。'他便説：'請讓我減少一點，先每個月偷一隻，等到明年，再洗手不幹。'——如果明白這樣做不合道義，就趕快住手得了，爲什麽非要等到明年呢？"

【注釋】①戴盈之：宋大夫。　②什一：十分之一。是什麽十分之一呢？《滕文公上》第三章："請野九一而助，國中什一使自賦。"趙岐《注》也説："問孟子，欲使君去關市征税，復古行什一之賦。"所以譯爲"税率定爲十分之一"。　③今兹：今年。《左傳·僖公十六年》："今兹魯多大喪，明年齊有亂，君將得諸侯而不終。"《宣公十二年》："昔歲入陳，今兹入鄭，民不罷勞，君無怨讟，政有經矣。"　④攘（rǎng）：盜竊。　⑤是非君子之道：這不是君子之道。是，此。　⑥損：減少。

6.9－1 公都子曰①："外人皆稱夫子好辯，敢問何也？"

孟子曰："予豈好辯哉？予不得已也。天下之生久矣，一治一亂②。當堯之時，水逆行，氾濫於中國，蛇龍居之，民無所定；下者爲巢，上者爲營窟③。《書》曰：'洚水警余④。'洚水者，洪水也。使禹治之。禹掘地而注之海，驅蛇龍而放之菹⑤；水由地中行，江、淮、河、漢是也。險阻既遠，鳥獸之害人者消，然後人得平土而居之。

"堯舜既沒，聖人之道衰，暴君代作⑥，壞宮室以爲汙池，民無所安息；棄田以爲園囿，使民不得衣食。邪説暴行又作⑦，園囿、汙池、沛澤多而禽獸至。及紂之身⑧，天下又大亂。周公相武王，誅紂伐奄，三年討其君⑨，驅飛廉於海隅而戮之⑩。滅國者五十；驅虎、豹、犀、象而遠之。天下大悦。《書》曰：'丕顯哉，文王謨！丕承哉，武王烈！佑啓我後人，咸以正無缺⑪。'

【譯文】公都子説："别人都説您喜歡辯論，請問，這是爲什麽？"

孟子説："我難道喜歡辯論嗎？我是迫不得已呀。自從有人類以來，已經很久了，總是太平一陣子，又混亂一陣子。當唐堯的時候，大水倒流，到處氾濫，大地成爲蛇和龍的樂土，人們卻無處安身。低處的人們在樹上搭巢，高處的人們便挖相連的洞窟。《尚書》説：'洚水警告我們。'洚水就是洪水。命令禹來治理，禹疏通河道，把水引向大海，把蛇和龍趕回草澤中。水在河牀中流動，長江、淮河、黄河、漢水便是這樣。危險既已遠去,害人的野獸也無影無蹤,人們才能够在平地上居住。

"堯舜死了以後,聖人之道衰微,殘暴的君主不斷出現。他們毀掉民居來挖掘池塘,使百姓無處安身;毀壞良田來營造園林,使百姓不得衣食。荒謬的學說、殘暴的行爲隨之興起,園林、深池、大沼澤多了,禽獸也隨之而至。到商紂王在位的時候,天下又大亂了起來。周公輔佐武王,討伐紂王和助紂爲虐的奄國,經過三年征戰,誅殺了紂王;並把飛廉驅趕到海邊,並當衆責罰了他。被滅掉的國家有五十多個,同時,把老虎、豹子、犀牛、大象驅趕得遠遠的,天下的百姓都非常高興。《尚書》說過:'偉大而光明,是文王的謀略!接續這光明,是武王的功烈!幫助、引導我們後來人,讓大家沒有缺點都正確。'

【注釋】①公都子:孟子弟子。 ②天下之生久矣一治一亂:依趙岐《注》,似乎當斷爲"天下之生,久矣一治一亂",實當斷爲"天下之生久矣,一治一亂"。詳見本節《考證》(一)。 ③營窟:相連的窟穴。 ④"《書》曰"下一句:此爲《尚書》逸篇中文。洚(jiàng),舊讀hóng,同"洪"。 ⑤菹(jū):澤中所生草。 ⑥代作:更代而作。作,興起。 ⑦邪說暴行又作:同下一節的"邪說暴行有作"。詳見下節《考證》。 ⑧及紂之身:等到紂本人(在位)的時候。及,等到……的時候。身,本身,本人。 ⑨周公相武王誅紂伐奄三年討其君:這幾句話一般斷作"周公相武王,誅紂伐奄,三年討其君";但崔述斷作"周公相武王誅紂,伐奄三年討其君",不確。詳見本節《考證》(二)。 ⑩驅飛廉於海隅而戮之:飛廉,紂之臣。戮,當衆處死,或當衆責罰,或陳屍示衆。其重點在當衆羞辱。當"戮"單獨作述語,並帶人物賓語時,一般是後兩義。這裏應是責罰義。參見8.4注①。 ⑪《書》曰丕顯哉數句:當爲《尚書》逸篇中文。丕,大。承,繼承。佑,幫助。啓,開啓,引導。咸,均,皆,舉,都。以,秉持。

【考證】(一)天下之生久矣一治一亂:

趙岐《注》:"天下之生,生民以來也。迭有亂治,非一世。"是以焦循《孟子正義》(中華書局《十三經清人注疏》本)沈文倬先生斷爲:"天下之生,久矣一治一亂。"楊伯峻《孟子譯注》和中華書局《新編諸子集成》之《四書集注章句》斷爲:"天下之生久矣,一治一亂。"我們以爲後一斷法較好,理由如下:

1."Np之生"結構(Np,noun phrase 的縮寫,名詞性短語),其後往往接一謂詞性結構(包括句子)。如果"Np之生"結構後有一語氣詞"也",而該"也"後面爲一句子,"也"字後一般標逗號;如果"Np之生"結構後爲一單音節或雙音節的詞或短語,不管其後面有無語氣詞"也",一般都不標逗號。

前者如:"初,穆子之生也,莊叔以《周易》筮之。"(《左傳·昭公五年》)"公衍、公爲之生也,其母偕出。"(《昭公二十九年》)"且吾聞成公之生也,其母夢神規其臀以墨。"(《國語·周語下》)

屬於這一類的,也有没有"也"字的:"人之生,動之死地十有三。"(《老子·五十章》)

後者如:"人之生也直,罔之生也幸而免。"(《論語·雍也》)"人之生也柔弱,其死也堅強。"(《老子·七十六章》)"聖人之生也天行,其死也物化。"(《莊子·外篇·刻意》)

"天下之生久矣"正是"Np之生"結構後接一謂詞性結構。

2. a."久矣"常常位於一個謂詞性結構之後,該謂詞性結構中可以有個"之"字(一般說法是用它來"取消句子的獨立性"),也可以没有這個"之"字。b. 當"久矣"和它前面的謂詞性結構組成一個句子之後,該句子之後通常有一個以上句子展開論述。跟著的句子和前句的關係或緊密或疏鬆,因而兩者之間有的可標逗號,有的可標句號。例如:

"天下之無道也久矣,天將以夫子爲木鐸。"(《論語·八佾》)"上失其道,民散久矣。如得其情,則哀矜而勿喜!"(《子張》)"天之棄商久矣,君將興之,弗可赦也已。"(《左傳·僖公二十二年》)"子雖齊聖,不先父食久矣。故禹不先鯀,湯不先契,文、武不先不窋。"(《文公二年》)"晉、楚無信久矣,事利而已。"(《襄公二十七年》)"兵之設久矣,所以威不軌而昭文德也。"(同上)"吾求君子久矣,今乃得之。"(《國語‧晉語五》)"秦、晉不和久矣,今日之事幸而集,子孫饗之;不集,三軍之士暴骨。"(《晉語八》)"天之命此久矣,其又何可爲乎?"(《鄭語》)"蠻、夷、戎、狄,其不賓也久矣,中國所不能用也。"(《楚語上》)"天下歸殷久矣,久則難變也。"(《孟子‧公孫丑上》)

當需要強調這一"久矣"時,它可前置:"甚矣吾衰也!久矣吾不復夢見周公!"(《述而》)"久矣哉,由之行詐也!"(《子罕》)如不強調,當爲"吾不復夢見周公久矣""由之行詐也久矣"。這種"久矣"的前置,一般都在感歎句中。正因爲強調的是"久矣",包含"久矣"的句子本身相對也是被強調的,所以其後面也無須跟著一個或數個句子來展開論述。

"天下之生久矣,一治一亂",正符合上述規律。《論語‧八佾》的"天下之無道也久矣,天將以夫子爲木鐸",其前一句和"天下之生久矣"同爲"天下＋之＋VP＋久矣"結構,尤其具有説服力;"天下歸殷久矣,久則難變也"則與"天下之生久矣,一治一亂"同見於《孟子》,説服力也極強。如斷爲"天下之生,久矣一治一亂",則與通例不符;何況也難以斷定它爲感歎句。(91)

(二)周公相武王誅紂伐奄三年討其君:

這段話一般斷爲:"周公相武王,誅紂伐奄,三年討其君。"但崔述《論語餘説》云:"'周公相武王誅紂'一句,'伐奄三年討其君'一句;'伐奄'乃成王事,不得上承'相武王'言之。"朱琦《小萬卷齋文稿》與之同。我們以爲,崔述用歷史事實這一語言外因素作爲唯一證據的做法不可取,語言事實證明其説也是靠不住的。

"相"這一動詞,當其爲"輔助""幫助""作爲國君的輔弼大臣"等意義時,其後可帶賓語:"子貢曰:'管仲非仁者與?桓公殺公子糾,不能死,又相之。'子曰:'管仲相桓公,霸諸侯,一匡天下,民到于今受其賜。'"(《論語‧憲問》)"今由與求也,相夫子,遠人不服,而不能來也。"(《季氏》)"伊尹相湯以王於天下。"(《孟子·萬章上》)此類句子甚多,不贅。

如從崔述說斷作"周公相武王誅紂",當時語言未見其例;按當時語言的習慣表述,應為"周公相武王以誅紂"。其中介詞"以"是不可或缺的。例如:"鄭子良相成公以如晉,見,且拜師。"(《左傳·成公七年》)"國子相靈公以會,高、鮑處守。"(《成公十七年》)"高子相大子以會諸侯。"(《襄公十年》)"鄭子蟜聞將伐許,遂相鄭伯以從諸侯之師。"(《襄公十六年》)"伊尹相湯以王於天下。"(《孟子·萬章上》)

我們認為,楊伯峻《春秋左傳注》將《襄公二十五年》"子展相鄭伯如晉拜陳之功"斷作"子展相鄭伯如晉,拜陳之功"未達一間,應為"子展相鄭伯,如晉,拜陳之功",因為其中缺了個"以"字。請看:"子產相鄭伯以如楚,舍不為壇。"(《襄公二十八年》)"子產相鄭伯以如晉,叔向問鄭國之政焉。""公薨之月,子產相鄭伯以如晉,晉侯以我喪故,未之見也。"(《襄公三十一年》)"十二月,北宮文子相衛襄公以如楚,宋之盟故也。"(《同上》)

同樣,本章這段話應該斷作:"周公相武王,誅紂伐奄,三年討其君。"(92)

6.9-2 "世衰道微,邪說暴行有作[①],臣弒其君者有之,子弒其父者有之。孔子懼,作《春秋》。《春秋》,天子之事也;是故孔子曰:'知我者其惟《春秋》乎!罪我者其惟《春秋》乎!'

"聖王不作,諸侯放恣,處士橫議[②],楊朱、墨翟之言盈天下[③]。天下之言不歸楊,則歸墨。楊氏為我,是無君也;墨氏兼愛,是無父也。無父無君,是禽獸也。公明儀曰:'庖有肥肉,廄有肥馬;民有飢色,野有餓莩,此率獸而食人也。'楊、墨之道不息,孔子之道不著[④],是邪說誣民,充塞仁義也。仁義充塞,則率獸食人,人將相食。吾為此懼,閑先聖之道[⑤],距楊、墨,放淫辭⑥,邪説者不得作。作於其心,害於其事;作於其事,害於其政。聖人復起,不易吾言矣。

【譯文】"世道逐漸衰微,大道不絶如縷,荒謬的學説、殘暴的行爲興起來了:有臣子殺了君主的,有兒子殺了父親的。孔子害怕王道湮滅,於是創作了《春秋》。創作《春秋》這樣的史書,〔褒揚善的,指斥惡的,〕本是天子的職責〔,孔子不得已而做了〕。所以孔子説:'瞭解我的,怕是只有通過《春秋》吧!怪罪我的,也怕只有通過《春秋》吧!'

"〔自那以後,〕聖王也没再出現,諸侯肆無忌憚,一般士人也胡亂議論,楊朱、墨翟的言論遍及天下。於是所有的主張不屬楊朱一派,就是墨翟一流。楊朱派主張一切爲自己,這便是目無君上;墨翟派主張愛要一視同仁,這便是目無父母。無視父母和君上,這便成了禽獸。公明儀説過:'廚房裏有很厚的肉,馬廄裏有健壯的馬;老百姓卻面色臘黄,野外躺著餓死者的屍體,這就是帶領著禽獸來吃人。'楊朱、墨翟的言論不消除,孔子的學説就没法發揚光大。這便是荒謬的學説欺騙了百姓,從而阻塞了仁義的大道。仁義之道被阻塞,那豈止是帶領著禽獸吃人,人們也將互相吞噬了。我害怕這恐怖景象竟成爲現實,便出來捍衛古代聖人的真理,反對楊、墨的謬説,排斥荒唐的言論,使謬論邪説不能抬頭。荒謬的念頭,從心底萌發,便會危害工作;危害了工作,也就危害了國政。即使聖人再度興起,也會同意我這話的。

【注釋】①邪説暴行有作:邪説暴行有所興起。詳見本節《考證》。②處士:不當官而居於家中的士。 ③楊朱、墨翟(dí):楊朱事又略見《莊子》及《淮南子》諸書。墨翟,魯人,或云宋人,其學説見於《墨子》一書。參見13.26。 ④著:顯露,顯出,顯現。 ⑤閑:門銷,引申爲捍衛義。 ⑥放淫辭:放,趕走,排斥。淫辭,過頭的話,荒唐的話,錯誤的話,參見3.2—5注②。

【考證】邪説暴行又作、邪説暴行有作:

趙岐注"邪說暴行又作"(6.9－1)云："小人則放辟邪侈，故作邪僞之說，爲姦寇之行。"於本節"邪說暴行有作"則未有說。也就是說，對於兩句的"又""有"，他未做翻譯。朱熹注"邪說暴行有作"説："'有作'之'有'，讀爲'又'，古字通用。"楊伯峻先生《孟子譯注》從朱熹，注作："有，同'又'。"我們以爲恰恰相反，應在上句"邪說暴行又作"後注："又，同'有'，古字通用。"

這一"作"，其意義是"站起來"的引申義"興起"，爲不及物動詞。《公孫丑上》："由湯至於武丁，賢聖之君六七作。"這一意義的"作"，首見於《詩經》："自古在昔，先民有作。"(《商頌・那》)《毛詩正義》："有作，有所作也。"《禮記・禮運》："後聖有作，然後脩火之利，范金合土，以爲臺榭宮室牖户。"鄭玄注："作，起。"本節"邪說暴行有作"正謂邪說暴行有所興起也。而"又作"之不帶賓語者周秦典籍僅此一見；其餘"又作"均帶賓語(參見《論語新注新譯》5.14《考證》)，"作"均爲"製作、製造、創作、打造"義："又作《武》，其卒章曰'耆定爾功'。"(《左傳・宣公十二年》)"二年，又作師旅。"(《逸周書・作雒解》)"又作《新論》，論世間事。"(《論衡・超奇》)鑒於"有""又"經典中常常通作，我們認爲 6.9－1"邪說暴行又作"同於本節的"邪說暴行有作"，其中的"又"通"有"。參見《論語新注新譯》5.14《考證》。(93)

6.9－3 "昔者禹抑洪水而天下平，周公兼夷狄，驅猛獸而百姓寧，孔子成《春秋》而亂臣賊子懼。《詩》云：'戎狄是膺，荆舒是懲，則莫我敢承①。'無父無君，是周公所膺也。我亦欲正人心，息邪說，距詖行②，放淫辭，以承三聖者；豈好辯哉？予不得已也。能言距楊墨者，聖人之徒也。"

【譯文】"從前大禹控制了洪水，天下才得到太平；周公兼併了夷狄，趕跑了猛獸，百姓才得到安寧；孔子寫成了《春秋》，叛臣和逆子便有所畏懼。《詩》説：'痛擊北狄和西戎，懲罰荆舒使知痛，誰人膽敢攖我鋒。'

無視父母君上的人，正是周公所要懲罰的。我也要端正人心，熄滅邪說，反對偏頗的行爲，排斥荒唐的言論，以繼承大禹、周公、孔子三位聖人的事業。我難道喜歡辯論嗎？我是迫不得已呀。能够以言論來反對楊、墨的，也就是聖人的門徒了。"

【注釋】①《詩》云等句：見《魯頌·閟宫》。譯文採自程俊英《詩經譯注》。承，接受（挑戰）、應戰。　②詖（bì）行：邪僻之行。

6.10－1 匡章曰①："陳仲子豈不誠廉士哉②？居於陵③，三日不食，耳無聞，目無見也。井上有李，螬食實者過半矣④，匍匐往，將食之⑤；三咽，然後耳有聞，目有見。"

孟子曰："於齊國之士，吾必以仲子爲巨擘焉⑥。雖然，仲子惡能廉？充仲子之操，則蚓而後可者也。夫蚓，上食槁壤⑦，下飲黃泉⑧。仲子所居之室，伯夷之所築與？抑亦盜跖之所築與⑨？所食之粟，伯夷之所樹與？抑亦盜跖之所樹與？是未可知也。"

【譯文】匡章説："陳仲子難道不真是個廉潔之士嗎？住在於陵，三天没吃東西，耳朵聽不見了，眼睛看不見了。井邊上有棵李樹，已被金龜子吃掉了它一多半果實；他爬過去，摘下來吃，咽了幾口，耳朵才聽見，眼睛才看見。"

孟子説："在齊國人士中，我一定要把仲子當作大拇哥。但是，他怎麽能真做到廉潔？要推廣他的這種'操守'，那只有把人變成蚯蚓才行。那蚯蚓，吃著地上面的乾土，喝著土裏面的黄水[，算是廉潔到極點了]。但仲子所住的房屋，是伯夷所蓋的呢？還是盜跖所蓋的呢？他所吃的穀米，是伯夷所種的呢？還是盜跖所種的呢？這個卻是不知道的。"

【注釋】①匡章：齊人，孟子的朋友。爲齊將，率兵禦秦，大敗之。又曾統兵取燕。　②陳仲子：也就是"於陵仲子"。　③於（wū）陵：當在今山東鄒平縣城東南,距臨淄約二百里。　④井上有李,螬食實者過半矣:井上,井邊。李,指李樹,不是指李子。螬,蠐螬,金龜子。詳見本節《考證》。　⑤將食之;將而食之。將,拿著。　⑥巨擘:大拇指。⑦槁(gǎo)壤:乾土。槁,草木乾枯。　⑧黃泉:地下的水。　⑨盜跖(zhí):柳下惠的兄弟,也是春秋時有名的大盜。

【考證】井上有李,螬食實者過半矣:

　　楊伯峻《孟子譯注》説:"井上之'李',爲李樹,還是李實,很難肯定。《文選·張景陽雜詩》注引《孟子章句》作'井上有李實',姑從之。"我們認爲將此句之"李"理解爲李樹較好。

　　1.先秦典籍中出現的"桃""李""梅""萇楚"等,當下文出現"實"(果實)時,都是指桃樹、李樹、梅樹、羊桃樹等,如《詩經·周南·桃夭》:"桃之夭夭,有蕡其實。"(程俊英《詩經譯注》:"茂盛桃樹嫩枝枒,桃子結得肥又大。")《召南·摽有梅》:"摽有梅,其實七兮。"(程譯:"梅子漸漸落了地,樹上十成還有七。"按,程俊英將這兩句的"梅"譯爲"梅子",恐爲意譯。"其實"意爲"它的果實","其"回指前文的"梅",是以知"梅"爲梅樹;否則"梅子的果實"義不能通。陳子展《詩經直解》即譯之爲:"落著的這一株梅,它的果實只有七分啊。")《魏風·園有桃》:"園有桃,其實之殽。"(程譯:"園裏有株桃,採食桃子也能飽。")《檜風·隰有萇楚》:"隰有萇楚,猗儺其實。"(程譯:"低濕地上長羊桃,果兒累累掛枝條。")《小雅·鹿鳴·杕杜》:"有杕之杜,有睆其實。"(程譯:"一株棠梨生路旁,果實累累掛樹上。")《南有嘉魚·湛露》:"其桐其椅,其實離離。"(程譯:"桐樹椅樹到深秋,果實累累滿枝頭。")《左傳·僖公三十三年·經》:"隕霜不殺草。李梅實。"《韓非子·內儲説上》:"魯哀公問於仲尼曰:'《春秋》之記曰:"冬十二月,霣霜不殺菽。"何爲記此?'仲尼對曰:'此言可以殺而不殺也。夫宜殺而不殺,桃李冬實。天失道,草木猶犯干之,而況於人君乎?'""桃李冬實",即桃樹、李樹冬天結果實。

　　上文説:"先秦典籍中出現的'桃''李''梅''萇楚'等,當下文出現'實'(果實)時,都是指桃樹、李樹、梅樹、羊桃樹等。"其實不限於下文出現"實",還包括"華""葉""枝"等。《周南·桃夭》:"桃之夭夭,灼灼其華……桃之夭夭,其葉蓁蓁。"《隰有萇楚》:"隰有萇楚,猗儺其枝……隰有萇楚,猗儺其華。"

2. 雖然先秦典籍中有些"李""桃"是指果實,如《詩經·大雅·抑》"投我以桃,報之以李",但"有李""有桃""有梅"等"有＋植物名"格式中的"植物名",都指該植物本身。如《詩經·王風·丘中有麻》:"丘中有麻,彼留子嗟……丘中有麥,彼留子國……丘中有李,彼留之子。"(程譯:"山坡上面種著麻,劉家小夥名子嗟……山坡上面種著麥,那位子國是他爸……山坡上面種著李,劉家小夥就是他。")《小雅·南山有臺》:"南山有臺,北山有萊……南山有桑,北山有楊……南山有杞,北山有李……南山有栲,北山有杻……南山有枸,北山有楰。"(程譯:"南山莎草綠萋萋,北山遍地長野藜……南山遍地有嫩桑,北山到處長白楊……南山杞木株連株,北山崗上長李樹……南山栲樹綠油油,北山杻樹滿山丘……南山枸樹到處有,北山遍地有苦楸。")《秦風·終南》:"終南何有?有條有梅。"(程譯:"終南山上有什麼來?又有山楸又有梅。")《陳風·墓門》:"墓門有棘,斧以斯之……墓門有梅,有鴞萃止。"(程譯:"墓門有棵酸棗樹,拿起斧頭砍掉它……墓門有棵酸棗樹,貓頭鷹啊牠安家。"按,梅,酸梅樹,非酸棗樹。蓋程俊英從馬瑞辰"棘"訛爲"槑"——"梅"的異體字——之説。棘,酸棗樹也。)又,《魏風·園有桃》"園有桃,其實之殽。"已見上文。

3. 若此"李"指李實,則此句當爲"井上有李,蟲食之過半矣。"即"有"的賓語,在下句再度出現時,一般要以代詞"之"指代。例如:"今有璞玉於此,雖萬鎰,必使玉人彫琢之。"(《梁惠王下》)"一心以爲有鴻鵠將至,思援弓繳而射之。"(《告子上》)"人有雞犬放,則知求之。"(同上)"有人於此,越人關弓而射之。"(《告子下》)"丘也幸,苟有過,人必知之。"(《論語·述而》)"雖有粟,吾得而食諸?"(《顏淵》)

又,此處"井上",意爲井邊。《史記·孔子世家》:"唯子贛廬於冢上。"司馬貞《索隱》:"按,《家語》無'上'字。且《禮》云'適墓不登壠',豈合廬於冢上乎?蓋'上'者,亦是邊側之義。"此董志翹教授面告我者。又1.2"沼上",也指池塘邊上。參見《論語新注新譯》4.9對"汶上"的考證。(94)

6.10-2 曰:"是何傷哉?彼身織屨,妻辟纑①,以易之也。"

曰:"仲子,齊之世家也;兄戴,蓋祿萬鍾②;以兄之祿爲不義之祿而不食也,以兄之室爲不義之室而不居也,辟兄離母③,處於於陵。他日歸,則有饋其兄生鵝者④,己頻顣曰⑤:'惡用是鶃鶃者爲哉⑥?'他日,其母殺是鵝也,與之食之⑦。其兄自外至,曰:'是鶃鶃之肉也。'出而哇之⑧。以母則不食⑨,以妻則食之;以兄之室則弗居,以於陵則居之,是尚爲能充其類也乎⑩?若仲子者,蚓而後充其操者也。"

【譯文】匡章說:"那有什麼關係呢?他自己編鞋子,他妻子績麻練麻,用這些換來的。"

孟子說:"仲子是齊國的世家大族,他哥哥陳戴,從蓋邑收入的俸祿便有幾萬石之多。他卻認爲哥哥的俸祿是不義之物,不去吃它;認爲哥哥的住宅是不義之產,不去住它。避開哥哥,遠離母親,住在於陵那地方。有一天回家,恰巧有一個人來送給他哥哥一隻活鵝,他皺著眉頭說:'要這種呃呃叫的東西幹什麼?'另一天,他母親殺了這只鵝,煮熟和他一道吃了。恰好他哥哥從外面回家,便說:'這就是那呃呃叫的東西的肉哇!'他便跑出門去,嘔了出來。母親的東西不吃,卻吃妻子的;哥哥的房子不住,卻住在於陵,這能算是發揚光大廉潔之義了嗎?像仲子的這種'操守',若想要發揚光大,除非把人變成蚯蚓才行。"

【注釋】①辟纑(lú):辟,績麻。纑,練麻。 ②蓋(gě):地名,爲陳戴采邑。《公孫丑下》有"蓋大夫王驩"。楊伯峻《孟子譯注》:"元李治《敬齋古今甡》讀'兄戴蓋'爲句，云'戴蓋'是'乘軒'，恐不可信。"《四庫全書總目提要》介紹該書説："謂《孟子》'兄戴蓋'爲一句，'祿萬鍾'爲一句，戴蓋即乘軒之義，或不免於好爲僻論，横生別解。"何以此説"恐不可信"？因爲先秦兩漢典籍中從未見有"戴蓋"。目前此類"僻論""別解"較之古代，又不知增加了多少。　③辟：同"避"。　④鶃：即"鵝"字。　⑤頻顣（cù）：做出很不高興的樣子。頻，同"顰"，皺眉。顣，同"蹙"，縮鼻。　⑥鶂（yì）鶂：鵝叫聲。　⑦與之食之：與他一道吃鵝。不是"給他吃的"的意思，要表示後一意思，通常作"食（sì）之"。如果是"給他吃的"，則爲"與之食"。詳見本節《考證》。　⑧哇：嘔吐。　⑨以母則不食：由於是母親的，就不吃。以，介詞，這裏表原因。　⑩充其類：充，發揚光大。《公孫丑上》："凡有四端於我者，知皆擴而充之矣，若火之始然，泉之始達。苟能充之，足以保四海；苟不充之，不足以事父母。"其類，這裏指"以母則不食，以妻則食之；以兄之室則弗居，以於陵則居之"一類行爲。《左傳·襄公三年》："解狐得舉，祁午得位，伯華得官，建一官而三物成，能舉善也夫！唯善，故能舉其類。"

【考證】與之食之：

　　趙岐《注》"他日，其母殺是鶃也，與之食之"云："異日母食以鵝。""食以鵝"即"食之以鵝"，"食"音 sì，"使食"之謂。楊伯峻先生據此譯爲："過了些時，他母親殺了這隻鵝，給他吃了。"

　　但是，在那一時代的漢語中，給他吃應爲"食（sì）之"；然則此句當作"其母殺是鶃也而食（sì）之"——與"殺雞爲黍而食（sì）之"（《論語·微子》）類似。

　　如果是"給他食物"，則爲"與之食"，如："共姬與之食。"（《左傳·襄公二十六年》）"昔吾先君桓公出游，睹饑者，與之食；睹疾者，與之財。"（《晏子春秋·內篇諫上》）前一例沈玉成譯之爲"共姬讓他吃東西"。

　　然則"與之食之"只能理解爲"（其母）與他（陳仲子）一起吃了牠

（鵝）"。《左傳·昭公二十三年》："吏人之與叔孫居於箕者,請其吠狗,弗與。及將歸,殺而與之食之。"沈玉成譯爲："和叔孫婼一起住在箕地的官吏請求得到他的吠狗,叔孫婼不給。等到將要回去了,殺了這條狗和官吏一起吃了(牠)。"

當時語言中,"與之 VtO"（Vt：及物動詞,O：賓語）都是"和他一道 VtO"的意思。例如："反齊滕之路,未嘗與之言行事也。"(《孟子·公孫丑下》,楊伯峻《孟子譯註》："來回齊滕兩國的旅途,孟子卻不曾同他一道談過公事。")"寡君即位三年,召蔡侯而與之事君。"(《左傳·文公十七年》,沈玉成《左傳譯文》："寡君即位三年,召請蔡侯和他一起事奉貴國國君。")"臧孫聞之,見齊侯,與之言伐晉。"(《襄公二十三年》,沈譯："臧孫聽說了,進見齊侯,齊侯跟他說起攻打晉國的事。")"公子圍與之爭之。"(《襄公二十六年》,沈譯："公子圍和他爭功。")"他日,與之言政,説,遂有寵。"(《哀公十四年》,沈譯："過了些時候,闞止和他談政事,很高興,就加以寵倖。")"欲與之伐公,不果。"(《哀公十五年》,沈譯："想要和他攻打莊公,沒能成爲事實。")

參見《論語新注新譯》14.25《考證》及本書 7.9－1《考證》（一）。
(95)

離婁章句上

凡二十八章

7.1－1 孟子曰："離婁之明①，公輸子之巧②，不以規矩③，不能成方員④；師曠之聰⑤，不以六律⑥，不能正五音⑦；堯舜之道，不以仁政，不能平治天下。今有仁心仁聞而民不被其澤⑧，不可法於後世者，不行先王之道也。故曰：徒善不足以爲政，徒法不能以自行。《詩》云：'不愆不忘，率由舊章⑨。'遵先王之法而過者，未之有也。

【譯文】孟子説："即使有離婁的視力，公輸般的手藝，如果不用圓規和曲尺，也不能畫好方和圓；即使有師曠的聽力，如果不用六律，也不能校正五音。即使有堯舜之道，如果不行仁政，也不能治理好天下。現在有些諸侯，雖然心地仁慈聲名遠播，但是老百姓卻感受不到他的恩惠，他的治國理政也不能成爲後世的楷模，這都是由於不貫徹實行前代聖王之道的緣故。所以說，光有顆善心，不足以治國理政；光有好法度，它自己也不會貫徹實行。〔必須兩者都有。〕《詩經》上説：'不出錯，不遺忘，都按既定方針辦。'依循前代聖王的法度而犯錯誤的，是從來沒有過的。

【注釋】①離婁：《莊子》作"離朱"，相傳爲黃帝時人，目力極強，能於百步之外望見秋毫之末。　②公輸子：名般，一作班，魯國人，因之又叫"魯班"，著名巧匠。　③規矩：圓規和矩尺。参見 11.20《考證》（二）。　④方員：即"方圓"。　⑤師曠：晉平公的首席宮廷音樂家，盲人。　⑥不以六律：以，用。六律，分別爲太蔟（còu）、姑洗（xiǎn）、蕤（ruí）賓、夷則、無射（yì）、黃鐘。相傳黃帝時伶倫截竹爲筒，以筒之長短分別聲音之清濁高下,樂器之音即依此以爲準則。　⑦五音:中國音階之名,即宮、商、角、徵(zhǐ)、羽,分別相當於 do、re、mi、so、la。　⑧聞(wèn):聲譽。　⑨不愆(qiān)兩句:見《大雅·假樂》。愆,錯誤。率,遵循。

7.1-2 "聖人既竭目力焉,繼之以規矩準繩,以爲方員平直①,不可勝用也②;既竭耳力焉,繼之以六律正五音③,不可勝用也;既竭心思焉,繼之以不忍人之政,而仁覆天下矣。故曰,爲高必因丘陵,爲下必因川澤④;爲政不因先王之道,可謂智乎?是以惟仁者宜在高位。不仁而在高位,是播其惡於衆也。上無道揆也,下無法守也⑤,朝不信道,工不信度⑥,君子犯義,小人犯刑,國之所存者幸也。

"故曰,城郭不完⑦,兵甲不多,非國之災也;田野不辟⑧,貨財不聚,非國之害也。上無禮,下無學,賊民興,喪無日矣。《詩》曰:'天之方蹶,無然泄泄⑨。''泄泄'猶'沓沓'也。事君無義,進退無禮,言則非先王之道者⑩,猶沓沓也。故曰,責難於君謂之'恭'⑪,陳善閉邪謂之'敬',吾君不能謂之'賊'。"

【譯文】"聖人既已用盡了視力,又用圓規、曲尺、水平儀、繩墨來畫方的、圓的、平的、直的,各種器物也就用之不盡了;聖人既已用盡了聽力,又用六律來校正五音,各種音階也就運用無窮了;聖人既已用盡了腦力,又實行仁政,那麼,仁德便廣被天下了。所以說,就像築高臺一定要依靠山陵,挖深池一定要依靠沼澤那樣,治國理政不依靠前代聖王之道,能說是聰明嗎?因此,只有仁人應該處於統治地位。不仁的人而處於統治地位,就會把他的罪惡擴散給群衆。君上缺乏道德和準則,臣下缺乏法度和操守,朝廷不相信道義,工匠不相信尺度,君子觸犯義理,小人觸犯刑法,這樣的國家還能勉強存在的,真是太僥倖了。

"所以說,城牆不完好堅固,軍備不充足,不是國家的災難;田野没开垦，钱财没积聚，不是国家的危害；但如果在上的人没有礼义，在下的人没有教育，百姓都揭竿而起了，离国家灭亡的日子也就没几天了。《诗经》上说：'老天正在降骚乱，不要多嘴说短长！'多嘴说长道短就是胡说八道喋喋不休。侍奉君上无忠义之心，举止进退失礼仪之节，一说话便诋毁前代圣人之道，这样便是'胡说八道喋喋不休'。所以说，用行仁政来反复劝说要求君主才叫作'恭'；向君主宣讲仁义，堵塞他的邪僻想法，这才叫'敬'；如果认为自己的君主不能向善而有所作为，这便是'贼'。"

【注释】①以为方员平直：以之为方圆平直，用它们（指上文的规、矩、准、绳）来画方的、圆的、平的、直的。为，做。　②圣人既竭目力焉……以为方员平直，不可胜用也：这里有省略。意谓圣人既已竭尽目力，更继之以规矩准绳，以之制作方圆平直诸器物，则方圆平直诸器不可胜用也。详见本节《考证》。　③继之以六律正五音：继之以以六律正五音，这里省略了一个"以"字。　④为高必因丘陵，为下必因川泽：《礼记·礼器》云："为朝夕必放于日月，为高必因丘陵，为下必因川泽。"这里"高""下"是转指，指高的、低的建筑，古人有这种修辞方式，故以"高台""深池"译之。　⑤上无道揆（kuí）也，下无法守也：上，为君上者。揆，尺度，准则，标准。下，为臣下者。守，节操，操守，底线。　⑥度：尺度。　⑦完：完好，完整。　⑧辟：开辟，开垦。　⑨天之方蹶（jué）两句：见《诗经·大雅·板》。译文采自程俊英《诗经译注》。蹶，动。泄泄（yì yì），《说文》作"呭呭"，又作"詍詍"，都是"多言"的意思。朱熹《集注》说："泄泄，怠缓悦从之貌。"不可信。　⑩非：否定。　⑪责难（nàn）：责，谴责，批评，用言语要求。难，诘问。

【考证】圣人既竭目力焉……以为方员平直，不可胜用也：

这里有省略。意谓圣人既已竭尽目力，更继之以规矩准绳，以之制作方圆平直诸器物，则方圆平直诸器不可胜用也。赵岐《注》："尽己目力，续以四者，方员平直可得而审知，故用之不可胜极也。"后句的"之",正是指代前句的"方員平直"。參見楊樹達《古書疑義舉例續補》之"省句例"。焦循《正義》説:"規矩準繩,先王所制而用也,雖聖人不能不繼述之。惟其繼述規矩準繩,而目力所竭,乃能不窮其用;倘舍去規矩準繩,但準目力,方圓平直必不能以臆成之,而其用窮矣。不可勝用,猶云用之不窮。聖人原非全恃規矩準繩而不竭目力,然其通變神化,在耳目心思,而必繼述規矩準繩,而耳目心思所竭乃能通變神化,運用不窮也。"也即,焦循認爲"不可勝用"的主語乃是"耳目心思所竭"。這種僅靠臆度古人心思來解讀古書的做法,是不足取的。(96)

7.2 孟子曰:"規矩,方員之至也①;聖人,人倫之至也。欲爲君,盡君道;欲爲臣,盡臣道。二者皆法堯舜而已矣。不以舜之所以事堯事君,不敬其君者也;不以堯之所以治民治民,賊其民者也。孔子曰:'道二,仁與不仁而已矣。'暴其民甚,則身弑國亡;不甚,則身危國削,名之曰'幽''厲'②,雖孝子慈孫,百世不能改也。《詩》云:'殷鑒不遠,在夏后之世③。'此之謂也。"

【譯文】孟子説:"圓規和曲尺是方和圓的極致,聖人是爲人的極致。要做君主,就要盡君主之道;要做臣子,就要盡臣子之道。這兩方面都只要效法堯和舜就行了。不像舜服事堯那樣服事君上,便是對君主的不恭敬;不像堯治理百姓那樣治理百姓,便是對老百姓的殘害。孔子説:'治理國家無非兩種做法,行仁政或不行仁政罷了。'暴虐百姓太過分,那君主便會被臣下所殺,國家也將隨之滅亡;即使不太過分,君主也本身危殆,國土也將日漸削減,死了也將惡諡爲'幽''厲',即使他有孝子賢孫,經歷一百代也背著個壞名聲而不能更改。《詩經》説過:'殷商借鑒不太遠,想想夏桀怎樣亡!'説的正是這個意思。"

【注釋】①至:極,極致,極點。 ②幽厲:周朝有幽王和厲王,是昏君、暴君的代表。　③殷鑒兩句：見《詩經·大雅·蕩》。譯文採自向熹先生《詩經譯注》。古代鏡子是用銅鑄的，叫作"鑒"。夏后，夏朝。

【考證】暴其民甚……名之曰幽厲：

楊伯峻《譯注》翻譯這段爲："暴虐百姓太厲害，本身就會被殺，國家會被滅亡；不太厲害，本身也會危險，國力會被削弱，死了的諡號叫作'幽'，叫作'厲'。"在注釋中又説："焦循《正義》從趙佑《溫故錄》之説作如此句讀：'暴其民，甚，則身弒國亡；不甚，則身危國削。'譯文便當如此：'暴虐百姓，重則本身被殺，國家被滅亡；輕則本身危險，國家削弱。''甚'和'不甚'不是指"暴"的程度，而是指後果的輕重，此説亦通。"

後一説似不可通。因爲，如果爲前説，"甚""不甚"作補語，其語義指向爲前文"暴其民"，類似例子極多。如："旱既太甚，則不可推。"（《大雅·蕩·雲漢》）"王之好樂甚，則齊國其庶幾乎！"（《孟子·梁惠王下》）"傷人之民甚，則人之民惡我必甚矣；人之民惡我甚，則日欲與我鬭。……傷吾民甚，則吾民之惡我必甚矣；吾民之惡我甚，則日不欲爲我鬭。"（《荀子·王制》）"故視强，則目不明；聽甚，則耳不聰；思慮過度，則智識亂。"（《韓非子·解老》）若如趙佑所讀，則"甚""不甚"的語義指向爲其後文"身弒國亡""身危國削""名之曰'幽''厲'"，則共時文獻未見其例。（97）

7.3 孟子曰："三代之得天下也以仁，其失天下也以不仁。國之所以廢興存亡者亦然。天子不仁，不保四海；諸侯不仁，不保社稷；卿大夫不仁，不保宗廟①；士庶人不仁，不保四體。今惡死亡而樂不仁，是猶惡醉而强酒②。"

【譯文】孟子説："夏、商、周三代的獲得天下是由於仁，它們的失去天下是由於不仁。國家的興起和衰敗，生存和滅亡也是如此。天子如果不仁，便不能保全天下；諸侯如果不仁，便不能保全國家；卿大夫如果不仁,便不能保全他的祖廟;士和百姓如果不仁,便不能保全他們的身體。假如現在有個人怕死卻以不仁爲樂,就好比他怕醉卻拼命喝酒一樣。"

【注釋】①宗廟:卿大夫有采(cài)邑然後有宗廟,所以這宗廟實指采邑而言。 ②强(qiǎng):勉力,勉强,勉爲其難。

7.4 孟子曰:"愛人不親,反其仁;治人不治,反其智;禮人不答,反其敬——行有不得者皆反求諸己,其身正而天下歸之。《詩》云:'永言配命,自求多福①。'"

【譯文】孟子説:"我愛別人,別人卻不親近我,便反問自己仁愛是否足夠;我治理別人,卻没治理好,便反問自己知識智慧是否足夠;我禮貌待人,可人家卻不怎麽搭理,便反問自己恭敬是否到了家。行爲没有達到目的的時候都要反躬自問。自己確實端正了,天下的人都會歸附於他。《詩經》説得好:'常順天命不相違,要求幸福靠自强。'"

【注釋】①永言兩句:見《詩經·大雅·文王》。譯文採自程俊英《詩經譯注》。

7.5 孟子曰:"人有恒言,皆曰:'天下國家。'天下之本在國,國之本在家,家之本在身①。"

【譯文】孟子説:"大家有句口頭禪,都説'天下國家'。可見天下的根本是國,國的根本是家,而家的根本則是每個人。"

【注釋】①這就是今天説的"小河有水大河滿"。

7.6 孟子曰:"爲政不難,不得罪於巨室①。巨室之所慕,一國慕之;一國之所慕,天下慕之;故沛然德教溢乎四海。"

【譯文】孟子説:"治國理政並不難,只是不要得罪世臣大家。因爲他們傾慕的,國人都會傾慕;國人傾慕的,天下人也會傾慕,這樣德教才會洶湧澎湃漫捲天下。"

【注釋】①巨室：趙岐《注》："巨室，大家也——謂賢卿大夫之家，人所效則者。"朱熹《集注》："巨室，世臣大家也……麥丘邑人祝齊桓公曰'願主君無得罪於群臣百姓'意蓋如此。"我們從朱熹說。巨室，本指大建築物："爲巨室，則必使工師求大木。"(《梁惠王下》)"人且偃然寢於巨室。"(《莊子·外篇·至樂》)引申爲指世臣大家。《梁惠王下》："所謂故國者，非謂有喬木之謂也，有世臣之謂也。"因爲，"巨室之所慕，一國慕之"。當然，孟子所謂"巨室"，隱含"賢卿大夫之家"；但"巨室"的字面意義，並不特指"賢卿大夫"。

7.7-1 孟子曰："天下有道，小德役大德①，小賢役大賢；天下無道，小役大，弱役強。斯二者，天也。順天者存，逆天者亡。齊景公曰：'既不能令，又不受命，是絕物也②。'涕出而女於吳③。

【譯文】孟子說："政治清明的時候，道德不高的人被道德高的人管理，不太賢能的人被非常賢能的人管理；政治黑暗的時候，便是小的被大的管理，弱的被強的管理。這兩種情況，都取決於天。順天者存，逆天者亡。齊景公說過：'既不能發號施令，又不能安然受命，這樣你怕會嫁不出去。'因此流著眼淚把女兒嫁到吳國去了。

【注釋】①小德役大德：即"小德役於大德"之意；下三句同。　②是絕物也：此乃絕事也。物，事。詳見本節《考證》。　③女：去聲，嫁的意思。

【考證】是絕物也：

趙岐《注》："物，事也；大國不與之通朝聘之事也。"朱熹《集注》："物，猶人也。"我們以爲朱熹之說不大可信。因爲，我們只見到《左傳》的一則書證及該書證的杜預注支持其說。《昭公二十八年》："吾聞之：'甚美必有甚惡。'是鄭穆少妃姚子之子，子貉之妹也。子貉早死,無後,而天鍾美於是,將必以是大有敗也。昔有仍氏生女,鬒黑而甚美,光可以鑒,名曰玄妻。樂正后夔取之,生伯封,實有豕心,貪惏無饜,忿纇無期,謂之封豕。有窮后羿滅之,夔是以不祀。且三代之亡,共子之廢,皆是物也。女何以爲哉?夫有尤物,足以移人,苟非德義,則必有禍。"

沈玉成《左傳譯文》:"我聽說:'很美麗必然有很醜惡。'那個人是鄭穆公少妃姚子的女兒,子貉的妹妹。子貉早死,沒有後代,而上天把美麗匯集在她身上,必然是要用她來大大地敗壞事情。從前有仍氏生了一個女兒,頭髮稠密烏黑而漂亮,光澤可以照見人影,被稱爲'玄妻'。樂正后夔娶了她,生下伯封,心地和豬一樣,貪婪沒有個滿足,暴躁乖戾沒有個底,人們叫他'大豬'。有窮后羿滅了他,夔因此而不能得到祭祀。而且三代的被滅亡,共子的被廢立,都是由於美色爲害。你娶她做什麼呢?有了特別美麗的女人,就足以使人改變。如果不是極有道德正義的人娶她,就必然有禍患。"

杜預《注》:"夏以妹喜,殷以妲己,周以褒姒,三代所由亡也。共子,晉申生,以驪姬廢。"

通觀上文,"是物",是指上文的"甚美",所以沈玉成先生譯之爲"美色"。即便不如此,"是物"也不過是說"這東西";即使"東西"能指人,也是在咒罵某人或蔑視某人時才這樣說。"尤物"與之類似。本章"絕物"卻不具備這一條件。

相較而言,支持趙岐"物,事也"之說的共時書證多達數十,僅舉數例:《左傳·襄公十三年》:"解狐得舉,祁午得位,伯華得官,建一官而三物成,能舉善也夫!"沈譯"建一官而三物成"爲"建立一個官位而成就三件事"。《昭公二十一年》:"秋七月壬午朔,日有食之。公問於梓慎曰:'是何物也,禍福何爲?'"沈譯"是何物也"爲"這是什麼事"。《昭公二十五年》:"將求於人,則先下之,禮之善物也。"沈譯:"將要有求於人,就要先居於人下,這是合於禮的好事。"以上三處,杜預均注:"物,事也。"

又《吕氏春秋·先識覽》："威公……求國之長者，得義蒔、田邑而禮之，得史騈、趙騈以爲諫臣，去苛令三十九物，以告屠黍。"高誘注："物，事。"

《孟子·離婁下》："有人於此，其待我以橫逆，則君子必自反也：我必不仁也，必無禮也，此物奚宜至哉？"楊伯峻《孟子譯注》譯"此物奚宜至哉"爲"這種態度怎麼會來呢"。當然也可理解爲"這種壞事怎麼會來呢"。《告子上》："堯舜之知而不徧物，急先務也。"楊譯："堯、舜的智慧不能完全知道一切事物，因爲他急於知道首要任務。"以上兩處，趙岐均注"物，事也"。

《周禮·地官司徒·大司徒》："以鄉三物教萬民而賓興之：一曰六德：知、仁、聖、義、忠、和。二曰六行：孝、友、睦、婣、任、恤。三曰六藝：禮、樂、射、御、書、數。"鄭玄注："物，猶事也。"

正由於"物""事"是可以互訓的同義詞，後來就合成了同義複詞"事物""物事"。前者多見於書面語，後者見於吳語、湘語和西南官話。如上海話"儂個物事滿大個"（你那個物件滿大的——楊華教授提供），武漢話"他説物事（也寫作"麼事"）他拐子是局長"（他説什麼他哥哥是局長），長沙話"咯是只(za)物事（也寫作"麼子"）鬼囉"（這算搞的什麼事啊）。

但是否"絶物"就如同趙岐所説"大國不與之通朝聘之事也"，怕也未必。絶物，大約意爲把事情做絶，不留餘地，故我們揣摩其意譯出。(98)

7.7－2 "今也小國師大國而恥受命焉，是猶弟子而恥受命於先師也①。如恥之，莫若師文王。師文王，大國五年，小國七年，必爲政於天下矣。《詩》云②：'商之孫子，其麗不億③。上帝既命，侯于周服④。侯服于周，天命靡常⑤。殷士膚敏⑥，祼將于京⑦。'孔子曰：'仁不可爲衆也⑧。夫國君好仁，天下無敵。'今也欲無敵於天下而不以仁,是猶執熱而不以濯也⑨。《詩》云:'誰能執熱,逝不以濯⑩?'"

【譯文】"如今小國以大國爲師,卻以聽命於人爲恥,這就好比學生以聽命於德高望重的老師爲恥一樣。如果真以爲恥,最好師法文王。師法文王,大國只要五年,小國只要七年,就一定可以號令天下了。《詩經》説過:'商代的子孫哪,其數已不到十萬。他們只好臣服於周哇,只因爲上帝已授命武王。只好臣服於周哇,又因爲天意總是無常。酹酒於地助祭於周京啊,殷國的士人個個靈敏漂亮。'孔子也説過:'人多勢衆,在"仁"面前算個什麽?君主如果愛好仁,就將無敵於天下。'如今有些諸侯一心只想無敵於天下,卻又不行仁政,這就好比手持灼熱物,卻不用水洗一樣。《詩經》上説:'有人手持灼熱物,不用水洗怎能成?'"

【注釋】①先師:夫子,德高望重的老師。《論衡·對作》:"儒生就先師之説,詰而難之。" ②《詩》云:見《詩經·大雅·文王》。 ③商之孫子,其麗不億:孫子,子孫。其麗不億,其數不到十萬。麗,數。億,十萬。詳見本節《考證》(一)。 ④侯:語氣副詞,無實義。 ⑤靡(mǐ):無,没有。 ⑥膚:美麗。 ⑦祼(guàn)將于京:祼,亦作"灌",古代祭祀中的一種儀節,把酒倒在地上以迎接鬼神。將,幫助。京,周都城鎬京,遺址在今陝西西安。 ⑧仁不可爲衆也:面臨仁德,不能夠形成人多勢衆;人多勢衆,在"仁"面前算個什麽。詳見本節《考證》(二)。 ⑨不以濯(zhuó):不以之濯,不拿手去洗。濯,洗,這裏指在涼水裏浸泡或在涼水下沖。 ⑩誰能執熱,逝不以濯:見《詩經·大雅·桑柔》。譯文採自向熹先生《詩經譯注》。逝,句首語氣詞,無實義。

【考證】(一)商之孫子,其麗不億:

這兩句詩的鄭玄《箋》云:"商之孫子,其數不徒億。"趙岐《注》:"言殷帝之子孫,其數不但億萬人。"朱熹《集注》:"言商之孫子衆多,其數不但十萬而已。"故而楊伯峻《譯注》翻譯這兩句爲:"商代的子孫,數目何止十萬。"(高亨《詩經今注》:"不億,不止於一億。古時以十萬爲'億'。")我們以爲恐未達一間。因爲春秋戰國時期語言中"不＋數詞(＋單位名詞)"結構所表達的都是沒有達到這一數目的意思。例如:"王怒未怠,其十年乎？不十年,王弗召也。"(《左傳·僖公十三年》)沈玉成《左傳譯文》:"不到十年,天子不會召他回去的。""武王有亂臣十人,崔杼其有乎？不十人,不足以葬。"(《襄公二十八年》)沈譯:"不到十個人,不足以安葬。""子產見左師曰:'吾不患楚矣,汏而愎諫,不過十年。'左師曰:'然。不十年侈,其惡不遠,遠惡而後棄。'"(《昭公四年》)沈譯:"我不擔心楚國了。驕縱而不聽勸諫,不超過十年……不是十年的驕縱,他的邪惡不會遠播。""不可;直不百步耳,是亦走也。"(《孟子·梁惠王上》)楊伯峻《孟子譯注》:"只不過他沒有跑到一百步罷了……""天子之地方千里;不千里,不足以待諸侯。諸侯之地方百里;不百里,不足以守宗廟之典籍。"(《告子下》)楊譯:"如果不到一千里,便不夠接待諸侯……如果不到一百里,便不夠來奉守歷代相傳的禮法制度。""利不百,不變法;功不十,不易器。"(《商君書·更法》)"故利不百者不變俗,功不什者不易器。"(《戰國策·趙二》)"造父之弟子曰:'馬不千里。'王良弟子曰:'馬,千里之馬也;服,千里之服也。而不能取千里,何也？'"(《戰國策·韓三》)

這一表達沿用至今。王力先生說:"所謂區別一般和特殊,那是辯證法的原理之一。在這裏我們指的是黎錦熙先生所謂'例不十,不立法'。我們還要補充一句,就是'例外不十,法不破'。"(《漢語史稿》第三節)。

解"不億"爲"不徒億",大約就是所謂"增字解經"吧。

馬瑞辰《毛詩傳箋通釋》云:"'不'爲語詞,'不億'即'億',猶云子孫千億耳。《箋》以爲'不徒億',失之。"但是,既然"不＋數詞(＋單位名詞)"結構較爲常見,"不"何必解爲"語詞"呢？

因此,這段話譯爲:"商代的子孫,其數已不到十萬。"

我們唯一感到缺憾的是，早期文獻，如《尚書》《詩經》中，"不＋數詞（＋單位名詞）"結構僅此一見，是否存在《詩經》《尚書》年代的漢語"不＋數詞（＋單位名詞）"結構表達"不止此數"意義的可能性呢？爲何鄭玄、趙岐、朱熹的看法那麽一致呢？這是值得深思的。(99)

（二）仁不可爲衆也：

趙岐《注》："孔子云：'行仁者，天下之衆不能當也。'"朱熹注："孔子因讀此詩，而言有仁者則雖有十萬之衆，不能當之。"楊伯峻先生注："仁不可爲衆也：此句只能以意會，不便於逐字譯出。《詩·文王》毛傳也説過：'盛德不可爲衆也。'鄭玄箋則説：'言衆之不如德也。'譯文本此。趙岐和朱熹似俱未得其解。"

楊柳岸認爲（《〈孟子〉詞語考證四則》），這句話直譯就是"〔面臨〕仁德，不能夠形成人多勢衆"。意譯則是"人多勢衆，在'仁'面前簡直不值一提""人多勢衆，在'仁'面前算個什麽"。當時語言中許多"N不可（以）爲 N"的句子可以證明這一點。

《左傳·昭公十三年》："君若早自圖也，可以無辱。衆怒如水火焉，不可爲謀。""不可爲謀"承前省略了"衆怒"，"衆怒不可爲謀"意謂謀略面臨"衆怒"簡直不算什麽，因爲它如同水火，將焚燒、淹没一切觸犯它的東西。

《墨子·天志上》："夫天，不可爲林谷幽門無人——明必見之。"面臨上蒼，"林谷幽門無人"的隱藏簡直不算什麽，因爲上蒼的明辨一定能夠洞若觀火。其中"無人"似爲謂詞性成分而非體詞性成分，但它與"林谷""幽門"並列，已經名物化了。王念孫《讀書雜志》説："余謂'門'當讀爲'閒'，言天監甚明，雖林谷幽閒無人之處，天必見之也。"王解爲"林谷幽閒無人之處"，也是體詞性的。

《明鬼下》："故鬼神之明，不可爲幽閒廣澤、山林深谷——鬼神之明必知之。鬼神之罰，不可爲富貴衆强、勇力强武、堅甲利兵——鬼神之罰必勝之。""幽閒廣澤、山林深谷"面對"鬼神之明"簡直不算什麽，因爲"鬼神之明必知之"。同樣，"富貴衆强、勇力强武、堅甲利兵"

面對"鬼神之罰"簡直不算什麽,因爲"鬼神之罰必勝之"。

《吕氏春秋·孟秋紀》:"此七君者,大爲無道不義,所殘殺無罪之民者,不可爲萬數。""萬數"在"所殘殺無罪之民"(的人數)面前簡直不算什麽,因爲"所殘殺無罪之民"遠遠不止"萬數"。

《盡心上》"觀於海者難爲水,遊於聖人之門者難爲言"也可視爲這一格式的變式。

加上以下數例,"不可(以)爲"後面的成分則不限於體詞性的了:

《逸周書·周祝解》:"澤有獸而焚其草木,大威將至,不可爲巧。焚其草木則無種,大威將至,不可以爲勇。""大威將至","巧"根本不值一提。同樣,"大威將至",勇武也不值一提。這一例末句爲"不可以爲+勇",多出了個"以"字。下2例類似:

《左傳·昭公四年》:"恃險與馬,不可以爲固也,從古以然。"

《莊子·雜篇·徐無鬼》:"天地之養也一,登高不可以爲長,居下不可以爲短。"

由上可知,趙注、朱注、鄭箋皆得其大意。惟朱熹解"商之孫子,其麗不億""言商之孫子衆多,其數不但十萬而已"恐有誤;在上一《考證》中,我們已基本講清楚了這一問題。(100)

7.8

孟子曰:"不仁者可與言哉?安其危而利其菑①,樂其所以亡者。不仁而可與言,則何亡國敗家之有?有孺子歌曰:'滄浪之水清兮②,可以濯我纓③,滄浪之水濁兮,可以濯我足。'孔子曰:'小子聽之,清斯濯纓,濁斯濯足矣。自取之也。'夫人必自侮,然後人侮之;家必自毁,而後人毁之;國必自伐,而後人伐之。《太甲》曰:'天作孽,猶可違;自作孽,不可活④。'此之謂也。"

【譯文】孟子説:"不仁的人難道可以跟他商議嗎?危險早已臨近,他居然安之若素;災難即將到來,他以爲有利可圖;會導致亡國敗家慘禍的惡事,他樂在其中。假如不仁的人還可以跟他商議,那世上又如何會有亡國敗家的慘禍呢? 從前有個小孩歌唱道:'滄浪之水漣且清,用來洗我的帽纓;滄浪之水渾且濁,用來洗我的雙足。'孔子說:'同學們聽好了! 水清就洗帽纓,水濁就洗雙足,其實取決於每個人自己。'所以人必先有自取其辱的行爲,別人才侮辱他;家必先有自取毀壞的因素,別人才毀壞它;國必先有自取討伐的原因,別人才討伐它。《尚書·太甲》說:'天造作的罪孽,還可以逃掉;自己造作的罪孽,卻無處可逃。'正是這個意思。"

【注釋】①安其危而利其菑(zāi):其,指上文的"不仁者"。菑,通"災"。安、利在此都是意動用法。　②滄浪(láng):即漢水。　③纓:繫帽的絲帶。　④這四句又見《公孫丑上》,請參 3.4－2 注⑤、注⑥、注⑦。

7.9－1 孟子曰:"桀紂之失天下也,失其民也;失其民者,失其心也。得天下有道:得其民,斯得天下矣;得其民有道:得其心,斯得民矣;得其心有道:所欲與之聚之①,所惡勿施爾也②。

【譯文】孟子說:"桀和紂的喪失天下,是由於失去了老百姓;失去了老百姓,是由於失去了民心。獲得天下有方法:得到了老百姓,就得到天下了;獲得老百姓有方法:贏得了民心,就得到老百姓了;贏得民心也有方法:他們所希望的,替他們聚積起來;他們所厭惡的,不要強加在他們頭上,如此罷了。

【注釋】①所欲與之聚之:民之所欲,爲之積聚之。第一個"之",指"民";第二個"之",指民之"所欲"。與,爲(wèi)。詳見本節《考證》(一)。②爾也:複合語氣詞,如此罷了。"爾也"不能如某些注家所標點的那樣單獨成句,但翻譯爲現代漢語時,可以單獨成句。詳見本節《考證》(二)。

【考證】(一)所欲與之聚之:

楊伯峻《譯注》説:"'與'字可以看爲動詞,則'與之'與'聚之'並列,當譯爲'給與他們並爲他們聚積'。但王引之《經傳釋詞》云:'家大人曰,"與",猶"爲"也,"爲"字讀去聲,"所欲與之聚之",言民之所欲,則爲民聚之也。'把'與'字看爲介詞,較好。譯文從此説。"

王引之引王念孫説"較好"在那裏?趙岐説有何不妥?試論證之:

趙岐解釋這句爲"聚其所欲而與之",則"與之"的"之"指代上文的"民",而"聚之"的"之"指代"所欲"。也即,在這一"V之V之"結構中,兩賓語"之"並非指代同一事物。"與之聚之"即"與民(其所欲)聚(民之)所欲"。那麼,可不可以根據楊伯峻先生所譯"並爲他們聚積",將"聚之"的"之"理解爲"他們"呢?答案是否定的。因爲動詞"聚"不能像給予類動詞那樣既可帶直接賓語又可帶間接賓語。那麼,可否理解"聚之"爲"聚民"呢?如此一來,"所欲"又成爲贅疣了,直接作"得其心(民心)有道,與之,聚之"即可。

"V之V之"結構,《孟子》中除引文外未之見,引文中有兩見:"經始靈臺,經之營之。"(《梁惠王上》)"勞之來之,匡之直之,輔之翼之。"(《滕文公上》)《論語》中一見:"子路問政。子曰:'先之勞之。'"(《子路》)由此可見,第一,在《孟子》時代語言中,這一結構已經罕見(《詩經》中則常見);第二,以上各例中的"之",在每例中都指代同一事物。

按王引之所解,"與之聚之"則爲"Prep 之 V 之"結構(Prep,介詞),這一結構中兩"之"字所指代的不是同一事物。該結構《孟子》中有2例:"今有受人之牛羊而爲之牧之者。"(《公孫丑下》)"他日,其母殺是鵝也,與之食之。"(《滕文公下》,這一例的釋義詳見 6.10-2 的《考證》。)《論語》中1例:"孺悲欲見孔子,孔子辭以疾。將命者出户,取瑟而歌,使之聞之。"(《陽貨》)"與之V之"《左傳》中有2例:"穿封戌囚皇頡,公子圍與之爭之。"(《襄公二十六年》)"吏人之與叔孫居於箕者,請其吠狗,弗與。及將歸,殺而與之食之。"(《昭公二十三年》)

"爲之牧之"意爲爲他放牧牛羊;"與之食之"意爲和他一道吃鵝;"使之聞之"("使"一般解爲使令動詞)意爲讓"將命者"聽到歌聲;"與之爭之"意爲跟穿封戍爭功;"與之食之"意爲和吏人一道吃狗肉。而王引之解"與之聚之"爲"所欲則爲民聚之也",即"之"一指"民",一指民所想得到的,與上引5例句例相同。我們之從王說,正由於此。

不獨如此,當時語言中,"與之 VtO"(Vt 指及物動詞,O 指賓語)都是"和他一道 VtO"的意思,在這一格式中,"之"與 O(不管是否"之")當然不會同指。詳見 6.10－2《考證》。(101)

(二)所惡勿施爾也:

趙岐《注》:"爾,近也。勿施行其所惡,使民近,則民心可得矣。"焦循《正義》:"'爾'與'邇'通。《儀禮·燕禮》'南鄉爾卿',《特牲饋食禮》'視命爾敦','爾'字皆訓'近',皆爲'邇'也。趙氏佑《溫故錄》云,讀'爾也'自爲句。"楊伯峻《譯注》認爲,"爾也"意爲"則爾""如此";"也"的用法同"耳"。要之,無論趙岐、趙佑或楊伯峻先生,都將"爾也"獨自作爲一句。

1.先秦文獻中,除此句待商之外,未見"爾也"獨自成句之例;故就"審句例"而言,此讀不能不啓人疑竇。

2.我們"審句例"的結果,這句的"爾也"是複合語氣詞。"爾"作爲語氣詞表提示語氣,仍然有"如此"的意思,所以《詞詮》《高等國文法》說它"表限止"(見郭錫良《先秦語氣詞新探》,載《漢語史論集》)。雖然"爾"有"如此"義,但作爲語氣詞,必須附著於其他句子而不能獨立成句。例如:"夫夷子信以爲人之親其兄之子爲若親其鄰之赤子乎?彼有取爾也。"(《滕文公上》)"何隱爾?其國亡矣,徒歸于叔爾也。"(《公羊傳·莊公十一年》)"孔子在衛,有送葬者,而夫子觀之,曰:'善哉爲喪乎!足以爲法矣。小子識之。'子貢曰:'夫子何善爾也?'"(《禮記·檀弓上》)"管仲死,桓公使爲之服。宦於大夫者之爲之服也,自管仲始也,有君命焉爾也。"(《雜記下》)"然則何以三年也?曰:加隆焉爾也。"(《三年問》)

"彼有取爾也"意爲"他有所取,如此而已""他有所取罷了"。"有君命焉爾也"意爲"有君主之命,如此而已""有君主之命罷了"。"加隆焉爾也"意爲"讓它更隆重,如此而已""讓它更隆重罷了"。但是,"夫子何善爾也"意爲"老師爲何推崇這喪禮到如此呢"。

必須説明,a.上舉書證中,"爾也"是二合語氣詞,"焉爾也"是三合語氣詞。b.翻譯時爲便於理解,"如此而已"獨立成句,並不能説明原文也能獨立成句。c."也"和其他語氣詞一樣,都是單功能(即只能表達一種語氣)的,在這句中仍然是表論斷或肯定的語氣(見《先秦語氣詞新探》)。

既然"審句例"的結果,未見"爾也"獨自成句,而只能作爲句末複合語氣詞;且"爾也"作爲複合語氣詞,也能表達"如此""罷了"的意思,那就不能將它獨自作爲一句了。(102)

7.9-2 "民之歸仁也,猶水之就下,獸之走壙也①。故爲淵敺魚者,獺也②;爲叢敺爵者,鸇也③;爲湯武敺民者,桀與紂也。今天下之君有好仁者,則諸侯皆爲之敺矣。雖欲無王,不可得已。今之欲王者,猶七年之病求三年之艾也④。苟爲不畜,終身不得。苟不志於仁,終身憂辱,以陷於死亡。《詩》云:'其何能淑,載胥及溺⑤。'此之謂也。"

【譯文】"老百姓的歸向仁政,就如同水奔騰而下,獸奔向曠野一般。所以,爲深潭把魚群趕來的是水獺,爲森林把鳥雀趕來的是鸇鷹,爲商湯、周武把百姓趕來的,就是桀和紂了。當今天下的君主中如果有好施仁政的,那其他諸侯都會爲他把百姓趕來的。即使他不想用仁政一統天下,也是辦不到的。不過如今這些希望用仁政一統天下的人,就比如害了七年的痼疾,要尋求三年的陳艾來醫治;平時若不積蓄它,〔急來抱佛脚,便會導致一病不起,就等於〕終身都不會得到。〔同理,〕如果不立志於實行仁政,便將終身沉溺於憂患與屈辱,直到陷入或死去或逃亡的深淵。《詩經》上説：'國事如果不辦好，大家都要淹死了。'正是説的這個。"

【注釋】①民之歸仁數句：《論語·顏淵》："一日克己復禮，天下歸仁焉。"天下歸仁，就是天下之民咸歸於仁。參見《論語新注新譯》12.1《考證》。壙，同"曠"，曠野。　②故爲淵敺魚者獺(tǎ)也：獺，水獺，一種動物。敺，即"驅"字。　③爲叢敺爵者鸇(zhān)也：爵，通"雀"。鸇，一種鷹鷂類猛禽。　④三年之艾：艾，用以灸穴位者，類似今之艾條，愈陳則療效愈佳。　⑤其何能淑兩句：見《大雅·桑柔》。淑，善。載，句首語氣詞，起加強語氣作用。胥，都。及，趕上(災禍)。

7.10 孟子曰："自暴者①，不可與有言也；自棄者，不可與有爲也②。言非禮義③，謂之'自暴'也；吾身不能居仁由義，謂之'自棄'也。仁，人之安宅也；義，人之正路也。曠安宅而弗居，舍正路而不由，哀哉！"

【譯文】孟子説："自己摧殘自己的人，不能和他講什麼大道理；自己拋棄自己的人，不能和他做什麼大事情。開口便非議禮義，這便叫作自己摧殘自己；認爲自己不能以仁居心，不能踐行道義，這便叫作自己拋棄自己。'仁'是人最安穩的宅子，'義'是人最正確的道路。空著最安穩的宅子不去住，放棄最正確的道路不去走，可悲呀！"

【注釋】①暴：害。　②不可與有言、不可與有爲：不可與之有言，不可與之有爲。介詞"與"的賓語未出現。有言，有爲，均應看作固定短語。有言，"有善言"之意。"有爲"亦作"有行"，"有所作爲"之意。　③非：以……爲非，也即詆毀。

7.11 孟子曰："道在邇而求諸遠①，事在易而求諸難。人人親其親，長其長，而天下平。"

【譯文】孟子説："〔怕就怕〕真理在近處卻往遠處求，事情本容易卻往難處做。只要人人都親愛自己的父母,尊敬自己的長輩,天下就太平了。"

【注釋】①邇(ěr):近,不遠。

7.12 孟子曰:"居下位而不獲於上①,民不可得而治也。獲於上有道,不信於友,弗獲於上矣。信於友有道,事親弗悅,弗信於友矣。悅親有道,反身不誠,不悅於親矣。誠身有道,不明乎善,不誠其身矣。是故誠者,天之道也;思誠者,人之道也。至誠而不動者,未之有也;不誠,未有能動者也。"

【譯文】孟子說:"職位低下,又得不到上級的信任,百姓是不可能治理好的。要得到上級的信任,是有方法的:得不到朋友的信任,也就不能讓上級信任了。要使朋友信任,也是有方法的:侍奉父母不能讓他們高興,也就不能讓朋友信任了。讓父母高興,也是有方法的:若自我反省孝心不誠,也就不能讓父母高興了。要讓孝心出之於誠,也是有方法的:不明白什麼是善,也就不能讓孝心出之於誠了。所以'誠'是天定的道理,追求'誠'是做人的道理。出於至誠而不能打動人心,是從來沒有過的事;而不誠心,是不能打動人心的。"

【注釋】①獲於上:獲得上級信任。

7.13 孟子曰:"伯夷辟紂,居北海之濱①,聞文王作興,曰②:'盍歸乎來③!吾聞西伯善養老者④。'太公辟紂⑤,居東海之濱⑥,聞文王作興,曰:'盍歸乎來,吾聞西伯善養老者。'二老者,天下之大老也,而歸之,是天下之父歸之也。天下之父歸之,其子焉往?諸侯有行文王之政者,七年之內,必為政於天下矣。"

【譯文】孟子說:"伯夷避開紂王,住在北海邊上,聽說文王興起來了,便說:'何不到西伯那裏去呢,我聽說他贍養老人做得好。'姜太公避開紂王,住在東海邊上,聽說文王興起來了,便說:'何不到西伯那裏去呢？我聽說他贍養老人做得好。'這兩位老人，是聲名卓著於天下的老人；他們歸向西伯，這等於天下的父親都歸向西伯了。天下的父親歸向西伯，他們的兒子去哪裏呢？如果諸侯中有踐行文王的政治的，七年之內，就一定能治理天下了。"

【注釋】①北海之濱：在今河北昌黎縣城西北。　②聞文王作興，曰：作興，興起。此句不能斷爲"聞文王作，興曰"。詳見本章《考證》。③來：助詞，附加在某些動詞之後，表趨向。　④西伯：即周文王。⑤太公辟紂：《史記·齊世家》："太公望呂尚者，東海上人……蓋嘗窮困，年老矣，以漁釣奸周西伯……或曰，太公博聞，嘗事紂。紂無道，去之。游說諸侯，無所遇，而卒西歸周西伯。或曰，呂尚處士，隱海濱。周西伯拘羑里，散宜生、閎夭素知而招呂尚。呂尚亦曰：'吾聞西伯賢，又善養老，盍往焉。'"焦循《正義》說："《史記》列三說，是當以《孟子》爲斷。"呂尚，即姜尚、姜太公。　⑥東海之濱：在今山東莒縣縣城之東。

【考證】聞文王作興曰：

楊伯峻先生注云："朱熹《集注》以'作'字絕句，'興'字屬下讀。趙岐《注》則以'作興'爲一詞。今從朱熹，說詳楊樹達《古書句讀釋例》例102。"

《古書句讀釋例》："《孟子》云：'若夫豪傑之士，雖無文王猶興。'以'興'字屬臣言，不屬君言也。以漢魏唐宋諸儒之說證《孟子》，何如以《孟子》本書之文證《孟子》乎？（《易·繫辭》'神農氏作'，亦'作'字當讀斷之證。）"

"以漢魏唐宋諸儒之說證《孟子》"指漢代王逸、魏代徐幹到清代毛奇齡、武億諸人均從趙岐讀作"聞文王作興，曰……"。但所謂以《孟》證《孟》而得出的"'興'字屬臣言，不屬君言"結論，則與事實不符。例如："五百年必有王者興。"（《公孫丑下》）"是故文武興，則民好善；幽厲興，則民好暴。"（《告子上》）"上無禮，下無學，賊民興，喪無日矣。"（《離婁上》）"經正，則庶民興；庶民興，斯無邪慝矣。"（《盡心下》）

以上均《孟子》中"興"不專屬臣子之例。他書也是如此:"君子篤於親,則民興於仁。"(《論語·泰伯》)"在陳絕糧,從者病,莫能興。"(《衛靈公》)這樣一來,就又回到原點。

"作興"除引用《孟子》者外,未見於他書(但有"興作"見於稍晚文獻,見下文);"興曰"亦未見於他書,但我們依然可以在更大範圍來"審句例"。

《論語新注新譯》一書中,在論證《微子》第三章"吾老矣,不能用也"到底是孔子說的還是齊景公說的時,對感知動詞"曰"(依據同門崔立斌教授《孟子詞類研究》的分類,河南大學出版社 2004 年)作了一番統計歸納分析,這次又將統計範圍擴大到《論語》之外的《孟子》《左傳》《國語》等書。其結論依然是,在感知動詞"曰"之前,是可以有一段較長的、有主語出現的話,如"子聞之,謂門弟子曰"(《子罕》)"子在川上曰"(同上)"子在齊聞《韶》,三月不知肉味,曰"(《述而》)。若《孟子》這段話如趙岐所說斷作"伯夷辟紂,居北海之濱,聞文王作興,曰",則正符合我們之所歸納分析;而若斷作"伯夷辟紂,居北海之濱,聞文王作,興曰",則我們從未見有出現一段較長的有主語的話之後,再在"曰"前加一行爲動詞作狀語的例證。如,可見到"王笑曰"(《梁惠王上》)"公笑曰"(《左傳·昭公三年》)"猛(人名)笑曰"(《定公九年》)"夫子莞爾而笑曰"(《論語·陽貨》),卻未見一例"笑曰"或"……,笑曰"。因此,從句例來看,趙岐的讀法較爲經得起考驗。

另外,"作""興"是同義詞——二字訓"起"的故訓各不下百例,不煩贅引。我們在《論語新注新譯》"巫醫"的《考證》中講到:"漢語大部分同義並列雙音詞都是經過同義詞臨時組合階段的。因此,較早時代和較晚時代書寫形式完全相同的兩個結構,往往較早的是短語,較晚的才是合成詞。如'地方''事情'等。兩者的區別,現代漢語可憑語感,用插入法等來鑒別;古代漢語則應考察那一時代的典籍,看這一結構的出現頻率是高是低,形式是否固定。如果是詞,出現頻率相對較高,形式相對固定;短語則反之。"因此"巫醫",也作"醫巫",加之出現頻率低，可證是同義短語。《孟子》時代的語言中，同義詞合成同義短語，已較爲普遍，如《盡心下》"奮乎百世之上，百世之下，聞者莫不興起也"的"興起"（《論衡》中有"作起"，《三國志》有"起作"）；又如"兵革非不堅利也，米粟非不多也"（《公孫丑下》）之"兵革""米粟"。因此，説"作興"是同義短語，與《孟子》時代語言特徵相符。

正如"巫醫"又作"醫巫"，"搏執"又作"執搏"（8.3《考證》），因而是同義短語一樣，"作興"在稍晚文獻中又作"興作"："神靈者，品物之本也，而禮樂仁義之祖也，而善否治亂所興作也。"（《大戴禮記·曾子天圓》）"命降于社之謂殽地，降于祖廟之謂仁義，降于山川之謂興作，降于五祀之謂制度。"（《禮記·禮運》）"水火者，百姓之所飲食也；金木者，百姓之所興作也；土者，萬物之所資生也。"（《尚書大傳·洪範》）"慮定則心固，疑生則心懼，亂禍之興作，未曾不由廢立之間也。"（《三國志·蜀書·劉封傳》）

除見到"若夫豪傑之士，雖無文王猶興""五百年必有王者興""是故文武興，則民好善；幽厲興，則民好暴"之外，也見到"賢聖之君六七作"（《公孫丑上》）"且王者之不作，未有疏於此時者也"（同上）"聖王不作"（《滕文公下》）"子以爲有王者作，將比今之諸侯而誅之乎"（《萬章下》）"子以爲有王者作，則魯在所損乎？在所益乎"（《告子下》）。由此亦可見"作興"是同義短語。參見 2.4—3《考證》（二）、8.3、14.21《考證》。（103）

7.14 孟子曰："求也爲季氏宰，無能改於其德，而賦粟倍他日。孔子曰：'求非我徒也，小子鳴鼓而攻之可也[①]。'由此觀之，君不行仁政而富之，皆棄於孔子者也[②]，況於爲之强戰？爭地以戰，殺人盈野；爭城以戰，殺人盈城，此所謂率土地而食人肉，罪不容於死。故善戰者服上刑[③]，連諸侯者次之[④]，辟草萊、任土地者次之[⑤]。"

【譯文】孟子説:"冉求當了季康子的總管,不能改變他的作風,田賦反而兩倍於從前。孔子説:'冉求不再是我的學生,同學們可以大張旗鼓攻擊他。'從這事看來,君主不實行仁政,卻去幫助他搜刮財富的人,都是孔子所唾棄的;何況爲那不仁的君主努力作戰的人呢?〔這些人〕爲爭奪土地而戰,殺得屍橫遍野;爲爭奪城池而戰,滿城血海屍山,這就叫席捲著大地讓它來吞噬人肉,死了也贖不了他們的罪。所以能征慣戰者應該受最重的刑罰,鼓吹合縱連橫者該受次一等的刑罰,〔爲了替君主搜刮財富而讓百姓背井離鄉去〕開墾草莽以盡地利的人該受再次一等的刑罰。"

【注釋】①求也爲季氏宰諸句:其史實可參《論語·先進》《左傳·哀公十一年》。求,冉求,字子有,孔子弟子。 ②棄於孔子:被孔子所唾棄。句式同"勞力者治於人"(《滕文公上》)。 ③上刑:重刑。 ④連諸侯:連結諸侯,如蘇秦、張儀之流。 ⑤辟草萊、任土地:辟,開墾。任土地,謂分土授民,以獎軍功。孟子認爲這是"不務修德而富國"(趙岐《注》),故加以反對。

7.15 孟子曰:"存乎人者,莫良於眸子①。眸子不能掩其惡。胸中正,則眸子瞭焉②;胸中不正,則眸子眊焉③。聽其言也,觀其眸子,人焉廋哉④?"

【譯文】孟子説:"一個人身上存於内而表現於外的,沒有哪一處強過他的眼睛。眼睛不能掩蓋一個人醜惡的靈魂。心正,眼睛就明亮;心不正,眼睛就昏暗。聽一個人説話的時候,觀察他的眼睛,這人的善惡能躲到哪裏去呢?"

【注釋】①存乎人者莫良於眸子:這句話和達芬奇所説"眼睛是心靈的窗户"異曲同工。眸子,瞳仁。 ②瞭:明。 ③眊(mào):目不明之貌。 ④廋(sōu):隱匿,躲藏。

7.16 孟子曰:"恭者不侮人,儉者不奪人。侮奪人之君,惟恐不順焉,惡得爲恭儉?恭儉豈可以聲音笑貌爲哉?"

【譯文】孟子説:"謙恭的人不會侮辱别人,節儉的人不會掠奪别人。侮辱人掠奪人的諸侯,生怕别人不順從自己,又如何能做到恭敬節儉?恭敬和節儉難道可以靠甜言蜜語和滿臉堆笑裝出來嗎?"

7.17 淳于髡曰①:"男女授受不親,禮與?"孟子曰:"禮也。"

曰:"嫂溺,則援之以手乎?"曰:"嫂溺不援,是豺狼也②。男女授受不親,禮也;嫂溺援之以手者,權也③。"

曰:"今天下溺矣,夫子之不援,何也?"曰:"天下溺,援之以道;嫂溺,援之以手——子欲手援天下乎?"

【譯文】淳于髡問:"男女之間,不親手交接東西,這是禮法嗎?"孟子答道:"是禮法。"

淳于髡説:"那嫂子掉在水裏,用手去拉她嗎?"孟子説:"嫂子掉在水裏,不去拉她,這簡直是豺狗和惡狼。男女之間不親手交接,這是平常的禮法;嫂子掉在水裏,用手去拉她,這是通權達變。"

淳于髡説:"現在全天下的人都掉水裏了,您不去救援,這是爲什麽?"孟子説:"天下的人都掉在水裏,要用'道'去救援;嫂子掉在水裏,要用手去救援——你難道要憑雙手去救援天下人嗎?"

【注釋】①淳于髡(kūn):姓淳于,名髡,齊國人,曾仕於齊威王、宣王和梁惠王之朝。 ②嫂溺不援,是豺狼也:嫂溺不援,此豺狼也。嫂子掉在水裏,不施以援手,這是豺狗和惡狼行徑。豺狼,不是光指狼,而是指豺狗和狼兩種野獸。詳見本章《考證》。是,略同於"此"。先秦漢語不用聯繫動詞(繫詞)"是",譯文中的"是"是翻譯時補出來的。 ③權:變通之意。

【考證】豺狼、狐狸:

在此,我們合本章"豺狼"與《滕文公上》(5.5—2)"狐狸"一併考察。

先看"豺狼"。趙岐《注》:"孟子曰,人見嫂溺不援出,是爲豺狼之心也。"朱熹、焦循無説。楊伯峻《孟子譯注》譯文:"嫂嫂掉在水裏,不去拉她,這簡直是豺狼。"

我們認爲,趙岐《注》及楊伯峻先生譯文,都没有錯誤。因爲,上古漢語"豺狼"出現頻率不低,已經成爲一固定短語,甚至已經成詞。在先秦文獻中,它共出現 12 次,如下:

"戎狄豺狼,不可厭也。"(《左傳·閔公元年》)"是子也,熊虎之狀,而豺狼之聲,弗殺,必滅若敖氏矣。諺曰:'狼子野心。'是乃狼也,其可畜乎?"(《宣公四年》)"賜我南鄙之田,狐狸所居,豺狼所嗥。我諸戎除翦其荆棘,驅其狐狸豺狼,以爲先君不侵不叛之臣。"(《襄公十四年》)"姑視之,及堂,聞其聲而還,曰:'是豺狼之聲也。狼子野心,非是,莫喪羊舌氏矣。'遂弗視。"(《昭公二十八年》)"狄,豺狼之德也。……狄,封豕豺狼也,不可饜也。"(《國語·周語中》)"誰能與豺狼爭食?"(《晉語四》)"其聲,豺狼之聲,終滅羊舌氏之宗者,必是子也。"(《晉語八》)"吾見令尹,令尹問蓄聚積實,如餓豺狼焉,殆必亡者也。"(《楚語下》)"士不信慤而有多知能,譬之其豺狼也,不可以身尒也。"(《荀子·哀公》)"豺狼在牢,其羊不繁。"(《韓非子·揚權》)

我們想要論證的是,當時語言中的"豺狼"無論其是否已經成詞,實際上分指"狼"與"豺"兩種動物,而並非只是指狼。

第一,上舉各例中,有"戎狄豺狼""熊虎之狀,而豺狼之聲""狐狸豺狼"等,"戎"和"狄"分指兩個北方少數民族,"熊"和"虎"是兩種獸,下文將要證明,"狐"和"狸"分指狐狸和狸貓,可以旁證"豺"和"狼"也是兩種動物。

第二,當時語言中有"虎狼"這一固定短語或詞(8 例),我們知道,"虎狼"分指虎和狼,"豺狼"也是如此:

"晉人,虎狼也,若背其言,臣死,妻子爲戮。"(《左傳·文公十三年》)"莊子曰:'虎狼,仁也。'"(《莊子·外篇·天運》)"心如虎狼,行如禽獸。"(《荀子·修身》)"安禽獸行,虎狼貪,故脯巨人而炙嬰兒矣。"(《正論》)"凡人倫,以十際爲安者也,釋十際則與麋鹿虎狼無以異。"(《吕氏春秋·慎行論》)"虎狼在前,鬼神在後。"(《韓非子·十過》)"勢者,養虎狼之心,而成暴亂之事者也。"(《難勢》)

另外,《詩經》中還有"豺虎":"取彼譖人,投畀豺虎。豺虎不食,投畀有北。"(《小雅·巷伯》)

第三,"豺""狼"也單獨出現:

"且是人也,蠭目而豺聲,忍人也。"(《左傳·文公元年》)"王不聽,遂征之,得四白狼、四白鹿以歸。"(《國語·周語上》)"霜降之日,豺乃祭獸。……豺不祭獸,爪牙不良。"(《逸周書·時訓解》)"民之見戰也,如餓狼之見肉,則民用矣。"(《商君書·畫策》)"有狼入於國,有人自天降。"(《吕氏春秋·季夏紀》)"菊有黄華,豺則祭獸戮禽。"(《季秋紀》)

第四,古漢語字典辭書也將"豺""狼"分屬二物。以《王力古漢語字典》爲例:"豺:野獸名,俗名豺狗。""狼:狼。"

第五,這點很重要。《王力古漢語字典》以"狼"釋"狼",以及我們的語感,都説明現代漢語(尤其在口語中)依然稱"狼"爲"狼",稱"豺"爲"豺狗"。故事《狼來了》如果改成《豺狼來了》則十分彆扭。幼兒園阿姨教唱"郎呀,咱們倆是一條心哪",小朋友也莫名其妙爲什麽要和大灰狼"一條心"。至於書面語裏的"豺狼",則是繼承古漢語的。

所以,我們譯"是豺狼也"爲"這簡直是豺狗和惡狼"。

再看"狐狸":

趙岐、朱熹、焦循均無説。楊伯峻《孟子譯注》譯"狐狸食之"爲"狐狸在吃著他"。

我們認爲,和"豺狼"一樣,"狐狸"也是指"狐狸"和"狸貓"兩種動物。先秦文獻中,"狐""狸"連文者如下:

"厥貢璆、鐵、銀、鏤、砮、磬、熊、羆、狐、狸。"(《尚書·禹貢》)"一之日于貉,取彼狐狸,爲公子裘。"(《詩經·豳風·七月》)"賜我南鄙之田,狐狸所居,豺狼所嗥。我諸戎除翦其荊棘,驅其狐狸豺狼,以爲先君不侵不叛之臣。"(《左傳·襄公十四年》)"荊有雲夢,犀兕麋鹿滿之,江漢之魚鱉黿鼉爲天下富,宋所爲無雉兔狐狸者也,此猶粱肉之與糠糟也。"(《墨子·公輸》)"墨以爲明,狐狸而蒼。"(《荀子·解蔽》)"葬淺則狐狸抇之,深則及於水泉。故凡葬必於高陵之上,以避狐狸之患、水泉之濕。"(《呂氏春秋·孟冬紀》)

《尚書》一例,明顯是"狐""狸"並列,姑置不論。《墨子》一例,與之類似,也是"雉、兔、狐、狸"並列。《左傳》一例,"狐狸""豺狼"並列,前文已證"豺狼"爲二物,此處"狐狸"也當如此。《詩經》"取彼狐狸,爲公子裘"也可理解爲取那狐狸皮、狸貓皮,爲公子製裘(見下文引《王力古漢語字典》)。

況且"狐""狸"分開者遠比"狐狸"連文者多。除人名、地名及"狐疑"等短語不算外,據不完全統計,先秦文獻中"狐"多達36例,例如:

"貍、狐、貒、貈醜。"(《爾雅·釋獸》)"亨。小狐汔濟,濡其尾,無攸利。"(《周易·下經》)"莫赤匪狐,莫黑匪烏。"(《詩經·邶風·北風》)"有狐綏綏,在彼淇梁。"(《衛風·有狐》)"其卦遇《蠱》,曰:'千乘三去,三去之餘,獲其雄狐。'夫狐蠱,必其君也。"(《左傳·僖公十五年》)"良夫乘衷甸兩牡,紫衣狐裘,至,袒襲,不釋劍而食。"(《哀公十七年》)"衣敝縕袍,與衣狐貉者立,而不恥者,其由也與?"(《論語·子罕》)"黃衣,狐裘。……狐貉之厚以居。"(《鄉黨》)"青丘狐九尾。"(《逸周書·王會解》)"故狐有牙而不敢以噬,獹有蚤而不敢以撅。"(《周祝解》)"夫諺曰:'狐埋之而狐搰之,是以無成功。'"(《國語·吳語》)"夫豐狐文豹,棲於山林,伏於巖穴。"(《莊子·外篇·山木》)"巨獸無所隱其軀,而孽狐爲之祥。"(《雜篇·庚桑楚》)"千鎰之裘,非一狐之白也。"(《墨子·親士》)"公被狐白之裘,坐于堂側階。"(《晏子春秋·内篇諫上》)"天下無粹白之狐,而有粹白之裘,取之衆白也。"(《呂氏春秋·孟夏紀》)"翟人有獻豐狐、玄豹之皮於晉文公。"(《韓非子·喻老》)

上引例句中，兩見"狐貉"，正如"狐貉"分指二物，"狐狸"在那時語言中，也分指二物。

"狸"則較"狐"爲少，也有 8 例：

"有先登者，臣從之，晳幘而衣狸制。"（《左傳·定公九年》）"子獨不見狸狌乎？卑身而伏，以候敖者；東西跳梁，不辟高下。"（《莊子·內篇·逍遙遊》）"騏驥驊騮，一日而馳千里，捕鼠不如狸狌，言殊技也。"（《外篇·秋水》）"下之質執飽而止，是狸德也。"（《雜篇·徐無鬼》）"我不以貨事上而求遷者，則如以狸餌鼠爾，必不冀矣。"（《商君書·農戰》）"故開淫道以誘之，而以輕法戰之，是謂設鼠而餌以狸也，亦不幾乎？"（《外內》）"以狸致鼠，以冰致蠅，雖工，不能。"（《呂氏春秋·仲春紀》）"窺赤肉而烏鵲聚，狸處堂而眾鼠散。"（《不苟論》）

上引例句中，兩見"狸狌（鼪）"，"狸狌"分指二物（《秋水》中，"狸狌"與"騏驥驊騮"並列），"狐狸"也分指二物。

古漢語字典辭書也將"狐""狸"分屬二物。《王力古漢語字典》："狐：狐狸。""狸：狸貓，狸子，形狀似貓。《詩·豳風·七月》：'取彼狐狸，爲公子裘。'"

即使中古時期，"狐""狸"也還依然分指二物。崔致遠《古意》："狐能化美女，狸亦作書生。誰知異物類，幻惑同人形。"杜甫《無家別》："久行見空巷，日瘦氣慘淒。但對狐與狸，豎毛怒我啼。"李賀《相和歌辭·神弦曲》："桂葉刷風桂墜子，青狸哭血寒狐死。"

因此，我們譯 5.5－2"他日過之，狐狸食之，蠅蚋姑嘬之"爲："過了些時候，再經過那裏，就發現狐狸、狸貓在撕咬著，蒼蠅、蚊子在咀吮著那遺體。"（104）

7.18 公孫丑曰："君子之不教子，何也？"孟子曰："勢不行也。教者必以正；以正不行，繼之以怒。繼之以怒，則反夷矣①。'夫子教我以正，夫子未出於正也。'則是父子相夷也。父子相夷,則惡矣。古者易子而教之,父子之間不責善②。責善則離,離則不祥莫大焉③。"

【譯文】公孫丑問:"君子不親自督促訓導孩子,爲什麽呢?"孟子答道:"由於情勢行不通。督促訓導一定要講正理,用正理講不通,跟著就要發怒。一發怒,就反而造成了傷害。〔孩子會説:〕'您用正理督促訓導我,可是您的行爲卻不是從正理出發的。'這就相當於父子間互相傷害了。父子間互傷傷害,這是大壞事。古時候交換小孩來督促訓導,使父子之間不會因追求善而互相責備。追求善而互相責備,就會産生隔閡;父子之間生出隔閡,没有比這更不好的事了。"

【注釋】①夷:傷害。　②責善:以善爲標準來譴責對方,以善爲標準來用言語相要求。　③祥:好的(徵兆),幸福,吉祥。

7.19 孟子曰:"事,孰爲大?事親爲大;守,孰爲大?守身爲大。不失其身而能事其親者,吾聞之矣;失其身而能事其親者,吾未之聞也。孰不爲事?事親,事之本也;孰不爲守?守身,守之本也。曾子養曾皙①,必有酒肉;將徹②,必請所與;問有餘,必曰:'有。'曾皙死,曾元養曾子③,必有酒肉;將徹,不請所與;問有餘,曰:'亡矣。'——將以復進也。此所謂養口體者也。若曾子,則可謂養志也。事親若曾子者,可也。"

【譯文】孟子説:"侍奉誰最重要?侍奉父母最重要。守護什麽最重要?守護自己〔的良心〕最重要。不失去自己的良心又能侍奉父母的,我聽説過;失去了良心又能侍奉父母的,我没有聽説過。侍奉誰不是侍奉?侍奉父母是根本;守護誰不是守護?守護自己的良心是根本。從前曾子奉養他的父親曾皙,每餐一定都有酒有肉;撤席時一定要問剩下的給誰;曾皙若問是否還有剩餘,一定答道:'還有。'曾皙死了,曾元養曾子,也一定有酒有肉;撤席時便不問剩下的給誰了;曾子若問是否還有剩餘,便説:'没有了。'準備下餐再給曾子吃。這個叫作讓父母嘴巴、身體舒服的'養'。至於曾子，才可以叫作讓父母心情舒暢的'養'。侍奉父母能做到像曾子那樣，就可以了。"

【注釋】①曾晳：名點，孔子學生；曾子(曾參)之父。　②徹：通"撤"。
③曾元：曾子長子。其事見《禮記·檀弓上》。

7.20 孟子曰："人不足與適也①，政不足閒也②；惟大人爲能格君心之非③。君仁，莫不仁；君義，莫不義；君正，莫不正。一正君而國定矣。"

【譯文】孟子說："當政的小人不值得和他們對著幹，他們的政治也不值得去參與；只有道德君子才能够糾正君主的不正確思想。君主仁，沒有人不仁；君主義，沒有人不義；君主正，沒有人不正。一把君主端正了，國家也就安定了。"

【注釋】①與適：或當讀爲"與敵"，與之爲敵，與之對著幹。詳見本章《考證》。　②閒(jiàn)：參與，廁身其間。　③唯大人爲能格君心之非：大人，道德、地位均較一般"君子"爲高的人。參見 13.19《考證》(二)。格，糾正，匡正。

【考證】與適：

趙岐《注》："適，過也。《詩》云：'室人交徧適我。'時皆小人居位，不足過責也。"朱熹《集注》："言人君用人之非，不足過讁。"是趙岐、朱熹均讀"適"爲"讁""責"，但未見"與讁""與責"連文者。

共時文獻中，我們所見"與＋V"之例，"與"都是介詞，音 yǔ，"與"後都可補出代詞"之"："士志於道，而恥惡衣惡食者，未足與議也。"(《論語·里仁》，楊伯峻《論語譯注》："讀書人有志於真理，但又以自己吃粗糧穿破衣爲恥辱，這種人，不值得同他商議了。")"楚不足與戰矣。"(《左傳·文公十六年》，沈玉成《左傳譯文》："楚國不足以一戰了。"其實直譯當爲："楚國，不值得與它一戰了。")"據財不能以分人者，不足與友……辯是非不察者，不足與游。"(《墨子·修身》，張永祥等《墨子譯注》:"有錢財而不願意分給別人的人,不值得與他結交……辨別是非不清楚的人,不值得與他交往。")"其主,俗主也,不足與舉。"(《呂氏春秋·孟冬紀》,張雙棣等《呂氏春秋譯注》:"它的國君是個凡庸的君主,不足以跟他謀舉大事。")"淺不足與測深,愚不足與謀知,坎井之䵷不可與語東海之樂。"(《荀子·正論》,張覺《荀子譯注》:"淺陋的人不值得和他測度深刻的事,愚蠢的人不值得和他商量智巧的事,廢井中的青蛙不能和牠談論東海中的樂趣。")"拘禮之人不足與言事,制法之人不足與論變。"(《商君書·更法》,高亨《商君書注譯》:"我們不能和受禮制約束的人商討大事,不能和受法度制裁的人計議變法。")

"與+V"的 V,其語義上,一定是可以相互作用的,而不可以是單方面的、一方面針對另一方的。前者如"議""戰""遊""舉""測""謀""言""論"等。但"謫""責"卻是單方面的、一方面針對另一方的,這是何以我們未見"與謫""與責"的緣由。

趙岐、朱熹的解釋似乎也可讀"與"爲 yù 聲,抽象的"參與"義,"不足與適"也就是"没有被譴責的資格"。但參與義的"與"要後接介詞"於"(于)和"乎":"天之將喪斯文也,後死者不得與於斯文也。"(《論語·子罕》,楊伯峻《論語譯注》:"天若是要消滅這種文化,那我也不會掌握這些文化了。")"鄭伯治與於雍糾之亂者。"(《左傳·莊公十六年》,沈玉成《左傳譯文》:"鄭伯整治參與雍糾之亂的人。")"今我婦人而與於亂。"(《襄公九年》,沈譯:"現在我作爲女人而參與了動亂。")"親執鐸,終夕與於燎……與於青之賞,必及於其罰。"(《昭公二十年》,沈譯:"親自拿著大鈴,整晚和衛國的巡夜人在一起……參與了對青的賞賜,必然沾上對他的責罰。")"重耳身亡,父死不得與於哭泣之位,又何敢有他志以辱君義?"(《國語·晉語二》)"瞽者无以與乎文章之觀,聾者无以與乎鐘鼓之聲。"(《莊子·内篇·逍遙遊》,陳鼓應《莊子今注今譯》:"瞎子無法和他共賞文采的美觀,聾子無法和他共賞鐘鼓的樂聲。"《内篇·大宗師》"盲者无以與乎眉目顔色之好,瞽者无以與乎青黃黼黻之觀"義略同。)

要之,"與適"既不具備"與(yǔ)＋V"的條件,也不具備"與(yù)於(乎)O"的條件,於是乎,只好"活用其字形,借助於文法,乞靈於聲韻,以假讀通之"。

本章的"適",當讀作"敵",敵對,對著幹。敵對雙方是相互作用的,故"與＋敵"組合得以成立("與敵"即"與之敵"):"荆人不動,魏不足患也,則諸侯可蠶食而盡,趙氏可得與敵矣。"(《韓非子·存韓》)"北斗所擊,不可與敵。"(《淮南子·天文訓》)"隱居深宫,若心之藏於胸,至貴無與敵。"(《春秋繁露·天地之行》)

段玉裁《説文解字注》"敵"字下:"古多假借'適'爲'敵'。"例極多,不勝枚舉,僅以讀作"與敵"的"與適"爲例:"穴中與適人遇,則皆圍而毋逐。"(《墨子·備穴》,張永祥等《墨子譯注》:"在隧道中遇敵人,就加以抵抗但不驅逐他們。")"若人之在世,勢不與適,力不均等,自相勝服。"(《論衡·物勢》,"像人在社會上,勢力不相等,力量不平均,自然要互相爭鬥取勝,互相制服。"與適,與之勢均力敵。)

"人不足與適也,政不足間也",謂小人不足與之爲敵,其政事不足雜廁其間。《公孫丑下》第六章、《離婁下》二十七章王驩的言行和孟子對他的態度足以説明這一點。(105)

7.21 孟子曰:"有不虞之譽①,有求全之毁。"

【譯文】孟子説:"有意料不到的讚揚,也有過於苛求的詆毁。"

【注釋】①虞:料想。

7.22 孟子曰:"人之易其言也①,無責耳矣②。"

【譯文】孟子説:"一個人説話太隨便,是因爲他不必爲此負責罷了。"

【注釋】①易:輕易。　②無責耳矣:没有責任罷了。詳見本章《考證》。

【考證】人之易其言也,無責耳矣:

楊伯峻《譯注》說:"俞樾《孟子平議》云:'無責耳矣,乃言其不足責也。孔子稱君子"欲訥於言",又曰,"仁者其言也訒",若輕易其言,則無以入德矣,故以不足責絕之也。'案趙岐及朱熹解此句都不好,惟此說尚差強人意,姑從之。"

按,趙岐說:"人之輕易其言,不得失言之咎責也。一說人之輕易不肯諫正君者,以其不在言責之位者也。"朱熹《集注》說:"人之所以輕易其言者,以其未遭失言之責故耳。"

首先,趙、朱解"易其言"爲"輕易其言"是對的。我們在《論語新注新譯》一書中考釋《學而》第七章"賢賢易色"時已指出,當"易"帶賓語且不與"以"字或"與"字介賓結構共現——例如"以羊易之""逢丑父與公易位"——的時候,一般表示"輕視"。此不贅。

其次,"無責耳矣"的解說,我們以爲,趙岐的第一說和朱熹所說大致是對的,"無責耳矣"直譯就是"沒有責任罷了""不用負責罷了"。而俞樾之說實誤。試論證如下:俞樾說:"無責耳矣,乃言其不足責也。"那麼,"人之易其言也,無責耳矣"按他的理解,只能直譯爲:"一個人說話隨便,便不要責怪他。""不要責怪他"乃是由於他不值得責怪。因爲按俞樾的理解,這句的"責"是謂語動詞,修飾"責"的"無"只能是通"毋"表示"不要"那個詞。

用"耳矣"作句末語氣詞的句子,往往是陳述一個客觀事實。"耳矣"是二合語氣詞:限止語氣(耳)兼報道語氣(矣),表示說話人是把事物當作肯定的狀況報道出來(郭錫良《漢語史論集·先秦語氣詞新探》第六部分)。例如:"寡人之於國也,盡心焉耳矣。"(《梁惠王上》)"仁義禮智,非由外鑠我也,我固有之也,弗思耳矣。"(《告子上》)"雖然,止是耳矣,夫胡可以及化!"(《莊子·內篇·人間世》)"晏子相景公,食脫粟之食,炙三弋、五卵、苔菜耳矣。"(《晏子春秋·內篇雜下》)"喪三日而殯,凡附於身者,必誠必信,勿之有悔焉耳矣。三月而葬,凡附於棺者,必誠必信,勿之有悔焉耳矣。"(《禮記·檀弓上》)"盡心焉耳矣"意爲"盡心竭力於此罷了"——"焉"相當"於此"。餘類推。

那麼，按趙岐第一説和朱熹的理解，正是陳述一個客觀事實："一個人説話隨便，是因爲不用負責罷了"——判斷句可以表原因，翻譯時要將隱含的"表原因"呈現出來，這並非什麽"增字解經"。

而俞樾理解的"無責耳矣"（毋責耳矣）是表達意志的句子（例如"要團結，不要分裂！要光明正大，不要搞陰謀詭計！"）。我們考察含有"毋"（無）的句子，絕大多數不用任何句末語氣詞。例如："子絶四：毋意，毋必，毋固，毋我。"（《論語·子罕》）"與鄭夾輔周室，毋廢王命！"（《左傳·宣公十二年》）"凡我同盟，毋薀年，毋壅利，毋保姦，毋留慝。"（《襄公十一年》）"大毋侵小。"（《襄公十九年》）"雞豚狗彘之畜，無失其時。"（《梁惠王上》）"王無罪歲，斯天下之民至焉。"（同上）"王請無好小勇。"（《梁惠王下》）"持其志，無暴其氣。"（《公孫丑上》）"無若宋人然。"（同上）"往之女家，必敬必戒，無違夫子！"（《滕文公下》）"初命曰，誅不孝，無易樹子，無以妾爲妻。再命曰，尊賢育才，以彰有德。三命曰，敬老慈幼，無忘賓旅。四命曰，士無世官，官事無攝，取士必得，無專殺大夫。五命曰，無曲防，無遏糴，無有封而不告。"（《告子下》）"由今之道，無變今之俗。"（《告子下》）"無爲其所不爲，無欲其所不欲。"（《盡心上》）"王曰：'無畏！'"（《盡心下》）

也有若干以"也"、以"焉"作句末語氣詞的句子。例如："王如知此，則無望民之多於鄰國也。"（《梁惠王上》）"以吾一日長乎爾，毋吾以也。"（《論語·先進》）"君無尤焉！"（《梁惠王下》）"君無見焉！"（同上）"王無患焉！"（《公孫丑下》）相較而言，以"焉"作句末語氣詞的較多。

但是，從未見以"耳矣"作句末語氣詞者。這也很好理解，如上所述，"耳矣"煞尾句陳述事實，而含"毋"（無）句表達意志，二者一般不能相容。要之，

a. 從形式上看，含"毋"（無）句從不以"耳矣"爲句末語氣詞。

b. 從意義上看，含"毋"（無）句表意志，以"耳矣"爲句末語氣詞的句子陳述客觀事實。

c. 俞樾理解的"無責耳矣"的"無"通"毋",用 a、b 兩點來衡量,可知他的理解是錯誤的。

d. 趙岐和朱熹理解的"無責耳矣"的"無"如字讀,他們理解這句的意思也是陳述事實,所以是正確的。

e. 俞樾未從語言本身加以考察,而僅僅以孔子曾稱君子"欲訥於言",又説過"仁者其言也訒";便以此推論"無責耳矣"的意義,這在方法上是不足取的。

f. 王力先生説:"訓詁學的主要價值,正是在於把故訓傳授下來。漢儒去古未遠,經生們所説的故訓往往是口口相傳的,可信的程度較高……我們應該相信漢代的人對先秦古籍的語言比我們懂得多些……甚至唐宋人的注疏,一般地説,也是比較可靠的,最好是不要輕易去做翻案文章。"(《訓詁學上的一些問題》)從這一例看,王先生所説是值得重視的。

g. 如懷疑從漢人到今人之説有誤,或漢晉人、唐宋人、清人、近人、今人之説不同,想要確定孰正孰誤時,則須全面調查共時語料,用抽繹之法得之,如王引之釋"終風且暴"然。(106)

7.23 孟子曰:"人之患在好爲人師。"
【譯文】孟子説:"一個人的毛病,在喜歡充當別人的老師。"

7.24 樂正子從於子敖之齊①。樂正子見孟子。孟子曰:"子亦來見我乎?"曰:"先生何爲出此言也?"曰:"子來幾日矣?"曰:"昔者②。"曰:"昔者,則我出此言也,不亦宜乎?"曰:"舍館未定③。"曰:"子聞之也,舍館定,然後求見長者乎?"曰:"克有罪④。"
【譯文】樂正子被王子敖帶領著到了齊國。樂正子去見孟子。孟子説:"你也來看我嗎?"樂正子答道:"老師爲什麽説這樣的話呀?"孟子問:

"你來幾天了?"答道:"有幾天了。"孟子説:"有幾天了,那我説這樣的話,不是應該的嗎?"樂正子説:"住所還沒找好。"孟子説:"你聽説過,要住所找好了才來求見長輩嗎?"樂正子説:"我錯了。"

【注釋】①樂正子從於子敖之齊:"從於"與"從先生者七十人"(《離婁下》)之"從"不同,前者是被動的,可譯爲"被帶領著"。子敖,蓋(gě)大夫王驩的字。　②昔者:幾天前。上古漢語中的"昔者",可以指幾百年前,也可以指昨天。前者如:"昔者文王之治岐也,耕者九一,仕者世禄。"(《梁惠王下》)後者如:"明日,出弔於東郭氏。公孫丑曰:'昔者辭以病,今日弔,或者不可乎?'曰:'昔者疾,今日愈,如之何不弔?'"(《公孫丑下》)這裏的"昔者",趙岐注爲"數日之間也"。　③舍館:招待所,賓館。　④克有罪:克,樂正子之名。有罪,有過錯。詳見本章《考證》。

【考證】有罪:

趙岐《注》:"樂正子謝過服罪也。"朱熹《集注》:"陳氏曰,樂正子固不能無罪矣,然其勇於受責如此,非好善而篤信之,其能若是乎?世有強辯飾非聞諫愈甚者,又樂正子之罪人也。"我們不擬對東漢及宋代漢語中的"罪"作一考察,只想指出,《孟子》時代語言中的"罪",不一定指現代漢語的"罪行"。

《王力古漢語字典》:"罪,作惡,犯法或違反道德規範。"也即,在當時語言中,"違反道德規範"也是"罪";這與現代漢語是有所不同的。我們詳細考察"有罪",確實如此:"抑人亦有言曰:'牽牛以蹊人之田,而奪之牛。'牽牛以蹊者,信有罪矣;而奪之牛,罰已重矣。"(《左傳·宣公十一年》,沈玉成《左傳譯文》:"不過人們也有話説:'牽牛踐踏別人的田地,就把他的牛奪過來。'牽牛踐踏的人,誠然是有錯的了;但奪走他的牛,懲罰就太重了。")"逢蒙學射於羿,盡羿之道,思天下惟羿爲愈己,於是殺羿。孟子曰:'是亦羿有罪焉。'公明儀曰:'宜若無罪焉。'曰:'薄乎云爾,惡得無罪?'"(《孟子·離婁下》,楊伯峻《孟子譯注》:"……孟子説:'這裏也有羿的罪過。'公明儀説:'好像沒有什麽罪過吧。'孟子說:'罪過不大罷了,怎能說一點也沒有呢?'")"女子十七不嫁,其父母有罪;丈夫二十不娶,其父母有罪。"(《國語·越語上》)"道忠者不聽,薦善者不行,諛過者有賞,救失者有罪。"(《晏子春秋·內篇問上》)"隰斯彌見田成子,田成子與登臺四望。三面皆暢,南望隰子家之樹蔽之。田成子亦不言。隰子歸,使人伐之。斧離數創,隰子止之。其相室曰:'何變之數也?'隰子曰:'古者有諺曰:"知淵中之魚者不祥。"夫田子將有大事,而我示之知微,我必危矣。不伐樹,未有罪也;知人之所不言,其罪大矣。'乃不伐也。"(《韓非子·說林上》)

"罪過"不是"罪行",只是較大的"過錯",所以譯"羿有罪"爲"羿的罪過"說得過去。"十七不嫁""二十不娶",父母有過錯,但不至於"有罪"(現代漢語意義上的)。"諛過者有賞,救失者有罪"意謂"吹捧粉飾錯誤的有獎賞,補救過失的反倒錯了"。"不伐樹,未有罪也;知人之所不言,其罪大矣",意謂我不砍樹,不會招致罪過;看穿了別人心裏所想卻不說的,就會招致大罪過。

因此,楊伯峻《孟子譯注》譯"克有罪"爲"我錯了",是準確的。

但"罪人"卻是"有罪之人",可不譯。如:"昔者文王之治岐也……罪人不孥。"(《孟子·梁惠王下》)"主命戮罪人安于,既伏其罪矣,敢以告。"(《左傳·定公十四年》)"句踐患吳之整也,使死士再禽焉,不動。使罪人三行,屬劍於頸。"(同上)"以君之靈,鬼神降衷,罪人克伏其辜。"(《國語·晉語二》)(107)

7.25 孟子謂樂正子曰:"子之從於子敖來,徒餔啜也①。我不意子學古之道而以餔啜也②。"

【譯文】孟子對樂正子說:"你被王子敖帶來,只是吃吃喝喝罷了。我沒想到你學習古人的大道,只是爲了吃吃喝喝。"

【注釋】①餔啜(bū chuò):餔,吃。啜,喝。 ②子學古之道而以餔啜:

這句"以"的賓語"之"省略了;之,指"學古之道"。《告子上》十四章可以與此互參:"飲食之人,則人賤之矣,爲其養小以失大也。"

7.26 孟子曰:"不孝有三①,無後爲大。舜不告而娶,爲無後也。君子以爲猶告也。"

【譯文】孟子說:"不孝順父母的事有三種,其中以沒有子孫爲最大。舜不先稟告父母就娶妻,就因爲怕沒有子孫,〔因爲先稟告,他那狠毒的爹瞽叟就會從中作梗。〕雖然他沒有稟告,君子卻認爲他如同稟告了。"

【注釋】①不孝有三:趙岐《注》云:"阿意曲從,陷親不義,一不孝也。家貧親老,不爲禄仕,二不孝也。不娶無子,絶先祖祀,三不孝也。"

7.27 孟子曰:"仁之實,事親是也;義之實,從兄是也;智之實,知斯二者弗去是也;禮之實,節文斯二者是也①;樂之實,樂斯二者,樂則生矣;生則惡可已也? 惡可已,則不知足之蹈之手之舞之。"

【譯文】孟子說:"仁的實質就是侍奉父母;義的實質就是順從兄長;智的實質就是明白這二者的道理並堅持下去;禮的實質是對這二者加以調節與修飾;樂的實質就是以這二者爲樂事,快樂於是就發生了;快樂一發生,又如何能止得住哇? 一止不住,就會不知不覺爲之手舞足蹈起來了。"

【注釋】①文(wèn):文飾,修飾。

7.28 孟子曰:"天下大悦而將歸己,視天下悦而歸己,猶草芥也,惟舜爲然。不得乎親,不可以爲人;不順乎親,不可以爲子。舜盡事親之道而瞽叟厎豫①,瞽叟厎豫而天下化,瞽叟厎豫而天下之爲父子者定,此之謂大孝。"

【譯文】孟子說:"天底下的人都很喜歡自己,而且將歸附自己,卻把這好事看成草芥一般,只有舜做到了這樣。不能得到父母的歡心,不可以做人;不能順從父母的旨意,不能做兒子。舜盡心竭力侍奉父母,結果瞽瞍變得高興了;瞽瞍高興了,天下的風俗也就隨之變好了;瞽瞍高興了,天下父子間的倫常也因此確定了,這便叫作大孝。"

【注釋】①瞽(gǔ)瞍厎(zhǐ)豫:瞽瞍,舜的父親。厎,致,達到。豫,快樂,高興。

離婁章句下

凡三十三章

8.1 孟子曰:"舜生於諸馮,遷於負夏,卒於鳴條①,東夷之人也。文王生於岐周②,卒於畢郢③,西夷之人也。地之相去也,千有餘里;世之相後也,千有餘歲。得志行乎中國,若合符節④;先聖後聖,其揆一也⑤。"

【譯文】孟子說:"舜出生在諸馮,遷居到負夏,死在鳴條,那麼他是東夷那兒的人。文王生在岐周,死在畢郢,那麼他是西夷那兒的人。兩地相隔一千多里,時代相差一千多年。他們得志時在中原華夏的所作所爲,幾乎一模一樣;古代的聖人和後代的聖人,他們的原則是一樣的。"

【注釋】①諸馮、負夏、鳴條:這三處地名無考。諸馮,傳説在今山東菏澤市區南約四十里。　②岐周:周,爲殷商時代國名,岐,陝西岐山東北山名。　③畢郢:即《吕氏春秋·審應覽》"武王嘗窮於畢程矣"之"畢程"。郢在今陝西咸陽市區之東。程轄於畢,後者亦在今陝西咸陽市區之東。　④若合符節:就像符和節嚴絲合縫一樣,一模一樣。符和節都是古代表示印信之物,剖爲兩半,各執其一,相合無差,以代印信。其材質有玉、角、銅、竹之不同,形狀也有虎、龍、人之别,隨用途而異。　⑤揆(kuí):法則、法度、原則。

8.2 子產聽鄭國之政①,以其乘輿濟人於溱洧②。孟子曰:"惠而不知爲政③。歲十一月,徒杠成;十二月,輿梁成④,民未病涉也。君子平其政⑤,行辟人可也⑥,焉得人人而濟之?故爲政者,每人而悦之,日亦不足矣。"

【譯文】子產主持鄭國的行政,用他的專車幫助別人渡過溱水和洧水。孟子評論說:"是個好人,卻並不懂治國理政。如果十一月修成走人的橋,十二月修成走車的橋,百姓就不會爲渡河發愁了。君子只要修平政治,他外出時鳴鑼開道都可以,哪能夠一個個地幫人渡河呢?如果治國理政者一個個地去討好人,時間也就會不夠用了。"

【注釋】①子產聽鄭國之政:聽,治理。子產,春秋時鄭國賢相公孫僑的字。子產執政於鄭簡公、鄭定公時,達二十二年。其時,正晉、楚兩國爭强,烽火四起之際。鄭國地處衝要,子產對外不卑不亢與兩强周旋,爲國家贏得尊敬和安全;對內整頓田制、軍賦,並鑄刑書以救世,的確是一位傑出的政治家和外交家。老百姓歌頌他:"我有子弟,子產誨之;我有田疇,子產殖之。子產而死,誰其嗣之?"(《左傳·襄公三十年》) ②以其乘輿濟人於溱(zhēn)洧(wěi):輿,本義爲車箱,此處指車。乘輿,所乘之車。溱,水名,發源於河南新密。洧,水名,發源於河南登封。 ③惠:恩惠。孔子屢以"惠"許子產。《論語·公冶長》:"子謂子產:'其養民也惠。'"《憲問》:"或問子產。子曰:'惠人也。'"《左傳·昭公二十年》也説:"及子產卒,仲尼聞之,出涕曰:'古之遺愛也。'" ④徒杠成,輿梁成:杠,獨木橋。徒杠,走人的獨木橋。梁,橋。輿梁,行車的橋。趙巖在《從簡牘文獻看"橋""梁"的更替》(《文匯學人》2017年2月3日第9版)一文中説:"在戰國中期到秦朝時期的秦地出土文獻中,'橋'完成了對'梁'的替代。"霍生玉在《也説"梁"與"橋"的替換》(《中國語文》2016年第2期)中,則認爲"到東漢時,'橋'才完全取代了'梁'"。 ⑤平政:修平政治。《荀子·王制》:"故君人者欲安,則莫若平政愛民矣。"《富國》:"正法以齊官,平政以齊民。" ⑥辟:同"避"。古代上層人物出外,前有執鞭者開道。

8.3 孟子告齊宣王曰:"君之視臣如手足,則臣視君如腹心;君之視臣如犬馬,則臣視君如國人;君之視臣如土芥,則臣視君如寇讎。"

王曰:"禮,爲舊君有服,何如斯可爲服矣?"曰:"諫行言聽,膏澤下於民①;有故而去,則君使人導之出疆,又先於其所往②;去三年不反,然後收其田里③。此之謂三有禮焉。如此,則爲之服矣。今也爲臣,諫則不行,言則不聽;膏澤不下於民;有故而去,則君搏執之④,又極之於其所往⑤;去之日,遂收其田里。此之謂寇讎。寇讎,何服之有?"

【譯文】孟子告訴齊宣王說:"君主把臣子看做自己的手和腳,那臣子就會把君主看做自己的腹和心;君主把臣子看做狗和馬,那臣子就會把君主看做平常人;君主把臣子看做泥土草芥,那臣子就會把君主看做強盜仇敵。"

王說:"禮制規定,已經離職的臣子還得爲過去的君主穿孝服;君主要怎樣做,臣子才會爲他服喪呢?"孟子說:"忠告他接受,建議他聽從;恩惠落實到老百姓;有緣故不得不離開,君主一定派人引導他離開國境,又先派人到他要去的地方爲之美言一番。離開好幾年還不回來,才收回他的土地和住房。這個叫作三有禮。這樣做,臣子就會爲他服喪了。現在做臣子的,忠告,〔君主〕他不接受;建議,他不聽從。老百姓也得不到實惠。臣子有緣故不得不離開,那君主還把他給抓起來;還到他要去的地方把壞事做絕,叫他走投無路。離開那一天,馬上收回他的土地和住房。這個叫強盜仇敵。對強盜仇敵般的舊君,幹嘛要爲他服喪呢?"

【注釋】①膏澤:恩惠,恩澤。 ②又先於其所往:趙岐《注》:"又先至其所到之國,言其賢良。"這一意義的"先"《說文》作"詵":"詵,致言也。"段玉裁注:"所謂先容也。"說詳白平《楊伯峻〈孟子譯注〉商榷》第185頁。此今之所謂"打前站"。《莊子·外篇·秋水》:"莊子釣於濮水,楚王使大夫二人往先焉。曰:'願以境內累矣!'"此即所謂"致言"。

③田里:田地及里居。里,宅院。 ④搏執:也作"縛執""捕執",拘捕,逮捕。搏,捕,逮捕。執,逮捕,捉拿。詳見本章《考證》。 ⑤極之:得罪人到頂點,把壞事做絶。

【考證】搏執:

趙岐《注》:"搏執其族親也。"焦循《正義》:"《説文·手部》云:'搏,索持也。'《宀部》云:'索,入家搜也。'入其家室,搜索而持執之,故知爲搏執其親族。"孫希旦《禮記集解》解《月令》"是月也,命有司修法制,繕囹圄,具桎梏,禁止姦,慎罪邪,務搏執"(此數句又見《吕氏春秋·孟秋紀》)則爲"搏執,謂搏擊而拘執之"。又作"執搏":"虎者陽物,百獸之長也,能執搏挫鋭,噬食鬼魅。"(《風俗通·葦茭》)

按,"搏執"即"縛執"(同樣,"執搏"也作"執縛")。"縛執"爲一同義複合短語(這類同義複合短語《孟子》中很常見)。與"搏執"(執搏)僅見以上數例不同,"執縛""縛執"較爲常見。例如:"百姓歡敖則從而執縛之,刑灼之,不和人心。"(《荀子·彊國》)"臣居齊,薦三人。一人得近王,一人爲縣令,一人爲候吏;及臣得罪,近王者不見臣,縣令者迎臣執縛,候吏者追臣至境上,不及而止。"(《韓非子·外儲説左下》)"高帝豫具武士,見信至,即執縛之,載後車。"(《史記·陳丞相世家》)"上弗使執縛繫引而行也。"(《新書·階級》)"上不執縛係引而行也。"(《漢書·賈誼傳》)"高帝豫具武士,見信,即執縛之。"(《漢書·陳平傳》)"而以節召樓船將軍入左將軍軍計事,即令左將軍麾下執縛樓船將軍,并其軍。"(《朝鮮傳》)"不得,乃入,縛執之,杖二百,以綬繫督郵頭頸著馬柳柱,委官亡命。"(《華陽國志·劉先主志》)

"執搏"(搏執)"執縛"(縛執)又爲"執捕"(捕執):"命左將軍麾下執捕樓船將軍。"(《史記·朝鮮列傳》)"義始發兵,上書言宇、信等與東平相輔謀反,執捕械繫,欲以威民。"(《漢書·翟義傳》)"左右武候,掌車駕出,先驅後殿,晝夜巡察,執捕姦非。"(《隋書·百官志下》)"靈賓密遣人捕執之。"(《魏書·房法壽傳》)"時上下聞此,皆失措震恐,捕執於觀之下。"(《鐵圍山叢談》卷五)

《詩經·小雅·無羊》"以雌以雄",鄭玄《箋》"搏禽獸"之陸德明《釋文》:"搏,亦作'捕'。"《周禮·夏官司馬·羅氏》鄭玄《注》"能以羅罔捕鳥者"之陸德明《釋文》:"搏鳥,音博,一音付,本又作'捕'。"是《周禮》原文本作"搏鳥"。阮元校:"按,漢人'搏'字讀若今之'捕'。"《莊子·山木》"螳蜋執翳而搏之"之成玄英《疏》:"搏,捕也。"《周禮·地官司徒·小司徒》"以比追胥"鄭玄《注》:"胥,伺捕盜賊也。"《秋官司寇·士師》"以比追胥之事"之鄭《注》:"'胥'讀如'宿偦'之'偦'謂司搏盜賊也。"段玉裁《説文解字注》:"《小司徒》注之'伺捕盜賊',即《士師》注之'司搏盜賊';一用古字,一用今字,故捕盜字作'搏'。"

綜上,"搏"作"捕"。《史記·朝鮮列傳》之"執捕",《漢書·朝鮮傳》作"執縛",可知,"縛"也作"捕"。

故"搏執"(執搏)即"縛執"(執縛),即"捕執"(執捕);"搏""縛""捕"實爲一字,三者形、音、義密合無間。"搏執"(執搏)"縛執"(執縛)這一行爲之具體細節("搏〔捕〕執其親族"乎?"搜索而持執之"乎?"搏擊而拘執之"乎?抑"捆縛而拘執之"乎)姑置不論(因爲詞或固定短語的具體涵義總是在歷史長河中由具象變得較爲抽象),釋爲"拘捕""逮捕"大約是過得去的。其中,"搏"(縛、捕)意爲拘捕、逮捕,"執"意爲逮捕、捉拿。參見14.23注③。(108)

8.4 孟子曰:"無罪而殺士,則大夫可以去。無罪而戮民①,則士可以徙。"

【譯文】孟子説:"士人並没犯罪,卻被剥奪性命,那麽大夫就可以離去。百姓並没犯罪,卻被當衆侮辱,那麽士人就可以搬走。"

【注釋】①戮民:我們總結故訓後認爲,當"戮"單獨作述語並帶人物賓語時,其意義一般爲(當衆)侮辱或責罰,有時是戮屍。《晉語七》:"魏絳戮寡人之弟。"韋昭注:"戮,辱也。"《國語·晉語九》:"請殺其生者,而戮其死者。"韋昭注:"陳尸爲'戮'。"《左傳·昭公四年》有段話形象地說明了這點:"執齊慶封而盡滅其族。將戮慶封,椒舉曰:'臣聞無瑕者可以戮人。慶封唯逆命,是以在此,其肯從於戮乎?播於諸侯,焉用之?'王弗聽,負之斧鉞,以徇於諸侯,使言曰:'無或如齊慶封,弒其君,弱其孤,以盟其大夫。'慶封曰:'無或如楚共王之庶子圍,弒其君——兄之子麇——而代之,以盟諸侯。'王使速殺之。"沈玉成《左傳譯文》:"逮住了齊國的慶封而把他的族人全部消滅。將要誅戮慶封,椒舉說:'臣聽說沒有缺點的人才可以誅戮別人。慶封就因爲違逆君命,才在這裏,他肯服服貼貼地被誅戮嗎?如果醜事在諸侯中宣揚,爲什麼要那麼做呢?'楚王不聽,讓慶封背上斧鉞,在諸侯軍隊中巡行示衆,讓他說:'不要有人像齊國的慶封那樣殺死他的國君,削弱國君的孤兒,來和他的大夫會盟!'慶封說:'不要有人像楚共王的庶子圍殺死他的國君——哥哥的兒子麇——而取代他,來和諸侯會盟!'楚王讓人趕緊把他殺了。"本章"戮"當爲前一義。可參6.9-1注⑩。

8.5 孟子曰:"君仁,莫不仁;君義,莫不義。"

【譯文】孟子說:"君主如果仁,沒有人不仁;君主如果義,沒有人不義。"

8.6 孟子曰:"非禮之禮,非義之義,大人弗爲。"

【譯文】孟子說:"不符合禮的'禮',不符合義的'義',道德君子是不會踐行的。"

8.7 孟子曰:"中也養不中①,才也養不才②,故人樂有賢父兄也。如中也棄不中,才也棄不才,則賢不肖之相去,其間不能以寸。"

【譯文】孟子說:"品質好的人教養品質不好的人,有才能的人教養沒才能的人,所以人人都喜歡有好父兄。如果品質好的人不去教養品質不好的人,有才能的人不去教養沒才能的人,那麼,所謂好和不好,他們的差距也就近得不能用分寸來計量了。"

【注釋】①中:中正,正直。詳見本章《考證》。　②養:教養。

【考證】不中:

　　趙岐《注》:"中者,履中和之氣所生,謂之賢。"朱熹《集注》:"無過不及之謂中。"我們以爲,"中"是"中正""正直"的意思,趙岐說近之,朱熹說也不算錯。《周禮·地官司徒·大司徒》:"以五禮防萬民之僞,而教之中。"賈公彥《疏》:"使得中正也。"

　　不中,即不正,抽象意義爲不直而枉,邪僻。《逸周書·大匡解》:"私回不中。"黃懷信《逸周書校補注譯》:"私交則奸邪不正。"《時訓解》:"鳴鳩不拂其羽,國不治兵;戴勝不降于桑,政教不中。"類書改"中"爲"平",不可據(說參楊樹達《積微居小學述林·〈離騷傳〉與〈離騷賦〉》)。《晏子春秋·內篇問上》:"衣冠不中,不敢以入朝。"衣冠不正,謂衣冠不整。《荀子·正論》:"聖王之子也……然而不材不中,内則百姓疾之,外則諸侯叛之。"(109)

8.8 孟子曰:"人有不爲也,而後可以有爲。"

【譯文】孟子說:"人要有所不爲,然後才能有所作爲。"

8.9 孟子曰:"言人之不善,當如後患何?"

【譯文】孟子說:"說人家的不好,跟著來了禍患,又怎麼辦呢?"

8.10 孟子曰:"仲尼不爲已甚者。"

【譯文】孟子說:"仲尼不做太過分的事。"

8.11 孟子曰:"大人者,言不必信,行不必果,惟義所在……①"

【譯文】孟子說:"道德君子,說話不一定要句句守信,行爲不一定要事事遂行,只是'義'在哪兒〔,就追隨它到哪兒〕。"

【注釋】①惟義所在:只要是大義所在的地方。按,這句話後有省略。詳見本章《考證》。

【考證】惟義所在:

趙岐《注》:"大人仗義。義有不得必信其言,子爲父隱也;有不能得果行其所欲行者,若親在不得以身許友也。義或重於信,故曰'惟義所在'。"朱熹《集注》:"大人言行,不先期於信、果;但義之所在,則必從之。"從趙岐《注》看,這四字句似乎是自足的;朱熹《集注》則似以爲語氣未完,加"則必從之"以補足之。我們以爲朱《注》可從。請看下列各例:

"先王之命,唯罪所在,各致其辟。"(《左傳·襄公二十五年》,沈玉成《左傳譯文》:"先王的命令,只要是罪過所在,就要分別給與刑罰。")"非父不生,非食不長,非教不知生之族也,故壹事之。唯其所在,則致死焉。"(《國語·晉語一》)"言無常信,行無常貞,唯利所在,無所不傾。"(《荀子·不苟》)

《王力古漢語字典》"維"字下:"在'只'的意義上,'惟'與'唯'通用。"從"唯其所在,則致死焉""唯利所在,無所不傾"看,"惟義所在"後當補"則從之"或"無所不從"。然則,朱熹補"則必從之",十分精當。

與"惟(唯)N(Pron)所在,……"(N:名詞;Pron:代詞;……:代指"惟(唯)N(Pron)所在"後面的句子)格式意義類似而例證較多的,是"N之所在,……"格式:

"歲之所在,則我有周之分野也;月之所在,辰馬農祥也。"(《國語·周語下》)"且道者,萬物之所由也,庶物失之者死,得之者生,爲事逆之則敗,順之則成。故道之所在,聖人尊之。"(《莊子·雜篇·漁父》)"輕死而暴,是小人之勇也。義之所在,不傾於權,不顧其利,舉國而與之不爲改視,重死持義而不橈,是士君子之勇也。"(《荀子·榮辱》)"仁之所在,無貧窮;仁之所亡,無富貴。"(《性惡》)"聖人之所在,則天下理焉。"(《吕氏春秋·孟夏紀》)"鱣似蛇,蠶似蠋,人見蛇,則驚駭;見蠋則毛起。漁者持鱣,婦人拾蠶;利之所在,皆爲(孟)賁、(專)諸。"(《韓非子·説林下》,又見《内儲説上》)"利之所在,民歸之;名之所彰,士死之。"(《外儲説左上》)"布衣循私利而譽之,世主聽虚聲而禮之;禮之所在,利必加焉。百姓循私害而訾之,世主壅於俗而賤之;賤之所在,害必加焉。"(《六反》)

與"惟(唯)N(Pron)所在,……"格式的後句既有連詞"則",也有表周遍的"無所"類似,"N之所在,……"格式的後句也既有連詞"則",也有表周遍的"皆"和表必然的"必"。由此亦可見朱熹在"惟義所在"後補"則必從之"的精當。

楊樹達先生《古書疑義舉例續補》有"省句例",本章也是"省句"之一例。

有人可能會認爲孟子這段話應理解爲"大人者,惟義所在,言不必信,行不必果",結合《荀子·不苟》"言無常信,行無常貞,唯利所在,無所不傾"來看,"省句"的解讀理由更充足些。(110)

8.12 孟子曰:"大人者,不失其赤子之心者也。"
【譯文】孟子説:"有德行的君子,是能保持天真純樸童心的人。"

8.13 孟子曰:"養生者不足以當大事①,惟送死可以當大事。"
【譯文】孟子説:"光能〔妥善〕贍養父母,還不足以承擔國家大事,只有能〔妥善〕給他們送終才足以承擔國家大事。"
【注釋】①大事:指軍國大事、國家大事。詳見將出版的《論語新注新譯》(第二版)13.17 的《考證》。

8.14 孟子曰:"君子深造之以道①,欲其自得之也②。自得之,則居之安③;居之安,則資之深④;資之深,則取之左右逢其原⑤；故君子欲其自得之也。"

【譯文】孟子説："君子依循正確方法深入探究學問，就是希望他的探究學問是自覺的。自覺地探究它，就能把它變成自己内在的；把它變成自己内在的，就能幫助它不斷深入堂奥；幫助它不斷深入堂奥，就能左右逢源而取之不盡；所以君子希望他的探究學問是自覺的。"

【注釋】①深造：深入地探訪。造，前往，探訪，這裏指進入學問堂奥。②欲其自得之：其，指君子。　③居之安：使之安居於體内，也即使知識成爲自己内在的。　④資：資助，供給，幫助。詳見本章《考證》。⑤原："源"的本字，字形像山崖邊泉孔中有水湧出。而"源"是"原"的後起加形旁字，類似"暮"與"莫"、"燃"與"然"的關係。

【考證】資之深：

　　趙岐《注》："資，取也。取之深，則得其根也。"朱熹《四書集注》："資，猶'藉'也。"楊伯峻《譯注》説："資，《説文》云：'資，貨也。'段玉裁注云：'資者積也。旱則資舟，水則資車，夏則資皮，冬則資絺綌，皆居積之謂。'"並譯"資之深"爲"積蓄很深"。

　　我們以爲，這句的"資"是"資助""幫助"的意思；周秦經典所見"資之"的"資"大率爲此義。例如："泉原以資之，土厚而樂其實。"（《國語・晉語四》）"發候，必使鄉邑忠信善重士，有親戚、妻子，厚奉資之……遣他候，奉資之如前候。"（《墨子・號令》）"張儀行，昭文君送而資之。"（《吕氏春秋・慎大覽》）"鶯寵擅權，……人主聽之，卑身輕國以資之，事敗與主分其禍，而功成則臣獨專之。"（《韓非子・三守》）"彼又使譎詐之士，……鎮之以辭令，資之以幣帛，使諸侯淫説其主，微挾私而公議。"（《説疑》）"是以明主以功論之内，而以利資之外，故其國治而敵亂。"（《八經》）《周禮・考工記》："通四方之珍異以資之，謂之商旅。"孫詒讓《正義》：""齎''資'字亦通。""齎"義爲以物資人，固然與"資"義通。

　　深，深入。《左傳・莊公二十六年》："夏，士蒍城絳，以深其宫。"

"深"的這一意義可不帶賓語:"寇深矣,若之何?"(《僖公十五年》)(111)

8.15 孟子曰:"博學而詳說之,將以反說約也。"
【譯文】孟子說:"廣博地學習,詳細地解說,〔是爲了融會貫通以後,〕能做到要言不煩呢。"

8.16 孟子曰:"以善服人者①,未有能服人者也;以善養人②,然後能服天下。天下不心服而王者,未之有也。"
【譯文】孟子說:"用善來收服人心,從沒有過完全令人心服的;拿善來教養人,這才能使天下的人都歸服。天下人不心服而能統一天下的,是從來沒有的事。"
【注釋】①善:指仁義禮智等。　②養:教養,培養。

8.17 孟子曰:"言無實不祥;不祥之實①,蔽賢者當之②。"
【譯文】孟子說:"言之無物,實在很不好;這個很不好造成的實質惡果,將由阻塞言路阻礙任用賢者的人來承擔它。"
【注釋】①不祥之實:不祥造成的實質後果。《離婁上》:"仁之實,事親是也;義之實,從兄是也;智之實,知斯二者弗去是也;禮之實,節文斯二者是也;樂之實,樂斯二者,樂則生矣。"　②蔽賢者當之:蔽賢者承擔它(不祥之實)。當,承擔,擔當。《晏子春秋·內篇諫上》:"景公之時,熒惑守于虛,期年不去。公異之,召晏子而問曰:'吾聞之,人行善者天賞之,行不善者天殃之。熒惑,天罰也,今留虛,其孰當之?'晏子曰:'齊當之。'"

8.18 徐子曰①:"仲尼亟稱於水②,曰:'水哉,水哉!'何取於水也?"孟子曰:"原泉混混③,不舍晝夜,盈科而後進④,放乎四海⑤。有本者如是,是之取爾⑥。苟爲無本,七八月之間雨集⑦,溝澮皆盈⑧;其涸也,可立而待也。故聲聞過情⑨,君子恥之。"

【譯文】徐子説:"孔子好幾次稱讚水,説:'水呀,水呀!'他看中了水的哪一點呢?"孟子説:"泉水滾滾向前,晝夜不息,灌滿坑坑坎坎,又繼續奔流,一直奔向大海。有本源的事物就像這樣,而這一點正是孔子所看中的。如果没有本源,即使七八月間大雨滂沱,把大小溝渠都灌滿了;但是它的乾涸,也就一會兒的功夫。所以聲譽超過實情的,君子以它爲恥。"

【注釋】①徐子:徐辟;參見《滕文公上》第三章。　②亟(qì):屢次。　③混混:水流浩大的樣子。段玉裁《説文解字注》説"混"古音"袞",俗字作"滾";然則"混混"就是"滾滾"。　④科:坎。　⑤放(fǎng):至,到達。　⑥是之取爾:"取是爾"的强調形式;爾,同"耳"。　⑦七八月之間雨集:周曆七八月相當於夏曆五六月,正是雨多的時候。　⑧澮(kuài):田間水渠。　⑨聲聞過情:名聲超過實情。聞,名譽。情,實情。

8.19 孟子曰:"人之所以異於禽獸者幾希①,庶民去之,君子存之。舜明於庶物②,察於人倫,由仁義行,非行仁義也。"

【譯文】孟子説:"人和禽獸不同的地方只有一點點,一般百姓丢棄它,正人君子保存它。舜懂得事物的道理,瞭解人類的常情,只是〔快快樂樂自然而然地〕走在仁義的路上,不是〔勉强地當作任務、責任〕貫徹實行仁義的。"

【注釋】①幾希:很少。　②庶物:萬物,衆物;庶,衆多。

8.20 孟子曰:"禹惡旨酒而好善言①。湯執中②,立賢無方③。文王視民如傷④,望道而未之見⑤。武王不泄邇⑥,不忘遠。周公思兼三王，以施四事；其有不合者，仰而思之，夜以繼日；幸而得之，坐以待旦。"

【譯文】孟子說："禹厭惡美酒，卻喜歡〔對人進德修業〕有益的話。湯秉持中庸之道，提拔人才不拘一格。文王總把百姓當做受傷者一樣〔不加驚擾〕，追求仁義之道，似乎總沒看到它〔而永不止歇〕。武王不輕慢朝堂之上的近臣，也不遺忘散在四方的遠臣。周公想要兼學夏、商、周的君王，來完成禹、湯、文、武的功烈；如果有不合當前情狀的，便抬著頭夜以繼日思考；總算想通了，便坐著等到天亮〔就馬上付諸實施〕。"

【注釋】①禹惡旨酒：《戰國策‧魏二》："昔者帝女令儀狄作酒而美，進之禹，禹飲而甘之，遂疏儀狄，絕旨酒，曰：'後世必有以酒亡其國者。'"　②執中：秉持中庸之道。參見將出版的《論語新注新譯》（第二版）20.1第一節《考證》（一）。　③無方：無論何方，即不拘泥於常度。詳見本章《考證》。　④視民如傷：《左傳‧哀公元年》："臣聞國之興也，視民如傷，是其福也；其亡也，以民為土芥，是其禍也。"　⑤望道而未之見：這一句和《論語‧憲問》第二十五章可以互參："蘧伯玉使人於孔子。孔子與之坐而問焉，曰：'夫子何為？'對曰：'夫子欲寡其過而未能也。'"《莊子‧則陽》："蘧伯玉行年六十而六十化，未嘗不始於是之而卒詘之以非也，未知今之所謂是之非五十九非也。"梁任公"不惜以今日之我難昔日之我"，也是這個意思。朱熹《集注》讀"而"為"如"，不確。"而"的作用是連接兩個謂詞性成分，此句之"望道""未之見"正是謂詞性成分。翻譯時，可以補出"如""若""似乎""好像"，但這與"而"無涉。參見9.5-2《考證》。　⑥不泄邇，不忘遠：泄，狎也，輕慢之謂；或說通"媟"（xiè），輕慢，褻瀆；邇，近；這兩句是說不輕慢朝臣和遠處的諸侯。

【考證】無方（附"有方"）：

本章"立賢無方"趙岐《注》："執中正之道，惟賢速立之，不問其從何方來，舉伊尹以爲相也。"朱熹《四書集注》："惟賢則立之於位，不問其類也。"

焦循《正義》："《禮記·檀弓》云：'左右就養無方。'《內則》云：'博學無方。'注皆云：'方，常也。'《荀子·臣道篇》云：'應卒遇變，齊給如響，推類接譽，以待無方，曲成制象，是聖臣者也。'注云：'齊，疾也。應事而制謂之"給"。夫卒變人所遲疑，今聖臣應之疾速，如響之應聲。無方，無常也。待之無常，謂不滯於一隅也。'此以'無方'爲'不滯於一隅'，則兼'方所'之義言之。《論語·八佾篇》云：'父母在，不遠遊，遊必有方。'此'方'固指'方所'，而鄭氏亦訓爲'有常'。趙氏以'無方'爲'不問其從何方來'，是以'方'爲'方所'之'方'。云'惟賢速立之'，即《荀子》'應卒遇變，齊給如響'之謂，是兼以'無方'爲'無常'矣。蓋執中無權，猶執一之害道。惟賢則立，而無常法，乃申上執中之有權。'無方'當爲鄭氏《注》之爲'無常'也。《史記·殷本紀》云：'伊尹欲干湯而無由，乃爲有莘氏媵臣，負鼎俎以滋味悅湯，致於王道。'趙氏引伊尹，似謂自媵臣伍保中升之，仍'無常'之謂也。《越絕書·外傳·枕中篇》云：'湯執其中和，舉伊尹，收天下雄儁之士。'此即本《孟子》此言而衍之：以'執中'爲'執中和'，以'無方'爲'收天下雄儁之士'，亦以'無方'所言與趙氏同。"楊伯峻《譯注》從之。

按，趙、焦之説是也。立賢無方，惟賢則立，不問其爲何方人；或惟賢則立，不拘拘於常度。遊必有方，出遊必須有一定方向，一定方所，一定目的地。朱熹以"不問其類"釋之，亦得其大意。

《周易·益卦·彖辭》："天施地生，其益無方。"孔穎達《疏》："此就天地廣明益之大義也。天施氣於地，地受氣而化生……其施化之益，無有方所，故曰'天施地生，其益无方'。"《繫辭》："故神無方，而易無體。"王弼《注》："神則陰陽不測，易則唯變所適，不可以一方、一體明。"陰陽不測，即飄忽不定而無常也。《禮記·檀弓上》："事親有隱而無犯，左右就養無方，服勤至死，致喪三年。事君有犯而無隱，左右就養有方，服勤至死，方喪三年。"鄭玄注"左右就養無方"："左右，謂扶持之。方,猶'常'也。"注"左右就養有方":"不可侵官",謂官吏有職守,服喪者不可越俎代庖也。

《逸周書·太子晉解》:"如文王者,其大道仁,其小道惠。三分天下而有其二,敬人無方,服事於商。"黄懷信《逸周書彙校集注》引潘振曰:"敬賢無方,惟賢人則敬之,不問其類也。"今按,敬賢無方,惟賢人則敬之,不問其來自何方也。

《莊子·内篇·人間世》:"有人於此,其德天殺。與之爲無方,則危吾國;與之爲有方,則危吾身。"王先謙《集解》:"宣云:'縱其敗度,必覆邦家。'制以法度,則將害己。"王叔岷《校詮》:"《釋文》:'方,道也。'按,兩'與'字異義,兩'之'字並猶'其'也。《國語·齊語》:'桓公知天下諸侯多與己也。'韋注:'與,從也。''與之爲無方',猶言'從其爲無道'。《論語·學而》:'子與人歌而善,必使反之。'《史記·孔子世家》'與'作'使'。'與之爲有方',猶言'使其爲有道'。"陳鼓應《今注今譯》於"與之爲無方""與之爲有方"無釋,其譯文爲:"現在有一個人,天性殘酷,如果放縱他,就會危害我們的國家;如果用法度來規諫他,就會危及自身。"顯然是採納《集解》之説。

今按,無方,無常度也,縱容之也;有方,有常度也,限制之也。《外篇·知北遊》"其用心不勞,其應物无方"之"无方",亦"無常度"之謂也。陳鼓應《莊子今注今譯》:"他的應物不拘執。"不拘執,不守常度之謂也。《外篇·在宥》:"處乎无響,行乎无方。"無方,無方所,謂無邊、無垠也。《莊子今注今譯》引林希逸解"無方"爲"無跡",近是。《外篇·天運》"動於无方,居於窈冥"之"无方"亦如此。《莊子今注今譯》引福永光司説"方"爲"限定之義",是"无方"爲無限、無垠,是也。

《荀子·禮論》:"不法禮,不足禮,謂之無方之民;法禮,足禮,謂之有方之士。"(《禮記·經解》作:"隆禮,由禮,謂之有方之士;不隆禮,不由禮,謂之無方之民。")楊倞注:"方,猶'道'也。"王先謙《集解》引郝懿行曰:"方,猶'隅'也。廉隅,謂有棱角。士知砥礪,故德有隅;民無廉恥,故喪其隅者也。"今按,無方,無常度也;有方,有常度,有底線也。

《大略》:"多知而無親,博學而無方,好多而無定者,君子不與。"楊倞注:"方,法也。此皆謂雖廣博而無師法也。"今按,無方,謂無常度,無常師也。《論語·子張》:"夫子焉不學,而亦何常師之有?"夫子開風氣之先,他人無常師則駁雜無度也。

《呂氏春秋·先識覽》:"妲己爲政,賞罰無方,不用法式,殺三不辜,民大不服。""賞罰無方"者,賞罰無常度也。

《禮記·緇衣》:"唯君子能好其正,小人毒其正。故君子之朋友有鄉,其惡有方。"《經典釋文》:"鄉,許亮反。"是"鄉"讀爲"嚮"也。鄭玄注:"小人徼利,其友無常也。"然則,"有方"即"有常"。

總之,無方,謂無方向無方所也。該固定短語虛化後,演化爲"無常"義,無邊無涯義(如《莊子·外篇》之"處乎无響,行乎无方""動於无方,居於窈冥")。我們之所以認爲"無方""有方"之"方"爲方向義進而爲無常、無常度義,以及無邊無涯義,除了這種解釋較之上舉"無類""無道""無棱角"能較爲圓融地解釋所有"無方"之外,乃是因爲"方向"義本來就是"方"的常見義,且出現頻率很高。較高的使用頻率能解釋無方向義何以衍生出無常度義,以及無邊無涯義。"有方"與"無方"類似,不贅。(112)

8.21 孟子曰:"王者之迹熄而《詩》亡①,《詩》亡然後《春秋》作。晉之《乘》,楚之《檮杌》,魯之《春秋》②,一也:其事則齊桓、晉文,其文則史。孔子曰:'其義則丘竊取之矣。'"

【譯文】孟子説:"聖王的事蹟成爲絶響,《詩》也就消亡了;《詩》消亡了,孔子述作的《春秋》便應運而生。〔各國都有叫作'春秋'的史書,〕晉國的又叫《乘》,楚國的又叫《檮杌》,魯國的只叫《春秋》,都是一個樣:所載之事不過齊桓公、晉文公之類,而其文風不過一般史書的筆法。孔子説:'歷代史書〔以微言體現大義〕的用意,我私下在《春秋》裏借用過了。'"

【注釋】①迹：也作"跡"。有學者認爲"迹"應該是"辺"字之訛，不確。詳見本章《考證》。　②《乘》《檮杌》(táo wù)《春秋》："春秋"本爲各國史書的通名，楚又別名"檮杌"，晉又別名"乘"。此處"魯之《春秋》"，乃魯國當日史書名，而非孔子所修的《春秋》，只是他所依據的原始資料。

【考證】王者之迹熄而《詩》亡：

楊伯峻《譯注》說："《說文解字》丌部云：'辺，古之遒人，以木鐸記詩言。'朱駿聲《說文通訓定聲》云：'孟子王者之迹熄而詩亡，"迹"即"辺"之誤。'程樹德《說文稽古篇》曰：'此論甚確。考《左傳》引《夏書》曰："遒人以木鐸徇於路。"杜注："遒人，行人之官也。木鐸，木舌金鈴。徇于路，求歌謠之言。"偽《胤征》本此。《王制》："命太師陳詩以觀民風。"《公羊》何注："五穀畢入，民皆居宅，從十月盡正月止，男女相從而歌，飢者歌其食，勞者歌其事。男年六十女年五十無子者，官衣食之，使之民間求詩，鄉移於邑，邑移於國，國以聞於天子，故王者不出戶牖，盡知天下。"'"並譯"王者之迹熄"爲"聖王采詩的事情廢止了"。

我們認爲，"迹"並非"辺"之誤。《左傳·宣公十二年》："寡君使群臣遷大國之迹於鄭，曰：'無辟敵。'群臣無所逃命。"沈玉成譯第一句爲"寡君使臣下們把大國的足跡挪出鄭國"。《莊子·外篇·天運》："以奸者七十二君，論先王之道而明周、召之迹，一君無所鉤用。"《荀子·非相》："欲觀聖王之跡，則於其粲然者矣，後王是也。"《非十二子》："如是則天下之害除，仁人之事畢，聖王之跡著矣。"（《非十二子》）《逸周書·謚法解》："謚者，行之迹也；號者，功之表也；車服，位之章也。"

"王者之迹"跟上引"周、召之迹""聖王之跡"一樣，都屬於"大人物＋之迹（跡）"這一格式，而典籍中"之辺"一無所見，足證"迹"並非"辺"之誤。（113）

8.22 孟子曰:"君子之澤五世而斬,小人之澤五世而斬①。予未得爲孔子徒也,予私淑諸人也②。"

【譯文】孟子説:"君子〔留給後世子孫的〕的德澤,傳了五代便斷絕了;平民〔留給後世子孫的〕的德澤,傳了五代也斷絕了。我沒有能夠成爲孔子的學生,我是私下取善於他人的。"

【注釋】①君子之澤五世而斬,小人之澤五世而斬:這裏的"君子""小人"指貴族和平民。可參《論語新注新譯》2.14《考證》。澤,恩澤,德澤,澤惠,餘蔭。詳見本章《考證》。　②私淑諸人:私下取善於人。淑,善,這裏活用爲動詞,取善。諸,"之於"的合音字。人,別人,他人。

【考證】君子之澤五世而斬,小人之澤五世而斬:

趙岐《注》:"澤者,滋潤之澤。大德大凶,留及後世,自高祖至玄孫,善惡之氣乃斷;故曰五世而斬。"朱熹《集注》:"澤,猶言'流風餘韻'也。斬,絕也。大約君子小人之澤,五世而絕也。"趙、朱之説都是對的,但今人準確理解似有困難;尤其"流風餘韻",似乎只是指思想、操守、行爲等方面對後世的影響。今按,澤,此指恩澤、德澤、澤惠、餘蔭;不但指思想、操守、行爲等方面對後世的影響,還包括經濟方面的。其例如:

"思天下之民匹夫匹婦有不被堯舜之澤者,若己推而内之溝中。"(《萬章上》《萬章下》)"堯聞舜之賢,舉之童土之地,曰冀得其來之澤。"(《莊子·雜篇·徐無鬼》)"法術之士欲干上者,非有所信愛之親、習故之澤也;又將以法術之言矯人主阿辟之心,是與人主相反也。"(《韓非子·孤憤》)"此其養功力,有父子之澤矣,而心調於用者,皆挾自爲心也。"(《外儲説左上》)"襄子有君臣親之澤,操令行禁止之法,而猶有驕侮之臣,是襄子失罰也。"(《難一》)"今上下之接,無子父之澤,而欲以行義禁下,則交必有郄矣。……故父母之於子也,猶用計算之心以相待也,而況無父子之澤乎!"(《六反》)

以上諸例,除《莊子》一例外,都可歸納爲"人物+之澤"格式,其中的"澤",都指恩澤、德澤、澤惠;但《莊子·徐無鬼》"其來之澤"的"其",是回指上文的"舜"的。"君子之澤五世而斬,小人之澤五世而斬"不能例外,其中的"澤"也是這樣的意思;不過因爲隔代,還可理解爲"餘蔭"。(114)

8.23 孟子曰:"可以取,可以無取,取傷廉;可以與,可以無與,與傷惠;可以死,可以無死,死傷勇①。"

【譯文】孟子說:"可以拿也可以不拿時,拿了便是對廉潔的傷害;可以給也可以不給時,給了便是對恩惠的濫用;可以死也可以不死時,死了便是對勇德的褻瀆。"

【注釋】①傷惠,傷勇:戰國之世,士多以一擲千金、輕生重誼爲尚,所以孟子以此語誡之。

8.24-1 逢蒙學射於羿①,盡羿之道,思天下惟羿爲愈己,於是殺羿。孟子曰:"是亦羿有罪焉②。"公明儀曰:"宜若無罪焉。"

曰:"薄乎云爾,惡得無罪? 鄭人使子濯孺子侵衛,衛使庾公之斯追之。子濯孺子曰:'今日我疾作,不可以執弓,吾死矣夫!'

【譯文】古時候,逢蒙跟羿學射箭,完全學到了羿的本領,便想,天下只有羿比自己強了,因此便把羿給殺了。孟子說:"這事羿也有錯誤。"公明儀說:"好像沒什麼錯誤吧。"

孟子說:"錯誤輕微罷了,怎麼能說一點也沒有呢? 鄭國從前派子濯孺子攻入衛國,衛國便派庾公之斯來追擊他。子濯孺子說:'今天我的病發作了,拿不了弓,我算死定了吧!'

【注釋】①逢(páng)蒙學射於羿:逢蒙,既是羿的徒弟,又是他的家將,後叛變,助寒浞(zhuó)殺羿。羿,神射手,夏代有窮國的君主。 ②有罪:有錯誤,有過錯。參見7.24《考證》。

8.24-2 "問其僕曰：'追我者誰也？'其僕曰：'庾公之斯也。'曰：'吾生矣。'其僕曰：'庾公之斯，衛之善射者也；夫子曰"吾生"，何謂也？'曰：'庾公之斯學射於尹公之他①，尹公之他學射於我。夫尹公之他，端人也②，其取友必端矣。'

"庾公之斯至，曰：'夫子何爲不執弓？'曰：'今日我疾作，不可以執弓。'曰：'小人學射於尹公之他，尹公之他學射於夫子。我不忍以夫子之道反害夫子。雖然，今日之事，君事也，我不敢廢。'抽矢，扣輪③，去其金，發乘矢而後反④。"

【譯文】"他又問駕車的人說：'追我的是誰呀？'駕車的人回答：'庾公之斯。'他便說：'我能活命啦。'駕車的人說：'庾公之斯是衛國有名的射手，您反說能活命了，這是什麼道理呀？'答道：'庾公之斯跟尹公之他學射，尹公之他又跟我學射。那尹公之他可是個正派人，他選取的朋友學生也一定正派。'

"庾公之斯追上了，問道：'老師爲何不拿弓？'子濯孺子說：'今天我的病發作了，拿不了弓。'庾公之斯便說：'我跟尹公之他學射，尹公之他又跟老師您學射。我不忍心拿您的本領反過來傷害您。但是，今天的事情是國家的公事，我又不敢廢棄。'便抽出箭，在車輪上敲了幾下，去掉箭頭，發射四箭然後就回去了。"

【注釋】①庾公之斯、尹公之他：楊樹達《古書疑義舉例續補》有"人姓名之間加助字例"，如"介之推""介子推"的"之""子"。《孟子》一書中有庾公之斯、尹公之他及孟施舍。參見3.2-2注⑦。　②端人：正直的人。　③扣：敲擊，字又作"叩"；扣溪母侯部字，敲溪母宵部字，宵侯旁轉。　④發乘（shèng）矢而後反：乘，一車四馬爲一乘，所以"乘"又有"四"的意義。猶如清代一門火砲配十個士兵，故稱"十"爲"一炮"（如湖南常德話）。《左傳・襄公十四年》記載的這一故事有所不同："初，尹公佗學射於庾公差，庾公差學射於公孫丁。二子追公，公孫丁御公。子魚曰：'射爲背師，不射爲戮，射爲禮乎。'射兩鞠而還。尹公佗曰：'子爲師，我則遠矣。'乃反之。公孫丁授公轡而射之，貫臂。"沈玉成《左傳譯文》："起初，尹公佗在庾公差那裏學射箭，庾公差又在公孫丁那裏學射箭。尹公佗和庾公差追趕衛獻公，公孫丁駕御衛獻公的車子。庾公差説：'如果射，是背棄老師；不射，將被誅戮，射了還是合於禮的吧！'射中了車子兩邊的曲木然後回去。尹公佗説：'您爲了老師，我和他的關係就遠了。'於是回過車去追趕。公孫丁把馬韁遞給衛獻公然後向尹公佗射去，一箭穿過膀子。"

8.25 孟子曰："西子蒙不潔①，則人皆掩鼻而過之；雖有惡人②，齊戒沐浴③，則可以祀上帝④。"

【譯文】孟子説："如果西施沾上了污穢，那別人走過的時候，也會捂著鼻子；但即便是面目醜陋的人，如果他齋戒沐浴，也就可以祭祀上天。"

【注釋】①西子：春秋時期的美女西施。　②惡：醜陋。　③齊：同"齋"。　④上帝：天，天帝，上天。

8.26 孟子曰："天下之言性也，則故而已矣①。故者以利爲本②。所惡於智者，爲其鑿也③。故智者若禹之行水也④，則無惡於智矣。禹之行水也，行其所無事也。如智者亦行其所無事，則智亦大矣。天之高也，星辰之遠也，苟求其故⑤，千歲之日至⑥，可坐而致也⑦。"

【譯文】孟子説："天下的人所説的萬物本性，不過是弄清楚它們恒常的規律就行了。萬物恒常的本性，順應它，這才是根本。我們之所以討厭小聰明，是因爲小聰明的人喜歡鑽牛角尖。如果聰明像禹疏導河道一樣讓它在恒常的河道中流動，就不必討厭它了。禹的治理水患，就是讓水的運行自然而然〔地依著它的本性流向下游，奔騰入海〕。如果聰明人也都能自然而然因勢利導〔地順著大自然的法則而行〕，那就具有大智慧了。天極高，星辰極遠，如果能弄清楚它們恒常的軌跡,以後一千年的冬至,都可以坐著推算出來。"

【注釋】①故:故事、成例。　②利:順應。　③鑿:在難以說通的情況下強解之,穿鑿附會,鑽牛角尖。　④故:這一"故"的上下文只有鬆散的聯繫,可不譯。　⑤苟求其故:如果能弄清楚它們往常的軌跡。故,故事、成例,這裏指往常(的軌跡)。詳見本章《考證》。　⑥日至:夏至與冬至,此處指冬至。　⑦致:使……過來,招致。

【考證】求其故:

"苟求其故,千歲之日至,可坐而致也"數句,趙岐《注》:"誠能推求其故常之行,千歲日至之日可坐知也。"朱熹《集注》:"求其已然之迹,則其運有常;雖千歲之久,其日至之度,可坐而得。"楊伯峻《孟子譯注》:"只要能推求其所以然,以後一千年的冬至,都可以坐著推算出來。"《王力古漢語字典》"故"的第一個義項,是"原故、原因";第三個義項,是"故事、成例"。可知趙岐、朱熹均以"故事、成例"釋"故",而楊伯峻先生以"原故、原因"釋"故"。

《左傳》(12)《逸周書》(1)《莊子》(2)《墨子》(1)《晏子春秋》(2)《呂氏春秋》(11)《韓非子》(5)等七部先秦典籍中共有"問其故"34例。如:

"既克,公問其故。對曰:'夫戰,勇氣也……'"(《左傳·莊公十年》)"莊子行於山中,見大木,枝葉盛茂,伐木者止其旁而不取也。問其故,曰:'無所可用。'莊子曰:'此木以不材得終其天年。'"(《莊子·外篇·山木》《呂氏春秋·孝行覽》)"公輸盤詘,而曰:'吾知所以距子矣,吾不言。'子墨子亦曰:'吾知子之所以距我,吾不言。'楚王問其故。"(《墨子·公輸》)"晏子為齊相,出,其御之妻,從門間而窺其夫為相御,擁大蓋,策駟馬,意氣揚揚,甚自得也。既而歸,其妻請去。夫問其故。"(《晏子春秋·內篇雜上》)"有過於江上者,見人方引嬰兒而欲投之江中,嬰兒啼。人問其故。"(《呂氏春秋·慎大覽》)"魯人從君戰,三戰三北,仲尼問其故,對曰:'吾有老父,身死莫之養也。'"(《韓非子·五蠹》)

這 34 例"問其故"中的"故"都是"原故"（緣故）"原因""所以然"的意思，以下各例也是：

"天之所惡，孰知其故？"（《老子·七十三章》）"子墨子曰：子未察吾言之類，未明其故者也。"（《墨子·非攻下》）"故因其懼也，而改其過；因其憂也，而辨其故。"（《荀子·臣道》）"其吏請卜其故。"（《吕氏春秋·季夏紀》）"我已亡矣，而不知其故。"（《季秋紀》）"豫讓曰：'我將告子其故。'"（《季冬紀》）"宋人有酤酒者，升概甚平，遇客甚謹，爲酒甚美，縣幟甚高，然而不售，酒酸。怪其故，問其所知閭長者楊倩。"（《韓非子·外儲説右上》）"仲父不告寡人而出，未知其故也。"（《管子·中匡》）

楊伯峻先生之譯"苟求其故"爲"只要能推求其所以然"，其文獻基礎即在於此。

《荀子·解蔽》"以贊稽之，萬物可兼知也。身盡其故則美"則似乎是個例外，"盡其故"的"盡"不是感知動詞。我們以爲，"盡其故"是"盡知其故"的意思，其中省略了個"知"。"身盡其故則美"謂以一身盡知萬物的緣由則臻於至善；"知"承上句"萬物可兼知也"而省。《吕氏春秋·離俗覽》"民之用也有故，得其故，民無所不用"，"得其故"也是"得知其故"。因爲，先秦典籍中，凡"有故"的"故"一般都是"有原故"的意思（《離婁下》："有故而去，則君使人導之出疆。"《荀子·非十二子》："其持之有故，其言之成理。"《吕氏春秋·季秋紀》："凡物之然也，必有故。"），"得其故"承上文"有故"，"其故"的意義已很清楚是"其原故"，"知"字可不必説。

但是，無論"問其故"的"問"，還是"知其故""明其故"的"知""明"，抑或"辨其故""告其故"的"辨""告"，以及"卜其故""怪其故"的"卜""怪"，都是所謂"感知動詞"，而本章"求其故"的"求"，卻是所謂"行爲動詞"（崔立斌《孟子詞類研究》）。

以下這些例句中"V＋其故"的 V 都是行爲動詞或狀態動詞：

"若治其故，則王官之邑也，子安得之？"（《左傳·成公十一年》，沈玉成《左傳譯文》:"如果要追查過去的情況,那麽它是周天子屬官的封邑,您怎麽能得到它?")"乃命司服具飭衣裳,文繡有恒,制有小大,度有短長,衣服有量,必循其故,冠帶有常。"(《吕氏春秋·仲秋紀》)"汝瞳焉如新生之犢而无求其故。"(《莊子·外篇·知北遊》)"欲治其法而難變其故者,民亂不可幾而治也。"(《韓非子·心度》)"喜怒無度,嚴誅無赦,臣下振怨,不知所錯,則人反其故。"(《管子·七臣七主》)"是以聖人苟可以彊國,不法其故。"(《商君書·更法》)

《韓非子·心度》"變其故"的"變"是狀態動詞,其餘"治""循""求""反""法",都是行爲動詞。這些例句中,"其故"的"故"都是"故事、成例"的意思。其中,《莊子·知北遊》"汝瞳焉如新生之犢而无求其故",成玄英《疏》:"故,事也。"奚侗《莊子補注》:"'故'爲'新故'之'故'……言常保其自然之性也。成《疏》以'故'爲'事',大謬!"然則,本章"苟求其故"之"故",也應作如是觀。

總之,除"有故"外,"V+其故"式的句子,若 V 爲"感知動詞$^+$",則其中的"故"一般是"原故(緣故)、原因"的意義;若 V 爲"感知動詞$^-$",則其中的"故"一般是"故事、成例"的意義。分佈上有些微不同,意義上就有改變,考察分佈之妙有如此也!

因此,本章"苟求其故"的"故",應該也是"故事、成例"的意義,趙岐、朱熹之釋可從。這一"故",指周天、星辰往常的軌跡。

另外,前文"則故而已矣,故者以利爲本"的"故"也是"故事、成例"之意。趙岐《注》:"言天下萬物之情性,當順其故,則利之也。改戾其性,則失之也。"朱熹《集注》:"故者,其已然之迹。"趙、朱之釋,均可作此理解。(115)

8.27 公行子有子之喪①,右師往弔②。入門,有進而與右師言者,有就右師之位而與右師言者。孟子不與右師言,右師不悦曰:"諸君子皆與驩言,孟子獨不與驩言,是簡驩也③。"

孟子聞之,曰:"禮,朝廷不歷位而相與言④,不踰階而相揖也。我欲行禮,子敖以我爲簡,不亦異乎?"

【譯文】公行子爲兒子舉辦喪事,右師去弔唁。他一進門,就有人上前和他説話;〔他坐下後,〕又有人走近他的位置和他説話。孟子不和他説話,他不高興,説:"各位大夫都和我説話,只有孟子不和我説話,這是怠慢我王驩哪!"

孟子聽説了,便説:"依禮節,在朝廷中,不能越位而互相説話,也不能越過石階互相作揖。我依禮而行,子敖卻以爲我怠慢了他,這不很奇怪嗎?"

【注釋】①公行子有子之喪(sāng):公行子,齊國大夫。喪,喪事。②右師:官名,其人即"蓋大夫王驩"(《公孫丑下》第六章),字子敖。③簡:簡慢,怠慢。　④歷:超過,跨越。

8.28 孟子曰:"君子所以異於人者,以其存心也。君子以仁存心,以禮存心。仁者愛人,有禮者敬人。愛人者,人恒愛之;敬人者,人恒敬之。有人於此,其待我以橫逆①,則君子必自反也:我必不仁也,必無禮也,此物奚宜至哉②?其自反而仁矣,自反而有禮矣,其橫逆由是也,君子必自反也:我必不忠。自反而忠矣,其橫逆由是也,君子曰:'此亦妄人也已矣③。如此,則與禽獸奚擇哉④?於禽獸又何難焉⑤?'

"是故君子有終身之憂,無一朝之患也。乃若所憂,則有之⑥:舜,人也;我,亦人也。舜爲法於天下,可傳於後世,我由未免爲鄉人也,是則可憂也。憂之如何?如舜而已矣。若夫君子所患,則亡矣。非仁無爲也,非禮無行也。如有一朝之患,則君子不患矣。"

【譯文】孟子説:"君子和一般人不同的地方,就在於居心不同。君子心裏老惦記著仁,老惦記著禮。仁人愛他人,有禮的人尊敬他人。愛他人的人,別人總是愛他;尊敬他人的人,別人總是尊敬他。假如這裏有個人,他對待我蠻橫無禮,那君子一定反躬自問:我一定不夠仁,一定不夠有禮,不然,這種事情爲什麽會來呢?反躬自問後仍然覺得,我實在仁,實在有禮,那人的蠻橫無禮依然如故,君子一定又反躬自問:我對待別人一定不夠盡心竭力。反躬自問後仍然覺得,我實在盡心竭力,那人的蠻橫無禮依然如故,君子就會説:'這不過是個愚妄之人罷了,這樣不講理,那和禽獸有什麽區別呢?對於禽獸又有什麽好責備的呢?'

"所以君子有一生的憂慮,卻没有短暫的畏懼。至於這樣的憂慮是有的:舜是人,我也是人。舜爲天下人所效法,能流芳百世,我卻仍然不免是個世俗之人。這個才是值得憂慮的事。有了憂慮怎麽辦呢?盡力向舜學習罷了。至於君子畏懼什麽,卻是没有的。不是仁義的事不幹,不合禮儀的事不做。即使有突發的禍患,君子也不會畏懼的。"

【注釋】①横(hèng)逆:蠻横,强暴,不講理。 ②此物奚宜至哉:(否則)此事爲何加之於我?物,事。奚,爲什麽。宜,應該。 ③妄人:愚妄之人。《荀子·解蔽》:"學,老身長子而與愚者若一,猶不知錯,夫是之謂妄人。" ④擇:區別,不同。 ⑤難(nàn):責難。 ⑥乃若:連詞,至於,至於説到。

【考證】憂、患:

　　本章説:"君子有終身之憂,無一朝之患。"又説:"乃若所憂,則有之……若夫君子所患,則亡矣。"可見,"憂"與"患"雖爲同義詞,即使其理性意義,也還是有差別的,不僅是語法意義和色彩意義有差別而已。但一般的字典辭書只介紹這兩個字有"憂慮""擔憂"的意義,其理性意義的差別何在,則未見有作辨析者。我們以爲,憂,意爲憂慮、憂傷;而患,意爲對(危及自身的)禍患或損害的害怕、擔憂。當這兩個詞作謂語並帶賓語時,前者所憂患的,往往是大事,往往較爲寬泛而長遠；後者所憂患的，較之前者，事件會較小一些，具體一些，迫近一些。

1. 對該二詞各自義位加以考察：《王力古漢語字典》："憂，①憂慮，憂傷。《論語・述而》：'發憤忘食，樂以忘憂。'②疾病。《孟子・公孫丑下》：'有采薪之憂，不能造朝。'③居父母之喪。《書・説命上》：'王宅憂，亮陰三祀。'孔穎達疏：'言王居父憂。'"

"患，①憂慮。《論語・季氏》：'不患寡而患不均。'②憂患，禍害。《書・説命中》：'有備無患。'③生病，病。《晉書・桓石虔傳》：'時有患瘧疾者。'"

從中不難看出，"憂"的疾病義、父母之喪義都是所謂"委婉引申義"，而"患"不但有"憂慮"義（作謂語），且有"憂患、禍害"義（其"生病、病"義晚起，姑置不論）。所以我們説後者意爲"對（危及自身的）禍患或損害的害怕、擔憂"，不無詞義引申上的根據。

2. 對該二詞各自常帶的賓語加以考察：簡言之，"患"的賓語經常是説話者覺得能危及或損害自身的事物，而"憂"的賓語則不一定。如："季康子患盜。"（《論語・顏淵》）"不患寡而患不均，不患貧而患不安。"（《季氏》）"陳人患楚。"（《左傳・襄公七年》）"子産見左師曰：'吾不患楚矣。'"（《昭公四年》）"民患王之無厭也，故從亂如歸。"（《昭公十三年》）"莒子庚輿虐而好劍，苟鑄劍，必試諸人。國人患之。"（《昭公二十三年》）"鄢之役，荆壓晉軍，軍吏患之。"（《國語・晉語六》）

"君子憂道不憂貧。"（《論語・衛靈公》）"今夫顓臾，固而近於費，今不取，後世必爲子孫憂。"（《季氏》）"晉之邊吏讓鄭曰：'鄭國有災，晉君、大夫不敢寧居，……鄭之有災，寡君之憂也……'子産對曰：'若吾子之言，敝邑之災，君之憂也……（敝邑）不幸而亡，君雖憂之，亦無及也。'"（《左傳・昭公十八年》）"齊侯疥，遂痁，期而不瘳……梁丘據與裔款言於公曰：'……今君疾病，爲諸侯憂，是祝史之罪也。'"（《昭公二十年》）"無極曰：'奢之子材，若在吴，必憂楚國，盍以免其父召

之。彼仁，必來。不然，將爲患。'"（同上）

"陳人患楚"，沈玉成譯爲"陳國人擔心楚國"，也就是擔心楚國危及陳國自己的意思；而"必憂楚國"，沈譯作"一定要使楚國擔憂"，是"使楚國憂"，即使動用法。國人患"鑄劍，必試諸人"的莒子庚輿，也是怕他的暴虐傷及自己。而"鄭之有災，寡君之憂也"，即使是外交辭令，也不能作"寡君之患也"，因爲無論如何，鄭國有災，不至於對晉國造成迫近而直接的危害。"今君疾病，爲諸侯憂"也是如此。"今不取，後世必爲子孫憂"，意謂現在不拿下它，將來它必定讓子孫傷腦筋——顓臾未必能直接危及魯國。

從成語上看，有"患得患失"，也有"憂國憂民"。

3. 對它們各自經常並列的同義詞及經常形成"互文"的反義詞加以考察：

"匡乏困，救災患，禁淫慝，薄賦斂。"（《左傳·成公十八年》）"凡我同盟，毋蘊年，毋壅利，毋保姦，毋留慝，救災患，恤禍亂，同好惡，獎王室。"（《襄公十一年》）"救災患，宥孤寡，赦罪戾。"（《昭公十四年》）"夫以利合者，迫窮禍患害相棄也；以天屬者，迫窮禍患害相收也。"（《莊子·外篇·山木》）"訾謷之人得用，則人主之明蔽，而毀譽之言起。任之大事，則事不成而禍患至……小人者，枉道而取容，適主意而偷說，備利而偷得。如此者，其得之雖速，禍患之至亦急。"（《管子·形勢解》）"今廢禮者，是去表也；故民迷惑而陷禍患。"（《荀子·大略》）"勞苦雕萃而能無失其敬，災禍患難而能無失其義，則不幸不順見惡而能無失其愛，非仁人莫能行。"（《子道》）"大王若以此不信，則小者以爲毀訾誹謗，大者患禍災害死亡及其身。"（《韓非子·難言》）"衆人離於患，陷於禍，猶未知退，而不服從道理。聖人雖未見禍患之形，虛無服從於道理。"（《解老》）"逢遇不可必也，患禍不可斥也。"（《問田》）

"一簞食，一瓢飲，在陋巷，人不堪其憂，回也不改其樂。"（《論語·雍也》）"發憤忘食，樂以忘憂，不知老之將至。"（《述而》）"公不留賓,而亦無廢事,憂樂同之,事則巡之,教其不知,而恤其不足。"(《左傳·襄公三十一年》)"不憂何成,二子樂矣……夫弗及而憂,與可憂而樂,與憂而弗害,皆取憂之道也,憂必及之。"(《昭公元年》)"政在家門,民無所依,君日不悛,以樂慆憂。"(《昭公三年》)"今王樂憂,若卒以憂,不可謂終。"(《昭公十五年》)

通過以上例子,讀者自不難的得出結論。

當然,也有些例子,二者難以區分;限於本書體例,不能深入展開,以上辨析只是取其大概而已。(116)

8.29 禹、稷當平世,三過其門而不入,孔子賢之。顏子當亂世,居於陋巷①,一簞食,一瓢飲,人不堪其憂,顏子不改其樂,孔子賢之②。孟子曰:"禹、稷、顏回同道。禹思天下有溺者,由己溺之也;稷思天下有飢者,由己飢之也,是以如是其急也。禹、稷、顏子易地則皆然。今有同室之人鬭者,救之,雖被髮纓冠而救之③,可也;鄉鄰有鬭者,被髮纓冠而往救之,則惑也;雖閉戶可也④。"

【譯文】禹、稷處在政治清明的年代,幾次經過家門都不進去,孔子認爲他們賢明。顏子處在政治昏暗的年代,住在偏遠的巷子裏,一籃子飯,一瓜瓢水,別人都忍受不了那苦日子,他卻不改變自己一貫的快樂,孔子認爲他賢良。孟子説:"禹、稷和顏回的處世之道其實是一樣的。禹覺得天下有人遭了水淹,就如同自己淹了他似的;稷覺得天下有人餓著肚子,就如同自己餓了他似的,所以他們拯救百姓才如此急迫。禹、稷和顏子如果互換位置,也都會那樣做的。假若有同住一室的人打架,我去幫某人,即使披散著頭髮,只繫好帽帶就去救,都是可以的;如果本鄉的鄰居家打架,也披著頭髮只繫好帽帶去救,那就是糊塗了;即使把門關著都是可以的。"

【注釋】①陋巷:偏遠的巷子。陋,偏僻,偏遠。巷,巷子。王引之《經義述聞・通説上》謂"巷"指所居之宅,所舉書證不足以爲證。參見《論語新注新譯》6.11《考證》。　②孔子賢之:《論語・雍也》:"子曰:'賢哉,回也!一簞食,一瓢飲,在陋巷,人不堪其憂,回也不改其樂。賢哉,回也!'"　③被髮纓冠:被,披;纓,冠上繋帶,這裏指繋上繋帶;被髮纓冠,比喻急迫。　④閉戸可也:隱指顔回。

8.30　公都子曰:"匡章,通國皆稱不孝焉①,夫子與之遊,又從而禮貌之,敢問何也?"

　　孟子曰:"世俗所謂不孝者五:惰其四支②,不顧父母之養,一不孝也;博弈好飲酒③,不顧父母之養,二不孝也;好貨財,私妻子,不顧父母之養,三不孝也;從耳目之欲④,以爲父母戮⑤,四不孝也;好勇鬭很⑥,以危父母,五不孝也。章子有一於是乎?夫章子,子父責善而不相遇也⑦。責善,朋友之道也;父子責善,賊恩之大者。夫章子,豈不欲有夫妻子母之屬哉?爲得罪於父,不得近,出妻屏子⑧,終身不養焉。其設心以爲不若是⑨,是則罪之大者,是則章子而已矣。"

【譯文】公都子説:"匡章,全國人都説他不孝,您卻和他來往,不但如此,還相當敬重他,請問這是爲什麼?"

　　孟子説:"一般人所公認的不孝的事有五件:四肢不勤,對父母的生活不管不顧,是第一個不孝;好玩棋局喝老酒,對父母的生活不管不顧,是第二個不孝;好錢財,偏愛妻室兒女,對父母的生活不管不顧,是第三個不孝;放縱耳目的欲望,讓父母蒙受羞辱,是第四個不孝;逞強好鬥,因此危及父母,是第五個不孝。這五件事情中,章子做了哪一件呢?那章子,不過是兒子和父親之間要求做到善而把關係弄僵了而已。以善相要求,這是朋友相處之道;父子之間以善相要求,是最傷感情的事。那章子,難道不想有夫妻母子的團聚嗎?就因爲得罪了父親,不能和他親近,因此把自己的妻室也趕出去;把兒子也趕得遠遠的,終身不要他們贍養。他把一顆赤心擺出來拷問,得出結論説,如果不這樣做,那罪過可就更大了！這就是章子的爲人呢！"

【注釋】①通國:全國。通,整個。　②四支:同"四枝""四肢",雙手雙脚。　③博弈:博,《説文》作"簿",古代的一種棋局,黑白各六子,靠擲骰子來決定走棋,後世才泛指賭博。弈,圍棋。訓詁"渾言無別,析言則異",故譯之爲"玩棋局"。　④從:同"縱",放縱。　⑤戮:侮辱,在公開場合没面子。　⑥很:今作"狠";"很"是本字。　⑦子父責善而不相遇:責善,見7.18注②。遇,投合,契合,關係融洽。章子之母得罪其父,其父殺之,而埋於馬棧之下;大約章子曾譴責其父而其父不聽,遂使父子失和。　⑧屏(bǐng):使退去。　⑨設心:趙岐《注》:"章子張設其心,執持此屏出妻子之意,以爲人得罪於父,而不若是以自責罰,是則罪益大矣。是章子之行已矣,何爲不可與言?"

8.31 曾子居武城①,有越寇②。或曰:"寇至,盍去諸?"曰:"無寓人於我室,毁傷其薪木。"寇退,則曰:"修我牆屋,我將反。"

　　寇退,曾子反。左右曰:"待先生如此其忠且敬也,寇至,則先去以爲民望③;寇退,則反,殆於不可④。"沈猶行曰⑤:"是非汝所知也。昔沈猶有負芻之禍⑥,從先生者七十人,未有與焉。"子思居於衛⑦,有齊寇。或曰:"寇至,盍去諸?"子思曰:"如伋去,君誰與守?"

　　孟子曰:"曾子、子思同道。曾子,師也,父兄也;子思,臣也,微也。曾子、子思易地則皆然。"

【譯文】曾子住在武城時,越國軍隊來侵犯。有人便説:"敵寇要來了,何不離開這裏呢?"曾子説:"〔好吧,但是〕不要讓别人借住在我這裏,弄壞那些柴草樹木。"敵寇退了,曾子便説:"把我的牆屋修理修理吧,我要回來了。"

　　敵寇退了,曾子也回來了。他旁邊的人説:"武城軍民對您是這樣地忠誠恭敬，敵人來了，便早早地走開，給百姓做了個壞榜樣；敵寇退了，馬上回來，這事兒恐怕做不得吧？"沈猶行說："這個不是你們所曉得的。從前先生住在沈猶莊，有個名叫負芻的來搗亂，先生以及跟隨的七十個人也都沒有參與抵抗。"子思住在衛國，齊國軍隊來侵犯。有人說："敵人來了，何不走開呢？"子思說："如果連我都走開了，君主和誰來守城呢？"

　　孟子說："曾子、子思其實殊途同歸。曾子是老師，是前輩；子思是臣子，是小官。曾子、子思如果互換位置，他們也會像對方那樣做的。"

【注釋】①武城：地名，在今山東費縣縣城西南九十里。　②有越寇：越滅吳後，與魯交界，其疆界曾到達今山東諸城東南。　③寇至，則先去以爲民望：趙岐《注》："先生寇至則先去，使百姓瞻望而效之。"也就是給百姓做了個壞榜樣的意思。詳見本章《考證》（一）。　④殆：近於。　⑤沈猶行：曾子弟子。沈猶，姓。　⑥負芻（chú）：人名。詳見本章《考證》（二）。　⑦子思：孔子的孫子孔伋，字子思。《中庸》是子思所作。

【考證】（一）民望：

　　趙岐注"寇至，則先去以爲民望"爲"先生寇至則先去，使百姓瞻望而效之。"朱熹《集注》："爲民望，言使民望而效之。"楊伯峻《孟子譯注》："敵人來了，便早早地走開，給百姓做了個壞榜樣。"

　　但《韓非子·飾邪》："無功者受賞，則財匱而民望；財匱而民望，則民不盡力矣。"王先慎《韓非子集解》云："望，怨也。"按，"望"有"怨"義，各字詞典均載之。然則本章之"民望"似可解爲"民怨"而貌似文從字順。但《飾邪》之"民望"實不當釋爲"民怨"，知者，《難一》云："民之望於上也甚矣，韓子弗得，且望郄子之得也；今郄子俱弗得，則民絕望於上矣。故曰：郄子之言非分謗也，益謗也。且郄子之往救罪也，以韓子爲非也，不道其所以爲非而勸之徇，是使韓子不知其過也。夫下使民望絕於上，又使韓子不知其失，吾未得郄子之所以分謗者也。"

　　這段引文先言"民之望於上也甚矣,韓子弗得,且望郤子之得之也",謂民之希望於其上者甚殷,而韓厥令其希望落空,則彼之希望咸繫於郤克。繼言"今郤子俱弗得,則民絶望於上矣",謂郤克同樣令彼落空,則百姓對於其上絶望矣。終言"夫下使民望絶於上,又使韓子不知其失,吾未得郤子之所以分謗者也",謂郤克下對百姓令其絶望於其上,又令韓厥不知過失,吾人實不知郤克所謂"分謗"者何所謂也。

　　這段引文先後言"民之望於上""民絶望於上""民望絶於上",可知所謂"民望"者,乃民衆之希望。是則《飾邪》所謂"財匱而民望,則民不盡力矣",實謂財匱則民衆咸寄望於上,斯時民衆鬥志已失,不能盡力而爲。《管子·正世》:"憂患不除,則民不安其居;民不安其居,則民望絶於上矣。"

　　古書中之"望"當釋爲"怨"之例,均見於漢代以後文獻,可視之爲"希望"義的引申義;且帶賓語。如《史記·袁盎鼂錯列傳》:"已而絳侯望袁盎曰:'吾與而兄善,今兒廷毀我!'"張守節《正義》:"望,怨也。"《漢書·司馬遷傳》:"若望僕不相師用。"顏師古注:"望,怨也。"而本章之"民望"釋爲"民之希望"也不文從字順,故從趙岐、朱熹及《孟子譯注》之釋;是"民望"即"民之所望"("民之希望"是"民之所望"的抽象化),我們譯之爲"壞榜樣"。(117)

　　(二)昔沈猶有負芻之禍:

　　楊伯峻《譯注》説:"趙岐《注》云:'時有作亂者曰負芻,來攻沈猶氏。'是以'負芻'爲人名,譯文從此説。但朱熹《集注》云:'時有負芻者作亂。'則以'負芻'爲背草的人(彬按:此姚永概《孟子講義》之説)。故録之以供參考。"

　　1.朱熹説:"時有負芻者作亂","有負芻者"固然可理解爲"有背草的人",也可理解爲"有名叫'負芻'的人"。也即,"有……者"格式,既可表示"有正在幹什麽的人",又可表示"有名叫什麽的人"。如爲後者,則與趙岐之說並無不同。例如:"嬖人有臧倉者沮君,君是以不果來也。"(《孟子·梁惠王下》)"晉人有馮婦者。"(《盡心下》)(比較:"宋人有閔其苗之不長而揠之者。"——《公孫丑上》"王子有其母死者。"——《盡心上》)"有顏回者好學,不遷怒,不貳過。"(《論語·雍也》)"有澹臺滅明者,行不由徑,非公事,未嘗至於偃之室也。"(同上)"有顏回者好學,不幸短命死矣。"(《先進》)有鑒於此,我們認爲,趙、朱之説是一致的。

2."負芻"確實是人名。當時叫"負芻"的人很多。例如:"曹人使公子負芻守,使公子欣時逆曹伯之喪。秋,負芻殺其大子而自立也。"(《左傳·成公十三年》)"曹伯負芻卒于師。"(《襄公十八年經》)以上2例爲曹國負芻。

"薛公入魏而出齊女。韓春謂秦王曰:'何不取爲妻,以齊、秦劫魏,則上黨秦之有也。齊、秦合而立負芻,負芻立,其母在秦,則魏,秦之縣也已。'"(《戰國策·秦四》)此爲魏國負芻。

"考烈王弟公子負芻之徒聞知幽王非考烈王子,疑哀王,乃襲殺哀王及太后,盡滅李園之家,而立負芻爲王。"(《列女傳·孽嬖傳·楚考李后》)"楚之先出自帝顓頊……到王負芻,遂爲秦所滅。百姓哀之,爲之語曰:'楚雖三戶,亡秦必楚。'自顓頊至負芻六十四世,凡千六百一十六載。"(《風俗通義·卷一·六國》)以上2例爲楚國負芻。(118)

8.32 儲子曰①:"王使人瞷夫子②,果有以異於人乎?"孟子曰:"何以異於人哉?堯舜與人同耳。"

【譯文】儲子説:"王派人來窺探您,看果真有什麼跟別人不一樣的地方嗎?"孟子説:"有什麼跟別人不同呢?堯舜也和別人一樣呢。"

【注釋】①儲子:齊人;《戰國策·燕策》有載,當時或許爲齊相。參見《告子下》第五章。 ②瞷(jiàn):有的本子也作"覵",窺伺。

離婁章句下

8.33－1 齊人有一妻一妾而處室者①，其良人出②，則必饜酒肉而後反③。其妻問所與飲食者，則盡富貴也。其妻告其妾曰："良人出，則必饜酒肉而後反；問其與飲食者，盡富貴也，而未嘗有顯者來。吾將瞯良人之所之也。"

蚤起④，施從良人之所之⑤，徧國中無與立談者⑥。卒之東郭墦間⑦，之祭者，乞其餘不足，又顧而之他——此其爲饜足之道也。

【譯文】齊國有一個人，和一妻一妾一道居家過日子。那丈夫每次外出，一定酒足肉飽之後才回家。他妻子問他一道吃喝的都是些什麽人，他説都是些有錢有勢的人。他妻子便告訴小妾説："丈夫外出，一定酒足肉飽之後才回家，問他一道吃喝的是什麽人，總答道是些有錢有勢的人，但從没見過什麽顯貴人物到咱家來。我準備跟蹤看看他究竟到什麽地方去了。"

第二天清早起來，她便若即若離地斜跟在丈夫後面走；走遍全城，没見一個人站著和她丈夫聊天的。最後一直走到東郊外的墓地，他便走向祭掃墳墓的人那兒，討些祭祀之餘的供品；不夠，又東張西望地走到別的墳墓去——這就是他酒足肉飽的辦法。

【注釋】①處室：居家過日子。《墨子·經説上》："處室子，子母，長少也。"《戰國策·楚一》："夫史舉，上蔡之監門也。大不知事君，小不知處室，以苟廉聞於世，甘茂事之順焉。" ②良人：丈夫。 ③饜（yàn）酒肉而後反：饜，飽。反，同"返"。 ④蚤：通"早"。 ⑤施（yí）：逶迤，斜著，彎曲綿延。 ⑥徧：即"遍"字。 ⑦墦（fán）：墳墓。

8.33－2 其妻歸，告其妾，曰："良人者，所仰望而終身也，今若此……"與其妾訕其良人①，而相泣於中庭②，而良人未之知也，施施從外來③，驕其妻妾。

由君子觀之,則人之所以求富貴利達者,其妻妾不羞也,而不相泣者,幾希矣④。

【譯文】他妻子回家後,便把所看到的都告訴小妾,並且説:"丈夫,是我們需要仰仗一輩子的人,現在他卻這樣……"於是她倆一道在院子中咒駡著,哭泣著,而那丈夫還不知道,興致勃勃地從外邊回來,又在妻妾面前吹牛皮,耍威風。

由君子看來,人們用來追求升官發財的辦法,能不讓他的妻和妾引爲羞恥相對而哭的,真是太少了!

【注釋】①訕(shàn):詆毁。　②相泣於中庭:相,相與,共同。中庭,庭中。　③施施:猶"翩翩",喜悦的樣子,因高興而斜扭著走路的樣子。　④人之所以求富貴利達者……幾希矣:這句話的主語是"人之所以求富貴利達其妻妾不羞而不相泣者",謂語是"幾希"。

萬章章句上

凡九章

9.1－1 萬章問曰："舜往于田,號泣于旻天①,何爲其號泣也?"孟子曰:"怨慕也②。"萬章曰:"'父母愛之,喜而不忘;父母惡之,勞而不怨③。'然則舜怨乎?"

　曰:"長息問於公明高曰④:'舜往于田,則吾既得聞命矣;號泣于旻天,于父母⑤,則吾不知也。'公明高曰:'是非爾所知也。'夫公明高以孝子之心爲不若是恝⑥:我竭力耕田,共爲子職而已矣⑦,父母之不我愛,於我何哉⑧?帝使其子九男二女⑨,百官牛羊倉廩備,以事舜於畎畝之中⑩,天下之士多就之者,帝將胥天下而遷之焉⑪。爲不順於父母,如窮人無所歸⑫。

【譯文】萬章問道:"舜到田地裏去,向著深秋蒼涼的天空哭號,到底爲什麽他要哭號呢?"孟子答道:"對父母又怨恨又依戀哪。"萬章説:"〔曾子説過:〕'父母喜愛,興高采烈,總不會忘記;父母厭惡,心勞力竭,卻不會怨恨。'那麽,舜怨恨父母嗎?"

　孟子説:"從前長息曾經問過公明高,他説:'舜到田裏去發生的事情,我是已經得到您所教導的了;他向著深秋蒼涼的天空哭號,呼喊著父母哭號,我卻還不明白〔他爲什麽這樣〕。'公明高説:'這不是你所能明白的。'公明高以爲孝子的心裏是不會這樣滿不在乎的:我盡力耕田,盡到作爲兒子的職責就可以了;父母不喜愛我,和我有什麽關係呢?帝堯派遣他的孩子九男二女以及百官,一起帶著牛羊、糧食等等東西到村裏去侍奉舜;天下的士人也有很多到舜那裏去,堯也即將把整個天下都讓給舜;他卻因爲没有得到父母歡心,就好像困窮不得志的人孤苦無依一樣。

【注釋】①號泣于旻(mín)天：號泣，嚎啕大哭。旻天，秋天蒼涼的天空。②慕：依戀父母。　③父母愛之等句：《禮記·祭義》："曾子曰：'父母愛之，嘉而弗忘。父母惡之，懼而無怨。'"可見這話引自曾子。又《論語·里仁》："子曰：'事父母幾諫，見志不從，又敬不違，勞而不怨。'"④長息、公明高：長息，公明高弟子。公明高，曾子弟子。　⑤于父母：這一句承前省略了"號泣"。詳見本節《考證》(一)。　⑥以孝子之心為不若是恝(jiá)：恝，忽視，不在乎，怡然自得的樣子。"以……為……"是一句式。《左傳·襄公十五年》："我以不貪為寶，爾以玉為寶。"參見白平《楊伯峻〈孟子譯注〉商榷》第206頁。　⑦共為子職：盡到作為兒子的職責。詳見本節《考證》(二)。　⑧於我何哉：跟我有什麼關係呢。　⑨九男二女：堯以二女妻舜，事見《尚書·堯典》。《列女傳·母儀》謂二女名娥皇、女英。　⑩畎(quǎn)畝：田地，農村。　⑪帝將胥天下而遷之：將，將要。胥，全，盡，整個。遷之，遷位於他。　⑫窮人：窮乏困頓之人。《墨子·非命下》："昔者暴王作之，窮人術之，此皆疑眾遲樸。"《莊子·外篇·秋水》："當堯、舜而天下無窮人，非知得也。當桀、紂而天下無通人，非知失也。時勢適然。"《鹽鐵論·授時》："周公之相成王也，百姓饒樂，國無窮人。"

【考證】(一)號泣于旻天，于父母：

趙岐《注》："憂，陰氣也。故訴于旻天。"未言及"于父母"。朱熹《集注》："呼父母而泣也。"是理解"于父母"承前省略了"號泣"。楊伯峻先生譯此三句為："他向天訴苦哭泣，這樣來對待父母，我却還不懂得那是為什麼。"然則，則當如此標點："舜往于田，則吾既得聞命矣。號泣于旻天；于父母，則吾不知也。"

我們以為，"于父母，則吾不知也"解為"這樣來對待父母，我却還不懂得那是為什麼"沒什麼問題，且相關文例不少。見何樂士先生《左傳虛詞研究·〈左傳〉的介詞"于"和"於"》2.2。但"于父母，則吾不知也"緊接在"號泣于旻天"之後，則未免巧合，我們未見相關文例。

我們同意朱熹的解釋:"于父母"承前省略了"號泣"——當理解爲"號泣于旻天,(號泣)于父母"。人哭號,每每呼叫蒼天、父母。《詩經·鄘風·柏舟》:"母也天只!不諒人只!"

雖然"VP 于 N,于 N"不多見,卻並非絕無僅有:

"篤公劉,匪居匪康。迺場迺疆,迺積迺倉;迺裹餱糧,于橐于囊。"(《詩經·大雅·公劉》)"十二月庚戌,晉籍談、荀躒、賈辛、司馬督帥師軍于陰,于侯氏,于谿泉,次于社。王師軍于汜,于解,次於任人。"(《左傳·昭公二十二年》,沈玉成《左傳譯文》:"十二月初七日,晉國的籍談、荀躒、賈辛、司馬督領兵分別駐紮在陰地、侯氏、谿泉和住在社地。周天子的軍隊駐紮在汜地、解地、任人。")"昔者文王之治西土,若日若月,乍光于四方,于西土。"(《墨子·兼愛中》)

《詩經》一例,可讀爲"迺裹餱糧于橐,于囊"。這一格式中的介詞,都是"于"而非"於",難道只是巧合嗎?

下一章"舜之不告而娶,則吾既得聞命矣;帝之妻舜而不告,何也"也可證明本章"舜往于田,則吾既得聞命矣;號泣于旻天,于父母,則吾不知也"應當如我們的標點和理解。(119)

(二)共爲子職而已矣:

這一句的"共",存在不同解讀。趙岐《注》:"我共人子之事,而父母不我愛,於我之身,獨有何罪哉?"朱熹注:"共,平聲。"楊伯峻先生說:"當讀爲'恭'。"按,這句的"共"可能的讀法有三:讀爲"共同"的"共",爲去聲;讀爲"供給"的"供",或讀爲"恭敬"的"恭",爲陰平。朱注"平聲",可見他已排除了"共同"的"共"。

楊柳岸認爲(《〈孟子〉詞語考證四則》),"共"當讀作"供"。因爲,"共爲子職而已矣"是屬於含有"共……職""共職"這種結構的句子,這一結構中的"共"都讀作"供";這也是現代漢語"供職"一詞的來源。例如:

"黃人恃諸侯之睦于齊也,不共楚職。"(《左傳·僖公十二年》)沈玉成《左傳譯文》:"不向楚國進貢。"

"小適大有五惡:說其罪戾,請其不足,行其政事,共某職貢,從其時命。"(《襄公二十八年》)沈譯:"供給它供品。"

"小國共職,敢不薦守?"(《昭公四年》)沈譯:"小國以奉事大國作爲職責,豈敢不進獻所該做的?"

"諸侯服享,二世共職。"(《昭公二十六年》)沈譯:"兩代謹守自己的職分。"

"敝邑居大國之間,共其職貢。"(《昭公三十年》)沈譯:"供應它所需的貢品。"

"自武父以南,及圃田之北竟,取於有閻之土,以共王職。"(《定公四年》)沈譯:"以執行王室任命的職務。"

"不腆先君之幣器,敢告滯積,以紓執事;以救弊邑,使能共職。"(《國語·魯語上》)

漢代以後,"共……職"結構已未之見,只剩下"共職"了:

"處伊尹、周公之位,攝政擅權,而背宗室,不與共職,是以天下不信,卒至於滅亡。"(《漢書·楚元王傳》)"今皇帝未受茲福,迺有不能共職之疾。"(《韋玄成傳》)"衡知行臨,百官共職,萬衆會聚。"(《王尊傳》)"單于恭順,名王稽顙,部曲服事供職,同於編户。"(《三國志·魏書·梁習傳》)"表拜狼爲邑侯,種落三千餘户皆安土供職。"(《蜀書·張嶷傳》)

"共爲子職而已矣"的"共"爲什麼不能讀作"恭"?因爲"恭"(共)在那時的語言中不能作狀語。我們在《孟子》及《孟子》同時代的典籍如《左傳》《國語》《論語》等書中,考察了數百例"共"(讀作"恭")和"恭",沒有發現用作狀語的用例。而將這一句的"共"讀作"恭",則"恭爲子職"的"恭"只能是作狀語修飾"爲"。

楊伯峻先生之所以理解"共爲子職而已矣"的"共"爲"恭",是由於在讀先秦兩漢魏晉文獻及唐宋八大家散文所形成的泛時的語感中,"恭"(共)作狀語是沒有問題的。東漢以後,"恭"也可作狀語了:"今朕恭承天地,託于公侯之上,明不能燭,德不能綏,災異並臻,連年不息。"(《漢書·元帝紀》)"小子豈敢苟潔區區之懦志,而距弘通之大制,故遂息意而恭承詔命焉。"(《抱朴子·附錄》)"上親郊廟,册文皆曰'恭薦歲事'。"(《夢溪筆談·故事一》)這一"恭"可訓爲"奉",與"承"組成聯合結構短語,那又另當別論了。

但"共同"的"共"常作狀語,如:"唯是桃弧、棘矢,以共禦王事。"(《左傳·昭公十二年》)"凡我父兄昆弟及國子姓,有能助寡人謀而退吴者,吾與之共知越國之政。"(《國語·越語上》)將"共爲子職"的"共"理解爲作狀語修飾"爲子職"似乎也無問題。我們之所以傾向於讀此句的"共"爲"供",一是因爲朱熹注"平聲",說明在他看來,排除了如字讀爲"共同"的"共"。二是因爲漢代"共……職"已在當時語言中不出現而爲時人所不解,故而趙岐特意予以解釋,他用"共人子之事"解"共爲子職",這說明"爲子職"是體詞性結構,"爲子職"即"爲子之職",也即"爲子之事"。"共……職"結構中的"……"也是體詞性的,故而趙注爲我們的解釋提供了有力的旁證。更爲重要的是,這一句中既有"共"也有"職",要說它不是含有"共……職"結構的句子,顯然理由不充分。

因此,"共爲子職而已矣",參照上舉書證,應該譯爲"盡到作爲兒子的職責就可以了"。(120)

9.1-2 "天下之士悅之,人之所欲也,而不足以解憂;好色①,人之所欲,妻帝之二女,而不足以解憂;富,人之所欲,富有天下,而不足以解憂;貴,人之所欲,貴爲天子,而不足以解憂。人悅之、好色、富、貴,無足以解憂者,惟順於父母可以解憂。人少,則慕父母;知好色,則慕少艾②;有妻子,則慕妻子;仕則慕君,不得於君則熱中③。大孝終身慕父母。五十而慕者,予於大舜見之矣。"

【譯文】"天下的士人喜愛他,是誰都希望獲得的,卻不足以消除憂愁;美麗的姑娘,是誰都希望娶到的,他娶了堯的兩個女兒,卻不足以消除憂愁;財富,是誰都希望獲得的,富裕以至於領有天下,卻不足以消除憂愁;尊貴,是誰都希望獲得的,尊貴以至於君臨天下,卻不足以消除憂愁。大家都喜愛他、美麗的姑娘、財富和尊貴都不足以消除憂愁,只有得到父母的歡心才可以消除憂愁。人在幼小的時候,就依戀父母;長大到有了情慾,便思念年輕貌美的女子;有了妻室兒女,便依戀妻室兒女;做了官,便依戀君主;不得君主歡心,便心急火燎。只有最孝順的人才終身依戀父母。到了五十歲還依戀父母的,我在偉大的舜身上看到了。"

【注釋】①好(hǎo)色:美麗的女子。下文"知好色"的"好"讀作 hào。②少艾:亦作"幼艾",年輕美貌之人。 ③熱中:發熱煩躁。詳見本節《考證》。

【考證】熱中:

趙岐《注》:"熱中,心熱恐懼也。"朱熹《集注》:"熱中,燥急心熱也。"焦循《正義》:"《禮記·文王世子》云:'禮樂交錯於中。'《注》云:'中,心也。'故'熱中'爲'心熱'。《素問·陰陽應象大論》云:'人有五藏(臟),化五氣,以生喜怒悲憂恐……北方生寒……在變動爲慄……在志爲恐。'《宣明五氣篇》云:'五精所並:精氣……並於腎則恐。'王冰注云:'心虛則腎并之爲恐。'然則恐懼生於寒,不生於熱;生於心虛,不生於心熱。趙氏以'不得於君'是不爲君所寵用,將被謫斥,故恐懼耳。近時通解以'熱中'爲燥急,是也。《腹中論》云:'帝曰:"夫子數言熱中、消中,不可服高梁芳草石藥,石藥發癲,芳草發狂。夫熱中、消中者,皆富貴人也。今禁高梁,是不合其心,禁芳草石藥,是病不愈,願聞其説。"岐伯曰:"夫芳草之氣美,石藥之氣悍,二者其氣急疾堅勁,故非緩心和人,不可以服此二者。"'又云:'熱氣剽悍,藥氣亦然。'此謂熱中之病,心不和緩,是爲焦急。孟子借病之熱中,以形容失意于君者也。"楊伯峻《孟子譯注》譯"不得於君則熱中"爲"得不著君主的歡心,便内心焦急得發熱。"

按，朱熹説、焦循説以及楊譯，都是對的。焦循先引成書於漢代的《素問》(我的學生鄧海霞在其武漢大學碩士論文中從詞彙、語音、語法等方面證明《素問》成書不會早於漢代，不是成書於先秦的典籍)之《腹中論》"熱中"文字，是爲語言内部證據。又引《陰陽應象大論》及《宣明五氣篇》文字，證明"恐懼生於寒，不生於熱；生於心虛，不生於心熱"，是爲語言外部證據。今補證如下：

"景公……問于晏子曰：'寡人夜者聞西方有男子哭者，聲甚哀，氣甚悲，是奚爲者也，寡人哀之。'晏子對曰：'西郭徒居布衣之士，盆成适也……今其母不幸而死，袝柩未葬，家貧身老子孺，恐力不能合袝，是以悲也。'……晏子奉命往弔，而問偏枎之所在。盆成适……曰：'偏枎寄于路寢……窮困無以圖之，布脣枯舌，焦心熱中。今君不辱而臨之，願君圖之。'"(《晏子春秋·外篇上》)"布脣枯舌"之"布"，于鬯以"膊"釋之。云："《説文·肉部》云：'膊，乾肉也。'是'膊'以'乾肉'爲本義，引申之，蓋凡'乾'皆可曰'膊'。'膊脣'者，謂'乾脣'也，方與'枯舌'並下句'焦心''熱中'四者爲一類。"(吳則虞《晏子春秋集釋》，中華書局 1982 年，第 460 頁)乾脣枯舌，焦心熱中，與朱熹"燥急心熱"相吻合。

"麤大者，陰不足陽有餘，爲熱中也。"(《素問·脈要精微論》)"脈尺麤常熱者，謂之熱中。"(《平人氣象論》)"熱中及熱病者，以日中死。"(《三部九候論》)"風之傷人也，或爲寒熱，或爲熱中，或爲寒中。"(《風論》)"其人肥則風氣不得外泄，則爲熱中而目黃。"(同上)按，"風氣不得外泄"謂不排汗，散熱不暢，體温升高。"所謂甚則嗌乾，熱中者陰陽相薄而熱，故嗌乾也。"(《脈解》)"民病寒，反熱中，癰疽注下，心熱瞀悶，不治者死。"(《六元正紀大論》)陰虛陽亢，以及風症所致散熱不暢，都是熱病，而非寒症，又與"燥急心熱"及焦循所説相吻合。

"枸杞，味苦，寒。主五内邪氣，熱中消渴，周痺。"(《神農本草經·上經》)"知母，味苦，寒。主消渴熱中，除邪氣，肢體浮腫，下水，補不足，益氣。"(《中經》)按，知母常用以清熱瀉火，以之治"熱中"；是

"熱中"爲心中煩熱焦躁,非恐懼也。"桔梗,味辛,微溫。主胸脅痛如刀刺,腹滿,腸鳴幽幽,驚恐悸氣。"(《下經》)按,桔梗味辛性微溫,故用以治寒病之"驚恐悸氣"。

"是知陰盛則夢涉大水恐懼,陽盛則夢大火燔灼。"(《素問·脈要精微論》)"足厥陰之瘧,令人腰痛少腹滿,小便不利如癃狀,非癃也,數便,意恐懼,氣不足。"(《刺瘧篇》)"脈至如華者,令人善恐,不欲坐卧,行立常聽,是小腸氣予不足也,季秋而死。"(《大奇論》)"謂恐如人將捕之者,秋氣萬物未有畢去,陰氣少,陽氣入,陰陽相薄,故恐也。"(《脈解》)"血有餘則怒,不足則恐。"(《調經論》)按,此皆久病血氣虧虛體寒症狀,故恐懼也。足證焦循"恐懼生於寒,不生於熱;生於心虛,不生於心熱"較爲得之。中醫理論認爲,心虛分爲心陰虛、心陽虛、心氣虛、心血虛;以上引文之"陰盛""氣不足""陰氣少,陽氣入,陰陽相薄""血……不足"可證焦循所謂"心虛"至少包括心陰虛、心氣虛、心血虛。有"恐懼"症狀的心氣虛、心血虛患者,都畏寒喜熱,而非"心熱"。

故我們譯"不得於君則熱中"爲"不得君主歡心,便心急火燎"。

"熱中"後來又寫作"熱衷",今指急切盼望得到(個人的地位或利益),或十分愛好(某種事物):"那功名還看得容易,到是婚姻一事甚是熱衷。"(清·素庵主人《錦香亭》第一回)

我們在《告子上》第八章的《考證》中,指出了趙岐偶有"隨文釋義"的毛病,如他之釋"幾希"。相反,朱熹的解釋經常很精確,如他說:"幾希,不多也",又如本章他的解釋"熱中,燥急心熱也",都很到位。所以,楊樹達先生在其《訓詁學小史》(載《楊樹達文集》之《積微居小學述林全編》,上海古籍出版社)第四章《訓詁學之演變》的短短五節篇幅中,專闢一節爲《宋朱子》,良有以也。

我們認爲,朱熹下結論之前,其實是作過一番考證的,並非僅憑語感道來。可惜的是,他經常只是説出了其結論(如對"幾希"和"熱中"的解釋),而省略了其過程。(121)

9.2－1 萬章問曰："《詩》云：'娶妻如之何？必告父母①。'信斯言也，宜莫如舜，舜之不告而娶，何也？"孟子曰："告則不得娶。男女居室，人之大倫也。如告，則廢人之大倫，以懟父母②，是以不告也。"

萬章曰："舜之不告而娶，則吾既得聞命矣；帝之妻舜而不告，何也？"曰："帝亦知告焉則不得妻也。"

萬章曰："父母使舜完廩③，捐階④，瞽瞍焚廩；使浚井⑤，出，從而揜之⑥。象曰⑦：'謨蓋都君咸我績⑧！牛羊父母，倉廩父母，干戈朕，琴朕，弤朕⑨，二嫂使治朕棲⑩。'象往入舜宮，舜在牀琴。象曰：'鬱陶思君爾⑪。'忸怩⑫。舜曰：'惟茲臣庶⑬，汝其于予治⑭。'不識舜不知象之將殺已與？"

【譯文】萬章問道："《詩經》說過，'娶妻應該怎麼辦？必定先要告爹娘'。相信這句話的，應該沒人比得上舜。舜卻沒向父母報告而娶了妻子，這是爲什麼呢？"孟子答道："報告便娶不成。男女結婚，是人與人之間的大倫常。如果舜報告了，那麼，這一大倫常在舜身上便廢棄了，結果便將怨恨父母，所以他便不報告了。"

萬章說："舜不報告父母而娶妻，這事我已經領受教誨了；堯把女兒嫁給舜，也不向舜的父母說一聲，又是什麼道理呢？"孟子說："堯也知道，假如事先說一聲，便會嫁娶不成了。"

萬章問道："舜的父母讓舜去修繕穀倉，〔等舜上了屋頂，〕便抽去梯子，他父親瞽瞍還放火燒那穀倉。〔幸而舜設法逃下來了。〕於是又讓舜去淘井，〔他不知道舜從旁邊的洞穴〕出來了，便填塞井眼。〔舜的弟弟〕象說：'出謀劃策活埋舜，都是我的功勞哇！牛羊分給父母，倉廩分給父母，干戈歸我，琴歸我，弤弓歸我，兩位嫂嫂要讓她們爲我鋪牀疊被。'當象走進舜的住房，舜卻坐在牀邊彈琴，象說：'我好想念你呀！'卻顯得十分不自然。舜說：'我想念著這些臣下和百姓，你替我管理管理吧！'我不清楚，舜是否知道象要殺自己呢？"

【注釋】①《詩》云等句:見《齊風·南山》,舜時未必有此詩句,萬章說"信斯言也,宜莫如舜",是相信舜時也有娶妻必告父母的禮節。 ②懟(duì):怨。 ③完廩(lǐn):完,修葺。廩,糧倉。 ④捐階:這倆字的主語也是"父母"。捐,捐棄,拿走。階,梯。 ⑤浚(jùn)井:疏浚水井。這倆字的主語是前句的"瞽瞍"。 ⑥出,從而揜之:"出"的主語是前句"使浚井"的"使"未出現的賓語也即"浚井"的主語"舜"。"從而揜之"未出現的主語是"瞽瞍"。詳見本節《考證》(一)。揜,即"掩"字。 ⑦象:舜同父異母弟。 ⑧謨蓋都君咸我績:謨,即"謀"字。蓋,覆蓋,掩蓋,掩埋。都,於。君,指舜。詳見本節《考證》(二)。 ⑨弤(dǐ):雕弓。 ⑩棲:牀。 ⑪鬱(yù)陶:思念的樣子。 ⑫忸怩(niǔ ní):慚愧的樣子。 ⑬惟:思念。 ⑭于:介詞,在被動句中引進動作行爲的主動者。

【考證】(一)使浚井,出,從而揜之:

"父母使舜完廩,捐階,瞽瞍焚廩;使浚井,出,從而揜之"數句,趙岐《注》:"完,治也。廩,倉。捐,梯也。使舜登廩屋,而捐去其階,焚燒其廩也。一說捐階,舜即旋從階下,瞽瞍不知其已下,故焚廩也。使舜浚井,舜入而即出。瞽瞍不知其已出,從而蓋其井,以爲死矣。"《史記·五帝本紀》:"瞽叟尚復欲殺之,使舜上塗廩,瞽叟從下縱火焚廩。舜乃以兩笠自扞而下,去,得不死。後瞽叟又使舜穿井,舜穿井爲匿空旁出。舜既入深,瞽叟與象共下土實井,舜從匿空出,去。"此段爲朱熹《集注》所引。

這裏的問題是,依趙岐《注》及《五帝本紀》,"使浚井"的主語是瞽瞍,而"出"的主語又成了"舜","從而揜之"的主語又換成了瞽瞍。這怎麼解釋?

1."出"的主語是前句"使浚井"的"使"未出現的賓語也即"浚井"的主語"舜"。換句話說,"舜"(儘管它未出現,只是所謂省略型語跡e)既然是上句"浚井"的主語,下句"出"當然可以承前省略主語。使令動詞"使"的賓語可以充當下句的主語。《滕文公上》:"聖人有憂之,使契爲司徒,教以人倫。"——"教以人倫"的主語正是上句"使"的賓語"契"。

2. 下句"從而揜之"未出現的主語又換成"瞽瞍",也有類似文例:"冬十一月,荀躒、韓不信、魏曼多奉公以伐范氏、中行氏,弗克。二子將伐公,齊高強曰:'三折肱知爲良醫。唯伐君爲不可,民弗與也。我以伐君在此矣。三家未睦,可盡克也。克之,君將誰與?若先伐君,是使睦也。'弗聽,遂伐公。國人助公,二子敗,從而伐之。"(《左傳·定公十三年》沈玉成《左傳譯文》譯末 3 句爲:"國内的人們幫助晉侯,兩個人戰敗,三家跟著就去攻打他們。")——"從而伐之"的主語並非前句的主語"二子",而是前文很遠的"三家";這與本例"從而揜之"的"之"指舜是一樣的。又如《吕氏春秋·孟冬紀》:"(伍員)至江上,欲涉,見一丈人,刺小船,方將漁,從而請焉。""從而請焉"未出現的主語是前文較遠的"見一丈人"的未出現的主語"伍員"而非前文較近的"方將漁"的未出現的主語"丈人"。《韓非子·説疑》:"亂主則不然,不知其臣之意行,而任之以國。故小之名卑地削,大之國亡身死,不明於用臣也。無數以度其臣者,必以其衆人之口斷之。衆之所譽,從而説之;衆之所非,從而憎之。""從而説之""從而憎之"未出現的主語都是前文很遠的"亂主"而非前文較近的"衆"。(122)

(二)謨蓋都君咸我績:

趙岐《注》:"謨,謀。蓋,覆也。都,於也。君,舜也。……咸,皆。績,功也。象言謀覆於君而殺之者皆我之功。"阮元《釋蓋》云:"《吕刑》云'鰥寡無蓋','蓋'即'害'字之借,言堯時鰥寡無害也。《孟子》'謀蓋都君',此兼井廩言之,蓋亦當訓爲'害'也。若專以'謀蓋'爲蓋井,而不兼焚廩,則'咸我績''咸'字無所著矣。"

按,阮説證據不足。《吕刑》"鰥寡無蓋"之"蓋",通常釋作"蔽",謂鰥寡之情無所壅蔽(孫星衍《尚書今古文注疏》、周秉鈞《尚書易解》)。阮元所謂"專以'謀蓋'爲蓋井,而不兼焚廩,則'咸我績''咸'字無所著矣",也缺乏説服力。"咸我績"謂都是我一人的功績,"咸"

的語義指向爲"我",而非"謨蓋都君",這點趙岐《注》説得明明白白。

《梁惠王下》:"齊人伐燕,取之。諸侯將謀救燕。宣王曰:'諸侯多謀伐寡人者,何以待之?'"可見動詞"謀"常帶謂詞性賓語。故"謨蓋都君"釋作策劃掩蓋舜是文從字順的。

讀作"謀害都君"當然也可視爲"謀"帶謂詞性賓語,但是,一來原文可通,故訓具在,不煩改讀;二來先秦兩漢典籍中"謀害"的對象,都是國家社稷,未見具體人物:"彼若謀害楚國,豈不爲患?"(《左傳·襄公二十六年》)"今王骨肉至親,敵吾一體,乃與他姓異族謀害社稷。"(《漢書·燕刺王劉旦傳》)所以,我們仍從趙岐《注》。

又趙岐《注》:"都,於也。"而朱熹《集注》:"舜所居三年成都,故謂之'都君'。"我們從趙《注》。一是"都"作爲介詞(《爾雅》:"都,於也")還有其他書證,《經傳釋詞》《詞詮》載之甚詳。二是覆蓋、遮蔽義的"蓋",其後也接介賓結構:"殷之鼎陳於周之廷,其社蓋於周之屏,其干戚之音在人之游。"(《吕氏春秋·貴直論》,張雙棣等《吕氏春秋譯註》譯第二句:"它的神社被周蓋罩上廬棚。")(123)

9.2-2 曰:"奚而不知也①?象憂亦憂,象喜亦喜。"曰:"然則舜僞喜者與?"

曰:"否,昔者有饋生魚於鄭子產,子產使校人畜之池②。校人烹之,反命曰:'始舍之,圉圉焉③,少則洋洋焉④;攸然而逝⑤。'子產曰:'得其所哉!得其所哉!'校人出,曰:'孰謂子產智?予既烹而食之,曰:"得其所哉,得其所哉。"'故君子可欺以其方,難罔以非其道。彼以愛兄之道來,故誠信而喜之,奚僞焉?"

【譯文】孟子答道:"哪裏會不知道呢?象憂愁,他也憂愁;象高興,他也高興。"萬章説:"那麽,舜是假裝高興嗎?"

孟子説:"不;從前有個人送條活魚給鄭國的子產,子產使主管池塘的小吏把牠放養在池塘裏,那人卻煮著吃了,回報說:'剛放回水裏,牠還要死不活的;一會兒,搖頭擺尾活潑洋溢了起來,慢悠悠地遠去了。'子產說:'牠得到了適合的地方啊!得到了適合的地方啊!'那人出來了,說:'誰說子產聰明,我已經把那條魚煮著吃了,他還說:"得到了適合的地方啊!得到了適合的地方啊!"'所以對於君子,可以用合乎人情的方法來欺騙他,不能用違反道理的詭詐矇騙他。象既然裝出一副敬愛兄長的樣子來,舜因此真的相信而高興起來,又哪裏是假裝呢?"

【注釋】①奚而:奚,爲什麼。孔安國解釋《論語‧憲問》"奚而不喪"的"奚而"爲"何爲",也即"奚爲",不確。"奚"即"何爲",也即"爲什麼",與"而"無涉。參見《論語新注新譯》14.19《考證》。　②使校人畜之池:校人,主池沼小吏。畜,今作"蓄",養的意思。　③圉(yǔ)圉:魚在水中氣息奄奄的樣子。《辭海》的解釋是"困而未舒"。　④洋洋:活潑貌,精力充沛貌。　⑤攸然:今作"悠然";慢悠悠地,自然而然地。參見10.1—2《考證》。

9.3 萬章問曰:"象日以殺舜爲事,立爲天子則放之,何也?"孟子曰:"封之也;或曰,放焉。"

萬章曰:"舜流共工于幽州①,放驩兜于崇山②,殺三苗于三危③,殛鯀于羽山④,四罪而天下咸服⑤,誅不仁也。象至不仁,封之有庳⑥。有庳之人奚罪焉?仁人固如是乎——在他人則誅之,在弟則封之?"

曰:"仁人之於弟也,不藏怒焉,不宿怨焉⑦,親愛之而已矣。親之,欲其貴也;愛之,欲其富也。封之有庳,富貴之也。身爲天子,弟爲匹夫,可謂親愛之乎?"

"敢問或曰放者,何謂也?"曰:"象不得有爲於其國,天子使吏治其國而納其貢稅焉,故謂之'放'。豈得暴彼民哉?雖然，欲常常而見之，故源源而來，'不及貢，以政接于有庳⑧。'此之謂也。"

【譯文】萬章問道："象天天把謀殺舜當作為頭等大事，等舜做了天子，卻僅僅流放他，這是為什麼呢？"孟子答道："其實是封他為諸侯，也有人說是流放。"

萬章說："舜流放共工到幽州，發配驩兜到崇山，在三危殺了三苗之君，在羽山誅殺了鯀，這四人被治罪，便天下歸服，這是懲處了不仁之人的緣故。象最不仁，卻封給他有庳之國。有庳國的百姓又有什麼罪過呢？仁人難道應該這樣做嗎——對別人，就加以懲處；對弟弟，就封給國土？"

孟子說："仁人對於弟弟，不忍氣吞聲，也不耿耿於懷，只是親近他喜愛他罷了。親近他，便想讓他貴；喜愛他，便想讓他富。把有庳國封給他，就是讓他又富又貴。本人做了天子，弟弟卻是個老百姓，可以說是親近他喜愛他嗎？"

萬章說："我請問，為什麼有人說是流放呢？"孟子說："象不能在他國土上為所欲為，天子派遣了官吏來治理國家，繳納貢稅，所以有人說是流放。他又如何能虐待那些百姓呢？即便這樣，舜還是想常常看到象，象也不斷地來和舜相見。〔古書上說：〕'不必等到朝貢的時候，平常也以政治需要為由而來接待。'就是說的這事。"

【注釋】①流共工于幽州：共工，水官名。幽州，在今北京密雲東北。②放驩（huān）兜于崇山：放，流放。驩兜，堯舜時大臣。崇山，在今湖南張家界。③殺三苗于三危：三苗，國名。三危，山名，在今甘肅敦煌市區東南。④殛（jí）鯀于羽山：殛，誅殺。羽山，當在今江蘇贛榆縣界。鯀，大禹的父親。⑤四罪而天下咸服：罪，獲罪，判罪，治罪。類似文例如《左傳·僖公二十八年》："公子顓犬、華仲前驅。叔武將沐，聞君至，喜，捉髮走出，前驅射而殺之……顓犬走出，公使殺之……城濮之戰，晉中軍風于澤，亡大旆之左旃。祁瞞奸命，司馬殺之,以徇于諸侯……師還。壬午,濟河。舟之僑先歸……飲至大賞,征會討貳。殺舟之僑以徇于國……君子謂:'文公其能刑矣,三罪而民服。'" ⑥有庳(bì):古籍均認爲在今湖南永州雙牌江村鎮。 ⑦不宿怨:沒有太長久的怨恨,即不耿耿於懷。宿,隔夜的。 ⑧不及貢,以政接于有庳:這兩句疑是《尚書》逸文。

9.4-1 咸丘蒙問曰①:"語云:'盛德之士,君不得而臣,父不得而子。'舜南面而立,堯帥諸侯北面而朝之,瞽瞍亦北面而朝之。舜見瞽瞍,其容有蹙②。孔子曰:'於斯時也,天下殆哉,岌岌乎③!'不識此語誠然乎哉?"

孟子曰:"否,此非君子之言,齊東野人之語也④。堯老而舜攝也。《堯典》曰⑤:'二十有八載,放勳乃徂落⑥,百姓如喪考妣三年⑦,四海遏密八音⑧。'孔子曰:'天無二日,民無二王⑨。'舜既爲天子矣,又帥天下諸侯以爲堯三年喪,是二天子矣。"

【譯文】咸丘蒙問道:"俗話說:'道德最高的人,君主不能夠把他當臣子,父親不能夠把他當兒子。'舜面朝南方站在天子位置,帝堯率領諸侯面向北方去朝拜他,舜的父親瞽瞍也面向北方去朝拜他。舜看見了瞽瞍,顯得窘迫不安。孔子說,'在這個時候,天下真岌岌可危呀!'不曉得這話可信不可信?"

孟子答道:"不;這不是君子的話,而是齊國東邊的農夫瞎傳的。不過是堯老了時,讓舜攝政罷了。《堯典》上說過,'過了二十八年,放勳才逝世。群臣好像死了父母一樣,服喪三年,天下一切音樂都停止'。孔子說過:'天上沒有兩個太陽,百姓沒有兩個天子。'假若舜已在堯死前做了天子,又率領天下諸侯爲堯服喪三年,這便是兩個天子併列了。"

【注釋】①咸丘蒙:孟子弟子。咸丘,魯國地名,因以爲氏。 ②有蹙

(cù):有,動詞詞頭,無實義。蹙,窘迫不安的樣子。　③天下殆哉,岌岌乎:爲"天下岌岌乎殆哉"的倒裝。　④齊東野人:齊國東部邊鄙之地的農人。詳見本節《考證》。　⑤《堯典》曰以下數句:實爲今《尚書·舜典》文。　⑥放勳乃徂(cú)落:放勳,堯的號。徂落,死。　⑦百姓如喪考妣三年:百姓,百官,群臣;《尚書》中"百姓"多指群臣,該詞的逐漸指民衆,有一個過程,是語言發展所致。考妣,父母。三年,不屬於下句。詳見 9.6－2《考證》。　⑧四海遏密八音:遏,止。密,同"謐",安靜。八音,指八種質料——金、石、絲、竹、匏(páo)、土、革、木——所作的樂器。　⑨天無二日,民無二王:這兩句又見《禮記·曾子問》及《坊記》。

【考證】齊東野人:

　　趙岐《注》説這一"東"同《尚書·禹貢》"平秩東作"的"東","齊東野人"是齊國"東作田野之人",可見這一"東"是耕作的意思;朱熹《四書集注》則説"齊東"是齊國之東鄙,即齊國東部邊鄙之地。趙岐説於共時文獻無徵,而朱熹説可得共時文獻支持。當時語言中,"國名＋方位名詞"較爲常見,"齊東"正屬於這一格式:"齊西水潦而民飢,齊東豐庸而糶賤,欲以東之賤被西之貴,爲之有道乎?"(《管子·輕重丁》)"太公望東封於齊,齊東海上有居士曰狂矞、華士昆弟二人者。"(《韓非子·外儲説右上》)

　　屬於這一格式的其他書證如:"梁北有黎丘部,有奇鬼焉,喜效人之子姪昆弟之狀。"(《呂氏春秋·慎行論》)"楊子過於宋東之逆旅。"(《韓非子·説林上》)"荆南之地,麗水之中生金,人多竊采金。"(《内儲説上》)"楚王攻梁南。"(《戰國策·魏二》)"秦十攻魏,……又長驅梁北,東至陶、衛之郊,北至乎闕。"(《魏三》)(124)

9.4－2 咸丘蒙曰:"舜之不臣堯,則吾既得聞命矣。《詩》云:'普天之下,莫非王土;率土之濱,莫非王臣①。'而舜既爲天子矣,敢問瞽瞍之非臣,如何?"

曰:"是詩也,非是之謂也;勞於王事而不得養父母也。曰:'此莫非王事,我獨賢勞也②。'故說詩者,不以文害辭③,不以辭害志。以意逆志④,是爲得之。如以辭而已矣,《雲漢》之詩曰:'周餘黎民,靡有孑遺⑤。'信斯言也,是周無遺民也。

"孝子之至,莫大乎尊親;尊親之至,莫大乎以天下養。爲天子父,尊之至也;以天下養,養之至也。《詩》曰:'永言孝思,孝思維則⑥。'此之謂也。《書》曰:'祇載見瞽瞍,夔夔齊栗,瞽瞍亦允若⑦。'是爲父不得而子也⑧?"

【譯文】咸丘蒙說:"舜不以堯爲臣,這事我已經領受教誨了。《詩經》又說過,'普天之下遠和近,都是周王來君臨;沿著國土四境內,無人不是周王臣'。舜既做了天子,請問瞽瞍卻不是臣民,這是爲什麼呢?"

孟子說:"《北山》這首詩,不是你說的那個意思,而是說作者勤勞國事以致不能夠奉養父母。他說:'這些事沒一件不是天子之事啊,爲什麼就我一人這麼辛勞呢?'所以解說詩的人,不要拘於字面而誤解詞句,也不要拘於詞句而誤解原意。用自己切身的體會去推測作者的本意,這就對了。假如僅僅拘於詞句,那《雲漢》詩說:'周地剩餘老百姓,將要全部死乾淨。'相信了這一句話,便是周朝沒有留下一個人了。

"孝子行爲的頂點,沒有什麼超過尊敬雙親的;尊敬雙親的頂點,沒有什麼超過以天下來奉養父母的。瞽瞍做了天子的父親,可說是尊貴到頂點了;舜以天下來奉養他,可說是達到奉養的頂點了。《詩經》又說,'永遵祖訓盡孝道,效法先人建周邦',也正是這個意思。《書經》又說:'舜小心恭敬來見瞽瞍,戰戰兢兢的樣子,瞽瞍也就真的恭順了。'這難道是'父親不能夠把他當兒子'嗎?"

【注釋】①《詩》云以下諸句:見《詩經·小雅·北山》。譯文採自向熹先生《詩經譯注》。 ②賢勞:同義詞連用,"賢"也是"勞"的意思。《詩經・小雅・北山》："大夫不均，我從事獨賢。"毛亨《傳》："賢，勞也。"　③以文害辭：文，字。辭，詞句，語句。　④逆：逆向思維，揣測對方心思。　⑤周餘黎民，靡有孑遺：兩句見《詩經・大雅・雲漢》。譯文採自程俊英《詩經譯注》。黎民，即老百姓。孑遺，同義詞連用，"孑"也是"遺"，遺留。　⑥"《詩》曰"至"維則"：引自《大雅・下武》。譯文採自程俊英《詩經譯注》。　⑦"《書》曰"至"允若"：當爲《尚書》逸篇。祗(zhī)，敬。載，事。夔(kuí)夔齊（同"齋"）栗，恭敬謹慎的樣子。允，信，真的。若，順從，恭順。詳見本節《考證》。　⑧是爲父不得而子也：這句的"也"依然表論斷語氣，至於句子可能的疑問語氣並不是由"也"表示的——不能說"也"同"邪"而表疑問語氣（俞樾《群經平議》持此說）。持此說者大約以爲句子的語氣是由語氣副詞單獨承擔的。

【考證】瞽瞍亦允若是爲父不得而子也：

趙岐《注》："舜既爲天子，敬事嚴父，戰栗以見瞽瞍。瞍亦信知舜之大孝。若是爲父不得而子也？"焦循《正義》說："趙氏以'瞽瞍亦信知舜之大孝'釋'瞽瞍亦允'，是讀'允'字句，'若'字屬下，爲孟子說《書》之辭。近讀'允若'爲句，從晚出古文《大禹謨》也。"朱熹《四書集注》正"讀'允若'爲句"："允，信也。若，順也。言舜敬事瞽瞍，往而見之；敬謹如此，瞽瞍亦信而順之也。"

我們以爲朱熹說可從。因爲：

1. 焦循說："近讀'允若'爲句，從晚出之古文《大禹謨》也。"如前所說，朱熹已讀作"瞽瞍亦允若"；如若僞古文《尚書》"瞽亦允若"爲採擷《孟子》此章而來，則說明東晉時期人們已讀"允若"連文而下句爲"是爲父不得而子也"了。

2. "若是爲父不得而子也"在當時語言爲"不詞"。當時語言中，除"若是其甚與"（《梁惠王上》）"若是其大乎"（《梁惠王下》）"若是班乎"（《公孫丑上》）"若是乎賢者之無益於國也"這種包含"若是"的感歎句，以及"若是者"這種固定結構之外，當"若是"位於句首時，其後通常要接"則""而""乃""故"等連詞（特別是當其前句是引文時）。例如：

"周文公之詩曰：'兄弟鬩於牆，外禦其侮。'若是則鬩乃内侮，而雖鬩不敗親也。"（《國語·周語中》）"《詩》云：'惠於宗公，神罔時恫。'若是，則文王非專教誨之力也。"（《晉語四》，明道本有"若"字而作"若是"）"賞行罰威，則賢者可得而進也，不肖者可得而退也，能不能可得而官也。若是，則萬物得宜，事變得應。"（《荀子·富國》）"曰：'盜何從入？'若是而求福於有怪之鬼，豈可哉？"（《墨子·魯問》）"吾三逐楚君之卒，勇也；見其君必下而趨，禮也；能獲鄭伯而赦之，仁也。若是而知晉國之政，楚、越必朝。"（《國語·周語中》）"明正德以導之賞，明齊肅以耀之臨。若是而不濟，不可爲也。"（《楚語上》）"雖然，管子之慮近之矣。若是而猶不全也，其天邪！"（《吕氏春秋·慎大覽》）"是時也，王事惟農是務，……若是，乃能媚於神而和於民矣。"（《國語·周語上》）"潢然兼覆之，養長之，如保赤子。若是，故姦邪不作，盜賊不起，而化善者勸勉矣。"（《荀子·富國》）也就是說，如果是"若是，則爲父不得而子也"，才"洵爲可通"。

3. 先秦時期文獻，"允"常充當副詞，意爲"信然""誠然"（《王力古漢語字典》）；其後常接形容詞。如："卜云其吉，終然允臧。"（《詩經·鄘風·定之方中》）"貴聘而賤逆之，君而卑之，立而廢之，棄信而壞其主，在國必亂，在家必亡。不允宜哉？"（《左傳·文公四年》）"加用禱巫，神人允順。"（《逸周書·和寤解》）若，順也。允若，猶允順也。"瞽瞍亦允若"也即"瞽瞍也就真的恭順了"。

4. 受狀語修飾訓爲"順"的"若"，典籍中也不乏其例："至于幽王，天不弔周，王昏不若，用愆厥位。"（《左傳·昭公二十六年》）"世世是其不殆，維公咸若。"（《逸周書·嘗麥解》）"王不若，專利作威。"（《芮良夫解》）

5. 與"若是爲父不得而子也"之不詞相反，"是爲父不得而子也"接於"瞽瞍亦允若"之後，卻是文從字順的。例如：

"人死則曰:'非我也,歲也。'是何異於刺人而殺之,曰:'非我也,兵也。'"(《梁惠王上》)"挾太山以超北海,語人曰:'我不能。'是誠不能也。爲長者折枝,語人曰:'我不能。'是不爲也,非不能也。"(同上)"《康誥》曰:'殺越人于貨,閔不畏死,凡民罔不譈。'是不待教而誅者也。"(《萬章下》)"以於陵則居之,是尚爲能充其類也乎?"(《滕文公下》)"今夫水,搏而躍之,可使過顙;激而行之,可使在山。是豈水之性哉?"(《告子上》)"人見其禽獸也,而以爲未嘗有才焉者,是豈人之情也哉?"(同上)"今爲所識窮乏者得我而爲之,是亦不可以已乎?"(同上)"曰:'老者不堪其勞而休也。'是又畏事者之議也。"(《荀子·正論》)(125)

9.5-1 萬章曰:"堯以天下與舜,有諸?"孟子曰:"否,天子不能以天下與人。"

"然則舜有天下也,孰與之?"曰:"天與之。"

"天與之者,諄諄然命之乎?"曰:"否,天不言,以行與事示之而已矣。"

曰:"以行與事示之者,如之何?"曰:"天子能薦人於天,不能使天與之天下;諸侯能薦人於天子,不能使天子與之諸侯;大夫能薦人於諸侯,不能使諸侯與之大夫。昔者,堯薦舜於天,而天受之;暴之於民①,而民受之;故曰,天不言,以行與事示之而已矣。"

【譯文】萬章問道:"堯把天下交給舜,有這麼回事嗎?"孟子答道:"不;天子不能够把天下交給他人。"

萬章又問:"那麼,舜領有天下,是誰交給的呢?"答道:"天交給的。"

又問道:"天交給的,是反復叮囑告誡後交給他的嗎?"答道:"不是;天不說話,拿行動和事蹟來表示罷了。"問道:"拿行動和事蹟來表示,是怎樣的呢?"

　　答道:"天子能把人推薦給天,卻不能讓天把天下交給他;〔正如〕諸侯能把人推薦給天子,卻不能讓天子把諸侯之位交給他;大夫能把人推薦給諸侯,卻不能讓諸侯把大夫之位交給他。從前,堯將舜推薦給天,天接受了;公開介紹他給百姓,百姓也接受了;所以說,天不說話,拿行動和事蹟來表示罷了。"

【注釋】①暴(pù):露,曝露,公開。

9.5-2 曰:"敢問薦之於天,而天受之;暴之於民,而民受之,如何?"

　　曰:"使之主祭,而百神享之,是天受之;使之主事,而事治,百姓安之,是民受之也。天與之,人與之,故曰,天子不能以天下與人。舜相堯二十有八載,非人之所能爲也,天也。堯崩,三年之喪畢,舜避堯之子於南河之南①,天下諸侯朝覲者,不之堯之子而之舜;訟獄者,不之堯之子而之舜;謳歌者,不謳歌堯之子而謳歌舜,故曰,天也。夫然後之中國②,踐天子位焉;而居堯之宮③,逼堯之子,是篡也,非天與也。《太誓》曰:'天視自我民視,天聽自我民聽④。'此之謂也。"

【譯文】問道:"我大膽地問,把他推薦給天,天接受了;公開介紹給百姓,百姓也接受了,是怎樣的呢?"

　　答道:"叫他主持祭祀,所有神明都來享用,這便是天接受了;叫他主持政務,工作井井有條,百姓都感到安適,這便是百姓接受了。這可是天交給他百姓也交給他,所以說,天子不能夠拿天下交給人。舜輔佐堯二十八年,這不是某一個人所能做到的,而是天意。堯逝世了,三年的喪期結束,舜〔爲了要使堯的兒子能夠繼承天下,〕自己便躲避堯的兒子而到南河的南邊去。可是,天下諸侯朝見天子的,不到堯的兒子那裏,卻到舜那裏;打官司的,也不到堯的兒子那裏,卻到舜那裏；民歌手們，也不歌頌堯的兒子，而歌頌舜。所以說，這是天意。那樣，舜才回到都城，坐了朝廷。而如果自己居住在堯的宮室，逼迫堯的兒子〔讓位給自己〕，這是篡奪，不是天授了。《太誓》說過，'百姓看到的，天也就看到；百姓聽到的，天也就聽到'，正是這個意思。"

【注釋】①南河：河名，流經今河南范縣。　②夫然後之中國：夫，遠指代詞，那，那樣。之，到⋯⋯去。中國，國中，國都之中。　③而居堯之宮：這一"而"是逆接，句子本身有轉折，不可理解爲"如"。詳見本節《考證》，並參見 8.20 注⑤。　④"《太誓》"至"民聽"：今本《太誓》爲僞古文，這兩句話也被採用。

【考證】而居堯之宮：

　　焦循《孟子正義》引王引之《經傳釋詞》說："而，如也。"楊伯峻《孟子譯注》從之："同'如'。說見王引之《經傳釋詞》。""而""如"是否因爲上古音相近（而，日紐之部字；如，日紐魚部字），經典中有通用現象，此處不擬探討；但王引之《經傳釋詞》"而"字下"而，猶'如'也"條所列例句（包括"而居堯之宮"）卻多可商榷。如：

　　"夫婦所生若而人。妾婦之子若而人。"（《左傳·襄公十二年》），王氏以《晉書·禮志》此兩句"而"作"如"爲證；但相對而言，楊伯峻先生《春秋左傳注》引阮芝生《杜注拾遺》所云"'若如人'猶'若干人'也"，則可靠得多。《昭公三年》："君若不忘先君之好，惠顧齊國⋯⋯鎮撫其社稷，則猶有先君之適（嫡）及遺姑姊妹若而人。"這一例的"若而人"與《襄公十二年》的"若而人"顯然相同，卻顯然不能讀爲"若如人"，理解爲"若干人"則窒礙頓消（沈玉成《左傳譯文》譯末句爲："那麼還有先君的嫡女和遺姑姐妹若干人"）。

　　又如，王氏以《孟子·離婁下》"文王視民如傷，望道而未之見"、《荀子·彊國》"黭然而雷擊之，如牆厭之"、《說苑·奉使》"意而安之，願假冠以見；意如不安，願無變國俗"爲"'如''而'互用"之證。此處《孟子》《說苑》的"而"正是其連接兩個謂詞性成分的典型用法，不過《孟子》是所謂"逆接"（轉折），《說苑》是所謂"順接"，其中的

"而"有協調韻律的作用。不能因後句"意如不安"便以爲上句之"而"讀若"如"。

《荀子》一例又有所不同,"而"是連接狀語和它所修飾的動詞的。《荀子》中此類書證甚多:"君子至德,嘿(默)然而喻。"(《不苟》)"正其衣冠,齊其顏色,嗛然而終日不言,是子夏氏之賤儒也。"(《非十二子》)"以爲好麗邪?則夫人行年七十有二,齫然而齒墮矣。"(《君道》)"今子宋子嚴(儼)然而好説。"(《正論》)"君子之言,涉然而精,俛然而類,差差然而齊。……愚者之言,芴然而粗,嘖然而不類,諜諜然而沸。"(《正名》)"孔子喟然而歎。"(《宥坐》)

其他典籍中也很常見:"少則洋洋焉;攸然而逝。"(《孟子·萬章上》)"今夫麰麥……浡然而生,至於日至之時,皆孰矣。"(《告子上》)"我怫然而怒;而適先生之所,則廢然而反。"(《莊子·内篇·德充符》)"古之真人……翛然而往,翛然而來而已矣。"(《内篇·大宗師》)因這種含有"然"的"狀語＋而＋V"格式的句子十分常見,故不能説其中的"而""猶'如'"。

同樣爲連接狀語和它所修飾的動詞的,還有王氏所列的《詩經·鄘風·君子偕老》"胡然而天也?胡然而帝也",當然其中的"而"也不會"猶'如'"。

上文所説"而"的"逆接",也包括王氏所舉的這個句子:"君子以莅衆,用晦而明。"(《易經·明夷象傳》虞翻《注》:"而,如也。")"而居堯之宫"也是所謂"逆接",不過"而"前爲語篇而已。該句本身有轉折,隱含假設義;翻譯時可加上"如""若""假如"等連詞,而該連詞恰好與原文"而"的位置對應,且"而""如"古音相近,説"而,猶'如'也"於是顯得"文從字順",卻因此忽視了"而"固有的典型用法。既然是"而"的典型用法,又何必捨近求遠讀作"如"呢?(126)

9.6－1 萬章問曰:"人有言:'至於禹而德衰,不傳於賢,而傳於子①。'有諸?"

孟子曰："否，不然也；天與賢，則與賢；天與子，則與子。昔者，舜薦禹於天。十有七年，舜崩；三年之喪畢，禹避舜之子於陽城②。天下之民從之，若堯崩之後不從堯之子而從舜也。禹薦益於天。七年，禹崩；三年之喪畢，益避禹之子於箕山之陰③。朝覲訟獄者不之益而之啓④，曰：'吾君之子也。'謳歌者不謳歌益而謳歌啓，曰：'吾君之子也。'丹朱之不肖⑤，舜之子亦不肖。舜之相堯、禹之相舜也，歷年多，施澤於民久。啓賢，能敬承繼禹之道。益之相禹也，歷年少，施澤於民未久。舜、禹、益相去久遠，其子之賢不肖，皆天也，非人之所能爲也。

【譯文】萬章問道："人們總説：'到禹的時候道德就衰微了，天下不傳給賢良，卻傳給兒子。'有這樣的事嗎？"

孟子答道："不，不是這樣的；老天讓授給賢良，就授給賢良，老天讓授給兒子，就授給兒子。從前，舜把禹推薦給天，十七年之後，舜逝世了，三年之喪完畢，禹〔爲著要讓位給舜的兒子，〕便躲避到陽城去。天下百姓跟隨禹，就好像堯死了以後他們不跟隨堯的兒子卻跟隨舜一樣。禹把益推薦給天，七年之後，禹死了，三年之喪完畢，益〔又爲著讓位給禹的兒子，〕便回避到箕山之北去。當時朝見天子的人，打官司的人都不去益那裏，而去啓那裏，説：'他是我們君主的兒子啊'。民歌手也不歌頌益，而歌頌啓，説：'他是我們君主的兒子啊。'堯的兒子丹朱不好，舜的兒子也不好。而且舜輔佐堯，禹輔佐舜，經年歷久，爲老百姓謀幸福的時間長。〔啓和益的事就不同。〕啓很賢明，能够認真地繼承禹的傳統。益輔佐禹，没能歷久經年，爲百姓謀幸福的時間也短。從舜到禹，再從禹到益，相隔已經好長時間了，他們兒子是好是壞，都是天意，不是人力所能做到的。

【注釋】①人有言……而傳於子：據《新序·節士》記載，禹欲傳位於子。《韓非子·外儲説右下》又説禹任天下於伯益，不久卻以其子啓爲吏。老時傳位於益，而權勢盡在啓也，不久便奪得天下。因此，啓之得天下也,實禹令啓自取之。又《晉書·束晳傳》引《竹書紀年》:"益干啓位,啓殺之。" ②陽城:在今河南登封市區東南三十五里的告成鎮。 ③箕山:在今河南登封市區東南。 ④啓:禹之子,他書亦有作"開"者。孟子認爲啓賢,而考之《楚辭》《墨子》《竹書紀年》《山海經》諸書,則未必賢。 ⑤丹朱:本名朱,後封於丹,故稱丹朱。

9.6-2 "莫之爲而爲者,天也;莫之致而至者,命也。匹夫而有天下者,德必若舜禹,而又有天子薦之者,故仲尼不有天下。繼世以有天下——天之所廢,必若桀紂者也——故益、伊尹、周公不有天下。伊尹相湯以王於天下,湯崩,太丁未立,外丙二年,仲壬四年①。太甲顛覆湯之典刑,伊尹放之於桐②。三年③,太甲悔過——自怨自艾④,於桐處仁遷義⑤,三年以聽伊尹之訓己也⑥——復歸于亳⑦。周公之不有天下,猶益之於夏、伊尹之於殷也。孔子曰:'唐虞禪,夏后殷周繼,其義一也。'"

【譯文】"沒人想做卻做成了的,是天意;沒人讓來卻又來了的,是命運。憑老百姓的身份而得到天下的,他的德行必然要像舜和禹那樣,而且還要有天子推薦他,〔這些條件缺一不可,〕所以孔子便沒有得到天下。後來世襲才能擁有天下——那時節被天所廢棄的,除非像夏桀、商紂那樣暴虐無道——所以益、伊尹、周公〔儘管賢能,〕還是沒有得到天下。伊尹輔佐湯推行王道於天下,湯死了,太丁未立即死,外丙在位二年,仲壬在位四年〔,太丁的兒子太甲又繼承王位〕。太甲推翻了湯的法度,伊尹便流放他到桐邑。三年之後,太甲悔悟了——自我怨恨,自我完善;就在桐邑那地方,能夠以仁居心,向義努力;用長達三年的時間,來聽從伊尹對自己的教訓——這樣,他就又回到亳都做了天子。周公沒能得到天下,正好像益在夏朝、伊尹在殷朝一樣。孔子說過,'唐堯虞舜以天下讓賢,夏商周三代卻傳於子孫,道理是一樣的'。"

【注釋】①外丙、仲壬：甲骨文作"卜丙""中壬"。　②桐：在今河南偃師市區西南五里。　③三年：三年之後，不是"三年之中""在這三年的時間裏"。詳見本節《考證》。　④自艾（yì）：自我修煉，自我完善。趙岐《注》："艾，治也。治而改過，以聽伊尹之教訓己。"　⑤於桐處仁遷義：像"於桐"這樣表示處所的介賓結構，一般位於謂語之後；位於謂語之前的，一般都表示強調（參見張赬《漢語介詞短語詞序的歷史演變》，北京語言文化大學出版社2002年，第31—32頁）。所以，我們將"於桐"譯爲"就在桐邑那地方"。　⑥三年以聽伊尹之訓己：用長達三年時間來聽從伊尹對自己的教訓。"三年"是介詞"以"的前置賓語。詳見本節《考證》。　⑦亳（bó）：商代都城，屢遷，此時當在今河南偃師市區之西。參見6.5—1注②。

【考證】三年：

我們在這裏將本篇第四章"百姓如喪考妣三年四海遏密八音"的"三年"以及本節的兩處"三年"一併作考察。

對本篇第四章的"三年"，趙岐、朱熹未有說；焦循亦未有論述，但從後者"惟'百官如喪考妣三年'指百官"云云，知焦循將"三年"屬上讀，而與中華書局《孟子正義》《四書章句集注》點校本均作"百官如喪考妣，三年，四海遏密八音"相異。楊伯峻《孟子譯注》亦斷作"百官如喪考妣，三年，四海遏密八音"，並譯爲"群臣好像死了父母一樣，服喪三年，老百姓也停止一切音樂"。按，從譯文看，似乎又與"百官如喪考妣三年"相一致。

再看本節的"伊尹放之於桐三年太甲悔過"，中華書局《孟子正義》《四書章句集注》點校本均斷作"伊尹放之於桐。三年，太甲悔過"。對於這句的"三年"，趙岐、朱熹均未有說；但從趙岐"伊尹以其顛覆典刑，放之於桐邑"之說來看，似乎他不認同"放之於桐邑三年"。也即，根據趙岐此說，似應斷爲"伊尹放之於桐。三年，太甲悔過"。楊伯峻《孟子譯注》亦斷爲"伊尹放之於桐，三年，太甲悔過"，並譯作"伊尹便流放他到桐邑，三年之後，太甲悔過……"

我們以爲，"百姓如喪考妣三年四海遏密八音"應斷爲"百姓如喪考妣三年，四海遏密八音"，而非各通行本所斷的"百姓如喪考妣，三年，四海遏密八音"；焦循的理解是對的。而"伊尹放之於桐三年太甲悔過"，則應斷爲"伊尹放之於桐，三年，太甲悔過"，我們所斷與各通行本相同；楊譯是對的。這是因爲：

1.典籍中的"三年"（當然也包括"五年""十三年"等等），我們從本《考證》的實際需要出發，討論其三種用法。

a.作序數，一般是某君主年號的第三年。如："三年春，王三月壬戌，平王崩。"（《左傳·隱公三年》）"三年春，曲沃武公伐翼。"（《桓公三年》）"簡王十一年，諸侯會於柯陵。十二年，晉殺三郤。十三年，晉侯弑，於翼東門葬，以車一乘。"（《國語·周語下》)例多，不贅舉。

b.當"三年"接於句末作補語，表示"三年之內""三年之中"，或"已經三年"，或"第三年"，或"三年之後"，等等。如："士會在秦三年，不見士伯。"（《左傳·文公七年》，沈玉成《左傳譯文》："士會在秦國三年（之中），没有和先蔑見面。"）"寡君即位三年，召蔡侯而與之事君。"（《文公十七年》，沈譯："寡君即位三年，召請蔡侯和他一起事奉貴國國君。"）"宋文公即位三年，殺母弟須及昭公子。"（《宣公三年》，沈譯："宋文公即位的第三年，殺了同胞兄弟須和昭公的兒子。"）"子生三年，然後免於父母之懷。"（《論語·陽貨》，楊伯峻《論語譯注》："兒女生下地來，三年之後才能完全脱離父母的懷抱。"）

c.像"三年，王其有咎乎""三年，乃報越"（《左傳·昭公十一年》《定公十四年》）這樣的"三年"在複句中單獨爲第一分句的例子，其中"三年"除表序數者之外，都表示"三年以後"，未見例外。如："吳其亡乎！三年，其始弱矣。"（《左傳·哀公十一年》，沈譯："吳國大約要滅亡了吧！三年以後，它就開始衰弱了。"）"王不聽，於是國莫敢出言，三年，乃流王於彘。"（《國語·周語上》）"三年，公始合諸侯。四年，諸侯會於雞丘，於是乎布命、結援、修好、申盟而還。"（《晉語七》）"令大夫種守於國，與范蠡入宦於吳。三年，而吳人遣之。"（《越語下》）"三年,申徒狄因以踣河。"(《莊子·雜篇·外物》,陳鼓應《莊子今注今譯》:"三年之後,申屠狄因此而投河。")"景公使晏子爲東阿宰,三年,而毁聞於國。"(《晏子春秋·内篇雜上》)"三年,臺成而民振。"(同上)"晏子治東阿,三年,景公召而數之曰……"(《外篇上》)"三年,魯梁之君請服。"(《管子·輕重戊》)

2. 本篇第四章之"百姓如喪考妣三年四海遏密八音",從句意看,其中"三年"顯然不是某君主年號的"第三年",也不可能是"三年之後",而只能是"三年之内""三年之中";然則,對照上文各點,就不能將其斷爲"百姓如喪考妣,三年,四海遏密八音",而只能將其斷爲"百姓如喪考妣三年,四海遏密八音",即符合 b 的特點。

3. 本節的"伊尹放之於桐三年太甲悔過"卻只能斷作"伊尹放之於桐,三年,太甲悔過"。因爲:

a. 將"三年,太甲悔過"譯爲"三年之後,太甲悔過"在句意上没有問題,楊伯峻先生正是這樣翻譯的。

b. 經全面考察,"伊尹放之於桐"的"放",其後不能接"三年"這樣的時段。經我們對先秦典籍中數十例"流放""放逐"義"放"的調查,從未見以"放"字爲主要謂語動詞的句子帶有表示時段的補語。這可能與該詞的語義特徵有關。形成對照的是,含有"放"字的句子前,常有表示時點的分句。例如:

"夏,衛侯入,放公子黔牟于周,放甯跪于秦。"(《左傳·莊公六年》)"五年春,原、屏放諸齊。"(《成公五年》)"秋九月,齊公孫蠆、公孫竈放其大夫高止于北燕。"(《襄公二十九年》)"五月庚辰,鄭放游楚於吴。"(《昭公元年》)"九月,子雅放盧蒲嫳于北燕。"(《昭公三年》)"秋七月丙子,季孫斯卒;蔡人放其大夫公孫獵于吴。"(《哀公三年·經》)"伊尹放太甲而卒以爲明王。"(《國語·晉語四》)"湯將放桀於中野。"(《逸周書·殷祝解》)"堯於是放讙兜於崇山。"(《莊子·外篇·在宥》)

既然"三年,太甲悔過"譯爲"三年之後,太甲悔過"句意上没有問題,而"三年"又不能接於"伊尹放之於桐"後面,因此,"伊尹放之於桐三年太甲悔過"便只能斷爲"伊尹放之於桐,三年,太甲悔過"了。

"自怨自艾,於桐處仁遷義,三年以聽伊尹之訓己也"是"悔過"的具體表現,也可視之爲對"三年,太甲悔過"的說明,故以雙破折號將其置於"三年,太甲悔過"與"復歸于亳"之間。

我們再看本節的"於桐處仁遷義三年以聽伊尹之訓己也",中華書局《孟子正義》斷爲"於桐處仁遷義,三年以聽伊尹之訓己也",朱熹《四書章句集注》斷爲"於桐處仁遷義,三年,以聽伊尹之訓己也",楊伯峻《譯注》與《集注》同。

我們認爲,應從中華書局《孟子正義》,斷作"於桐處仁遷義,三年以聽伊尹之訓己也"。理由如下:

1. 從句意看,太甲是連續三年"聽伊尹之訓己",而不是三年之後,才"聽伊尹之訓己";故不能斷作"三年,以聽伊尹之訓己也"。

2. 介詞"以"的賓語常可因強調而前置:"《詩》三百,一言以蔽之,曰:'思無邪。'"(《論語·爲政》)"吾道一以貫之。"(《里仁》)"江漢以濯之,秋陽以暴之,皜皜乎不可尚已。"(《孟子·滕文公上》)"君若以力,楚國方城以爲城,漢水以爲池,雖衆,無所用之。"(《左傳·僖公四年》)

3. 以下 2 例亦可證"三年"後面當接"以聽伊尹之訓己也":"僑聞之,君子有四時:朝以聽政,晝以訪問,夕以修令,夜以安身。"(《左傳·昭公元年》)"見其女樂而說之,設酒張飲,日以聽樂。"(《韓非子·十過》)

順便說一句,"於桐處仁遷義,三年以聽伊尹之訓己也",前句是通過將"於桐"置於句首來強調反省地點的僻陋,後句是通過將"三年"作介詞"以"的前置賓語來強調反省時間的漫長。(127)

9.7-1 萬章問曰:"人有言:'伊尹以割烹要湯①。'有諸?"

孟子曰:"否,不然;伊尹耕於有莘之野②,而樂堯舜之道焉。非其義也，非其道也，禄之以天下，弗顧也③；繫馬千駟④，弗視也。非其義也，非其道也，一介不以與人⑤，一介不以取諸人。湯使人以幣聘之⑥，囂囂然曰⑦：'我何以湯之聘幣爲哉？我豈若處畎畝之中⑧，由是以樂堯舜之道哉⑨？'湯三使往聘之，既而幡然改曰：'與我處畎畝之中⑩，由是以樂堯舜之道，吾豈若使是君爲堯舜之君哉？吾豈若使是民爲堯舜之民哉？吾豈若於吾身親見之哉⑪？'

【譯文】萬章問道："人們總説：'伊尹通過做廚子來向湯求取。'有這麼回事嗎？"

　　孟子答道："不，不是這樣的；伊尹在莘國的郊野種地，而以堯舜之道爲樂。如果不合乎仁義的原則，即使給他天下作俸禄，他也不會掃它一眼；即使有四千匹良馬，他也不會看它一下。如果不合乎仁義的原則，便一點也不給別人，也一點不從別人那兒拿走。湯曾讓人拿禮物去聘請他，他波瀾不驚地説：'我要湯的聘禮幹嘛呢？我何不待在田野裏，就這樣以堯舜之道自娛呢？'湯幾次派人去聘請他，不久，他便完全改變了態度，説：'我與其待在田野裏，就這樣以堯舜之道自娛，又憑什麼不讓當今的君主做堯舜一樣的君主呢？又憑什麼不讓當今的百姓做堯舜時代一樣的百姓呢？〔堯舜的盛世，〕我憑什麼不讓它在我的有生之年親眼見到呢？'

【注釋】①伊尹以割烹要（yāo）湯：《墨子・尚賢下》和《史記・殷本紀》《吕氏春秋・孝行覽》有載。《尚賢下》："昔伊尹爲莘氏女師僕，使爲庖人，湯得而舉之。"《殷本紀》："伊尹名阿衡。阿衡欲奸湯而無由，乃爲有莘氏媵臣（商湯后妃的陪嫁奴僕），負鼎俎，以滋味説湯，致于王道。"《吕氏春秋》所載尤詳。要，求，求取。　②有莘（shēn）：莘，國名，故址在今河南開封。"有"爲名詞前綴（詞頭）。　③弗顧也："顧"本義是側過臉或轉過頭看的意思，引申爲需要轉動脖子的掃視。詳見本節《考證》。　④繫馬千駟：繫馬，《國語・齊語》"繫馬三百"韋昭

注:"繫馬,良馬在閑,非放牧者。"《管子·小匡》:"故桓公予之繫馬三百匹。"黎翔鳳《管子校注》:"謂馬在閑廄繫養之,言其良也。"閑,馬廄。駟,四匹馬。　⑤介:通"芥",微不足道的東西。　⑥幣:帛,這裏的意思是以布帛相贈。　⑦囂囂:平靜悠閒的樣子,悠然自得的樣子。　⑧豈若:慣用短語,可譯爲"何如""哪如""憑什麼"。　⑨由是以樂堯舜之道:由,介詞,從,自。是,代詞,此。由是,乃一慣用短語。在《孟子》時代是"由此""從此""從它"的意思。由是以樂堯舜之道,從此以堯舜之道自樂。詳見11.10－1《考證》。　⑩與:與其。　⑪吾豈若於吾身親見之哉:這句應讀作"吾豈若於吾身·親見之哉",即"吾身"是個定中結構,"親見"是個狀中結構;不能讀作"吾豈若於吾·身親見之哉",不能將"身親"理解爲同義語素(或同義詞連用)一道作動詞"見"的狀語。因爲人稱代詞"吾"不作代詞"於"(于)的賓語。

【考證】弗顧也:

　　趙岐《注》:"非仁義之道者,雖以天下之禄加之,不一顧而睨也。"朱熹無説。焦循《正義》:"《説文·頁部》云:'顧,還視也。'……還視,謂回首而視,心念之不能舍也。"楊伯峻《孟子譯注》譯爲:"如果不合道義,縱使以天下的財富作爲他的俸禄,他也不回頭望一下。"白平《楊伯峻〈孟子譯注〉商榷》(第231頁)認爲:"這則原文當譯爲:'把天下的財富都作爲俸禄賜給他,他也不會瞧;牽來一千駟馬給他,他也不會看。''顧'的本義是'還視',即'回頭望',但在這裏用的是其引申義'看'。原文的'顧'與'視'文變而義同,没有理由將這裏的'顧'理解爲'回頭望'。"

　　語言中的所謂"同義詞",基本上都是近義詞,等義詞很罕見。因此,"顧"的"泛指'看'"(《王力古漢語字典》)的意義也不可能和"視"是等義的。段玉裁在《説文解字注》中辨析了"顧"和"眷":"'眷'者,'顧'之深也。'顧'止於側而已,'眷'則至於反。"段説是有道理的,但不具體:

"余左顧而欬,乃殺之。右顧而笑,乃止。"(《左傳·昭公二十四年》)"王顧左右而言他。"(《孟子·梁惠王下》)"提刀而立,爲之四顧,爲之躊躇滿志,善刀而藏之。"(《莊子·内篇·養生主》)"與之配天乎?彼且乘人而无天……方且四顧而物應,方且應衆宜,方且與物化而未始有恒。"(《外篇·天地》)"莊子釣於濮水,楚王使大夫二人往先焉,曰:'願以境内累矣!'莊子持竿不顧。"(《外篇·秋水》)"孔子顧謂弟子曰:'用志不分,乃凝於神,其痀僂丈人之謂乎!'"(《外篇·達生》)"周顧視車轍中,有鮒魚焉。"(《雜篇·外物》)"景公遊于牛山,北臨其國城而流涕曰:'若何滂滂去此而死乎?'艾孔、梁丘據皆從而泣,晏子獨笑于旁,公刷涕而顧晏子曰……"(《晏子春秋·内篇諫上》)"秋,季桓子病,輦而見魯城,喟然歎曰:'昔此國幾興矣,以吾獲罪於孔子,故不興也。'顧謂其嗣康子曰:'我即死,若必相魯;相魯,必召仲尼。'"(《史記·孔子世家》)以上各例,理解爲"側視"較爲妥當。

"逢大夫與其二子乘,謂其二子無顧。顧曰:'趙傁在後。'"(《左傳·宣公十二年》)"在陳而䎽,合而加䎽,各顧其後,莫有鬬心。"(《成公十六年》)"晉韓厥從鄭伯,其御杜溷羅曰:'速從之!其御屢顧,不在馬,可及也。'"(同上)"老子曰:'子何與人偕來之衆也?'南榮趎懼然顧其後。"(《莊子·雜篇·庚桑楚》)"其母居伊水之上,孕,夢有神告之曰:'臼出水而東走,毋顧!'明日,視臼出水,告其鄰,東走十里而顧,其邑盡爲水。"(《吕氏春秋·孝行覽》)"魄反顧,魂忽然不見。"(《淮南子·説山訓》)"帝譴責鉤弋夫人。夫人脱簪珥叩頭。帝曰:'引持去,送掖庭獄!'夫人還顧,帝曰:'趣行,女不得活!'"(《史記·外戚世家》)以上各例,理解爲"回視"較爲妥當。

一般字典、詞典中"顧"都有這兩個意義:回頭看、看。"回頭看"已見於上,"顧"的"泛指'看'"的意義,和"視"的區别何在呢?"表示'用眼睛看'這一行爲,先秦兩漢一般説'視'。"(汪維輝《東漢—隋常用詞演變研究》,南京大學出版社 2000 年,第 118 頁)"顧"則必須轉動脖子(這一義素,其本義"回頭看"也具有),謂之"掃視"(轉動脖子而非轉動眼珠的)或"左顧右盼"差可近之。例如：

"夢天壓己，弗勝。顧而見人，黑而上僂，深目而豭喙。"(《左傳·昭公四年》)"苑何忌取其耳，顏鳴去之。苑子之御曰：'視下顧。'苑子刜林雍，斷其足。"(《昭公二十六年》)"孟子見梁惠王。王立於沼上，顧鴻鴈麋鹿，曰：'賢者亦樂此乎？'"(《孟子·梁惠王上》)"卒之東郭墦間，之祭者，乞其餘不足，又顧而之他。"(《離婁下》)"王孫雒進，顧揖諸大夫曰……"(《國語·吳語》)"莊子送葬，過惠子之墓，顧謂從者曰……"(《莊子·雜篇·徐無鬼》)"若吹呴呼吸，吐故内新，熊經鳥伸，鳧浴蝯躩，鴟視虎顧，是養形之人也。"(《淮南子·精神訓》)"兕虎在於後，隨侯之珠在於前，弗及掇者，先避患而後就利。逐鹿者不顧兔，決千金之貨者不爭銖兩之價。"(《説林訓》)"東牟侯興居……前謂少帝曰：'足下非劉氏，不當立。'乃顧麾左右執戟者掊兵罷去。"(《史記·吕太后本紀》)

《左傳·昭公四年》"顧而見人"是説目光一掃過去，見到一個人。《昭公二十六年》一例，沈玉成譯之爲："苑何忌割了他(林雍)的耳朵。顏鳴要把他帶走。苑何忌的御者説：'瞧著下邊！'眼睛就看著林雍的脚。苑何忌砍斫，砍斷了他的一隻脚。""眼睛就看著林雍的脚"一句似乎是多出來的，這是因爲無論《春秋左傳注》還是《左傳譯文》都從清代沈彤《春秋左氏傳小疏》斷爲"苑子之御曰：'視下！'顧。苑子刜林雍……"但先秦兩漢文獻中"顧"從不單獨爲句，可知沈彤之斷句不能成立。然則，"視下顧"即轉動脖子朝下看之意。《孟子·梁惠王上》"顧鴻鴈麋鹿"，是因爲"鴻鴈麋鹿"分散在一片開闊的區域，必須轉動脖子才能看到，而非注視某一點。《離婁下》"顧而之他"指左顧右盼，看别的墳前有好吃的没有。《國語》"顧揖諸大夫"，王孫雒爲大夫之一，處"諸大夫"之間，當然這一"顧"不大可能只朝一個方向。比較同篇："王顧謂其友顔不疑曰……"，這一"顧"才是回顧或側顧。《莊子》"顧謂從者曰"與"顧揖諸大夫"類似。《淮南子·精神訓》"鴟視虎顧"與本節"禄之以天下弗顧也，繫馬千駟弗視也"一樣"顧""視"

對舉，我們不認爲是所謂"文變而義同"，而恰恰是兩種不同的"看"：鷗則直視，虎則環顧。《說林訓》"逐鹿者不顧兔"到底是"逐鹿者不顧及兔子"，抑或"逐鹿者對兔子不掃視一眼"，尚可進一步研究。《史記》"顧麾左右執戟者揹兵罷去"的"顧"也是朝左朝右看的意思。

《詩經·小雅·蓼莪》"顧我復我"鄭玄《箋》："顧，旋視也。"不知和我們對"顧"的理解是否相同。

綜上，"顧"的"看"這一義位和"視"只是近義，必定有所區別："視"指"用眼睛看"，而"顧"伴隨著轉動脖子的動作。

回到本節"祿之以天下弗顧也，繫馬千駟弗視也"，和"顧鴻鴈麋鹿"類似，天下何其遼闊，當然必須轉動脖子掃視。我們可以理解爲："即使給他天下作俸祿，他也不會掃它一眼；即使有四千匹良馬，他也不會看它一下。"(128)

9.7-2 "'天之生此民也，使先知覺後知，使先覺覺後覺也。予，天民之先覺者也①；予將以斯道覺斯民也。非予覺之而誰也？'思天下之民匹夫匹婦有不被堯舜之澤者，若己推而內之溝中②。其自任以天下之重如此，故就湯而說之以伐夏救民③。吾未聞枉己而正人者也，況辱己以正天下者乎？聖人之行不同也，或遠，或近；或去，或不去④；歸絜其身而已矣⑤。吾聞其以堯舜之道要湯，未聞以割烹也⑥。《伊訓》曰：'天誅造攻自牧宮，朕載自亳⑦。'"

【譯文】"'上天生育人民，就是要讓先知先覺者啓迪後知後覺者。我呢，是百姓中的先覺者；我就得拿堯舜之道讓這些人民有所覺悟。不由我去喚醒他們，那又有誰呢？'伊尹是這樣想的：在天下的百姓中，只要有一個男人或一個婦女沒有被堯舜之道的雨露所需漑，便好像自己把他推進山溝裏讓他去死一樣。他就是這樣把匡扶天下的重擔一肩挑上。所以一到湯那兒，便用討伐夏桀、拯救百姓的道理來說服湯。我沒有聽說過,先自己不正,卻能夠匡正別人的;更何況先自取其辱,卻能夠匡正天下的呢?聖人的行爲,各有不同,有的疏遠君主,有的靠攏君主,有的離開朝廷,有的留戀朝廷,歸根到底,都要潔身自好才行。我只聽說過伊尹用堯舜之道向湯求取任用,沒有聽說過他用的是廚子的身份。《伊訓》説過:'上天的討伐,是在牧宫開始的,我不過從亳邑開始謀劃罷了。'"

【注釋】①天民:本節"天民"指老百姓。參見 13.19《考證》(一)。②内:同"納"。 ③説(shuì):遊説。 ④或去或不去:或者離開,或者不離開。去,離去,離開。 ⑤歸:終歸,歸根結底,最終。 ⑥未聞以割烹也:未聞以割烹(要湯)也。"要湯"二字承前省略。何樂士《〈左傳〉虛詞研究》中《〈左傳〉中介詞"以"賓語的省略》文末附録有《兩種與介詞"以"有關的省略式》,其中 2.1 爲省略"以+賓語"之後的謂語中心成分,如《左傳·隱公四年》:"臣聞以德和民,不聞以亂(和民)。" ⑦《伊訓》曰:天誅造攻自牧宫,朕載自亳:《伊訓》,《尚書》逸篇名,今本《尚書·伊訓》爲僞古文。造,開始。牧宫,桀所居之處。朕,伊尹自稱。載,開始。

9.8 萬章問曰:"或謂孔子於衛主癰疽①,於齊主侍人瘠環②,有諸乎③?"

孟子曰:"否,不然也;好事者爲之也。於衛主顔讎由。彌子之妻與子路之妻④,兄弟也⑤。彌子謂子路曰:'孔子主我,衛卿可得也。'子路以告。孔子曰:'有命。'孔子進以禮,退以義,得之、不得曰'有命'⑥。而主癰疽與侍人瘠環,是無義無命也。孔子不悅於魯衛,遭宋桓司馬將要而殺之⑦,微服而過宋。是時孔子當阨⑧,主司城貞子,爲陳侯周臣。吾聞觀近臣⑨,以其所爲主;觀遠臣⑩,以其所主。若孔子主癰疽與侍人瘠環,何以爲孔子?"

【譯文】萬章問道:"有人説,孔子在衛國住在〔衛靈公所寵倖的宦官〕癰疽家裏,在齊國,也住在宦官瘠環家裏。真有這回事嗎?"

孟子説:"不,不是這樣的;這是好事之徒編造的。孔子在衛國,住在顔讎由家裏。彌子瑕的妻子和子路的妻子是姊妹。彌子瑕對子路説:'孔子住在我家裏,可以得到衛國卿相的位置。'子路把這話告訴了孔子。孔子説:'一切都是命中注定。'孔子依禮法而進,依道義而退,所以他得到或得不到官位都是命中注定。如果他住在癰疽和宦官瘠環家裏,這便是無視禮義和命運了。孔子不得志於魯國和衛國,又碰上了宋國的司馬桓魋預備攔截並殺死他,只得化裝悄悄地路過宋國。這時候,孔子正遭逢困厄,便住在司城貞子家中,做了陳侯周的臣子。我聽説過,觀察身邊的臣子,看他所招待的客人;觀察外來的臣子,看他所寄居的主人。如果孔子真的以癰疽和宦官瘠環爲主人,那還是孔子嗎?"

【注釋】①主癰疽:以癰疽爲主人,住在癰疽家。 ②侍人:一作"寺人",閹人。 ③有諸乎:此句應爲"有諸","乎"乃衍文,後人所加。詳見本章《考證》(一)。 ④彌子:衛靈公寵臣彌子瑕。 ⑤兄弟:先秦漢語,正如"子"包括兒子、女兒一樣,兄弟也包括兄弟、姊妹。如需區別,稱呼姊妹爲"女兄弟";稱呼姐姐爲"女兄",稱呼妹妹爲"女弟"。 ⑥得之、不得曰"有命":得到官位或得不到官位都聽從命運。詳見本章《考證》(二)。 ⑦要(yāo):攔截。 ⑧當阨:當,正值,遇到,遭逢。阨,困厄。 ⑨近臣:在朝之臣。 ⑩遠臣:遠方來仕者。

【考證】(一)有諸乎:

此句應爲"有諸","乎"乃衍文,後人所加。因爲:

1."有諸"常見於《論語》《孟子》二書。《論》《孟》中"有諸"凡十三見(《論語》三見,《孟子》十見),而"有諸乎"僅一見。

2.其中"諸"是"之乎"的合音字,再加上"乎"則成贅疣。

3.《論語》《孟子》中未見"有之乎",因爲"有諸"實際上就是"有之乎";"有之乎"見於《論》《孟》之外的其他典籍,如《管子·形勢解》:

"唯夜行者獨有之乎?"《呂氏春秋·貴直論》:"寡人聞子好直,有之乎?"《韓非子·内儲説上》:"臣入王之境内,聞王之國俗曰:'君子不蔽人之美,不言人之惡。'誠有之乎?"其中,"獨有之乎""誠有之乎"爲四字音節,如爲"獨有諸""誠有諸"則爲三字音節,與古漢語的韻律不大相合。但無論如何,"有諸"和"有之乎"在典籍中的分佈是互補的。這點也可說明當時語言中不可能存在"有諸乎",也即本章"有諸乎"的"乎"是衍文。

"有之乎"漢以後典籍就更多見了。除下文將提及的《史記》《漢書》《三國志》外,漢代典籍尚有《戰國策》《論衡》《法言》《説苑》《孔子家語》等。

《論》《孟》二書的十三例"有諸"全部列舉如下:

"子疾病,子路請禱。子曰:'有諸?'"(《述而》)"定公問:'一言而可以興邦,有諸?'⋯⋯曰:'一言而喪邦,有諸?'"(《子路》)"曰:'何可廢也,以羊易之!'不識有諸?"(《梁惠王上》)"王嘗語莊子以好樂,有諸?"(《梁惠王下》)"文王之囿方七十里,有諸?"(同上)"湯放桀,武王伐紂,有諸?"(同上)"勸齊伐燕,有諸?"(《公孫丑下》)"使管叔監殷,管叔以殷畔也,有諸?"(同上)"堯以天下與舜,有諸?"(《萬章上》)"人有言:'至於禹而德衰,不傳於賢,而傳於子。'有諸?"(同上)"人有言:'伊尹以割烹要湯。'有諸?"(同上)"人皆可以爲堯、舜,有諸?"(《告子下》)

《呂氏春秋·審應覽》:"寡人之在東宫之時,聞先生之議曰:'爲聖易。'有諸乎?"最末一句的"乎",則可能是合音字"諸"的表達疑問的功能隨著時間的流逝而磨損殆盡,那麽,這時的"諸"就略等於"之";再表疑問時,就須加一"乎"了。類似的如《史記·宋微子世家》:"紂怒曰:'吾聞聖人之心有七竅,信有諸乎?'乃遂殺王子比干,刳視其心。"試比較上引《管子·形勢解》《韓非子·内儲説上》之"獨有之乎""誠有之乎"可知。

可能有人會有疑問,你這不是雙重標準嗎?一會兒説是衍文,一會兒又說是"磨損"。這是因為,語言是發展的。在《論語》《孟子》時代,"諸"是"之乎"的合音字,它既是代詞,又兼表疑問,如再加"乎",則為贅疣。《論》《孟》兩書中有 13 例"有諸"而僅有 1 例"有諸乎",足以說明這點。"合音字"實際上是兩個音節合成一個音節;對於"之""乎"來說,也即兩個詞合成了一個詞。合成之後的"諸",其原有的指代功能和表疑問的功能都有所減弱。隨著時間的流逝,其詞彙意義和語法意義都會進一步磨損,一旦"諸"表疑問的語法意義磨損到一定程度,它就略等於"之"了;但它又暫未完全退出歷史舞臺,當句中需要表達疑問時,就可再加上一"乎"字。這略等於"之"字的"諸",其存在畢竟有違語言的經濟性原則,所以,我們可以在《史記》《漢書》《三國志》中找到許多例"有之乎",卻僅僅見到一例"有諸乎"(《宋微子世家》)。

舉個類似的例子。"阿膠"是"東阿驢膠"的簡稱,當今廣告中的"東阿阿膠"就顯得畫蛇添足了;但"阿膠"一詞,經年歷久,"東阿"和"驢膠"的本來意義都已隱晦不彰,所以似也並非畫蛇添足;尤其是一些並非東阿的地方也生產"阿膠"的時候。

王力先生主編《古代漢語》第二冊介紹介詞"於"字時說:"後代有人把'諸於'二字連用,那是謬誤的仿古;因為'諸'字已經代表'之於',自然不能再加'於'字了。"少量的"諸乎"的"乎"是否也是後人傳抄時所加呢?這一可能性似乎也不能排除。(129)

(二)得之不得曰"有命":

楊伯峻《譯注》說:"此'之'字作'與'字用。"當為千慮之失。我們在《論語新注新譯》一書中,在對《陽貨》第十五章"患得之"進行全面考察後指出:

"當'得'為'獲得''取得'義時,'得之'的否定形式都是'不得'(或'弗得'),而且往往和'得之'對言。如《左傳·襄公二十八年》:'求崔杼之尸,將戮之,不得。叔孫穆子曰:"必得之。武王有亂臣十人,崔杼其有乎?不十人,不足以葬。"既,崔氏之臣曰:"與我其拱璧,吾獻其柩。"於是得之。'《孟子·公孫丑下》：'不得，不可以爲悦；無財，不可以爲悦。得之爲有財，古之人皆用之，吾何爲獨不然？'《萬章上》：'孔子進以禮，退以義，得之不得曰"有命"。'《告子上》：'一簞食，一豆羹，得之則生，弗得則死。'同篇第十五章：'心之官則思，思則得之，不思則不得也。'《戰國策·西周》：'今秦攻周而得之，則衆必多傷矣……秦若攻周而不得，前有勝魏之勞，後有攻周之敗，又必不攻魏。'不單動詞'得'如此，還有一些動詞，當賓語'之'不被强調時，其否定形式中'之'都不出現。如'知之爲知之，不知爲不知，是知也。'（《論語·爲政》）'君子易事而難説也。説之不以道，不説也。'（《陽貨》）'不取，必有天殃。取之，何如？'（《孟子·梁惠王下》）"

今補五例："桓公殺公子糾，召忽死之，管仲不死。"（《論語·憲問》）"以母則不食，以妻則食之；以兄之室則弗居，以於陵則居之，是尚爲能充其類也乎？"（《孟子·滕文公下》）"吾弟則愛之，秦人之弟則不愛也。"（《告子上》）"使反其言，不許，三而許之。"（《左傳·宣公十五年》）

綜上可知，"得之不得曰'有命'"，即"得之、不得曰'有命'"。類似文例如："凡事若小若大，寡不道以懽成。事若不成，則必有人道之患；事若成，則必有陰陽之患。若成若不成而後無患者，唯有德者能之。"（《莊子·内篇·人間世》）"得之不得"與"若成若不成"都是肯定否定並列而未用連詞者。

可知"得之不得"的"之"並不作"與"字用。（130）

9.9 萬章問曰："或曰：'百里奚自鬻於秦養牲者五羊之皮，食牛以要秦穆公①。'信乎？"

孟子曰："否，不然；好事者爲之也。百里奚，虞人也。晉人以垂棘之璧與屈産之乘假道於虞以伐虢②。宮之奇諫，百里奚不諫。知虞公之不可諫而去之秦③，年已七十矣；曾不知以食牛干秦穆公之爲汙也④,可謂智乎?不可諫而不諫,可謂不智乎?知虞公之將亡而先去之⑤,不可謂不智也。時舉於秦⑥,知穆公之可與有行也而相之⑦,可謂不智乎?相秦而顯其君於天下,可傳於後世,不賢而能之乎?自鬻以成其君,鄉黨自好者不爲,而謂賢者爲之乎?"

【譯文】萬章問道:"有人說:'百里奚用五張羊皮的價錢把自己賣給秦國養牲畜的人,替人家飼養牛,用這來求得秦穆公重用。'是真的嗎?"

孟子答道:"不,不是這樣的;這是好事之徒編造的。百里奚是虞國人。晉人用垂棘產的玉璧和屈地所產的良馬向虞國借路,來攻打虢國。宮之奇加以勸阻;百里奚卻不加勸阻。他知道虞公是勸不動的,因而離開故土,搬到秦國,這時已經七十歲了。他竟不知道用飼養牛的方法來求得穆公重用是一種齷齪行爲,可以說是聰明嗎?但是,他預見到虞公不可能納諫,便不加勸阻,誰又能說這人不聰明呢?他又預見到虞公將被滅國而流亡,因而早早離開,又不能說他不聰明。他在秦國被推舉出來,恰逢其時,更知道秦穆公是一位可以一道有所作爲的君主,因而輔佐他,誰又能說這人不聰明呢?當上秦國的卿相,使穆公聲名赫赫於天下,而且流芳後世,不是賢者,能夠做到這些嗎?賣掉自己來成全君主,鄉村中潔身自愛的人尚且不肯,反而說賢者願意幹嗎?"

【注釋】①百里奚自鬻於秦養牲者五羊之皮,食(sì)牛以要(yāo)秦穆公:爲了幫助理解,將這兩句話稍加改動:百里奚以五羊之皮自鬻於秦之養牲者,飼牛以要秦穆公。食,給……吃,這一意義的"食"後來寫作"飼"。要,求取,這裏指要官做。百里奚事蹟見諸《史記》《戰國策》《韓詩外傳》《說苑》等書。《史記·秦本紀》以"五羖羊皮"爲贖金,更多書則以"五羊之皮"爲賣價。 ②晉人以垂棘之璧與屈產之乘假道於虞以伐虢:垂棘,晉國地名,今未詳所在。璧,中心有孔的圓形玉器。屈產之乘,屈地所生善於駕車的良馬。假道,借道,借路。

③去之秦:離開（虞國）到秦國去。去,離開。　④曾(zēng)不知以食(sì)牛干(gān)秦穆公之爲汙也:曾,竟然。食,給……吃。食牛,即給牛吃,喂牛。干,要求。　⑤將亡:將要流亡。《左傳·成公十三年》:"既葬,子臧將亡,國人皆將從之。"《襄公二十四年》:"是（程鄭）將死矣,不然,將亡。"　⑥時舉於秦:恰逢其時地在秦國被推舉出來。時,按時,合於其時地;與"學而時習之"(《論語·學而》)的"時"意義相近。　⑦有行:有爲。

萬章章句下

凡九章

10.1-1 孟子曰:"伯夷,目不視惡色,耳不聽惡聲①。非其君,不事;非其民,不使。治則進,亂則退。横政之所出②,横民之所止③,不忍居也。思與鄉人處,如以朝衣朝冠坐於塗炭也。當紂之時,居北海之濱,以待天下之清也。故聞伯夷之風者,頑夫廉④,懦夫有立志。

"伊尹曰:'何事非君?何使非民?'治亦進,亂亦進,曰:'天之生斯民也,使先知覺後知,使先覺覺後覺。予,天民之先覺者也。予將以此道覺此民也。'思天下之民匹夫匹婦有不與被堯舜之澤者,若己推而内之溝中——其自任以天下之重也。

【譯文】孟子説:"伯夷,眼睛不看醜惡的事物,耳朵不聽邪惡的聲音。不是他理想的君主,不去侍奉;不是他理想的百姓,不去使唤。天下太平,就出來做事;天下混亂,就退居鄉野。施行暴政的國家,住有暴民的地方,他都不忍心去居住。他認爲和世俗之人混在一道,就好比穿戴著禮服禮帽坐在泥塗炭灰裏。就在商紂的時候,他住在北海邊上,期盼著天下的清平。所以聞知伯夷高風亮節的人中,貪夫都能夠變得廉潔,懦夫也能夠獨立不移。

"伊尹説:'哪個君主,不可以侍奉?哪個百姓,不可以使唤?'天下太平時出來做官,天下混亂也出來做官,他説:'上天生育這些百姓,就是要讓先知先覺的人來開導後知後覺的人。我是天生之民中的先覺者,我將以堯舜之道來開導芸芸衆生。'他這樣想:在天下的百姓中,只要有一個男人或婦女没有被堯舜之道的雨露所霑溉,便好像自己把他推進山溝裏讓他去死一樣。他就是這樣把匡扶天下的重任一肩挑上。

【注釋】①目不視惡色，耳不聽惡聲：趙岐《注》："此復言不視惡色，謂行不正而有美色者，若夏姬之比也。耳不聽惡聲，謂鄭聲也。" ②橫（hèng）：兇暴，橫逆，不講理。 ③止：居住。 ④頑：貪婪。

10.1-2 "柳下惠不羞汙君，不辭小官。進不隱賢，必以其道。遺佚而不怨，阨窮而不憫。與鄉人處，由由然不忍去也①。'爾爲爾，我爲我，雖袒裼裸裎於我側，爾焉能浼我哉②？'故聞柳下惠之風者，鄙夫寬，薄夫敦③。

"孔子之去齊，接淅而行④；去魯，曰：'遲遲吾行也，去父母國之道也。'⑤可以速而速，可以久而久，可以處而處，可以仕而仕，孔子也。"

【譯文】"柳下惠不以侍奉壞君爲可羞，也不因官小而辭掉——立於朝廷，見有賢人，從不隱瞞，但薦舉他一定按自己的原則辦事。棄若敝屣之時，他不怨恨；一籌莫展之際，他不憂愁。和鄰里衆人混在一道，輕鬆自然而不忍離開。〔他心裏說：〕'你是你，我是我，你即便一絲不掛屁股零光在我身邊晃悠，哪能就玷污我呢？'所以聞知柳下惠高風亮節的人中，胸襟狹小的變寬厚了，刻薄寡恩的也敦厚了。

"孔子離開齊國，不等把米淘完濾乾就走；離開魯國，卻說：'我們慢慢走吧，這是離開祖國的做法呀！'應該馬上走就馬上走，應該繼續幹就繼續幹，應該閒居就閒居，應該做官就做官，這便是孔子。"

【注釋】①由由然：自然而然的樣子，不做作的樣子。詳見本節《考證》。 ②浼（měi）：污染。 ③鄙夫、薄夫：心胸狹隘的人、心腸刻薄的人。 ④接淅：許慎《說文解字》引作"滰淅"（jiàng xī）。滰，濾乾。淅，淘米。 ⑤14.17也講了這事，不過"去齊""去魯"順序不同。

【考證】由由然：

趙岐注《公孫丑上》"故由由然與之偕而不自失焉"："由由，浩浩之貌。"朱熹《集注》："由由，自得之貌。"楊伯峻《譯注》："《韓詩外傳》引《孟子·萬章下》'由由然不忍去也'作'愉愉然不去也'，可見由由然爲高興之貌。"愉愉然，不見得是"高興之貌"；它應即《論語·鄉黨》"私覿，愉愉如也"之"愉愉如"。鄭玄注："愉愉，顏色和。"《禮記·祭義》"其進之也，敬以愉"鄭玄注："愉，顏色和貌也。"又作"繇繇"，《莊子·外篇·秋水》："繇繇乎若祭之有社，其无私福。"《漢書·韋賢傳》："邦事是廢，逸游是娛，犬馬繇繇，是放是驅。"顏師古注："繇，與'悠'同。"

由由然，即愉愉然（如），即油油然、油然，即猶然，即攸然，也即後世的悠然；也即"誘然"。由由，也即《莊子·外篇·天道》的"俞俞"："无爲則俞俞，俞俞者，憂患不能處，年壽長矣。"由、油、猶、攸、悠、誘、繇古音皆餘母幽部；俞、愉，餘母侯部。侯部幽部常旁轉。指平和的樣子，悠閒的樣子，自然而然的樣子，不做作的樣子，輕鬆的樣子，悠然自得有如閒雲野鶴的樣子。"顏色和"即所謂"神色悠然"。例如：

"天油然作雲，沛然下雨，則苗浡然興之矣。"（《梁惠王上》）"禮樂不可斯須去身；致樂以治心，則易直子諒之心油然生矣。"（《禮記·樂記》，又見《祭義》）"惛然若亡而存，油然不形而神，萬物畜而不知。"（《莊子·外篇·知北遊》）"喜色猶然以出。"（《逸周書·官人解》，朱右曾《逸周書集訓校釋》："猶然，舒和貌。"按《莊子·內篇·逍遙遊》："故夫知效一官，行比一鄉，德合一君，而徵一國者，其自視也亦若此矣。而宋榮子猶然笑之。"成玄英解"猶然"爲"如是"，恐誤。）"略法先王而不知其統，猶然而材劇志大，聞見雜博。"（《荀子·非十二子》，楊倞注："猶然，舒遲貌。"）"所謂君子者，言忠信而心不德，仁義在身而色不伐，思慮明通而辭不爭，故猶然如將可及者，君子也。"（《哀公》，楊倞注："猶然，舒遲之貌。《家語》作'油然'。"按，《孔子家語·五儀解》："篤行通道，自強不息，油然若將可越而終不可及者，此則君子也。"王先謙《荀子集解》引郝懿行曰："猶然，即'油然'。"）"始舍之，圉圉焉，少則洋洋焉；攸然而逝。"（《孟子·萬章上》，焦循《正義》："攸，與'悠'同。"）"采菊東籬下，悠然見南山。"（陶潛《飲酒詩二十首》之五）"王右軍與謝太傅共登冶城。謝悠然遠想，有高世之志。"（《世説新語·言語》）"戴公從東出，謝太傅往看之。謝本輕戴，見，但與論琴書，戴既無吝色，而談琴書愈妙。謝悠然知其量。"（《雅量》）"故天下誘然皆生而不知其所以生。"（《莊子·外篇·駢拇》）"善生乎君子，誘然與日月爭光，天下弗能遏奪。"（《淮南子·謬稱訓》）

回過頭來看趙岐説與朱熹説，我們以爲朱熹所謂"自得貌"較爲準確。自得貌，就是悠然自得的樣子，與我們的理解較爲吻合。

綜上，我們譯"與鄉人處，由由然不忍去也"爲"和鄰里衆人混在一道，輕鬆自然而不忍離開"；譯《公孫丑上》"故由由然與之偕而不自失焉"爲"所以什麽人他都輕鬆自然地與之相處，從來不失常態"。（131）

10.1-3 孟子曰："伯夷，聖之清者也①；伊尹，聖之任者也；柳下惠，聖之和者也；孔子，聖之時者也。孔子之謂集大成。集大成也者，金聲而玉振之也②。金聲也者，始條理也；玉振之也者，終條理也。始條理者，智之事也；終條理者，聖之事也。智，譬則巧也；聖，譬則力也。由射於百步之外也，其至，爾力也；其中，非爾力也。"

【譯文】孟子又説："伯夷是聖人之中清高的人，伊尹是聖人之中盡責的人，柳下惠是聖人之中平和的人，孔子則是聖人之中順時而動的人。孔子，可以叫他爲集大成者。'集大成'的意思，就像青銅鑄鐘鳴響的悠揚，就像玉製特磬振動的清脆。青銅鑄鐘鳴響，是節奏條理的開始；玉製特磬振動，是節奏條理的終結。條理的開始在於智，條理的終結在於聖。智好比技巧，聖好比氣力。就好像在百步以外射箭，射那麽遠，憑你的力量；能夠射中，卻不憑你的力量。"

【注釋】①清者："清"有清廉、清高的意義。《史記·伯夷列傳》："舉世混濁,清士乃見。"《公孫丑上》："伯夷,非其君,不事;非其友,不友。不立於惡人之朝,不與惡人言;立於惡人之朝,與惡人言,如以朝衣朝冠坐於塗炭。"本篇第一章："伯夷,目不視惡色,耳不聽惡聲。非其君,不事;非其民,不使。治則進,亂則退。橫政之所出,橫民之所止,不忍居也。思與鄉人處,如以朝衣朝冠坐於塗炭也。"因此我翻譯"清者"爲"清高的人"。 ②金聲而玉振之:猶言"金聲之而玉振之","金""玉"均爲名詞作狀語修飾"聲"和"振",像洪鐘那樣鳴響,像玉磬那樣振動。

10.2－1 北宮錡問曰①:"周室班爵祿也②,如之何?"孟子曰:"其詳不可得聞也,諸侯惡其害己也,而皆去其籍③;然而軻也嘗聞其略也:天子一位,公一位,侯一位,伯一位,子、男同一位,凡五等也。君一位,卿一位,大夫一位,上士一位,中士一位,下士一位,凡六等。天子之制,地方千里,公侯皆方百里,伯七十里,子、男五十里,凡四等。不能五十里,不達於天子,附於諸侯,曰附庸。天子之卿受地視侯④,大夫受地視伯,元士受地視子、男。

【譯文】北宮錡問道:"周朝排定的官爵和俸祿的等級制度是怎麼回事呢?"孟子答道:"詳細情況已經不能夠知道了,因爲諸侯厭惡它妨礙自己,把那些登記的簿册都毁掉了。儘管這樣,我也還是聽説過一些大致情形:天子爲一級,公一級,侯一級,伯一級,子和男合起來算一級,一共五級。君爲一級,卿一級,大夫一級,上士一級,中士一級,下士一級,共六級。按照規定,天子管理的土地縱橫各一千里,公和侯各一百里,伯七十里,子、男各五十里,一共四級。土地不够五十里的國家,够不著天子,因此附屬於諸侯,叫作'附庸'。天子的卿,他的封地和侯相同;大夫,他的封地和伯相同;元士,他的封地和子、男相同。

【注釋】①北宮錡(qí):衛國人。 ②班:列。 ③去其籍:除去其簿册。去,除去。 ④視:視同,比照。

10.2－2 "大國地方百里,君十卿禄,卿禄四大夫,大夫倍上士,上士倍中士,中士倍下士①,下士與庶人在官者同禄,禄足以代其耕也。次國地方七十里,君十卿禄,卿禄三大夫,大夫倍上士,上士倍中士,中士倍下士,下士與庶人在官者同禄,禄足以代其耕也。小國地方五十里,君十卿禄,卿禄二大夫,大夫倍上士,上士倍中士,中士倍下士,下士與庶人在官者同禄,禄足以代其耕也。耕者之所獲,一夫百畝;百畝之糞②,上農夫食九人,上次食八人,中食七人,中次食六人,下食五人。庶人在官者,其禄以是爲差。"

【譯文】"大國土地縱橫各一百里,君主的俸禄是卿的十倍,卿是大夫的四倍,大夫是上士的兩倍,上士是中士的兩倍,中士是下士的兩倍,下士的俸禄和平民擔任小官的相同,他們的俸禄足以抵償他們耕種的收入了。稍小點的國,土地縱橫各七十里,君主的俸禄是卿的十倍,卿是大夫的三倍,大夫是上士的兩倍,上士是中士的兩倍,中士是下士的兩倍,下士的俸禄和平民擔任小官的相同,他們的俸禄足以抵償他們耕種的收入了。小國的土地縱橫各五十里,君主的俸禄是卿的十倍,卿是大夫的兩倍,大夫是上士的兩倍,上士是中士的兩倍,中士是下士的兩倍,下士的俸禄和平民擔任小官的相同,他們的俸禄足以抵償他們耕種的收入了。農夫的耕種收入,一夫一婦分田百畝。百畝田地的耕作,上上等農夫可以養活九個人,上次等養活八個人,中上等養活七個人,中次等養活六個人,下等養活五個人。平民擔任小官的,他們的俸禄也比照上面説的來分等級。"

【注釋】①十、四、倍:均在句中作謂語,這在當時語言中是很常見的。 ②糞:施肥,這裏指耕作。

10.3－1 萬章問曰:"敢問友?"

孟子曰:"不挾長,不挾貴,不挾兄弟而友①。友也者,友其德也,不可以有挾也。孟獻子,百乘之家也,有友五人焉②:樂正裘、牧仲③,其三人,則予忘之矣。獻子之與此五人者友也,無獻子之家者也。此五人者,亦有獻子之家,則不與之友矣。非惟百乘之家爲然也,雖小國之君亦有之。費惠公曰④:'吾於子思,則師之矣;吾於顏般,則友之矣;王順、長息則事我者也。'

【譯文】萬章問道:"請問如何交朋友?"

孟子答道:"不要仗著自己年紀大,不要仗著自己地位高,不要仗著自己兄弟富貴來交朋友。所謂交朋友,是心靈品德的交集,絕不能仗著什麼。孟獻子家有一百輛車馬,他有五位朋友:樂正裘、牧仲,其他三位,我忘記了。獻子跟這五位相交,並不會想到自己有著富貴之家。這五位,如果也想著獻子家那樣富貴,就不會和他交友了。不單單是擁有一百輛車馬的大夫這樣,即便小國國君也有朋友。費惠公説:'我對子思,只是把他當作老師;對於顏般,只是把他當作朋友;王順和長息,不過是侍奉我的人罷了。'

【注釋】①不挾(xié)兄弟而友:挾,倚仗。兄弟,趙岐《注》:"兄弟有富貴者。"上文"不挾長,不挾貴"兩句後各探下省"而友"二字。説參楊樹達《漢書窺管·自序》之説《金日磾傳》"賞爲奉車,建附馬都尉"。 ②孟獻子……有友五人焉:孟獻子,魯國大夫仲孫蔑。焦循説:"《國語·晉語》:'趙簡子曰,魯孟獻子有鬭臣五人。注云:'鬭臣,扞難之士。'未知即此五人否?" ③樂正裘、牧仲:焦循説:"《漢書古今人表》孟獻子、樂正裘、牧仲並居第四等,是以其德同也。" ④費(bì):小國名,在今山東費縣。《論語·季氏》:"冉有曰:'今夫顓臾,固而近於費,今不取,後世必爲子孫憂。'"

10.3-2 "非惟小國之君爲然也,雖大國之君亦有之。晉平公之於亥唐也,入云則入,坐云則坐,食云則食①,雖蔬食菜羹②,未嘗不飽,蓋不敢不飽也③。然終於此而已矣。弗與共天位也,弗與治天職也,弗與食天禄也——士之尊賢者也,非王公之尊賢也。舜尚見帝④,帝館甥于貳室⑤,亦饗舜⑥,迭爲賓主,是天子而友匹夫也。用下敬上⑦,謂之'貴貴';用上敬下,謂之'尊賢'。貴貴尊賢,其義一也。"

【譯文】"不單單小國的君主這樣,就是大國之君也有朋友。晉平公如何對待亥唐?亥唐叫他進去,就進去;叫他坐,就坐;叫他吃飯,就吃飯。就算是糙米飯蔬菜湯,從没有不吃飽過,因爲不敢不吃飽。不過也就這樣子罷了。不和他共享天授之位,不和他共治天授之職,不和他共食天授之禄,這不過是士人尊敬賢者的態度,不是天子、諸侯尊敬賢者所應秉持的態度。舜謁見堯,堯請女婿住在另一處官邸裏,也請他吃飯,接著互爲客人和主人,這就是天子和老百姓的交友。以卑賤者身份尊敬高貴者,叫作尊重貴人;以高貴者身份尊敬卑賤者,叫作尊敬賢者。尊重貴人和尊敬賢者,道理是一樣的。"

【注釋】①入云、坐云、食云:"云入""云坐""云食"之倒文。 ②蔬食菜羹:蔬食,蔬,同"疏"。疏食,即《論語》"飯疏食飲水曲肱而枕之"的"疏食",粗糲之食。菜羹,蔬菜煮的羹湯。楊伯峻《孟子譯注》譯"菜羹"爲"小菜湯",長沙話的"小菜"就是"蔬菜"。有人認爲"菜羹"爲素的炒菜。按,炒菜這一烹調方式甚晚起,六朝時尚未濫觴。《論語譯注》《孟子譯注》譯文中頗有採用長沙方言詞語及表達方式者,讀者應稍加注意。又如9.7譯文"又何不如使現在的君主做堯舜一樣的君主呢?又何不如使現在的百姓做堯舜時代一樣的百姓呢","又何不如"正是長沙口語。 ③晉平公之於亥唐也……蓋不敢不飽也:《太平御覽》引皇甫謐《高士傳》:"亥唐者,晉人也。晉平公時,朝多賢臣,祁奚、趙武、師曠、叔向皆爲卿大夫,名顯諸侯。唐獨不官,隱於窮巷。

平公聞其賢,致禮與相見而請事焉。平公待於門,唐曰入,公乃入。唐曰坐,公乃坐。唐曰食,公乃食。唐之食公也,雖蔬食菜羹,公不敢不飽。"不知本之《孟子》而演繹爲之,抑或另有所本歟? ④尚:同"上"。以匹夫而晉謁天子,故云"上"。 ⑤甥:女婿(舜是堯的女婿);同樣,"舅"(或"外舅")也是岳父。 ⑥饗(xiǎng)舜:設酒宴招待舜。饗,設酒宴招待。 ⑦用:以,憑著。

10.4-1 萬章問曰:"敢問交際何心也?"孟子曰:"恭也。"

曰:"'卻之卻之爲不恭①。'何哉?"曰:"尊者賜之②,曰:'其所取之者義乎? 不義乎?'而後受之,以是爲不恭,故弗卻也。"

曰:"請無以辭卻之,以心卻之,曰:'其取諸民之不義也。'而以他辭無受,不可乎?"曰:"其交也以道,其接也以禮,斯孔子受之矣。"

【譯文】萬章問道:"請問互相交流的時候,要抱持什麼態度?"孟子答道:"畢恭畢敬。"

萬章説:"〔俗話説,〕'一再拒絶人家的禮物,這是不恭敬'。爲什麼呢?"孟子説:"尊者賞給你什麼,你還得想想:'他得來這禮物合於義呢? 還是不合於義呢?'然後才接受,這是不恭敬的;因此才不拒絶。"

萬章説:"我説,我不用言辭拒絶他的禮物,用心來拒絶罷了,心裏説:'這是他從百姓那得來的不義之財呀!'再用託詞來拒絶,難道不可以嗎?"孟子説:"他依規矩跟我交往,依禮節跟我接觸,如果這樣,孔子都會接受禮物的。"

【注釋】①卻之卻之爲不恭:對尊者的賜予,一再推卻,是不恭敬的。卻,推卻。詳見本節《考證》。 ②尊者:與"長者"不同。長者以年齒言,尊者以地位言。

【考證】卻之卻之爲不恭：

白平説："原文明顯是衍一'卻之'，楊（伯峻）氏卻將'卻之卻之'譯爲'一再拒絶人家的禮物'，不可取。"（《楊伯峻〈孟子譯注〉商榷》，第243頁）徐正考先生對著者説，"卻之卻之"是用重疊形式表示反復"卻之"。李美妍有《漢語動詞重疊形式演變》一文，可以參考。王統尚、秦宇爲我找到的證據如："左之左之，君子宜之；右之右之，君子有之。"（《詩經·小雅·裳裳者華》）"敬之敬之，天維顯思，命不易哉！"（《周頌·敬之》）"戒之戒之！出乎爾者，反乎爾者也。"（《孟子·梁惠王下》）以上都是用重疊形式表示一再表示反復的例證。（132）

10.4-2 萬章曰："今有禦人於國門之外者①，其交也以道，其餽也以禮，斯可受禦與？"

曰："不可；《康誥》曰：'殺越人于貨，閔不畏死，凡民罔不譈②。'是不待教而誅者也③。殷受夏，周受殷，所不辭也④；於今爲烈，如之何其受之？"

曰："今之諸侯取之於民也，猶禦也。苟善其禮際矣，斯君子受之，敢問何説也？"

曰："子以爲有王者作，將比今之諸侯而誅之乎⑤？其教之不改而後誅之乎？夫謂非其有而取之者盜也，充類至義之盡也⑥。孔子之仕於魯也，魯人獵較⑦，孔子亦獵較。獵較猶可，而況受其賜乎？"

【譯文】萬章説："如今有一個在國都郊外攔路搶劫的人，他也依規矩跟我交往，也依禮節送我吃的，這樣就可以接受贓物了嗎？"

孟子説："不可以；《康誥》説：'殺人越貨，悍不畏死，這種人，没人不痛恨！'可見這種人是不必先教育就可以誅殺的。這種法律，殷商從夏朝繼承過來，周朝從殷商繼承過來，全盤接受而没有更改；如今這法律更是顯赫昭彰，又怎麽可以接受贓物呢？"

萬章説:"今天這些諸侯,他們的財物從百姓那兒拿來,也和攔路搶劫差不多。假如做好交流時的禮節,那麼君子也就接受了,請問這又如何解説呢?"

孟子説:"你以爲若有聖王興起,對於今天的諸侯,是不加區別全部誅殺呢? 還是先行教育,如有不改悔者,然後〔分別不同情形再行〕誅殺呢? 而且,不是自己所有,而取得它,將這種行爲説成搶劫,這只是把它擴充而後歸類到'義'的頂點才説的話。孔子在魯國做官的時候,魯國人爭奪獵物,孔子也爭奪獵物。爭奪獵物都可以,何況接受賞賜呢?"

【注釋】①禦:攔截,禁止。 ②《康誥》曰以下數句:今本《尚書·康誥》作"殺越人于貨,暋不畏死,罔弗憝"。"越"爲語氣詞,無實義。于,往。于貨,取貨。閔,通"暋"(mǐn),強悍,強橫。譈,同"憝"(duì),怨恨。 ③不待教而誅:無須先行教育,待其不改而殺之;可以直接殺掉。是,此。詳見本節《考證》(一)。 ④殷受夏,周受殷,所不辭也:意謂殷之於夏,周之於殷,全盤接受而不加推辭,即無須更改。不辭,不推辭,不放棄。所,是"不辭"的前置賓語,指代上文之"殷受夏,周受殷"。詳見本節《考證》(二)。 ⑤比(bǐ):同。 ⑥充類至義之盡:把它強調到義的頂點。詳見本節《考證》(三)。 ⑦獵較:狩獵時,競爭誰能奪得禽獸。

【考證】(一)是不待教而誅者也:

趙岐《注》:"若此之惡,不待君之教命,遭人則討之。"楊伯峻《譯注》則譯爲"這是不必先去教育他就可以誅殺的"。我們以爲後一種理解是正確的。《論語·堯曰》:"子張曰:'何謂四惡?'子曰:'不教而殺謂之虐……'"《荀子·宥坐》:"孔子慨然歎曰:'嗚呼! 上失之,下殺之,其可乎? 不教其民而聽其獄,殺不辜也。'"《韓詩外傳》:"孔子曰:'否。不教而聽其獄,殺不辜也。'"又云:"孔子曰:'不戒責成,害也。慢令致期,暴也。不教而誅,賊也。君子爲政,避此三者。'"又云:"賜聞之:託法而治謂之'暴',不戒致期謂之'虐',不教而誅謂之

'賊'。"又云:"不教而誅,則民不識勸也。"

孟子此言意謂,對此元惡巨憝,是不必先教後誅的。下文萬章云,今之諸侯,財貨取之於民,與彼元惡巨憝等,何以君子受其饋贈耶?孟子則云視此若彼,未免"充類至義之盡"——其實是輕重不分,且云:"子以爲有王者作,將比今之諸侯而誅之乎?其教之不改而後誅之乎?""教之不改而後誅之乎"正與"是不待教而誅者也"前後呼應,亦可證此"教"爲教育,而非"教命"。(133)

(二)殷受夏,周受殷,所不辭也:

趙岐《注》:"三代相傳以此法,不須辭問也。""不須辭問",謂不須以言辭請示於上也。我們以爲趙岐之説似未達其旨。此十字意謂殷之於夏,周之於殷,全盤接受而不加推辭,即無須更改。不辭,不推辭,不放棄。所,是"不辭"的前置賓語,指代上文之"殷受夏,周受殷"。由此可知此"不辭"可帶賓語。而周秦文獻中帶賓語的"不辭",均謂不推辭,不放棄。

例如:"柳下惠不羞汙君,不辭小官。"(《孟子·萬章下》)"故海不辭東流,大之至也。"(《莊子·雜篇·徐無鬼》)"君子有力于民則進爵禄,不辭貴富。"(《晏子春秋·内篇雜上》)"竭能盡力而不尚得,犯難離患而不辭死。"(《管子·重令》)"海不辭水,故能成其大;山不辭土石,故能成其高。"(《形勢解》)"拔戟加乎首,則十指不辭斷。"(《荀子·彊國》)"士盡力竭智,直言交爭,而不辭其患。"(《吕氏春秋·季冬紀》)"不辭卑辱,故謂之'仁義'。"(《韓非子·難一》)

"辭"的反面則爲"受"。《晏子春秋·内篇雜下》:"景公謂晏子曰:'昔吾先君桓公,以書社五百封管仲,不辭而受,子辭之何也?'"景公所言,正與"殷受夏,周受殷,所不辭也"相彷彿。(134)

(三)充類至義之盡也:

這兩句有兩種斷句和解釋。趙岐《注》:"充,滿。至,甚也。滿其類大過至者,但義盡耳,未爲盜也。諸侯本當税民之類者,今大盡耳,亦不可比於禦。"然則,該七字應斷爲兩句,作"充類至,義之盡也"。

朱熹《四書章句集注》:"夫禦人於國門之外,與非其有而取之,二者固皆不義之類;然必禦人,乃爲真盜。其謂非有而取爲盜者,乃推其類,至於義之至精至密之處而極言之耳,非便以爲真盜也。"然則,該七字應合爲一句,作"充類至義之盡也"。

我們以爲朱熹之説可信度較高。且看以下書證:

"此之謂夏聲。夫能夏則大,大之至也。"(《左傳·襄公二十九年》)"蜡之祭,仁之至,義之盡也。"(《禮記·郊特牲》)"君再拜稽首,肉袒親割,敬之至也……肉袒,服之盡也。"(《禮記·郊特牲》)"利適,器之至也;用敵,教之盡也。"(《管子·兵法》)"明者,禮之盡也。"(《史記·禮書》)"故繩者,直之至;衡者,平之至;規矩者,方圓之至。"(《荀子·禮論》)

也即,雖然《禮記》有"仁之至,義之盡",《管子》有"利適,器之至也;用敵,教之盡也",似乎可以證明本節這七個字可以斷爲"充類至,義之盡也",但表示"N的頂點""Adj的頂點""V〔O〕達到極點"(N:名詞;Adj:形容詞;V〔O〕:動詞及其賓語。方括號中的成分表示可以有,也可以無),一定以"N之至""Adj之至""V〔O〕之至"的形式出現,如"仁之至""直之至""大之至";也即,其中的"之"是少不了的。我們調查了《論語》《孟子》《墨子》《荀子》《左傳》《國語》,莫不如此。即以《孟子》爲例:

"寡助之至,親戚畔之;多助之至,天下順之。"(《公孫丑下》)"規矩,方員之至也;聖人,人倫之至也。"(《離婁上》)"孝子之至,莫大乎尊親;尊親之至,莫大乎以天下養。爲天子父,尊之至也;以天下養,養之至也。"(《萬章上》)"動容周旋中禮者,盛德之至也。"(《盡心下》)

"充類至"卻缺少了這一關鍵的"之"。

也有極爲少數的例外:"中庸之爲德也,其至矣乎!"(《論語·雍也》)"《易》,其至矣乎!"(《周易·繫辭上》),但有其條件:"至"前有語氣副詞"其",後有語氣詞"也矣"。"充類至"卻缺乏這些條件。

"充類至義之盡也",其類似句子如:"吾王之好鼓樂,夫何使我至於此極也。"(《梁惠王下》)"宰我、子貢、有若,智足以知聖人,汙不至阿其所好。"(《公孫丑上》)"政不節與?使民疾與?何以不雨至斯極也!"(《荀子·大略》)以上是"至"(至於)後帶較抽象賓語的例子,可見,以"義之盡"作"至"的賓語,應無問題。(135)

10.4－3 曰:"然則孔子之仕也,非事道與①?"曰:"事道也。"

"事道奚獵較也?"曰:"孔子先簿正祭器②,不以四方之食供簿正。"曰:"奚不去也?"

曰:"爲之兆也③。兆足以行矣,而不行,而後去,是以未嘗有所終三年淹也④。孔子有見行可之仕,有際可之仕,有公養之仕⑤。於季桓子,見行可之仕也;於衛靈公,際可之仕也;於衛孝公⑥,公養之仕也。"

【譯文】萬章説:"但是,孔子出來做官,不是爲了行道嗎?"孟子説:"是爲了行道。"

"既然爲了行道,爲什麼又爭奪獵物呢?"孟子説:"孔子先用文書規定祭祀所用器物和祭品,但不用各處的珍貴食物來滿足文書規定的祭祀〔,所以必須通過爭奪獵物來提供祭品〕。"萬章説:"他爲什麼不離開呢?"

孟子説:"孔子做官,總要試驗一下。試驗以後,主張可以實行,君主卻不肯實行,這才離開,所以他没有在一個朝堂停留超過三年。孔子有時因爲可以行道而做官,也有時因爲君主給他禮遇而做官,也有時因爲國君養賢而做官。對於季桓子,是因爲可以行道而做官;對於衛靈公,是因爲禮遇而做官;對於衛孝公,是因爲國君養賢而做官。"

【注釋】①事道:行道。　②孔子先簿正祭器:孔子首先用修訂簿書來匡正宗廟祭祀之器。　③兆:開始,試行,試驗。　④終三年淹:終止於三年的淹留,即完成三年的淹留。終,終止。淹,淹留,滯留,停留。 ⑤際可,公養:"際可"爲獨對某一人的禮遇,"公養"則是對當時一般人的待遇。 ⑥衛孝公:即衛出公。朱熹《四書章句集注》:"孝公,《春秋》《史記》皆無之,疑出公也。"錢穆《先秦諸子繫年・孔子自楚返衛考》也贊同這一說法。但他在《孔子傳》中又説"'出公'非其諡,或即諡'孝公'也"。

10.5 孟子曰:"仕非爲貧也,而有時乎爲貧;娶妻非爲養也,而有時乎爲養。爲貧者,辭尊居卑,辭富居貧。辭尊居卑,辭富居貧,惡乎宜乎?抱關擊柝①。孔子嘗爲委吏矣②,曰:'會計當而已矣。'嘗爲乘田矣③,曰:'牛羊茁壯長而已矣。'位卑而言高,罪也;立乎人之本朝④,而道不行,恥也。"

【譯文】孟子説:"做官不是因爲貧窮,但有時候也是因爲貧窮。娶妻不是爲了奉養父母,但有時候也是爲了奉養父母。因爲貧窮而做官的,就該拒絶高官,而居於卑位;拒絶厚禄,而只拿薄薪。拒絶高官,居於卑位;拒絶厚禄,只拿薄薪,怎樣才合適呢?去守門打更好了。孔子曾經當過管理倉庫的小官,他説:'賬目清楚就行了。'也曾做過管理牲畜的小官,他説:'牛羊壯實成長就行了。'位置低下,而縱論天下古今,是錯誤;站在別人朝堂上做官,而政治主張不能推行,是恥辱。"

【注釋】①抱關擊柝(tuò):抱關,守城門的軍卒。柝,值更所擊的木頭,中空,類似今之木魚。 ②委吏:管倉庫的小官。 ③乘(shèng)田:管畜牧的小官。 ④本朝:朝廷。"本朝"一詞又見於《管子》《晏子春秋》《荀子》《吕氏春秋》《大戴禮記》。王引之《經義述聞・通説上》對"本朝"有詳細論述。

10.6-1 萬章曰:"士之不託諸侯,何也?"孟子曰:"不敢也。諸侯失國,而後託於諸侯,禮也;士之託於諸侯,非禮也。"

萬章曰:"君餽之粟,則受之乎?"曰:"受之。"

"受之何義也?"曰:"君之於氓也,固周之①。"

曰:"周之則受,賜之則不受,何也?"曰:"不敢也。"

曰:"敢問其不敢何也?"曰:"抱關擊柝者皆有常職以食於上。無常職而賜於上者,以爲不恭也。"

【譯文】萬章説:"士人不仰仗别國諸侯生活,爲什麽呢?"孟子説:"不敢這樣。諸侯失去了國家,然後才仰仗别國諸侯,這是合於禮的;士仰仗别國諸侯,是不合於禮的。"

萬章説:"君主如果送給他穀米,那接受嗎?"孟子説:"接受。"

"接受又有個什麽說法呢?"答道:"君主對於流亡者,本來可以周濟他。"

問道:"周濟他,就接受;賞給他,就不接受,爲什麽呢?"答道:"不敢哪。"

問道:"請問,不敢接受,又是爲什麽呢?"答道:"守門打更的人都有一定的職務,因而接受上面的給養。没有一定的職務,卻接受上面賞給的,這被認爲是不恭敬的。"

【注釋】①周:周濟(後世又作"賙濟"),接濟。

10.6-2 曰:"君餽之,則受之,不識可常繼乎?"曰:"繆公之於子思也,亟問①,亟餽鼎肉②。子思不悦。於卒也,摽使者出諸大門之外③,北面稽首再拜而不受④,曰:'今而後知君之犬馬畜伋。'蓋自是臺無餽也⑤。悦賢不能舉,又不能養也,可謂悦賢乎?"

曰:"敢問國君欲養君子,如何斯可謂養矣?"曰:"以君命將之⑥,再拜稽首而受。其後廩人繼粟,庖人繼肉⑦,不以君命將之。子思以爲鼎肉使己僕僕爾亟拜也⑧,非養君子之道也。堯之於舜也,使其子九男事之⑨,二女女焉⑩,百官牛羊倉廩備，以養舜於畎畝之中，後舉而加諸上位⑪。故曰，王公之尊賢者也。"

【譯文】問道："君主給他饋贈，他也就接受，不知道可以經常這樣做嗎？"

答道："魯繆公對於子思，就是屢次問候，屢次送給他肉食，子思不高興。最後一次，子思便揮手把來人趕出大門，然後朝北面磕頭作揖拒絕了，並說：'今天才知道君主把我當狗當馬養著。'大概從此才不讓僕役給子思送禮了。喜歡賢人，卻不能重用，又不能有禮貌地照顧生活，可以說是喜歡賢人嗎？"

問道："國君要在生活上照顧君子，要怎樣做才算照顧得好呢？"答道："先稱述君主的旨意送給他，他便作揖磕頭而接受。然後管理倉庫的人經常送來穀米，掌管伙食的人經常送來肉食，這些都不用稱述君主的旨意了〔，接受者也就可以不再作揖磕頭了〕。子思認為為了一塊肉便讓自己勞神費力再三作揖行禮，這就不是照顧君子生活應有的方式了。堯對於舜，讓自己的九個兒子向他學習，把自己的兩個女兒嫁給他，而且百官、牛羊、倉庫全都具備，來讓舜在村裏得到周到的生活照顧，然後提拔他到很高的職位上。所以說，這才算是天子、諸侯尊敬賢者呀！"

【注釋】①問：問訊，問候。　②鼎肉：熟肉。　③摽（biāo）：揮手讓別人走開。　④稽首再拜：碰頭於地叫作稽首。再拜，作揖兩次。"再拜稽首"是吉拜，表示接受禮物。"稽首再拜"是凶拜，表示拒絕禮物。　⑤自是臺無餽：臺，僕役。趙岐《注》："臺，賤官主使令者。《傳》曰：'僕臣臺。'從是之後，臺不持餽來，繆公慍也。"詳見本節《考證》。　⑥將：贈送。　⑦庖人：官名，類似現在的食堂主任。　⑧僕僕爾：煩猥的樣子。　⑨事之："事之"有跟隨某人學習的意思。《滕文公上》："陳良……所謂豪傑之士也。子之兄弟事之數十年，師死而遂倍之！""他日，子夏、子張、子游以有若似聖人，欲以所事孔子事之。"又如下章："古之人有言曰，事之云乎？豈曰友之云乎？"　⑩二女女焉：第二個"女"活用,"嫁"的意思。　⑪加:加官,授予爵祿於人。

【考證】自是臺無餽:

　　趙岐《注》:"臺,賤官主使令者。《傳》曰:'僕臣臺。'從是之後,臺不持餽來,繆公慍也。"楊樹達《積微居小學金石論叢·〈孟子〉"臺無餽"解》云:"樹達按:無餽事屬繆公,不當以與臺賤隸言之。邠卿望文生義,其説非也。今按'臺'當讀爲'始'。'蓋自是臺無餽',謂魯繆公自是始不餽子思也。《説文》十二篇下女部云:'始,女之初也。從女,台聲。''台'與'臺'古音同。按《吕氏春秋》卷十七《任數篇》云:'嚮者煤臺入甑中。'高誘注云:'臺,讀爲炱。'《説文》十篇上火部:'炱,從台聲。'《孟子》之假'臺'爲'始',猶《吕氏春秋》之假'臺'爲'炱'矣。"

　　我們考察的結果,以趙《注》爲長。

　　1."無餽事屬繆公,不當以與臺賤隸言之",覈諸典籍,"饋"(餽)的主語確實多爲君主、貴族,但也可見地位並不怎麽高的人。如:"圉人歸,以告夫人。夫人使饋之錦與馬。"(《左傳·襄公二十六年》)"僖子使子士之母養之,與饋者皆入。"(《哀公六年》)"晏子曰:'此皆力攻勍敵之人也,無長幼之禮。'因請公使人少饋之二桃,曰:'三子何不計功而食桃。'"(《晏子春秋·内篇諫下》)"夫人使饋之錦與馬"謂夫人使人饋之錦與馬也;"饋"的主語不是夫人而是夫人所使的人。不過根據"使"的慣常用法,其後的賓語(也即"饋"的主語)没有出現。第三例"公使人少饋之二桃","使"的賓語即"饋"的主語"人"出現了。第二例的"饋者",也不是地位很高的人,大約即"與臺賤隸"之類。

　　2."自是+主謂結構"格式的句子在《孟子》成書年代語言中較爲常見:"初,麗姬之亂,詛無畜群公子,自是晉無公族。"(《左傳·宣公二年》)"厲之役,鄭伯逃歸,自是楚未得志焉。"(《宣公十一年》)"自是楚之乘廣先左。"(《宣公十二年》)"自是晉人輕魯幣,而益敬其使。"(《襄公十四年》)"自是荒服者不至。"(《國語·周語上》)"自是晉聘於魯。"(《魯語上》)"自是子服之妾衣不過七升之布,馬飴不過稂莠。"

(《同上》)"自是齊、楚代討於魯。"(《魯語下》)

"自是臺無餽"之"臺"若如趙岐《注》釋爲"賤官主使令者",則該句正屬於"自是+主謂結構"這一常見格式。而讀爲"自是始無餽",則只能歸納爲"自是+非主謂結構"格式,後者我們只見到一例:"孫文子自是不敢舍其重器於衛。"(《左傳·成公十四年》)這例可視爲"孫文子"從"自是"後移位到"自是"前了;因爲這一移位,在"自是"和"不敢舍其重器於衛"之間留下了語跡 t,這可以解釋爲何"不敢舍其重器於衛"的主語是缺位的。

3. 不僅如此,"始無"這一短語,未見於先秦典籍,其最早見於典籍者,爲成書於北齊的《魏書·蕭寶夤傳》:"或充單介之使,始無汗馬之勞。"唐代以後,典籍中漸漸較爲多見:"始無慚德。"(成書於唐代之《南史·陸澄傳》)"兩川之民始無擾焉。"(成書於元代之《宋史·曹穎叔傳》)"始""無"在《孟子》成書年代都是高頻詞,尤其是存在動詞"無",在《孟子》中出現達 204 次之多(《孟子詞類研究》)。故"始無"短語的始見於《南齊書》《魏書》,恐怕不能用周秦語言中已有而可能不出現於載籍來予以解釋。

趙岐釋"臺"爲"賤官主使令者",正好呼應下文之"其後廩人繼粟,庖人繼肉,不以君命將之"。

這裏想順便談談"語感"問題。從事古籍整理與研究者,必須對古籍具有較强的語感,這是必須予以强調的。但是,我們通過誦讀先秦兩漢甚至更晚的文獻建立起來的語感,基本上都是泛時的,包括老一輩的文獻大家。如果過分依賴這種泛時而非共時的語感,去解讀或重新解讀古代文獻,往往容易將後世才出現的語言現象,套用到前世的語言上。我們所説的"過分依賴",主要是指,認爲自己的語感足以判定某句是否在當時文獻中文從字順,而忽略或省略了"審句例"也即考察分佈這一至關重要因而不能省略的步驟。如果説,老一輩學者限於當時條件而主要依靠記誦,難以在浩如煙海的文獻中辨明每一個詞、每一詞義、每一語法形式的歷史沿革,因而無可厚非的話,

那麼在今日Ｅ時代要做到上述這些並非十分困難的情況下，卻還是一仍舊貫，就有些說不過去了。（136）

10.7－1 萬章曰："敢問不見諸侯，何義也？"孟子曰："在國曰市井之臣，在野曰草莽之臣，皆謂庶人。庶人不傳質為臣①，不敢見於諸侯，禮也。"

萬章曰："庶人，召之役，則往役；君欲見之，召之，則不往見之，何也？"曰："往役，義也；往見，不義也。且君之欲見之也，何為也哉？"

【譯文】萬章問道："請問士人不去謁見諸侯，這是什麼道理呢？"孟子答道："不曾有過職位的人，住在國都，叫作市井之臣；住在鄉野，叫作草莽之臣，這都叫作庶人。庶人不送見面禮而取得臣屬資格，不敢去謁見諸侯，這是禮節。"

萬章說："庶人，召他去服役，便去服役；君主想要接見他，召喚他，卻不去謁見，這又為什麼呢？"孟子說："去服役，是應該的；去謁見，是不應該的。況且，君主想要見他，為的是什麼呢？"

【注釋】①傳質：拿禮物（贄，也就是質）求見，必先由守門者傳達，這叫作"傳贄"。庶人的質用鶩（wù，野鴨），參見6.3－1注③。

10.7－2 曰："為其多聞也，為其賢也。"

曰："為其多聞也，則天子不召師，而況諸侯乎？為其賢也，則吾未聞欲見賢而召之也。繆公亟見於子思①，曰：'古千乘之國以友士，何如？'子思不悅，曰：'古之人有言曰，事之云乎？豈曰友之云乎②？'子思之不悅也，豈不曰：'以位，則子，君也；我，臣也；何敢與君友也？以德，則子事我者也，奚可以與我友？'千乘之君求與之友而不可得也，而況可召與？齊景公田，招虞人以旌，不至，將殺之。志士不忘在溝壑，勇士不忘喪其元。孔子奚取焉？取非其招不往也。"

【譯文】萬章說："爲的是他見多識廣，爲的是他品德高尚。"

孟子說："如果爲的是他見多識廣，那天子都不能召喚老師，何況諸侯呢？如果爲的是他品德高尚，那我也沒聽說過想要和賢人見面卻召喚他去的。魯繆公好多次拜訪子思，說：'古代有著千輛兵車的國君和士人交友，會怎麼樣？'子思不高興，說：'古代人問得好，究竟是以士人爲師呢，還是說和士人交友呢？'子思的不高興，難道不是心裏這樣說：'論地位，那你是君主，我是臣子，哪敢和你交朋友呢？論道德，那你是向我學習的人，怎麼夠格和我交朋友呢？'千乘之國的國君追求和他交朋友都辦不到，何況召喚他呢？齊景公田獵，用旌來召喚獵場管理員；他不來，準備殺他。有志之士不怕〔死無葬身之地，〕棄屍山溝；勇敢的人〔見義勇爲，〕不怕丟掉腦袋。孔子對這個管理員取他哪一點呢？就是取不是該招他的禮，他硬是不去。"

【注釋】①見於子思：被子思接見。類似者如："暴見於王"（《梁惠王下》）"他日，（孟子）見於王"（《公孫丑下》）"（曹）交得見於鄒君"（《告子下》）。見，舊讀 xiàn。　②豈曰友之云乎：即"豈曰云友乎"，應譯爲："難道說是指的交友嗎？"云，說的，指。詳見本節《考證》。

【考證】豈曰友之云乎：

《孟子譯注》注曰："《公羊傳·莊公二十四年》：'然則曷用？棗栗云乎？腶脩云乎？'何休注云：'云乎，辭也。'"所謂"辭"就是虛詞，這裏指語氣詞。恐怕不確。"云"意爲"說""說的""指"，可以倒裝。如《萬章下》："晉平公之於亥唐也，入云則入，坐云則坐，食云則食。"參見 10.3—2 注①。《論語·陽貨》："禮云禮云，玉帛云乎哉？樂云樂云，鐘鼓云乎哉？"可譯爲："說禮呀說禮呀，是說的玉帛嗎？說樂呀說樂呀，是說的鐘鼓嗎？""說禮呀說禮呀，是指玉帛嗎？說樂呀說樂呀，是指鐘鼓嗎？""棗栗云乎？腶脩云乎？"可譯爲："是說的棗栗嗎？是說的腶脩嗎？""是指棗栗嗎？是指腶脩嗎？"

"豈曰友之云乎"又稍有不同，"之"用以復指"友"，也即"豈曰云

友乎",意爲:"難道説是指交友嗎?"(137)

10.7-3 曰:"敢問招虞人何以?"曰:"以皮冠。庶人以旃①,士以旂②,大夫以旌。以大夫之招招虞人,虞人死不敢往;以士之招招庶人,庶人豈敢往哉?況乎以不賢人之招招賢人乎?欲見賢人而不以其道,猶欲其入而閉之門也。夫義,路也;禮,門也。惟君子能由是路,出入是門也。《詩》云③:'周道如底④,其直如矢;君子所履,小人所視⑤。'"

萬章曰:"孔子,君命召,不俟駕而行⑥;然則孔子非與?"曰:"孔子當仕,有官職,而以其官召之也。"

【譯文】問道:"請問召喚獵場管理員該用什麽呢?"答道:"用皮帽子。召喚老百姓用旃,召喚士用旂,召喚大夫用旌。用召喚大夫的禮節去召喚獵場管理員,獵場管理員死也不敢去;用召喚士人的禮節去召喚庶人,庶人難道敢去嗎?更何況用召喚不賢之人的禮節去召喚賢人呢?想和賢人會面,卻不依循規矩禮節,就好比要請他進來卻閉上門。義好比是路,禮好比是門。只有君子能從這條路上走,從這扇門裏進。《詩經》説:'大路平似磨刀石,又像箭桿一般直。君子在它上面走,小人以它爲法式。'"

萬章問道:"孔子,國君之命在召喚,不等車馬駕好便逕行走去。這樣看來,孔子錯了嗎?"答道:"那是因爲孔子正在做官,有職務在身,國君用他擔任的官職去召喚他。"

【注釋】①旃(zhān):曲柄旗。 ②旂(qí):有鈴鐺的旗。 ③《詩》云以下四句:見《小雅·大東》。 ④周道如底:周道,大道。"底"當作"厎","厎"即"砥"字,磨刀石。 ⑤視:看著,看齊,效法。 ⑥君命召,不俟駕而行:《論語·鄉黨》:"君命召,不俟駕行矣。"

10.8 孟子謂萬章曰:"一鄉之善士,斯友一鄉之善士①;一國之善士,斯友一國之善士;天下之善士,斯友天下之善士。以友天下之善士爲未足,又尚論古之人②。頌其詩③,讀其書④,不知其人,可乎?是以論其世也。是尚友也。"

【譯文】孟子對萬章說:"一鄉的優秀人物才結交那一鄉的優秀人物,一國的優秀人物才結交那一國的優秀人物,天下的優秀人物才結交天下的優秀人物。不滿足於結交天下的優秀人物,便又追論古代的人物。吟誦他們的詩歌,閱讀他們的著作,不瞭解他們是怎樣的人,可以嗎?所以要討論他那一個時代。這就是上溯古人和他們交朋友。"

【注釋】①鄉:一級行政區域,一鄉有數萬人。 ②尚:同"上"。 ③頌:通"誦"。 ④讀其書:閱讀他們的著作。詳見本章《考證》。

【考證】讀其書:

《孟子譯注》注曰:"此字有數義,斷其章句曰讀,如《周禮》注'鄭司農讀火絕之';諷誦亦爲讀,如《左傳》'公讀其書';抽繹其義蘊亦曰讀,《說文》云:'讀,籀書也。'即此義。此處'讀'字涵義,既有誦讀之義,亦可有抽繹之義,故譯文用'研究'兩字。"我們認爲:

1. 一個詞,它的數個義位,在具體語境中即上下文中,不可能同時出現,只能出現其中一個義位。

2. 每個義位,其上下文也即語境,必定不同,此即"分佈"鎖定了義位。

3. 當"讀"的賓語爲"書"時,它的意義一定是"讀書""唸書"或"讀……的書信"等。例如:"公讀其書曰:'……'"(《左傳·襄公三年》,沈玉成《左傳譯文》:"晉侯讀他的信,說:'……'")"楚令尹圍請用牲,讀舊書,加于牲上而已。"(《昭公元年》,沈譯:"楚國的令尹圍請求使用犧牲,僅僅宣讀一下過去的盟約並放在犧牲上面。")"是良史也,子善視之!是能讀《三墳》《五典》《八索》《九丘》。"(《昭公十二年》,沈譯末句爲:"這個人能夠讀《三墳》《五典》《八索》《九丘》。")"有民人焉,有社稷焉,何必讀書,然後爲學?"(《論語·先進》,楊伯峻《論語譯注》:"那地方有老百姓,有土地和五穀,爲什麼定要讀書才叫做學問呢?")"問臧奚事,則挾筴讀書。"(《莊子·外篇·駢拇》,陳鼓應《莊子今注今譯》:"問男僕在做什麽,他卻手執竹簡讀書。")

所以,我們翻譯"讀其書"爲"閱讀他們的著作"。(138)

10.9 齊宣王問卿。孟子曰:"王何卿之問也?"王曰:"卿不同乎?"曰:"不同;有貴戚之卿①,有異姓之卿。"王曰:"請問貴戚之卿。"曰:"君有大過則諫;反覆之而不聽,則易位。"王勃然變乎色。曰:"王勿異也。王問臣,臣不敢不以正對②。"王色定,然後請問異姓之卿。曰:"君有過則諫,反覆之而不聽,則去。"

【譯文】齊宣王問有關公卿的事。孟子說:"王所問的是哪種公卿?"王說:"公卿難道還有不同嗎?"孟子說:"不同;有和王室同宗的公卿,有非王族的公卿。"王說:"我請問和王室同宗的公卿。"孟子說:"國君若有重大錯誤,他便勸諫;反復勸諫而不聽從,就廢掉他而改立別人。"宣王突然變了臉色。孟子說:"王不要奇怪。王問我,我不敢不拿正理正道來奉答您。"宣王臉色淡定了,又請問非王族的公卿。孟子說:"國君若有錯誤,他便勸諫;反復勸諫而不聽從,就掛冠而去。"

【注釋】①貴戚之卿:同姓之卿。 ②正:正當的,正確的,正理正道。詳見本章《考證》。

【考證】臣不敢不以正對:

《孟子譯注》注曰:"《論語·述而篇》'正唯弟子不能學也。'鄭玄注云:'魯讀"正"爲"誠"。'此處亦當讀爲'誠'。"並且譯此句爲"我不敢不拿老實話答覆"。按,《王力古漢語字典》:"誠,副詞,果真,確實。《孟子·公孫丑上》:'子誠齊人也。'""正,恰好,正好。《論語·述而》:'正唯弟子不能學也。'"鄭玄注謂"魯讀'正'爲'誠'",就是認爲

"正"的恰好、正好義近似於"誠"的果真、確實義,但"臣不敢不以正對"的"正"並非恰好、正好義——由其不處於狀語位置可知——當然也就不能"讀爲'誠'"了。

《離婁上》:"教者必以正。以正不行,繼之以怒。繼之以怒,則反夷矣。'夫子教我以正,夫子未出於正也。'"楊伯峻先生譯爲:"教育一定要用正理正道,用正理正道而無效,跟著來的就是忿怒。一忿怒,那反而傷感情了。〔兒子會這麽説,〕'您拿正理正道教我,您的所作所爲却不出於正理正道。'"

"臣不敢不以正對"的"正",和上文的"正"分佈相同,意思也是一樣的。(139)

告子章句上

凡二十章

11.1 告子曰:"性猶杞柳也①,義猶桮棬也②;以人性爲仁義,猶以杞柳爲桮棬。"

孟子曰:"子能順杞柳之性而以爲桮棬乎?將戕賊杞柳而後以爲桮棬也?如將戕賊杞柳而以爲桮棬,則亦將戕賊人以爲仁義與?率天下之人而禍仁義者,必子之言夫!"

【譯文】告子説:"人的本性好比櫸柳樹,義理好比杯盤;把人的本性做成仁義,正好比用櫸柳樹來做成杯盤。"

孟子説:"您是順著櫸柳樹的本性來做成杯盤呢?還是扭曲櫸柳樹的本性來做成杯盤呢?如果要扭曲櫸柳樹的本性,然後才做成杯盤,那不也要扭曲人的本性然後才做成仁義嗎?率領天下的人來禍害仁義的,一定是您的這些話吧!"

【注釋】①杞(qǐ)柳:櫸樹。 ②桮棬(bēi quān):一種大杯。桮,同"杯"。《禮記·玉藻》:"父没而不能讀父之書,手澤存焉爾;母没而杯圈不能飲焉,口澤之氣存焉爾。""杯圈"應即"桮棬"。趙岐《注》《孟子》以"桮棬"爲"桮素"(杯盤之胎,未加工者),鄭玄注《玉藻》則以"杯圈"爲盛羹、注酒及盥洗等器之通名。以鄭玄説與《禮記》相合,故從之。

11.2 告子曰:"性猶湍水也,決諸東方則東流,決諸西方則西流。人性之無分於善不善也,猶水之無分於東西也。"

孟子曰:"水信無分於東西①,無分於上下乎?人性之善也,猶水之就下也。人無有不善,水無有不下。今夫水,搏而躍之,可使過顙②;激而行之③,可使在山。是豈水之性哉?其勢則然也。人之可使爲不善,其性亦猶是也。"

【譯文】告子說:"人性好比湍急的水流,東方開了缺口便朝東流,西方開了缺口便朝西流。人性不分善和不善,正好比水性不管東流西流。"

孟子說:"水確實不分朝東流朝西流,難道也不分朝上流或朝下流嗎?人性的善良,正好比水性朝下流。人没有不善良的,水没有不朝下流的。現在那兒有一汪水,拍它而讓它濺起來,可以高過額角;戽水使它倒流,可以引上高山,這難道是水的本性嗎?某種勢力讓它這樣罷了。人所以能够做壞事,它的本質也正是這樣。"

【注釋】①信:誠,真的。 ②搏而躍之,可使過顙(sǎng):搏,擊打。躍之,使之跳躍。躍,跳。顙,額頭。 ③激而行之:阻擋水使之倒流。激,使水勢受阻而騰湧或飛濺。

11.3 告子曰:"生之謂性①。"孟子曰:"生之謂性也,猶白之謂白與?"

曰:"然。""白羽之白也,猶白雪之白;白雪之白猶白玉之白與?"

曰:"然。""然則犬之性猶牛之性,牛之性猶人之性與?"

【譯文】告子說:"天生的叫作本性。"孟子說:"天生的叫作本性,就好比白色的東西都叫作白色嗎?"

答道:"是這樣。""白羽毛的白色如同白雪的白色,白雪的白色如同白玉的白色嗎?"

答道:"是這樣。""那麼,狗性如同牛性,牛性如同人性嗎?"

【注釋】①生之謂性:"生"和"性"是同源字,意義上有聯繫。與生俱來的本能本性叫作"性"。《荀子・正名》:"生之所以然者謂之'性'。"《春秋繁露・深察名號》:"如其生之自然之資謂之'性'。"《論衡・本性》:

"性,生而然者也。"

11.4 告子曰:"食色,性也①。仁,内也,非外也;義,外也,非内也。"孟子曰:"何以謂仁内義外也?"

曰:"彼長而我長之,非有長於我也;猶彼白而我白之,從其白於外也,故謂之'外'也。"曰:"異於白。馬之白也,無以異於白人之白也;不識長馬之長也,無以異於長人之長與?且謂長者義乎?長之者義乎?"

曰:"吾弟則愛之,秦人之弟則不愛也,是以我爲悦者也,故謂之'内'。長楚人之長,亦長吾之長,是以長爲悦者也,故謂之'外'也。"曰:"耆秦人之炙②,無以異於耆吾炙,夫物則亦有然者也,然則耆炙亦有外與?"

【譯文】告子説:"吃喝以及性慾,是人的本性。仁是内在的,不是外在的;義是外在的,不是内在的。"孟子説:"爲什麽説仁是内在的而義是外在的呢?"

答道:"因爲他年紀大,我才尊敬他,這尊敬不是我固有的;正好比那東西是白的,是因爲它的白是它自己表現在外的,我便把它叫作白東西;所以説它是外在的。"孟子説:"年長和白色是兩碼事。馬的白和白人的白或許並沒有不同,但是不知道對老馬的尊敬和對長者的尊敬,是否也沒有什麽不同呢?而且,您是説長者義呢?還是説尊敬長者的人義呢?"

答道:"是我的弟弟妹妹我便愛他,是秦國人的弟弟妹妹我便不愛他,這是因我自己高興這樣做,所以説仁是内在的。尊敬楚國的長者,也尊敬我自己的長者,這是因爲他們年長而令人高興。所以説義是外在的。"孟子説:"喜歡吃秦國人的燒肉,和喜歡吃自己的燒肉並沒有不同,各種事物也是這樣的情形,那麽,難道喜歡吃燒肉也是外在的嗎?〔那不和您説的飲食是本性的論點相矛盾了嗎?〕"

【注釋】①食色性也:《禮記·禮運》:"飲食男女,人之大欲存焉;死亡貧苦,人之大惡存焉。"可見當時有類似説法,且儒家也認可。孟子所反駁的,只是告子所説的"仁内義外"。　②耆秦人之炙(zhì):耆,同"嗜"。炙,烤肉。

【考證】異於白馬之白也:

《孟子譯注》注"異於"説:"朱熹《集注》引用張氏曰:'二字疑衍。'按此説較是。焦循《正義》強加解釋,無當於古代語法,故不從。"按,焦循《正義》給出了孔廣森的兩種解釋(序數字爲著者所加):"孔廣森《經學卮言》云:'1.趙氏讀"異於白"爲句,此答告子"猶彼白而我白之"語。意言長之説異於白之説,不相猶也。古人文字,不必拘拘定以"白馬"與"白人"相偶。2.若必謂"白"字當屬"馬"上,或絶"異"字爲一句,下乃言人之於白馬之白,無以異於白人之白,文義亦通……'按孔氏説是也。"中華書局沈文倬點校《孟子正義》正作"異。於白馬之白也……"按,趙岐《注》爲:"孟子曰,長異於白,白馬白人,同謂之'白'可也。"依從趙岐《注》,則當斷爲:"異於白。馬之白也,無以異於白人之白也。"

如按朱熹所引張氏(張琥)"上'異於'二字疑衍"而作"白馬之白也,無以異於白人之白也",當然是文從字順的。但"疑衍"並不意味著必衍,尤其當原文能夠讀通時。

那麼,按趙岐所讀"異於白。馬之白也,無以異於白人之白也"能否讀通呢? 我以爲是可以的。告子既然已經説"彼長而我長之,非有長於我也;猶彼白而我白之,從其白於外也,故謂之'外'也","白"就是已知的信息,是有定的;孟子緊接著回答"(長)異於白",再展開論述,符合當時的語言習慣。當時文獻中,回答者常先説"異於(乎)+一個已知的信息",再展開論述:"曰:'難將由我,我不爲難,誰敢興之!'對曰:'異於是。夫郤氏有車轍之難……'"(《國語·晉語九》)"'點! 爾何如?'鼓瑟希,鏗爾,舍瑟而作,對曰:'異乎三子者之撰。'"(《論語·先進》)如果"異於(乎)"後所接的不是一個已知的信息,也會在下文予以補充説明:"子夏曰:'可者與之,其不可者拒之。'子張曰:'異乎吾所聞:君子尊賢而容衆,嘉善而矜不能……'""牛子以括子言告無害子。無害子曰:'異乎臣之所聞。'……無害子曰:'臣聞之:有裂壤土以安社稷者,聞殺身破家以存其國者,不聞出其君以爲封疆者。'"(《淮南子·人間訓》)

"異於白"既然屬於"異於(乎)+一個已知的信息"格式,"馬之白也,無以異於白人之白也"就正是在其後展開論述。

是否"必謂'白'字當屬'馬'上"而作"白馬之白也,無以異於白人之白也"呢?孔廣森已經説:"古人文字,不必拘拘定以'白馬'與'白人'相偶",姚永概也説:"古人屬辭,意偶而辭不必偶,往往有一字而偶二三字者。王氏每以句法參差不齊爲疑,據類書以改古本。不知類書多唐以後人作,其時排偶之文,務尚工整。故其援引,隨乎更乙,使之比和。況古人引書,但取大義,文句之多寡,字體之同異,絶不計焉。"(《書〈經義述聞〉〈讀書雜志〉後》)即以《孟子》而言,"吾力足以舉百鈞,而不足以舉一羽;明足以察秋毫之末,而不見輿薪"(《梁惠王上》),如果删去"之末",似更規整,但並没有人説"之末"是衍文。

既然原文能够讀通,又有漢儒故訓支持,就没有必要非得説"異於"二字爲衍文了。朱熹《集注》:"李氏(李郁)曰:'或有闕文焉。'"果如此,闕一"白"字,則當爲:"異於白。白馬之白也,無以異於白人之白也。"但這種可能性並不比衍"異於"更大。

能如孔廣森所言"絶'異'字爲一句"而作"異。於白馬之白也,無以異於白人之白"嗎?恐怕不能。當時文獻以"異"爲一句者僅見一例:"公曰:'和與同異乎?'(晏子)對曰:'異。和如羹焉,水火醯醢鹽梅以烹魚肉,燀之以薪。宰夫和之,齊之以味,濟其不及,以洩其過。'"(《左傳·昭公二十年》,又見《晏子春秋·外篇上》)晏嬰所回答的"異",乃是回答齊侯所問"和與同異乎"的,是一個已知的舊信息;而《孟子》這裏的"異"對上文而言是個未知的新信息,兩者似是而非,不能等量齊觀。

讀作"(白)馬之白也,無以異於白人之白也","馬之白也"是這兩句的主語;而如果讀作"異於白馬之白也,無以異於白人之白也",這兩句則另有主語,這個主語不好找;是什麼和"白馬之白"不同,卻和"白人之白"没什麼不同呢? 當時語言中"異於"出現的陳述句,其主語一般緊接"異於"之前。例如:"此二君者,異於子干。"(《左傳·昭公十三年》)"芻蕘者異於他日。"(同上)"吾黨之直者異於是。"(《論語·子路》)"子倍子之師而學之,亦異於曾子矣。"(《孟子·滕文公上》)"今王公大人之爲葬埋,則異於此。"(《墨子·節葬下》)"異於白馬之白也,無以異於白人之白也"之前卻缺乏一個緊接的主語。所以從古至今,没有人這樣讀。(140)

11.5 孟季子問公都子曰①:"何以謂義内也?"曰:"行吾敬,故謂之'内'也。""鄉人長於伯兄一歲,則誰敬?"曰:"敬兄。""酌則誰先?"曰:"先酌鄉人。""所敬在此,所長在彼,果在外,非由内也。"

公都子不能答,以告孟子。孟子曰:"敬叔父乎? 敬弟乎? 彼將曰:'敬叔父。'曰:'弟爲尸②,則誰敬?'彼將曰:'敬弟。'子曰:'惡在其敬叔父也?'彼將曰:'在位故也。'子亦曰:'在位故也。庸敬在兄③,斯須之敬在鄉人④。'"

季子聞之,曰:"敬叔父則敬,敬弟則敬,果在外,非由内也。"公都子曰:"冬日則飲湯,夏日則飲水,然則飲食亦在外也?"

【譯文】孟季子問公都子説:"爲什麼説義是内在的呢?"答道:"我所體現的是我内心的恭敬,所以説是内在的。""鄉親比大哥年長一歲,那你尊敬誰?"答道:"尊敬大哥。""那麼,先給誰斟酒?"答道:"先斟酒給鄉親。""内心恭敬的在這裏,先敬禮的卻在那裏,可見義果真是外在的,不是發自内心的。"

公都子不能對答，便來告訴孟子。孟子説："〔你可以説：〕'恭敬叔父呢？還是恭敬弟弟呢？'他會説：'恭敬叔父。'你又説：'弟弟若做了代受祭者，那又恭敬誰呢？'他會説：'恭敬弟弟。'你便説：'那又怎麽解釋剛才所説的敬叔父呢？'他會説：'這是由於弟弟在尊位的緣故。'那你也可以説：'那也是由於本鄉長者在尊位的緣故。平常的恭敬在哥哥，暫時的恭敬在本地鄉親。'"

季子聽到了這話，又説："對叔父也是恭敬，對弟弟也是恭敬，畢竟義是外在的，不是發自内心的。"公都子説："冬天喝熱水，夏天喝涼水，那麽，難道吃喝〔不是出自本性，〕也是外在的嗎？"

【注釋】①孟季子：不詳其人。　②尸：古代祭祀不用牌位或者神主，更無畫像，而用男女兒童爲受祭代理人，叫作"尸"。　③庸：平常，平時。　④斯須：須臾，俄頃，一會兒，暫時。

11.6-1 公都子曰："告子曰：'性無善無不善也。'或曰：'性可以爲善，可以爲不善；是故文武興，則民好善；幽厲興，則民好暴。'或曰：'有性善，有性不善；是故以堯爲君而有象；以瞽瞍爲父而有舜；以紂爲兄之子，且以爲君，而有微子啓、王子比干。'今曰'性善'，然則彼皆非與？"

【譯文】公都子説："告子説：'本性没有什麽善良，也没有什麽不善良。'也有人説：'本性可以讓人做好事，也可以讓人做壞事；所以當周文王、武王興起時，百姓便一心向善；周幽王、厲王興起時，百姓便變得横暴。'也有人説：'有些人本性善良，有些人本性不善良；所以，以堯爲君，也有象這樣的百姓；以瞽瞍爲父，也有舜這樣的兒子；以紂爲侄兒，而且君權在握，也有微子啓、王子比干這樣的仁人。'如今老師説本性善良，那麽，他們的説法都錯了嗎？"

11.6-2 孟子曰："乃若其情①，則可以爲善矣，乃所謂善也。

若夫爲不善,非才之罪也②。惻隱之心,人皆有之;羞惡之心,人皆有之;恭敬之心,人皆有之;是非之心,人皆有之。惻隱之心,仁也;羞惡之心,義也;恭敬之心,禮也;是非之心,智也。仁義禮智,非由外鑠我也③,我固有之也,弗思耳矣。故曰:'求則得之,舍則失之。'或相倍蓰而無算者,不能盡其才者也。《詩》曰:'天生蒸民,有物有則。民之秉夷,好是懿德④。'孔子曰:'爲此詩者,其知道乎! 故有物必有則;民之秉夷也,故好是懿德。'"

【譯文】孟子説:"從人的本質看,是可以做好事的,這便是我所説的人性善良。至於有些人做壞事,不能歸罪於他的本性。同情心,人人都有;羞惡心,人人都有;恭敬心,人人都有;是非心,人人都有。同情心屬於仁,羞惡心屬於義,恭敬心屬於禮,是非心屬於智。這仁義禮智,不是從外面滲透給我的,是我本身固有的,只是不曾深思求索罷了。所以説:'一追求,它到手;一放棄,它就走。'人與人相差一倍、五倍以至無數倍的,就是因爲不能把人的善良本質儘量發揚光大的緣故。《詩經》説:'天生衆人性相合,萬物本來有法則。人心自然賦常情,全都喜愛好品德。'孔子説:'這篇詩的作者真懂得道哇! 有事物,便會有其法則;百姓秉持了事物的常情法則,所以喜愛那優良的品德。'"

【注釋】①乃若其情:乃若,至於。情,實情,本質。　②才:通"材",人的資質、品質、本性。　③鑠:銷鎔,引申爲抽象意義的鎔化、滲透。　④《詩》曰數句:見《大雅·烝民》。譯文採自程俊英《詩經譯注》。"蒸民",《詩經》作"烝民"。烝,衆。物,事。則,法則。秉,持,拿。夷,通"彞",常道,通則。懿,美。

11.7－1 孟子曰:"富歲,子弟多賴①;凶歲,子弟多暴。非天之降才爾殊也②,其所以陷溺其心者然也③。今夫麰麥④,播種而耰之⑤,其地同,樹之時又同,浡然而生⑥,至於日至之時⑦,皆熟矣。雖有不同,則地有肥磽⑧、雨露之養、人事之不齊也。故凡同類者,舉相似也,何獨至於人而疑之？聖人,與我同類者。故龍子曰:'不知足而爲屨,我知其不爲蕢也⑨。'屨之相似,天下之足同也。

【譯文】孟子說:"豐年,年輕人多半善良；荒年,年輕人多半強暴。不是天生的資質這樣懸殊,而是導致他們心思變壞的環境造成的。好比麰麥,播種耰地,如果土地一樣,種植的時候一樣,便會蓬勃地生長,到了夏至,就都成熟了。即便有所不同,那便是由於土地的肥瘦,雨露的多少,工作者的勤惰不同的緣故。所以一切同類之物,無不大體相同,爲什麼一講到人類就懷疑了呢？聖人也是我們的同類。龍子曾經說過:'不看清腳樣去編草鞋,我知道編不成筐子。'草鞋的相似,是因爲天下人的腳大體相同。

【注釋】①賴:善。詳見本節《考證》。　②爾殊:如此懸殊,如此不同。"爾"用法類似《詩經·大雅·柔桑》"匪言不能,胡斯畏忌"的"斯"、《大雅·皇矣》"帝謂文王:無然畔援,無然歆羨"的"然"、《莊子·內篇·德充符》的"子無乃稱"的"乃",均指示代詞。說見楊樹達《積微居小學述林全編·訓詁學小史》之《訓詁學之演變·宋朱子》(上海古籍出版社 2007 年)。　③所以陷溺其心者:指上文的"凶歲"。④麰(móu)麥:大麥。　⑤耰(yōu):一種鬆土的農具。這裏指鬆土。⑥浡(bó)然:興盛的樣子。按,"浡"與"勃"(舯)是同源字,後者指怒火旺盛。《廣雅·釋訓》"勃勃,盛也"王念孫疏證:"淮南時則訓云:敦敦陽陽,唯德是行。卷二云:浡,盛也。浡、敦,並與'勃'同。""浡"與"沛"大約也同源,"沛"也是盛大的樣子:"故沛然德教溢乎四海。"(《滕文公下》)"浡"爲並紐物部字,"沛"爲滂紐月部字,二字古音相近。　⑦日至:這裏指"夏至"。　⑧磽(qiāo):土地貧瘠。　⑨蕢(kuì):筐子。

【考證】富歲,子弟多賴:

趙岐《注》:"賴,善。"朱熹《集注》:"賴,藉也。豐年衣食饒足,故有所顧藉而爲善。"焦循《孟子正義》:"阮氏元云:'"富歲,子弟多賴",賴即嬾。'"朱駿聲《說文通訓定聲》:"賴,叚借爲'嬾'。"按,"嬾"即"懶"字。

《廣雅‧釋詁》:"賴,善也。"《呂氏春秋‧離俗覽》"則必不之賴"高誘《注》:"賴,善也。"

"賴"不是高頻詞,從詞義上抽繹其變化脈絡較爲困難(阮元、朱駿聲釋"賴"爲"嬾",跳躍性太大,缺乏該詞變化的中間環節),只能另闢蹊徑。我們發現,像"富歲,子弟多賴;凶歲,子弟多暴"這種由前後各兩個或兩個以上從句組成的比較句,如果前一從句與後一從句各自的前項,其意義是相反的,那麼,前一從句與後一從句各自的後項,其意義通常也是相反的。例如:

"樂歲,粒米狼戾,多取之而不爲虐,則寡取之;凶年,糞其田而不足,則必取盈焉。"(《孟子‧滕文公上》)"文武興,則民好善;幽厲興,則民好暴。"(《告子上》)"其爲人也寡欲,雖有不存焉者,寡矣;其爲人也多欲,雖有存焉者,寡矣。"(《告子下》)"時年歲善,則民仁且良;時年歲凶,則民吝且惡。"(《墨子‧七患》)"昔者,三代之聖王禹湯文武,百里之諸侯也,說忠行義,取天下;三代之暴王桀紂幽厲,讎怨行暴,失天下。"(《魯問》)"年穀熟,糴貸賤,禽獸與人聚食民食,民不疾疫。當此時也,民富且驕……年穀不熟,歲饑,糴貸貴,民疾疫。當此時也,民貧且罷。"(《管子‧小問》)"歲適美,則市糴無予,而狗彘食人食。歲適凶,則市糴釜十繦,而道有餓民。"(《國蓄》)"今家人之治產也,相忍以飢寒,相強以勞苦;雖犯軍旅之難,饑饉之患,溫衣美食者,必是家也。相憐以衣食,相惠以佚樂;天饑歲荒,嫁妻賣子者,必是家也。"(《韓非子‧六反》)"故饑歲之春,幼弟不饟;穰歲之秋,疏客必食。"(《五蠹》)

以《墨子‧七患》"時年歲善,則民仁且良;時年歲凶,則民吝且惡"爲例,前一從句的前項"時年歲善"與後一從句的前項"時年歲凶"

意義相反,而前一從句的後項"民仁且良"與後一從句的後項"民咨且惡"意義也相反。同時,這一書證所表達的意思與"富歲,子弟多賴;凶歲,子弟多暴"所表達的意思(依照趙岐、朱熹所解釋的)相仿佛,說明這是當時流行的習語。如果按照阮元、朱駿聲的解釋,"子弟多嬾"和"子弟多暴"的意思並不相反,這就和類似句子的情形不符;故我們從趙、朱之釋。

"賴"訓"善"的例證雖少,"賴"卻常訓為"利"(如《國語·周語中》"先王豈有賴焉"、《晉語一》"君得其賴"韋昭注);而"利"亦訓"善",如《文選·曹植〈與楊德祖書〉》"掎摭利病"張銑注。這是所謂平行的詞義發展,也可以旁證"賴"的訓"善"是可信的。(141)

11.7−2 "口之於味,有同耆也;易牙先得我口之所耆者也①。如使口之於味也,其性與人殊,若犬馬之與我不同類也,則天下何耆皆從易牙之於味也?至於味,天下期於易牙,是天下之口相似也。惟耳亦然②。至於聲,天下期於師曠,是天下之耳相似也。惟目亦然。至於子都③,天下莫不知其姣也④。不知子都之姣者,無目者也⑤。故曰,口之於味也,有同耆焉;耳之於聲也,有同聽焉;目之於色也,有同美焉。至於心,獨無所同然乎⑥?心之所同然者何也?謂理也,義也。聖人先得我心之所同然耳。故理義之悅我心,猶芻豢之悅我口⑦。"

【譯文】"口對於味道,有相同的嗜好;易牙比平常人先得到了這個嗜好。假如口對於味道,他的體驗和別人不同,就像狗、馬和人的不同類一樣,那麼,為什麼天下的人都追隨著易牙的口味呢?一講到口味,天下都期望做到易牙那樣,這就說明了天下人味覺大體相同。耳朵也這樣。一講到聲音,天下都期望做到師曠那樣,這就說明了天下人的聽覺大體相同。眼睛也這樣。一講到子都,天下人沒有不知道他長得俊的。不覺得子都英俊的,那都是瞎了眼的。所以說,口對於味道，有相同的嗜覺；耳對於聲音，有相同的聽覺；眼睛對於容色，有相同的美感。談到心，就偏偏沒有相同的地方嗎？心相同的地方是什麼呢？是理，是義。聖人早就懂得了我們內心相同的理和義。所以理義使我心裏舒暢，正和豬狗牛羊肉合乎我的口味一樣。"

【注釋】①易牙先得我口之所耆者：易牙，齊桓公寵臣。《左傳·僖公十七年》："雍巫有寵於衛共姬，因寺人貂以薦羞於公。"杜預注："雍巫，雍人，名巫，即易牙。"其人故事散見於周秦古籍。楊樹達先生有《易牙非齊人考》，認為易牙為狄人，其地有獻首子於君長之俗。裘錫圭先生有《"殺首子"解》，結合《金枝》等文化人類學名著，認為"殺首子"與"獻新祭"有關。 ②惟：語首助詞，無實義。 ③子都：春秋時鄭國的美男子。按，"都"有優美義。《詩·鄭風·山有扶蘇》："不見子都，乃見狂且。"《毛傳》云："子都，世之美好者也。"《有女同車》："彼美孟姜，洵美且都。"故韓劇《來自星星的你》男主人翁姓都，應非偶然。 ④姣（jiāo）：貌美。 ⑤無目者：我們用現在的習慣說法"瞎了眼"譯之。 ⑥同然：共同以為然，有一樣的看法。 ⑦芻豢（huàn）：食草的如牛羊叫作"芻"，食穀的如犬豕叫作"豢"。

【考證】其性與人殊：

楊伯峻先生說："此宜云'人與人殊'，原文蓋省一'人'字。"按此處"與人殊"的"人"指別人、他人，前面不必再有一"人"字。

"與人"後接和"殊"詞性類似的詞的書證很多："君子敬而無失，與人恭而有禮。"（《論語·顏淵》）"居處恭，執事敬，與人忠。"（《子路》）"大舜有大焉，善與人同。"（《孟子·公孫丑上》）"堯舜與人同耳。"（《離婁下》）"王子宮室、車馬、衣服多與人同。"（《盡心上》）以上例證可總結為"NP＋與人＋形容詞"格式，"其性與人殊"正如此。

周秦文獻中，"人與人"之後一般接"相V"，其中V為及物動詞；即"人與人＋相V"為一固定結構。例如："人與人相疇，家與家相疇，世同居，少同遊。"（《國語·齊語》）"家主不相愛，則必相篡。人與人不相愛，則必相賊……人與人相愛，則不相賊。"（《墨子·兼愛中》）

"千世之後,其必有人與人相食者也!"(《莊子·雜篇·庚桑楚》)"夫堯,畜畜然仁,吾恐其爲天下笑。後世其人與人相食與!"(《雜篇·徐無鬼》)"故卒伍之人,人與人相保,家與家相愛,少相居,長相游。"(《管子·小匡》)

既然"殊"是形容詞而非及物動詞,當然也不會出現在"人與人+相V"格式中V的位置上。(142)

11.8 孟子曰:"牛山之木嘗美矣①。以其郊於大國也②,斧斤伐之,可以爲美乎?是其日夜之所息,雨露之所潤,非無萌蘗之生焉③,牛羊又從而牧之④,是以若彼濯濯也⑤。人見其濯濯也,以爲未嘗有材焉。此豈山之性也哉?雖存乎人者,豈無仁義之心哉?其所以放其良心者,亦猶斧斤之於木也。旦旦而伐之,可以爲美乎?

"其日夜之所息⑥,平旦之氣,其好惡與人相近也者幾希⑦;則其旦晝之所爲⑧,有梏亡之矣⑨。梏之反覆,則其夜氣不足以存;夜氣不足以存,則其違禽獸不遠矣。人見其禽獸也,而以爲未嘗有才焉者,是豈人之情也哉?故苟得其養,無物不長;苟失其養,無物不消。孔子曰:'操則存,舍則亡;出入無時,莫知其鄉⑩。'惟心之謂與?"

【譯文】孟子説:"牛山的樹木曾經是很茂盛的。就因爲它長在大都市的郊外,人們老用斧子去砍伐,那還能夠茂盛嗎?當然,它日日夜夜在生長著,雨水露珠在滋潤著,不是沒有新條嫩芽生長出來;但緊跟著就放羊牧牛,所以才變得那樣的光秃秃了。人們看見那光秃秃的樣子,就以爲這山從來不曾出產過木材,這難道是山的本性嗎?在某些人身上,難道從沒有仁義之心嗎?他之所以喪失他的良心,也正像斧子對於樹木一般,天天去砍伐它,還能夠茂盛得了嗎?

"他在白天黑夜休養生息產生的善心,他在天剛亮時呼吸到的清明之氣,那時節他心裏的好惡跟一般人相近的,本來就不多;可是一到第二天白晝,他的所作所爲又把它消滅了。反復地消滅,那麼,他夜裏產生出的善念自然就不能存在;夜裏產生出的善念不能存在,就和禽獸差不離了。別人看到他簡直是禽獸,就以爲他不曾有過善良的本性。這難道也是那些人的本質嗎?所以,如果得到滋養,沒有東西不生長;失掉滋養,沒有東西不消亡。孔子說過:'抓緊它就有,手一鬆就無;出出進進不定時,沒人知它哪裏住。'這是指人心而說的吧?"

【注釋】①牛山:位於齊國國都臨淄(今山東淄博)之南。 ②郊於大國:位於大國的郊外。大國,大都市,指臨淄,是當時的大都市之一。《晏子春秋·内篇雜下》:"齊之臨淄三百閭,張袂成陰,揮汗成雨,比肩繼踵。" ③萌蘖(niè):新的枝條。萌,草木發芽,樹木分蘖。蘖,樹木被砍伐或倒下後再生的枝芽。 ④牛羊又從而牧之:牛羊又跟著被放牧了。 ⑤濯(zhuó)濯:白而無雜質貌,這裏用來形容光禿禿無一點綠色。 ⑥息:休養生息,生長。 ⑦幾希:很少。詳見本章《考證》(一)。 ⑧旦晝:明天。 ⑨有梏(gù)亡之矣:有,通"又"。梏,同"牿",圈禁。 ⑩莫知其鄉:鄉,家鄉,住的地方。詳見本章《考證》(二)。

【考證】(一)幾希:

　　趙岐《注》:"幾,豈也。豈希,言不遠也。"朱熹《集注》:"幾希,不多也。"焦循《正義》則極力申説趙《注》:"此孟子以放失仁義之人,明其性之善也。旦旦伐之而所習仍相近,則良心不易亡如此。此極言良心不遽亡,非謂良心易去也;故趙氏以'幾希'爲'不遠'也。或以'息'爲'歇息',非是;以'幾希'爲'甚微',亦失之。趙氏佑《溫故錄》云:'"豈希"言"不遠",與前注"幾希,無幾也"異,蓋亦隨文見義與?'楊伯峻先生《孟子譯注》:"趙岐《注》云:'幾,豈也。豈希,言不遠也。'但古書未見此用法,故不從。"因此他譯爲:"這些在他心裏所激發出來的好惡跟一般人相近的也有一點點。"

綜上,趙岐、焦循主張"幾希"爲"豈希",也即"不少";朱熹和楊伯峻先生主張"幾希"爲"不多",意思截然相反。

我們認同朱熹和楊伯峻先生所説,即"幾希"是"不多"的意思。

1.《孟子》中其他幾處"幾希"都是"不多"的意思:"人之所以異於禽獸者幾希,庶民去之,君子存之。"(《離婁下》)"由君子觀之,則人之所以求富貴利達者,其妻妾不羞也而不相泣者,幾希矣。"(同上)"舜之居深山之中,與木石居,與鹿豕遊,其所以異於深山之野人者幾希;及其聞一善言,見一善行,若決江河,沛然莫之能禦也。"(《盡心上》)

2.後世文獻"幾希"也都是"不多"的意思;《孟子》之後古人的理解,作爲旁證是可以的,它至少説明了後世人對它的理解:"而高祖、太宗之法,僅守而存;故自肅宗以來,所可書者幾希矣。"(《新唐書·刑法志》)"開元文物彬彬,(張)説力居多。中爲姦人排擯,幾不免,自古功名始終亦幾希,何獨説哉!"(《張説傳》)"自高祖至武帝,凡六世之前,盡竊(司馬)遷書,不以爲慚。自昭帝至平帝,凡六世,資於賈逵、劉歆,復不以爲恥。況又有曹大家終篇,則(班)固之自爲書也幾希。"(《通志·總序》)"遊吾門者多矣,而信之篤、得之多、行之果、守之固若子者幾希。"(《文獻通考·經籍十》)"亦有長編巨軸,幸而得存,而屬目者幾希。"(《經籍五十七》)

3.趙岐解説"幾希"自相矛盾。他解説"人之所以異於禽獸者幾希"爲"幾希,無幾也",是"幾希"爲"不多";解説"其妻妾不羞也而不相泣者,幾希矣"爲"幾希者,言今苟求富貴,妻妾雖不羞泣者,與此良人妻妾何異也"——"何異"也即相差不多;但他解説"其所以異於深山之野人者幾希"爲"希,遠也。當此之時,舜與野人相去豈遠哉!"這裏他解説"幾"爲"豈",與解説本章相同;而解説"希"爲"遠"。趙佑《溫故錄》説:"'豈希'言'不遠',與前注'幾希,無幾也'異,蓋亦隨文見義與?""隨文見義"是要不得的,它違反了語言的社會性原則,也即違反了王引之提出的"揆之本文而協,驗之他卷而通"的原則。

朱熹解説"幾希"爲"不多"是正確的,"希"確實是"稀""少""罕見"的意思,周秦典籍中所在多有,僅以《論語》爲例:"伯夷、叔齊不念舊惡,怨是用希。"(《公冶長》)"鼓瑟希,鏗爾,舍瑟而作。"(《先進》)"自諸侯出,蓋十世希不失矣;自大夫出,五世希不失矣;陪臣執國命,三世希不失矣。"(《季氏》)如此,"其所以異於深山之野人者幾希"也就是説舜異於深山野人的並不多。

至於"幾",周秦文獻多訓"微",多訓"近"。如訓"微","幾希"是同義短語,稀少的意思;如訓"近","幾希"是近乎稀少,近乎罕見。我們以爲前者較爲可信,因爲當時文獻中我們未見"幾"修飾形容詞的;而《孟子》一書中同義短語則較爲常見。(143)

(二)莫知其鄉:

趙岐《注》:"鄉猶里,以喻居也。"焦循《正義》云:"近讀鄉爲向。"但周秦文獻中未見"其向"連文者,故焦説可疑。"其鄉"則多見,"鄉"基本上都如字讀,例如:"范獻子聘於魯,問具山、敖山,魯人以其鄉對。"(《國語·晉語九》)"鄉長治其鄉。"(《墨子·尚同中》)"當是時也,山無蹊隧,澤無舟梁;萬物群生,連屬其鄉;禽獸成群,草木遂長。"《莊子·外篇·馬蹄》"駱滑氂曰:'然。我聞其鄉有勇士焉,吾必從而殺之。'子墨子曰:'天下莫不欲與其所好,度其所惡。今子聞其鄉有勇士焉,必從而殺之,是非好勇也,是惡勇也。'"(《墨子·耕柱》)"如是,則百姓莫不安其處,樂其鄉,以至足其上矣。……如是,則百姓不安其處,不樂其鄉,不足其上矣。"(《荀子·樂論》)"乃令出裘發粟與飢寒。令所睹于塗者,無問其鄉;所睹于里者,無問其家。"(《晏子春秋·内篇諫上》)"晉文公反國,介子推不肯受賞,自爲賦詩曰:'有龍于飛,周徧天下。五蛇從之,爲之丞輔。龍反其鄉,得其處所。四蛇從之,得其露雨。一蛇羞之,橋死於中野。'"(《吕氏春秋·季冬紀》)"鄉大夫之職,各掌其鄉之政教禁令。"(《周禮·地官司徒》)"鄉士掌國中,各掌其鄉之民數而糾戒之……大祭祀、大喪紀、大軍旅、大賓客,則各掌其鄉之禁令。"(《秋官司寇》)只有《管子·白心》"當生者生,當死者死',言有西有東,各死其鄉'"之"其鄉"似乎可理解爲"其向",但如字讀爲"其鄉"亦無不可。綜上,焦説不可從,趙説可從。(144)

11.9 孟子曰:"無或乎王之不智也①。雖有天下易生之物也,一日暴之②,十日寒之,未有能生者也。吾見亦罕矣,吾退而寒之者至矣,吾如有萌焉何哉③?

"今夫弈之爲數④,小數也;不專心致志,則不得也。弈秋,通國之善弈者也。使弈秋誨二人弈⑤,其一人專心致志,惟弈秋之爲聽⑥。一人雖聽之,一心以爲有鴻鵠將至⑦,思援弓繳而射之⑧,雖與之俱學,弗若之矣。爲是其智弗若與?曰:非然也。"

【譯文】孟子説:"不要對王的不明智感到奇怪。即使有一種最容易成長的植物,曬它一天,冷它十天,也没見到能夠成活的。我和王相見的次數實在太少了,我每次回去後,來'冷'王的〔佞幸小人〕就接踵而至了;那麽,我對於王善良之心的萌芽能起到什麽作用呢?

"譬如下棋,只是個小技藝,但如果不一心一意,也不能學好。弈秋下棋,全國第一。假使讓他培養兩個人下棋,其中一個人一心一意,只聽弈秋的話。另一個呢,雖然也聽著弈秋説話,卻一門心思老想著有只天鵝快要飛來,快快拿起弓箭去射牠。這樣,即使和前一個人一道學習,成績一定不如人家。是因爲他的才智不如人家嗎? 不是這樣的。"

【注釋】①或:通"惑"。 ②暴(pù):同"曝"(pù),曬(晒)。 ③有萌:"有",動詞詞頭。萌,草木發芽,發端。 ④弈之爲數:弈,圍棋。數,技藝。 ⑤使弈秋誨二人弈:這句的"使"正處在從"致使""讓"義向"假使"義轉化的過程之中。參見梅廣《上古漢語語法綱要》(上海教育出版社 2018 年)108 頁。 ⑥惟弈秋之爲聽:"爲聽弈秋"的強調式。"爲聽弈秋"即"爲之聽弈秋",爲"弈秋誨二人弈"這事而專聽弈秋之教誨。詳見本章《考證》(一)。 ⑦一心以爲有鴻鵠(hú)將至：一門心思想著有天鵝將要飛來。詳見本章《考證》(二)。鴻鵠，天鵝。⑧繳(zhuó)：生絲，用來繫在箭上，因此也把繫著絲線的箭叫作"繳"。

【考證】(一)惟弈秋之爲聽：

趙岐《注》："其一人惟秋所善而聽之，其一人念欲射鴻鵠，故不如也。"朱熹《集注》未爲之解。2021年初，同事丁治民教授不恥下問采及芻蕘，以"惟弈秋之爲聽"之"爲"相詢，予瞠目不知作答，久思之乃似有所得。

"惟弈秋之爲聽"是"爲聽弈秋"的強調形式。"爲聽弈秋"即"爲之聽弈秋"，爲"弈秋誨二人弈"這事而專聽弈秋。《史記·白起王翦列傳》："王翦曰：'大王必不得已用臣，非六十萬人不可。'始皇曰：'爲聽將軍計耳。'""爲聽將軍計"意謂爲用兵事聽將軍之計，或聽任將軍用計。《盡心上》："知者無不知也，當務之爲急；仁者無不愛也，急親賢之爲務。"當務之爲急，即"爲急當務"，也即"爲之急當務"；急親賢之爲務，即"爲務急親賢"，也即"爲之務急親賢"。"爲之急當務"意謂爲"知者無不知"而急當務；"爲之務急親賢"意謂爲"仁者無不愛"而務急親賢。務，致力，從事。參見2.16-2《考證》。

不得不承認，未出現的"之"不指人而指事的"爲(之)V(O)"式，有時很難確定"之"指何事，是否該式已經開始虛化了呢(《詞詮》將這類句子中的"爲"解爲"將")？望大雅君子，明以教我。(145)

(二)一心以爲有鴻鵠將至：

《論語·子張》："雖小道，必有可觀者焉。"推而廣之，即使是古代語言中微不足道的小問題，如能揭示出來，也是有意義的。"一心以爲有鴻鵠將至"，趙岐《注》："其一人念欲射鴻鵠，故不如也。"朱熹無說。今按，《説文》云："念，常思也。"朱駿聲《説文通訓定聲》："謂長久思之。"成語有"念念不忘"，今俗語有"心心念念"。一心以爲有鴻鵠將至者，一門心思想著將有鴻鵠飛至也。知者，早至《尚書·盤庚》，

遲至《淮南子》,經籍中言"一心"者,多謂一心一意。例如:

"式敷民德,永肩一心。"(《尚書·盤庚下》)"吾先君武公與晉文侯戮力一心,股肱周室,夾輔平王。"(《國語·晉語四》)"是以三主之君,一心戮力,辟門除道,奉甲興士,韓、魏自外,趙氏自内,擊智伯,大敗之。"(《墨子·非攻中》)"撟魯國化而爲一心,曾無與二,其何暇有三。"(《晏子春秋·内篇問下》)"梁丘據問晏子曰:'子事三君,君不同心,而子俱順焉,仁人固多心乎?'晏子對曰:'嬰聞之,順愛不懈,可以使百姓;彊暴不忠,不可以使一人。一心可以事百君,三心不可以事一君。'仲尼聞之曰:'小子識之,晏子以一心事百君者也。'"(同上)"將辟田野,實倉廩,便備用,上下一心,三軍同力,與之遠舉極戰則不可。"(《荀子·富國》)"死生榮辱之道一,則三軍之士可使一心矣。……三軍一心,則令可使無敵矣。"(《吕氏春秋·仲秋紀》)"同法令,所以一心也。"(《審分覽》)"兩心不可以得一人,一心可以得百人。"(《淮南子·謬稱訓》)"強而不相敗,衆而不相害,一心以使之也。"(《兵略訓》)"四海之内,一心同歸,背貪鄙而向義理。"(《泰族訓》)

以上各例,"一心"都是"一心一意"之意。其中有幾例"一心"作狀語,與"一心以爲有鴻鵠將至"類似;可見後者之"一心"也是"一心一意""一門心思"的意思,也就是上句的"專心致志"的意思。

這則故事説兩人跟隨弈秋學習下棋,其中一人專心致志於聽弈秋講解棋藝,另一人卻專心致志於射下飛過的天鵝——有如今之課堂有人專心致志看手機然——如此則反差極大,相映成趣。(146)

11.10－1 孟子曰:"魚,我所欲也,熊掌,亦我所欲也;二者不可得兼,舍魚而取熊掌者也。生,亦我所欲也,義,亦我所欲也;二者不可得兼,舍生而取義者也。生亦我所欲,所欲有甚於生者,故不爲苟得也;死亦我所惡,所惡有甚於死者,故患有所不辟也。如使人之所欲莫甚於生，則凡可以得生者，何不用也？使人之所惡莫甚於死者，則凡可以辟患者，何不爲也①？由是則生而有不用也，由是則可以辟患而有不爲也。是故所欲有甚於生者，所惡有甚於死者。

【譯文】孟子説："魚是我想要的，熊掌也是我想要的；如果兩者不能兼得，便放棄魚而獲取熊掌。生命是我想要的，道義也是我想要的；如果兩者不能兼得，便放棄生命而獲取道義。生命固然是我想要的，但是我想要的還有比生命更寶貴的，所以我不做苟且偷生的事；死亡固然是我所厭惡的，但是我厭惡的還有比死亡更不堪忍受的，所以有的禍患我不能逃避。假如人們想要的没有比生命更寶貴的，一切可以求得生存的手段，爲什麽會有人卻不去用它呢？假如人們所厭惡的没有比死亡更不堪忍受的，一切可以免除禍患的事情，爲什麽也會有人卻不去做它呢？由此可知，〔有時候分明〕可以活下去，也是會放棄的；由此可知，〔有時候分明〕可以避免禍患，也仍會堅守的。所以説，有比生命更值得擁有的東西，也有比死亡更令人厭惡的東西。

【注釋】①何不用也、何不爲也：義爲"爲什麽不去使用呢""爲什麽不去幹呢"，詳見本節《考證》。

【考證】何不用也、何不爲也：

趙岐注"如使人之所欲莫甚於生，則凡可以得生者，何不用也？使人之所惡莫甚於死者，則凡可以辟患者，何不爲也"爲"莫甚於生，則苟利而求生矣。莫甚於死，則可辟患不擇善，何不爲耳。"

朱熹《集注》説："設使人無秉彝之良心，而但有利害之私情，則凡可以偷生免死者，皆將不顧禮義而爲之矣。"朱熹之説應該是秉承趙岐之説的，體味趙説"苟利而求生""可辟患不擇善"兩句可知。

楊伯峻先生《孟子譯注》從趙、朱之説，譯爲："如果人們所喜歡的没有超過生命的，那麽，一切可以求得生存的方法，哪有不使用的呢？如果人們所厭惡的没有超過死亡的，那麽，一切可以避免禍害的事情,哪有不幹的呢?"

焦循《孟子正義》卻説:"趙氏謂人之所欲莫甚於生,是不知好義之人也。不知好義,乃苟求得生。人之所惡莫甚於死者,是不知惡不義之人也。不知惡不義,乃苟於辟患,是指喪失其良心者而言,於下'由是'云云不貫。近時通解,則以此爲反言,以決人性之必善,必有良心,以爲下'人皆有之'張本。欲生惡死,人、物所同之性。乃人性則所欲有甚於生,所惡有甚於死,此其性善也,此其良心也。"

焦循"於下'由是'云云不貫"之説,可謂一語中的。我們認爲,這段話當譯爲:"假如人們想要的没有比生命更寶貴的,一切可以求得生存的手段,怎麽會有人卻不去用它呢?假如人們所厭惡的没有比死亡更討厭的,一切可以免除禍患的事情,怎麽也會有人卻不去做它呢?"

也即,"何不用也"不應該譯爲"什麽不去使用呢",而應該譯爲"爲什麽不去使用呢";"何不爲也"不應該譯爲"什麽不去幹呢",而應該譯爲"爲什麽不去幹呢"。因爲:

1. 先秦典籍中的"何不V",都是"爲什麽不V",未見可理解爲"什麽不V"的。也即,"何不"用於任指表周遍義,當時語言中未見,是晚起的語言現象。這是我們最爲關鍵的證據。例如:"齊、魯之故,吾子何不聞焉?"(《左傳·定公十年》,沈玉成《左傳譯文》:"齊國、魯國舊有的典禮,您爲什麽没有聽説呢?")"康子病之,言及子贛,曰:'若在此,吾不及此夫!'武伯曰:'然。何不召?'"(《哀公二十七年》,沈譯:"季康子對結盟感到不舒服,談到子贛,説:'如果他在這裏,我不會到這地步的。'孟武伯説:'對。爲什麽不召他來?'")"且許子何不爲陶冶,舍皆取諸其宫中而用之?"(《孟子·滕文公上》,楊伯峻《孟子譯注》:"而且許子爲什麽不親自燒窰冶鐵,做成各種器械,什麽東西都儲備在家中隨時取用?")"道則高矣,美矣,宜若登天然,似不可及也。何不使彼爲可幾及而日孳孳也?"(《盡心上》,楊譯:"道是很高很好,幾乎像登天一般,似乎高不可攀,爲什麽不使它變成可以有希望攀求的因而叫別人每天去努力呢?")"今子有五石之瓠,何不慮以爲大樽而浮乎江湖,而憂其瓠落無所容?"(《莊子·内篇·逍遥遊》,陳鼓應《莊子今注今譯》:"現在你有五石容量的葫蘆,爲什麼不繫著當做腰舟而浮游於江湖之上,反而愁它太大無處可容呢?")"今子有大樹,患其無用,何不樹之於無何有之鄉,廣莫之野?"(同上,陳譯:"現在你有這麼一棵大樹,還愁它無用,爲什麼不把它種在寂寞的鄉土,廣漠的曠野?")"夫子何不譚我於王?"(《雜篇·則陽》,陳譯:"先生爲什麼不在國王面前提我?")

《莊子·外篇·秋水》有 2 處"何不爲":"河伯曰:'然則我何爲乎,何不爲乎?'北海若曰:'物之生也,若驟若馳,無動而不變,無時而不移。何爲乎,何不爲乎? 夫固將自化。'"(陳譯:"河神説:'那麼我應該做什麼,應該不做什麼?'北海神説:'萬物的生長,猶如快馬奔馳一般,没有一個動作不在變化,没有一個時間不在移動,應該做什麼,應該不做什麼? 萬物原本會自然變化的。'")按照陳先生的翻譯,"何不爲乎"也不譯爲"什麼不做呢"。

以下幾例與"何不用也""何不爲也"同爲"何不 V 也"的句子:"今君之德宇,何不寬裕也?"(《國語·晉語四》)"君欲止之,何不試勿衣紫也?"(《韓非子·外儲説左上》)"與之高都,則周必折而入於韓,秦聞之,必大怒,而焚周之節,不通其使。是公以弊高都得完周也,何不與也?"(《戰國策·西周》)其中的"何不"都是"爲什麼不"得意思。

王力《漢語語法史》:"'何'字用作狀語,大致等於現代漢語的'爲什麼'或'怎麼'。"(山東教育出版社 1990 年,第 105 頁)

2. 如果"何不用也""何不爲也"譯作"什麼不去使用呢""什麼不去幹呢",正如焦循所言,"於下'由是'云云不貫"。《古代漢語虛詞詞典》:"由是,慣用短語,由介詞'由'和代詞'是'組成的介賓短語。用於謂語前或複句的後一分句,表示憑藉。可譯爲'因此'。"

按,"由是"在《左傳》《孟子》時代是"由此""從此"的意思。《萬章上》"由是以樂堯舜之道",是"從此以堯舜之道自樂"之意。又如:"虢公請器，王予之爵。鄭伯由是始惡于王。"(《左傳·莊公二十一年》)"衛人獲其季弟簡如，鄭瞞由是遂亡。"(《文公十一年》)"有窮由是遂亡，失人故也。"(《襄公四年》)"由是觀之，則實沈、參神也。"(《昭公元年》)"若由是觀之，則害於國。"(《昭公十一年》)

該短語並進一步虛化，可譯爲"因此"。"由此""從此""因此"等絕不等於"然而""卻"，它所連接的下文是與上文意義一致而相連貫的。例如：

"叔仲帶竊其拱璧，以與御人，納諸其懷而從取之，由是得罪。"(《左傳·襄公三十一年》，沈譯："叔仲帶偷了襄公的大玉璧，給了御者，放在他的懷裏，又跟著拿了過來，因此而得罪。")"宋公求珠，魋不與，由是得罪。"(《哀公十一年》，沈譯："宋公索取這珍珠，向魋不給，因此得罪。")"由是觀之，無惻隱之心，非人也。"(《孟子·公孫丑上》，楊譯："從這裏看來，一個人，如果沒有同情之心，簡直不是個人。")"由是觀之，則君子之所養，可知已矣。"(《滕文公下》，楊譯："從這裏看來，君子怎樣來培養自己的品德節操，就可以知道了。")"我豈若處畎畝之中，由是以樂堯舜之道哉？"(《萬章上》，楊譯："我何不住在田野之中，由此以堯舜之道爲自得自樂呢？")"今寄去則不樂，由是觀之，雖樂，未嘗不荒也。"(《莊子·外篇·繕性》，陳譯："現在寄託的東西失去了便不快樂，現在看來，即使有過快樂，何嘗不是心靈疏荒呢？")"楚之存不足以存存，由是觀之，則凡未始亡而楚未始存也。"(《外篇·田子方》，陳譯："楚國的存在也不足以保存它的存在，這樣看來，可說凡國不曾滅亡而楚國不曾存在。")

楊伯峻先生正是看到了這一矛盾，所以將"由是則生而有不用也，由是則可以辟患而有不爲也"譯爲："〔然而，有些人〕由此而行，便可以得到生存，卻不去做；由此而行，便可以避免禍害，卻不去幹。"不過，這添加的"然而"卻拐了個彎兒，不合於"由是"承接上文的一貫用法。

而將"何不用也""何不爲也"譯爲"爲什麼不去使用呢""爲什麼

不去幹呢"之後,下承"由是則生而有不用也,由是則可以辟患而有不爲也",則一以貫之,怡然理順。

3. 上文說到,"何不"用於任指表周遍義,是晚起的語言現象。但晚至何時呢? 我們在確定爲先秦時期的典籍中沒有發現"何不"的這一用法。西漢的《淮南子‧詮言訓》有這麼一段話:"(人主之)無好者,誅而無怨,施而不德,放準循繩,身無與事,若天若地,何不覆載?"同樣的話又見《文子‧道德》;但《文子》之成書究竟早於還是晚於《淮南子》,迄無定論。《鹽鐵論‧結和》:"夫以天下之力勤何不摧? 以天下之士民何不服?"又《漢書‧韓信傳》:"以天下城邑封功臣,何不服? 以義兵從思東歸之士,何不散?"也即,"何不覆載"是我們見到的較早的"何不"用於任指表周遍義的書證。既然在《淮南子》中,已出現"何不"用於任指來表周遍的意義,那麼,漢末的趙岐將本章這段話理解爲"莫甚於生,則苟利而求生矣。莫甚於死,則可辟患不擇善,何不爲耳",也就不奇怪了。

《淮南子‧道應訓》:"白公勝慮亂,罷朝而立,倒仗策,錣上貫頤,血流至地而弗知也。鄭人聞之曰:'頤之忘,將何不忘哉?'"(又見晚出之《列子‧說符》)也可視爲"何不"表周遍義的例子。

本節爲中學教材所採納,影響很大。衷心希望讀者諸君繼續討論,使臻完善。(147)

11.10－2 "非獨賢者有是心也,人皆有之,賢者能勿喪耳。一簞食,一豆羹①,得之則生,弗得則死,嘑爾而與之,行道之人弗受②;蹴爾而與之③,乞人不屑也;萬鍾則不辯禮義而受之④。萬鍾於我何加焉? 爲宮室之美、妻妾之奉⑤、所識窮乏者得我與⑥? 鄉爲身死而不受⑦,今爲宮室之美爲之;鄉爲身死而不受,今爲妻妾之奉爲之;鄉爲身死而不受,今爲所識窮乏者得我而爲之。是亦不可以已乎? 此之謂失其本心。"

【譯文】"這種心不僅僅賢人有，人人都有，不過賢人能夠保持它罷了。一筐飯，一盤肉，得到便能活下去，得不到死路一條，吆喝著給他，路過的餓人都不會接受；腳踏過給他，即使乞丐也不屑於接受；〔然而有人對〕萬鍾的俸禄卻不管是否合於禮義而接受了。萬鍾的俸禄對我本人有些什麽益處呢？是爲了深院大宅、供養妻妾和所認識的困乏貧窮之人感恩戴德嗎？過去寧肯死也不願接受，今天卻爲了深院大宅而接受了；過去寧肯死也不願接受，今天卻爲了供養妻妾而接受了；過去寧肯死也不願接受，今天卻爲了所認識的困乏貧窮之人感恩戴德而接受了。這種行爲難道不該停止嗎？這樣做，就叫作喪失了本來的善心。"

【注釋】①一豆羹：豆，盛食物的高腳盤。羹，帶汁的肉食。　②嘑爾而與之，行道之人弗受：嘑，同"呼"。《禮記·檀弓下》："齊大饑，黔敖爲食於路以待餓者而食(sì)之。有餓者蒙袂輯屨貿貿然來。黔敖左奉食，右執飲，曰：'嗟，來食！'揚其目而視之，曰：'予唯不食嗟來之食以至於斯也。'(黔敖)從而謝(道歉)焉，終不食而死。"　③蹴(cù)爾：蹴，踩，踐踏。爾，動詞、形容詞、副詞的詞尾。頗疑"蹴爾"即"蹴然"(見於《公孫丑上》)"蹵然"(見於《莊子·外物》《荀子·富國》)，然文獻中二者並不表輕視，故仍暫從趙《注》。原文"蹴爾"作狀語修飾"與"，但翻譯不必也以狀中結構譯之。　④辯：通"辨"。　⑤妻妾之奉：供養妻妾。詳見本節《考證》。　⑥得我：感激我。得，通"德"。德我，對我感恩戴德。　⑦鄉：同"向""嚮""曏"，以往，以前。

【考證】妻妾之奉：

本節"爲宮室之美、妻妾之奉、所識窮乏者得我與"數句，趙岐《注》："豈不爲廣美宮室、供奉妻妾、施與所知之人窮乏者？"焦循《正義》闡發之："昭公六年《左傳》'奉之以仁'，注云：'奉，養也。'《廣雅·釋言》云：'供，養也。'故以'供'釋'奉'。《說文·人部》云：'供，設也；一曰"供給"。'謂蓄妻妾，則給以養之。"楊伯峻《孟子譯注》："爲著住宅的華麗、妻妾的侍奉和我所認識的貧苦人感激我嗎？"兩者的分歧是在對於"妻妾之奉"的理解:趙岐釋爲"供養妻妾",楊伯峻先生釋爲"妻妾(對我)的侍奉"。白平《楊伯峻〈孟子譯注〉商榷》(第254頁)認爲當從趙岐《注》。

我們認同趙岐、焦循之説,因爲:

除本章"妻妾之奉"外,我們在先秦典籍中未見到"奉"可以釋爲"侍奉"的用例,在清代以前(包括清代)的故訓中,也未見一例"侍奉"之釋。一些字典所列"奉"的"侍奉"義項,僅舉有《孟子》這一例(如《王力古漢語字典》);或除這一例外,其餘都是較晚近的用例(如《漢語大字典》)。"奉"有"事奉"的意義,似乎近之(《漢語大字典》混同"侍奉"與"事奉",《王力古漢語字典》則分列之)。但該意義必須帶人物賓語或介賓短語,或既帶人物賓語又接介賓短語。如:

"鮑叔牙曰:'君使民慢,亂將作矣。'奉公子小白出奔莒。亂作,管夷吾、召忽奉公子糾來奔。"(《左傳·莊公八年》)"故古者建國設都,乃立后王君公,奉以卿士師長。"(《墨子·尚同下》)"爲遊士八十人,奉之以車馬、衣裘,多其資幣,使周遊於四方,以號召天下之賢士。"(《國語·齊語》)

以下幾則結構近似的文例卻可以證明"妻妾之奉"可以釋爲"供養妻妾":

"凡用兵之法,馳車千駟,革車千乘,帶甲十萬,千里饋糧,則内外之費,賓客之用,膠漆之材,車甲之奉,日費千金,然後十萬之師舉矣。"(《孫子·作戰篇》)"凡興師十萬,出征千里,百姓之費,公家之奉,日費千金。"(《用間篇》)"握以下者爲柴楂,把以上者爲室奉,三圍以上爲棺槨之奉。"(《管子·山國軌》)"大夏,帷蓋衣幕之奉不給。"(《輕重丁》)車甲之奉,指養護車甲的費用。公家之奉,指國家用度的支出。"三圍以上爲棺槨之奉",指三圍以上的木材供給造棺槨。"帷蓋衣幕之奉不給",指帷蓋衣幕的供給難以爲繼。

奉,後作"俸"。徐鉉云:"俸,本只作'奉'。"

"侍奉"則多用"事"字:"事父母,能竭其力。"(《論語·學而》)

"生,事之以禮;死,葬之以禮,祭之以禮。"(《爲政》)"壯者以暇日修其孝悌忠信,入以事其父兄,出以事其長上。"(《孟子·梁惠王上》)"是故明君制民之産,必使仰足以事父母,俯足以畜妻子。"(同上)(148)

11.11 孟子曰:"仁,人心也;義,人路也。舍其路而弗由,放其心而不知求,哀哉!人有雞犬放①,則知求之;有放心而不知求。學問之道無他,求其放心而已矣。"

【譯文】孟子說:"仁是人的良心,義是人的正路。放棄了那條正路不走,丟失了那顆良心而不曉得去追回,真可悲呀!一個人,有雞和狗走失了,都曉得要去找回;有良心丟失了,卻不曉得去追回它。求學問道的路徑沒有别的,就是把那丢失了的良心追回來罷了。"

【注釋】①放:走失。

11.12 孟子曰:"今有無名之指屈而不信①,非疾痛害事也,如有能信之者,則不遠秦楚之路,爲指之不若人也。指不若人,則知惡之;心不若人,則不知惡,此之謂不知類也②。"

【譯文】孟子說:"現在有個人,他無名指彎曲不能伸直,雖然不痛也不妨礙做事,如果有人能夠讓它伸直,即使跑去秦國楚國才能見著那人,也不嫌遠,爲的是無名指比不上別人。無名指比不上別人,就知道厭惡;心性不及別人,反而不知厭惡,這個就叫作不懂得觸類旁通。"

【注釋】①信:通"伸"。　②不知類:不懂得觸類旁通,舉一反三。詳見本章《考證》。

【考證】不知類:

朱熹《集注》云:"不知類,言其不知輕重之等也。"注《孟》諸書多從之。我們以爲,朱熹所注,似無不可,但解爲不懂得類比,不懂得歸類,不懂得觸類旁通,不知舉一反三,似更貼切;知類,則懂得類比,懂得歸類,懂得觸類旁通舉一反三。例如:

"公輸盤爲楚造雲梯之械,成,將以攻宋……子墨子曰:'北方有侮臣,願藉子殺之。'公輸盤不説。子墨子曰:'請獻十金。'公輸盤曰:'吾義固不殺人。'子墨子起,再拜曰:'請説之。吾從北方聞子爲梯,將以攻宋……義不殺少而殺衆,不可謂知類。'公輸盤服。"(《墨子·公輸》)

"今人曰:'某氏多貨,其室培濕,守狗死,其勢可穴也。'則必非之矣。曰:'某國饑,其城郭庫,其守具寡,可襲而篡之。'則不非之。乃不知類矣。"(《呂氏春秋·有始覽》)

"人皆知説鏡之明己也,而惡士之明己也。鏡之明己也功細,士之明己也功大。得其細,失其大,不知類耳。"(《恃君覽》)

以上各例,爲"不知類"者,皆不知觸類旁通者也。

"一年視離經辨志,三年視敬業樂群,五年視博習親師,七年視論學取友,謂之'小成';九年知類通達,强立而不反,謂之'大成'。"(《禮記·學記》)此爲"知類"之例,"知類""通達"連文,尤可證其爲觸類旁通之意。

"指不若人,則知惡之;心不若人,則不知惡。"正是典型的不知觸類旁通。

我們這樣解釋,還有一個原因,就是雖然"指不若人"爲輕,"心不若人"爲重;惡輕者而不惡重者,解爲"不知輕重"似無大礙,但"類"字並無"輕重"義;解爲"類比""歸類""觸類旁通"則窒礙頓消。(149)

11.13 孟子曰:"拱把之桐梓①,人苟欲生之,皆知所以養之者。至於身,而不知所以養之者,豈愛身不若桐梓哉?弗思甚也。"

【譯文】孟子説:"一兩把粗的桐樹梓樹,想要讓它成活,人人都明白如何去培養。至於人本身,卻不明白如何去培養;難道愛自己還趕不上愛桐樹梓樹嗎?真是太不愛動腦筋了。"

【注釋】①拱把:拱,合兩手拿。把,一隻手拿。

【考證】皆知所以養之者：

這句話可以有兩種理解：1.人人皆知所以養之者。"皆"的語義指向爲上一句"人苟欲生之"的"人"。2.盡知"所以養之"的各種方法、手段。"皆"的語義指向爲"所以養之者"。從趙岐《注》"人皆知灌溉而養之"似傾向於前者。

"皆"的語義指向爲其主語，是最爲常見的，如："從我於陳、蔡者，皆不及門也。"（《論語·先進》）"如有不嗜殺人者，則天下之民皆引領而望之矣。""百姓皆以王爲愛也。""今王發政施仁，使天下仕者皆欲立於王之朝，耕者皆欲耕於王之野，商賈皆欲藏於王之市，行旅皆欲出於王之塗，天下之欲疾其君者皆欲赴愬於王。"（均見《孟子·梁惠王上》）但也有指向其後的賓語的："小人有母，皆嘗小人之食矣，未嘗君之羹。"（沈玉成《左傳譯文》："小人有母親，小人的食物都已嘗過，但沒有嘗過君王的肉湯。"——將來如果對作狀語的"皆"進行了窮盡性考察，且其語義指向基本上都指向主語，據此也可判斷其實是"小人之母""每次都"嘗了"小人之食"——"皆"的語義指向依然是主語。）

從我們對"皆知"的考察看，"皆知所以養之者"理解爲"人皆知所以養之者"（即"皆"的語義指向爲"皆知所以養之者"未出現的主語"人"）較爲妥當，因爲有較多書證的支持。例如：

"鄭三卿皆知其將爲王也。"（《左傳·昭公六年》，沈譯："鄭國的三個卿都知道他將要做楚王了。"）"其君臣上下，皆知其資財之不足以支長久也。"（《國語·越語下》）"天下皆知美之爲美，斯惡已；皆知善之爲善，斯不善已。"（《老子·二章》）"人皆知有用之用，而莫知無用之用也。"（《莊子·內篇·人間世》）"虧人愈多，其不仁茲甚矣，罪益厚。……當此天下之君子皆知而非之，謂之不義。"（《墨子·非攻上》）"世俗之君子，皆知小物而不知大物。"（《魯問》）"使天下生民之屬皆知己之所願欲之舉在是于也，故其賞行；皆知己之所畏恐之舉在是于也，故其罰威。"（《荀子·富國》）

以上諸例中，《莊子》《荀子》二例值得注意。《莊子》一例的主語是"人"，與"皆知所以養之者"承前省略的主語相同。《荀子》一例"皆"的語義指向爲主語"天下生民之屬"，"舉"的語義指向爲"知"的賓語也即"在"的主語"己之所願欲之""己之所畏恐之"。

　　那麽，如何表達十分周詳地瞭解、知道某些事物呢？據我們調查，是在狀語位置上用"盡"用"遍"（徧）的。例如："民之情僞，盡知之矣。"（《左傳·僖公二十八年》，沈譯："民情真僞，都知道了。"）"然則夫'支'之所道者，必盡知天地之爲也。"（《國語·周語下》）"故不盡知用兵之害者，則不能盡知用兵之利也。"（《孫子·作戰篇》）"人之衆寡，士之精粗，器之功苦，盡知之。"（《管子·地圖》）"是以明君之舉其下也，盡知其短長……賢人之臣其主也，盡知短長與身力之所不至。"（《君臣上》）以上是對"盡知"的考察。值得注意的是，《左傳》和《管子·地圖》2例，所"盡知"的儘管作爲主語出現過，但"盡知"仍帶賓語"之"，以復指前文出現過的主語；而"皆知所以養之者"的"之"也是復指首句"拱把之桐梓"的。

　　再看"遍知"的情形："是以數千萬里之外，有爲善者，其室人未徧知，鄉里未徧聞，天子得而賞之。數千萬里之外，有爲不善者，其室人未徧知，鄉里未徧聞，天子得而罰之。"（《墨子·尚同中》）"繕器械，選練士，爲教服，連什伍，徧知天下，審御機數，此兵主之事也。"（《管子·地圖》）"故小征，千里徧知之……大征，徧知天下。"（《制分》）"下衆而上寡，寡不勝衆者，言君不足以徧知臣也。"（《韓非子·難三》）

　　"皆知所以養之者"未出現的主語爲上句"人苟欲生之"的"人"；而"所以養之"的"之"和上句"人苟欲生之"的"之"一樣，都指第一句"拱把之桐梓"。綜上諸例，這句"皆"的語義指向是指這句承前而未出現的主語"人"而非指向"所以養之"的"所"；據此，"拱把之桐梓，人苟欲生之，皆知所以養之者"應譯爲"一兩把粗的桐樹梓樹，想要讓它成活，人人都曉得如何去培養"。而要譯爲"一兩把粗的桐樹梓樹，想要讓它成活，各種用來養護樹木的方法、手段都能瞭解清楚"，原文似

應爲:"拱把之桐梓,人苟欲生之,盡知所以養之者。"(150)

11.14 孟子曰:"人之於身也,兼所愛。兼所愛,則兼所養也。無尺寸之膚不愛焉,則無尺寸之膚不養也。所以考其善不善者,豈有他哉?於己取之而已矣。體有貴賤,有小大。無以小害大,無以賤害貴。養其小者爲小人,養其大者爲大人。

"今有場師,舍其梧檟①,養其樲棘②,則爲賤場師焉。養其一指而失其肩背,而不知也,則爲狼疾人也③。飲食之人,則人賤之矣,爲其養小以失大也。飲食之人無有失也,則口腹豈適爲尺寸之膚哉④?"

【譯文】孟子説:"人們對於自己的身體,真是加倍珍惜。加倍珍惜,便加倍保養。没有一尺一寸的皮膚不珍惜,便没有一尺一寸的皮膚不保養。衡量他養護得好或者不好,難道還有别的嗎?只是在於他對於自身養護的取向而已。身體四肢有重要的,也有次要的;有小的,也有大的。不要因爲小的而損害大的,不要因爲次要的而損害重要的。只知保養小的,就是芸芸衆生;力求保養大的,便是道德君子。

"現在有一位園藝師,放棄梧桐梓樹,卻去培養酸棗荆棘,那就是個很糟的園藝師了。如果有人只保養他的一根手指,卻丢失了肩頭背脊,自己還不明白,那就是糊塗蛋了。只曉得吃吃喝喝〔而不曉得培養心志〕的人,人家都輕視他;因爲他只保養了小的,而丢失了大的。如果講究吃喝的人並不影響心志的培養,那麽,他的吃喝難道只是爲了口腹之需嗎?"

【注釋】①梧檟(jiǎ):梧,梧桐。檟,即楸樹。梧桐、楸樹都是好木料。 ②樲(èr)棘:樲,酸棗。棘,也是酸棗。樲棘是同義詞連用。詳見本章《考證》。 ③狼疾:同"狼藉"。 ④適:恰恰。

【考證】樲棘:

趙岐説:"樲棘,小棘,所謂'酸棗'也。"阮元《校勘記》卻認爲"樲棘"應作"樲棘",而錢大昕《十駕齋養新録》云:"《爾雅》:'樲,酸棗。'不聞'樲棘'爲小棗。梧檟二物,則樲棘必非一物。樲即酸棗,棘即荆棘之棘也。"

其實,"棘"的本義爲果樹名——帶刺的落葉灌木,其果實即"酸棗"。諸多字典辭書均有記載,不贅。而《爾雅》:"樲,酸棗。"郭璞注:"樹小實酢。"《説文》:"樲,酸棗也。"《呂氏春秋·似順論》:"棗,棘之有;裘,狐之有也。食棘之棗,衣狐之皮,先王固用非其有而己有之。"我們認爲,不必如阮元改"棘"爲"棗",因爲"棘"本身就是酸棗;也不必如錢大昕分"樲""棘"爲二物。《孟子》時代語言中,同義詞連用較爲普遍。如同"荆棘"是同義詞連用一樣("棘"詞義擴大爲泛指帶刺的草木,故而與"荆"連用),"樲棘"也是同義詞連用。

"棘"的單用例,如《左傳·昭公五年》:"豎牛懼,奔齊。孟、仲之子殺諸塞關之外,投其首於寧風之棘上。"沈玉成譯後句爲:"把腦袋扔在寧風的荆棘上。"《哀公八年》:"邾子又無道,吳子使大宰子餘討之,囚諸樓臺,栫之以棘。"沈玉成譯後句:"用荆棘做成籬笆圍起來。"

"荆棘"連文者如《左傳·襄公十四年》:"昔秦人迫逐乃祖吾離于瓜州,乃祖吾離被苫蓋,蒙荆棘,以來歸我先君……我諸戎除翦其荆棘,驅其狐狸豺狼。"《老子·三十章》:"師之所處,荆棘生焉。"

所以,説"樲棘"爲同義詞連用,是没有問題的。(151)

11.15 公都子問曰:"鈞是人也,或爲大人,或爲小人①,何也?"孟子曰:"從其大體爲大人,從其小體爲小人。"曰:"鈞是人也,或從其大體,或從其小體,何也?"

曰:"耳目之官不思,而蔽於物。物交物,則引之而已矣。心之官則思,思則得之,不思則不得也;此天之所與我者。先立乎其大者,則其小者不能奪也。此爲大人而已矣。"

【譯文】公都子問道:"同樣是這些人,其中有些成爲了道德君子,有些仍舊是一介草民,爲什麼呢?"孟子答道:"選擇身體重要部分的是君子,選擇身體次要部分的是小人。"問道:"同樣是人,有的人選擇身體的重要部分,有的人卻選擇身體的次要部分,又是爲了什麼呢?"

答道:"耳朵眼睛這類器官不會思考,故容易被外部事物所蒙蔽。諸多外物交相遮蔽,這類器官便被引向歧途了。心這個器官的功能是思考,一思考便可求得事物的真諦,不思考便得不到;思考的能力是上天賦予我們人類的。先把人的重要部分給樹立起來,次要部分便不能喧賓奪主了。要成爲君子,不過如此。"

【注釋】①鈞是人也,或爲大人,或爲小人:同樣是這些人,其中有些成爲了道德君子,有些成爲了芸芸衆生。鈞,同"均",同樣,平均,共同。是,這,這些。《國語·晉語二》:"然款也不敢愛死,唯與讒人鈞是惡也。"意謂我杜原款雖不惜一死,遺憾的是跟讒人(指驪姬)共同來承擔這些罪惡。

【考證】此天之所與我者:

有的本子(岳本、孔本、韓本)作"比天之所與我者",廖本、閩本、監本、毛本作"此天之所與我者"。而趙岐《注》謂"比方(宋本有作"此乃"的)天所與人性情,先立乎其大者,謂生而有善性也",似乎他所見到的本子有作"比天之所與我者"的。按,如爲"比天之所與我者",則與下文"先立乎其大者,則其小者不能奪也"組成複句;如爲"此天之所與我者",則與上文"心之官則思,思則得之,不思則不得也"組成複句。類似後者的複句如:

"今若天飄風苦雨,溱溱而至者,此天之所以罰百姓之不上同於天者也。"(《墨子·尚同上》)"天之意,不欲大國之攻小國也,大家之亂小家也,強之暴寡,詐之謀愚,貴之傲賤,此天之所不欲也。"(《天志中》)"神聖者王,仁智者君,武勇者長,此天之道,人之情也。"(《管子·君臣下》)"寡人得受命於先生,此天所以幸先王而不棄其孤也。"(《戰國策·秦三》)"田先生不知丹不肖,使得至前,願有所道,此天所以哀燕不棄其孤也。"(《燕三》)

也即,"心之官則思,思則得之,不思則不得也;此天之所與我者"在共時文獻中書證較多,文從字順。

而作"比天之所與我者也",從趙岐之釋爲"比方",遍搜《左傳》《國語》《論語》《孟子》《墨子》等書,未見其例。王念孫《讀書雜志・讀〈戰國策〉雜志》、王引之《經傳釋詞》釋"比"爲"皆"。他例("比是也""再戰比勝""比選天下端士")姑且不論,"比天之所與我者"及其與下文或上文的組合,共時文獻中也未見類似文例。我們之從朱熹《四書章句集注》(朱注:"但作'比'字,於義爲短,故且從今本云。")和楊伯峻《孟子譯注》,道理即在於此。(152)

11.16 孟子曰:"有天爵者,有人爵者。仁義忠信,樂善不倦①,此天爵也;公卿大夫,此人爵也。古之人修其天爵,而人爵從之。今之人修其天爵,以要人爵;既得人爵,而棄其天爵,則惑之甚者也,終亦必亡而已矣②。"

【譯文】孟子說:"有上天賜予的爵位,有俗世認可的爵位。仁義忠信,好善不疲,這是上天賜予的爵位;公卿大夫,這是俗世認可的爵位。古代的人修養上天賜予的爵位,俗世認可的爵位也就跟著來了。現在的人修養上天賜予的爵位,爲的是求取俗世認可的爵位;若已經得到俗世認可的爵位,便放棄上天賜予的爵位。這真是糊塗透頂了,到頭來連俗世認可的爵位也會丟掉的。"

【注釋】①不倦:不疲倦,而不是不厭倦。詳見本章《考證》。 ②本章可參 4.2—3。

【考證】不倦:

"不倦"到底是"不疲倦"還是"不厭倦"? 趙岐、朱熹、焦循均無說。《王力古漢語字典》在"倦"字下只有"疲勞"義,舉例爲《論語・述而》"學而不厭,誨人不倦";《漢語大字典》既有"疲勞"義,又有"厭倦"義,而將"學而不厭,誨人不倦"歸於"厭倦"義項之下。本章"樂善不倦",楊伯峻《孟子譯注》譯爲"不疲倦地好善",白平《楊伯峻〈孟子譯注〉商榷》認爲《孟子譯注》誤譯,"樂善不倦"的"倦",其義當爲"厭倦"義(第255頁)。

我則以爲是"不疲勞"。1. 因爲從故訓看,先秦兩漢典籍中的"倦"多訓爲"罷(疲)也""勞也",如《吕氏春秋·季春紀》"致遠復食而不倦"高誘注:"倦,罷。"《説文·人部》:"倦,罷也。"《國語·晉語一》"用而不倦"韋昭注:"倦,勞也。"只有晚出之《玉篇·人部》《廣韻·線韻》爲"倦,猒(厭)也。"可見疲倦義是本義,厭倦義是東漢魏晉以後才産生的引申義。

2. 從"倦"(勌)與同義詞組成的短語看,和"勞""罷"(疲)組成的同義短語見於先秦兩漢典籍,而與"厭"(猒)組成的同義短語則晚見於成書於西晉的《三國志》和南北朝的《後漢書》《顔氏家訓》。例如:

"君子貧窮而志廣,富貴而體恭,安燕而血氣不惰,勞勌而容貌不枯,怒不過奪,喜不過予。"(《荀子·修身》)"君子隘窮而不失,勞倦而不苟,臨患難而不忘細席之言。"(《大略》)"田父見之,無勞勌之苦,而擅其功。"(《戰國策·齊三》)"晉知其兵革之罷倦,糧食盡索,興師擊之,大敗吳師。"(《越絶書·越絶外傳記吴王占夢》)"留而守之,歷歲經年,則士卒罷勌,食糧乏絶。"(《漢書·嚴助傳》)

以上爲"勞倦""罷倦"的書證,以下則爲"厭(猒)倦"的書證:

"于時羽檄交馳,人馬擐甲,嚴駕已訖,禕與敏留意對戲,色無厭倦。"(《三國志·蜀書·費禕傳》)"從之則失道,不從則失人,將恐陛下必有猒倦之聽。"(《後漢書·范升傳》)"竊懼聖思厭倦,制不專己,恩不忍割,與衆共威。"(《張衡傳》)"閑齋張葛幢……率意自讀史書,一日二十卷,既未師受,或不識一字,或不解一語,要自重之,不知厭倦。"(《顔氏家訓·勉學》)

3. 雖然先秦典籍中大多數含有"不倦"的書證看不出其中的"不倦"到底是"不疲倦"抑或"不厭倦",如"王子頽歌舞不倦,樂禍也"(《左傳·莊公二十年》)"古之治民者,勸賞而畏刑,恤民不倦"(《襄公二十六年》),但有些書證如"賢人唯毋得明君而事之,竭四肢之力,以任君之事,終身不倦"(《墨子·尚賢中》)"故知知一,則若天地然,則何事之不勝?何物之不應?譬之若御者,反諸己,則車輕馬利,致遠復食而不倦"(《吕氏春秋·季春紀》),還是可以看出其中的"不倦"是"不疲倦"的;但同一時期可以肯定爲"不厭倦"的書證卻未曾一見。

另外,像"學而不厭,誨人不倦"(《論語·述而》)"學問不厭,好士不倦"(《荀子·大略》)"好學而不厭,好教而不倦"(《吕氏春秋·孟夏紀》)這種"不倦""不厭"對舉者,可能是主張"倦"訓"厭"義者的證據,在我們看來,適足以證明二者有别,何況這裏"不厭"是"不滿足"的意思(詳見將出版的《論語新注新譯》〔第二版〕7.2《考證》〔一〕)。這類句子和"歸市者不止,耕者不變"(《梁惠王下》)"遺佚而不怨,阨窮而不憫"(《公孫丑上》)一樣,副詞"不"所修飾的動詞意義是有所區别的。(153)

11.17 孟子曰:"欲貴者,人之同心也。人人有貴於己者,弗思耳矣。人之所貴者,非良貴也。趙孟之所貴①,趙孟能賤之。《詩》云②:'既醉以酒,既飽以德。'言飽乎仁義也,所以不願人之膏粱之味也③;令聞廣譽施於身④,所以不願人之文繡也⑤。"

【譯文】孟子説:"希望尊貴,大家都是這樣想的。每個人都有他可尊貴的東西,只是没去想罷了。别人當成寶物的,不一定真的是寶物。趙孟當成寶物的,趙孟也能讓它輕賤。《詩經》説:'美酒喝得醉醺醺,飽嘗您的好恩情。'説的是充分享受了仁義,也就不羡慕别人的肥肉精米了;人所共知的好名聲都匯集於我,也就不羡慕别人的峨冠博帶了。"

【注釋】①趙孟:晉國正卿趙盾字孟,因而其子孫都稱趙孟。 ②《詩》云以下兩句:見《大雅·既醉》。譯文採自程俊英《詩經譯注》。 ③所以不願人之膏粱之味也:願,羡慕。膏,肥肉。粱,細糧。 ④令聞(wèn):好名聲。令,美好。聞,名聲。 ⑤文繡:古時有爵位者所穿著的繡服。

11.18 孟子曰："仁之勝不仁也，猶水勝火。今之爲仁者，猶以一杯水救一車薪之火也；不熄，則謂之'水不勝火'，此又與於不仁之甚者也①，亦終必亡而已矣②。"

【譯文】孟子說："仁勝過不仁，正像水可以撲滅火一樣。如今那貫徹仁道的人，好像用一杯水來撲滅一車木柴的火焰；火焰不熄滅，便說水不能撲滅火，這些人等於又和那很不仁的人爲伍了，到頭來連他們的那一點點仁都會消亡的。"

【注釋】①此又與(yù)於不仁之甚者也：與，參與，站在……一邊，等同於……。不仁之甚者，甚不仁者，很不仁者。　②亡：無，沒有。

11.19 孟子曰："五穀者，種之美者也；苟爲不熟，不如荑稗①。夫仁，亦在乎熟之而已矣。"

【譯文】孟子說："五穀〔的種子〕是種子中的精品，但如果沒能成熟，反而不及稊米和稗子。仁，也在於使它成熟罷了。"

【注釋】①荑稗(tí bài)：即"稊稗"。稊，稗類，結實甚小，可以用做家畜飼料，古人也用來備凶年。

11.20 孟子曰："羿之教人射，必志於彀①；學者亦必志於彀。大匠誨人必以規矩②，學者亦必以規矩。"

【譯文】孟子說："羿教人射箭，一定期望學習射箭者心志專一於拉滿弓；作爲學者，也一定要心志專一。優秀木匠教誨徒弟，一定要教會他們使用圓規和矩尺；作爲學者，也一定要學會用圓規和矩尺。"

【注釋】①彀(gòu)：張滿弓或弩。　②規矩：指圓規和矩尺，而不是指規則、法式。詳見本章《考證》(二)。

【考證】(一)羿之教人射，必志於彀；學者亦必志於彀：

這段話，趙岐《注》和朱熹《集注》可能導致兩處分歧。趙岐《注》："張弩向的者，用思專時也。學者志道，猶射者之張也。"朱熹《集注》："志，猶'期'也。彀，弓滿也。滿而後發，射之法也。學，謂學射。"

第一處分歧，"志"未出現的主語，由趙岐所謂"張弩向的者，用思專時也"可知，該主語是射者；而朱熹謂"志，猶'期'也"，有些注者和讀者由此可能認爲是"羿"期望射者拉滿弓弩。

第二處分歧，由"學者志道，猶射者之張也"可知，趙岐以爲"學者"和"（學）射者"是不同的兩個人，而由"學，謂學射"可知，朱熹以爲"學者"和"（學）射者"是同一個人。

此外，是否"志於彀"即"期於彀"，也有辨析的必要。兩者看似相同，實則有異。某人"志於"什麽，是這人有志於自己幹什麽；而某人"期於"什麽，可以是某人期於別的什麽人幹什麽。

我們先來探討是誰"必志於彀"。

首先，類似複句中後一分句前未出現的主語，一般都是前句的主語，如：

"師文王，大國五年，小國七年，必爲政於天下矣。"（《孟子·離婁上》）"曾子養曾皙，必有酒肉；將徹，必請所與；問有餘，必曰：'有。'"（同上）"柳下惠不羞汙君，不辭小官。進不隱賢，必以其道。"（《萬章下》）"故天將降大任於是人也，必先苦其心志，勞其筋骨，餓其體膚。"（《告子下》）但也不無前句的賓語者：

"善人教民七年，亦可以即戎矣。"（《論語·子路》）"微大夫教寡人，幾有大罪，以累社稷。"（《晏子春秋·內篇諫下》）也即，"必志於彀"的主語，可以是上一句中的"人"。

如前所述，某人"志於"什麽，是這人有志於自己幹什麽；而某人"期於"什麽，常常是他期於別的什麽人幹什麽。如：

"吾十有五而志于學。"（《論語·爲政》）"君子之志於道也，不成章不達。"（《孟子·盡心上》）"至於聲，天下（人）期於師曠。"（《告子上》）

從"志於"的用法看,只能是射者,即第一句中的"人""志於彀"。我們只好以朱熹所說"志,猶'期'也"爲線索,譯"必志於彀"爲"(羿)一定期望學習射箭者注意力集中於拉滿弓"——"期望"是補上去的,"志於彀"譯爲"注意力集中於拉滿弓"。

再來探討"(學)射者"是否就是"學者"。請看下列書證:

"古之學者爲己,今之學者爲人。"(《論語·憲問》《荀子·勸學》)"陳良,楚産也,悦周公、仲尼之道,北學於中國。北方之學者,未能或之先也。彼所謂豪傑之士也。"(《孟子·滕文公上》)"於此有人焉,入則孝,出則悌,守先王之道,以待後之學者,而不得食於子;何尊梓匠輪輿而輕爲仁義者哉?"(《滕文公下》)"語仁義忠信,恭儉推讓,爲修而已矣;此平世之士,教誨之人,遊居學者之所好也。"(《莊子·外篇·刻意》)"夫尊古而卑今,學者之流也。"(《雜篇·外物》)"相人,古之人無有也,學者不道也。"(《荀子·非相》)"吾語汝學者之嵬容:其冠絻,其纓禁緩,其容簡連。"(《非十二子》)"天下之學者多辯,言利辭倒,不求其實,務以相毁,以勝爲故。"(《吕氏春秋·慎大覽》)"是故亂國之俗,其學者則稱先王之道,以籍仁義,盛容服而飾辯説,以疑當世之法,而貳人主之心……此五者,邦之蠹也。"(《韓非子·五蠹》)

從以上書證不難歸納,"學者"不等同"學習者"(本章就是"學射者"),而是指學有專攻或學有一定程度的人。(154)

(二)大匠誨人必以規矩,學者亦必以規矩:

趙岐《注》:"大匠,攻木之工。規,所以爲圓也;矩,所以爲方也。教人必以規矩,學者以仁義爲法式,亦猶大匠以規矩者也。"朱熹《集注》:"規矩,匠之法也。"綜上,趙岐理解"規矩"爲圓規矩尺,朱熹理解爲規則、法式。我們以爲,趙岐所說較爲符合《孟子》成書時代語言的實際。

《孟子·離婁上》:"離婁之明,公輸子之巧,不以規矩,不能成方員。""聖人既竭目力焉,繼之以規矩準繩,以爲方員平直。""規矩,方員之至也。"《墨子·天志上》:"輪匠執其規矩,以度天下之方圜。"《莊子·内篇·逍遙遊》："吾有大樹,人謂之樗。其大本擁腫而不中繩墨,其小枝卷曲而不中規矩。"《外篇·駢拇》："且夫待鉤繩規矩而正者,是削其性者也;待繩約膠漆而固者,是侵其德者也。"《荀子·儒效》："設規矩,陳繩墨,便備用,君子不如工人。"《王霸》："禮之所以正國也,譬之猶衡之於輕重也,猶繩墨之於曲直也,猶規矩之於方圓也。"《禮論》："故繩者,直之至;衡者,平之至;規矩者,方圓之至。"《吕氏春秋·不苟論》："欲知平直,則必準繩;欲知方圓,則必規矩。"《似順論》："巧匠爲宫室,爲圓必以規,爲方必以矩,爲平直必以準繩。功已就,不知規矩繩墨,而賞匠巧。"《管子·七法》："尺寸也、繩墨也、規矩也、衡石也、斗斛也、角量也,謂之法。"

通過以上各例,不難看出,規矩,與準、繩(繩墨)、衡等等一樣,都是木匠的工具。上引《吕氏春秋·似順論》前文説"巧匠爲宫室,爲圓必以規,爲方必以矩,爲平直必以準繩",規、矩分開説;後文説"功已就,不知規矩繩墨",規、矩又並列起來。可知"規矩"爲一並列短語,而非一個詞;它指圓規和矩尺,而非指規則、法式。

故《孟子·盡心下》"梓匠輪輿能與人規矩,不能使人巧"也當譯爲"木工和專做車輪、車箱的人只能够把圓規矩尺〔的用法〕傳授給别人,卻不能够讓别人一定有技巧"。(155)

告子章句下

凡十六章

12.1-1 任人有問屋廬子曰①:"禮與食孰重?"曰:"禮重。""色與禮孰重?"曰:"禮重。"

曰:"以禮食,則飢而死;不以禮食,則得食,必以禮乎? 親迎②,則不得妻;不親迎,則得妻,必親迎乎?"

屋廬子不能對,明日之鄒以告孟子③。

【譯文】一個任國人問屋廬子説:"禮和食哪個重要?"答道:"禮重要。""女色和禮哪個重要?"答道:"禮重要。"

問道:"如果守禮法找吃的,會餓死;不守禮法找吃的,能找到吃的,那一定要守禮法嗎? 如果行迎親禮,得不到妻子;不行迎親禮,能得到妻子,那一定要行迎親禮嗎?"

屋廬子答不上來,第二天去鄒國時,把這話告訴了孟子。

【注釋】①任人有問屋廬子曰:任,古國名,故城在今山東濟寧,有學者王永超舊居。屋廬子,孟子弟子,名連。　②親迎(yìng):古代婚姻禮儀;新郎親迎新婦,自諸侯至於老百姓都如此。迎,前往迎接,特指迎親。　③鄒:在今山東鄒城市區東南約二十里,與故任國相距約百里。

12.1-2 孟子曰:"於答是也何有①? 不揣其本②,而齊其末,方寸之木可使高於岑樓③。金重於羽者,豈謂一鉤金與一輿羽之謂哉④? 取食之重者與禮之輕者而比之,奚翅食重⑤? 取色之重者與禮之輕者而比之,奚翅色重? 往應之曰:'紾兄之臂而奪之食⑥，則得食；不紾，則不得食，則將紾之乎？踰東家牆而摟其處子⑦，則得妻；不摟，則不得妻；則將摟之乎？'"

【譯文】孟子説："回答這個有什麼難呢？如果不從底部量起，而只比頂端哪個高，那一寸厚的木塊〔若放在高處，〕可以讓它俯視高樓。金子比羽毛重，難道是説的一小塊金子和一大車羽毛嗎？拿吃的重要方面和禮的細微末節來比較，豈止是説吃的更重要？拿女色的重要方面和禮的細微末節來比較，豈止是説女色更重要？你回去這樣回答他吧：'扭斷哥哥的胳膊，去搶奪他的食物，就得到吃的；不去扭斷，就得不到吃的，還會去扭斷嗎？爬過東鄰的牆去拉扯處女，能得到老婆；不去拉扯，就不能得到老婆，還會去拉扯嗎？'"

【注釋】①於答是也何有：對於回答這個，有什麼困難呢。詳見本節《考證》（一）。　②揣（chuǎi）：度量高低。　③岑樓：面積不大卻高而尖的樓。詳見本節《考證》（二）。　④一鉤金：重當時的三分之一兩。⑤奚翅：何止。"翅"通"啻"，止。　⑥紾（zhěn）：扭轉。　⑦摟（lóu）其處子：摟，曳，拽，牽引，拉扯。處子，處女。

【考證】（一）於答是也何有：

　　趙岐《注》："於，音烏，歎辭也。"因此一些《孟子》注本將這段話斷作"於！答是也何有。"（如中華書局《孟子正義》）朱熹《四書章句集注》卻説："於，如字。何有，不難也。"楊伯峻《孟子譯注》因此斷作"於答是也，何有？"翻譯爲："答復這個有什麼困難呢？"但未出注。

　　楊伯峻先生有《釋"何有"》一文（載《楊伯峻治學論稿》，嶽麓書社1992年），申述"何有"爲"不難之辭"的理由。筆者撰有《〈論語〉"何有於我"解——兼論所謂"不難之詞"》（載《武漢大學學報（人文科學版）》2011 年 1 期，又見《論語新注新譯》的《附錄》），認爲"何有於……"表示"哪裏還有……可言""……又算得了什麼"（爲寫此《考證》，重溫《釋"何有"》，發現楊伯峻先生也説過類似的話）；但"於……何有"則表示"對於……又有何難"，的確是"不難之詞"。

朱熹對"於答是也何有"的理解是正確的。因爲：

1.歎詞"於"(惡)在《孟子》中一般作"惡"(音 wū)。如："惡！是何言也？"(《公孫丑上》《公孫丑下》)只是在《尚書》中才作"於"。如："於，鯀哉！""於！予擊石拊石，百獸率舞。"(均見《堯典》)

2.更爲重要的是，一般情況下，"答是也何有"前邊必須有一介詞"於"，也即"答是也何有"在那一時代的語言中一般是不能存在的。"於……何有"是當時語言表示"不難"的一個固定結構，其中介詞"於"的賓語既可以是體詞性成分，又可以是謂詞性成分。例如：

"王曰：'寡人有疾，寡人好貨。'對曰：'……王如好貨，與百姓同之，於王何有？'王曰：'寡人有疾，寡人好色。'對曰：'……王如好色，與百姓同之，於王何有？'"(《孟子·梁惠王下》)"臣誠輸忠，民誠感德，則於王事何有？"(《漢書·王莽傳》)

上2例，"於"的賓語是體詞性成分。下面2例，"於"的賓語則是謂詞性成分：

"季康子問仲由可使從政也與。子曰：'由也果，於從政乎何有？'曰：'賜也可使從政也與？'曰：'賜也達，於從政乎何有？'曰：'求也可使從政也與？'曰：'求也藝，於從政乎何有？'"(《論語·雍也》)"苟正其身矣，於從政乎何有？"(《子路》)

以上"於"的賓語爲謂詞性成分的例子，介賓結構後都帶有一語氣詞"乎"以舒緩語氣。因此，"於……何有"格式中"於"的賓語爲謂詞性成分的，又可進一步歸納爲"於＋VP＋語氣詞＋何有"格式。"於答是也何有"正是此格式句子的典型成員，只不過帶的語氣詞是"也"而已。

表示"不難"的"何有"除了單用之外(《論語·里仁》："能以禮讓爲國乎？何有？")，我們沒有在《孟子》成書時代文獻中找到一例不帶介詞"於"的例證(類似"王何有""從政乎何有"這樣的)，因此，"答是也何有"在當時語言中是不能成立的。這句話只能讀作"於答是也何有"。

如上文所述,表示"不難"的"何有"可以單用,如《論語·里仁》:"能以禮讓爲國乎?何有?"那本章能否循此例讀爲"答是也,何有"呢?恐怕不能。"何有"單用我們僅見此一例,且其前句爲問句,恐怕不能以此例彼。且"答是也"前分明有一"於"字,使得"於答是也何有"類似於"於從政乎何有",要説其中"於"爲"歎辭",也未免太巧合了點兒。(156)

(二)岑樓:

趙岐《注》:"岑樓,山之鋭嶺者。"朱熹《集注》:"岑樓,樓之高鋭似山者。"楊伯峻先生《孟子譯注》從朱熹説,而譯"方寸之木可使高於岑樓"爲"那一寸厚的木塊,〔若放在高處,〕可以使它比尖角高樓還高"。我們亦從朱熹《集注》。因爲,趙岐《注》單文孤證,先秦文獻中,除此一例外,未見"樓"訓爲"山"者;而從朱熹説,則有諸多綫索。

《説文·山部》:"岑,山小而高。"先秦文獻中,"岑"用作名詞僅見於《莊子·雜篇·徐無鬼》:"夜半於无人之時而與舟人鬥,未始離於岑而足以造於怨也。"郭象《注》:"岑,岸也。"除此例外,作定語有 2 例:"齊攻魯,求岑鼎。魯君載他鼎以往。齊侯弗信而反之,爲非,使人告魯侯曰:'柳下季以爲是,請因受之。'魯君請於柳下季,柳下季答曰:'君之賂以欲岑鼎也,以免國也。臣亦有國於此。破臣之國以免君之國,此臣之所難也。'於是魯君乃以真岑鼎往也。"(《吕氏春秋·季秋紀·審己》,又見《新序·節士》)"山陵岑巖,淵泉閎流,泉踰漢而不盡,薄承漢而不滿,高下肥磽,物有所宜。"(《管子·宙合》)漢代文獻中,如《子虚賦》:"其山則盤紆弗鬱,隆崇崒崒;岑巖參差,日月蔽虧。"(《史記·司馬相如列傳》)

《左傳·昭公三年》:"《讒鼎之銘》曰:'昧旦丕顯,後世猶怠。'"《吕氏春秋·季秋紀·審己》所載齊求索岑鼎故事,《韓非子·説林下》作:"齊伐魯,索讒鼎。"按,"讒"當讀爲"岑","岑"即後世"巉";"巉"字《説文》所無,它應是"岑"的後起字(岑,崇紐侵部;巉、讒,侵紐談部。侵談旁轉,極爲常見)。《漢語大字典》:"巉,高險的山石。"《玉篇・山部》:"巉巖,高危。"宋玉《高唐賦》:"登巉巖而下望兮。"《水經注・溱水》:"廟渚攢石,巉巖亂峙中川。"《劉子・殊好》:"聳石巉巖,輪菌糺結。"巉巖,即《呂氏春秋》《子虛賦》的"岑巖"。

《説文》:"鑱,鋭也。"《集韻》言此字或從"岑"作"鈳",亦可證"岑"即"巉"。《素問・湯液膠醴論》"必齊毒藥攻其中,而鑱石鍼艾治其外也"王冰注:"鑱,鋭也。"

楊樹達先生《積微居讀書記・讀〈左傳〉》:"讒,鼎名也。《正義》云:'服虔云:"讒鼎,疾讒之鼎,《明堂位》所云'崇鼎'是也。"一云:"讒,地名,禹鑄九鼎於甘讒之地,故云'讒鼎'。"'樹達按:《説文・鬲部》云:'鬵,大釜也。一曰鼎大上小下若甑曰鬵。从鬲,兓聲,讀若岑。'"

"鼎大上小下若甑曰鬵",甑的形制較之鼎,爲高而瘦長,"大上小下"係相較於其他鼎而言,未必頭重脚輕如倒三角也。《禮記・明堂位》作"崇鼎",正形容其高危。崇,高。王羲之《蘭亭集序》:"此地有崇山峻嶺。"鬵,讀若"岑"。《爾雅・釋山》"山小而高,岑"郭璞注:"岑,言岑崟。""岑崟"亦作"嶜崟"(嶜,亦兓聲),《漢書・揚雄傳》"玉石嶜崟,眩燿青熒。"顏師古注:"嶜崟,高鋭貌。"可證岑、鬵、嶜一脈相承。而所謂"崇鼎",也即"岑鼎",崇、岑皆謂高危。

我們可以作合理推測,"岑"或先有名詞義,指高聳的河岸,而後引申爲形容詞,形容尖聳、尖鋭的事物;也可能其引申順序是截然相反的:先爲形容詞,形容尖聳、尖鋭的事物。岑樓,樓之高鋭者,正如岑巖(巉巖)爲巖之高鋭者,岑鼎(讒鼎)爲大上小下似甑之鼎。

可見,"岑"作定語,"岑樓"之釋爲"樓之高鋭似山者",如文首所説,可尋之綫索較多。高鋭之樓,或若今日之寶塔然。

"假如有一位精細的讀者,請了我去,交給我一枝鉛筆和一張紙,説道:'您老的文章裏,説過這山是"崚嶒"的,那山是"巉巖"的,那究竟是怎麽一副樣子啊?'這是小時讀魯迅《人生識字糊塗始》(《且介亭雜文二集》)中的文字……(157)

12.2 曹交問曰①:"人皆可以爲堯舜,有諸?"孟子曰:"然。""交聞文王十尺,湯九尺,今交九尺四寸以長,食粟而已②,如何則可?"

曰:"奚有於是③?亦爲之而已矣。有人於此,力不能勝一匹雛④,則爲無力人矣;今曰舉百鈞,則爲有力人矣。然則舉烏獲之任⑤,是亦爲烏獲而已矣。夫人豈以不勝爲患哉?弗爲耳。徐行後長者謂之'弟'⑥,疾行先長者謂之'不弟'。夫徐行者,豈人所不能哉?所不爲也。堯舜之道,孝弟而已矣。子服堯之服,誦堯之言,行堯之行,是堯而已矣。子服桀之服,誦桀之言,行桀之行,是桀而已矣。"

曰:"交得見於鄒君,可以假館,願留而受業於門。"曰:"夫道若大路然,豈難知哉?人病不求耳。子歸而求之,有餘師。"

【譯文】曹交問道:"人人都可以做堯舜,有這說法嗎?"孟子答道:"有的。"曹交問:"我聽說文王十尺高,湯九尺高,如今我有九尺四寸多高,卻只能消耗糧食,要怎樣做才好呢?"

孟子說:"這不算什麼,只要努力去做就行了。比如這裏有個人,自認爲一隻小雞都提不起來,便是個没有力氣的人;說自己能舉起三千斤,便是個力氣很大的人。那麼,舉得起力士烏獲所舉重量的,也就是烏獲了。一個人怎麼能够以不勝任爲憂呢?只是不去做罷了。慢點兒走,走在長者後面,便叫作'悌';飛步緊走,搶在長者前面,便叫'不悌'。慢點兒走,難道是人做不到的嗎?只是不做罷了。堯舜之道,不過是'孝'和'悌'而已。你穿堯的衣服,說堯的話,做堯所做的事,你就是堯了。你穿桀的衣服,說桀的話,做桀所做的事,你就是桀了。"

曹交說:"我準備去謁見鄒君,向他借個地方住,情願留在您門下學習。"孟子說:"道就像大路一樣,難道認不清嗎?怕就怕人不去探求。你回去自己探求吧,老師嘛,有的是。"

【注釋】①曹交:不知何人。趙岐《注》說是曹君的弟弟,但此時曹國滅亡已久,趙岐說不知何所據。　②食粟:和7.25"餔啜"、11.14"飲食"不同,在當時文獻中,"食粟"的多爲動物,如馬和鳥。如:"季孫於魯,相二君矣,妾不衣帛,馬不食粟,可不謂忠乎?"(《左傳·成公十六年》)"景公賞賜及後宮,文繡被臺榭,菽粟食鳧雁。"(《晏子春秋·外篇上》)"齊桓公……去食粟之鳥,去絲罝之網。"人而"食粟"的僅見到2例:"出因其資,入用其寵,飢食其粟,三施而無報,是以來也。"(《左傳·僖公十五年》)"仲子所居之室,伯夷之所築與? 抑亦盜跖之所築與? 所食之粟,伯夷之所樹與? 抑亦盜跖之所樹與?"(《孟子·滕文公下》)這裏大約是曹交自嘲自己只能消耗糧食而已。湖南寧鄉話命令牛吃草"zhěn!"(嗿)如果說某人只會"zhěn飯",就帶有侮辱性了。故我們譯"食粟而已"爲"只能消耗糧食"。　③奚有於是:這(指這麼大塊頭,卻只會吃飯)又算得了什麼,這不算什麼。詳見本章《考證》。④一匹雛:雛,小雞。這裏"匹"字疑有誤,因爲那時只有"馬三匹"的表達法,沒有"三匹馬"的表達法,也就不可能有"一匹雛"。也有學者指出,在戰國時代的簡帛文獻中,量詞已成批出現。姑存疑待考。⑤舉烏獲之任:烏獲,上古的大力士。任,負擔,重量。　⑥弟:同"悌",弟弟尊敬哥哥。

【考證】奚有於是:

"奚有於是"類似於"何有於是"。趙岐注此四字"孟子曰:'何有於是言乎'",可證。我們曾在《〈論語〉"何有於我"解——兼論所謂"不難之詞"》(《武漢大學學報(人文科學版)》2011年1期)一文中證明"何有於NP(VP)"結構的意義是"NP(VP)又算得了什麼"。例如"何有於死"(《國語·楚語下》)意思是"死又算得了什麼"。然則,"奚有於是"意思是"這又算得了什麼"。也可參見《論語新注新譯》7.2《考證》。

類似"奚有於是"的有"平原之隰,奚有於高? 大山之隈,奚有於深?"(《管子·形勢》)尹之章注:"言平隰之澤,雖有小封,不成於高。"

"所謂平原者,下澤也,雖有小封,不得爲高。故曰:'平原之隰,奚有於高?'……所謂大山者,山之高者也,雖有小隙,不以爲深。故曰:'大山之隙,奚有於深?'"(《形勢解》)可知,奚有於高,意謂"它的高又算得了什麽",即談不上有多高;奚有於深,意謂"它的深又算得了什麽",即談不上有多深。奚有於是,意謂"這又算得了什麽",即這個(指雖然長了個大塊頭卻只能消耗糧食)算不了什麽(大缺點)。

通過這一《考證》,我們可以把"何有於 NP(VP)"結構擴展爲"何(奚)有於 NP(VP、Adj、Pron)"(Adj,形容詞;Pron,代詞)結構,其意義是"NP(VP、Adj、Pron)又算得了什麽"。(158)

12.3-1 公孫丑問曰:"高子曰①,《小弁》②,小人之詩也。"孟子曰:"何以言之?"曰:"怨。"曰:"固哉③,高叟之爲詩也!有人於此,越人關弓而射之,則己談笑而道之;無他,疏之也。其兄關弓而射之,則己垂涕泣而道之;無他,戚之也④。《小弁》之怨,親親也。親親,仁也。固矣夫,高叟之爲詩也!"

【譯文】公孫丑問道:"高子説,《小弁》是小人寫的詩。是嗎?"孟子説:"爲什麽這樣説呢?"答道:"幽怨。"孟子説:"太淺薄了,高老先生講詩!這裏有個人,若是越國人張弓射他,事後他可以談笑風生地講述這事;沒有別的,只是因爲越國人和他關係疏遠。要是他哥哥張弓射他,事後他會一把鼻涕一把眼淚講述這事;沒有別的,爲此傷心哪。《小弁》的幽怨,正由於依戀親人哪。依戀親人,就是仁哪。太淺薄了吧,高老先生講詩!"

【注釋】①高子:不知何人。 ②《小弁》:《詩經·小雅》中的一篇。弁,音pán。 ③固:固執,固陋,淺薄。 ④戚之:爲之悲戚。詳見本節《考證》。

【考證】戚之:

　　趙岐《注》:"戚,親也。親其兄,故號泣而道之,怪怨之意也。伯奇仁人而父虐之,故作《小弁》之詩曰'何辜于天',親親而悲怨之辭也。"朱熹《集注》無説。焦循則爲趙岐申説"戚"有"親"義,不贅引。楊伯峻《孟子譯注》從趙《注》。

　　趙岐的説法,缺乏文獻支撑。他之所以這樣解釋,大約是受上文"疏之"的影響。與"疏之"共時文獻多見不同,趙岐理解的"戚之"卻未之一見(本例存疑);共時文獻中與"疏之"相反的是"親之":"雖天亦不辯貧富貴賤、遠邇親疏,賢者舉而尚之,不肖者抑而廢之。"(《墨子·尚賢中》)"是故上者天鬼富之,外者諸侯與之,内者萬民親之,賢人歸之。"(同上)"儒者曰:'親親有術,尊賢有等。'言親疏尊卑之異也。"(《非儒下》)"諸侯親之,戎、狄懷之,以正晉國。"(《國語·晉語八》)"如是則賢者貴之,不肖者親之。"(《荀子·非十二子》)

　　我們以爲,"戚之"者,爲之悲戚也。之,指"其兄關弓而射之"這事兒。爲其兄關弓射之而悲戚,同樣符合《小弁》"親親而悲怨"的詩旨。《王力古漢語字典》"戚,憂戚,悲哀。"《荀子·彊國》:"故王者敬日,霸者敬時,僅存之國危而後戚之,亡國至亡而後知亡。""戚之",指爲"僅存之國危"而憂戚。下一例"夏后氏戚之"與之類似:"昔者鴻水浡出,氾濫衍溢,民人登降移徙,陭隔而不安。夏后氏戚之,乃堙鴻水,決江疏河,灑沈瞻菑,東歸之於海,而天下永寧。"(《史記·司馬相如列傳》)較《孟子》爲晚的文獻,也作"憂戚之""哀戚之":"爲之無益於成也,求之無益於得也,憂戚之無益於幾也。"(《荀子·解蔽》)《孝經·喪親》:"陳其簠簋而哀戚之。"(159)

12.3－2 曰:"《凱風》何以不怨[①]?"

　　曰:"《凱風》,親之過小者也;《小弁》,親之過大者也。親之過大而不怨,是愈疏也;親之過小而怨,是不可磯也[②]。愈疏,不孝也;不可磯,亦不孝也。孔子曰:'舜其至孝矣,五十而慕[③]。'"

【譯文】公孫丑説:"《凱風》爲什麽不幽怨呢?"

　　答道:"《凱風》這篇詩,是由於母親有小過失;《小弁》這一篇詩,卻是由於父親有大過失。父母的過失大,而不抱怨,那是更疏遠父母;父母的過錯小,卻去抱怨,那是這人太敏感易生氣。更疏遠父母是不孝,動不動對父母發脾氣也是不孝。孔子説:'舜是最孝順的人了,五十歲還依戀父母。'"

【注釋】①《凱風》:見於《詩經·國風·邶風》,是讚美孝子的,凡四章。《詩序》:"《凱風》,美孝子也。衛之淫風流行,雖有七子之母,猶不能安其室,故美七子能盡其孝道,以慰其母心,而成其志爾。"　②不可磯(jī):意思是稍微刺激就發大脾氣,開不起玩笑。磯,激怒。　③慕:依戀。

12.4 宋牼將之楚①,孟子遇於石丘,曰:"先生將何之②?"曰:"吾聞秦楚構兵,我將見楚王説而罷之。楚王不悦,我將見秦王説而罷之。二王我將有所遇焉③。"

　　曰:"軻也請無問其詳,願聞其指④。説之將何如?"曰:"我將言其不利也。"

　　曰:"先生之志則大矣,先生之號則不可⑤。先生以利説秦楚之王,秦楚之王悦於利,以罷三軍之師,是三軍之士樂罷而悦於利也。爲人臣者懷利以事其君,爲人子者懷利以事其父,爲人弟者懷利以事其兄,是君臣、父子、兄弟終去仁義⑥,懷利以相接;然而不亡者,未之有也。先生以仁義説秦楚之王,秦楚之王悦於仁義,而罷三軍之師,是三軍之士樂罷而悦於仁義也。爲人臣者懷仁義以事其君,爲人子者懷仁義以事其父,爲人弟者懷仁義以事其兄,是君臣、父子、兄弟去利,懷仁義以相接也;然而不王者,未之有也。何必曰利?"

【譯文】宋牼要到楚國去，孟子在石丘碰到了他，孟子問道："先生準備上哪兒去？"答道："我聽説秦楚兩國交兵，我打算去謁見楚王，勸他罷兵。如果楚王對我的話不感興趣，我再打算去謁見秦王，勸他罷兵。兩位王中，總有人和我談得攏的。"

孟子説："我不想問得太詳細，只想知道講話的主旨，你將如何進言呢？"答道："我打算陳述交戰如何不利。"

孟子説："先生的志向固然很大，先生的主張卻不可行。先生用利來向秦王、楚王進言，秦王、楚王因爲喜歡有利，才停止軍事行動，這就使得三軍官兵樂於罷兵，而去喜歡利。做臣屬的懷揣著利而服事君主，做兒子的懷揣著利而服事父親，做弟弟的懷揣著利而服事兄長，這就會使君臣、父子、兄弟之間最終都丢棄仁義，爲了利益而打交道；這樣做而國家不滅亡的，是從没有過的事。如果先生用仁義來向秦王、楚王進言，秦王、楚王因爲喜歡仁義而停止軍事行動，這就會使三軍官兵樂於罷兵，而去喜歡仁義。做臣屬的滿懷仁義來服事君主，做兒子的滿懷仁義來服事父親，做弟弟的滿懷仁義來服事兄長，這就會使君臣、父子、兄弟之間都放棄唯利是圖而滿懷仁義來打交道；這樣的國家不以德政統一天下的，也是從没有的事。爲什麼言必稱'利'呢？"

【注釋】①宋牼（kēng）：宋國人，戰國著名學者。《莊子·天下》《荀子·非十二子》作"宋鈃"，《莊子·逍遙遊》《韓非子·顯學》作"宋榮"。宋牼針對民之互鬥，主張寡欲，見侮不以爲辱；針對年年攻戰，主張禁攻息兵；主張破除主觀成見（別囿），來辨識萬物真相。　②先生：焦循《正義》："《禮記·曲禮》云：'從於先生。'注云：'先生，老人教學者。'《國策·衛策》云：'乃見梧下先生。'注云：'先生，長者有德者稱。'《齊策》云：'孟嘗君讌坐，謂三先生。'注云：'長老先己以生者也。'牼蓋年長於孟子，故孟子以'先生'稱之而自稱名。"錢穆《先秦諸子繫年·宋鈃考》説："今按其時孟子年已踰七十，而牼欲歷説秦楚，意氣猶健，年未能長於孟子。'先生'自是稷下學士先輩之通稱，孟子亦深敬其人，故遂自稱名爲謙耳。"覈諸"先生"在周秦文獻中的用法,錢說似乎是可信的。"先生"一詞確是對德高望重者的尊稱。　③遇:遇合,契合,投合,談得攏,說話投機。　④指:意指,意向,略同於"旨",大旨,宗旨。　⑤號:名號,名義,提法。　⑥終:至終,最終,最後。

12.5 孟子居鄒,季任爲任處守①,以幣交,受之而不報。處於平陸②,儲子爲相,以幣交,受之而不報。他日,由鄒之任,見季子;由平陸之齊,不見儲子。屋廬子喜曰:"連得間矣③。"

問曰:"夫子之任,見季子;之齊,不見儲子,爲其爲相與?"曰:"非也;《書》曰④:'享多儀⑤,儀不及物曰不享,惟不役志于享。'爲其不成享也。"屋廬子悅。或問之,屋廬子曰:"季子不得之鄒,儲子得之平陸。"⑥

【譯文】孟子住在鄒國時,季任留守任國,代理國政,送禮物來和孟子交友,孟子接受了,但不回報。孟子住在平陸時,儲子做齊國的卿相,也送禮物來和孟子交友,孟子接受了,也不回報。過了些時候,孟子從鄒國到任國,拜訪了季子;從平陸到齊都,卻不去拜訪儲子。屋廬子高興地說:"我鑽到老師的空子了。"

便問道:"老師到任國,拜訪季子;到齊都,不拜訪儲子,是因爲儲子只是卿相嗎?"答道:"不是;《尚書》說:'享獻之禮儀節很多,如果儀節的隆盛趕不上禮物的豐盛,便等於沒有享獻,因爲他的心意沒有用在享獻上面。'這是因爲他並沒有真正完成享獻的緣故。"屋廬子聽了很滿意。有人問起這事,他說:"季子做不到親身去鄒國,儲子卻能做到親身去平陸。〔他爲什麼不親自送禮去呢?〕"

【注釋】①季任:任國國君之弟。　②平陸:今山東汶上,距齊都臨淄約六百里。　③得間(jiàn):鑽到空子了。間,間隙,空子。　④《書》曰等句:見《尚書·洛誥》。　⑤享多儀:享見之禮儀節繁多。詳見本章《考證》。　⑥本章內容可參見13.37。

【考證】享多儀：

此爲孟子引自《尚書·洛誥》者。趙岐《注》解"享多儀，儀不及物曰不享，惟不役志于享。爲其不成享也"："言享見之禮多儀法也。物，事也。儀不及事，謂有闕也。故曰不成享禮。"

朱熹《集注》："享，奉上也。儀，禮也。物，幣也。役，用也。言雖享而禮意不及其幣，則是不享矣，以其不用志於享故也。"

鄭玄注《尚書·洛誥》："朝聘之禮至大，其禮之儀不及物，謂所貢篚者多，而威儀簡也。威儀既簡，亦是不享也。"

焦循《正義》歸納，計有三端：1.趙氏訓'物'爲'事'，鄭如字讀。2.儀，趙解爲儀法，鄭解爲威儀。3.趙以"不足"（闕）解"不及"，鄭如字讀。總之，"鄭氏以'儀'爲'威儀'，'物'即所享之物，謂享獻宜多威儀；今儀不及物，是儀少而物多。意雖與趙氏亦略同，然儲子'以幣交'，'幣'即'物'也；得之平陸而不自往，是威儀不及幣物也。鄭氏之義，尤與孟子引經之恉爲切矣。"故1、3兩點，我們從鄭玄。

焦循又引周用錫《尚書義證》："'多'謂《漢書·袁盎傳》'皆多盎'之'多'。享多儀，享以儀爲多也。"周說爲楊伯峻先生《孟子譯注》所採納，而譯"享多儀"爲"享獻之禮可貴的是儀節"。

"皆多盎"之"多"，《王力古漢語字典》歸納爲"推重，讚揚"。這一義位，其產生不會早於於戰國中期，是"多"本義"數量大"的引申義。《莊子·外篇·天運》："夫孝悌仁義忠信貞廉，此皆自勉以役其德者也，不足多也。"《外篇·秋水》："是故大人之行，不出乎害人，不多仁恩；動不爲利，不賤門隸；貨財弗爭，不多辭讓；事焉不借人，不多食乎力，不賤貪污；行殊乎俗，不多辟異。"《韓非子·南面》："主誘而不察，因而多之。"《五蠹》："夫古之讓天子者，是去監門之養而離臣虜之勞也，古傳天下而不足多也。""以其犯禁也罪之，而多其有勇也。"該意義漢代典籍已較多見："上多足下。"（《漢書·陳餘傳》）"又多其材。"（《黥布傳》）"諸公皆多布能摧剛爲柔。"（《季布傳》）"上必多君有讓。"（《灌夫傳》）"上多其義。"（《嚴助傳》）"衆庶莫不多光。"（《霍光傳》）

"朕甚多之。"(《馬宮傳》)"世以此多焉。"(《何武傳》)"多"的反義詞"少"也平行發展出"輕視"義,與"多"的"推重,讚揚"義大約同時產生:"我嘗聞少仲尼之聞而輕伯夷之義者。"(《莊子·外篇·秋水》)"夫子何少寡人之甚也!"(《晏子春秋·外篇上》)總而言之,該意義絕不可能出現於《尚書·周書·洛誥》中,故周用錫説不足採納。

那有無可能是孟子理解"享多儀"的"多"爲"推重,讚揚"呢？這一可能性也微乎其微。因爲,從上舉各例(如"上多足下""衆庶莫不多光""朕甚多之"等)看,"多"的發出者是人。據此,"享多儀"只能分析爲"享,t多儀"(t指"多儀"之前表示人物的語跡);但意義爲"推重,讚揚"的"多"的類似句子卻未之見。

"享多儀",謂享見之禮儀節繁多。《尚書》及戰國早中期典籍中,"多"常帶抽象名詞作賓語:"有夏多罪,天命殛之。"(《尚書·湯誓》)"予仁若考能,多材多藝,能事鬼神。"(《金縢》)"汝多修,扞我于艱。"(《文侯之命》)"忌則多怨,又焉能克？"(《左傳·僖公九年》沈玉成《左傳譯文》:"猜忌就多怨恨,又哪裏能夠取勝？")"齊侯好内,多内寵。"(《僖公十七年》沈譯:"齊侯喜歡女色,内寵很多。")"民之多幸,國之不幸也。"(《宣公十六年》沈譯:"百姓多存僥倖,就是國家不幸。")"曰:'……且君之欲見之也,何爲也哉？'曰:'爲其多聞也,爲其賢也。'"(《孟子·萬章下》)

以下各例與"享多儀"句式較爲接近:"天下多忌諱。"(《老子·五十七章》)"勇動多怨,仁義多責。"(《莊子·雜篇·列禦寇》)"言多方。"(《墨子·小取》)"其舉事多悔。"(《荀子·性惡》)

可見"享多儀"的"多"釋爲"很多"較爲穩妥。(160)

12.6-1 淳于髡曰:"先名實者①,爲人也;後名實者,自爲也②。夫子在三卿之中③,名實未加於上下而去之,仁者固如此乎？"

孟子曰:"居下位,不以賢事不肖者,伯夷也；五就湯,五就桀者,伊尹也;不惡汙君,不辭小官者,柳下惠也。三子者不同道,其趨一也。一者何也?曰,仁也。君子亦仁而已矣,何必同?"

曰:"魯繆公之時,公儀子爲政④,子柳、子思爲臣⑤,魯之削也滋甚⑥;若是乎賢者之無益於國也!"

【譯文】淳于髡説:"將道德之名和治國惠民之功放在首要地位的,是爲了他人;將道德之名和治國惠民之功放在次要地位的,是爲了自己。您貴爲齊國三卿之一,名譽和功業都還没有上匡於君主下濟於臣民,您就要離開,仁人原來是這樣的嗎?"

孟子説:"處在卑賤的地位,不以自己賢人之身服事不肖之人的,有伯夷在;五次去湯那兒,又五次去桀那兒的,有伊尹在;不討厭污穢的君主,不拒絶卑微的職位,有柳下惠在。三個人的行爲雖不相同,但趨向是一致的。這一致是什麽呢?應該説,就是仁。君子只要仁就行了,爲什麽一定要相同呢?"

淳于髡説:"當魯繆公的時候,公儀子主持國政,泄柳和子思都是臣子,魯國的削弱卻更厲害,賢人對國家的無用,竟然是這樣的呀!"

【注釋】①名實:趙岐《注》:"名者,有道德之名也。實者,治國惠民之功實也。" ②自爲:爲了自己。詳見本節《考證》。 ③三卿:全祖望《經史問答》:"孟子之世,七國官制尤草草。大抵三卿者,指上卿、亞卿、下卿而言。樂毅初入燕乃亞卿,是其證也。或曰,一卿是相,一卿是將,其一爲客卿,而上下本無定員,亦通。" ④公儀子:即公儀休,魯國博士。《史記·循吏傳》:"公儀休者,魯博士也,以高第爲魯相。奉法循理,無所變更。" ⑤子柳:即泄柳。 ⑥魯之削也滋甚:《史記·六國年表》記齊國戰史:"齊宣公四十四年,伐魯、莒及安陽;四十五年,伐魯,取都;四十八年,取魯郕;齊康公十一年,伐魯,取最;十五年,魯敗我(齊)平陸;二十年,伐魯,破之。"諸役之中,魯國除平陸一役勝齊外,均兵敗地削,可爲佐證。

【考證】自爲：

何謂"自爲"？趙岐未注，朱熹《集注》云："以名實爲先而爲之者，是有志於救民也；以名實爲後而不爲者，是欲獨善其身者也。"故《孟子譯注》譯"先名實者，爲人也；後名實者，自爲也"數句爲："重視名譽功業的爲著濟世救民，輕視名譽功業的爲著獨善其身。"

大量書證表明，"自爲"即"爲了自己"：

"秋九月，齊高固來逆女，自爲也。"（《左傳·宣公五年》，沈玉成《左傳譯文》："秋九月，齊國的的高固前來迎接叔姬，這是爲了自己。"）"所以爲蚔鼃則善矣；所以自爲，則吾不知也。"（《孟子·公孫丑下》，楊伯峻《孟子譯注》："孟子替蚔鼃考慮的主意是不錯的了，但是他怎樣替自己考慮呢，那我還不知道。"）"其爲人太多，其自爲太少，曰：'請欲固置五升之飯足矣。'"（《莊子·雜篇·天下》）"晏子知道，道在爲人，而失在爲己。爲人者重，自爲者輕。"（《晏子春秋·內篇問上》）"天道因則大，化則細。因也者，因人之情也。人莫不自爲也，化而使之爲我，則莫可得而用矣。是故先王見不受祿者不臣，祿不厚者不與入難。人不得其所以自爲也，則上不取用焉。故用人之自爲，不用人之爲我，則莫不可得而用矣。"（《慎子·因循》）"挾夫相爲則責望，自爲則事行。"（《韓非子·外儲說左上》）"先爲人而後自爲，類名號言，汎愛天下，謂之聖。"（《詭使》）

上舉各例中，"爲人"既與"自爲"對舉，也與"爲己""爲我"對舉。"爲人"是爲別人，"自爲""爲己""爲我"都是爲自己；不過"自爲"是賓語前置罷了（凡"自"作賓語都要前置，如《論語》"自省""自訟""自辱""自道""自絕"）。《晏子春秋·內篇問上》先說"道在爲人，而失在爲己"，接著說"爲人者重，自爲者輕"，尤其能說明這一點。本節中淳于髡的話也是"爲人""自爲"對言，"自爲"當然也是"爲自己"的意思。

當然，將"自爲"譯作"獨善其身"是可以的，不過前者的意義更寬泛些。（161）

12.6-2 曰:"虞不用百里奚而亡,秦穆公用之而霸。不用賢則亡,削何可得與?"

曰:"昔者王豹處於淇①,而河西善謳②;緜駒處於高唐③,而齊右善歌④;華周、杞梁之妻善哭其夫而變國俗⑤。有諸內,必形諸外。爲其事而無其功者,髡未嘗覩之也⑥。是故無賢者也,有則髡必識之⑦。"

曰:"孔子爲魯司寇,不用,從而祭,燔肉不至⑧,不稅冕而行⑨。不知者以爲爲肉也,其知者以爲爲無禮也。乃孔子則欲以微罪行,不欲爲苟去。君子之所爲,衆人固不識也。"

【譯文】孟子説:"虞國不用百里奚,因而滅亡;秦穆公用了他,因而稱霸。不用賢人即亡國,即便想在土地日漸侵削時苟且存活,又如何做得到呢?"

淳于髡説:"從前王豹住在淇水邊,河西的人都會哼唱山歌;緜駒住在高唐,齊國西部的人都會伴樂詠唱;華周和杞梁的妻子痛哭他的丈夫,因而改變了國家風尚。裏面有什麼,一定會顯現在外面。如果從事某項工作,卻没看到成績的,我不曾見過這樣的事。所以,要麼是没有賢人,如果有賢人,我一定認識他。"

孟子説:"孔子任魯國司寇,不被重用,跟隨著去祭祀,祭肉也不見送來,便匆忙離開。不瞭解孔子的人以爲他是爲了祭肉,瞭解他的人明白他是爲了魯國失禮而離開。不過孔子卻是想要背著個小罪名而走,不想隨便離開。君子的所作所爲,芸芸衆生本來就是弄不清楚的。"

【注釋】①王豹處於淇(qí):王豹,衛國的歌唱家。淇,水名,黄河支流,在河南境内。 ②河西善謳:河西,指衛國,衛國在黄河西岸。謳,不用樂器伴奏的歌唱。 ③緜駒處於高唐:緜駒,即綿駒,春秋時高唐的歌唱家。高唐,故城在今山東禹城市區西南。 ④齊右善歌:齊右,高唐在齊之西部,西在右(以朝南論),所以叫齊右。歌,按一定的樂曲或節拍歌唱;《詩經·魏風·園有桃》"心之憂矣,我歌且謠",毛《傳》:"曲合樂曰'歌'。" ⑤華周杞(qǐ)梁之妻善哭其夫:趙岐《注》:"華周,華旋也;杞梁,杞殖也。"《左傳·襄公二十三年》云:"齊侯……遂襲莒……杞殖華還(同"旋")載甲,夜入且于之隧,宿於莒郊。明日,先遇莒子於蒲侯氏。莒子重賂之,使無死……華周對曰:'貪貨棄命,亦君所惡也。昏而受命,日未中而棄之,何以事君?'莒子親鼓之,從而伐之,獲杞梁……齊侯歸,遇杞梁之妻於郊,使弔之。辭曰:'殖之有罪,何辱命焉?若免於罪,猶有先人之敝廬在,下妾不得與郊弔。'齊侯弔諸其室。"《說苑·善說》之說不同:"昔華舟杞梁戰而死,其妻悲之,向城而哭,隅爲之崩,城爲之阤(zhǐ,小崩也)。"《列女傳·貞順》所載略同。這是後世孟姜女哭長城故事的源頭,顧頡剛編有《孟姜女故事研究集》。 ⑥覩:即"睹"字。 ⑦無賢者也,有則髡必識之:"無……,有則……"是當時語言中的一個句式,意思是"要麼沒有……,若有就一定……"。詳見本節《考證》。 ⑧燔(fán)肉不至:燔,亦作"膰",祭肉。古禮,宗廟社稷祭祀,必分賜祭肉與同姓之國以及有關諸人,表示"同福祿"。 ⑨不稅(tuō)冕而行:表示匆忙。稅,通"脫"。

【考證】無賢者也,有則髡必識之:

1. "無……,有則……"是當時語言中的一個句式,意思是"要麼沒有……,若有……就一定……"。類似之例如:"非有司之令,無敢有車馳、人趨,有則其罪射;無敢散牛馬軍中,有則其罪射;……無敢歌哭於軍中,有則其罪射。"(《墨子·號令》)"是唯無作,作則萬竅怒呺。"(《莊子·齊物論》)"天下歸殷久矣,久則難變也。"(《孟子·公孫丑上》)"生則惡可已也?惡可已,則不知足之蹈之手之舞之。"(《離婁上》)"自得之,則居之安;居之安,則資之深;資之深,則取之左右逢其原。"(《離婁下》)"梏之反覆,則其夜氣不足以存;夜氣不足以存,則其違禽獸不遠矣。"(《告子上》)"心之官則思,思則得之,不思則不得也。"(同上)按,自《公孫丑上》以下的5例略有不同,但與前數例爲一大類。最末一例若無第二句而作"心之官則思,不思則不得也",即與《齊物論》"是唯無作,作則萬竅怒呺"類似。王叔岷《莊子校詮》刪"是唯無作,作則萬竅怒呺"之"作則"二字,謂"西漢以前無類此句法",不確。

2.《説苑·尊賢》所載,又與《孟子》有所不同:"齊宣王坐,淳于髡侍,宣王曰:'先生論寡人何好?'淳于髡曰:'古者所好四,而王所好三焉。'宣王曰:'古者所好,何與寡人所好?'淳于髡曰:'古者好馬,王亦好馬;古者好味,王亦好味;古者好色,王亦好色;古者好士,王獨不好士。'宣王曰:'國無士耳,有則寡人亦説之矣。'淳于髡曰:'古者驊騮、騏驥,今無有,王選於衆,王好馬矣;古者有豹、象之胎,今無有,王選於衆,王好味矣;古者有毛嬙、西施,今無有,王選於衆,王好色矣。王必將待堯舜禹湯之士而後好之,則堯舜禹湯之士亦不好王矣。'宣王默然無以應。"(162)

12.7-1 孟子曰:"五霸者①,三王之罪人也②;今之諸侯,五霸之罪人也;今之大夫,今之諸侯之罪人也。天子適諸侯曰巡狩,諸侯朝於天子曰述職。春省耕而補不足,秋省斂而助不給。入其疆,土地辟,田野治,養老尊賢,俊傑在位,則有慶③;慶以地。入其疆,土地荒蕪,遺老失賢,掊克在位④,則有讓⑤。一不朝,則貶其爵;再不朝,則削其地;三不朝,則六師移之⑥。是故天子討而不伐,諸侯伐而不討。五霸者,摟諸侯以伐諸侯者也;故曰,五霸者,三王之罪人也。

【譯文】孟子説:"五霸,是三王的罪人;現在的諸侯,是五霸的罪人;現在的大夫,又是現在諸侯的罪人。天子巡行諸侯國叫作'巡狩',諸侯朝見天子叫作'述職'。〔天子的巡狩,〕春天考察耕種,補助不足的人;秋天考察收穫,周濟不夠的人。一進到某國的疆界,看到土地已經開闢,田野得到整治,贍養老人且尊敬賢者,俊傑能臣都有官位,那麽就有賞賜；賞賜用土地。如果一進入某國疆界，土地拋荒，老人遭遺棄，賢者不任用，搜刮聚斂之人竊據要津，那麼就有責罰。〔諸侯的述職，〕一次不朝，就降低爵位；兩次不朝，就削減土地；三次不朝，就把軍隊派去。所以天子用兵是'討'而不是'伐'；諸侯則是'伐'而不是'討'。五霸呢，是挾持一部分諸侯來攻伐另一部分諸侯的人；所以我說，五霸呢，是三王的罪人。

【注釋】①五霸：指齊桓公、晉文公、秦穆公、楚莊王、吳王闔閭，一說無闔閭而有宋襄公。　②三王：夏禹、商湯、周文王與周武王。　③慶：獎賞。　④掊（póu）克：聚斂。這裏指聚斂之人。　⑤讓：責備，責罰。　⑥六師移之：六師，即六軍。周制，天子有六軍，諸侯三軍、二軍、一軍不等，每軍 12500 人。移，遷移，移動。

12.7-2 "五霸，桓公爲盛。葵丘之會①，諸侯束牲載書而不歃血②。初命曰，誅不孝，無易樹子，無以妾爲妻。再命曰，尊賢育才，以彰有德。三命曰，敬老慈幼，無忘賓旅。四命曰，士無世官，官事無攝，取士必得③，無專殺大夫。五命曰，無曲防④，無遏糴，無有封而不告⑤。曰，凡我同盟之人，既盟之後，言歸于好。今之諸侯皆犯此五禁，故曰，今之諸侯，五霸之罪人也。長君之惡其罪小⑥，逢君之惡其罪大⑦。今之大夫皆逢君之惡，故曰，今之大夫，今之諸侯之罪人也。"

【譯文】"五霸，齊桓公的事功最爲隆盛。在葵丘的盟會，捆綁了犧牲，把盟約放在牠身上，〔因爲相信諸侯不敢負約，〕沒有歃血。第一條盟約說：誅責不孝之人，不要廢立世子，不要立妾爲妻。第二條盟約說，尊貴賢人，養育人才，來表彰有德者。第三條盟約說，恭敬老人，慈愛幼小，不要怠慢貴賓和旅客。第四條盟約說，士人的官職不要世代相傳，公家職務不要兼任，錄用士子要取賢人，不要獨斷專行殺戮大夫。第五條盟約說，不要彎曲堤防〔而以鄰爲壑〕，不要阻止鄰國來採購糧食,不要有所封賞而不報告〔盟主〕。最後說,所有參與盟會的人自訂立盟約以後,都恢復舊日的友好。如今的諸侯都違犯了這五條禁令,所以說,如今的諸侯,都是五霸的罪人。臣下助長君主幹壞事,這罪行還算小;臣下迎合君主幹壞事,〔為他尋找理由,使他無所忌憚,〕這罪行可就大了。而如今的大夫,都迎合君主幹壞事。所以說,如今的大夫,都是諸侯的罪人。"

【注釋】①葵丘:地名,春秋時屬宋,在今河南蘭考。 ②諸侯束牲載書而不歃(shà)血:束牲,不殺的犧牲,指束縛之而不殺。載,加以。書,即盟書。載書,加盟書於犧牲之上。《左傳·昭公元年》:"楚令尹圍請用牲,讀舊書,加于牲上而已。"沈玉成《左傳譯文》:"楚國的令尹圍請求使用犧牲,僅僅宣讀一下過去的盟約並放在犧牲上面。"歃,以口微吸之。 ③得:得賢。 ④無曲防:無,毋。防,堤。這裏是說宜直其堤防,不要曲其堤防,以鄰為壑。 ⑤無有封而不告:意思是不要以私恩擅自封賞而不告盟主。 ⑥長君之惡:滋長、助長、擴大君主的過錯。《左傳·隱公六年》:"善不可失,惡不可長,其陳桓公之謂乎!長惡不悛,從自及也。" ⑦長君之惡其罪小,逢君之惡其罪大:趙岐《注》:"君有惡命,臣長大而宣之,其罪在不能距逆君命,故曰小也。逢,迎也。君之惡心未發,臣以諂媚逢迎之,而導君為非,故曰罪大。"要之,長君之惡,乃是被動配合君之為惡;逢君之惡,乃是主動挑唆君之為惡,故後者罪大。

12.8 魯欲使慎子為將軍①。孟子曰:"不教民而用之,謂之'殃民'②。殃民者,不容於堯舜之世。一戰勝齊,遂有南陽③,然且不可……④"慎子勃然不悅曰:"此則滑釐所不識也。"

曰:"吾明告子。天子之地方千里;不千里,不足以待諸侯。諸侯之地方百里;不百里,不足以守宗廟之典籍⑤。周公之封於魯,為方百里也;地非不足,而儉於百里⑥。太公之封於齊也，亦爲方百里也；地非不足也，而儉於百里。今魯方百里者⑦，子以爲有王者作，則魯在所損乎？在所益乎？徒取諸彼以與此，然且仁者不爲，況於殺人以求之乎？君子之事君也，務引其君以當道，志於仁而已。"

【譯文】魯國打算讓慎子做將軍。孟子說："不先教導訓練百姓便讓他們打仗，這叫作禍害老百姓。禍害老百姓的人，在堯舜的時代，是容不下他的。打一次仗便勝了齊國，於是得到了南陽，然而這樣做是不對的……"慎子臉色一變，不高興地說："這些個我可沒聽說！"

孟子說："我明白地告訴你吧。天子的土地縱橫一千里；如果不到一千里，便不足以統領諸侯。諸侯的土地縱橫一百里；如果不到一百里，便不足以奉守祖宗所傳法度和典籍。周公被封於魯，是應該縱橫一百里的；土地並非不夠，但還少於一百里。太公被封於齊，也應該是縱橫一百里的；土地並非不夠，但還少於一百里。如今魯國有五個縱橫一百里那麼大，你以爲假如有聖明之王興起，魯國的土地在減少之列呢？還是在增加之列呢？白拿那一國土地來給這一國，仁人尚且不幹，何況殺人來取得土地呢？君子服事君主，不過是務必引導他朝正路上走，有志於仁罷了。"

【注釋】①慎子：善用兵者，名滑釐。　②不教民而用之謂之殃民：《論語·子路》："以不教民戰，是謂棄之。"　③南陽：即汶陽，在泰山之西南，汶水之北，本屬魯，其後逐漸爲齊所侵奪。　④然且不可：即便這樣，也是不行的。詳見本章《考證》。　⑤典籍：重要文冊。　⑥儉：少。　⑦今魯方百里者五：魯雖非大國，也積極參加了兼併戰爭。顧棟高《春秋大事表》說："伯禽初封曲阜，《漢書·地理志》云：'成王以少皞之墟曲阜封周公子伯禽爲魯侯。'今爲山東曲阜縣。後益封奄；隱二年入極；十年敗宋師於菅，辛未取郜，辛巳取防；僖十七年滅項；三十三年伐邾，取訾婁；文七年伐邾，取須句；宣四年伐莒，取向；宣九年取根牟；十年伐邾，取繹；成六年取鄟；襄十三年取邿；二十一年邾庶以其漆、閭丘來奔；昭元年伐莒，取鄆；四年取鄫；五年，莒牟夷以牟婁及防、茲來奔；十年伐莒，取鄆；三十一年邾黑肱以濫來奔；哀二年伐邾，取漷東田及沂西田；三年城啓陽；哀十七年越使後庸來言邾田，二月盟於平陽。平陽在鄒縣西南，本邾邑，爲魯所取。魯在春秋，實兼九國之地。"

【考證】然且不可：

楊伯峻《孟子譯注》説："此句未完，因慎子勃然不悦，搶著説去。所以知之者，凡用'尚且''猶且''然且'諸副詞之句，多是主從複合句，從句用'且'，主句用反問句，如下文'然且仁者不爲，況於殺人以求之乎'即是。此處下文無主句，且有'慎子勃然不悦'諸叙述語，所以知之。"

但戰國時代的語料顯示，"然且"一般而言，並非如上例（然且仁者不爲，況於殺人以求之乎）處於複句的第一從句，而常處於複句的第二個從句（或第二個句群）。例如：

"即此言湯貴爲天子，富有天下，然且不憚以身爲犧牲，以祠説于上帝鬼神，即此湯兼也。"（《墨子・兼愛下》）

"故衣食者，人之生利也，然且猶尚有節；葬埋者，人之死利也，夫何獨無節於此乎？"（《節葬下》）

"處家得罪於家長，猶有鄰家所避逃之；然且親戚、兄弟、所知識，共相儆戒，皆曰：'不可不戒矣！不可不慎矣！惡有處家而得罪於家長而可爲也？'"（《天志上》）

"處國得罪於國君，猶有鄰國所避逃之；然且親戚、兄弟、所知識，共相儆戒，皆曰：'不可不戒矣！不可不慎矣！誰亦有處國得罪於國君而可爲也？'"（同上）

"夫埴木之性，豈欲中規矩鉤繩哉？然且世世稱之曰：'伯樂善治馬而陶匠善治埴木。'此亦治天下者之過也。"（《莊子・外篇・馬蹄》）

"猶師天而無地，師陰而無陽，其不可行明矣；然且語而不舍，非愚則誣也。"（《外篇・秋水》）

"夫豐狐文豹,棲於山林,伏於巖穴,靜也;夜行晝居,戒也;雖飢渴隱約,猶且胥疏於江湖之上而求食焉,定也;然且不免於罔羅機辟之患,是何罪之有哉?"(《外篇·山木》)

"凡人之性,爪牙不足以自守衛,肌膚不足以扞寒暑,筋骨不足以從利辟害,勇敢不足以却猛禁悍。然且猶裁萬物,制禽獸,服狡蟲,寒暑燥濕弗能害,不唯先有其備,而以群聚邪!"(《吕氏春秋·恃君覽》)

"上古有湯,至聖也;伊尹,至智也。夫至智說至聖,然且七十說而不受,身執鼎俎爲庖宰,昵近習親,而湯乃僅知其賢而用之。"(《韓非子·難言》)

社科院語言所編《古漢語虛詞詞典》對"然且"的解說是:"複合虛詞(連詞),由代詞'然'和連詞'且'組成。'然'指代上文提到的事情或情況,義爲'如此''這樣';'且'表示意思上的更進一層,義爲'而且'。二者連用爲連詞,表示進層論述。用於複句的後一分句,表示在上文的基礎上做進一步的議論或說明。可譯爲'然而'。"覈之上引書證可知,這一解說是到位的。一般來說,"然且"後面的句子不會馬上結束,而往往更上層樓,展開進一步論述。因此,楊伯峻先生所謂"此句未完,因慎子勃然不悦,搶著說去"(此即《古書疑義舉例續補》所謂"一人之語未竟而他人插語例"),也不是没有道理;而本章下文"然且仁者不爲,況於殺人以求之乎"也是在進一步展開論述。(163)

12.9 孟子曰:"今之事君者皆曰:'我能爲君辟土地,充府庫。'今之所謂良臣,古之所謂民賊也。君不鄉道①,不志於仁,而求富之,是富桀也。'我能爲君約與國②,戰必克。'今之所謂良臣,古之所謂民賊也。君不鄉道,不志於仁,而求爲之強戰,是輔桀也。由今之道,無變今之俗,雖與之天下,不能一朝居也。"

【譯文】孟子說:"今天服事君主的人都說:'我能够替君主開拓土地,充實府庫。'今天的所謂'良臣',正是古代的所謂'民賊'。君主不嚮往道德,無意於仁,卻想讓他富足,這等於讓夏桀富足。〔又說:〕'我能夠替君主邀約盟國,每戰必勝。'今天的所謂'良臣',正是古代的所謂'民賊'。君主不嚮往道德,無意於仁,卻想爲他努力作戰,這等於輔助夏桀。順著當前這條路走下去,也不改變當前的風俗習氣,即便給他整個天下,他也是一天都坐不安穩的。"

【注釋】①鄉:通"向",嚮往。　②與國:同盟國。

12.10 白圭曰①:"吾欲二十而取一,何如?"孟子曰:"子之道,貉道也②。萬室之國,一人陶,則可乎?"曰:"不可,器不足用也。"

曰:"夫貉,五穀不生,惟黍生之③;無城郭、宮室、宗廟、祭祀之禮,無諸侯幣帛饔飱④,無百官有司,故二十取一而足也。今居中國,去人倫,無君子⑤,如之何其可也?陶以寡⑥,且不可以爲國,況無君子乎?欲輕之於堯舜之道者,大貉小貉也;欲重之於堯舜之道者,大桀小桀也。"

【譯文】白圭說:"我想定稅率爲二十抽一,怎麼樣?"孟子說:"你的辦法是貉國的辦法。一萬戶的國家,只有一個人製作瓦器,那做得到嗎?"答道:"做不到,瓦器會不夠用的。"

孟子說:"貉國,各種穀類都不生長,只生長黏小米;又沒有城牆、房屋、祖廟和祭祀的禮節,也沒有各國間的互相往來,送禮宴客,也沒有各種衙門和官吏,所以二十抽一的稅就夠了。如今在中原華夏,拋棄人間倫常,不要大小官吏,那怎麼能行呢?只是因爲做陶器的人太少,便不成其爲國家,何況還沒有官吏呢?主張比堯舜的〔十分抽一的〕稅率還輕的,是和大貉一丘的小貉;主張比堯舜的〔十分抽一的〕稅率還重的,是和大桀一類的小桀。"

【注釋】①白圭:人名,曾爲相於魏,築堤治水,促進生產,比孟子稍年輕。

②貉(mò)：同"貊"，北方某國國名。　③黍：小米之黏者。　④饔飧：熟食，這裏指以飲食招待客人之禮。　⑤君子：指百官。　⑥陶以寡：因爲做陶器的人太少。以，因爲。

12.11 白圭曰："丹之治水也愈於禹①。"孟子曰："子過矣。禹之治水，水之道也，是故禹以四海爲壑；今吾子以鄰國爲壑。水逆行謂之'洚水'——'洚水'者，洪水也——仁人之所惡也。吾子過矣。"

【譯文】白圭說："我治理水患哪，比大禹還強呢。"孟子說："您錯了！禹治理水患，是順著水的路徑疏導的，所以禹以四海爲蓄水池；而如今先生您卻以鄰國爲蓄水池。水逆流而行叫作洚水——洚水就是洪水——是仁人所最厭惡的。先生您錯了！"

【注釋】①丹之治水：丹，白圭的名。古人有名有字。名用於自稱，以示謙虛；字用於他稱，以示尊重。這一習俗一直延續到幾十年前。白圭的治水，《韓非子·喻老》描述說："白圭之行隄也，塞其穴，……是以白圭無水難。"可見其治水下功夫在堤防。

12.12 孟子曰："君子不亮①，惡乎執？"

【譯文】孟子說："君子不講誠信，那秉持什麼呢？"

【注釋】①亮：通"諒"，信譽。詳見本章《考證》。

【考證】君子不亮，惡乎執：

　　焦循《正義》載何異孫《十一經問對》云："問：此'惡'字作平聲，還作去聲？對曰：'亮'與'諒'同。孔子曰：'豈若匹夫匹婦之爲諒哉？'又曰'君子貞而不諒。''諒'者，信而不通之謂。君子所以不亮者，非惡乎信，惡乎執也。故孟子又曰：'所惡執一者，爲其賊道也。'"

　　這一章一般的解讀是，君子不講誠信，那秉持什麼呢？亮，通"諒"，信譽，誠信。惡，音 wū，疑問代詞（我們姑且以"惡₁"稱之）。

趙岐《注》:"亮,信也。……若爲君子之道,舍信將安執之?"何異孫卻説"惡"讀作 wù,厭惡之謂(我們姑且以"惡$_2$"稱之)。又説"諒"是信而不通,即講求小信而不知變通。這樣一來,這一章的意思便來了個大顛覆:君子不講求小信,是因爲討厭執著於一點而不知變通。

有好幾篇文章便拿著這一點,去糾正楊伯峻先生的《孟子譯注》(楊書此章從趙岐《注》)。他們或許不知道這一點:字或詞的意思變了,其分佈也跟著變了。除非能證明原來的讀法不合惡$_1$ 的分佈,改了的讀法合乎惡$_2$ 的分佈,否則這一改讀必定不能成立。

先看"惡乎":"君子去仁,惡乎成名?"(《論語·里仁》)"天下惡乎定?"(《孟子·梁惠王上》)"敢問夫子惡乎長?"(《公孫丑上》)"辭尊居卑,辭富居貧,惡乎宜乎?"(《萬章下》)"彼且惡乎待哉!"(《莊子·內篇·逍遙遊》)"道惡乎隱而有真偽?言惡乎隱而有是非?道惡乎往而不存?言惡乎存而不可?"(《內篇·齊物論》)"女將惡乎比予哉?"(《內篇·人間世》)"惡乎考之?考先聖大王之事。惡乎原之?察眾之耳目之請。惡乎用之?發而爲政乎國,察萬民而觀之。"(《墨子·非命下》)"學惡乎始?惡乎終?"(《荀子·勸學》)"敢問吳王惡乎存?"(《晏子春秋·內篇雜下》)

總結以上書證,可歸納爲"惡乎 V(O)"格式(V 表示謂語動詞,O 表示賓語,括弧內表示根據情況可以有,也可以無)。在這一格式中,a."惡"讀作 wū,是疑問代詞。b."惡乎"後一定是謂詞性成分,而非體詞性成分。以此來衡量,"惡乎執"正屬於這一格式;也即"惡乎執"的"惡"是惡$_1$。

遍搜周秦典籍,我們未見"惡(wù)乎 V(O)"之例。《呂氏春秋·不苟論》有:"故子胥見説於闔閭,而惡乎夫差;比干生而惡於商,死而見説乎周。"第一,該例"惡(wù)乎"的"乎"表被動;第二,該例"惡(wù)乎"後是體詞性成分,可歸納爲"惡(wù)乎 N"格式。

據我們的全面考察,戰國中期,"執"是及物動詞,其意義是拿著,或捉拿、拘捕。未見引申出"固執"之例。孟子説的"執一"(《盡心上》)確有固執義,但這是"執"和"一"合成的意義,並非"執"本身固有的意義。不能拿"所惡執一"和"惡乎執"簡單類比(古人如此,卻不必苛求)。也就是説,當時"執"是謂詞性的,只能存在於"惡(wū)乎 V(O)"格式中,不能存在於"惡(wù)乎 N"格式中。

因此,何異孫之説是不能成立的;而趙岐及《孟子譯注》譯"惡乎執"爲"將安執之""如何能有操守"大致是不錯的。

至於"諒",它的本義是"誠實",所以孔子説:"友直,友諒,友多聞,益矣。"(《季氏》)由此引申出"固執"義:"君子貞而不諒。"(《衛靈公》)但《憲問》的"豈若匹夫匹婦之爲諒"的"諒"卻不一定是"固執"義,因而"豈若匹夫匹婦之爲諒也,自經於溝瀆而莫之知也"應該譯爲:"難道要講求匹夫匹婦的所謂'誠信',在溝壑中自盡而沒有人知道嗎?"

既然"諒"(亮)確實有"誠實""誠信"義,而"惡乎執"又屬於當時語言中肯定存在的"惡(wū)乎 V(O)"格式,那麽,"君子不亮,惡乎執"也就文從字順,不必也不能再作他解了。

在這一例中,我們又一次證明,原讀如果合乎分佈,改讀一般則不會合乎分佈。可見,原文合乎分佈因而文從字順時,改讀往往既浪費精力,又淆亂視聽,只能徒增煩擾。(164)

12.13 魯欲使樂正子爲政①。孟子曰:"吾聞之,喜而不寐。"公孫丑曰:"樂正子强乎?"曰:"否。""有知慮②乎?"曰:"否。""多聞識乎?"曰:"否。"

"然則奚爲喜而不寐?"曰:"其爲人也好善③。""好善足乎?"

曰:"好善優於天下④,而況魯國乎?夫苟好善,則四海之内皆將輕千里而來告之以善⑤;夫苟不好善,則人將曰:'訑訑⁶,予既已知之矣⁷。'訑訑'之聲音顏色距人於千里之外⁸。士止於千里之外,則讒諂面諛之人至矣⁹。與讒諂面諛之人居,國欲治,可得乎?"

【譯文】魯國打算叫樂正子治國理政。孟子説:"我聽説這事兒,高興得睡不著。"公孫丑説:"樂正子很堅強有力嗎?"答道:"不是。""有智慧,有主意嗎?"答道:"不是。""見多識廣嗎?"答道:"不是。"

"那你爲什麽高興得睡不著呢?"答道:"他的爲人哪,就是熱愛仁善。""熱愛仁善就够了嗎?"

答道:"熱愛仁善,用來治理天下都綽綽有餘,何況僅僅治理魯國呢? 如果熱愛仁善,那四方之人都會不顧千里之遥趕來告訴他什麽是仁善;如果不好仁善,那別人會〔模仿他的話〕説:'呵呵! 我早就知道了!'説出'呵呵'的聲音臉色就會把別人拒絶於千里之外了。士人在千里之外止步不來,那進讒言的、獻媚的、當面恭維的人就會來了。和進讒言的、獻媚的、當面恭維的人混在一塊兒,國家想要治理好,做得到嗎?"

【注釋】①樂正子:樂正克。就是孟子在《盡心下》二十五章所説的"善人""信人"。　②知慮:約等於"智慧"。詳見本章《考證》(一)。③好善:邵永海《讀古人書之〈孟子〉》譯作"熱愛仁善",甚爲妥帖,從之。詳見本章《考證》(二)。　④優於天下:"優游於治天下"之意;也即《梁惠王上》"天下可運於掌",《公孫丑上》"治天下可運之掌上"。⑤輕千里而來:意思與"不遠千里而來"相同。　⑥訑訑(yíyí):感歎詞,驕傲自滿時發出的聲音。　⑦予既已知之矣:這句話也是説"訑訑"那人説的。詳見本章《考證》(三)。既已,已經。這是白平考證後説的,見《楊伯峻〈孟子譯注〉商榷》第264—265頁。　⑧距:同"拒"。⑨讒諂面諛:《莊子・雜篇・漁父》:"好言人之惡,謂之'讒'。"巴結、奉承、獻媚,謂之"諂"。用不實之詞恭維人,謂之"諛"。面諛,當面恭維對方。"諂""諛"的區別,是後者是用言語奉承,而前者不限於言語。《論語·八佾》:"事君盡禮,人以爲諂也。"

【考證】(一)知慮:

趙岐《注》、朱熹《集注》無説。楊伯峻《孟子譯注》未出注,而譯"有知慮乎"爲"有聰明有主意嗎"。這大體上過得去,但譯爲"智慧""心思"可能更好。"知慮"(智慮)乃一詞或固定短語,除《孟子》一見外,尚見於《莊子》《荀子》《韓非子》《晏子春秋》《吕氏春秋》《商君書》等先秦典籍,而以《荀子》《韓非子》較爲多見。如:

"苟可以免,不師知慮,不知前後,魏然而已矣。"(《莊子·雜篇·天下》)"凡用血氣、志意、知慮,由禮則治通,不由禮則勃亂提僈。"(《荀子·修身》)"志意致修,德行致厚,智慮致明,是天子之所以取天下也。"(《榮辱》)"窮則不隱,通則大明,身死而名彌白,小人莫不延頸舉踵而願曰:'知慮材性,固有以賢人矣。'"(同上)"治萬變,材萬物,養萬民,兼制天下者,爲莫若仁人之善也夫! 故其知慮足以治之,其仁厚足以安之,其德音足以化之。"(《富國》)"若夫心意修,德行厚,知慮明,生於今而志乎古,則是其在我者也。"(《天論》)"桀、紂者,其知慮至險也,其志意至闇也,其行之爲至亂也。"(《正論》)"血氣筋力則有衰,若夫智慮取舍則無衰。"(同上)"且夫世之愚學,……智慮不足以避穽井之陷,又安非有術之士。"(《韓非子·姦劫弑臣》)"子産之治,……不任典成之吏,不察參伍之政,不明度量,恃盡聰明、勞智慮,而以知姦,不亦無術乎! ……故因人以知人。是以形體不勞而事治,智慮不用而姦得。"(《難三》)"明主慮愚者之所易,以責智者之所難,故智慮力勞不用而國治也。"(《八説》)"事君之倫,知慮足以安國,譽厚足以導民,和柔足以懷衆。"(《晏子春秋·内篇問下》)"得道之人,……昏乎其深而不測也,確乎其節之不庫也,就就乎其不肯自是,鵠乎其羞用智慮也。"(《吕氏春秋·慎大覽》)"善爲國者,官法明,故不任知慮。"(《商君書·農戰》)

以上各例,除《荀子·正論》"桀、紂者,其知慮至險也"的"知慮"譯爲"心思"較妥(因"智慧"偏褒義)之外,其餘均以譯爲"智慧"較好。

(165)

(二)好善：

赵岐《注》："好善，乐闻善言，是采用之也。"《孟子译注》译"其为人也好善"为："他的为人喜欢听取善言。"朱熹、焦循均未之注。

战国文献中的"好善"，我们找到的如下："文武兴，则民好善；幽厉兴，则民好暴。"（《孟子·告子上》，杨伯峻《孟子译注》译第一句："周文王武王在上，百姓便趋向善良。"）"古之贤王好善而忘势。"（《尽心上》，杨译："古代的贤君乐于善言善行，因而忘记自己的富贵权势。"）"立公子雍。好善而长，先君爱之，且近于秦。"（《左传·文公六年》，沈玉成《左传译文》译第二句："他喜爱美好的事物而且年长。"）"吴公子札来聘，见叔孙穆子，说之。谓穆子曰：'子其不得死乎？好善而不能择人。吾闻"君子务在择人"。吾子为鲁宗卿，而任其大政，不慎举，何以堪之？祸必及子！'"（《襄公二十九年》，沈译"好善而不能择人"为："喜欢善良而不能够选择善人。"）"子西长而好善。立长则顺，建善则治。"（《昭公二十六年》，沈译第一句："子西年长而喜好善良。"）"晋公子亡，长幼矣，而好善不厌，父事狐偃，师事赵衰，而长事贾佗。"（《国语·晋语四》）"好善无厌，受谏而能诫，虽欲无进，得乎哉！"（《荀子·修身》，张觉《荀子译注》译第一句："爱好善良的品行永不满足。"）"晏子对曰：'君勿恶焉，臣闻下无直辞，上有隐恶；民多讳言，君有骄行。古者明君在上，下多直辞；君上好善，民无讳言。今君有失行，则跪直辞禁之，是君之福也，故臣来庆。请赏之，以明君之好善；礼之，以明君之受谏。'"（《晏子春秋·内篇杂上》）"观事君者也，其友皆诚信有行好善，如此者，事君日益，官职日进，此所谓吉臣也。"（《吕氏春秋·不苟论》，殷国光等《吕氏春秋译注》译第二句为"如果他的朋友都很忠诚可靠，品德高尚，喜欢行善。"）"鲍叔，君子也，千乘之国，不以其道予之，不受也。虽然，不可以为政。其为人也，好善而恶恶已甚，见一恶终身不忘。"（《管子·戒》）

杨伯峻、沈玉成、张觉等先生译"好善"为"趋向善良""乐于善言善行""喜爱美好的事物""喜好善良""爱好善良的品行"，却没有一例譯爲"樂聞善言""好善言"或類似者。

與之相反，以上各例中，倒有幾例可以説明"好善"主要指"好善行"。《晏子春秋》一例，晏子先説"民多諱言，君有驕行"，後説"君上好善，民無諱言"，可見"好善"是"好善行"；下文"今君有失行，刖跪直辭禁之，是君之福也"亦可證。《管子》"好善"與"惡（wù）惡"並言，亦可證"好善"並非局限於"好善言"。

"好善言"《孟子》中另有其表達："禹惡旨酒而好善言。"（《離婁下》）"禹聞善言，則拜。"（《公孫丑上》）則是"好善言"的行爲方式。"舜……聞一善言，見一善行，若决江河，沛然莫之能禦也"（《盡心上》），這才是所謂"好善"。

邵永海《讀古人書之〈孟子〉》譯作"熱愛仁善"，甚爲妥帖，從之。（166）

（三）則人將曰訑訑予既已知之矣：

趙岐《注》"誠不好善，則其人將曰訑訑賤他人之言。訑訑者，自足其智，不嗜善言之貌。訑訑之人發聲音見顔色，人皆知其不欲受善言也。道術之士聞之，止於千里之外而不來也。"趙岐的理解，"訑訑"似乎單獨爲一句，如此就該將這句標點爲"則人將曰'訑訑！'予既已知之矣。"

但像"訑訑"這樣的感歎詞位於一句對話之首，其後一般要跟著一段話。例如："嗚呼！曾謂泰山不如林放乎？"（《論語·八佾》）"噫！天喪予！天喪予！"（《先進》）"噫！斗筲之人，何足算也？"（《子路》）"噫！言游過矣！"（《子張》）"咨！爾舜！天之曆數在爾躬，允執其中。"（《堯曰》）"烏乎！《詩》所謂'我躬不説，皇恤我後'者，甯子可謂不恤其後矣。"（《左傳·襄公二十五年》）"嘻！速駕！公斂陽在。"（《定公八年》）"惡！是何言也？"（《孟子·公孫丑上》）"吁！惡有滿而不覆者哉！"（《荀子·宥坐》）"嗚呼！上失之，下殺之，其可乎？"（同上）"噫嘻！亦太甚矣，先生之言也！"（《史記·魯仲連列傳》）

《莊子》中卻有些例外："鴻蒙仰而視雲將曰：'吁！'"（《莊子·外

篇·在宥》)"鷃鷄過之,仰而視之曰'嚇!'今子欲以子之梁國而嚇我邪?"(《外篇·秋水》)

综上,我們傾向於認爲"訑訑"與"予既已知之矣"都是同一人説的話,故標點爲"則人將曰:'訑訑,予既已知之矣。'"(167)

12.14 陳子曰①:"古之君子何如則仕?"孟子曰:"所就三,所去三。迎之致敬以有禮;言,將行其言也,則就之。禮貌未衰②,言弗行也,則去之。其次,雖未行其言也,迎之致敬以有禮,則就之。禮貌衰,則去之。其下,朝不食,夕不食,飢餓不能出門户;君聞之,曰:'吾大者不能行其道,又不能從其言也,使飢餓於我土地,吾恥之。'周之,亦可受也,免死而已矣。"

【譯文】陳子説:"古代的君子要怎樣才出去做官?"孟子説:"就職的情況有三種,離職的情況也有三種。禮節周全充分表達敬意地來迎接,他有所建言,就實行他説的,這樣就任職。禮遇容色雖未衰減,但其建言已不實行了,這樣就離開。其次,雖然没有實行他的建言,還是禮貌而恭敬地來迎接,也就任職。禮遇容色已經衰減,這樣就離開。最下等的是,早上没飯吃,晚上也没飯吃,餓極了連房門也走不出。君主知道了説:'我從大的方面説不能實行他的學説,〔從小的方面説〕又不能聽從他的建言,讓他飢腸轆轆地待在我國土地上,我引以爲恥。'於是周濟他,這也勉強能接受,不過免於一死罷了。"

【注釋】①陳子:趙岐認爲是孟子弟子陳臻。　②禮貌:禮遇與容色。詳見本章《考證》。

【考證】禮貌:

趙岐《注》:"禮衰,不敬也;貌衰,不悦也。"這樣看來,趙岐是將"禮貌"看作一個短語,而非一個詞。

"禮""貌"二字在當時文獻中都是高頻字(尤其是"禮"字),例如:"秦伯謂其大夫曰:'爲禮而不終,恥也。中不勝貌,恥也。'"(《國語·

晉語四》)"祭者……禮節文貌之盛矣。"(《荀子·禮論》)"禮者,所以貌情也。"(《韓非子·解老》)"禮以節之,信以結之,容貌以文之。"(《禮記·表記》)但"禮貌"僅見於《孟子》3次(除本章2次外,又見《離婁下》三十章"又從而禮貌之"),《吕氏春秋·慎大覽》2次("魏氏人張儀,材士也,將西遊於秦,願君之禮貌之也……淳于髡爲齊使於荆,還反,過於薛,孟嘗君令人禮貌而親郊送之"),《韓非子·解老》1次("所謂'處其厚不處其薄'者,行情實而去禮貌也")。"禮貌"連文只有這些次數,且《吕氏春秋》《韓非子》之3次均較《孟子》爲晚,尚不足以證明它在《孟子》成書時代語言中已經成爲一個詞而非短語;王力先生說:"我們應該相信漢代的人對先秦古籍的語言比我們懂得多些。"故我們從趙岐《注》。(168)

12.15 孟子曰:"舜發於畎畝之中①,傅説舉於版築之間②,膠鬲舉於魚鹽之中③,管夷吾舉於士④,孫叔敖舉於海⑤,百里奚舉於市。故天將降大任於是人也,必先苦其心志,勞其筋骨,餓其體膚,空乏其身行⑥,拂亂其所爲,所以動心忍性⑦,曾益其所不能⑧。人恒過,然後能改;困於心,衡於慮⑨,而後作;徵於色,發於聲,而後喻⑩。入則無法家拂士,出則無敵國外患者⑪,國恒亡。然後知生於憂患而死於安樂也。"

【譯文】孟子説:"大舜在田野之中發達起來,傅説在隔板築牆時被提拔,膠鬲在打漁曬鹽時被提拔,管夷吾坐牢時被提拔,孫叔敖在海邊被提拔,百里奚在市場被提拔。所以,當上天將要把大任務降臨某人肩上時,必定要讓他的内心痛苦,讓他的筋骨疲乏,讓他的身體飢餓,讓他立身行事身無長物一貧如洗,總是干擾他的作爲使他事事不如意。用這些來磨礪他的心性,堅韌他的意志,增强他的能力。一個人常犯錯誤,然後才能通過改正有所進步;他的困苦思慮鬱積在心中,横亘於胸臆,而後才能奮發興起;這困苦思慮反映在面色上,發洩在喊聲中,而後才能有所領悟警醒而茅塞頓開。〔一個國家〕,内無有法度的大臣和廷爭面折之士,外無與它抗衡的鄰國和外部的憂患,常常容易衰敗滅亡。所有這些不難讓人知曉,憂愁禍患能夠讓人生存,而安逸快樂足以致人死亡啊!"

【注釋】①舜發於畎畝之中:舜曾耕於歷山,又見《萬章上》首章。 ②傅説舉於版築之間:《史記‧殷本紀》:"武丁夜夢得聖人,名曰説。以夢所見視群臣百吏,皆非也。於是迺(乃)使百工營求之野,得説於傅險中。是時説爲胥靡(服勞役的囚犯),築於傅險,見於武丁。武丁曰:'是也。'得而與之語,果聖人,舉以爲相。殷國大治。故遂以傅險姓之,號曰傅説。"版築,古人築牆,用兩版相夾,實土於其中,以杵築之。 ③膠鬲(gé)舉於魚鹽之中:膠鬲見《公孫丑上》首章。但他"舉於魚鹽之中"故事不見於他書。 ④管夷吾舉於士:管夷吾,即管仲。"士"爲獄官之長。《左傳‧莊公九年》:"鮑叔帥師來言曰:'子糾,親也,請君討之。管、召,讎也,請受而甘心焉。'乃殺子糾于生竇。召忽死之。管仲請囚,鮑叔受之,及堂阜而税(脱)之。歸而以告曰:'管夷吾治於高傒,使相可也。'公從之。" ⑤孫叔敖:楚國令尹(宰相)。《荀子‧非相》《吕氏春秋‧不苟論》都説他原是"期思之鄙人"。今河南信陽地區有期思鎮,可能是孫叔敖的故鄉;轄於淮濱,位於淮濱縣城與固始縣城之間(淮濱縣城東南,固始縣城西北)。其時河流縱横,沼澤遍佈,可能是孟子"舉於海"之説的由來。 ⑥空乏其身行:使他立身行事没有資材。詳見本章《考證》(一)。 ⑦忍性:堅忍其性,即使他的性格堅忍不拔。 ⑧曾:同"增"。 ⑨衡:横,指横塞其慮於胸臆之中。 ⑩喻:明白,知道。 ⑪入則無法家拂士,出則無敵國外患者:入,指國内。出,指國外。拂,通"弼",矯正,廷爭面折,進逆耳忠言,提出相反意見。詳見本章《考證》(三)。

【考證】(一)空乏其身行拂亂其所爲:

一般斷爲"空乏其身,行拂亂其所爲"。但"身行"屢見於先秦典籍,故白平《楊伯峻〈孟子譯注〉商榷》(第265-266頁)主張讀爲"空乏其身行,拂亂其所爲"。

  1. 以下書證可以證成其説:"身行不順,治事不公,不敢以荏衆……身行順,治事公,故國無阿黨之義。"(《晏子春秋·内篇問上》)"雖庶人之子孫也,積文學,正身行,能屬於禮義,則歸之卿相士大夫。"(《荀子·王制》)"論禮樂,正身行,廣教化,美風俗,兼覆而調一之,辟公之事也。"(同上)"仁人之用國,將修志意,正身行,伉隆高,致忠信,期文理。"(《富國》)"仲尼無置錐之地,誠義乎志意,加義乎身行,著之言語,濟之日,不隱乎天下,名垂乎後世。"(《王霸》)"人主身行方正,使人有理,遇人有禮,行發於身而爲天下法式者,人唯恐其不復行也。身行不正,使人暴虐,遇人不信,行發於身而爲天下笑者,此不可復之行,故明主不行也。"(《管子·形勢解》)"知慮不躁達於變,身行寬惠達於禮,威嚴不足以易於位。"(《戰國策·趙二》)

  由此,似可歸納"身行"爲"立身行事"。《吕氏春秋·季春紀》"賜貧窮,振乏絶"高誘注:"行而無資曰'乏'。"可見"空乏其身行"意謂"使他立身行事缺乏資材"。

  "行身"意義與"身行"略同:"好惡無常,行身不篤,曰無誠者也。"(《逸周書·官人解》)"明主之聽言也,美其辯;其觀行也,賢其遠。故群臣士民之道言者迂弘,其行身也離世。"(《韓非子·外儲説左上》)"父母之所以求於子也,動作則欲其安利也,行身則欲其遠罪也。"(《六反》)"是以天下之衆,其談言者務爲辯而不周於用,……行身者競於爲高而不合於功,故智士退處巖穴,歸禄不受,而兵不免於弱,政不免於亂。"(《五蠹》)"主父偃行不軌而誅滅,吕步舒弄口而見戮,行身不謹,誅及無罪之親。"(《鹽鐵論·孝養》)"孔子既讀斯文(太祖廟右階前金人之背銘文)也,顧謂弟子曰:'小子識之!此言實而中,情而信。《詩》曰:"戰戰兢兢,如臨深淵,如履薄冰。"行身如此,豈以口過患哉!'"(《孔子家語·觀周》,《説苑·敬慎》與之大同小異)"刑與兵,猶足與翼也,走用足,飛用翼。形體雖異,其行身同。"(《論衡·儒增》)

2."空乏其身行,拂亂其所爲"與"又欲闕翦我公室,傾覆我社稷,帥我蝥賊,以來蕩搖我邊疆"(《左傳‧成公十三年》)"人皆有所不爲,達之於其所爲"(《盡心下》)類似;也即,"所爲"爲一體詞性結構,意爲"他的行爲";"拂亂其所爲"前加一表示行爲義的體詞"行",純屬蛇足。共時文獻中也罕見其例。顯然,它是由於讀上文爲"空乏其身","行"字没法安頓而置於"拂亂其所爲"前面的。

具體説來,"苦其心志,勞其筋骨,餓其體膚,空乏其身(行)"的主語承上文的"天","拂亂其所爲"也是如此。如果讀爲"行拂亂其所爲",則"行"爲一主語之外的主題語,意爲"在行爲(或行動)上擾亂他的所作所爲"。不過,正如上文所説這純屬蛇足,因爲"行"與"所爲"語義重複。

3.朱熹《集注》:"空,窮也。乏,絕也。拂,戾也,言使之所爲不遂,多背戾也。"無法據以判定朱熹傾向上述哪種讀法。趙岐《注》:"言天將降下大事,以任聖賢,必先勤勞其身,餓其體而瘠其膚,使其身乏資絕糧,所行不從,拂戾而亂之者;所以動驚其心,堅忍其性,使不違仁,困而知勤,增益其素所以不能行。"我們可以理解"使其身乏資絕糧,所行不從",謂"空乏其身行"也;可以理解"拂戾而亂之者",謂"拂亂其所爲"也。至少,依據趙《注》難以得出必須斷作"空乏其身,行拂亂其所爲"的結論。

既然難以從趙岐《注》、朱熹《集注》看出其傾向,依據1、2兩點,斷爲"空乏其身行,拂亂其所爲"較爲可取。

又,周篤文、仕志、李家邦等先生都有主張宜讀爲"空乏其身行"的文章。周先生文見2014.5.12《北京日報》,從"其"所連續修飾的5個詞語有4個爲雙音節入手分析,極佩卓識。並謂"空"可訓"困",爲一聲之轉。按,"空"的空虛義可引申出空乏、窮困義,似不必讀爲"困";且"困乏"亦不見於周秦文獻("空乏"也僅此一見)。

《周易‧艮》:"艮其背,不獲其身;行其庭,不見其人。"《晏子春秋‧内篇問下》:"事明君者,竭心力以没其身,行不逮則退,不以諛持禄；事惰君者，優游其身以没其世，力不能則去，不以諛持危。"這兩例"身""行"斷開，是爲了句式齊整，韻律協調；同樣，本章之讀爲"苦其心志，勞其筋骨，餓其體膚，空乏其身行，拂亂其所爲"，在很大程度上也是爲了句式齊整，韻律協調。或者説，前兩例由於韻律的關係，不得不斷開，本章卻缺乏斷開的條件。（169）

（二）人恒過……而後喻：

趙岐《注》："人常以有謬思過行，不得福，然後乃更其所爲，以不能爲能也。困瘁於心。衡，横也；横塞其慮於胸臆之中，而後作爲奇計異策，激憤之説也。徵驗見於顔色，若屈原憔悴，漁父見而怪之。發於聲而後喻，若甯戚商歌，桓公異之。"後三句僞孫奭《疏》進一步發揮："人見其色，聞其聲，而後喻曉其所爲矣。"朱熹《集注》："此又言中人之性，常必有過，然後能改。蓋不能謹於平日，故必事勢窮蹙，以至困於心，横於慮，然後能奮發而興起；不能燭於幾微，故必事理暴著，以至驗於人之色，發於人之聲，然後能警悟而通曉也。"焦循則將朱注進一步明確化："徵色，謂爲人所忿嫉；發聲，謂爲人所誚讓；然後乃儆悟通曉也。"

正如汪維輝在浙江大學中文系網頁（2021.05.19.）所發文《〈孟子〉裏的幾個疑案》所説，這幾句話當理解爲："人恒過，然後能改；（人）困於心，衡於慮，而後作；（人）徵於色，發於聲，而後喻。""後面兩個分句的主語承前省略了。"因此，就不能"人見其色，聞其聲，而後（人）曉喻其所爲矣"，因爲這樣就换了主語。

我們注意到《莊子·外篇·田子方》"百里奚爵禄不入於心……有虞氏死生不入於心"，這兩句的主語是"百里奚""有虞氏"，謂語都是主謂結構，該主謂結構中主語爲"爵禄""死生"；《論語·里仁》首章也應讀爲"里，仁爲美"。我們以爲，"困於心，衡於慮""徵於色，發於聲"4小句，其主語固然即"人恒過"的"人"，但其謂語其實有隱含的主語。我們主要考察"困於心""發於聲"兩句。

"政不率法，而制於心。"（《左傳·昭公四年》，沈玉成《左傳譯文》:"政令不遵循法度,而由自己的意志來決定。")"夫民慮之於心而宣之於口,成而行之,胡可壅也?"(《國語・周語上》,"慮之於心"的"之"指所思慮的事情。)"行有不慊於心。"(《孟子・公孫丑上》)"仁義禮智根於心。"(《盡心上》)

"清濁好惡咸發於聲。"(《逸周書・官人解》)"歌謠傲笑,哭泣諦號,是吉凶憂愉之情發於聲音者也。"(《荀子・禮論》)"樂則必發於聲音。"(《樂論》)"情動於中,故形於聲。"《禮記・樂記》"斬衰之哭,若往而不反;齊衰之哭,若往而反;大功之哭,三曲而偯;小功緦麻,哀容可也。此哀之發於聲音者也。"(《間傳》)

由此兩段可見,"困於心""發於聲"兩句,其隱含的主語應是"人"的情志、思慮等。(170)

(三)入則無法家拂士:

趙岐《注》:"入,謂國內也。無法度大臣之家,輔拂之士。"朱熹《集注》:"拂,與'弼'同……拂士,輔弼之賢士也。"楊伯峻《孟子譯注》譯爲:"國內沒有有法度的大臣和足爲輔弼的士子。"《王力古漢語字典》:"拂,通'弼',矯正。"所舉例句即"入則無法家拂士,出則無敵國外患者,國恒亡"。然則除 fú 音外,"拂"另有 bì 音。

《荀子・臣道》:"君有過謀過事,將危國家、殞社稷之懼也,大臣父兄有能進言於君,用則可,不用則去,謂之'諫';有能進言於君,用則可,不用則死,謂之'爭';有能比知同力,率群臣百吏而相與彊君撟君,君雖不安,不能不聽,遂以解國之大患,除國之大害,成於尊君安國,謂之'輔';有能抗君之命,竊君之重,反君之事,以安國之危,除君之辱,功伐足以成國之大利,謂之'拂'。故諫、爭、輔、拂之人,社稷之臣也,國君之寶也,明君所尊厚也,而闇主惑君以爲己賊也……伊尹、箕子,可謂'諫'矣;比干、子胥,可謂'爭'矣;平原君之於趙,可謂'輔'矣;信陵君之於魏,可謂'拂'矣……諫、爭、輔、拂之人信,則君過不遠;……事聖君者,有聽從,無諫爭;事中君者,有諫爭,無諂諛;事暴君者,有補削,無撟拂。"

這段有"諫、爭、輔、拂之人,社稷之臣也",與趙岐"輔拂之士"相仿佛。而"有能抗君之命,竊君之重,反君之事,以安國之危,除君之辱,功伐足以成國之大利,謂之'拂'""信陵君之於魏,可謂'拂'矣"(當指信陵君違逆君命盜符救趙事),可知《王力古漢語字典》解"拂"爲"矯正"可信。下文又有"事暴君者,有補削,無撟拂",撟,使屈服也。上文"率群臣百吏而相與强君撟君,君雖不安,不能不聽"可證。可知"撟拂"爲同義詞連用,與"矯拂"同:"直雕琢其性,矯拂其情,以與世交。"(《淮南子·精神訓》)然則"拂"近"矯"義,昭昭明矣。

《晏子春秋·内篇諫上》:"君疏輔而遠拂,忠臣擁塞,諫言不出。"《内篇雜上》:"魯昭公失國走齊,景公問焉,曰:'子之年甚少,奚道至于此乎?'昭公對曰:'吾少之時,人多愛我者,吾體不能親;人多諫我者,吾志不能用,是以内無拂而外無輔,輔、拂無一人,諂諛我者甚衆,譬之猶秋蓬也,孤其根而美枝葉,秋風一至,僨且揭矣。'"

這裏也是輔、拂連文,且"疏輔而遠拂"則"忠臣擁塞,諫言不出";"輔、拂無一人"而"諂諛我者甚衆",可知"拂"爲逆君上意而矯正之。

《吕氏春秋·不苟論》:"文公曰:'輔我以義,導我以禮者,吾以爲上賞;教我以善,彊我以賢者,吾以爲次賞;拂吾所欲,數舉吾過者,吾以爲末賞。'"

"拂吾所欲"與"數舉吾過者"並列,可知前句即"拂逆我的欲望"。

《莊子·内篇·人間世》:"昔者桀殺關龍逢,紂殺王子比干,是皆修其身以下傴拊人之民,以下拂其上者也,故其君因其修以擠之。"

《管子·四稱》:"昔者有道之臣……近君爲拂,遠君爲輔。義以與交,廉以與處。"《禁藏》:"内人他國,使倍其約,絶其使,拂其意。"

《新書·過秦下》:"當此時也,世非無深謀遠慮知化之士也,然所以不敢盡忠拂過者,秦俗多忌諱之禁也,忠言未卒於口,而身糜没矣。"《保傅》:"潔廉而切直,匡過而諫邪者謂之拂。拂者,拂天子之過者也,常立於右,是召公也。"

本章上文"拂亂其所爲"亦可爲證。

"拂"通"弼"的證據：

《國語·吳語》："昔吾先王世有輔弼之臣，以能遂疑計惡，以不陷於大難。今王播棄黎老，而孩童焉比謀，曰：'余令而不違。'夫不違，乃違也。夫不違，亡之階也。夫天之所棄，必驟近其小喜，而遠其大憂。"《越語下》："今吳王淫於樂而忘其百姓，亂民功，逆天時；信讒喜優，憎輔遠弼，聖人不出，忠臣解骨。"

《晏子春秋·外篇上》："今此子事吾三年，未嘗弼吾過也，吾是以辭之。"《吕氏春秋·不苟論》："故天子立輔弼，設師保，所以舉過也。"

《越絕書·越絕請糴内傳》："於乎嗟！君王不圖社稷之危……不聽輔弼之臣而信讒諛容身之徒，是命短矣。"《越絕德序外傳記》："吳王將殺子胥，使馮同徵之，胥見馮同，知爲吳王來也。洩言曰：'王不親輔弼之臣而親衆豕之言，是吾命短也。高置吾頭，必見越人入吳也，我王親爲禽哉！捐我深江，則亦已矣。'"

上引可見，拂、弼意義相同，《晏子春秋》"弼吾過""所以舉過"可證"弼"也有"矯正"義；拂、弼分佈相同，均與"輔"連文可證。而據《越絕書》，且與上引《新書》對照，可知"輔弼"（輔拂）在漢代意義並未發生演變。

綜上，趙岐《注》將"拂士"解爲"輔拂之士"，a.由於"輔"的加入，似乎模糊了"拂"的違逆、矯正的意義。b.但也提供了線索，使得研究者能根據《荀子·臣道》等文獻，瞭解"拂"的意義。然則趙岐所謂"輔拂之士"即輔助矯正之士；"拂士"也即敢於違逆君命進逆耳忠言之士，即廷爭面折之士。c."拂"通"弼"，音 bì。

2021年6月19日，老友洪波教授來滬，對我說："《孟子》'入則無法家拂士'之'拂'，解作'輔弼'，大謬！當爲'違逆'義。"此我前所未及究心者。歸而檢索群書，果然！感謝洪波教授！（171）

12.16 孟子曰："教亦多術矣，予不屑之教誨也者，是亦教誨之而已矣①。"

【譯文】孟子說:"教育也有多種方式,我不屑於去教誨他,這也算是教誨他呢。"

【注釋】①予不屑之教誨也者,是亦教誨之而已矣:這章可以參考:"孺悲欲見孔子,孔子辭以疾。將命者出戶,取瑟而歌,使之聞之。"(《論語·陽貨》)

盡心章句上

凡四十六章

13.1 孟子曰:"盡其心者①,知其性也。知其性,則知天矣。存其心,養其性,所以事天也。殀壽不貳,修身以俟之,所以立命也。"

【譯文】孟子説:"能够費盡心思,並付諸實施於行善,才能瞭解自己的本性。能瞭解自己的本性,才能懂得天命。保持自己的本心,培養自己的本性,這是對待天命的方法。無論短命或長壽,自己都一心一意,只管培養身心,等待天命,這是安身立命的方法。"

【注釋】①盡其心:費盡心思,並付諸實施於行善。詳見本章《考證》。

【考證】盡其心:

趙岐《注》:"性有仁義禮智之端,心以制之。惟心爲正。人能盡極其心,以思行善,則可謂知其性矣。"朱熹《集注》:"心者,人之神明,所以具衆理而應萬事者也。性則心之所具之理,而天又理之所從以出者也。人有是心,莫非全體,然不窮理,則有所蔽而無以盡乎此心之量。故能極其心之全體而無不盡者,必其能窮夫理而無不知者也。"

趙岐、朱熹都試圖將字詞的訓釋和義理的探究熔於一爐而"畢其功於一役",儘管他們的理解未必不對,讀者卻容易墜入五里霧中。通過下列書證可知,"盡其心"似爲費盡心思之意(即趙岐"盡極其心"):

"同官爲寮,吾嘗同寮,敢不盡心乎!"(《左傳·文公七年》,沈玉成《左傳譯文》:"在一起做官就是'寮',我曾經和您同寮,豈敢不盡我的心意呢?")"盡心力以事君,舍藥物可也。"(《昭公十九年》,沈譯:"盡心竭力以事奉國君,不進藥物是可以的。")"寡人之於國也,盡心焉耳矣。"(《孟子·梁惠王上》,楊伯峻《孟子譯注》:"我對於國家,真是費盡心力了。")"以若所爲,求若所欲,盡心力而爲之,後必有災。"(同上,楊譯:"以您這樣的作法想滿足您這樣的慾望,如果費盡心力去幹,〔不但達不到目的,〕而且一定會有禍害在後頭。")"君弗蚤圖,衛而在討。小人是懼,敢不盡心。"(《國語·晉語四》)"不致其愛敬,則不能盡其心;不能盡其心,則不能盡其力;不能盡其力,則不能成其功。"(《漢書·賈山傳》)

以上各例,除去"盡心力"的 2 例,"盡心"也包括踐行、付諸實施的内涵,所以,我們譯"盡其心"爲"能够費盡心思,並付諸實施於行善",這樣也能和趙岐《注》"以思行善"相切合。(172)

13.2 孟子曰:"莫非命也,順受其正;是故知命者不立乎巖牆之下①。盡其道而死者,正命也;桎梏死者,非正命也。"

【譯文】孟子説:"沒有什麽不取決於命運,但順理而行,接受的便是正命;所以懂得命運的人不站在有傾覆之危的高牆下面。致力於行其正道而死的人,所受的是正命;作姦犯科而死的人,所受的不是正命。"

【注釋】①巖(yán)牆:朱熹《集注》:"巖牆,墙之將覆者。"

13.3 孟子曰:"求則得之,舍則失之,是求有益於得也,求在我者也①。求之有道,得之有命,是求無益於得也,求在外者也。"

【譯文】孟子説:"〔有些東西〕追求,就會得到;放棄,就會失掉,這樣的追求,有益於獲得;因爲能否求得取決於我自己。追求有一定的方式,是否得到卻聽從命運,這種追求無益於獲得;因爲能否求得取決於外在的因素。"

【注釋】①求在我者也:這一追求取決於我自己。詳見本章《考證》。

【考證】求在我者也:

趙岐《注》:"謂修仁行義,事在於我。"也即,這一追求取決於我自己。楊伯峻《孟子譯注》:"因爲所探求的對象存在於我本身之內。"我們從趙《注》。當時典籍中好些"在我"都表示取決於我自身。例如:《國語·晉語二》:"我無心,是故事君者,君爲我心,制不在我。"《孟子·滕文公上》:"孟子曰:'……君子之德,風也;小人之德,草也。草尚之風,必偃。是在世子。'然友反命。世子曰:'然。是誠在我。'"楊伯峻《孟子譯注》:"……這一件事情完全決定於太子……太子說:'對;這應當決定於我。'"

《滕文公上》"是誠在我"的"是"指貫徹孟子所說的,它是用來指代一個謂詞性成分的。

又如《左傳·桓公六年》:"《詩》云:'自求多福。'在我而已,大國何爲?"沈玉成《左傳譯文》:"……靠我自己就行了,要大國幹什麼?"《襄公十九年》:"仲子曰:'不可……今無故而廢之,是專黜諸侯,而以難犯不祥也。君必悔之。'公曰:'在我而已。'"沈譯:"……齊侯說:'一切由我。'"《荀子·天論》:"若夫心意修,德行厚,知慮明,生於今而志乎古,則是其在我者也。"張覺《荀子譯注》(上海古籍出版社2012年):"至於思想美好,德行敦厚,謀慮精明,生在今天而能知道古代,這些就是那取決於我們自己的事情了。"《莊子·外篇·田子方》:"且不知其在彼乎,其在我乎?其在彼邪?亡乎我;在我邪?亡乎彼。"曹礎基《莊子淺注》:"得失在於令尹之職則不在於我,如在於我則與令尹之職無關。"

以上各例"在我"之後多無"者也"。本句之有"者也"乃因爲這是一個判斷句,用來說明"是求有益於得"的原因。上舉《荀子·天論》一例有"者也",也是說明原因的,可以爲證。(173)

13.4 孟子曰:"萬物皆備於我矣①。反身而誠,樂莫大焉。強恕而行②,求仁莫近焉。"

【譯文】孟子説:"天下萬物的大道理我都懂了。反躬自問,自己是真心誠意的,便没有比這更大的快樂了。不懈地按照推己及人之道去做,通往仁德的路没有比這更直接的了。"

【注釋】①萬物皆備於我:趙岐《注》:"普謂人爲成人以往,皆備知天下萬物。"《莊子·天下》有類似表述,可參。　②恕:《論語·顔淵》的"己所不欲,勿施於人"能夠很好地解釋什麽叫作"恕"。

13.5 孟子曰:"行之而不著焉,習矣而不察焉,終身由之而不知其道者,衆也①。"

【譯文】孟子説:"每天都在做著,其中藴含的道理卻不明白;習慣了的東西卻不能體察其所以然;一生都在這條路上走著,卻不瞭解這是條什麽路的,是芸芸衆生啊。"

【注釋】①衆也:這四句可參考《論語·泰伯》:"民可使由之,不可使知之。"《泰伯》這兩句話不是説"要讓"民"由之","不要讓"民"知之"。而是説民的能力(或習性)"只能""使由之"而"不能""使知之"。這固然是"瞧不起"芸芸衆生的(《説文》:"民,衆萌也"),但卻不是想要實行"愚民政策"。這是因爲當時語言的"可"和現代漢語的"可"不一樣:只表客觀可能,不表主觀意願。參見《論語新注新譯》(簡體本)這一章的《考證》。

13.6 孟子曰:"人不可以無恥,無恥之恥①,無恥矣。"

【譯文】孟子説:"人不可以没有羞恥心,不知羞恥的那份羞恥,真是無恥至極了。"

【注釋】①無恥之恥,無恥矣:不知羞恥的那份羞恥,真是無恥至極了。詳見本章《考證》。

【考證】無恥之恥,無恥矣:

趙岐《注》："人不可以無所羞恥也，人能恥己之無所恥，是爲改行從善之人，終身無復有恥辱之累也。"朱熹《集注》無説，而直引趙氏之説。楊伯峻《孟子譯注》譯爲："人不可以没有羞恥，不知羞恥的那種羞恥，真是不知羞恥啊！"並注釋道："有人把這個'之'字看爲動詞，適也。那麽，'無恥之恥，無恥矣'便當如此翻譯：由没有羞恥之心到有羞恥之心，便没有羞恥之事了。但我們認爲'之'字用作動詞，有一定範圍，一般'之'下的賓語多是地方、地位之詞語，除了如在'遇觀之否'等卜筮術語中'之'字後可不用地方、地位詞語以外，極少見其他用法，因此不取。""有人把這個'之'字看爲動詞，適也"，不知誰氏之説，但趙岐《注》之以"人能恥己之無所恥"解"無恥之恥"，我們以爲類似於"無恥是恥"，是"恥無恥"的強調式；不過這裏用來復指"無恥"這一前置賓語的，是"之"而非"是"。

我們以爲楊伯峻先生所譯較爲可取，因爲：

1.《孟子》中雖然有"子是之學，亦爲不善變矣"（《滕文公上》）"知者無不知也，當務之爲急；仁者無不愛也，急親賢之爲務。……不能三年之喪，而緦、小功之察"（《盡心上》）這種用"之"來復指前置賓語的例子，但我們在先秦典籍的不及物動詞的心理動詞如"恥""哀""恭""樂""明""喜""怒""羞""異""悦"（包括"説"）之中，未能見到一例其賓語是用"之"或"是"來復指的。我們考察了這些動詞共2000多例，未見例外。《吕氏春秋·審分覽》"厚而不博，敬守一事，正性是喜"末句意爲"喜正性"（張雙棣等《吕氏春秋譯注》），但這一"喜"是及物感知動詞（崔立斌《孟子詞類研究》）。

這存在兩種可能，一是在與不及物心理動詞搭配時，"是""之"不能用來復指前置賓語，二是動詞用來復指前置賓語的概率由於極小，不及物心理動詞在當時語言中雖可用來復指前置賓語，卻因在典籍中未見而不能體現它的這一功能。不管是以上兩種可能中的哪一種，"無恥之恥"理解爲"無恥是恥"也即"恥無恥"意爲"人能恥己之無所恥"的可能性，都是極小的。

與此相反，共時文獻中表示"……的恥辱"的"……之恥"卻相當多：

"缾之罄矣，維罍之恥。"(《詩經·小雅·蓼莪》)"受晉賂而辟之，楚之恥也，罪莫大焉。"(《左傳·僖公三十三年》)"逃楚，晉之恥也。"(《襄公十年》)"大臣不順，國之恥也。"(《襄公十七年》)"孔張失位，吾子之恥也……罪及而弗知，僑之恥也。"(《昭公十六年》)"國亡君死，二三子之恥也。"(《昭公二十一年》)"齊人伐魯而不能戰，子之恥也。"(《哀公十一年》)"子思報父之恥。"(《國語·晉語一》)"射鴳不死，搏之不得，是揚吾君之恥者也。"(《晉語八》)"越王苦會稽之恥，欲深得民心。"(《呂氏春秋·季秋紀》)"繆公能令人臣時立其正義，故雪殽之恥，而西至河雍也。"(《不苟論》)

可知，楊伯峻先生譯"無恥之恥"爲"不知羞恥的那種羞恥"，較之譯其爲"人能恥己之無所恥"也即"人們能以無恥爲恥"，可靠得多。

2.按照楊伯峻先生的譯文，"無恥之恥"和"無恥矣"的兩個"無恥"，都是"不知羞恥""沒有羞恥心"，而按照趙岐《注》，"無恥之恥"的"無恥"是"無所恥"也即"不知羞恥""沒有羞恥心"，而"無恥矣"的"無恥"，卻是"無復有恥辱之累"也即"沒有恥辱""不會招致恥辱"。也即，前者爲"不知羞恥""沒有羞恥心"而後者爲"沒有恥辱""不會招致恥辱"，意義完全不同。誠如馮友蘭先生所說"同文異解，似不甚妥"(參見13.26《考證》二)。

共時文獻中"無恥"都是"無所恥"也即"不知羞恥""沒有羞恥心"的意思：

"狄無恥，從之，必大克。"(《左傳·僖公八年》，沈玉成《左傳譯文》："狄人沒有羞恥，如果追擊，必然大勝。")"道之以政，齊之以刑，民免而無恥。"(《論語·爲政》，楊伯峻《論語譯注》："用政法來誘導他們，使用刑罰來整頓他們，人民只是暫時地免於罪過，却沒有廉恥之心。")"進不用命，退則無恥，如此則有常刑。"(《國語·越語上》，韋昭注"無恥"爲"不畏戮辱"，是無羞恥之心也)"其知憯於蠣螫之尾，鮮規之獸,莫得安其性命之情者,而猶自以爲聖人,不可恥乎,其無恥也?"(《莊子·外篇·天運》,陳鼓應《莊子今注今譯》譯後三句爲:"他們居然還自以爲聖人,不是可恥嗎? 他們是這樣無恥啊!"我以爲當譯爲"他們還自以爲聖人,他們的不知羞恥本身,不也是很可恥嗎?"後兩句爲楊樹達《古書疑義舉例續補》之所謂"倒句例",與《史記·魯仲連傳》"亦太甚矣,先生之言也"類似。)"弦歌鼓琴,未嘗絶音,君子之無恥也若此乎?"(《雜篇·讓王》,陳譯:"還在唱歌彈琴,君子的不知恥是這樣的嗎?")"無恥者富,多信者顯。"(《雜篇·盜跖》,陳譯:"無恥的人富有,夸言的人顯達。")

　　《莊子·外篇·天運》的"其無恥也,不可恥乎"與"無恥之恥,無恥矣"意思差不多。既然我們所見先秦文獻中的"無恥"都是"没有羞恥心""不知羞恥"的意思,本章"無恥矣"的"無恥"自然不能例外。(174)

13.7 孟子曰:"恥之於人大矣。爲機變之巧者①,無所用恥焉。不恥不若人,何若人有②?"

【譯文】孟子説:"羞恥對於人關係重大。精於算計老於權謀者,〔正爲此得意著呢,因而〕羞恥心對他是用不上的。不以趕不上別人爲羞恥的人,怎麼可能有趕上別人的機會呢?"

【注釋】①機變:巧詐、詐術。　②何若人有:此句頗不好懂,姑從邵永海先生之説。邵先生説:"何若人有,相當於説'何若人之有'。'何 X 之有'是古代漢語的常見句式,表示'哪裏還有 X 呢',即在説話人看來,X 是不可能發生或存在的事情。"(《讀古人書之〈孟子〉》,第 249 頁)詳見本章《考證》。

【考證】何若人有:

　　趙岐《注》:"不恥不如古之聖人,何有如賢人之名也?"焦循《正義》:"阮氏元《校勘記》云:'《注》意謂取法乎上,乃得乎中也。'"趙岐意謂,若不以不如古之聖人爲恥,如何能得古聖人之令名? 換言之,以不如古之聖人爲恥,方能得古聖人之令名。故阮元如此解釋。注釋中所引邵永海先生的解釋,是符合以上説法的。但"何 X 之有",據我們全面考察,"之"一般是必不可少的,"何若人有"爲什麼卻没有"之",我們暫時没有找到答案。我們只能證明,"何若人有"不能讀爲"何若·人有",只能讀爲"何(若人)有"。也即,"何若"不是一個層級的,而是跨層的;而"若人"是一個層級的。

1. "何若"見於先秦文獻的只有以下三種用法:a. 作謂語,可譯作"怎麼辦":"順天之意何若?"(《墨子·天志下》)b. 作謂語,可譯作"怎麼樣":"(列精子高)謂其侍者曰:'我何若?'"(《吕氏春秋·恃君覽》)c. 作名詞修飾語,可譯作"什麼樣的":"今有人於此……舍其粱肉,鄰有糠糟而欲竊之。此爲何若人?"(《戰國策·宋衛》)顯然,"何若人有"的"何若"都不符合上述條件。

2. "若人"則廣泛見於《孟子》及同時文獻,僅舉《孟子》一例:"今有無名之指屈而不信,非疾痛害事也,如有能信之者,則不遠秦楚之路,爲指之不若人也。指不若人,則知惡之;心不若人,則不知惡。"(《告子上》)

3. "何 X 之有"的 X,以單音節的爲多,如:"君子居之,何陋之有?"(《論語·子罕》)"寇讎,何服之有?"(《孟子·離婁下》)但共時文獻中,X 爲多音節(包括雙音節)也不鮮見:"夫子焉不學,而亦何常師之有?"(《論語·子張》)"不仁而可與言,則何亡國敗家之有?"(《離婁上》)

因此,"何若人有"之釋,除無"之"字暫時解釋不了外,其他證據都傾向於釋爲"何若人之有"。(175)

13.8 孟子曰:"古之賢王好善而忘勢;古之賢士何獨不然?樂其道而忘人之勢,故王公不致敬盡禮,則不得亟見之。見且由不得亟,而況得而臣之乎?"

【譯文】孟子說:"古代的賢君追求嘉言懿行,而忘記自己的權勢;古代的賢士何嘗不是這樣呢?樂於走自己的正道,而忘卻了他人的權勢;所以天子諸侯不對他恭敬有加禮數用盡,就不能够多次和他相見。相見的次數尚且不能太多,何況要他作爲臣下呢?"

13.9 孟子謂宋句踐曰①:"子好遊乎②?吾語子遊。人知之,亦囂囂,人不知,亦囂囂。"曰:"何如斯可以囂囂矣?"

曰:"尊德樂義,則可以囂囂矣。故士窮不失義,達不離道。窮不失義,故士得己焉③;達不離道,故民不失望焉。古之人,得志,澤加於民;不得志,修身見於世。窮則獨善其身,達則兼善天下。"

【譯文】孟子對宋句踐說:"你喜歡遊說各國君主嗎?我告訴你如何遊說。別人理解我,我也悠然自得;別人不理解我,我也悠然自得。"宋句踐說:"要怎樣才可以悠然自得呢?"

答道:"崇尚德,樂於義,就可以悠然自得了。所以,士人窮愁潦倒時,不失掉正義;一帆風順時,不背離正道。窮愁潦倒時,不失掉正義,所以能够葆有善的本性;一帆風順時,不背離正道,所以百姓不致喪失希望。古代的賢人,得志,恩澤普施於百姓;不得志,修養個人品德而表現於世間。不得志時,去修養自身;得志之時,去改善世界。"

【注釋】①宋句(gōu)踐:其人不可考。 ②遊:遊歷,這裏指遊說各國君主。 ③得己:得以保留自己的本性。趙岐《注》:"窮不失義,不爲不義而苟得,故得己之本性也。"

13.10 孟子曰:"待文王而後興者①,凡民也。若夫豪傑之士,雖無文王猶興。"

【譯文】孟子說:"一定要等文王出來,才能被善所激發而有所作爲的,是芸芸衆生。至於豪傑之士,即使没有文王,也能被善所激發而有所作爲。"

【注釋】①興:感動奮發。

13.11 孟子曰:"附之以韓魏之家①,如其自視欿然②,則過人遠矣。"③

【譯文】孟子説:"用韓、魏兩家的財富來增强他,如果他仍然謙虚隨和,那他就遠遠超過一般人了。"

【注釋】①附之以韓魏之家:附,增强。韓、魏之家,春秋時晉國的韓、魏兩家大臣。 ②欿(kǎn)然:謙虚的樣子。欿,不自滿,謙虚。參見14.37—2《考證》。 ③本章與《論語》兩見的"富而無驕"義同。

13.12 孟子曰:"以佚道使民,雖勞不怨①。以生道殺民,雖死不怨殺者②。"

【譯文】孟子説:"爲使百姓活得好而役使他們,百姓雖然疲勞,但不怨恨。在爲百姓求活路的過程中,一些百姓可能失去生命;他們這樣死去,不會怨恨〔爲他們求活路而〕使他們可能失去生命的人。"

【注釋】①以佚道使民,雖勞不怨:《論語·里仁》:"事父母幾諫,見志不從,又敬不違,勞而不怨。"《堯曰》:"君子惠而不費,勞而不怨,欲而不貪,泰而不驕,威而不猛。"此處"雖勞不怨"和《論語》的兩處"勞而不怨"意思是一樣的。參見《論語新注新譯》4.18《考證》。 ②以生道殺民雖死不怨殺者:爲百姓求活路的過程中,有些百姓會失去生命,但他們不會因此怨恨爲他們求活路而使他們可能失去生命的人。詳見本章《考證》。

【考證】殺民、殺者:

趙岐《注》:"謂殺大辟之罪者,以坐殺人故也。殺此罪人者,其意欲生民也。故雖伏罪而死,不怨殺者。"朱熹《集注》:"以生道殺民,謂本欲生之也,除害去惡之類是也。蓋不得已而爲其所當爲,則雖咈民之欲而民不怨。"楊伯峻《孟子譯注》:"在求老百姓生存的原則下來殺人,那人雖被殺死,也不會怨恨那殺他的人。"白平《楊伯峻〈孟子譯注〉商榷》則認爲"是讓百姓服合理的兵役……打仗就會有犧牲,但戰死者……並不埋怨指揮他們打仗的上司。"(第269頁)。

從情理看,朱熹之説最合理。白平之説亦有可取,但太具體,太具體則涵蓋面較小,契合孟子原意的可能性就會因此縮小。但是,正如我們一貫主張的,解讀古書光"合乎情理"是不够的,必須符合當時語言的實際。

"殺民"見於先秦兩漢典籍的只有3處:

"湯又讓瞀光曰:'知者謀之,武者遂之,仁者居之,古之道也。吾子胡不立乎?'瞀光辭曰:'廢上,非義也;殺民,非仁也。'"(《莊子·雜篇·讓王》)

"會同之事,大者主小,戰伐之事,後者主先,苟不惡,何爲使起之者居下,是其惡戰伐之辭已!且《春秋》之法,凶年不修舊,意在無苦民爾;苦民尚惡之,況傷民乎!傷民尚痛之,況殺民乎!……今戰伐之於民,其爲害幾何!攷(考)意而觀指,則《春秋》之所惡者,不任德而任力,驅民而殘賊之。"(《春秋繁露·竹林》)

"嚴刑峻法,不可久也。二世信趙高之計,渫篤責而任誅斷,刑者半道,死者日積。殺民多者爲忠,厲民悉者爲能。"(《鹽鐵論·詔聖》)

以上3例中的前2例"殺民",都指"戰伐之事""驅民而殘賊之",也即,被殺之民,不是他們的上司主動殺的,而是爲了執行上司的命令而被動地失去了生命。以彼例此,本章的"殺民"是被動的可能性較大,因爲上面3例中,《莊子》一例更接近於《孟子》的著作年代。

以下則爲見於先秦文獻的"殺者":

"兵者不祥之器,非君子之器,不得已而用之,恬惔爲上,故不美,若美之,是樂殺人。夫樂殺者,不可得意於天下。"(《老子·三十一章》)

"周公曰:'刳比干而囚箕子,飛廉、惡來知政,夫又惡有不可焉?'

遂選馬而進，朝食於戚，暮宿於百泉，厭旦於牧之野。鼓之而紂卒易鄉，遂乘殷人而誅紂。蓋殺者非周人，因殷人也。"(《荀子·儒效》)

"當惠王之時，五十戰而二十敗，所殺者不可勝數，大將、愛子有禽者也。"(《呂氏春秋·審應覽》)

第一例不是"樂殺者"動手殺的，第三例也不是惠王殺的。如果說第一、第三例是"樂殺者""所殺者"而與"殺者"有所不同的話，第二例卻是實實在在的"殺者"。這例指出，戰爭中的死難不是周人而是殷人造成的。以上三例表明，戰爭中失去生命的人，是戰爭發動者（樂殺者、惠王）或引起戰爭的人（殷人）所殺的，也即，他們都是間接的殺人者。

有鑒於此，我們的譯文將"殺民"處理爲使民衆被動地失去生命，將"殺者"處理爲間接的殺人者；同時，譯得儘量寬泛一些，這樣涵蓋面較大。(176)

13.13 孟子曰："霸者之民驩虞如也①，王者之民皞皞如也②。殺之而不怨，利之而不庸③，民日遷善而不知爲之者。夫君子所過者化④，所存者神⑤，上下與天地同流，豈曰小補之哉⑥？"

【譯文】孟子說："霸主的百姓歡欣鼓舞，聖王的百姓光明坦蕩。百姓失去生命，也不怨恨；得了好處，也不覺得他有功於己；天天向好的方面發展，也不知道誰使他這樣。聖人經過之處，人們潛移默化；駐足之處，春風化雨，有如神助；上與天、下與地同時運轉，難道說只是小小的補益嗎？"

【注釋】①驩虞：即"歡娛"。　②皞(hào)皞：光明坦蕩的樣子。詳見本章《考證》。　③庸：酬謝。　④君子：此處指君王和聖人。　⑤所過者化，所存者神：《荀子·議兵》："故仁人之兵，所存者神，所過者化，若時雨之降，莫不說喜。"《堯問》："今之學者，得孫卿之遺言餘教，足以爲天下法式表儀，所存者神，所過者化，觀其善行，孔子弗過。"

⑥當時的觀念,真正行善是不該留名的。"子曰:'泰伯,其可謂至德也已矣。三以天下讓,民無得而稱焉。'"(《論語·泰伯》)"至德之世,不尚賢,不使能;上如標枝,民如野鹿;端正而不知以爲義,相愛而不知以爲仁,實而不知以爲忠,當而不知以爲信,蠢動而相使,不以爲賜。是故行而無迹,事而無傳。"(《莊子·外篇·天地》)"聖人並包天地,澤及天下,而不知其誰氏。是故生無爵,死無謚,實不聚,名不立,此之謂大人。"(《雜篇·徐無鬼》)

【考證】皥皥如:

趙岐《注》:"王者道大法天,浩浩而德難見也。"可見,趙岐是以"浩浩"解"皥皥"的。朱熹《集注》:"皥皥,廣大自得之貌。"焦循爲趙岐"浩浩"之解申説:"浩、昊、皓、皥古字皆通。蓋水之廣大爲'浩浩',天之廣大爲'皥皥',故趙氏以道大法天解之,則仍以'皥皥'爲元氣廣大,以'浩浩'明之耳。"楊伯峻《孟子譯注》:"聖王的〔功德浩蕩,〕百姓心情舒暢。"

我們以爲,"皥皥"即《滕文公上》"江漢以濯之,秋陽以暴之,皜皜乎不可尚已"的"皜皜",也即《詩經·衛風·伯兮》"其雨其雨,杲杲出日"的"杲杲"(《説文》:"杲杲,日出明亮貌。");"皥皥如"也即《論語·八佾》"從之,純如也,皦如也"的"皦如"(《四書集注》:"皦,明也。")。

"皥"《説文》作"暤",其字又作"皓""皜""暠""杲""皎""皦",其同源詞可參楊樹達先生《積微居小學述林·釋㫚》;除《釋㫚》所列"㫚""䧺""雖""鶴""鷃""顥""曉""曤""箽"諸字外,我以爲還有"縞素"的"縞"。朱駿聲《説文通訓定聲》説"暤"爲"潔白光明之貌",最爲確切。《孟子譯注》譯"皜皜乎不可尚已"爲"真是潔白得無以復加了"。《孔叢子·陳士義》:"火浣布……出火振之,皜然疑乎雪焉。"《詩經·陳風·月出》:"月出皎兮,佼人僚兮。"《王風·大車》:"謂予不信,有如皦日。""皦皦""皦然"也比喻、形容人的光明磊落:"嶢嶢者易缺,皦皦者易汙。"(《後漢書·黃瓊傳》)"恢獨皦然不污於法,遂篤志爲名儒。"(《樂恢傳》)

因此,我們譯"皥皥如"爲"光明坦蕩"。(177)

13.14 孟子曰:"仁言不如仁聲之入人深也①,善政不如善教之得民也②。善政,民畏之;善教,民愛之。善政得民財,善教得民心。"

【譯文】孟子說:"仁德的言語趕不上仁德的音樂沁人心脾,良好的政治趕不上良好的教育深入民心。良好的政治,百姓敬畏它;良好的教育,百姓熱愛它。良好的政治得到百姓的財富,良好的教育贏得百姓的内心。"

【注釋】①仁聲:仁德的音樂。詳見本章《考證》。 ②仁言不如仁聲之入人深也,善政不如善教之得民也:NP+不如+NP+之+VP 格式句是先秦漢語中一種句式,如《論語·公冶長》:"十室之邑,必有忠信如丘者焉,不如丘之好學也。"《子張》:"紂之不善,不如是之甚也。"本句也屬於這一句式。詳見楊柳岸文《"嚴夷夏大防"抑或"重君臣大義"》,載《中國哲學史》2009 年 4 期,又載《論語新注新譯·附錄》。

【考證】仁聲:

趙岐《注》:"仁聲,樂聲雅頌也。"朱熹《集注》:"仁聲,謂仁聞,謂有仁之實而爲衆所稱道者也。"我們從趙岐説。因爲:

1. 周秦時代"聲"表"名聲"義必須和"聞""名"等詞組合成同義詞短語,或與"聞""譽"出現在同一句子中。見 3.6《考證》。

2.《孟子》自有"仁聞""令聞"的表達:"今有仁心仁聞而民不被其澤,不可法於後世者,不行先王之道也。"(《離婁上》)"令聞廣譽施於身,所以不願人之文繡也。"(《告子上》)而且"令聞"還見於《詩經》《左傳》《國語》《墨子》《荀子》等周秦典籍中,卻未一見"令聲"。這一事實可與第 1 點互證。

3. 若如朱熹所説"仁聲,謂仁聞,謂有仁之實而爲衆人稱道也",則"仁聲"成了"入人深"的結果,而不是"入人深"的事物,這與下文

"善政不如善教之得民也"不符——"善教"不是"得民"的結果。

4.下面兩段文字可以説明"入人深"的確實是音樂:"故聽其《雅》《頌》之聲,而志意得廣焉;……夫聲樂之入人也深,其化人也速,故先王謹爲之文。樂中平則民和而不流,樂肅莊則民齊而不亂。……是王者之始也。"(《荀子·樂論》)"動諸琴瑟,形諸音聲,而能使人爲之哀樂。縣法設賞而不能移風易俗者,其誠心弗施也。寗戚商歌車下,桓公喟然而寤。至精入人深矣。故曰:樂,聽其音則知其俗,見其俗則知其化。孔子學鼓琴於師襄,而諭文王之志,見微以知明矣。延陵季子聽魯樂,而知殷、夏之風,論近以識遠也。"(《淮南子·主術訓》)相關論述還見於《左傳·襄公二十八年》《國語·周語下》《荀子·正論》《禮論》《晏子春秋·內篇諫上》《吕氏春秋·季夏紀》等。(178)

13.15 孟子曰:"人之所不學而能者,其良能也;所不慮而知者,其良知也。孩提之童①,無不知愛其親者;及其長也,無不知敬其兄也。親親,仁也;敬長,義也;無他,達之天下也。"

【譯文】孟子説:"人不必學習就能做到的,是良能;不必思考就會知道的,是良知。兩三歲的小兒没有不知道愛他父母的;等到他長大,没有不知道敬愛哥哥的。親愛父母是仁,敬愛哥哥是義;没有别的原因,只因爲這是放之四海而皆準的真理。"

【注釋】①孩提之童:孩,小兒笑聲。提,懷抱。孩提之童,指嘿嘿笑著需要父母抱著的一兩歲小孩。按國人習慣的虚歲,則是兩三歲。趙岐《注》:"孩提,二三歲之間在繦褓知孩笑可提抱者也。"

13.16 孟子曰:"舜之居深山之中,與木石居,與鹿豕遊,其所以異於深山之野人者幾希①;及其聞一善言,見一善行,若決江河,沛然莫之能禦也。"

【譯文】孟子説:"舜住在深山的時候,和木、石爲伴,與鹿、豬同遊,跟深山中野老村夫不同的地方極少；等到他聽到一句好的言語，看到一樁好的行爲，〔便採用推行。這種力量，〕好像江河決了口，洶湧澎湃，誰也阻擋不了。"

【注釋】①幾希：不多。參見 11.8《考證》（一）。

13.17 孟子曰："無爲其所不爲，無欲其所不欲，如此而已矣。"

【譯文】孟子説："別去做自己不想做的，別去想自己不想要的，這樣就行了。"

【考證】無爲其所不爲，無欲其所不欲：

趙岐《注》："無使人爲己所不欲爲者，無使人欲己之所不欲者，每以身況之如此，則人道足也。"如此，似可譯爲："不要讓別人做我自己所不願做的，不要讓別人想我自己所不願想的。"這是因爲，上古漢語中，"人"與"己"同時出現時，往往相對而言——"人"指他人，"己"指自己。即以《論語》爲例："不患人之不己知，患不知人也。"（《學而》）"己欲立而立人，己欲達而達人。"（《雍也》）"人潔己以進，與其潔也，不保其往也。"（《述而》）"爲仁由己，而由人乎哉？"（《顏淵》）"己所不欲，勿施於人。"（同上，又見《衛靈公》）"古之學者爲己，今之學者爲人。"（《憲問》）"君子病無能焉，不病人之不己知也。"（《衛靈公》）"君子求諸己，小人求諸人。"（同上）故楊伯峻先生在《孟子譯注》中説："無爲其所不爲，無欲其所不欲，趙岐《注》云：'無使人爲己所不欲爲者，無使人欲己之所不欲者。'增字爲釋，恐非孟子本意。"

當然，我們寧願相信趙岐的本意是"不要讓一個人做他自己所不願做的，不要讓一個人想他自己所不願想的"，觀其下文"每以身況之如此"可知。況且趙岐所説，"人""己"並非相對而言，"己"可理解爲回指"人"，可譯爲"他自己"。

朱熹《集注》云："李氏曰：'有所不爲不欲，人皆有是心也。至於私意一萌，而不能以禮義制之，則爲所不爲，欲所不欲者多矣。能反是心，則所謂擴充其羞惡之心者，而義不可勝用矣。故曰"如此而已矣"。'"然則當譯爲:"不要做自己不想做的,不要想自己不想要的。"如此,則朱熹説與我們認爲的趙岐《注》的本意,是一致的。

楊伯峻先生譯爲:"不幹那我所不幹的事,不要那我所不要之物。"與朱熹所理解的也是一致的。

"無爲其所不爲,無欲其所不欲"的"無"通"毋","不要"的意思。這兩句話有個沒有出現的主語,姑且作 S;那麽,這段話相當於"(S)毋爲其所不爲,(S)毋欲其所不欲"。按朱熹的解釋,"其"相當於"S之",這段話又相當於"(S)毋爲 S 之所不爲,(S)毋欲 S 之所不欲",也即"其"用於回指 S;而回指正是"其"在句中最主要的功能。即以《孟子·梁惠王上》爲例,"其"字出現 39 次,除去用爲語氣副詞的 4 例(例如"始作俑者,其無後乎?""其如是,孰能禦之?"),用作代詞的 35 例,大多用作回指。如:

"萬乘之國,弑其君者,必千乘之家。"("其"指"萬乘之國")"未有仁而遺其親者也,未有義而後其君者也。"("其$_1$"指"仁",即仁人;"其$_2$"指"義",即義人)"文王以民力爲臺爲沼,而民歡樂之,謂其臺曰靈臺,謂其沼曰靈沼,樂其有麋鹿魚鼈。"(三"其"字均指"文王")"河内凶,則移其民於河東。"("其"指"河内")"雞豚狗彘之畜,無失其時。"("其"指"雞豚狗彘之畜")

若將趙岐《注》理解爲"(他人)無爲我所不爲,(他人)無欲我所不欲",趙岐則似未能理解"其"用於回指 S。而將趙岐《注》中的"己"理解爲回指"人"的,趙岐則理解了"其"是回指 S 的。

顯然,我們所理解的趙岐《注》,應該是符合趙岐本意的。

固然,像"盡其心者,知其性也。知其性,則知天矣。存其心,養其性,所以事天也"這樣的句子,其中的"其"並非用於回指,它的所指是指交際雙方都可意會的某事某物,這似乎和"無爲其所不爲,無欲其所不欲"的"其"差不多;但後者確實是可以補出主語的,或毋寧説交際雙方可意會的優先項,乃是這一没有出現的該句子的主語。而有前項或可補出前項的,前項後的"其"都回指前項。(179)

13.18 孟子曰:"人之有德慧術知者①,恆存乎疢疾②。獨孤臣孽子③,其操心也危④,其慮患也深,故達⑤。"

【譯文】孟子說:"人們變得有道德、智慧、本領、知識,總是在他久遭病痛折磨之時。只有孤立之臣、庶孽之子,他們時常警醒自己,深深地擔憂禍患,所以才能〔慮事周詳,〕事事通達。"

【注釋】①德慧術知:德行、知慧、道術、才智。　②疢(chèn)疾:疾病。詳見本章《考證》(一)。　③孽子:非嫡妻之子叫作庶子,也叫孽子,地位卑微。　④危:不安。　⑤達:通達。詳見本章《考證》(二)。

【考證】(一)恆存乎疢疾:

趙岐《注》:"人所以有德行智慧道術才智者,在於有疢疾之人;疢疾之人又力學,故能成德。"朱熹《集注》:"疢疾,猶災患也。言人必有疢疾,則能動心忍性,增益其所不能也。"楊伯峻《孟子譯注》因而譯爲:"人之所以有道德、聰明、本領、才能,經常是由於他有災患。"

從情理上說,朱說較之趙說,肯定"合理"得多,所以,一般注《孟》者都從朱說,有些字典"疢"字下,也列有"災禍、患難"的義項,並以《孟子》這兩句爲例句。我們最初也是難以接受趙說的,但它卻有多條書證的支持,而朱說竟無一條書證支持:

"心之憂矣,疢如疾首。"(《詩經·小雅·小弁》鄭玄注:"疢,猶'病'也。"陸德明《經典釋文》:"疢,又作'疹',同。")

"疢疾險中(鄭玄注:牛有久病則角裏傷),瘠牛之角無澤。"(《周禮·考工記》)

"夫古者,天地順而四時當,民有德而五穀昌,疢疾不作而無妖祥,此之謂大當。"(《禮記·樂記》)

"季孫之愛我,疢疾也(杜預注:"常志相順從,身之害。"沈玉成《左傳譯文》:"季武子喜歡我,這是沒有痛苦的疢病")。孟孫之惡我,藥石也(杜預注:"常志相違戾,猶藥石之療疾。"沈譯:"孟莊子討厭我,這是治疾病的藥石")。美疢不如惡石(沈譯:"沒有痛苦的疾病不

如使人痛苦的藥石")。夫石猶生我,疢之美,其毒滋多。孟孫死,吾亡無日矣。"(《左傳·襄公二十三年》)

"二三子間於憂虞,則有疾疢(陸德明《經典釋文》:"疢,本或作'疹'")。亦姑謀樂,何憂於無君?"(《哀公五年》,孔穎達《正義》:"今既無憂虞,又無疾疢,亦且謀樂,何憂乎無君?"沈譯:"您幾位掉進了憂慮之中,就會生出疾病;姑且去尋歡作樂,哪裏用得著爲没有國君而憂慮?")

"調陰陽之氣,和四時之節,察陵陸水澤肥墽高下之宜,以立事生財,除飢寒之患,辟疾疢之災。"(《文子·上禮》)

"令孤子、寡婦、疾疹、貧病者,納宦其子。"(《國語·越語上》)

《廣雅·釋詁》:"疢,病也。"王念孫《疏證》:"疢者,《説文》:'疢,熱病也。'《小雅·小弁篇》:'疢如疾首。'鄭注云:'疢,猶"病"也。'"

鑒於《周禮·考工記》"疢疾險中"鄭玄注"久病"以及《國語·越語上》"疾疹"與"貧病"並列,我們翻譯"疢疾"爲"長久患病"。(按,鄭玄注《考工記》"疢疾"爲"牛有久病",是因爲這裏是在談牛角,其前文爲:"凡相角,秋閷者厚,春閷薄,稚牛之角直而澤,老牛之角紾而昔。"後文則爲:"瘠牛之角無澤。"故"疢疾"實際指久病,不限於牛也。)

楊樹達先生説:"莫泊桑晚年得了瘋癲症,在法國某地方的瘋癲病院死的。知道這件事的人,或者以爲怪事。我卻以爲他這樣的天才,宜乎其要得瘋癲而死。要知道世上的天才,原來都是有病的啊!"(楊樹達《李青崖譯〈莫泊桑短篇小説集〉序》)經濟學家鄒恒甫先生也多次説過類似的話。小説家史蒂文森正是疾病伴隨一生。(180)

(二)故達:

趙岐《注》釋"獨孤臣孽子,其操心也危,其慮患也深,故達":"自以孤微,懼於危殆之患而深慮之,勉爲仁義,故至於達也。"朱熹《集注》:"達,謂達於事理,即所謂德慧術知也。"楊伯峻《孟子譯注》因而譯爲:"只有那孤立之臣、庶孽之子,他們時常提高警惕,考慮患害也深,所以才通達事理。"

我們認爲，"達"謂通達，行得通。其書證如：

"季文子使司寇出諸竟，曰：'今日必達。'"（《左傳·文公十八年》，沈玉成《左傳譯文》譯"今日必達"爲："今天一定得徹底執行。"）"六卿三族降聽政，因大尹以達。"（《哀公二十六年》，沈譯："六卿三族共同聽取政事，通過大尹上達。"）"夫仁者，己欲立而立人，己欲達而達人。"（《論語·雍也》，楊伯峻《論語譯注》："'仁'是甚麽呢？自己要站得住，同時也使別人站得住；自己要事事行得通，同時也使別人事事行得通。"）"子張問士何如斯可謂之達矣。子曰：'何哉，爾所謂達者？'子張對曰：'在邦必聞，在家必聞。'子曰：'是聞也，非達也。夫達也者，質直而好義，察言而觀色，慮以下人。在邦必達，在家必達。'"（《顏淵》，楊譯"在邦必達，在家必達"爲："做國家的官時固然事事行得通，在大夫家一定事事行得通。"）"吾先君周公封於魯，無山林谿谷之險，諸侯四面以達。是故地日削，子孫彌殺。"（《呂氏春秋·恃君覽》）

若要表達"通達事理"，"達"要帶賓語，或後接"於"字介賓結構。如："故知義而不知世權者，不達於道也。"（《文子·微明》）"故達於道者，不以人易天，外與物化，而内不失其情。"（《淮南子·原道訓》）"故達道之人，不苟得，不讓福，其有弗棄，非其有弗索，常滿而不溢，恒虛而易足。"（《氾論訓》）（181）

13.19 孟子曰："有事君人者①，事是君則爲容悦者也②；有安社稷臣者③，以安社稷爲悦者也；有天民者④，達可行於天下而後行之者也；有大人者⑤，正己而物正者也。"

【譯文】孟子說："有侍奉君主的人，就是侍奉某一君主，就儘量取悦於他的人；有安定國家之臣，就是以安定國家爲樂的人；有天民，就是他的學説方略能通達貫徹於天下時，便去實行的人；有大人，那是端正了自己，萬事萬物也隨之端正了的人。"

【注釋】①君人：君主。《後漢書·陳蕃傳》："臣聞有事社稷者，社稷是爲；有事人君者，容悦是爲。"於是有人懷疑本章原作"人君"。其實古人引書，"隨乎更乙"（姚永概《書〈經義述聞〉〈讀書雜志〉後》）；而《陳蕃傳》只是述其意而已，並非援引。何況"君人"還見於《左傳》《國語》《墨子》《莊子》《商君書》《荀子》《韓非子》《管子》《晏子春秋》《吕氏春秋》等多部先秦典籍。　②則爲容悦：則爲之容悦。介詞"爲"後的賓語經常不出現。參見2.16－2《考證》。　③安社稷臣：大約就是《論語·季氏》的"社稷之臣"，即某國安危所倚重的重臣。《晏子春秋·內篇雜上》："晏子侍于景公，朝寒，公曰：'請進暖食。'晏子對曰：'嬰非君奉饋之臣也，敢辭。'公曰：'請進服裘。'對曰：'嬰非君茵席之臣也，敢辭。'公曰：'然夫子之于寡人何爲者也？'對曰：'嬰，社稷之臣也。'公曰：'何謂社稷之臣？'對曰：'夫社稷之臣，能立社稷，別上下之義，使當其理；制百官之序，使得其宜；作爲辭令，可分布于四方。'"參見《論語新注新譯》16.1《考證》。　④天民：本章的"天民"，指"熟知天道之人"。見於《萬章上》第七章、《萬章下》第一章的"天民"，我們則譯爲"百姓"。詳見本章《考證》（一）。　⑤大人：高於"事君人者""安社稷臣者""天民者"的傑出卿大夫，或能"王天下"的諸侯。詳見本章《考證》（二）。

【考證】（一）天民：

"天民"於《孟子》一書中凡三見，除本章外，還見於《萬章上》第七章、《萬章下》第一章。見於《萬章上》者爲："天之生此民也，使先知覺後知，使先覺覺後覺也。予，天民之先覺者也；予將以斯道覺斯民也。"見於《萬章下》者與之類似。本章評騭人物，第一層級的，以"事是君則爲容悦"的"事君人者"爲一般的大臣；第二層級的"以安社稷爲悦"的"安社稷臣"大約相當於《論語·季氏》的"社稷之臣"，即某國安危所倚重的重臣。第四層級的"正己而物正"的"大人"，則爲最傑出的卿大夫，甚至"王天下"的諸侯（見本章下一《考證》）。如此看來，"達可行於天下而後行之"的"天民"，當不會僅僅是楊伯峻先生翻譯

《萬章上》第七章"天民"的一介"百姓"。

　　先看楊伯峻《孟子譯注》，《萬章上》第七章的"天民"，他未出注，只是將"天之生此民也，使先知覺後知，使先覺覺後覺也。予，天民之先覺者也"譯爲："上天生育人民，就是要先知先覺者來使後知後覺者有所覺悟。我呢，是百姓中的先覺者。"——用"百姓"翻譯"天民"。見於《萬章下》第一章者與之類似。見於本章者，譯文中未加翻譯而直接作"天民"。

　　再看朱熹《四書章句集注》。《萬章上》注云："程子曰：'予天民之先覺，謂我乃天生此民中，盡得民道而先覺者也。'"其注本章則云："民者，無位之稱。以其全盡天理，乃天之民，故謂之'天民'。"可知這兩説法爲楊伯峻先生譯《萬章上》《萬章下》及本章"天民"之所本。

　　再看趙岐《注》，《萬章上》《萬章下》趙岐對"天民"未加解釋。注本章則説："天民，知道者也。可行而行，可止而止。"對照注"安社稷臣"之"忠臣志在安社稷而後悦也"；以及注"大人"之"大丈夫不爲利害動移者也；正己物正，象天不可言而萬物化成也"，可知趙岐理解《盡心上》的"天民"介乎"安社稷臣"和"大人"之間，似不能以"百姓"釋之。但從其他文獻中找到的，則似乎支持楊伯峻先生之釋《萬章上》《萬章下》的"天民"爲"百姓"：

　　"夫取天之人，以攻天之邑，此刺殺天民，剥振神之位，傾覆社稷，攘殺其犧牲，則此上不中天之利矣。"（《墨子·非攻下》）"維天建殷，厥征天民名三百六十夫，弗顧，亦不賓成。"（《逸周書·度邑解》）"少而無父者謂之'孤'，老而無子者謂之'獨'，老而無妻者謂之'矜'，老而無夫者謂之'寡'。此四者，天民之窮而無告者也，皆有常餼。"（《禮記·王制》）

　　但《莊子·雜篇·庚桑楚》之"天民"似乎又不能以"百姓"釋之：

　　"有恒者，人舍之，天助之。人之所舍，謂之'天民'；天之所助，謂之'天子'。"

　　因此我們從趙岐《注》，譯本章"天民"爲"熟知天道之人"；至於

《萬章上》《萬章下》的"天民",我們則暫以"百姓"譯之。(182)

(二)大人:

《孟子》多處出現"大人",《論語》《左傳》亦有之:"君子有三畏:畏天命,畏大人,畏聖人之言。小人不知天命而不畏也,狎大人,侮聖人之言。"(《論語·季氏》)"子産使都鄙有章,上下有服,田有封洫,廬井有伍。大人之忠儉者,從而與之;泰侈者,因而斃之。"(《左傳·襄公三十年》)"周其亂乎?夫必多有是説,而後及其大人。大人患失而惑,又曰:'可以無學,無學不害。'"(《昭公十八年》)

以上爲見於《論語》《左傳》者。陳克炯《左傳詞典》的解釋是"身居高位者"。以下各例見於《孟子》(不包括本章):

"然則治天下獨可耕且爲與?有大人之事,有小人之事。"(《滕文公上》)"人不足與適也,政不足間也;惟大人爲能格君心之非。"(《離婁上》)"非禮之禮,非義之義,大人弗爲。"(《離婁下》)"孟子曰:'大人者,言不必信,行不必果,惟義所在。'"(同上)"孟子曰:'大人者,不失其赤子之心者也。'"(同上)"體有貴賤,有小大。無以小害大,無以賤害貴。養其小者爲小人,養其大者爲大人。"(《告子上》)"公都子問曰:'鈞是人也,或爲大人,或爲小人,何也?'孟子曰:'從其大體爲大人,從其小體爲小人。'曰:'鈞是人也,或從其大體,或從其小體,何也?'曰:'耳目之官不思,而蔽於物。物交物,則引之而已矣。心之官則思,思則得之,不思則不得也;此天之所與我者。先立乎其大者,則其小者不能奪也。此爲大人而已矣。'"(同上)"居惡在?仁是也;路惡在?義是也。居仁由義,大人之事備矣。"(《盡心上》)"孟子曰:'説大人,則藐之,勿視其巍巍然。堂高數仞,榱題數尺,我得志弗爲也。食前方丈,侍妾數百人,我得志弗爲也。般樂飲酒,驅騁田獵,後車千乘,我得志弗爲也。在彼者,皆我所不爲也;在我者,皆古之制也。吾何畏彼哉?'"(《盡心下》)

趙岐《注》本章云:"大人,大丈夫不爲利害動移者也;正己物正,象天不可言而萬物化成也。"《論語·季氏》"畏大人",《儀禮·士相見》疏引鄭玄云:"大人爲天子諸侯爲政教者。"何晏《論語注》謂"大人":"即聖人,與天地合其德者也。"《史記索隱》引向秀《易·乾卦注》:"聖人在位,謂之'大人'。"

綜合以上各書證及其上下文,我們認爲,"大人"類似"君子"(參見《論語新注新譯》2.14《考證》),有"以德言"和"以位言"的區別,但似乎略偏重於"以德言"(至少在《孟子》一書中是如此);所以在本書中,我們一般譯"大人"爲"道德君子"。但須明白,"大人"的地位,遠較一般"君子"爲高,甚至特指諸侯——由《盡心下》一例"食前方丈,侍妾數百人""般樂飲酒,驅騁田獵,後車千乘"(14.34)可知;所以,有時我們便譯之爲"偉人"(13.33)。本章的"大人",從"事君人者""安社稷臣者""天民者"的由低到高層層遞進來看,很可能也指有所作爲,能"王天下"的諸侯。即便不如此,由"事是君則爲容悅""以安社稷爲悅""達可行於天下而後行之""正己而物正"的由低到高層層遞進來看,也至少是指在孟子等人心目中高於"事君人者""安社稷臣者""天民者"的傑出卿大夫;如偏重"以德言",或即"富貴不能淫,貧賤不能移,威武不能屈"的"大丈夫"。(183)

13.20 孟子曰:"君子有三樂,而王天下不與存焉①:父母俱存,兄弟無故②,一樂也;仰不愧於天,俯不怍於人③,二樂也;得天下英才而教育之,三樂也。君子有三樂,而王天下不與存焉。"

【譯文】孟子說:"君子有三件樂事,實現天下大同還不包括在其中。父母都健在,兄弟無災殃,是第一件樂事;上不愧於天,下不愧於人,是第二件樂事;得到天下優秀人才而教導他們培育他們,是第三件樂事。君子有三件樂事,實現天下大同還不包括在其中。"

【注釋】①王天下不與(yù)存焉:王天下,以仁德統一天下,姑譯之爲"實現天下大同"。不與存焉,不參與這一存在,不算在這之內。與,參與。焉,於此,此,指三樂。"君子有三樂,而王天下不與存焉"屬於當時一種句式,他如:"景公出獵,上山見虎,下澤見蛇,歸,召晏子而問之曰:'今日寡人出獵,上山則見虎,下澤則見蛇,殆所謂不祥也?'晏子對曰:'國有三不祥,是不與焉。夫有賢而不知,一不祥;知而不用,二不祥;用而不任,三不祥也。'"(《晏子春秋·內篇諫下》)"師術有四,而博習不與焉:尊嚴而憚,可以爲師;耆艾而信,可以爲師;誦説而不陵不犯,可以爲師;知微而論,可以爲師。故師術有四,而博習不與焉。"(《荀子·致士》)按:"師術有四,而博習不與焉"一前一後出現兩次,與本章同。"人有惡者五,而盜竊不與焉:一曰心達而險,二曰行辟而堅,三曰言僞而辯,四曰記醜而博,五曰順非而澤。"(《宥坐》)"魯哀公欲西益宅,史爭之,以爲西益宅不祥。哀公作色而怒。左右數諫不聽。乃以問其傅宰折睢,曰:'吾欲益宅,而史以爲不祥。子以爲何如?'宰折睢曰:'天下有三不祥,西益宅不與焉。'哀公大悦而喜。頃,復問曰:'何謂三不祥?'對曰:'不行禮義,一不祥也;嗜欲無止,二不祥也;不聽強諫,三不祥也。'哀公默然深念,憤然自反,遂不西益宅。"(《淮南子·人間訓》)"其明年,大將軍、驃騎大出擊胡,得首虜八九萬級,賞賜五十萬金,漢軍馬死者十餘萬匹,轉漕車甲之費不與焉。"(《史記·平準書》)《禮記·中庸》"凡爲天下國家有九經,曰修身也,尊賢也,親親也,敬大臣也,體群臣也,子庶民也,來百工也,柔遠人也,懷諸侯也……凡爲天下國家有九經,所以行之者一也"也屬於這一句式。不明這一句式,則以爲"九經"指"所以行之者一也"的下文。　②故:事故,災患。　③怍(zuò):慚愧。

13.21 孟子曰:"廣土衆民,君子欲之,所樂不存焉;中天下而立,定四海之民,君子樂之,所性不存焉。君子所性,雖大行不加焉,雖窮居不損焉,分定故也①。君子所性,仁義禮智根於心,其生色也,睟然見於面②,盎於背③,施於四體④,四體不言而喻。"

【譯文】孟子説:"廣袤的土地,衆多的人民,君子希望擁有它,但不是他的樂趣所在;屹立於天下的中央,安定那四海的百姓,君子以此爲樂,但不是他的本性所在。君子的本性,即便理想貫徹於天下,也不會膨脹;即便艱難困苦地活著,也不會減少,這是因爲本分已定。君子的本性,仁義禮智根植在他心中,而表現在外的,是和氣安詳呈現在顔面,反映在肩背,延伸到手足四肢;手足四肢雖不説話,別人也一目了然。"

【注釋】①分(fèn):本分,地位。 ②其生色也睟(cuì)然見於面:中華書局《孟子正義》標點爲:"其生色也睟然,見於面……",楊伯峻《孟子譯注》從之;中華書局《四書章句集注》則標點爲"其生色也,睟然見於面……"按之趙岐《注》:"四者根生於心,色見於面。睟然,潤澤之貌也……",《四書章句集注》則似與之相合;故從之。 ③盎(àng):顯現。 ④施:延及。

13.22 孟子曰:"伯夷辟紂,居北海之濱,聞文王作興,曰:'盍歸乎來,吾聞西伯善養老者。'太公辟紂,居東海之濱,聞文王作興,曰:'盍歸乎來,吾聞西伯善養老者。'天下有善養老,則仁人以爲己歸矣。五畝之宅,樹牆下以桑,匹婦蠶之,則老者足以衣帛矣。五母雞,二母彘,無失其時,老者足以無失肉矣。百畝之田,匹夫耕之,八口之家足以無飢矣。所謂西伯善養老者,制其田里,教之樹畜,導其妻子使養其老。五十非帛不煖,七十非肉不飽,不煖不飽,謂之'凍餒'。文王之民無凍餒之老者,此之謂也。"

【譯文】孟子説:"伯夷躲避紂王,住到北海邊,聽説文王發達了,便説:'何不歸向西伯呢?我聽説他是善於贍養老者的人。'姜太公躲避紂王,住到東海邊,聽説文王發達了,便説:'何不歸向西伯呢?我聽説他是善於贍養老者的人。'天下有善於贍養老者的人,那仁人便把他那兒作爲自己的歸宿了。五畝地的宅院,在牆下栽植桑樹,婦女養蠶繅絲,老年人就不愁有絲織品穿了。五隻母雞,兩隻母豬,不要錯失牠們繁殖的時機,老年人就不愁吃不上肉了。百畝的土地,男人去耕種,八口之家不愁吃不飽了。所謂西伯善於贍養老者,是指他爲人民制定了土地制度,教育人民栽種畜牧,引導他們的妻子兒女去奉養自己家的老人。五十歲,沒有絲織品穿便不暖和;七十歲,沒有肉吃便覺著肚子餓。穿不暖,吃不飽,叫作受凍挨餓。文王的百姓中沒有受凍挨餓的老人,就是這個意思。"

13.23 孟子曰:"易其田疇①,薄其稅斂,民可使富也。食之以時,用之以禮,財不可勝用也。民非水火不生活——昏暮叩人之門戶求水火,無弗與者,至足矣。聖人治天下,使有菽粟如水火②。菽粟如水火,而民焉有不仁者乎?"

【譯文】孟子說:"精耕細作,減輕稅收,能夠讓百姓富足。定時向百姓徵收食物,依禮消費,財物是用不盡的。百姓沒有水和火便活不下去,黃昏夜晚敲別人的房門來求水火,沒有人不給的,這是因爲水火從不缺乏。聖人治理天下,要讓百姓的糧食多得就像水火唾手可得。糧食像水火那樣唾手可得,百姓哪有不仁愛的呢?"

【注釋】①易其田疇(chóu):易,治理。疇,已耕之田。田疇,田地。②菽(shū):豆類的總稱。

13.24 孟子曰:"孔子登東山而小魯①,登泰山而小天下,故觀於海者難爲水,遊於聖人之門者難爲言。觀水有術,必觀其瀾。日月有明,容光必照焉②。流水之爲物也,不盈科不行;君子之志於道也,不成章不達③。"

【譯文】孟子說:"孔子登上東山之巔,便覺得魯國渺小;登上泰山之巔,便覺得天下渺小;所以觀賞過大海波瀾壯闊的人,別的水波他便不屑一顧了；在聖人門下涵詠過浸染過的人，別的議論他便不屑一聽了。觀看水波有講究，一定要看它洶湧澎湃的潮頭。太陽月亮的光輝，一點小縫隙都不放過。水流的特點是，不把溝溝坎坎灌滿，不再向前流；有志於道的君子，不成就一番事業，也就不會通達。"

【注釋】①東山：即蒙山，在今山東蒙陰縣城之南。　②容光：小縫隙。③不成章不達：成章，有一定成就。詳見本章《考證》（二）。不達，不通達。

【考證】（一）流水之爲物也：

"Np＋之＋爲物（也）"格式的句子，其下文多是描述該 Np 的特徵。如："道之爲物，唯恍唯忽。忽恍中有象，恍忽中有物。"（《老子·二十一章》）"夫大壑之爲物也，注焉而不滿，酌焉而不竭。吾將遊焉。"（《莊子·外篇·天地》）"委蛇……其爲物也，惡聞雷車之聲，則捧其首而立。"（《外篇·達生》）

"Np＋之＋爲人（也）"格式的句子也是如此，而且這一格式的句子更多一些："宮之奇之爲人也，懦而不能强諫。"（《左傳·僖公二年》）"戊之爲人也，遠不忘君，近不偪同，居利思義。"（《昭公二十八年》）"齧缺之爲人也，聰明叡知，給數以敏。"（《莊子·外篇·天地》）(184)

（二）不成章不達：

"章"的本義及引申義，《王力古漢語字典》有簡明扼要的解說，這裏只試圖通過對同時代文獻中的"成章"作一歸納總結而對本章的"成章"作出較爲接近原意的理解。

趙岐《注》："流水滿坎乃行，以喻君子學必成章乃仕進也。"朱熹《集注》："成章，所積者厚，而文章外見也。"楊伯峻《孟子譯注》："君子的有志於道，沒有一定成就，也就不能通達。"綜上，趙《注》以"學必成章"釋之；《集注》以"文章外見"釋之；《譯注》以"有成就"釋之，是理解"學必成章"爲"有成就"也。我們且看下列書證：

"《春秋》之稱，微而顯，志而晦，婉而成章，盡而不汙。"（《左傳·成公十四年》，沈玉成《左傳譯文》："《春秋》的記述，用詞細密而意義顯明,記載史實而含蓄深遠,婉轉而順理成章。")"吾黨之小子狂簡,斐然成章,不知所以裁之。"(《論語·公冶長》,楊伯峻《論語譯注》:"我們那裏的學生志向高大得很,文采又都斐然可觀,我不知道怎樣去指導他們。")"夫王公諸侯之有飫也,將以講事成章,建大德、昭大物也。"(《國語·周語中》)"陰陽並毗,四時不至,寒暑之和不成,其反傷人之形乎!使人喜怒失位,居處無常,思慮不自得,中道不成章。"(《莊子·外篇·在宥》,陳鼓應《莊子今注今譯》譯"中道不成章"爲"行事中途欠缺條理")"龍,合而成體,散而成章,乘雲氣而養乎陰陽。"(《外篇·天運》,陳譯"散而成章"爲"散開來成文采")"禮成文于前,行成章于後,(邦)交之所以長久也。"(《晏子春秋·內篇雜上》)"陰陽變化,一上一下,合而成章。"(《呂氏春秋·仲夏紀》)"爰有大物,非絲非帛,文理成章。非日非月,爲天下明。生者以壽,死者以葬。"(《荀子·賦》)

按,《左傳·成公十四年》"婉而成章"似爲"迴環婉轉而有條理"。綜合以上書證,"成章"似爲有條理,有文采,有成就;楊伯峻先生以"有成就"釋之,是也。有成就,包括了"有條理""有文采";較之後兩者,概括性更強。而朱熹《集注》的"文章外見"只是"顯得有文采"。

不達,謂不通達也。參見 13.18《考證》(二)。《孟子譯注》也譯爲"不能通達"。(185)

13.25 孟子曰:"雞鳴而起,孳孳爲善者,舜之徒也;雞鳴而起,孳孳爲利者,蹠之徒也①。欲知舜與蹠之分,無他,利與善之間也②。"

【譯文】孟子説:"雞一叫就起牀,孳孳不倦行善的人,是舜的信徒;雞一叫就起牀,孳孳不倦求利的人,是蹠的信徒。要想知道舜和蹠的區別何在,不用到別處去找,它就在'利'和'善'的中間。"

【注釋】①舜之徒、蹠之徒:舜的信徒、蹠的信徒。蹠,亦作"跖",即盜跖。

詳見本章《考證》（一）。　②利與善之間：利和善的中間。這是比喻的說法，在利和善的中間，即面臨著對利和善的抉擇。詳見本章《考證》（二）。

【考證】（一）舜之徒、蹠之徒：

"Np之徒"格式中，有一些表示Np的特徵、Np的屬性、Np的結果，甚至Np的"主意"。如《左傳·宣公十二年》："原、屏，咎之徒也。"沈玉成《左傳譯文》："原、屏的主意，是一條取禍之道。""生之徒十有三，死之徒十有三。"（《老子·五十章》）"人之生也柔弱，其死也堅強。萬物草木之生也柔脆，其死也枯槁。故堅強者死之徒，柔弱者生之徒。"（七十六章）"當其時，順其俗者，謂之'義之徒'。"（《莊子·外篇·秋水》）"生也死之徒。"（《外篇·知北遊》）這其實是一種比喻的說法，堅強者死之徒——堅硬是死的徒屬——堅硬是死的特徵。這類句子的特徵是，Np都是抽象名詞。

本章"舜之徒""蹠之徒"卻並非如此。當時典籍中的"Np之徒"格式，若其中Np是表示人物或人的群體的，則該"Np之徒"一定表示Np的徒屬或信徒。如："仲尼之徒，無道桓文之事者，是以後世無傳焉。"（《孟子·梁惠王上》）"陳良之徒陳相與其弟辛負耒耜而自宋之滕。"（《滕文公上》）"能言距楊墨者，聖人之徒也。"（《滕文公下》）"三公子之徒作亂。"（《左傳·僖公九年》）"四公子之徒遂與宋人戰。"（《僖公十八年》）"范氏之徒在臺後。"（《襄公二十三年》）"欒、高、陳、鮑之徒介慶氏之甲。"（《襄公二十八年》）"楚公子比、公子黑肱、公子棄疾、蔓成然、蔡朝吳帥陳、蔡、不羹、許、葉之師，因四族之徒，以入楚。"（《昭公十三年》）"子常朝，見蔡侯之徒。"（《定公三年》）"三公子之徒將殺孺子，子將何如？"（《國語·晉語二》）

所以，我們將"舜之徒""蹠之徒"譯爲"舜的信徒""蹠的信徒"。（186）

（二）利與善之間：

利和善的中間。這是比喻的說法，在利和善的中間，即面臨著對利和善的抉擇。《孟子譯注》説:"音諫(jiàn)。《論語·先進》云:'人不間於其父母昆弟之言。'朱熹《集注》以'異'字解之;異,不同也。"按,朱説不妥。"人不間於其父母昆弟之言"和"利與善之間"兩"間"字所處的語法位置完全不同,不能以此例彼。

《孟子》成書年代的語言中,"N+N+之間"是個常見結構,不煩枚舉。如:"天地之間""君臣之間""陳蔡之間""兩陛之間""莊嶽之間"等等。以下 2 例"之間"前面是抽象名詞:"駢於辯者,纍瓦結繩竄句,遊心於堅白同異之間。"(《莊子·外篇·駢拇》)"則仁義又奚連連如膠漆纏索而遊乎道德之間爲哉!"(同上)"利""善"因爲都是抽象名詞,又是單音節詞,所以用了個連詞"與"來連接;類似的如:"子罕言利與命與仁。"(《論語·子罕》)(187)

13.26 孟子曰:"楊子取爲我①,拔一毛而利天下,不爲也。墨子兼愛,摩頂放踵利天下②,爲之。子莫執中③。執中爲近之。執中無權,猶執一也。所惡執一者,爲其賊道也,舉一而廢百也。"

【譯文】孟子説:"楊子採取'爲自己'的主張,拔一根汗毛而有利於天下,都不肯幹。墨子主張兼愛,從摸秃頭頂開始,一直摸到脚後跟,〔弄得全身上下没有一根毛,〕只要對天下有利,一切都幹。子莫就秉持中庸之道。秉持中庸之道其實差不多對了。但是只是持中而不知權變,便是拘執於一點。爲什麽厭惡拘執於一點呢?因爲它有損於仁義之道,只是舉其一點不及其餘了。"

【注釋】①取:採取。詳見本章《考證》(一)。 ②摩頂放(fǎng)踵:當爲"摩頂放於踵",從摸秃頭頂始,一直摸到脚後跟,渾身没有一根毛。詳見本章《考證》(三)。 ③子莫執中:子莫,有學者認爲是《説苑·脩文》的顓孫子莫。羅根澤有《諸子考索·子莫考》。執中,可參《禮記·中庸》:"舜好問而察邇言,隱惡而揚善,執其兩端,用其中於民。"

然則楊子、墨子就是"執其兩端"了。

【考證】(一)楊子取爲我：

《論語譯注》："《老子》云：'取天下常以無事；及其有事，不足以取天下。'又云：'以正治國，以奇用兵，以無事取天下。'諸'取'字當作'治'字解。《孟子》此'取'字亦當訓'治'，故譯爲'主張'。"按，"取"不應訓"治"，河上公及蔣錫昌之説不足取。即使可訓"治"，怎能以此例彼，而云"楊子取爲我"之"取"也訓"治"呢？

"取"本"捕取"義，引申爲"拿來"，當"取"的賓語是表示抽象概念的詞時，這時"取"的意義也比較抽象了。例如：

《孟子·離婁下》："夫尹公之他，端人也，其取友必端矣。"《孟子譯注》："……他所選擇的朋友學生一定也正派。"《告子下》："士無世官，官事無攝，取士必得。"楊譯："……録用士子一定要得當。"《左傳·昭公十三年》："大福不再，祇取辱焉。"沈玉成《左傳譯文》："好運氣不會再來，只是自取其辱而已。"《昭公二十六年》："無益也，祇取誣焉。"沈譯："沒有好處的，只能招來欺騙。"《定公四年》："中山不服，棄盟取怨，無損於楚，而失中山……楚未可以得志，祇取勤焉。"沈玉成《左傳譯文》："中山不服，拋棄盟約而招來怨恨，對楚國沒有損害而失去了中山……到現在還不見得能在楚國得志，出兵只是白費力氣。"《哀公十四年》："民不與也，祇取死焉。"沈譯："百姓是不會親附你的，只能找死。"《論語·八佾》："'相維辟公，天子穆穆'，奚取於三家之堂？"楊伯峻《論語譯注》："……這兩句話，用在三家祭祖的大廳上，在意義上取它哪一點呢？"

以彼例此，則"楊子取爲我"應譯爲"楊子採取'爲自己'的態度"或"楊子抱持'爲自己'的主張"。(188)

(二)拔一毛而利天下不爲也：

趙岐《注》："拔己一毛以利天下之民，不肯爲也。"朱熹《集注》："列子稱其言曰'伯成子高不以一毫利物'，是也。"《孟子譯注》譯之爲："拔一根汗毛而有利於天下，都不肯幹。"與此兩句相關的，有《韓非子·顯學》的一段文字:"今有人於此,義不入危城,不處軍旅,不以天下大利易其脛一毛,世主必從而禮之,貴其智而高其行,以爲輕物重生之士也。"

顧頡剛《從〈吕氏春秋〉推測〈老子〉成書年代》(《古史辨》第四册下編,上海古籍出版社1981年,第494頁)説:"單看《孟子》之文,必誤解爲'以之利天下',而不知實爲'利之以天下',與下墨子之'摩頂放踵利天下'有異。"馮友蘭評價説:"同文異解,似不甚妥。利之以天下而欲拔其一毛,楊朱不爲,此乃楊朱之學説;拔一毛可以利天下,而楊朱不爲,乃孟子對於楊朱學説之解釋。二者不必同。"(《中國哲學史》,商務印書館2011年,第147頁)馮説"同文異解,似不甚妥"當然是對的,緊接著的上下文兩處"利天下",自不能隨文釋爲二義。

論者又以《吕氏春秋·恃君覽》"德衰世亂,然後天子利天下"爲説,謂當釋爲"以天下爲己利",《孟子》本章之"利天下"亦當作此解(參見戴卡琳《既無根據,亦無反響——孟子所刻畫的楊朱和墨翟》,載《齊魯學刊》2021年5期,第19頁)。按《吕覽》高誘注"德衰世亂"兩句爲:"幼奉長,卑事尊,彊不得陵弱,衆不得暴寡,以此利之。"雖然畢沅引盧氏云:"利天下,言以天下爲己利也。……如此方與下文意相承接。"但此例畢竟爲一特例——《墨子》《莊子》《荀子》《管子》《商君書》《吕氏春秋》《韓非子》等先秦古籍中還有許多"利天下",均爲"以之利天下"。例如:

"如武王者義,殺一人而以利天下,異姓同姓各得之謂義。"(《逸周書·太子晉解》)"殺一人以存天下,非殺一人以利天下也。殺己以存天下,是殺己以利天下。"(《墨子·大取》)"天下之善人少而不善人多,則聖人之利天下也少而害天下也多。"(《莊子·外篇·胠篋》)"夫堯知賢人之利天下也,而不知其賊天下也。"(《雜篇·徐無鬼》)"故序四時,裁萬物,兼利天下,無它故焉,得之分義也。"(《荀子·王制》)"吾欲行廣仁大義,以利天下。"(《管子·小問》)"昔禹決江濬河而民聚瓦石,子産開畝樹桑鄭人謗訾;禹利天下,子産存鄭,皆以受謗。"

(《韓非子·顯學》)

因此，不得視諸多"利天下"爲無物，獨獨援引尚有爭議的特例以爲證據；故我們仍從舊釋。(189)

(三)摩頂放踵：

趙岐《注》："兼愛他人，摩突其頂，下至於踵，以利天下，已樂爲之也。"朱熹《集注》："摩頂，摩突其頂也；放，至也。"《孟子譯注》："趙岐《注》云：'摩禿其頂，下至於踵。'此處以'至'訓'放'，恐不確。或以爲'放者猶謂放縱'，是不著屨（屨有繫侢束之）而著跂蹻（跂，木屐，雨天所穿；蹻，不另有底之鞋，晴天步行所穿，取其輕便，或謂之草鞋也）之意，恐亦不確。此蓋當日成語，已難以求其確詁，譯文只取其大意而已。"因而譯此三句爲"墨子主張兼愛，摩禿頭頂，走破脚跟，只要對天下有利，一切都幹"。白平《楊伯峻〈孟子譯注〉商榷》認爲："這則注解(按，指趙岐的上引注解)是沒有問題的(第274頁)，楊氏的批評不能成立。《孟子·梁惠王下》：'吾欲觀於轉附、朝儛，遵海而南，放於琅邪，吾何修而可以比於先王觀也？'《離婁下》：'源泉混混，不舍晝夜，盈科而後進，放乎四海。'這都是'放'用爲'至'義的例證。"

楊伯峻先生説"此處以'至'訓'放'，恐不確"，並未否定"放"有"至"的意義，而是認爲釋"放踵"的"放"爲"至""恐不確"；白先生卻舉出"放"訓"至"的2例書證，可謂無的放矢。爲什麽楊先生認爲"'至'訓'放'恐不確"呢？我們先看下列書證：

a."夏，衞侯入，放公子黔牟于周，放甯跪于秦。"(《左傳·莊公六年》)"九月，子雅放盧蒲嫳于北燕。"(《昭公三年》)"蔡人放其大夫公孫獵于吳。"(《哀公三年》)"禹掘地而注之海，驅蛇龍而放之菹。"(《孟子·滕文公下》)"舜流共工于幽州，放驩兜于崇山。"(《萬章上》)"太甲顛覆湯之典刑，伊尹放之於桐。"(同上)

b."五年春，原、屏放諸齊。"(《左傳·成公五年》)"吾欲觀於轉附朝儛，遵海而南，放於琅邪。"(《梁惠王下》)"原泉混混，不舍晝夜，盈科而後進，放乎四海。"(《離婁下》)"夫孝置之而塞於天地，衡之而衡於四海，施諸後世而無朝夕，推而放諸東海而準，推而放諸西海而準，推而放諸南海而準，推而放諸北海而準。"（《大戴禮記·曾子大孝》鄭玄《注》："放，猶'至'也。"）"放乎蒐狩，脩乎軍旅。"（《禮記·祭義》王引之《經義述聞·禮記上》："放，亦'至'也。"）

　　c. "夏五月，昭夫人孟子卒……孔子與吊，適季氏。季氏不絻，放絰而拜。"（《左傳·哀公十二年》沈玉成《左傳譯文》："季氏不脱帽，孔子除掉喪服下拜。"）"放鄭聲，遠佞人。"（《論語·衛靈公》）"伊尹放太甲而卒以爲明王。"（《國語·晉語四》）"湯放桀，武王伐紂。"（《梁惠王下》）"吾爲此懼，閑先聖之道，距楊、墨，放淫辭。"（《滕文公下》）"象日以殺舜爲事，立爲天子則放之。"（《萬章上》）"其所以放其良心者，亦猶斧斤之於木也。"（《告子上》）"舍其路而弗由，放其心而不知求，哀哉！人有雞犬放，則知求之；有放心而不知求。學問之道無他，求其放心而已矣。"（同上）"今之與楊、墨辯者，如追放豚。"（《盡心下》）

　　d. "葛伯放而不祀。"（《滕文公下》）"人有雞犬放。"（《盡心下》）

　　按一般字典的描述，"放"有流放、放逐義，有放縱、放蕩、放任義，有走失、迷失義，有"至"義（此義音 fǎng）；在句子中，不脱以下形式："放"的處所之前，必有介詞；而所"放"的對象之前，沒有介詞。從 a 類句子可以明顯看出這一點，b、c 兩類則分別是"放"的處所和所"放"的對象，d 類是誰（或何物）放縱或走失。

　　流放義是"脱離、離開原來處所或位置＋（＋被動）"；而放逐義以及走失、迷失義則爲"脱離、離開原來處所或位置＋（－被動）"，"至"義也是如此。而放縱、放蕩、放任義則爲"脱離、離開原來處所或位置"所引申的"脱離約束"意義。我們看《告子上》的兩則書證："其所以放其良心者，亦猶斧斤之於木也。""舍其路而弗由，放其心而不知求……有放心而不知求。學問之道無他，求其放心而已矣。"其中"放心"的"放"與"人有雞犬放""如追放豚"的"放"一樣，都是走失、迷失義。"放心"即"迷失的心"，"放"的意義較爲抽象；而"放豚"是"走失的豬"，"放"的意義較爲具象。"放心""放豚"的"心""豚"都是所放的對象，而非"放"的目的地（處所），"放"與"心""豚"之間也沒有介詞。

"放踵"的形式和"放心""放豚"相同（也即它屬於上列的 c 類），而與"放於琅邪""放乎四海""放諸東海""放乎獀狩"的形式不同（也即它不屬於上列的 b 類）——後者的"琅邪""四海""東海""獀狩"是"放"的目的地，即處所，其前面有介詞"於""乎"或"諸"（等於"之＋於"）。

綜上，"於"字的有無，至爲關鍵。如無"於"，"放踵"則類似"放心""放豚"，其"放"字爲"脫離約束"義；"放踵"或爲"赤足"，或爲"遠行"。楊伯峻先生說"此處以'至'訓'放'，恐不確"，原因恐在於此。

《文選》江淹《上建平王書》"剖心摩踵，以報所天"李善《注》："孟子曰：'墨子兼愛，摩頂致於踵，利天下爲之。'劉熙曰：'致，至也。'"又，任彥昇《奏彈曹景宗》"自頂至踵，功歸造化"李善《注》："《孟子》曰：'墨子兼愛，摩頂致於踵。'趙岐曰：'致，至也。'"又，劉孝標《廣絕交論》"皆原摩頂至踵，隳膽抽腸"李善《注》："《孟子》曰：'墨子兼愛，摩頂致於踵。'趙岐曰：'致，至也。'"

我們認爲，上舉《孟子》異文，可證"放踵"二字之間，原本有一"於"字。至於"放"是否"致"字之訛，姑存而不論。有了這一"於"字，則原文和趙岐《注》，始密合無間。

我們還有一個旁證：《孟子》一書中，"至於＋賓語"者達 23 例，"至＋賓語"者僅 3 例（《公孫丑上》"汙不至阿其所好""自耕稼、陶、漁以至爲帝"《滕文公上》"及至葬"），且這 3 例的賓語都是謂詞性的。我們注意到，對上述 26 例中的絕大多數，趙岐《注》都沒有重複"至""至於"。例如：

《公孫丑上》"由湯至於武丁，賢聖之君六七作"趙岐《注》："從湯以下，賢聖之君六七興。"

《萬章上》"人有言'至於禹而德衰，不傳於賢，而傳於子'，有諸"趙岐《注》："問禹之德衰，不傳於賢而自傳於子，有之否乎？"

《告子上》"故凡同類者,舉相似也,何獨至於人而疑之？聖人,與我同類者"趙岐《注》:"聖人亦人也,其相覺者,以心知耳。蓋體類與人同,故舉相似也。"

只有下列3例例外:

《梁惠王下》"至於治國家,則曰:'姑舍女所學而從我'"趙岐《注》:"至於治國家而令從我,是爲教玉人治玉也。"

《告子上》"至於身,而不知所以養之者"趙岐《注》:"至於養身之道,當以仁義,而不知用。"

《公孫丑上》"宰我、子貢、有若,智足以知聖人,汙不至阿其所好"趙岐《注》:"言三人雖小汙不平,亦不至阿其所好以非其事,阿私所愛而空譽之。"

以上3例,前2例《孟子》原文用了"至於",趙岐《注》也用了"至於";後1例,《孟子》原文用"至",趙岐《注》也只是用"至"。

再比照"放"的《孟子》原文及趙岐《注》:

《離婁下》"盈科而後進,放乎四海"趙岐《注》:"盈,滿。科,坎。放,至也。"這裏趙岐未能照譯全文,姑置不論。而《梁惠王下》"遵海而南,放於琅邪"趙岐《注》:"循海而南,至于琅邪。"原文有"於",注文也用了個"于"字。

以此例彼,本章原文"摩頂放踵",趙岐以"摩突其頂,下至於踵"譯之,用了"於"字,是否可以間接證明《孟子》原文也當作"摩頂放於踵"或"摩頂致於踵"呢？（190）

13.27 孟子曰:"飢者甘食,渴者甘飲,是未得飲食之正也,飢渴害之也。豈惟口腹有飢渴之害？人心亦皆有害。人能無以飢渴之害爲心害,則不及人不爲憂矣。"

【譯文】孟子說:"肚子餓的人什麼食物都覺得好吃,乾渴的人任何飲料都覺得甘甜。這樣是不能品嘗到飲料食品正常滋味的——飢渴損害了他的味覺。難道只有口舌肚皮有飢渴的損害嗎？人心也有這種損害。如果人們能夠〔經常培養心志，〕不使人心遭受口舌肚皮那樣的飢渴，那比不上別人優秀的憂慮就會沒有了。"

13.28 孟子曰："柳下惠不以三公易其介①。"

【譯文】孟子說："柳下惠不因爲做大官便改變他博大的胸襟。"

【注釋】①介：這裏指博大的胸襟。趙岐《注》："介，大也。柳下惠執宏大之志，不恥汙君，不以三公榮位易其大量也。"焦循釋"介"爲"特立之行"，爲"節操"；但除《楚辭·九章·悲回風》"暨志介而不忘"外，其餘可作此釋的"介"多見於漢代以後文獻；而"暨志介而不忘"之"介"又作謂語，與本章"介"作賓語不同。故只能從趙《注》；且"介"之訓"大"見於先秦文獻者極多。又，從 3.9、10.1－2、14.15 柳下惠的風貌看，此"介"也當訓"胸襟博大"而不當訓"耿介"。

13.29 孟子曰："有爲者辟若掘井，掘井九軔而不及泉①，猶爲棄井也②。"

【譯文】孟子說："有所作爲的人就好比掏井，掏到六七丈深還不見泉水，就等於挖了一眼廢井〔，應該果斷放棄，擇地重新開始〕。"

【注釋】①軔：趙岐《注》："軔，八尺也。"　②猶爲棄井：趙岐《注》："雖深而不及泉，喻有爲者中道而盡棄前行也。"類似《論語·子罕》"譬如爲山，未成一簣，止，吾止也"。詳見本章《考證》。

【考證】掘井九軔而不及泉，猶爲棄井也：

趙岐《注》："雖深而不及泉，喻有爲者中道而盡棄前行也。"按趙岐之說，則類似《論語·子罕》"譬如爲山，未成一簣，止，吾止也"。楊伯峻《孟子譯注》："要有所作爲譬如掏井，掏到六七丈深還不見泉水，〔若半途而廢，〕就等於挖了一眼廢井。"加上"若半途而廢"，似可以古人修辭手法之"省句"釋之（楊樹達《古書疑義舉例續補》）。但所謂

"省句"之例,所省略的句子都與上下文重複。如《禮記·檀弓上》:"而曰女何無罪與?"可解作:"而曰女無罪,女何無罪與?"《管子·立政九敗解》:"人君唯毋聽寢兵,則群臣賓客莫敢言兵。"可解作:"人君唯毋聽寢兵,若聽寢兵,則群臣賓客莫敢言兵。"我們在《論語新注新譯》也解釋了2例。《泰伯》:"學如不及,猶恐失之。"可解作:"學如不及,及之,猶恐失之。"《子張》:"是以君子惡居下流,天下之惡皆歸焉。"可解作:"是以君子惡居下流,若居下流,則天下之惡皆歸焉。"以上四例,第二第三第四例所省的句子均與上文重複,第一例一句析爲兩句,兩句也重複。而本章"若半途而廢"與上下文毫不重複,自不應以"省句"釋之;如此,則只能從趙岐《注》。又,"有爲者"我們譯爲"有所作爲的人",也是從趙岐《注》。(191)

13.30 孟子曰:"堯舜,性之也;湯武,身之也;五霸,假之也。久假而不歸,惡知其非有也。①"

【譯文】孟子說:"堯、舜的愛好仁德,是出於天然本性;商湯和周武王是身體力行;五霸是借來運用,以此匡正諸侯。但是,久借不還,又怎知他不會最終擁有呢?"

【注釋】①《禮記·中庸》:"天下之達道五(君臣、父子、夫婦、昆弟、朋友之交),所以行之者三(智、仁、勇)……或安而行之,或利而行之,或勉強而行之,及其成功,一也。"

13.31 公孫丑曰:"伊尹曰①:'予不狎于不順。'放太甲于桐,民大悅。太甲賢,又反之,民大悅。賢者之爲人臣也,其君不賢,則固可放與?"孟子曰:"有伊尹之志,則可;無伊尹之志,則篡也。"

【譯文】公孫丑說:"伊尹說:'我不親近違背義禮的人。'便把太甲放逐到桐邑,百姓大爲高興。太甲變好了,又讓他回來〔復位〕,百姓也大爲高興。賢人作爲臣屬,君主不好,本來就可以放逐他嗎?"孟子説:"有伊尹那樣的想法,就可以;没有伊尹那樣的想法,就是篡奪了。"

【注釋】①伊尹曰"……":"伊尹曰"以下,當爲《尚書》佚文。

13.32 公孫丑曰:"《詩》曰:'不素餐兮①。'君子之不耕而食,何也?"

孟子曰:"君子居是國也,其君用之,則安富尊榮;其子弟從之,則孝悌忠信。'不素餐兮',孰大於是?"

【譯文】公孫丑説:"《詩經》説:'不白吃飯哪!'可是君子不種莊稼,也來吃飯,爲什麽呢?"

孟子説:"君子居住在一個國家,君主用他,就會平安、富足、尊貴而有名譽;少年子弟信從他,就會孝父母、敬兄長、忠心而且信實。你説'不白吃飯哪',〔我請問,〕貢獻還有比這更大的嗎?"

【注釋】①不素餐兮:見《詩經·魏風·伐檀》。

13.33 王子墊問曰①:"士何事?"孟子曰:"尚志②。"

曰:"何謂尚志?"曰:"仁義而已矣。殺一無罪非仁也,非其有而取之非義也。居惡在?仁是也;路惡在?義是也。居仁由義,大人之事備矣。"

【譯文】王子墊問道:"士應當做什麽?"孟子答道:"要使自己所想的高尚。"

問道:"什麽叫作使自己所想的高尚?"答道:"時刻想著仁和義而已。殺一個無罪的人,是不仁;不是自己所有,卻拿了過來,是不義。住在哪裏?在'仁'那兒;路在何方?在'義'那兒。住在仁的屋宇裏,走在義的大路上,偉人的事業便齊備了。"

【注釋】①王子墊:齊國王子,名墊。 ②尚志:高尚其志。"尚"在此爲使動用法。

13.34 孟子曰:"仲子①,不義與之齊國而弗受,人皆信之,是舍簞食豆羹之義也。人莫大焉亡親戚君臣上下②。以其小者信其大者,奚可哉?"

【譯文】孟子說:"陳仲子,不義而把齊國交給他,他都不會接受,別人都相信他;〔但是〕他那種義也只是捨棄一筐飯一盤肉的義。人的罪過沒有比不要父兄君臣尊卑還大的。因爲他有小節操,便相信他的大節操,怎麼可以呢?"

【注釋】①仲子:即《滕文公下》第十章的陳仲子。 ②人莫大焉亡親戚君臣上下:如同"死矣盆成括"(14.29)即"盆成括死矣"的倒句一樣,這句也是"亡親戚君臣上下,人莫大焉"的倒句。詳見本章《考證》。

【考證】人莫大焉亡親戚君臣上下:

王引之《經傳釋詞》謂此句的"焉""猶'於'也",此說注《孟》諸家多從之。例如楊伯峻先生之《孟子譯注》。《經傳釋詞》建立此說,只有3個例句,除此例外,其他2個也是靠不住的。我們先看王引之是如何說的。《經傳釋詞》"焉"字下云:

"焉,猶'於'也。哀十七年《左傳》曰:'裔焉大國,句。滅之將亡。'裔,邊也;焉,於也。言邊於大國,將見滅而亡也。此顧氏寧人之說。杜《注》既失其句,而又失其韻,毋庸置辯。宣六年《公羊傳》曰:'勇士入其大門,則無人焉門者;入其閨,則無人焉閨者。'何《注》曰:'焉者,於也;是無人於門閨守視者也。'下文'上其堂,則無人焉',《注》曰:'但言焉,絕語辭,堂不設守視人,故不言焉堂者。'今本正文作'則無人門焉者''則無人閨焉者',《注》中'焉堂者'亦作'堂焉者',皆後人不曉文意而妄乙之。此段氏若膺說。《孟子·盡心篇》曰:'人莫大焉無親戚、君臣、上下。'言莫大於無親戚、君臣、上下也。"

黎錦熙先生有"例不十,不立法"的名言,上面這段證明"焉,猶'於'"的材料,才3個例子。如果其他2個例子都靠得住,也能勉強支撐本例。可惜前面兩個例子,歷來爭議很大。先看《左傳·哀公七年》的"裔焉大國,滅之將亡"。

先看《毛詩正義》中杜預、孔穎達如何讀的："其繇曰：'如魚頳尾，衡流而方羊裔焉。大國滅之，將亡。闔門塞竇，乃自後踰。'"王引之讀作："其繇曰：'如魚頳尾，衡流而方羊。裔焉大國，滅之將亡。闔門塞竇，乃自後踰。'"對此，孔穎達《正義》說："劉炫以為卜繇之辭文句相韻，以'裔焉'二字宜向下讀之。知不然者，詩之為體，文皆韻句，其語助之辭，皆在韻句之下。即《齊詩》云'俟我於箸乎而，充耳以素乎而'，其《王詩》云'君子陽陽，左執簧，右招我由房，其樂只且'之類是也。此之'方羊'與下句'將亡'自相為韻。'裔焉'二字為助句之辭。且繇辭之例，未必皆韻。此云'闔門塞竇，乃自後踰'，不與'將亡'為韻。又'一薰一蕕，十年尚猶有臭'，不與'攘公之羭'為韻。是或韻或不韻，理無定準。劉以為'裔焉大國'謂土地遠焉之大國，近不辭矣。"

又，王引之解"裔焉大國"為"裔於大國"，可是經典中從未見"裔"作謂語後接介賓短語者，即未見"裔於……"者。然則讀為"裔焉大國"並解為"裔於大國"其實沒有文獻根據，"近不辭矣"。

《毛詩正義》讀為"大國滅之，將亡"，我們可以找到如下書證：

"孰滅之？齊滅之。"(《公羊傳·莊公十年》)"彭姓彭祖、豕韋、諸稽，則商滅之矣。禿姓舟人，則周滅之矣。"(《國語·鄭語》)"子嘗事范氏、中行氏，諸侯盡滅之。"(《呂氏春秋·季冬紀》)

"定姜曰：'不可。是先君宗卿之嗣也，大國又以為請，不許，將亡。'"(《成公十四年》)"天禍鄭久矣，其必使子產息之，乃猶可以戾。不然，將亡矣。"(《襄公二十九年》)

以上書證，可以證明"大國滅之""將亡"都是可以單獨成句的。

而讀為"滅之將亡"，我們僅僅在先秦文獻中找到 2 例"V 之將 V"的書證："說之將何如？"(《孟子·告子下》)"圖之將若何？"(《國語·吳語》)注意，這兩句都是疑問句。也即，沒法證明"滅之將亡"在那時語言中是個可以成立的句子。這樣，上句的"裔焉大國"也隨之難以成立了。

即便我們的上述論證都不足以證明杜預、孔穎達的讀法正確而劉炫、王引之的讀法不確,但說這一書證尚有爭議總是可以的吧。既然如此,這一書證就應從證明"焉"有"於"義的3例書證中排除。

至於第2例(即《公羊傳·宣公六年》之例),其原文爲:"勇士入其大門,則無人門焉者;入其闈,則無人闈焉者。"(王引之爲證成其說,故意將"門""焉"二字顛倒了)這一段是訓詁學上著名的、常被引用的名詞活用的例子;這是因爲"門焉"是《左傳》中的常見短語,是攻門、進門和守門的意思。例如:

"晉侯圍曹,門焉,多死。"(《左傳·僖公二十八年》)"二年春,齊侯伐我北鄙,圍龍。頃公之嬖人盧蒲就魁門焉,龍人囚之。"(《成公二年》)"偪陽人啓門,諸侯之士門焉。縣門發,鄹人紇抉之以出門者。"(《襄公十年》)"諸侯之士門焉,齊人多死。"(《襄公十八年》)"十二月,吳子諸樊伐楚,以報舟師之役。門於巢。巢牛臣曰:'吳王勇而輕,若啓之,將親門。我獲射之,必殪。是君也死,疆其少安!'從之。吳子門焉,牛臣隱於短牆以射之,卒。"(《襄公二十五年》)"亦以徒七十人,旦門焉,步左右,皆至而立,如植。日中不啓門,乃退。"(《定公十年》)"子路入,及門,公孫敢門焉,曰:'無入爲也。'"(《哀公十五年》)

爲省篇幅,僅選取《襄公二十五年》《哀公十五年》2例的沈玉成譯文:"十二月,吳王諸樊攻打楚國,以報復'舟師之役'。進攻巢地的城門。巢牛臣說:'吳王勇敢而輕率,如果我們打開城門,他將會親自帶頭進入。我乘機射他,一定送他的命。這個國君死了,邊境上可以稍微安定一些。'聽從了他的意見。吳王進入城門,牛臣藏在短墻裏用箭射他,吳王死。"

"子路進入,到達孔氏大門口,公孫敢在那裏守門,説:'不要進去幹什麽了。'"

從這些書證中的"門焉"看,有攻門的,如《僖公二十八年》;有進門的,如《襄公二十五年》;有守門的,如《定公十年》。

《公羊傳·宣公六年》的"門焉"正是"守門"的意思:"勇士入其大門,則無人門焉者;入其闈,則無人闈焉者。""焉"是表"於此"的指示代詞。此謂勇士入其大門,則見無人守於此大門;入其小門(閨),則見無人守於此小門。何休《注》:"是無人於閨、門守視者也。"正得其旨。

如此,證明"焉"有"於"義的書證就僅僅剩下 1 例了,也即本章的"人莫大焉亡親戚君臣上下"。這對於建立"'焉'有'於'義"這一"法則"來說,1 例,也就意味著"零"。

我們認為"人莫大焉亡親戚君臣上下"屬於《古書疑義舉例》《古書疑義舉例續補》兩書中的"倒句例"。《古書疑義舉例續補》所舉"倒句例",見於《孟子》的有:"何哉,君所為輕身以先於匹夫者?……何哉,君所謂'踰'者?"(君所為輕身以先於匹夫者,何哉?……君所謂'踰'者,何哉? 《梁惠王下》)"盆成括仕於齊,孟子曰:'死矣,盆成括!'盆成括見殺。"(盆成括死矣! 《盡心下》)其餘例子還有:

"中婦諸子謂宮人:'盍不出從乎?君將有行。'"(《管子·戒》)本當云:"君將有行,盍不出從乎?"又如:"少頃,東郭牙至……管子曰:'子邪,言伐莒者?'"(言伐莒者,子邪? 《呂氏春秋·審應覽》)又如:"伯魚之母死,期而猶哭,夫子聞之曰:'誰與,哭者?'門人曰:'鯉也。'"(哭者誰與? 《禮記·檀弓上》)又如:"群臣失禮而弗誅,是縱過也。有以也夫,平公之不霸也!"(平公之不霸也,有以也夫! 《淮南子·齊俗訓》)"噫嘻! 亦太甚矣,先生之言也!"(先生之言也,亦太甚矣! 《史記·魯仲連列傳》)

我們在《論語新注新譯》14.16 的《考證》中論及《大戴記·少閒》:"臣之言未盡,請盡臣之言,君如財之。"王引之《經傳釋詞》讀"君如財之"的"如"為"乃",我們以為"如"如字讀,這一例其實也是倒句;意謂,我的話還沒講完,您如果要作裁決,請先讓我把話講完。

"亡親戚君臣上下,人莫大焉"是個複句,由前後兩個從句組成;這樣的句子《孟子》中就有:"責善則離,離則不祥莫大焉。"(《離婁上》)"反身而誠,樂莫大焉。"(《盡心上》)其他先秦兩漢典籍中更是不勝枚舉:

"人誰無過？過而能改,善莫大焉。"(《左傳·宣公二年》)"今宋人弒其君,罪莫大焉!"(《國語·晉語五》)"無其人而幸有其功,愚莫大焉。……譬之是猶立直木而恐其景之枉也,惑莫大焉。……譬之是猶立枉木而求其景之直也,亂莫大焉。"(《荀子·君道》)

那這一章爲何要用"倒句"呢？這得從孟子說這話最想表達什麽這方面來看。如果是"亡親戚君臣上下,人莫大焉","亡親戚君臣上下"是話題,是已知信息,是對話雙方都熟知的仲子"辟兄離母,處於於陵"(6.10－2);"人(之罪)莫大焉"才是新信息,是焦點。但孟子想要強調的是"辟兄離母,處於於陵"這一"亡親戚君臣上下"的行爲才"罪莫大焉",故將它後移作爲焦點。

總之,"人莫大焉亡親戚君臣上下"是"亡親戚君臣上下,人莫大焉"的倒句,應該是没有疑義的。

楊伯峻先生譯這句爲"人的罪過没有比不要父兄君臣上下還大的",即這句的"人"指"人的罪過",這當然是對的。(192)

13.35 桃應問曰①:"舜爲天子,皋陶爲士,瞽瞍殺人,則如之何？"孟子曰:"執之而已矣。"

"然則舜不禁與？"曰:"夫舜惡得而禁之？夫有所受之也。"

"然則舜如之何？"曰:"舜視棄天下猶棄敝蹝也②。竊負而逃,遵海濱而處,終身訢然③,樂而忘天下。"

【譯文】桃應問道:"舜做天子,皋陶做法官,如果瞽瞍殺了人,那怎麽辦？"孟子答道:"把他逮捕起來罷了。"

"那麽,舜不阻止嗎？"答道:"舜憑什麽去阻止呢？皋陶那樣做是有所依據的。"

"那麽,舜該怎麽辦呢？"答道:"舜把丟掉天子之位看作丟掉破拖鞋一般。偷偷地背著父親而逃走,傍著海邊住下來,一輩子逍遙快樂，忘記了他曾經君臨天下。"

【注釋】①桃應：孟子弟子。　②蹝(xǐ)：亦作"屣"，没有腳跟的鞋子，類似現在的拖鞋。　③訢：同"欣"。

13.36 孟子自范之齊①，望見齊王之子，喟然歎曰："居移氣，養移體，大哉居乎！夫非盡人之子與②？"孟子曰："王子宫室、車馬、衣服多與人同，而王子若彼者，其居使之然也，況居天下之廣居者乎③？魯君之宋，呼於垤澤之門④。守者曰：'此非吾君也，何其聲之似我君也？'此無他，居相似也。"

【譯文】孟子從范邑到齊都，遠遠望見了齊王的兒子，長歎一聲説："環境改變氣度，營養改變身體，環境真是重要哇！那人不也是人的兒子嗎？〔爲什麽就顯得特別不同了呢？〕"孟子説："王子的住所、車馬和衣服多半和別人相同，爲什麽王子卻像那樣呢？是因爲他的環境使他這樣的；更何況是住在'仁'的廣廈中的人呢？魯君到宋國去，在宋國的東南城門下呼喊，守門的説：'這不是我的君主哇，爲什麽他的聲音像我們的君主呢？'這没有別的緣故，環境相似罷了。"

【注釋】①范：地名，故城在今河南范縣縣城東南二十里，是從梁(魏)到齊的要道。　②夫非盡人之子與：夫，彼，那人。盡，全部，皆。　③廣居：指仁。《滕文公下》："居天下之廣居，立天下之正位，行天下之大道；得志，與民由之；不得志，獨行其道。富貴不能淫，貧賤不能移，威武不能屈，此之謂'大丈夫'。"《離婁上》："仁，人之安宅也；義，人之正路也。"本篇三十三章："居惡在？仁是也；路惡在？義是也。居仁由義，大人之事備矣。"　④垤(dié)澤之門：宋東城南門。

13.37 孟子曰："食而弗愛，豕交之也；愛而不敬，獸畜之也。恭敬者，幣之未將者也①。恭敬而無實，君子不可虛拘②。"

【譯文】孟子説："只是養活他而不憐愛他，就是和養豬一樣和他交往；憐愛他而不恭敬他，就是和養狗養馬一樣蓄養他。恭敬之心是在致送禮物之前就具備了的。只有恭敬的外表，沒有恭敬的實質，君子不會被這種虛情假意所拘束。"

【注釋】①幣之未將：幣，這裏指所贈的布帛。將，贈送。　②本章內容可參見12.5。

13.38 孟子曰："形色①，天性也；惟聖人然後可以踐形②。"
【譯文】孟子說："人的身體容貌是天生的，卻只有聖人的靈魂才配居住在此大好形體之中。"
【注釋】①形色：《莊子·外篇·天道》："視而可見者，形與色也。聽而可聞者，名與聲也。悲夫，世人以形色名聲爲足以得彼之情！"　②踐形：趙岐《注》："踐履居之也。聖人內外文明，然後能以正道履居此美形。"朱熹《集注》："踐，如'踐言'之'踐'。蓋衆人有是形，而不能踐其理，故無以踐其形；惟聖人有是形，而又能踐其理，然後可以踐其形而無歉也。"綜合趙、朱之說：聖人能明明白白而非渾渾噩噩地活在世上，就沒糟蹋爹媽賦予的大好形體，是謂"踐形"。

13.39 齊宣王欲短喪。公孫丑曰："爲朞之喪①，猶愈於已乎？"孟子曰："是猶或紾其兄之臂，子謂之'姑徐徐'云爾，亦教之孝悌而已矣。"

　　王子有其母死者，其傅爲之請數月之喪。公孫丑曰："若此者何如也？"曰："是欲終之而不可得也。'雖加一日愈於已'，謂夫莫之禁而弗爲者也。"
【譯文】齊宣王想要縮短守孝的時間。公孫丑說："〔父母死了，〕守孝一年，不比停下完全不守強些嗎？"孟子說："這好比有個人在扭他哥哥的胳膊，你卻對他說，暫且慢慢地扭吧，云云；我看只要教導他孝順父母尊敬兄長便行了。"

王子有死了母親的,他的師傅爲他請求守孝幾個月。公孫丑問道:"像這樣的事,怎麼樣?"孟子答道:"這個是想要把三年的喪期守滿事實上卻做不到。'即便多守孝一天也比不守孝好。'這話是對那些没人禁止他守孝卻不去守的人説的。"

【注釋】①朞(jī):也作"期",周期,一周年。

13.40 孟子曰:"君子之所以教者五:有如時雨化之者,有成德者,有達財者①,有答問者,有私淑艾者②。此五者,君子之所以教也。"

【譯文】孟子説:"君子教育的方式有五種:有如春風化雨霑溉萬物的,有成全品德的,有培養才能的,有解答疑問的,還有以其流風餘韻讓人私自學習的。這五種,就是君子教育的方式。"

【注釋】①財:通"才"。 ②私淑艾:淑,取善。艾,通"乂"(yì),治。私淑艾,就是私下自我完善。詳見本章《考證》。

【考證】予私淑諸人也、有私淑艾者:

這裏一併討論《離婁下》"予私淑諸人也"(8.22)及本章"有私淑艾者"。趙岐注"予私淑諸人"云:"淑,善也。我私善之於賢人耳。蓋恨其不得學於大聖人也。"注本章云:"淑,善。艾,治。"朱熹注前者:"私,猶'竊'也。淑,善也。李氏以爲方言是也。人,謂子思之徒也。"注後者:"艾,音'乂'。私,竊也。淑,善也。艾,治也。"

焦循《正義》本章下云:"按《離婁下篇》云:'予未得爲孔子徒也,予私淑諸人也。'趙氏以爲我私善之於賢人,則私淑屬法其仁之人,與此注義異。然'私淑艾'三字殊不易達。《國策·秦策》'賞不私親近',注云:'私,猶"曲"也。'《楚辭·離騷》'皇天無私兮',王逸注云:'竊愛爲私。'曲、竊皆不直之義也。《說文·又部》云:'叔,拾也,從又,尗聲。汝南人名收芌爲叔。''又,手也。'叔爲又,故爲拾取之正訓;《毛詩·豳風·七月》'九月叔苴',傳云:'叔,拾也'是也。'淑'與

'叔'通,《詩·陳風》'彼美叔姬',《釋文》云:'本亦作"淑"。'《詩·周南·葛覃》'是刈是濩',《釋文》云:'本又作"艾"。'《韓詩》云:'刈,取也。'《禮記·祭統》'草艾則墨',注云:'草艾,謂艾取草也。'是'艾'之義爲'取',與'叔'之義爲'拾'同,蓋'私淑諸人'即'私拾諸人'也。淑、艾二字義相疊,私淑艾者,即私拾取也。親爲門徒,面相授受,直也。未得爲孔子之徒,而拾取於相傳之人,故爲'私'。私淑,猶云'竊取'也。彼言'私淑諸人',不必又疊'艾'字,其義自足。此疊'艾'字以足其句,其實'私淑艾'猶'私淑'也。"

焦循之說似乎是頗有説服力的。如果真的如他所説"'艾'之義爲'取',與'叔'之義爲'拾'同",則我必採其説而摒棄趙岐、朱熹之説。因爲《孟子》《荀子》中同義詞連用是普遍現象,如連在一起的兩個同義詞分屬上下兩句,從概率上來説,可能性很小。我們之處理7.13"聞文王作興曰"及14.21"山徑之蹊間介然用之而成路",就是遵循的這一思路。

但是,經我們仔細考察,在先秦文獻中,"刈"(焦循説"艾"通"刈")的賓語一般是植物;即使不帶賓語,根據前後文也可推知"刈"是農活的一種。如:"葛之覃兮,施于中谷,維葉莫莫。是刈是濩,爲絺爲綌。"(《詩經·周南·葛覃》)"穆公有疾,曰:'蘭死,吾其死乎,吾所以生也。'刈蘭而卒。"(《左傳·宣公三年》)"時雨既至,挾其槍、刈、耨、鎛,以旦暮從事於田野。"(《國語·齊語》)"一春違其農,二夏食其穀,三秋取其刈,四冬凍其葆。"(《逸周書·大武解》)"入其國家邊境,芟刈其禾稼,斬其樹木。"(《墨子·非攻下》)"令民無刈藍以染,無燒炭。"(《吕氏春秋·仲夏紀》)

先秦文獻中有2例"刈"帶其他賓語的例子:"甲之事,兵之事也;刈人之頸,刳人之腹,隳人之城郭,刑人之父子也。"(《吕氏春秋·慎大覽》)"動作辟違,從欲厭私,高臺深池,撞鐘舞女,斬刈民力,輸掠其聚。"(《晏子春秋·外篇上》)第一例"刈"的賓語由植物擴大到"人之頸";第二例,與"斬"一道以更爲抽象的"民力"作賓語。即便如此,説

"刈"在《孟子》中可"刈取"思想或學說,尚没有證據表明其詞義已經這麽抽象;何況,無論《晏子春秋》抑或《吕氏春秋》,成書年代都較《孟子》爲晚。《禮記·祭統》"草艾則墨"這樣的書證也極少,且"艾"的受事主語也即賓語爲"草"(受事主語可轉化爲賓語)。

而"叔"(焦循說"叔""淑"相通)訓作"拾"的,僅《詩經·豳風·七月》"九月叔苴"一例;至於"淑"用作"取"義的,更未見一例。

按慣例,在晚起的解釋證據不夠的情況下,注者只好採用古注。況且,無論是"淑"之釋爲"善"抑或"乂"之訓爲"治"的書證都極多(具見《故訓匯纂》,此不贅),而"艾"之讀爲"乂"訓"治"者亦復不少。如:《詩經·小雅·小旻》"或肅或艾"之毛傳、《史記·殷本紀》"作咸艾"裴駰《集解》引馬融説、《漢書·五行志》"次六曰艾用三德"顔師古注引應劭説,尤其是《孟子·萬章上》"自怨自艾",趙岐《注》:"艾,治也。治而改過,以聽伊尹之教訓已。"

從"私淑諸人"看,"淑"之訓"善"者可活用爲動詞。這類例證也並不少,如《詩經·邶風·燕燕》"淑慎其身",《大雅·抑》"淑慎爾止",《大雅·桑柔》"其何能淑",《儀禮·士冠禮》"淑慎爾德"。

尤其《大雅·桑柔》"其何能淑"是能願動詞"能"修飾動詞"淑",這和"私淑諸人"的用作狀語的"私"類似。

焦循的論證中,對"私"有一大番論證,其實"私"就是私自、私下的意思。

《萬章》"自怨自艾"的"自艾"是"自我修煉""自我完善"的意思(見 9.6—2 注③),"私淑諸人"則是私下取善於賢人的意思(趙岐注其意如此);"私淑艾"的"淑艾"確實是同義詞連用,"淑"既是"取善於人","淑艾"也就是"自我完善"的意思,"私淑艾"即"私下自我完善";所以趙岐注作:"君子獨善其身,人法其仁,此亦與教法之道無差也。"

總之,從語言的社會性這一點上看,焦循的論證缺乏書證,而獨獨依賴零星的故訓支撐。而諸訓釋只是籠而統之地說"刈"訓"取",至於何所取、能否取"思想""學說"則未置一詞,故而並不可靠。無已,我們只好依從古注。何况,古注無論書證還是故訓都較豐富;與"自怨自艾"合參,亦頗能文從字順,故我們從趙岐、朱熹之説。(193)

13.41 公孫丑曰:"道則高矣,美矣,宜若登天然,似不可及也。何不使彼爲可幾及而日孳孳也?"

孟子曰:"大匠不爲拙工改廢繩墨①,羿不爲拙射變其彀率②。君子引而不發,躍如也③。中道而立,能者從之。"

【譯文】公孫丑説:"道固然很高,很美好,大概像登天一樣,但好像是高不可攀呢。爲什麽不讓攀登者爲了幾乎可攀上而每天努力呢?"

孟子説:"高明的工匠不因爲拙劣工人而改動或廢棄畫直線的工具,大羿也不因爲拙劣射手變更拉弓的標準。君子〔教導他人如射箭手,〕張滿了弓,卻不發箭,做出躍躍欲試的樣子。他在正確道路的正中站住,有能力的人就會緊跟著上來。"

【注釋】①繩墨:木工打直線的墨線,是一種工具。二三十年前還很常見,目前較偏遠地區還用它。　②彀率(gòu lǜ):指開弓的標準。彀,張滿弓。率,法規,標準。　③引而不發躍如也:引,開弓。發,發射。躍,跳躍,一躍而出。如,……的樣子。

13.42 孟子曰:"天下有道,以道殉身①;天下無道,以身殉道;未聞以道殉乎人者也②。"

【譯文】孟子説:"天下清明,以自己一身去貫徹'道';天下黑暗,君子則不惜爲'道'獻身;没有聽説過犧牲'道'來遷就别人的。"

【注釋】①以道殉身:意思是"道"爲自己所運用。類似説法如"仁者以財發身,不仁者以身發財"(《禮記·大學》)。　②以道殉乎人:歪曲"道"以逢迎達官顯貴。

13.43 公都子曰:"滕更之在門也①,若在所禮,而不答,何也?"

孟子曰：“挾貴而問，挾賢而問，挾長而問，挾有勳勞而問，挾故而問，皆所不答也。滕更有二焉。”

【譯文】公都子説：“滕更在您門下的時候，似乎在禮遇之列，可您不回答他，爲什麼呢？”

孟子説：“仗著地位來發問，仗著德才來發問，仗著年長來發問，仗著有功來發問，仗著故交來發問，都是我不回答的。滕更就佔了兩條。”

【注釋】①滕更：滕國國君的弟弟，孟子的學生。

13.44 孟子曰：“於不可已而已者①，無所不已。於所厚者薄，無所不薄也。其進鋭者，其退速。”

【譯文】孟子説：“不可放棄的東西卻放棄了，那這人就沒有什麼不可放棄的了；應該厚待的人卻刻薄待他，那這人就沒有誰不可以刻薄對待的了。前進太猛的人，後退也會快。”

【注釋】①已：停止，放棄。

13.45 孟子曰：“君子之於物也，愛之而弗仁；於民也，仁之而弗親。親親而仁民，仁民而愛物。”

【譯文】孟子説：“君子對於萬物，愛惜它，卻不對它實行仁德；對於百姓，對他實行仁德，卻不親愛他。君子親愛親人，進而仁愛百姓；仁愛百姓，進而珍愛萬物。”

13.46 孟子曰：“知者無不知也，當務之爲急①；仁者無不愛也，急親賢之爲務①。堯舜之知而不徧物，急先務也；堯舜之仁不徧愛人，急親賢也。不能三年之喪，而緦、小功之察②；放飯流歠③，而問無齒決④，是之謂不知務。”

【譯文】孟子説：“智者沒有不知道的，但是急於解決當前事務；仁者沒有不愛人的,但是務必先愛親人和賢者。堯舜的智慧也不能遍知一切,因爲他急於解決首要任務;堯舜的仁德不能遍愛所有人,因爲他急於愛親人和賢者。如果不能實行三年的喪禮,卻對於緦麻三月、小功五月的喪禮仔細講求;狼吞虎嚥,卻講究不用牙齒咬斷乾肉,這個叫作不識大體。"

【注釋】①當務之爲急、急親賢之爲務:當務之爲急,即"爲急當務",也即"爲之急當務";急親賢之爲務,即"爲務急親賢",也即"爲之務急親賢"("當務之爲急、急親賢之爲務"的"之"和"爲"的未出現的賓語"之"不是一回事)。"爲之急當務"意謂爲"知者無不知"而急當務;"爲之務急親賢"意謂爲"仁者無不愛"而務急親賢。務,致力,從事。參見 2.16－2《考證》和 11.9《考證》(一)。 ②緦(sī)、小功之察:緦,指緦麻三月的孝服。緦麻三月是五種孝服(斬衰、齊衰、大功、小功、緦麻)中的最輕者,指用熟布爲孝服,服喪三個月,如女婿爲岳父母帶孝。小功,五月的孝服,如外孫爲外祖父母帶孝。 ③放飯流歠(chuò):放飯,大飯。流歠,長歠。歠,飲,喝。 ④齒決:咬斷乾肉。在長者跟前咬斷乾肉,這是不大禮貌的。

【考證】仁者無不愛:

《告子上》:"吾弟則愛之,秦人之弟則不愛也。"可見"不愛"即"不愛之"(參見《論語新注新譯》17.15《考證》及本書 9.8《考證》〔二〕)。《論語·顏淵》:"愛之欲其生,惡之欲其死。"《憲問》:"愛之,能勿勞乎?忠焉,能勿誨乎?"《論語譯注》:"愛一個人,希望他長壽……""愛他,能不叫他勞苦嗎……"又可見"愛之"即"愛某人",然則"不愛"即"不愛某人",也即"不愛"雖未帶賓語,視同帶了賓語。這樣一來,"仁者無不愛"大致等同於"仁者愛人"(《顏淵》:"樊遲問仁。子曰:'愛人。'")。(194)

盡心章句下

凡三十八章

14.1 孟子曰:"不仁哉,梁惠王也!仁者以其所愛及其所不愛,不仁者以其所不愛及其所愛①。"公孫丑問曰:"何謂也?"

"梁惠王以土地之故,糜爛其民而戰之,大敗,將復之,恐不能勝,故驅其所愛子弟以殉之,是之謂以其所不愛及其所愛也。"

【譯文】孟子説:"太不仁義了,梁惠王這個人哪!仁人把他給喜愛者的恩德推廣到他不愛的人,不仁者卻把他給不喜愛者的禍害推廣到他喜愛的人。"公孫丑問道:"這是什麽意思呢?"

答道:"梁惠王爲了爭奪土地的緣故,驅使他的百姓去作戰,暴屍荒野,骨肉糜爛。被打得大敗了;準備再戰,怕不能得勝,又驅使他所喜愛的子弟去決一死戰,這個就叫作把他給不喜愛者的禍害推廣到他喜愛的人。"

【注釋】①仁者以其所愛及其所不愛兩句:這兩句中"及"的用法同1.7-5"老吾老以及人之老"的"及",推及,延及。《吕氏春秋·審應覽》:"當惠王之時,五十戰而二十敗,所殺者不可勝數,大將、愛子有禽者也。"

14.2 孟子曰:"春秋無義戰。彼善於此,則有之矣。征者,上伐下也,敵國不相征也①。"

【譯文】孟子説:"春秋時代没有正義戰爭。那一國的君主比這一國的君主好一點,那是有的。但是征討的意思是在上的討伐在下的,諸侯之間是不能互相征討的。"

【注釋】①敵國：同等的國家。敵，對等，同等，相當。

14.3 孟子曰："盡信《書》，則不如無《書》。吾於《武成》①，取二三策而已矣②。仁人無敵於天下，以至仁伐至不仁，而何其血之流杵也？"

【譯文】孟子説："完全相信《書經》，那還不如没有《書經》。我對於《武成》一篇，只採納其中的兩三片簡策罷了。仁人無敵於天下，憑著周武王的大仁大德來討伐商紂這最不仁不德的人，怎麽會讓血流得把搗米槌都漂浮起來了呢？"

【注釋】①盡信《書》……吾於《武成》：《書》，《尚書》。《武成》，《尚書》篇名，所敘大概是周武王伐紂時的事，有"血流漂杵"之説。今日的《尚書·武成》是僞古文。　②策：竹簡。古代用竹簡書寫。

14.4 孟子曰："有人曰：'我善爲陳①，我善爲戰。'大罪也。國君好仁，天下無敵焉。南面而征，北狄怨②；東面而征，西夷怨，曰：'奚爲後我？'武王之伐殷也，革車三百兩，虎賁三千人。王曰：'無畏！寧爾也，非敵百姓也。'若崩厥角，稽首③。'征'之爲言'正'也④，各欲正己也，焉用戰？"

【譯文】孟子説："有人説：'我很會佈陣，我很會打戰。'這是大罪過。國君若喜愛仁德，打遍天下無敵手。〔商湯〕往南出征，北狄便埋怨；往東出征，西夷便埋怨，説：'爲什麽把我們排後邊？'周武王討伐殷商，兵車三百輛，勇士三千人。武王〔對殷商的百姓〕説：'不要害怕！我是來安定你們的，不是和百姓爲敵的。'百姓齊刷刷像山崩似的倒伏在地，像要把額頭碰傷似的磕起頭來，腦袋還伏地許久。'征'的意思是'正'，若各人都希望端正自己，哪裏用得著戰爭呢？"

【注釋】①陳：由"陳列"義引申爲"陣列"義，後通過變調（變爲去聲）固化，成爲另一個詞；約在六朝時，開始寫成"陣"。 ②北狄：僞孫奭疏所據本子爲"北夷"，實應作"北狄"。詳見本章《考證》。 ③若崩厥角稽首：崩，崩摧，碰傷。厥，頓，觸碰，磕碰。角，額角。稽首，頭伏於地，稍作停留；稽首比頓首更爲尊敬。稽，停留。俞樾《古書疑義舉例·倒句例》說此句爲倒句，當理解爲"厥角稽首若崩"。"蓋紂衆聞武王之言，一時頓首至地，若山冢之崒崩也。" ④"征"之爲言"正"也："征"和"正"也是同源字，意義上有聯繫；堂堂正正地討伐叫作"征"。參見11.3注①。

【考證】北狄：

焦循《正義》："宋本、孔本、韓本同，閩、監、毛三本'夷'作'狄'，石經此字漫漶。案，僞《疏》引作'北夷'，作'夷'是也。"按，焦循《正義》此處作"北夷"，然則所謂"宋本、孔本、韓本同"，謂該三本均作"北夷"也。

我們以爲作"北狄"較好。

1.如作"北夷"，除本章存疑外，先秦文獻中未之一見；而作"北狄"，除見於《孟子》其他兩處外，又見於《左傳》《管子》："東面而征，西夷怨；南面而征，北狄怨。"（《梁惠王下》，又見《滕文公下》）"扞禦北狄。"（《襄公二十六年》）"兵一出而大功十二，故東夷、西戎、南蠻、北狄、中國諸侯，莫不賓服。"（《小匡》）

最後一例尤其值得注意——與"北夷"在先秦文獻中未見一例相映成趣，"東夷"則頻頻見於先秦文獻，較之"北狄"還要多得多。其見於《左傳》者即達10例，《國語》2例，《孟子》1例，《管子》1例，《韓非子》1例，《呂氏春秋》3例，共計18例。可見在春秋戰國時，東夷、北狄是區分得很清楚的。

2.《梁惠王下》《滕文公下》兩處均爲"東面而征，西夷怨；南面而征，北狄怨"，《盡心下》則或爲"南面而征，北狄怨；東面而征，西夷怨"，或爲"南面而征，北夷怨；東面而征，西夷怨"，前者較之《梁惠王下》《滕文公下》除顛倒前後兩組複句順序外，餘皆相同。由此亦可見作"北狄"較爲可據。

　　順便説一句,上文説先秦文獻中"東夷"較爲多見,而"西夷"卻只見於《孟子》一書。(195)

14.5 孟子曰:"梓匠輪輿能與人規矩,不能使人巧。"

【譯文】孟子説:"木工和專做車輪、車箱的人只能够把圓規矩尺〔的用法〕傳授給别人,卻不能够讓别人一定有技巧。"

14.6 孟子曰:"舜之飯糗茹草也①,若將終身焉;及其爲天子也,被袗衣②,鼓琴,二女果③,若固有之。"

【譯文】孟子説:"舜吃乾糧嚼野菜的時候,好像是要終身這樣了;等他做了天子,穿著麻葛單衣,彈著琴,堯的兩個女兒邊上侍候著,又好像這些本來就是他的了。"

【注釋】①飯糗(qiǔ)茹(rú)草:飯,吃飯。糗,乾飯。茹,吃。　②被(pī)袗(zhěn)衣:被,披在或穿在身上。袗衣,單衣。　③果(wǒ):就是《説文解字》的"婐",伺候的意思。

14.7 孟子曰:"吾今而後知殺人親之重也:殺人之父,人亦殺其父;殺人之兄,人亦殺其兄。然則非自殺之也,一間耳①。"

【譯文】孟子説:"我今天才知道殺戮别人親人有多嚴重了:殺了别人的父親,别人也就會殺他的父親;殺了别人的哥哥,别人也就會殺他的哥哥。那麽,〔父親和哥哥〕即使不是被自己殺掉的,但也只是差之毫釐了。"

【注釋】①一間(jiàn):意思是相距甚近。間,縫隙。《國語·晉語六》:"夫陣不違忌,一間也。"今湖南寧鄉俗語"只消粒米子嗑",與"一間耳"相仿佛。本章與《晉書·戴若思傳》"吾雖不殺伯仁,伯仁由我而死"義相彷彿。

14.8 孟子曰："古之爲關也，將以禦暴；今之爲關也，將以爲暴①。"

【譯文】孟子說："古代設立關卡是爲了防禦暴虐，今天設立關卡卻是爲了實行暴虐。"

【注釋】①將以禦暴、將以爲暴：將以之禦暴、將以之爲暴。之，指代上文的"爲關"。

14.9 孟子曰："身不行道，不行於妻子；使人不以道，不能行於妻子。"

【譯文】孟子說："本人不依道而行，要讓妻子兒女依道而行都做不到；使喚別人不合於道，要去使喚妻子兒女都做不到。"

14.10 孟子曰："周于利者凶年不能殺①，周于德者邪世不能亂。"

【譯文】孟子說："對利益考慮周全的人荒年不會喪生，在道德上周全的人亂世不會動搖。"

【注釋】①周于利者凶年不能殺：周於利者凶年不能殺之也。周，這裏指考慮周到周全。詳見本章《考證》。殺，殺之，使喪命。

【考證】周于利、周于德：

　　趙岐《注》："周達於利，營苟得之利而趨生，雖凶年不能殺之。周達於德，身欲行之，雖遭邪世，不能亂其志也。"焦循《正義》先申述"周"有"達"義，接著說："趙氏謂達於取利，則凡苟得之利，皆營求之，故雖凶荒之年，有心計足以趨生，故不死。不達於德則不能行，達而行之則志定，不爲邪世所亂。近時通解謂'周'爲偏帀，謂積蓄無少匱也。積於利，故不困於凶年；積於德，故不染於邪世。"朱熹《集注》："周，足也。言積之厚則用有餘。"楊伯峻《孟子譯注》從朱說，譯爲："財利富足的人災年都不受窘困，道德高尚的人亂世都不會迷亂。"以上,"周"釋爲"達",釋爲"足",釋爲"遍"(偏)。我們以爲釋爲"遍"或近之,釋爲"周全"較爲妥當。

《晏子春秋·外篇上》:"晏子曰:'公不能去(佞人讒夫之在君側者)也。'公忿然作色不説,曰:'夫子何少寡人之甚也!'對曰:'臣何敢撟也?夫能自周于君者,才能皆非常也。'"《韓非子·外儲説左上》:"子、父至親也,而或譙或怨者,皆挾相爲而不周於爲已也。"《管子·宙合》:"成功之術,必有巨獲,必周於德,審於時。"《淮南子·原道訓》:"所謂後者,……貴其周於數而合於時也。"《楚辭·離騷》:"雖不周於今之人兮。"王逸注:"周,合也。"釋爲"周全"較"合"爲妥當;"周"的周遍義抽象化而引申出周全義,也順理成章;尤其當"周"的賓語是抽象名詞如"德""利"或謂詞性成分如"爲己"時。(196)

14.11 孟子曰:"好名之人,能讓千乘之國;苟非其人,簞食豆羹見於色①。"

【譯文】孟子説:"珍惜名譽的人,可以把有千輛兵車國家的君位讓給他人;如果不是珍惜名譽的人,即便要他讓給他人一筐飯,一盤肉,一張臉也會拉得老長。"

【注釋】①好名之人……簞食豆羹見於色:珍惜名譽之人,不是指沽名釣譽者。非其人,和"好名之人"相反的人。詳見本章《考證》。

【考證】好名之人……簞食豆羹見於色:

趙岐《注》:"好不朽之名者,輕讓千乘,子臧、季札之儔是也。誠非好名者,爭簞食豆羹變色,訟之致禍,鄭子公染指黿羹之類也。"按:子臧、季札都是上古"清操厲冰雪"的高士;鄭子公即公子宋,爲偷嘗黿羹,最終殺了鄭靈公。

朱熹《四書章句集注》:"好名之人,矯情干譽,是以能讓千乘之國;然若本非能輕富貴之人,則於得失之小者,反不覺其真情之發見矣。蓋觀人不於其所勉,而於其所忽,然後可以見其所安之實也。"

楊伯峻《孟子譯注》:"好名的人可以把有千輛兵車國家的君位讓給別人,但是,若不是那受讓的對象,就是要他讓一筐飯,一盤肉,他那不高興神色都會在臉上表現出來。"

如上所列,這段話有兩處歧義,而第二處歧義又有三種講法:

1. 好名之人,究竟是"好不朽之名者"如子臧、季札之儔,還是將燕國私相授受的子噲之流?趙岐主張前者而朱熹主張後者,《孟子譯注》則於"好名之人"未加解釋與翻譯。

2. "苟非其人",是指苟非好名之人,則於簞食豆羹變乎色而致"訟之致禍"?還是好沽名釣譽之人,乃非真輕富貴者,於簞食豆羹之小小得失,反而慍現於色?抑或"非其人"指"受讓者"並非"好名之人"所願讓者?

按趙岐《注》,"其人"指"好名之人","非其人"指與"好名之人"相反的人。按朱熹《集注》,"非其人"與"其人"都指"好名之人"。按《孟子譯注》,"非其人"指所不願讓的人。

"好名之人",我們以爲趙岐《注》得之。《莊子·內篇·人間世》:"且昔者桀殺關龍逢,紂殺王子比干,是皆修其身以下傴拊人之民,以下拂其上者也,故其君因其修以擠之;是好名者也。"《管子·侈靡》:"擇其好名,因使長民;好而不已,是以爲國紀。"《韓非子·詭使》:"官爵所以勸民也,而好名義不進仕者,世謂之'烈士'。"《淮南子·齊俗訓》:"夫重生者不以利害己,立節者見難不苟免,貪祿者見利不顧身,而好名者非義不苟得。"

以上"好名""好名者",均指"好不朽""好不朽之名者";而先秦兩漢文獻中,我們未見"好名"指"矯情干譽"之例。

"苟非其人",我們亦從趙岐《注》。《周易·繫辭下》:"初率其辭而揆其方,既有典常。苟非其人,道不虛行。"孔穎達《正義》:"言若聖人,則能循其文辭,揆其義理,知其典常,是易道得行也。若苟非通聖之人,則不曉達《易》之道理,則《易》之道不虛空得行也。"孔《疏》理解"苟非其人"之"其人",與"初率其辭而揆其方"的主語爲同一人,這一理解與趙岐相同,即"其人"的"其"都回指前文的主語。後世類似文字,也是如此。如《後漢書·顯宗孝明帝紀》:"郎官上應列宿,出宰百里;有非其人,則民受其殃。"謂選錯了郎官,則民受其殃。(197)

14.12 孟子曰:"不信仁賢,則國空虛①;無禮義,則上下亂;無政事②,則財用不足。"

【譯文】孟子說:"不信任仁德賢能的人,那國家就會缺乏糧食;沒有禮義,上下的關係就會混亂;國政荒廢,國家的用度就會不夠。"

【注釋】①國空虛:指國內用度缺乏尤其是糧食缺乏。詳見本章《考證》(一)。　②無政事:沒有好政治,國政荒廢。詳見本章《考證》(二)。

【考證】(一)國空虛:

楊伯峻《孟子譯注》說:"空虛,其實際意義是什麼,很難揣測。朱熹《集注》云:'空虛言若無人然。'姑錄之供參考。"我們認爲,"空虛"指用度缺乏尤其是糧食缺乏,文獻中不乏其例。

《國語·吳語》:"今吳民既罷,而大荒薦饑,市無赤米,而囷鹿空虛,其民必移就蒲蠃於東海之濱。"《荀子·富國》:"不知節用裕民則民貧,民貧則田瘠以穢,田瘠以穢則出實不半。上雖好取侵奪,猶將寡獲也。而或以無禮節用之,則必有貪利糾譑之名,而且有空虛窮乏之實矣。"《晏子春秋·內篇諫下》:"景公春夏游獵,又起大臺之役。晏子諫曰:'春夏起役,且游獵,奪民農時,國家空虛,不可。'"《呂氏春秋·審應覽》:"圍邯鄲三年而弗能取,士民罷潞,國家空虛,天下之兵四至,衆庶誹謗,諸侯不譽。"《韓非子·安危》:"齊萬乘也,而名實不稱,上空虛於國,內不充滿於名實,故臣得奪主。"《外儲說右下》:"府庫空虛於上,百姓貧餓於下,然而姦吏富矣。"《管子·八觀》:"民偷處而不事積聚,則囷倉空虛。如是而君不爲變,然則攘奪、竊盜、殘賊、進取之人起矣。內者廷無良臣,兵士不用,囷倉空虛,而外有彊敵之憂,則國居而自毀矣。"《重令》:"民不務經產,則倉廩空虛,財用不

足。……倉廩空虛,財用不足,則國毋以固守。"《戰國策·魏一》:"楚雖有富大之名,其實空虛。"(198)

(二)無政事:

趙岐《注》:"無善政以教人農時,貢賦則不入,故財用不足。"朱熹《集注》:"生之無道,取之無度,用之無節故也。"焦循《正義》:"賦出於農,不教人農時,則田野荒蕪,水旱無備,故貢賦不入也。"楊伯峻《孟子譯注》:"沒有好的政治,國家的用度就會不夠。"顯然,是採用趙岐"無善政"的説法。

"無政事"從字面上看,就是沒有政事的意思,怎麼會有"無善政"之意呢? 鑒於先秦文獻中僅此一例"無政事",且未見"有政事",我們只得另闢蹊徑。

《論語·子路》:"冉子退朝。子曰:'何晏也?'對曰:'有政。'子曰:'其事也。如有政,雖不吾以,吾其與聞之。'"楊伯峻先生譯爲:"冉有從辦公的地方回來。孔子道:'爲什麽今天回得這樣晚呢?'答道:'有政務。'孔子道:'那只是事務罷了。若是有政務,雖然不用我了,我也會知道的。'"

可見,"政"和"事"是同義詞(同義詞中等義詞極爲罕見,一般都是近義詞,"政""事"自然也是近義詞,其意義相近卻有區別),《孟子》中的"政事"屬於同義詞連用。以下書證也可以證明這一點:

"問罷病之故,政事之失,刑罰之尤,哀樂之尤,賓客之盛,用度之費,及關市之征,山林之匱,田宅之荒,溝渠之害,怠墮之過,驕頑之虐,水旱之災。"(《逸周書·大匡解》)"其禮俗政事教治刑禁之逆順爲一書,其悖逆暴亂作慝猶犯令者爲一書,其札喪凶荒厄貧爲一書,其康樂和親安平爲一書。"(《周禮·秋官司寇》)"夫祭有十倫焉:見事鬼神之道焉,見君臣之義焉,見父子之倫焉,見貴賤之等焉,見親疏之殺焉,見爵賞之施焉,見夫婦之別焉,見政事之均焉,見長幼之序焉,見上下之際焉。"(《禮記·祭統》)

第一例:"罷病""刑罰""哀樂""賓客""關市""山林""田宅""溝

渠""怠墮""驕頑""水旱"均爲同義詞或反義詞連用,"政事"也是如此。第三例:"鬼神""君臣""父子""貴賤""親疏""爵賞""夫婦""長幼""上下"也都是同義詞或反義詞連用,"政事"與之類似。

然則,我們可以通過對同時代文獻中較常出現的"政事"和"無政"意義的歸納,來探討"無政事"究竟是何意義。

1. "王者之等賦、政事,財萬物,所以養萬民也。"(《荀子·王制》)"政事亂則冢宰之罪也。"(同上)"教訓不善,政事其不治,一再則宥,三則不赦。"(《管子·小匡》)"唯聖人不爲歲,能知滿虛,奪餘滿,補不足,以通政事,以贍民常。"(《侈靡》)

以上書證說明,好的統治者應勤於政事,"政事不治""三則不赦"。將本章與《管子·小匡》比較,可知"無政事"約等於"政事其不治"。

2. "四國無政,不用其良。"(《詩經·小雅·十月之交》,程俊英《詩經譯注》:"到處没有好政治,賢臣良才全不要。"陳子展《詩經直解》:"四方諸國没有善政,不用他們的忠良之臣。")"鄭徐吾犯之妹美,公孫楚聘之矣,公孫黑又使强委禽焉。犯懼,告子産。子産曰:'是國無政,非子之患也。'"(《左傳·昭公元年》,沈玉成《左傳譯文》:"鄭國徐吾犯的妹妹很漂亮,公孫楚已經聘她爲妻,公孫黑又派人硬送去聘禮。徐吾犯害怕,告訴子産。子産說:'這是國家政事混亂,不是您的憂患。'")"攜乃爭,和乃比。比事無政,無政無選,無選民乃頑。"(《逸周書·程典解》,黄懷信《逸周書校補注譯》:"上司不公平,下屬就相爭;上司有偏私,下屬就結黨。結黨害政,政害就不能產生選士。没有選士,百姓就會兇頑。")"萬乘之國,兵不可以無主;土地博大,野不可以無吏;百姓殷衆,官不可以無長;操民之命,朝不可以無政。"(《管子·權脩》)"朝無政,則賞罰不明。"(《七法》)

諸家譯"無政"爲"没有好政治""没有善政""政事混亂""害政",故而"朝不可以無政",無政"則賞罰不明"。如前所述,"政事"爲"政"和"事"同義詞連用,故而"無政事"大約等同於"無政";又,上文言,

"無政事"約等於"政事其不治"。因而,楊伯峻先生將"無政事"譯爲"沒有好的政治",也是對的。我們則結合趙岐《注》"無善政以教人農時",譯之爲"國政荒廢"。(199)

14.13 孟子曰:"不仁而得國者,有之矣;不仁而得天下者,未之有也。"

【譯文】孟子説:"不行仁道卻能得到國家的,有這樣的事;不行仁道卻能得到天下的,從没有這樣的事。"

14.14 孟子曰:"民爲貴,社稷次之①,君爲輕。是故得乎丘民而爲天子②,得乎天子爲諸侯,得乎諸侯爲大夫。諸侯危社稷,則變置③。犧牲既成,粢盛既絜,祭祀以時,然而旱乾水溢,則變置社稷。"

【譯文】孟子説:"百姓最爲重要,國家政權次之,君主最輕。所以得到百姓的歡心便做天子,得到天子的歡心便做諸侯,得到諸侯的歡心便做大夫。諸侯危害國家政權,那就廢立他。犧牲既已肥壯,祭品又已清潔,祭祀也按時進行,這樣做了,依然還遭受旱災水災,那就改立土穀之神。"

【注釋】①社稷:土神和穀神,引申指國家、政權。這一"社稷"指後者,下文"諸侯危社稷"的"社稷"也指後者,"變置社稷"的"社稷"則指前者。詳見本章《考證》。 ②丘民:衆民。丘,古代比"邑"大的行政單位,故有"衆"義。 ③變置:改立。

【考證】社稷次之:

趙岐《注》:"君輕於社稷,社稷輕於民。"朱熹《集注》:"社,土神。稷,穀神。建國則立壇壝以祀之。蓋國以民爲本,社稷亦爲民而立,而君之尊,又係於二者之存亡,故其輕重如此。"朱《注》爲楊伯峻《孟子譯注》所本,而譯本章爲:"孟子説:'百姓最爲重要,土穀之神爲次,君主爲輕。所以得著百姓的歡心便做天子,得著天子的歡心便做諸侯,得著諸侯的歡心便做大夫。諸侯危害國家,那就改立。犧牲既已肥壯,祭品又已潔淨,也依一定時候致祭,但是還遭受旱災水災,那就改立土穀之神。"也即,第一個"社稷",《孟子譯注》譯爲"土穀之神",第二個"社稷"譯爲"國家",第三個"社稷"又譯爲"土穀之神"。

《王力古漢語字典》:"社稷,社神和稷神,即土神和穀神。引申指國家、政權。"

按,《孟子》書中出現 6 次"社稷",除本章 3 次外,分別爲《離婁上》:"天子不仁,不保四海;諸侯不仁,不保社稷;卿大夫不仁,不保宗廟;士庶人不仁,不保四體。"該章趙、朱均未注,《孟子譯注》譯其三、四句爲:"諸侯如果不仁,便不能保持他的國家。"《盡心上》:"有事君人者,事是君則爲容悅者也;有安社稷臣者,以安社稷爲悅者也;有天民者,達可行於天下而後行之者也。"趙岐《注》:"忠臣志在安社稷而後悅也。"朱《集注》:"言大臣之計安社稷。"《孟子譯注》譯其三、四句爲:"有安定國家之臣,那是以安定國家爲高興的人。"以上兩章的"社稷"都指國家或政權。

《論語》中有 2 例"社稷"。《季氏》:"夫顓臾,昔者先王以爲東蒙主,且在邦域之中矣,是社稷之臣也。何以伐爲?"何晏《集解》引孔安國説:"已屬魯,爲社稷之臣,何用滅之爲?"朱熹《集注》:"社稷,猶言'公家'。"《先進》:"有民人焉,有社稷焉,何必讀書,然後爲學?"何晏《集解》引孔安國説:"言治民事神,於是而習之,亦學也。"朱熹《集注》:"言治民事神皆所以爲學。"故《論語譯注》譯爲:"那地方有老百姓,有土地和五穀,爲什麼定要讀書才叫做學問呢?"

綜上可知,當"社稷"指國家、政權時,古代注家要麼不出注(如《孟子·離婁上》),要麼出注而直書"社稷"而未予解釋(如《孟子·盡心上》趙岐《注》、朱熹《集注》,《論語·季氏》何晏《集解》引孔安國説),要麼釋"社稷"爲"公家"(如朱熹注《季氏》"社稷之臣")。而當"社稷"指"土穀之神"時,無論何晏《集解》引孔安國説,還是朱熹《集注》,都解釋"社稷"爲"神"。

以此例彼,本章3處"社稷",第一處即"社稷次之",趙岐直書"社稷",並未釋之爲"神";朱熹《集注》則注明"社,土神。稷,穀神",這顯示趙、朱有分歧,趙釋"社稷"爲國家、政權而朱釋爲土穀之神。第二處"諸侯危社稷",趙岐《注》:"諸侯爲危社稷之行。"朱熹《集注》:"諸侯無道,將使社稷爲人所滅。"則顯示趙、朱一致將這一"社稷"理解爲國家、政權。第三處"則變置社稷",趙岐《注》:"祭祀社稷,常以春秋之時。然而其國有旱乾水溢之災,則毁社稷而更置也。"朱熹《集注》:"祭祀不失禮,而土穀之神不能爲民禦災捍患,則毁其壇壝而更置之。"這顯示趙、朱又一致將這一"社稷"理解爲土穀之神。

綜上,本章的第一處"社稷",趙岐理解爲國家、政權,而朱熹理解爲土穀之神。

鑒於本章在觀念史、思想史中極爲重要,因此有必要對"社稷次之"加以辨析。

上引《孟子·盡心上》也與本章一樣"民""社稷""君"並舉,其中"社稷"趙岐、朱熹均直書"社稷"而未予解釋。以此例彼,本章"社稷"也當如此,是本章"社稷"也當指國家、政權。

我們不妨到與《孟子》大致同一時代的典籍《左傳》《國語》中找尋類似文例(《左傳》杜預《注》、《國語》韋昭《注》均不注釋"社稷"),看有無規律可循:

"鄭莊公於是乎有禮。禮,經國家,定社稷,序民人,利後嗣者也。"(《左傳·隱公十一年》,沈玉成《左傳譯文》:"禮,是治理國家,安定社稷,使百姓有序,使後代有利的工具。")

"社稷有主而外其心,其何貳如之?苟主社稷,國內之民其誰不爲臣?"(《莊公十四年》,沈譯一、三句:"國家有君主……如果主持國家。")

"君能有終,則社稷之固也。"(《宣公二年》,沈譯:"君王能夠有個好結果,那就是國家的保障了。")

"臣聞之,君能制命爲義,臣能承命爲信,信載義而行之爲利。謀不失利,以衛社稷,民之主也。"(《宣公十五年》,沈譯後三句:"謀劃不失去利益,以保衛國家,就是百姓的主人。")

"二國圖其社稷,而求紓其民。"(《成公三年》,沈譯:"兩國爲自己的國家打算,希望讓百姓得到平安。")

"先君之嗣卿也,受命以求師,將社稷是衛,而惰,棄君命也。"(《成公十三年》,沈譯:"作爲先君的嗣君,接受命令而來請求出兵,打算保衛國家,但卻怠惰,這是丢掉了國君的命令。")

"孤以社稷之故,不能懷君。"(《襄公十一年》,沈譯:"孤由於國家的緣故,不能懷念君王了。")

"君之暴虐,子所知也。大懼社稷之傾覆。"(《襄公十四年》,沈譯:"國君的暴虐,這是您所知道的。我很害怕國家的傾覆。")

"寡君使瘠,聞君不撫社稷,而越在他竟。"(同上,沈譯:"寡君派遣瘠,聽説君王失去了國家而流亡在别國境内。")

"夫君,神之主而民之望也。若困民之主,匱神乏祀,百姓絶望,社稷無主,將安用之?弗去何爲?天生民而立之君,使司牧之,勿使失性。"(同上,沈譯:"社稷無主"爲"國家没有主人"。)

"君死,安歸?君民者,豈以陵民?社稷是主。臣君者,豈爲其口實,社稷是養。故君爲社稷死,則死之;爲社稷亡,則亡之。"(《襄公二十五年》,沈譯:"國君死了,回到哪兒去?作爲百姓的君主,難道是用他的地位來踞於百姓之上?應當主持國政。作爲君主的臣下,難道是爲了他的俸禄?應當保護國家。所以君主爲國家而死,那麼也就爲他而死;爲國家而逃亡,那麼也就爲他而逃亡。")

"嬰所不唯忠於君、利社稷者是與,有如上帝!"(同上,沈譯:"嬰如果不親附忠君利國的人,有天帝爲證!")

"宋之盟,君命將利小國,而亦使安定其社稷,鎮撫其民人。"(《襄公二十八年》,沈譯:"在宋國的那次結盟,貴國君王的命令將要有利於小國,而也使小國安定它的社稷,鎮撫它的百姓。")

"吾不忘先君之好,將使衡父照臨楚國,鎮撫其社稷,以輯寧爾民。"(《昭公七年》,沈譯:"我不忘記先君的友好,將要派衡父光臨楚國,鎮定安撫國家,將要使百姓安寧。")

"孤與其二三臣悼心失圖,社稷之不皇,況能懷思君德?"(同上,沈譯:"孤和手下的幾個臣子中心搖擺失掉了主意,治理國家尚且不得閒空,哪裏還能夠懷念您的恩澤?")

"侯主社稷,臨祭祀,奉民人,事鬼神,從會朝,又焉得居?"(同上,沈譯:"國君主持國家,親臨祭祀,奉養百姓,事奉鬼神,參加會見朝覲,又哪裏能待著?")

"亡人不佞,失守社稷,越在草莽,吾子無所辱君命……君若惠顧先君之好,昭臨敝邑,鎮撫其社稷,則有宗祧在。"(《昭公二十年》,沈譯:"逃亡的人沒有才能,失守了國家,墜落在雜草叢中,沒有地方可以讓您執行君王的命令……君王如果照顧到先君的友好,光照敝邑,鎮撫安定我們的國家,那麼有宗廟在那裏。")

"公衍、公爲實使群臣不得事君。若公子宋主社稷,則群臣之願也。凡從君出而可以入者,將唯子是聽。"(《定公元年》,沈譯:"公衍、公爲實在讓臣下們不能事奉國君,如果讓公子宋主持國家,那是臣下們的願望。凡是跟隨國君出國的誰可以回國,都將由您的命令決定。")

"寡君失守社稷,越在草莽。"(《定公四年》,沈譯:"寡君失守國家,遠在雜草叢林之中。")

"所以事君,封疆社稷是以,敢以家隸勤君之執事?"(《定公十年》,沈譯:"我們所以事奉君王,是爲了國家疆土的安全,豈敢爲了家臣而勤勞執事?")

"郢不足以辱社稷,君其改圖。"(《哀公二年》,沈譯:"郢不足以有辱國家,您還是改變主意爲好。")

"天所崇之子孫,或在畎畝,由欲亂民也。畎畝之人,或在社稷,由欲靖民也。"(《國語‧周語下》)

"國君好艾,大夫殆;好內,適子殆,社稷危。"(《晉語一》)

"君若惠顧社稷,不忘先君之好,辱收其逋遷裔冑而建立之,以主其祭祀,且鎮撫其國家及其民人,雖四鄰諸侯之聞之也,其誰不儆懼於君之威,而欣喜於君之德?"(《晉語二》)

"一臣可以赦百姓而定社稷,君何愛於臣也?"(《晉語四》)

"豹也受命於君,以從諸侯之盟,爲社稷也。"(《晉語八》)

以上 26 例爲"社稷"指國家、政權者,以下 5 例爲"社稷"指土穀之神者:

"鄧侯曰:'人將不食吾餘。'對曰:'若不從三臣,抑社稷實不血食,而君焉取餘?'"(《左傳·莊公六年》,沈譯第二句爲"土地五穀的神靈就得不到祭享"。)

"苟先君無廢祀,民人無廢主,社稷有奉,國家無傾,乃吾君也,吾誰敢怨?"(《襄公二十七年》,沈譯:"如果先君沒有廢棄祭祀,百姓沒有廢棄主子,土地和五穀之神得到奉獻,國家和家族沒有顛覆,他就是我的國君,我敢怨恨誰?")

"魯君世從其失,季氏世修其勤,民忘君矣。雖死於外,其誰矜之?社稷無常奉,君臣無常位,自古以然。"(《昭公三十二年》,沈譯:"魯國的國君世世代代放縱安逸,季氏世世代代勤勤懇懇,百姓已經忘記他們的國君了。即使死在國外,有誰去憐惜他?社稷沒有固定的祭祀者,君臣沒有固定不變的地位,自古以來就是這樣。")

"加之以社稷山川之神,皆有功烈於民者也。"(《國語·魯語上》)

"天既降禍於吳國,不在前後,當孤之身,寔失宗廟社稷,凡吳土地人民,越既有之矣,孤何以視於天下!"(《吳語》)

以上僅 5 例,就比例看,26∶5>5∶1;即"社稷"之用爲指國家政權,在比例上遠高於它指土穀之神。在"社稷"指土穀之神的 5 例中,《左傳·莊公六年》一例爲"社稷不血食"(土地五穀的神靈得不到祭享),《襄公二十七年》一例爲"社稷有奉"(土地和五穀之神得到奉獻),《昭公三十二年》一例爲"社稷無常奉"(社稷沒有固定的祭祀者),

《國語·魯語上》一例爲"社稷山川之神",《吴語》一例爲"宗廟社稷",其上下文都與祭祀神靈有關,這是"社稷"之釋爲土穀之神的條件。

而本章第一處"社稷"並不具備以上5例的條件,自應歸入上引26例"社稷"指國家政權之列,當從趙岐《注》。(200)

14.15 孟子曰:"聖人,百世之師也,伯夷、柳下惠是也。故聞伯夷之風者,頑夫廉,懦夫有立志;聞柳下惠之風者,薄夫敦,鄙夫寬。奮乎百世之上,百世之下,聞者莫不興起也。非聖人而能若是乎?——而況於親炙之者乎?"

【譯文】孟子説:"聖人是百代的老師,伯夷和柳下惠便是這樣。所以聽到伯夷風操的人,貪得無厭的人也清廉起來了,懦弱的人也想著要獨立不移了;聽到柳下惠風操的人,刻薄的人也敦厚起來了,胸襟狹小的人也寬大起來了。他們在百代以前發奮有爲,而百代之後,聞知這風操的人没有不奮發鼓舞的。不是聖人,能夠做到這樣嗎?〔百代以後還能如此,〕何況是親自接受薰陶的人呢?"

14.16 孟子曰:"仁也者,人也①。合而言之,道也。"

【譯文】孟子説:"'仁'的意思就是'人','人'和'仁'合起來説,就是'道'。"

【注釋】①仁也者,人也:古音"仁"與"人"相同。《中庸》也説:"仁者,人也。"

14.17 孟子曰:"孔子之去魯,曰:'遲遲吾行也,去父母國之道也。'去齊,接淅而行——去他國之道也。"

【譯文】孟子説:"孔子離開魯國,説:'我們慢慢走吧,這是離開祖國的態度。'離開齊國,便不等把米淘完瀝乾就走——這是離開別國的態度。"

14.18 孟子曰:"君子之戹於陳蔡之間①,無上下之交也。"

【譯文】孟子説:"孔子被困在陳國、蔡國之間,是由於與兩國君臣没有交往的緣故。"

【注釋】①君子之戹(è)於陳蔡之間:君子指孔子,《論語・衛靈公》:"在陳絶糧,從者病,莫能興。"即是此事。戹,即"厄""阨"。趙岐《注》:"孔子所以戹於陳、蔡之間者,其國君臣皆惡,上下無所交接,故戹也。"

14.19 貉稽曰①:"稽大不理於口②。"孟子曰:"無傷也。士憎兹多口。《詩》云:'憂心悄悄,愠于羣小③。'孔子也。'肆不殄厥愠,亦不殞厥問④。'文王也。"

【譯文】貉稽説:"我被人家説得很壞。"孟子説:"没有關係。士人討厭這種多嘴多舌。《詩經》説過:'煩惱沉沉壓在心,小人當我眼中釘。'這是形容孔子一類的人。又説:'狄人怒火正熊熊,文王聲望懸天中。'這是説的文王。"

【注釋】①貉稽:姓貉名稽的一位官員。 ②不理於口:即不順於他人之口。 ③憂心兩句:見《詩經・邶風・柏舟》。悄(qiǎo)悄,憂愁貌。羣,即"群"字。 ④肆不殄(tiǎn)兩句:見《詩經・大雅・綿》。肆,故,所以。殄,滅絶。厥,那個,這裏指狄人。愠,惱怒,怨恨。殞(yǔn),落,墜落。問,鄭玄《箋》以爲"聘問"義,孟子卻以爲通"聞"(wèn),聲譽。

14.20 孟子曰:"賢者以其昭昭使人昭昭,今以其昏昏使人昭昭①。"

【譯文】孟子説:"賢人一定會用自己的明白來讓别人明白,現在有些人自己還模模糊糊,卻企圖讓别人明白。"

【注釋】①昏昏:同"昏昏",糊塗,昏亂。

14.21 孟子謂高子曰："山徑之蹊①,間介然用之而成路②;爲間不用③,則茅塞之矣。今茅塞子之心矣。"

【譯文】孟子對高子說："山谷裏的小道,時不時去走走,它就變成了一條路;只要有一段時間不去走它,又會被茅草堵塞了。現在茅草也把你的心也給堵塞了。"

【注釋】①山徑之蹊(xī):徑,通"陘"(xíng),山谷。《說文》"陘,谷也。"揚雄《法言》:"山陘之蹊,不可勝由矣。"此邵永海先生之說,見邵著《讀古人書之〈孟子〉》第 243 頁。蹊,小路。詳見本章《考證》。 ②間介然用之而成路:間介然,時不時地,持續不斷地。路,較大的路。詳見本章《考證》。 ③爲間:即"有間",有一段時間之意。

【考證】山徑之蹊間介然用之而成路:

這段話有兩種句讀:"山徑之蹊間,介然用之而成路"(中華書局《孟子正義》和《四書章句集注》)"山徑之蹊,間介然用之而成路"(楊伯峻《孟子譯注》)。

趙岐《注》:"山徑,山之領。有微蹊介然,人遂用之不止,則蹊成爲路。"朱熹說:"徑,小路也。蹊,人行處也。介然,倏然之頃也。用,由也。路,大路也。"從趙《注》和朱熹所云,看不出他們傾向於哪一句讀。

楊伯峻先生則說:"《荀子·修身篇》云:'善在身,介然必以自好也。'此'間介然'當與《荀子》之'介然'同義,都是意志專一而不旁騖之貌。趙岐《注》似以'介然'屬上讀,今不從。"按,若讀趙岐《注》爲"有微蹊,介然人遂用之不止",則與"介然"一般位於主語之後謂語之前的規律(如下引《老子·五十三章》)不符。可知當讀爲"有微蹊介然,人遂用之不止"。但從先秦兩漢文獻中"介然"的文例來看,似乎"介然"屬下讀較爲有據:

《老子·五十三章》:"使我介然有知,行於大道,唯施是畏。"《荀子·修身》:"善在身,介然必以自好也。"《鹽鐵論·雜論》:"九江祝生奮由路之意,推史魚之節,發憤懣,刺譏公卿,介然直而不撓,可謂不畏強禦矣。"《漢書·律曆志》:"銅爲物之至精,不爲燥溼寒暑變其節,不爲風雨暴露改其形,介然有常,有似於士君子之行。"《傅喜傳》:"雖與故定陶太后有屬,終不順指從邪,介然守節,以故斥逐就國。"

我們之從楊伯峻先生讀爲"山徑之蹊,間介然用之而成路",而放棄讀爲"山徑之蹊間,介然用之而成路"(見《孟子新注新譯》北京大學出版社 2017 年),一是因爲"蹊"之後,無論從意義上,還是從書證上看,都不必接一"間"字:凡"N 間"者,均指兩或多 N 之間,如人間、民間、草間、葦間、乳間等等均是,而"蹊間"不具備"兩或多"的意義特徵。

二是未見一例"蹊間"書證。我們倒是見到"之蹊"的書證如下:"是以委肉當餓虎之蹊,禍必不振矣。"(《戰國策·燕三》)"投一寸之鍼,布一丸之艾於血脈之蹊,篤病有瘳。"(《論衡·順鼓》)"以已至之瑞,效方來之應,猶守株待兔之蹊,藏身破置之路也。"(《宣漢》)"趙、中山帶大河,纂四通神衢,當天下之蹊,商賈錯於路,諸侯交於道。"(《鹽鐵論·通有》)"匈奴輕舉潛進,以襲空虛,是猶不介而當矢石之蹊,禍必不振。"(《和親》)

三是讀爲"山徑之蹊間","之"字多餘。詳言之,"之"在這類句子中,起和諧韻律作用(參見 13.25《考證》〔二〕,如"間"前爲雙音節的詞或短語,則加"之",如"陳蔡之間""天地之間""父子之間";如"間"前爲單音節的詞,則不加"之",如"民間""草間""乳間"),故要麼讀爲"山徑之蹊",如上引"血脈之蹊""天下之蹊""矢石之蹊",要麼讀爲"山徑蹊間",如《離婁下》"東郭墦間",而一般不讀爲"山徑之蹊間"。

四是"間""介"可以互訓。《左傳·襄公九年》"天禍鄭國,使介居二大國之間"、《三十年》"以介於大國"、《三十一年》"以敝邑褊小,介於大國"之杜預注,均爲"介,猶'間'也"。如將此二字分屬上下讀,則未免太過巧合,特別是在從未見"蹊間"書證的情況之下。

五是《孟子》中常有同義詞連用之例,如"兵革非不堅利也,米粟非不多也"(《公孫丑下》)之"兵革""米粟"。參見 2.4－3《考證》(二)、7.13《考證》。

　　六是東漢馬融《長笛賦》:"惟籦籠之奇生兮,于終南之陰崖,託九成之孤岑,臨萬仞之石溪,是以閒介無蹊,人迹罕到,猨蜼晝吟,鼯鼠夜叫。"這裏的"閒介無蹊"顯然是用《孟子》典故,似乎説明漢人是讀爲"閒介然"的。又《南齊書·東昏侯傳》云:"征東將軍忠武奮發……可潛遣閒介,密宣此旨。"

　　七是此"閒介然用之"似與下句"爲閒不用"相呼應。

　　當然,我們的以上論證,尚未做到完全排除讀作"山徑之蹊間,介然用之而成路"的可能;尤其是是否存在"同義詞連用＋然"之例,尚待證明。(201)

14.22 高子曰:"禹之聲尚文王之聲①。"孟子曰:"何以言之?"曰:"以追蠡②。"曰:"是奚足哉?城門之軌,兩馬之力與③?"

【譯文】高子説:"禹的音樂勝過文王的音樂。"孟子説:"爲什麽這樣説呢?"答道:"因爲禹傳下來的鐘鈕都快斷了。"孟子説:"這個哪能够證明呢?城門下車跡那樣深,難道只是拉車的馬的力量所致嗎?〔那是由於日子長久車馬經過多的緣故。禹的鐘鈕要斷了,也是由於日子長久了的緣故呢。〕"

【注釋】①禹之聲尚文王之聲:尚,同"上";禹之聲上於文王之聲,禹的音樂超過文王的音樂。　②追蠡(lí):追,就是鐘紐(鈕),即古鐘懸掛之處;舊讀 duī。蠡,要斷而未斷的樣子。　③兩馬:大夫所乘車用兩匹馬。

14.23 齊饑。陳臻曰:"國人皆以夫子將復爲發棠①,殆不可復。"孟子曰:"是爲馮婦也②。晉人有馮婦者,善搏虎③。卒爲善,士則之④。野有衆逐虎⑤,虎負嵎,莫之敢攖⑥。望見馮婦,趨而迎之，馮婦攘臂下車，衆皆悦之，其爲士者笑之。"

【譯文】齊國遭了饑荒，陳臻對孟子説："國内的人都以爲老師會再次勸告齊王打開棠地的倉庫來賑濟災民，大概不可以再勸一次吧。"孟子説："再勸一次就成馮婦了。晉國有個人叫馮婦的，善於捕捉老虎。後來變好了，〔不再打虎了，〕士人都以他爲榜樣。有次野地裏有許多人正追逐老虎。老虎背靠著山角，没有人敢於去觸犯牠。這些人望見馮婦了，便快步向前去迎接。馮婦也就擼起袖子，伸出胳膊，走下車來。在場的人都喜歡他，可是當地的士人都譏笑他。"

【注釋】①發棠：發，開倉賑濟。棠，地名，今山東即墨市區之南八十里有甘棠社。　②馮婦：馮，姓。婦，名。　③搏：以動物爲賓語時，爲"捕"的古字。　④則：取法，以……爲榜樣。　⑤卒爲善士則之野有衆逐虎：這句話又斷爲"……卒爲善士。則之野，有衆逐虎……"我們斷句的理由，詳見本章《考證》。　⑥莫之敢攖（yīng）：可理解爲"莫敢攖之"。因爲該句有"莫"字，是個否定句；而在上古漢語的否定句中，代詞作賓語一般是位於動詞之前的。攖，觸犯。

【考證】卒爲善士則之野有衆逐虎：

這段話一般斷作"（晉人有馮婦者，善搏虎。）卒爲善士。則之野，有衆逐虎……"依據的是趙岐《注》："馮，姓。婦，名也。勇而有力，能搏虎。卒，後也。善士者，以善搏虎有勇名也，故進之以爲士。之於野外，復見逐虎者。"

宋代劉昌詩《蘆浦筆記》提出異議説："余味此段之言，恐合以'卒爲善'爲一句，'士則之'爲一句，'野有衆逐虎'爲一句。蓋有搏虎之勇而卒能爲善，故士以爲則；及其不知止，則士以爲笑也。"宋代周密《志雅堂雜鈔》也説："一本以'善'字'之'字點句，前云'士則之'，後云'其爲士者笑之'，文義相屬，於《章旨》亦合。"

閻若璩《釋地又續》則説："古人文字，叙事未有無根者。惟馮婦之野，然後衆得望見馮婦。若如宋周密斷'士則之'爲句，'野'字遂屬下，野但有衆耳，何由有馮婦來？此爲無根。"

聚訟紛紜,迄未一是,故楊樹達《古書句讀釋例》將其列入"兩讀皆可通"之例。

但是,不管是贊成第二種句讀的劉昌詩、周密、楊慎、李豫亨,還是反對第二種句讀而主張維持第一種句讀的閻若璩,都是從"文氣"上找根據,而俞樾《古書疑義舉例》列有"古人行文不嫌疏略例"和"舉此以見彼例"等項,楊樹達《古書疑義舉例續補》也列有"省句例"等項,故僅從"文氣"求之,似不可據。定要講求文氣,則常顧此失彼。因而楊樹達先生說:"閻說固是,然如其說,則'其爲士者笑之''士'字亦無根矣。"(《古書句讀釋例》)

我們認爲所謂"二說皆可通""數說皆可通"乃限於當時條件不能辨別究竟何者才可"通"之故,其中絶大多數均可證明只有其中一解可通。剩餘的極少數必須是經過對二者全面考察,在共時層面確實都文從字順,才確確實實是"二說皆可通"。所謂全面考察,當然是從語言系統内部加以考察。

具體到此例,著者曾發表一文於武漢大學《人文論叢》雜志1999年卷,名爲"《孟子》疑難句讀辨析一例"(又載於著者論文集《滄海一粟——漢語史窺管集》,復旦大學出版社),主張應讀爲"晉人有馮婦者,善搏虎。卒爲善,士則之。野有衆逐虎……",其理由撮要如下:

1. "則"連接句與句,是指連接分句與分句,而分句之間一般用逗號隔開。我們在楊伯峻《孟子譯注》中所統計的連接分句的222例"則",除"不摟,則不得妻;則將摟之乎?"(《告子下》)的"則"前爲分號外,221例"則"前均爲逗號。而"……卒爲善士。則之野,有衆逐虎……"中的"則"並非如此。所以趙岐的注文中"則"字不見了蹤影:"……之於野外,復見逐虎者……"所以這裏的"則"不是連接複句的兩個分句,而是連接互不相屬的兩個句子,而後者無需"則"來連接;也即,連接互不相屬的兩個句子,不是"則"的功能。由此,可知這一句讀窒礙難通。

2. 如讀爲"……卒爲善士。則之野,有衆逐虎……","之"則爲"到……去"義。"之"與"適"的區別是,前者有方向性而後者無之。也即,前者不能以"郊""野"這些不能體現方向性的詞作賓語。在《孟子》及與《孟子》大致屬於同一時代的《墨子》《莊子》(不含《雜篇》)《荀子》《韓非子》等4種古籍中,用作動詞,訓"往"並帶有賓語的"之"字共有57例。其中47例,都是具體的國名、地名及人物。在這47例中,"之"的語義特徵都具有明確的目的性、方向性。

包含在47例中的《孟子·離婁下》的"之祭者""之他"乃是"齊人"已"之東郭墦間"後的行爲,那麼"祭者"和"他"——其他祭者,都是近距離的可以望見的具體人物,與"適"的賓語"諸侯""小國""仇國"這類説話時並無具體所指的賓語自有所不同。

其餘10例,見於《莊子》的有4例:《逍遥遊》"奚以之九萬里而南爲"、《天地》"諄芒將東之大壑,適遇苑風於東海之濱。苑風曰:'子將奚之?'曰:'將之大壑。'"前者的"九萬里"因無方向性,故以"而南"補充。後者既已言"東之大壑"在先,故後句逕言"將之大壑"。見於《韓非子》的6例,與見於《莊子》的類似,不贅。

許多人主張"之"和"適"是同一個詞的兩種寫法。其實,除了該二字所帶賓語的有無方向性的區別外,它們在分佈上也没有互補性。二者不但出現在同一書中,有的甚至出現在同一篇中。如《莊子·内篇·逍遥遊》:"蜩與學鳩笑之曰:'……奚以之九萬里而南爲?'適莽蒼者,三飡而反,腹猶果然;適百里者,宿舂糧;適千里者,三月聚糧。"二字上古音也並不十分相近。

以上兩點,可證讀爲"……卒爲善士。則之野,有衆逐虎……"在《孟子》成書時代的語言中,是扞格難通的。

3. 讀爲"(晉人有馮婦者,善搏虎。)卒爲善,士則之。野有衆逐虎……",没有任何問題。a."爲善"在《孟子》中出現11次,"善士"只有7次,且集中出現於《萬章下》第八章:"一鄉之善士,斯友一鄉之善士;一國之善士,斯友一國之善士;天下之善士,斯友天下之善士。以友天下之善士爲未足，又尚論古之人。"b. "則之"見於《左傳》《論語》等書，如《左傳·昭公六年》"匹夫爲善，民猶則之"，與"卒爲善，士則之"極爲相似。c. 與"野有衆逐虎"類似者如："郊關之内有囿方四十里。"（《孟子·梁惠王下》）"藐姑射之山有神人居焉。"（《莊子·内篇·逍遙遊》）

因此，"……卒爲善，士則之。野有衆逐虎……"之出現在《孟子》成書時代的語言中，是文從字順，没有問題的。

近讀臺灣梅廣《上古漢語語法綱要》（臺灣三民書局2015年），他在《導言》第三節《語法分析與古書閲讀》之第一點《斷句》的第二小點《數讀中的真讀》列有二例，其中第二例即爲《〈孟子〉"晉人有馮婦者"》。梅先生說："不過後一讀（著者按：即'……卒爲善士。則之野，有衆逐虎……'）有一個句法問題不能忽略。'則'是一個複句的連接成分，它必須連接兩個分句。然而若將'卒爲善士，則之野'視爲一複句結構，則有困難。'則'又有對比作用，作副詞用，如《論語·憲問》'賜也賢乎哉？夫我則不暇。'此以'我'與'賜也'兩個句中的焦點對比，一正一反。然而'則'的這種對比用法在這裏不適用，因這兩句並無平行焦點可以作正反對比。因此從句法結構上考慮，前一讀（著者按：即'……卒爲善，士則之。野有衆逐虎……'）爲佳，後一讀必須放棄。"（202）

14.24 孟子曰："口之於味也，目之於色也，耳之於聲也，鼻之於臭也①，四肢之於安佚也②，性也；有命焉，君子不謂性也。仁之於父子也，義之於君臣也，禮之於賓主也，知之於賢者也，聖人之於天道也，命也；有性焉，君子不謂命也。"

【譯文】孟子説："口對於美味，眼對於美色，耳對於好聽的聲音，鼻對於芬芳的氣味，手足四肢喜歡舒服，都是人的天性使然；但能否得到這些，卻屬於命運，所以君子不會以天性爲藉口而强求它們。仁對於父子,義對於君臣,禮對於賓主,智慧對於賢者,聖人對於天道,能否實現這些,屬於命運,但也是天性使然,所以君子不會以命運爲藉口而不去順從天性。"

【注釋】①臭:讀作"嗅(xiù)",古代讀"尺救切";氣味,這裏指芬芳之氣。詳見孫玉文《結合古文字談幾個字的上古音問題》。　②安佚(yì):今寫作"安逸",不勤勞,舒服。佚,通"逸"。

14.25 浩生不害問曰①:"樂正子何人也?"孟子曰:"善人也,信人也②。""何謂善？何謂信？"

曰:"可欲之謂善③,有諸己之謂信④,充實之謂美,充實而有光輝之謂大,大而化之之謂聖,聖而不可知之之謂神。樂正子,二之中、四之下也。"

【譯文】浩生不害問道:"樂正子是何等人物呢?"孟子答道:"他是善人,是實在的人。""什麼叫作'善'？什麼叫作'實在'？"

答道:"人人想要追求的叫作'善',擁有這些善叫作'實在';把那善和實在充實擴大就叫作'美好';充實擴大它,使它光輝洋溢,叫作'偉大';將那偉大光輝化育天下衆生,就叫作'聖';聖而臻於妙不可言就叫作'神'。樂正子是介於'善'和'實在'兩者之中,處在'美好''偉大''聖''神'四者之下的人物。"

【注釋】①浩生不害:齊人。浩生,姓。不害,名。　②信人:可靠之人,實在人。詳見本章《考證》(一)。　③可欲:人人艷羨的美好的事物。詳見本章《考證》(二)。　④有諸己之謂信:自己擁有善叫作實在。詳見本章《考證》(二)。

【考證】(一)信人:

趙岐解"善人也,信人也":"樂正子爲人,有善有信也。"朱熹未予解釋。楊伯峻先生譯之爲"好人,實在人"。"信人"在與《孟子》同爲戰國中期的《墨子·號令》中三見:"以富人重室之親,舍之官府,謹令信人守衛之,謹密爲故。""部吏亟令人謁之大將,大將使信人將左右救之,部吏失不言者斬。""若行縣,必使信人先戒舍室,乃出迎,門守乃入舍。"合而觀之,"信人"意爲"可靠之人""靠得住的人""信得過的人"。《孟子譯注》譯之爲"實在人",近之。(203)

(二)可欲之謂善,有諸己之謂信:

趙岐《注》:"己之所欲,乃使人欲之,是爲善人。己所不欲,勿施於人也。有之於己,乃謂人有之,是爲信人。"朱熹《集注》:"天下之理,其善者必可欲,其惡者必可惡。其爲人也,可欲而不可惡,則可謂善人也。凡所謂善,皆實有之,如惡惡臭,如好好色,是則可謂信人矣。"趙岐認爲"可欲之謂善"乃"推己之善及於人叫作善",而朱熹解"可欲之謂善"爲"他人都想與之親近"。趙岐解"有諸己"爲"推己及人"的恕道,而朱熹解之爲"擁有善的"。楊伯峻先生似採朱熹説,譯這兩句爲:"那人值得喜歡便叫做'好'。那些好處實際存在於他本身便叫做'實在'。"

"可欲"似乎是"人人艷羨的事物""美好的事物";由此看來,朱熹説近之。《荀子·不苟》:"欲惡取舍之權:見其可欲也,則必前後慮其可惡也者;見其可利也,則必前後慮其可害也者;而兼權之,孰(熟)計之,然後定其欲惡取舍。如是,則常不失陷矣。凡人之患,偏傷之也。見其可欲也,則不慮其可惡也者;見其可利也,則不顧其可害也者。是以動則必陷,爲則必辱,是偏傷之患也。"這裏,"可欲"與"可惡"是一對反義詞。

《老子·第三章》:"不上賢,使民不爭;不貴難得之貨,使民不盜;不見可欲,使心不亂。""不見可欲"與"不上賢"(不推崇賢人)類似:不見美好事物,則不艷羨而心亂。

到了《韓非子》哪裏,美好的事物應與"良民"絶緣,否則引發"邪心",進而導致"禍難":"禍難生於邪心,邪心誘於可欲。可欲之類,進則教良民爲姦,退則令善人有禍。姦起,則上侵弱君;禍至,則民人多傷。然則可欲之類,上侵弱君而下傷人民。夫上侵弱君而下傷人民

者,大罪也。故曰:'禍莫大於可欲。'"(《解老》)

"有諸己"應爲當時習語,擁有美善之謂;朱《注》得之。《墨子·小取》:"有諸己不非諸人,無諸己不求諸人。"謂己有不善者不責人以善,己無善者不要求別人有善。《文子·上義》《淮南子·主術訓》大意與《小取》同:"有諸己不非於人;無諸己不責於所立。立於下者,不廢於上;所禁於民者,不行於身。""法者,非天墮,非地生,發於人間,而反以自正。是故有諸己不非諸人,無諸己不求諸人。所立於下者,不廢於上;所禁於民者,不行於身。"《禮記·大學》:"堯、舜帥天下以仁,而民從之。桀、紂帥天下以暴,而民從之。其所令反其所好,而民不從。是故君子有諸己而後求諸人,無諸己而後非諸人。"謂君子己有善而後責人以善,己無惡而後責人之惡。

《論語·雍也》:"質勝文則野,文勝質則史。文質彬彬,然後君子。""有諸己之謂信"大約近乎"質"吧。下文"充實而有光輝之謂大"大約近乎"文"吧。(204)

14.26 孟子曰:"逃墨必歸於楊,逃楊必歸於儒。歸,斯受之而已矣。今之與楊、墨辯者,如追放豚——既入其苙①,又從而招之②。"

【譯文】孟子説:"逃離墨子一派的,一定歸向楊朱一派;逃離楊朱一派的,一定歸向儒家一派。只要他回歸,接受他就算完了。今天同楊、墨兩家辯論的人,好像追逐走失的豬一般——已經送回豬圈了,還要把牠的脚給絆住。"

【注釋】①苙(lì):畜養牲畜的欄。 ②招:羈絆其足。孟子對於學生,主張"往者不追"(14·30),與"既入其苙,又從而招之"的態度是相反的。

14.27 孟子曰:"有布縷之征、粟米之征、力役之征。君子用其一,緩其二。用其二而民有殍,用其三而父子離。"

【譯文】孟子說:"有徵收布帛的,有徵收穀米的,還有徵發人力的。君子只採用其中一種,其餘兩種暫緩徵用。如果同時用兩種,百姓就會有餓死的;如果三種同時用,那連父子也會離散各奔東西了。"

14.28 孟子曰:"諸侯之寶三:土地、人民、政事。寶珠玉者,殃必及身。"

【譯文】孟子說:"諸侯的寶貝有三件:土地、百姓和政治。把珍珠美玉當作寶貝的,災禍一定會降臨到他身上。"

14.29 盆成括仕於齊①,孟子曰:"死矣,盆成括!"盆成括見殺,門人問曰:"夫子何以知其將見殺?"曰:"其爲人也小有才,未聞君子之大道也,則足以殺其軀而已矣。"

【譯文】盆成括在齊國做官,孟子說:"盆成括要死了!"盆成括被殺,學生問道:"老師怎麼會知道他將被殺?"答道:"他這個人哪,只有小聰明,卻沒有聽聞過君子的大道理,那就足以招來殺身之禍了。"

【注釋】①盆成括:盆成,姓氏。括,名。

14.30 孟子之滕,館於上宮。有業屨於牖上①,館人求之弗得。或問之曰:"若是乎從者之廋也②?"曰:"子以是爲竊屨來與?"曰:"殆非也。夫子之設科也③,往者不追,來者不拒。苟以是心至④,斯受之而已矣。"

【譯文】孟子到了滕國,住在上宮。有一雙沒有織成的鞋放在窗臺上,旅館裏的人去取,卻不見了。有人就這件事問孟子說:"跟隨你的人,竟連這樣的東西也藏起來嗎!?"孟子說:"你以爲他們是爲了偷鞋而來的嗎?"答道:"大概不是的。〔不過〕你老人家開設的課程,〔對學生的態度是〕已去的不追問,要來的不拒絕。如果他們懷著您不會追問的心思到您門下,您也就接受了〔,那難免良莠不齊呢〕。"

【注釋】①業屨:未織成的鞋。　②若是乎從者之廋也:這句話應譯爲:"跟隨你的人,竟連這樣的東西也藏起來嗎!?"詳見本章《考證》(一)。③夫子之設科也:好些《孟子》版本此句都作"夫予之設科也",阮元《校勘記》根據趙岐"夫我設教授之科"的注文,也認爲應爲"夫予之設科也"。我們認爲應作"夫子之設科也"。詳見本章《考證》(二)。④是心:指孟子"往者不追,來者不拒"的心思。詳見本章《考證》(三)。

【考證】(一)若是乎從者之廋也:

這句話《孟子譯注》譯爲:"像這樣,是跟隨您的人把它藏起來了吧?"似未達其旨。其實這一類的句子都是感歎句。"若是乎""若此乎""如此乎"等,有的是在該感歎句的前部,如:"若是乎賢者之無益於國也!"(《孟子·告子下》)"如此乎禮之急也!"(《禮記·禮運》)更多的卻是在後部:"美哉!周之盛也其若此乎!"(《左傳·襄公二十九年》)"君子之無恥也若此乎?"(《莊子·雜篇·讓王》)"蓋君子之無所醜也若此乎!"(《吕氏春秋·孝行覽》)"嗚呼!士之速弊一若此乎!"(《貴直論》)

因此,"若是乎從者之廋也"應譯爲:"跟隨你的人,竟連這樣的東西也藏起來嗎!?"朱熹《集注》:"言子之從者,乃匿人之物如此乎!"得其旨矣。(205)

(二)夫子之設科也:

趙岐《注》:"孟子曰,夫我設教授之科,教人以道德也。"焦循《正義》引阮元《校勘記》説:"'夫子之設科也',閩、監、毛三本同。宋本、岳本、廖本、孔本、韓本'子'作'予'。按,《注》云'夫我設教授之科',僞《疏》亦云'夫我之設科以教人',則作'予'是也。予、子蓋字形相涉而譌。"楊伯峻《孟子譯注》作"夫子之設科",並説:"據趙岐《注》,他的本子作'夫予',則"夫"爲提挈之詞,'予',孟子自稱。那'夫予之設科也'以下爲孟子之言,而不是館人的話了。譯文未採此説。"

我們認爲應爲"夫子之設科也",理由如下:

1. a. 周秦之世,第一人稱代詞"予"(余)後接一"之"作定語者並不多見。b. 從未見"予"或"余"前有一句首語氣詞"夫"者。"夫吾"亦未之見,只見 2 例"夫我":"賜也賢乎哉?夫我則不暇。"(《論語·憲問》)"夫我乃行之,反而求之,不得吾心。"(《孟子·梁惠王上》)如何解釋,尚待探討。c. 未見"予(余)＋之＋中心語"結構處於主語位置上者。d. 所見"予(余)＋之＋中心語"結構中的中心語均爲體詞性成分,未見其爲謂詞性成分者。

以下爲我們在周秦文獻中找到的含有"予(余)之"僅有的幾個例子:

"舍彼有罪,予之佗矣。"(《詩經·小雅·小弁》)此例的"予"並非主語,而是前置的賓語。

"余弟死,而子來,是而子殺余之弟也。"(《左傳·襄公十四年》)沈玉成《左傳譯文》:"我的兄弟戰死,你的兒子回來,這是你的兒子殺了我的兄弟。""余之弟"作賓語。"弟"爲體詞。

"浸假而化予之左臂以爲雞,予因以求時夜;浸假而化予之右臂以爲彈,予因以求鴞炙;浸假而化予之尻以爲輪,以神爲馬,予因以乘之,豈更駕哉!"(《莊子·內篇·大宗師》)"汝又何帠以治天下感予之心爲?"(《內篇·應帝王》)"已矣!夫子無所發予之狂言而死矣夫!"(《外篇·知北遊》)"予之左臂""予之右臂""予之尻"均爲賓語,"左臂""右臂""尻"也都是體詞。

2. 相反,"夫子＋之＋謂詞性成分中心語＋也"結構,後面再接一段叙述,類似"夫子之設科也,往者不追,來者不拒"的,則並不鮮見。如:"夫子之求之也,其諸異乎人之求之與?"(《論語·學而》)"夫子之言性與天道,不可得而聞也。"(《公冶長》)"夫子之問也,固不及質。"(《莊子·外篇·知北遊》)

如果考察範圍不限於"夫子",而爲"人物＋之＋謂詞性成分中心語＋也"結構,後面再接一段叙述的,則數不勝數了。

先以《論語》爲例(僅舉前十篇):"君子之至於斯也,吾未嘗不得見也。"(《八佾》)"赤之適齊也,乘肥馬,衣輕裘。"(《雍也》)"子之所慎:齊、戰、疾。"(《述而》)"天之將喪斯文也,後死者不得與於斯文也;天之未喪斯文也,匡人其如予何?"(《子罕》)

《孟子》中屬於這種句式的更是不勝枚舉,僅舉《梁惠王上》《梁惠王下》《公孫丑上》的例子:"寡人之於國也,盡心焉耳矣。"(《梁惠王上》)"王之不王,非挾太山以超北海之類也;王之不王,是折枝之類也。"(同上)"王之好樂甚,則齊其庶幾乎!"(《梁惠王下》)"吾王之好鼓樂,夫何使我至於此極也。……吾王之好田獵,夫何使我至於此極也。"(同上)"昔者文王之治岐也,耕者九一,仕者世禄,關市譏而不征,澤梁無禁,罪人不孥。"(同上)"王者之不作,未有疏於此時者也;民之憔悴於虐政,未有甚於此時者也。"(《公孫丑上》)"德之流行,速於置郵而傳命。"(同上)"民之悦之,猶解倒懸也。"(同上)

我們考察了《論語》《孟子》兩書中全部這類句子,也未見這種複句句首有句首語氣詞"夫"的。

儘管應該尊重漢人的故訓,不應隨便推翻,但更應該尊重語言事實。因此,我們認爲,此句應爲"夫子之設科也",而非"夫予之設科也"。(206)

(三)是心:

趙岐《注》:"誠以是學道之心來至,我則斯受之。亦不知其取之與否,君子不保異心也。"朱熹《集注》:"夫子設置科條以待學者,苟以向道之心而來,則受之耳,雖夫子亦不能保其往也。"趙岐以"殆非也"以下爲孟子所説,朱熹則以爲"或問之"者所説,但他們都認爲"是心"爲"學道之心""向道之心"。楊伯峻《孟子譯注》因此譯爲:"只要他們懷著學習的心來,便也接受了〔,那難免良莠不齊呢〕。"

白平《楊伯峻〈孟子譯注〉商榷》認爲當譯作:"如果他們是懷著偷東西的邪念來的,我也只會接受他們而已。"(第286頁)白説不能講沒有一定道理。請看:"宋之盟,子木有禍人之心,武有仁人之心,是楚所以駕於晉也。今武猶是心也。"(《左傳·昭公元年》)"'有牽牛而過堂下者,王見之,曰:"牛何之?"對曰:"將以釁鐘。"王曰:"舍之!吾不忍其觳觫,若無罪而就死地。"對曰:"然則廢釁鐘與?"(王)曰:"何可廢也,以羊易之!"不識有諸?'曰:'有之。'曰:'是心足以王矣。'"(《梁惠王上》)"由是則生而有不用也,由是則可以辟患而有不爲也。是故所欲有甚於生者,所惡有甚於死者。非獨賢者有是心也,人皆有之。"(《告子上》)以彼例此,"是心"似乎可指"竊屨"之心。

下面這例更接近於本章:"慶封爲亂於齊而欲走越。其族人曰:'晉近,奚不之晉?'慶封曰:'越遠,利以避難。'族人曰:'變是心也,居晉而可;不變是心也,雖遠越,其可以安乎?'"(《韓非子·說林上》)這裏的"是心"是指"爲亂"之心呢?還是指"遠則利以避難"之心呢?還是指"心中可意"的"狼子野心"(包括"爲亂之心",但不限於此)呢?不能遽定(從《說林上》的其他故事看,不大可能是指"遠則利以避難"之心)。本章也是如此,"是心"既可能是"竊屨"之心,也可能是"往者不追來者不拒"之心,還可能指"心中可意者"。

《馬氏文通》說:"至'是''此'二字,確有不可互易之處。凡言前文事理,不必歷陳目前,而爲心中可意者,即以'是'字指之。前文事物有形可跡,且爲近而可指者,即以'此'字指之。"楊樹達先生指出,"此"也可指"未在目前的前文事理"。但馬建忠對"是"的分析確有可取之處。郭錫良先生指出,在《孟子》中,"是"只指抽象的事理或不在目前的事物:"楊氏爲我,是無君也;墨氏兼愛,是無父也。無父無君,是禽獸也。"(《滕文公下》)"舜,何人也?予,何人也?有爲者亦若是。"(《滕文公上》)郭先生又指出:"(《孟子》中)有些用'是'的地方,如果用近指來理解,很覺勉強":

"予豈若是小丈夫然哉?諫於其君而不受,則怒,悻悻然見於其面,去則窮日之力而後宿哉?"(《公孫丑下》)"故天將降大任於是人也,必先苦其心志,勞其筋骨,餓其體膚,空乏其身行,拂亂其所爲,所以動心忍性,曾益其所不能。"(《告子下》)"孟子曰:'君子居是國也,

其君用之,則安富尊榮;其子弟從之,則孝悌忠信。'"(《盡心上》)

郭先生指出:"以上三例,都無前詞,不是承前指代。因此用近指來理解,總有些扞格難通。"(增補本《漢語史論集》,商務印書館 2005 年,第 99—101 頁)

正由於"是"可指代"心中可意者",趙岐、朱熹才揣測孟子心意而理解本章"是心"爲"學道之心""向道之心"。既然古人言之在前,語法上也有依據,謹慎起見,似乎當從趙岐、朱熹之釋。

但從以上諸例,以及從整個《孟子》來看,當有前詞時,"是""是N"都指代前詞——該前詞一定是距離"是"較近的那個。"是"指代前詞的俯拾即是,不煩舉例。"是N"之例如:"惻隱之心,仁之端也;羞惡之心,義之端也;辭讓之心,禮之端也;是非之心,智之端也。人之有是四端也,猶其有四體也。"(《公孫丑上》)"禹疏九河,瀹濟漯而注諸海,決汝漢,排淮泗而注之江,然後中國可得而食也。當是時也,禹八年於外,三過其門而不入,雖欲耕,得乎?"(《滕文公上》)"有童子以黍肉餉,殺而奪之。《書》曰:'葛伯仇餉。'此之謂也。爲其殺是童子而征之。"(《滕文公下》)"陽貨矙孔子之亡也,而饋孔子蒸豚。孔子亦矙其亡也,而往拜之。當是時,陽貨先,豈得不見?"(同上)"他日歸,則有饋其兄生鵝者,己頻顣曰:'惡用是鶃鶃者爲哉?'他日,其母殺是鵝也,與之食。其兄自外至,曰:'是鶃鶃之肉也。'"(同上)"咸丘蒙曰:'舜之不臣堯,則吾既得聞命矣。《詩》云:"普天之下,莫非王土;率土之濱,莫非王臣。"而舜既爲天子矣,敢問瞽瞍之非臣,如何?'曰:'是詩也,非是之謂也。'"(《萬章上》)"孔子不悅於魯衛,遭宋桓司馬將要而殺之,微服而過宋。是時孔子當阨,主司城貞子,爲陳侯周臣。"(同上)

再涵泳上文所引含有"是心"的 4 例,將會發現,前 3 例的"是心"與"是時"類似。《滕文公上》的"是時",指"禹疏九河,瀹濟、漯而注諸海,決汝、漢,排淮、泗而注之江"之時;《滕文公下》的"是時",指"陽貨矙孔子之亡也,而饋孔子蒸豚。孔子亦矙其亡也,而往拜之"之時;

《萬章上》的"是時",指"孔子不悅於魯衛,遭宋桓司馬將要而殺之,微服而過宋"之時。《左傳·昭公元年》的"是心"指武所具有的"仁人之心";《梁惠王上》的"是心"指"吾不忍其觳觫,若無罪而就死地"與"何可廢也,以羊易之"之心;《告子上》的"是心"指"生而有不用也,由是則可以辟患而有不爲也,是故所欲有甚於生者,所惡有甚於死者"之心。後一例《韓非子·說林上》的"是心"沒有前詞,"是心"則當指慶封的爲亂之心。

以此例彼,我們認爲本章"是心"是指"往者不追來者不拒"之心;那麼,"夫子之設科也,往者不追,來者不拒。苟以是心至,斯受之而已矣"就該譯爲:"你老人家開設的課程,〔對學生的態度是〕已去的不追問,要來的不拒絕。如果他們懷著您不會追問的心思到您門下,您也就接受了〔,那難免良莠不齊呢〕。"姑錄於此,以待賢者。(207)

14.31 孟子曰:"人皆有所不忍,達之於其所忍,仁也;人皆有所不爲,達之於其所爲,義也。人能充無欲害人之心,而仁不可勝用也;人能充無穿踰之心,而義不可勝用也;人能充無受爾汝之實①,無所往而不爲義也。士未可以言而言,是以言餂之也②;可以言而不言,是以不言餂之也;是皆穿踰之類也。"

【譯文】孟子說:"每個人都有所不忍心的人和事,把它延伸到所忍心的人和事上,便是仁;每個人都有不肯幹的事,把它延伸到所肯幹的事上,便是義。〔換言之,〕人能夠擴充不想害人的心,仁便取之不盡用之不竭了;人能夠擴充不挖洞跳牆的心,義便取之不盡用之不竭了;人能夠擴充不受鄙視的言行舉止,那就無往而不合於義了。一個士人,不可以同他談論卻去同他談論,這是用言語來挑逗他,以便自己取利;可以同他談論卻不同他談論,這是用沉默來挑逗他,以便自己取利;這些都是和挖洞跳牆類似的。"

【注釋】①無受爾汝之實:"爾""汝"爲古代尊長對卑幼的稱呼,如果平輩用之,除非至交好友,便表示對他的輕視不尊重。爾汝之實,指被人蔑稱爲"爾""汝"的言語行爲。孟子這話的意思是,若要不受別人的輕賤,自己就先要有不受輕賤的言語行爲。　②餂(tiǎn):挑取。揚雄《方言》作"銛"。

14.32 孟子曰:"言近而指遠者,善言也;守約而施博者①,善道也。君子之言也,不下帶而道存焉②;君子之守,修其身而天下平。人病舍其田而芸人之田——所求於人者重,而所以自任者輕。"

【譯文】孟子說:"言語雖淺近,意義卻深遠的,這是'善言';所奉行的簡單,效果卻廣大的,這是'善道'。君子所講的,雖都是些近在眼前日常事物,可是'大道'就在其中;君子的操守,從修養自己開始,最終可以使天下太平。做人最怕是放棄自己的田地,而去給別人耘田——要求別人的很重,自己負擔的卻很輕。"

【注釋】①施:施恩。　②不下帶:不下於腰帶。帶,束腰之帶。不下帶,指人通常所看到的在自己的腰帶以上。也就是通常所見,目力所及的事情。

14.33 孟子曰:"堯舜,性者也;湯武,反之也①。動容周旋中禮者,盛德之至也。哭死而哀,非爲生者也。經德不回②,非以干祿也。言語必信,非以正行也。君子行法,以俟命而已矣。"

【譯文】孟子說:"堯、舜的美德是出於本性,湯、武則是通過修身而將美德加之於己身的。一舉一動一顰一笑無不合於禮的,是美德中臻於極致的。爲死者而哭的悲哀,不是做給生者看的;貫徹道德,遠離邪僻,不是爲了謀求一官半職;言語一定信實,不全是爲了端正行爲〔,而是發自於善良的本性〕。君子依法度而行,只是等待天命罷了。"

【注釋】①反之:反,同"返"。反之,通過修身而使善良的本性返還於自身。　②經德不回：經，行，貫徹。回，邪，不正。詳見本章《考證》。

【考證】經德不回：

趙岐注"經德不回，非以干禄也"："經，行也。體德之人，行其節操，自不回邪，非以求禄位也。"朱熹《集注》："經，常也；回，曲也。"楊伯峻先生《孟子譯注》："趙岐《注》云：'經，行也。''回'同'違'。'違'是違背禮節的意思，説見楊伯峻《論語譯注》（2·5）。"

綜上，對"經德不回"的解釋，有兩處歧義：一是"經"訓"常"抑或訓"行"，一是"回"訓"邪"抑或訓"違"。

首先，"經德不回"的"經"，我們認爲應當從趙岐與楊伯峻先生訓"行"，因爲，"經"之訓"常"者常爲體詞，不是能帶賓語的謂詞："鴻蒙曰：'亂天之經，逆物之情，玄天弗成。'"（《莊子·外篇·在宥》）"日月照而四時行，若晝夜之有經，雲行而雨施矣。"（《外篇·天道》）"行度必明，無失經常。"（《管子·問》）能帶賓語的"經"則不可訓爲"常"而多訓"行"："旅力方剛，經營四方。"（《詩經·小雅·北山》）"經德義，除詬恥。"（《左傳·哀公二年》孔穎達《正義》："經，謂經紀營理之。"）"不可以經國定分。"（《荀子·非十二子》）

其次，"經德不回"的"回"，我們認爲應當訓從趙岐、朱熹訓"邪"（曲）。與"經德不回"文例類似的《小雅·鼓鐘》"淑人君子，其德不回"，鄭玄《箋》云："回，邪也。"《魯頌·閟宮》"赫赫姜嫄，其德不回"，孔穎達《疏》："其德貞正不回邪。"《逸周書·謚法解》："秉德不回曰孝。"朱右曾曰："回，邪也；不回所以成其德。"

《大雅·大明》"厥德不回，以受方國"，鄭玄《箋》："回，違也。"違離正道則爲邪僻。程俊英《詩經譯注》："回，邪僻。"

其餘的"不回"則多訓"不違"：《大雅·旱麓》"豈弟君子，求福不回。"鄭玄《箋》云："不回者，不違先祖之道。"《大雅·常武》"徐方不回。"鄭玄《箋》云："回，猶'違'也。"

其實"回""違"相通（古音均屬匣紐微部），這一"違"不訓違反、違背，而訓回邪、邪惡。《國語·周語上》"今虢公動匱百姓以逞其違，離民怒神而求利焉,不亦難乎"韋昭《注》:"違,邪也。"《左傳·桓公二年》"君人者將昭德塞違,以臨照百官"孔穎達《疏》:"塞違,謂閉塞違邪。"

概言之,"～德不回"之"回"多訓"回邪""邪曲","～～不回"(第二個～不能是"德")的"回"多訓"違",都是"邪曲"的意思。然則,從故訓看,"經德不回"之"回"當訓"回邪"。(208)

14.34 孟子曰:"説大人,則藐之,勿視其巍巍然。堂高數仞,榱題數尺①,我得志弗爲也。食前方丈,侍妾數百人,我得志弗爲也。般樂飲酒,驅騁田獵,後車千乘,我得志弗爲也。在彼者②,皆我所不爲也;在我者,皆古之制也。吾何畏彼哉?"

【譯文】孟子説:"向大人物進言,就要藐視他,不要把他高高在上的樣子放在眼裏。殿堂高達幾丈,椽子伸出幾尺,我如果得志,不這樣幹。一丈見方的桌子擺滿菜肴,陪玩伺候的美女多達數百,我如果得志,不這樣幹。縱情於作樂飲酒,馳騁在狩獵場上,跟隨的車子多達千輛,我如果得志,不這樣幹。那些人所幹的,都是我所不幹的;我所幹的,都符合古代制度,我憑什麼要怕那些人呢?"

【注釋】①榱(cuī)題:本義是房椽子,此處指屋簷。榱,椽子。題,物體的一端。 ②彼:那人。"彼"不是第三人稱代詞,那時語言中尚不能肯定產生了完全意義上的第三人稱代詞。

14.35 孟子曰:"養心莫善於寡欲。其爲人也寡欲,雖有不存焉者,寡矣;其爲人也多欲,雖有存焉者①,寡矣。"

【譯文】孟子説:"修養心性的方法没有比減少慾望更好的。某些人清心寡慾,雖然其中有早死的,但不會太多;某些人慾望强烈,雖然其中有長壽的,也不會太多。"

【注釋】①存,不存:存,指活著;不存,指死去。詳見本章《考證》。

【考證】雖有不存焉者……雖有存焉者：

趙岐《注》："雖有少欲而亡者，謂遭橫暴，若單豹卧深山而遇飢虎之類也。然亦寡矣。"楊伯峻《譯注》說："不存，存，此指孟子所謂'善性''夜氣'而言，《離婁下》云：'人之所以異於禽獸者幾希，庶民去之，君子存之。'(8.19)《告子上》亦云：'雖存乎人者，豈無仁義之心哉？'(11.8) 諸'存'字即此'存'字。趙岐《注》以人的生死釋之，大誤。"

趙岐的意思是說，清心寡慾的人，即使有短命的，短命的人也比較少；慾望强烈的人，即使有長壽的人，長壽的人也比較少。簡言之，清心寡慾使人長壽，慾望太强促人短命。《莊子·内篇·大宗師》"其耆欲深者，其天機淺"，意思也差不多。誰的說法更有道理呢，還是通過考察再作結論吧。

先看楊伯峻先生所引的兩條例句。《離婁下》一條，"存之"的"之"，指前文之"人之所以異於禽獸者"，即孟子所理解的"善性"；《告子上》一條，"存乎人者"指的是下文出現的"仁義之心"。照此推衍，由於本章上文"爲人也寡欲""爲人也多欲"是謂詞性結構，本章"不存者"和"存者"，指的只能是上文的"其"。如此，似乎趙說較爲有理。如果我們將考察範圍擴大，仍然如此的話，則趙說將更爲可信了。例如：

"紂之去武丁未久也，其故家遺俗，流風善政，猶有存者。"（《公孫丑上》）"上無道揆也，下無法守也，朝不信道，工不信度，君子犯義，小人犯刑，國之所存者幸也。"（《離婁上》）"順天者存，逆天者亡。"（同上）"存乎人者，莫良於眸子。"（同上）"君子所以異於人者，以其存心也。君子以仁存心，以禮存心。"（《離婁下》）"梏之反覆，則其夜氣不足以存；夜氣不足以存，則其違禽獸不遠矣。"（《告子上》）"存其心，養其性，所以事天也。"（《盡心上》）"人之有德慧術知者，恒存乎疢疾。"（同上）"君子有三樂，而王天下不與存焉：父母俱存，兄弟無故，一樂也；仰不愧於天，俯不怍於人，二樂也；得天下英才而教育之，三樂也。

君子有三樂,而王天下不與存焉。"(同上)"廣土衆民,君子欲之,所樂不存焉;中天下而立,定四海之民,君子樂之,所性不存焉。"(同上)"君子之言也,不下帶而道存焉。"(《盡心下》)

　　通過以上書證的歸納,"存""不存"的主體一律在上下文中出現。《公孫丑上》一條所"存"者,指"其故家遺俗,流風善政";《離婁上》一條所"存"者,指"上無道揆也,下無法守也,朝不信道,工不信度,君子犯義,小人犯刑"之"國";緊接著的兩條所"存"者分別指"順天者"和"眸子"。其餘類推。如此看來,趙岐之説是有道理的。因爲如果所"存"者指的是"善性""夜氣",則並未在上下文出現過。

　　我們還必須考察當時文獻中,當"存"指的是人時,是否指該人活著。上舉書證中,"父母俱存"的"存"指"生存""活著";"順天者存,逆天者亡"中"順天者"如果指人,句中的"存"也意爲"生存""活著"。其他例證如:"宦三年矣,未知母之存否。"(《左傳·宣公二年》)"穆氏宜存,則固願也。"(《宣公四年》)"我將亡,夫子存我,德莫大焉。"(《襄公二十七年》)"以吾存也。"(《國語·晉語二》)"宣子拜稽首焉,曰:'起也將亡,賴子存之。'"(《晉語八》)"是以聖人後其身而身先,外其身而身存。"(《老子·七章》)

　　我們之所以認同趙岐之説,固然因爲他是漢代人,推翻他的結論應慎重。更爲重要的是,語言内部的證據是主要的、自足的;而用語言内部證據驗證趙岐之説,也並無問題;而楊伯峻先生之説似乎又缺乏語言内部證據的支持,所以我們仍持舊説。(209)

14.36 曾晳嗜羊棗①,而曾子不忍食羊棗。公孫丑問曰:"膾炙與羊棗孰美②?"孟子曰:"膾炙哉!"公孫丑曰:"然則曾子何爲食膾炙而不食羊棗?"曰:"膾炙所同也,羊棗所獨也。諱名不諱姓③,姓所同也,名所獨也。"

【譯文】曾晳喜歡吃羊棗,曾子因而自己捨不得吃羊棗。公孫丑問道:

"烤肉末和羊棗哪一種好吃?"孟子答道:"烤肉末呀!"公孫丑又問:"那麽,曾子爲什麽吃烤肉末卻不吃羊棗?"答道:"烤肉末是大家都喜歡吃的,羊棗卻只是個別人喜歡吃的。就好比父母的名字要避諱,姓卻不避諱一樣;因爲姓是許多人共同的,名字卻是他一個人的。"

【注釋】①羊棗:小柿子,現在叫作牛奶柿,北方叫作"黑棗"。 ②膾炙:膾,肉糜。炙,烤肉,燒肉。 ③諱名:古代對於父母君上的名字,不能講,不能寫,叫作避諱。

14.37-1 萬章問曰:"孔子在陳曰:'盍歸乎來!吾黨之小子狂簡①,進取,不忘其初②。'孔子在陳,何思魯之狂士?"

孟子曰:"孔子'不得中道而與之,必也狂獧乎③!狂者進取,獧者有所不爲也'。孔子豈不欲中道哉?不可必得,故思其次也。"

"敢問何如斯可謂狂矣?"曰:"如琴張、曾晳、牧皮者④,孔子之所謂狂矣。"

"何以謂之'狂'也?"曰:"其志嘐嘐然⑤,曰:'古之人,古之人。'夷考其行⑥,而不掩焉者也。狂者又不可得,欲得不屑不絜之士而與之,是獧也,是又其次也。孔子曰:'過我門而不入我室,我不憾焉者,其惟鄉原乎⑦!鄉原,德之賊也。'"

【譯文】萬章問道:"孔子在陳國説:'何不回去呢!我們那裏的學生狂放而耿直,志存高遠而不忘初心。'孔子在陳國,爲什麽思念魯國那些狂放的人?"

孟子答道:"孔子説過:'不能得到中正之士和他交朋友,又非要交友的話,那總要交到狂放和狷介的人吧,狂放的人敢於進取,狷介者還不至於做壞事。'孔子難道不想結交中正之士嗎?未必一定做得到,所以只想著稍遜一等的了。"

"請問,怎麽樣的人才能叫作狂放的人呢?"答道:"像琴張、曾晳、牧皮這類人就是孔子所說的狂放的人。"

"爲什麼說他們是狂放的人呢?"答道:"他們志向遠大,好作大言,總在說,'古人哪!古人哪!'平心靜氣地考察其行爲,卻發現他們做的其實沒有說的多。假如這種狂放的人還是交不到,便想結交不屑於做壞事的人,這就是狷介之士,這又是次一等的。孔子說:'從我家大門經過,而不進到我屋裏來,我也並不遺憾的,那只有好好先生吧。好好先生,是戕害道德的人。'"

【注釋】①吾黨之小子狂簡:阮元《校勘記》:"閩、監、毛三本同,宋本、孔本、韓本'小子'作'士'。"就是宋、孔、韓三個本子這句作"吾黨之士狂簡"。朱熹《四書集注》亦作"吾黨之士"。 ②盍歸乎來等句:《論語·公冶長》:"子在陳,曰:'歸與!歸與!吾黨之小子狂簡,斐然成章,不知所以裁之。'"和萬章所說略有不同。進取,朱熹說是"求望高遠"。 ③孔子不得中道而與之必也狂獧(juàn)乎:獧,同"狷",潔身自好,有所不爲。《論語·子路》:"子曰:'不得中行而與之,必也狂狷乎!狂者進取,狷者有所不爲也。'"中行,即不左不右,不偏不倚,一切都恰合於仁義道德。狂獧,狂放和狷介。狷介,即潔身自好。 ④琴張、牧皮:不知何人。 ⑤嘐(xiāo)嘐:志大言大者。 ⑥夷考其行:平實地考察他們的行爲。夷,平。 ⑦鄉原:"原"通"愿"。鄉愿,就是好好先生。按,"鄉愿"的"愿",不能寫作"願"。

14.37-2 曰:"何如斯可謂之'鄉原'矣?"

曰:"'何以是嘐嘐也?言不顧行,行不顧言,則曰:"古之人,古之人。"行何爲踽踽涼涼①?生斯世也,爲斯世也,善,斯可矣。'閹然媚於世也者②,是鄉原也。"

萬子曰:"一鄉皆稱原人焉,無所往而不爲原人,孔子以爲德之賊,何哉?"曰:"非之無舉也,刺之無刺也,同乎流俗,合乎汙世,居之似忠信,行之似廉絜③,眾皆悅之,自以爲是,而不可與入堯舜之道，故曰'德之賊'也。孔子曰：惡似而非者：惡莠，恐其亂苗也；惡佞，恐其亂義也；惡利口，恐其亂信也；惡鄭聲，恐其亂樂也；惡紫，恐其亂朱也；惡鄉原，恐其亂德也。君子反經而已矣④。經正，則庶民興；庶民興，斯無邪慝矣。"

【譯文】問道："怎樣的人才可以叫他好好先生呢？"

答道："〔好好先生總是議論狂放之人說：〕'為什麼這樣志向大並喜歡說大話呢？說的挨不著做的，做的也挨不著說的。只是說："古人哪！古人哪！"'〔又議論狷介之士說：〕'又為什麼這樣跟人合不來呢？'〔又說：〕'生在這個世上，就得適應這個人間，只要大家都覺得我好便行了。'這樣渾渾噩噩只求取媚於俗世的人，就是好好先生。"

萬章說："全鄉的人都說他是個誠謹善良的人，他也到處表現出是個誠謹善良的人，孔子竟把他看做戕害道德的人。為什麼呢？"答道："這種人，要非難他，卻又舉不出什麼大錯誤來；要譏刺他，卻也沒什麼可譏刺，他只是向世間通行的惡俗看齊，和這個汙穢的世界合流，平素似乎以忠誠信實持身，行為也好像清正廉潔，大家也都喜歡他，他自己也以為正確，但是不能和他一道走上堯舜的大道，所以說他是戕害道德的人。孔子說過，厭惡那種似是而非的東西：厭惡狗尾巴草，因為怕它把禾苗弄亂了；厭惡滿嘴仁義行為相反的人，因為怕他把義搞亂了；厭惡巧舌如簧辯才無礙的人，因為怕他把信實搞亂了；厭惡鄭國的樂曲，因為怕它把雅樂搞亂了；厭惡紫色，因為怕它把大紅色搞亂了；厭惡好好先生，就因為怕他把道德搞亂了。君子讓一切事物回到經常正道就可以了。經常正道不被歪曲，老百姓就會振奮興起；老百姓振奮興起，就沒有邪惡了。"

【注釋】①踽(jǔ)踽涼涼：落落寡合的樣子，跟人合不來的樣子。　②閹然：昏暗、暗昧、混沌的樣子。詳見本節《考證》。　③居之似忠信，行之似廉絜：趙岐《注》："居其身若似忠信，行其身若似廉絜為行矣。"居身,持身,抱持……態度(工作、生活)。當時典籍中,"居""行"常常對舉。參見將出版的《論語新注新譯》(第二版)12.15《考證》。 ④反經:歸於經常。反,同"返"。

【考證】闍然:

趙岐無説。朱熹《集注》:"闍,如奄人之奄,閉藏之意也。"此恐望文生義。因爲,上古漢語的"闍"(奄)是個名詞。《國語·晉語二》"公令闍楚刺重耳,重耳逃於狄"韋昭《注》:"闍,闍士也。"《周禮·天官·叙官》"酒人,奄十人"鄭玄《注》:"奄,精氣閉藏者,今謂之宦人。"而名詞,一般不能加詞尾"然"組成"N+然"結構;尤其在戰國中期之前的漢語中。我們全面考察了《左傳》《國語》《論語》《孟子》《墨子》及《莊子·内篇》,未見例外。可參周法高《中國古代語法·構詞篇》。

《莊子·内篇·應帝王》"雕琢復樸,塊然獨以其形立"成玄英《疏》:"塊然,無偶也。"陳鼓應《莊子今注今譯》:"塊然,如土塊,形容去琢復樸之狀。"按,成《疏》得之。《荀子·性惡》:"傀然獨立天地之閒而不畏。"楊倞《注》:"'傀'與'塊'同,獨居之貌也。"(參見王叔岷《莊子校詮》之《應帝王》注六)又,《穀梁傳·僖公五年》:"王世子,子也,塊然受諸侯之尊己而立乎其位,是不子也。"可知,"塊然"並非"如土塊"。

塊然、傀然,應即後世之"巋然",而與當時語言中"巍巍然""頯然"同源。塊、傀、巋、頯(kuí)古音皆爲溪母微部字,"巍"屬疑母微部字,溪紐、疑紐都屬牙音。《孔叢子·論書》:"夫山者,巋然高。"《梁書·何胤傳》:"尋而山發洪水,樹石皆倒拔,唯胤所居室巋然獨存。"唐代張説《登九里臺是樊姬墓》詩:"萬化茫無在,孤墳獨巋然。"《孟子·盡心下》:"説大人則藐之,勿視其巍巍然。"《淮南子·説山訓》:"泰山之容,巍巍然高。"《莊子·外篇·天道》:"而容崖然,而目衝然,而顙頯然,而口闞然,而狀義然。"

此外,《盡心上》:"如其自視欿然,則過人遠矣。"趙岐《注》:"其人欿然不以足,自知仁義之道不足也,此則過人甚遠矣。"可知趙岐是將

"欿然"視爲一個整體。朱熹《集注》:"欿,音坎。"段玉裁《說文解字注》云:"《孟子》假'欿'爲'坎',謂視盈若虛也。"這裏的"坎"未必是名詞。"坎"有"空"義。揚雄《太玄・窮》:"其腹坎坎,不失其範。"

閹然,作狀語,修飾"媚於世",自不能如"無若宋人然"(《公孫丑上》)的"然",後者是代詞而前者是詞尾。

閹然,即奄(yǎn)然、厭(厴)然、闇然、黯然、暗然、昏暗、暗昧的樣子,自然也是"閉藏之意"。章學誠《文史通義・答客問中》:"奄然媚世爲鄉愿。"《晏子春秋・内篇問上》:"魯之君臣,猶好爲義,下之妥妥也,奄然寡聞。"吳則虞《集釋》引孫星衍曰:"奄然,闇然。"奄,後作"晻",即"闇""暗"字(不過"奄"仍讀 yǎn)。《禮記・大學》"小人閒居爲不善,無所不至,見君子而後厭然揜其不善,而著其善"鄭玄《注》:"厭,讀爲'厴',厴,閉藏貌也。"《中庸》:"故君子之道,闇然而日章;小人之道,的然而日亡。"江淹《別賦》"黯然銷魂者,唯別而已矣"李善《注》:"黯,失色將敗之貌。言黯然魂將離散者,唯別而然也。"本章"閹然",恐指昏暗混濁,渾渾噩噩,渾然不辨是非。(210)

14.38 孟子曰:"由堯舜至於湯,五百有餘歲;若禹、皋陶,則見而知之;若湯,則聞而知之。由湯至於文王,五百有餘歲,若伊尹、萊朱①,則見而知之;若文王,則聞而知之。由文王至於孔子,五百有餘歲,若太公望、散宜生②,則見而知之;若孔子,則聞而知之。由孔子而來至於今,百有餘歲,去聖人之世若此其未遠也,近聖人之居若此其甚也,然而無有乎爾,則亦無有乎爾!"

【譯文】孟子說:"從堯舜那時到湯那時,經歷了五百多年,像禹、皋陶等人,便是親眼見到堯舜之道從而瞭解其道理的;像湯,便只是聽到堯舜之道從而瞭解其道理的。從湯那時到文王那時,又有五百多年,像伊尹、萊朱等人,便是親眼見到從而瞭解其道理的,像文王,便只是聽到從而瞭解其道理的。從文王那時到孔子那時,又有五百多年,像太公望、散宜生等人,便是親眼見到從而瞭解其道理的;像孔子,便只是聽到從而瞭解其道理的。從孔子一直到今天,有一百多年了,離開聖人的年代竟然這樣地爲時短暫,距離聖人的故居竟然這樣地近在咫尺,雖然這樣,還是沒有繼承的人,那就真是沒有繼承的人了!"

【注釋】①萊朱:商湯的賢臣。　②散宜生:周文王的賢臣,"散宜"爲氏,"生"爲名。

《孟子》疑難詞句考證索引

序號	篇、章、節	疑難詞句	頁碼
001	1.1	亦有仁義而已矣	3
002	1.3－3	狗彘食人食而不知檢◎	8
003	1.5	及寡人之身※	13
004	1.5	易耨※	13
005	1.5	制梃以撻秦楚之堅甲利兵	15
006	1.7－1	吾不忍其觳觫若無罪而就死地	19
007	1.7－4	爲長者折枝◎	23
008	1.7－6	殆有甚焉	28
009	1.7－7	蓋亦反其本矣※	30
010	1.7－8	若民則無恒産因無恒心	33
011	1.7－8	死亡◎	34
012	2.1－1	王變乎色※	39
013	2.2	國之大禁	43
014	2.2	國中※	43
015	2.3－1	大哉言矣◎	46
016	2.3－2	惟曰其助……惟我在※	48
017	2.4－3	大戒於國◎	52
018	2.4－3	興發※	53
019	2.5－2	居者有積倉,行者有裹糧	57
020	2.9	大木◎	62
021	2.10	如水益深,如火益熱	65
022	2.12	戒之戒之※	68
023	2.12	君無尤焉	69

續表

序號	篇、章、節	疑難詞句	頁碼
024	2.16－2	君爲來見也※	75
025	3.1－1	管仲晏子之功可復許乎※	79
026	3.1－4	置郵而傳命	83
027	3.2－2	不膚橈※	86
028	3.2－2	自反而不縮※	87
029	3.2－3	不得於心,勿求於氣※	89
030	3.2－3	志至焉,氣次焉※	91
031	3.2－3	志壹則動氣	93
032	3.2－4	無害	95
033	3.2－4	其爲氣也,配義與道	96
034	3.2－4	必有事焉而勿正	96
035	3.2－4	心勿忘	97
036	3.2－4	芒芒然※	98
037	3.2－6	何事非君,何使非民	101
038	3.2－7	若是班乎	103
039	3.2－8	等百世之王	104
040	3.2－8	出於其類※	105
041	3.3	無思不服	106
042	3.4－1	賢者在位,能者在職	108
043	3.4－1	明其政刑※	108
044	3.5	自生民以來未有能濟者也	111
045	3.6	非惡其聲而然也※	114
046	3.8	與人爲善	117
047	3.9	思與鄉人立	119
048	3.9	望望然	120
049	3.9	進不隱賢	121

續表

序號	篇、章、節	疑難詞句	頁碼
050	4.2－1	朝,將視朝	125
051	4.2－2	宜與夫《禮》若不相似然	127
052	4.2－3	是或一道也※	130
053	4.7	使虞敦匠事嚴	135
054	4.7	不得不可以爲悅	136
055	4.7	得之爲有財	137
056	4.7	且比化者無使土親膚	140
057	4.7	吾聞之也君子不以天下儉其親	141
058	4.8	彼然而伐之也※	143
059	4.10－1	得侍同朝甚喜	149
060	4.14	不欲變	154
061	5.1	舜何人也予何人也※	157
062	5.2－1	大故	161
063	5.2－1	親喪,固所自盡也※	161
064	5.2－2	曰吾有所受之也※	164
065	5.2－3	百官族人可謂曰知※	167
066	5.3－2	糞其田而不足※	171
067	5.3－4	將爲君子焉,將爲野人焉※	174
068	5.3－4	潤澤之※	179
069	5.4－2	饔飧而治	183
070	5.4－2	舍皆取諸其宮中而用之◎	184
071	5.4－3	益烈山澤而焚之	186
072	5.4－4	人之有道也	189
073	5.4－4	放勳曰……※	189
074	5.4－4	勞之來之※	190
075	5.5－1	夷子不來◎	196

續表

序號	篇、章、節	疑難詞句	頁碼
076	5.5—2	施由親始	200
077	5.5—2	蓋上世嘗有不葬其親者……委之於壑※	200
078	6.1—1	不見諸侯,宜若小然※	204
079	6.1—1	何哉※	206
080	6.2	是焉得爲"大丈夫"乎	209
081	6.2	以順爲正者妾婦之道也※	210
082	6.3—1	不以急乎※	214
083	6.3—2	丈夫生而願爲之有室,女子生而願爲之有家※	217
084	6.3—2	與鑽穴隙之類也◎	218
085	6.4	不以泰乎※	220
086	6.4	守先王之道以待後之學者	222
087	6.5—1	葛伯仇餉	224
088	6.5—2	有攸不惟臣◎	226
089	6.5—2	侵于之疆,則取于殘※	227
090	6.6	一薛居州,獨如宋王何	230
091	6.9—1	天下之生久矣一治一亂	234
092	6.9—1	周公相武王誅紂伐奄三年討其君	236
093	6.9—2	邪説暴行又作、邪説暴行有作※	238
094	6.10—1	井上有李,螬食實者過半矣◎	241
095	6.10—2	與之食之	244
096	7.1—2	聖人既竭目力焉……不可勝用也	248
097	7.2	暴其民甚……名之曰幽厲	250
098	7.7—1	是絶物也※	252
099	7.7—2	商之孫子,其麗不億◎	255
100	7.7—2	仁不可爲衆也※	257
101	7.9—1	所欲與之聚之	259

續表

序號	篇、章、節	疑難詞句	頁碼
102	7.9－1	所惡勿施爾也	261
103	7.13	聞文王作興曰◎	265
104	7.17	豺狼、狐狸※	269
105	7.20	與適※	275
106	7.22	人之易其言也，無責耳矣	277
107	7.24	有罪※	281
108	8.3	搏執※	288
109	8.7	不中※	291
110	8.11	惟義所在※	292
111	8.14	資之深※	294
112	8.20	無方（附"有方"）※	297
113	8.21	王者之迹熄而《詩》亡	301
114	8.22	君子之澤五世而斬，小人之澤五世而斬※	302
115	8.26	求其故※	306
116	8.28	憂、患※	310
117	8.31	民望※	316
118	8.31	昔沈猶有負芻之禍	317
119	9.1－1	號泣于旻天，于父母※	322
120	9.1－1	共爲子職而已矣※	323
121	9.1－2	熱中※	326
122	9.2－1	使浚井，出，從而揜之※	330
123	9.2－1	謨蓋都君咸我績◎	331
124	9.4－1	齊東野人※	336
125	9.4－2	瞽瞍亦允若是爲父不得而子也※	338
126	9.5－2	而居堯之宮※	342
127	9.6－2	三年※	346

續表

序號	篇、章、節	疑難詞句	頁碼
128	9.7－1	弗顧也※	351
129	9.8	有諸乎	356
130	9.8	得之不得曰"有命"	358
131	10.1－2	由由然※	363
132	10.4－1	卻之卻之爲不恭	371
133	10.4－2	是不待教而誅者也	372
134	10.4－2	殷受夏,周受殷,所不辭也	373
135	10.4－2	充類至義之盡也※	373
136	10.6－2	自是臺無餽◎	379
137	10.7－2	豈曰友之云乎	382
138	10.8	讀其書	384
139	10.9	臣不敢不以正對	385
140	11.4	異於白馬之白也※	390
141	11.7－1	富歲,子弟多賴※	395
142	11.7－2	其性與人殊	398
143	11.8	幾希※	400
144	11.8	莫知其鄉	402
145	11.9	惟弈秋之爲聽※	404
146	11.9	一心以爲有鴻鵠將至※	404
147	11.10－1	何不用也、何不爲也※	406
148	11.10－2	妻妾之奉※	411
149	11.12	不知類	413
150	11.13	皆知所以養之者※	415
151	11.14	梩棘	417
152	11.15	此天之所與我者※	419
153	11.16	不倦※	420

續表

序號	篇、章、節	疑難詞句	頁碼
154	11.20	羿之教人射……學者亦必志於彀※	423
155	11.20	大匠誨人必以規矩,學者亦必以規矩※	425
156	12.1—2	於答是也何有◎	428
157	12.1—2	岑樓※	430
158	12.2	奚有於是※	433
159	12.3—1	戚之※	434
160	12.5	享多儀※	439
161	12.6—1	自爲※	442
162	12.6—2	無賢者也,有則髡必識之※	444
163	12.8	然且不可	449
164	12.12	君子不亮,惡乎執	452
165	12.13	知慮※	456
166	12.13	好善※	457
167	12.13	則人將曰訑訑予既已知之矣◎	458
168	12.14	禮貌	459
169	12.15	空乏其身行拂亂其所爲※	461
170	12.15	人恒過……而後喻※	464
171	12.15	入則無法家拂士※	465
172	13.1	盡其心※	469
173	13.3	求在我者也◎	471
174	13.6	無恥之恥,無恥矣※	472
175	13.7	何若人有※	475
176	13.12	殺民、殺者※	478
177	13.13	皞皞如※	481
178	13.14	仁聲※	482
179	13.17	無爲其所不爲,無欲其所不欲※	484

續表

序號	篇、章、節	疑難詞句	頁碼
180	13.18	恒存乎疢疾※	486
181	13.18	故達※	487
182	13.19	天民	489
183	13.19	大人	491
184	13.24	流水之爲物也	496
185	13.24	不成章不達※	496
186	13.25	舜之徒、蹠之徒	498
187	13.25	利與善之間	498
188	13.26	楊子取爲我	500
189	13.26	拔一毛而利天下不爲也※	500
190	13.26	摩頂放踵※	502
191	13.29	掘井九軔而不及泉，猶爲棄井也	506
192	13.34	人莫大焉亡親戚君臣上下※	509
193	13.40	予私淑諸人也、有私淑艾者※	516
194	13.46	仁者無不愛	521
195	14.4	北狄	524
196	14.10	周于利、周于德※	526
197	14.11	好名之人……簞食豆羹見於色	527
198	14.12	國空虛	529
199	14.12	無政事※	530
200	14.14	社稷次之※	532
201	14.21	山徑之蹊間介然用之而成路◎	540
202	14.23	卒爲善士則之野有衆逐虎	543
203	14.25	信人※	547
204	14.25	可欲之謂善，有諸己之謂信※	548
205	14.30	若是乎從者之廋也	551

續表

序號	篇、章、節	疑難詞句	頁碼
206	14.30	夫子之設科也	551
207	14.30	是心※	553
208	14.33	經德不回※	558
209	14.35	雖有不存焉者……雖有存焉者	560
210	14.37—2	闑然※	565